三蘇年譜

孔凡禮 撰

第一册

中華書局

圖書在版編目(CIP)數據

三蘇年譜/孔凡禮撰. —北京:中華書局,2023.1
(2023.6 重印)
ISBN 978-7-101-15628-7

Ⅰ.三…　Ⅱ.孔…　Ⅲ.①蘇洵(1009~1066)-年譜②蘇軾(1036~1101)-年譜③蘇轍(1039~1112)-年譜
Ⅳ.K825.6

中國版本圖書館 CIP 數據核字(2022)第 011715 號

責任編輯:劉　明　田苑菲
責任印製:管　斌

三 蘇 年 譜
(全四册)
孔凡禮 撰
*
中 華 書 局 出 版 發 行
(北京市豐臺區太平橋西里 38 號　100073)
http://www.zhbc.com.cn
E-mail:zhbc@zhbc.com.cn
三河市航遠印刷有限公司印刷
*
850×1168 毫米 1/32 · 106⅝印張 · 8 插頁 · 2220 千字
2023 年 1 月第 1 版　2023 年 6 月第 2 次印刷
印數:3001-5000 册　定價:358.00 元

ISBN 978-7-101-15628-7

再版説明

一九九八年，孔凡禮先生積二十餘年之力完成的《蘇軾年譜》由中華書局出版，得到學界廣泛讚譽。幾年後，《蘇轍年譜》與《蘇洵年譜》也先後面世。在此三譜的基礎上，孔先生又用兩年時間，對蘇洵、蘇軾和蘇轍的生平、交遊、著述等再次進行了全面考察，整合三譜，補其闕略，去其複叙，撰成《三蘇年譜》（後簡稱《年譜》）。《年譜》於二〇〇四年由北京古籍出版社出版，反響良好，成爲三蘇研究者和愛好者案頭必備之書。隨著諸多材料新出，三蘇研究持續推進，學界成果多有新見，孔先生遂欲對《年譜》做全面訂補。然而令人遺憾的是，二〇一〇年孔先生身歸道山，修訂工作未能完成。

本次再版，我們做了以下幾個方面的工作：

一、訂正前一版文字、標點訛誤；

二、按當前標準規範舊字形、異體字；

三、根據孔先生所訂體例及相關文獻，改正原稿疏漏。如行文重出複見、引文文字出

入、西元紀年轉换失誤、事實錯繫等;

四、《年譜》徵引文字據整理本者,由於重排重印,頁碼或有變動,孔先生所據與今日所見之本有所出入。現頁碼仍從其舊,不再更改;

五、譜中涉及考證與繫年等學術問題,時人文章多有補正;但已無法請作者確認,未能全部吸收,請讀者諒解。

限於學識與能力,不周之處仍或難免,敬請讀者不吝指正。

中華書局編輯部

二〇二二年九月

自序

余積二十年之力，而出版《蘇軾年譜》。積六年之力，而出版《蘇轍年譜》。積四年之力，而成《蘇洵年譜》。今合三者爲一，汰其間複叙，命之曰《三蘇年譜》。

余之《蘇軾年譜》，原爲二百萬字，幾經删壓，出版時爲九十九萬字。蘇軾友人與軾之交往文字，存者才十一；其餘十之九，皆略其文，僅存題而已。讀者以爲可補，今補之。蘇軾交游資料原略去甚多，今亦補之。蘇軾詩、文、詞可繫年者尚不少，今繫之。自《蘇軾年譜》問世，余之研究蘇軾工作，未嘗一日或輟。近年來亦時有所得，今録之。以上四者，其字數約在三四十萬之間。今次第年月，編入《三蘇年譜》。蓋余之書，非特合三者去其複叙而已。余窮二年之力而蕆此事。時年七十有九。

是爲序。

壬午(二〇〇二)四月中旬之八日，晉熙孔凡禮。時爲安徽安慶師範學院兼職教授。寓居大興黄村海子角，已略及四年矣。

凡例

一　本譜簡稱《增刊校正王狀元集注分類東坡先生詩》爲《集注分類東坡詩》，《重編東坡先生外集》爲《外集》。

本譜簡稱歐陽修《蘇洵墓誌銘》爲《洵墓誌銘》，蘇轍《亡兄子瞻端明墓誌銘》爲《軾墓誌銘》，何掄《眉陽三蘇先生年譜》爲《何譜》，王宗稷《東坡先生年譜》爲《王譜》，傅藻《東坡紀年録》爲《紀年録》，孫汝聽《蘇潁濱年表》爲《年表》，施宿《東坡先生年譜》爲《施譜》，朋九萬《東坡烏臺詩案》爲《詩案》，王文誥《蘇文忠公詩編注集成總案》爲《總案》。

本譜簡稱李燾《續資治通鑑長編》爲《長編》，黄以周、馮一梅等《續資治通鑑長編拾補》爲《長編拾補》。

本譜簡稱附於中華書局版《蘇軾文集》之後之《蘇軾佚文彙編》爲《佚文彙編》，稱《蘇軾佚文彙編拾遺》爲《佚文彙編拾遺》。

二　本譜旨在紀述蘇洵、蘇軾、蘇轍（以下簡稱三蘇）一生行實。與此相聯繫，遵知人論世之古訓，本譜注意廣泛考察三蘇交游。紀述、考察，言必有徵。

三　三蘇作品乃考察三蘇行實之首要依據。本譜致力於三蘇作品寫作時間之考訂。

四　歷史文字，如《長編》、《長編拾補》、《太平治迹統類》、《宋大詔令集》、《宋會要輯稿》、《東都事略》、《宋史》及宋元方志，乃考察三蘇行實之重要依據，本譜詳加采録。散見於總集、别集有關三蘇之制文同此例。

五　三蘇行實，宋人筆記、詩話記載頗多，歷代亦間有。其中如宋王鞏《隨手雜録》叙元祐三年四月中使宣召蘇軾入内草制事，宋邵伯温《邵氏聞見録》卷十一叙元豐七年蘇軾移汝州，過金陵，見王安石與安石言時事事，爲《宋史》采入《蘇軾傳》。大抵以宋人紀宋事，可資稽考者多。其中或有一事雜見於多種書，輾轉相傳，内容歧異，文字增損不一，本譜采其時代較早或記述較爲完備者，益以其所不及，附注其并見之書。其中或有真疑參半，本譜則在譜文正文中突出其真實部分，其可疑部分則在注文中予以説明，其錯誤部分則逕去之。其或記載之事，涉及神怪，事雖不經，然由此可覘三蘇之爲人，亦有參考價值，今亦爲采入，加一「傳」字，表明此屬傳聞。其或記載之事，全出附會或依托，則僅書其篇目卷次，其内容不予采録。

六　自三蘇同時代人至南宋初、中葉人所作有關三蘇題跋文字，可資考證者頗多。南宋末及元人題跋，則以年代稍遠，間有訛誤，然去其訛誤，其本身之重要價值固在。今於此類文字，作較大範圍搜采。

七　三蘇交游中，史書有傳，有行狀、碑、銘可考者，叙述文字從簡。其人事迹久隱而不彰，則深入搜求，表而出之。其尚待考者，則或提出若干線索，以供探討。其首見本譜，略説明其字、貫；其未見者，則略述其後來仕歷。

八　見於本譜之三蘇行實，其源出《蘇軾詩集》者，注其來源。蘇軾兄弟交游，其詳《蘇軾詩集》注文者，略采之；個別關係較重大者，則詳采之。其不采者，則注明詳見或參見某注。

本譜遵《蘇軾詩集》之例，於歷代注家，稱施元之等注爲「施注」，查慎行注爲「查注」，馮應榴注爲「合注」，王文誥注爲「誥案」。

九　三蘇集中文字，本譜視其需要，或僅録其題，或略取其内容，一般不録全文。

一〇　本譜引用三蘇集中文字，注明卷次、篇名。其不注明篇名之蘇軾作品，則在有關卷次之文字後，加括弧，注明頁碼，如《蘇軾文集》卷二十（五八六頁）、《蘇軾詩集》卷十五

(七四六頁)。

一一　本譜甲條所引述之事實,其以甲條爲主,而兼及乙條者,爲避免行文重複,則於乙條之下注「參見」甲條字樣。本譜乙條所涉及之人,早於此前若干年甲條已提到,爲便於前後照應,亦於乙條之下注「參見」甲條字樣。

一二　本譜引用宋人詩集中文字,間參考《全宋詩》,不一一標出。

一三　爲節省篇幅,前人與當代人研究中疏誤,唯其影響較大者,乃爲辨之。基於同一理由,如《長編》、《宋史》同載某一事,文字或文意全同,但引《長編》;其重要不同者,則爲勾出。

一四　本譜地名説明,其出自《元豐九域志》、《新定九域志》者,略去書名。

一五　關於地方志,本譜稱引時:宋、元方志,其書名號上限包括其成書年號之文字,如《景定建康志》、《至元嘉禾志》;明、清、民國方志,書名號不包括其成書年號之文字,如嘉靖《惠州府志》、乾隆《諸城縣志》、民國《眉山縣志》。

一六　本譜於遼、夏人名,以三蘇著作及《宋史》爲準。

一七　古人紀日，例用干支。今據陳垣《二十史朔閏表》統一爲：凡正文有關干支之文字後，加括弧，注所合日期之具體數字。如（初三）、（十四）等。

一八　本譜之末立《餘編》一卷。蘇軾長子蘇邁事迹之略述，已盡宋徽宗政和二年。《餘編》之旨，一在略述蘇轍政和二年辭世後軾子迨、過及轍子遲、适、遜之事迹，一在略述歷代於蘇洵、蘇軾、蘇轍之褒崇。

目録

自序
凡例
三蘇年譜
卷一　宋真宗大中祥符二年至仁宗天聖九年……一
卷二　明道元年至康定元年……三七
卷三　慶曆元年至八年……六一
卷四　皇祐元年至五年……一〇五
卷五　至和元年至二年……一二七
卷六　嘉祐元年……一七七
卷七　嘉祐二年……二二九
卷八　嘉祐三年……二四七
卷九　嘉祐四年……二五九
卷十　嘉祐五年……三〇五
卷十一　嘉祐六年……三三一
卷十二　嘉祐七年……三六九
卷十三　嘉祐八年……三九一
卷十四　英宗治平元年……四四一
卷十五　治平二年……四七五
卷十六　治平三年……五〇五
卷十七　治平四年……五一五
卷十八　神宗熙寧元年……五四一

卷十九　熙寧二年……………………五四九
卷二十　熙寧三年……………………五七九
卷二十一　熙寧四年…………………六二一
卷二十二　熙寧五年…………………六六一
卷二十三　熙寧六年…………………七二三
卷二十四　熙寧七年…………………七八三
卷二十五　熙寧八年…………………八五三
卷二十六　熙寧九年…………………八九七
卷二十七　熙寧十年…………………九四七
卷二十八　元豐元年…………………一〇二九
卷二十九　元豐二年…………………一一二九
卷三十　元豐三年……………………一二二九
卷三十一　元豐四年…………………一三〇七
卷三十二　元豐五年…………………一三六七
卷三十三　元豐六年…………………一四三三
卷三十四　元豐七年（上）…………一四九五
卷三十五　元豐七年（下）…………一五六五
卷三十六　元豐八年…………………一六三三
卷三十七　哲宗元祐元年（上）……一七二七
卷三十八　元祐元年（下）…………一七九七
卷三十九　元祐二年（上）…………一八七七
卷四十　元祐二年（下）……………一九三三
卷四十一　元祐三年…………………一九八七
卷四十二　元祐四年…………………二〇七三
卷四十三　元祐五年…………………二一六七
卷四十四　元祐六年（上）…………二二九一
卷四十五　元祐六年（下）…………二三六三
卷四十六　元祐七年…………………二四四九

目録

卷四十七　元祐八年(上)……二五三九
卷四十八　元祐八年(下)……二六一一
卷四十九　紹聖元年……二六五七
卷五十　紹聖二年……二七四九
卷五十一　紹聖三年……二八〇七
卷五十二　紹聖四年……二八三七
卷五十三　元符元年……二九一三
卷五十四　元符二年……二九三九
卷五十五　元符三年……二九六五
卷五十六　徽宗建中靖國元年(上)……三〇六三
卷五十七　建中靖國元年(下)……三一四一
卷五十八　崇寧元年至五年……三一九九
卷五十九　大觀元年至四年……三二三九
卷六十　政和元年至二年……三二六七
卷六十一　餘編……三三一七
引用書目……三三六三

三蘇年譜卷一

蘇洵，字明允。

《歐陽文忠公集·居士集》卷三十四《故霸州文安縣主簿蘇君墓誌銘》（以下簡稱《蘇洵墓誌銘》）：「有蜀君子曰蘇君，諱洵，字明允。」

《樂全集》卷三十九《文安先生墓表》：「先生字明允。」

《南豐類稿》卷四十一《蘇明允哀詞》：「明允姓蘇氏，諱洵。」

《何譜》：「公諱洵，字明允。」

《宋史》卷四百四十三《蘇洵傳》：「蘇洵字明允。」

人稱老蘇、老蘇先生、文安先生、眉山先生。

《蘇洵墓誌銘》：「自來京師，一時後生學者……以其父子俱知名，故號老蘇以別之。」

洵卒後，章望之、姚闢、張燾、王拱辰、張商英、趙概、曾公亮、蒲宗孟等所作輓詩、祭文，皆稱老蘇先生。

《文安先生墓表》以文安先生稱蘇洵，當以洵爲文安縣主簿之故。

《潁濱遺老傳》上:「父曰眉山先生。」

宋寧宗時,李壁上《與蘇洵定謚劄子》,請爲蘇洵定謚曰文。朝廷雖未從李壁之請,然後世仍以蘇文公稱之。

宋寧宗云云,見本譜卷六十一餘編紀事。

同治《嘉定府志》卷四十六引《憩園偶談》,即有「蘇文公嘗攜二子過」白巖院之語。

以官職稱蘇洵,則有編禮、編禮公、編禮寺丞、主簿、員外、光禄等。

《歐陽文忠公集·書簡》卷七稱蘇洵爲編禮。以洵編纂《太常因革禮》。蘇軾亦稱父洵爲編禮,見本譜嘉祐六年紀事。

《蘇軾詩集》卷二《次韻水官詩》稱父洵爲編禮公。卷三有《次韻子由以詩見報編禮公借雷琴記舊曲》。

《歐陽文忠公集·居士集》卷十四有《蘇主簿輓歌》。此蘇主簿即謂蘇洵。以洵嘗爲霸州文安縣主簿。

《安陽集》卷四十五有《蘇洵員外輓詞》。以洵卒後累贈都官員外郎之故,見本譜熙寧十年紀事。

宋闕名《老蘇先生會葬致語并口號》稱蘇洵爲編禮寺丞。稱寺丞,以歿贈光禄寺丞也,見本譜治平三年紀事。

庫本《説郛》卷十七下引《南墅閑居録·神珠》稱蘇洵爲光禄。

亦稱蘇洵爲奉常公。

《春渚紀聞》卷五《古書托名》：「〔先君〕爲徐州教授，與陳無己爲交代，陳云：嘗見東坡先生言，世傳王氏《元經》、薛氏《傳》、關子明《易傳》、《李衛公對問》，皆阮逸著撰；逸嘗以示奉常公也。」按：此奉常公乃蘇洵。先君，何去非（正通）。去非爲徐州州學教授，見本譜元祐五年十月十八日紀事。

《欒全集》卷三十九《文安先生墓表》：「奉常特召已爲異禮；屬之論譔，臺閣之漸也；而君不待，惜乎其嗇於命也。」

奉常乃官名。秦置，爲九卿之一，掌宗廟禮儀。漢景帝中六年改名太常，掌禮樂、郊廟、社稷事宜。宋代有太常寺，設太常卿，掌禮樂、郊廟、社稷、壇壝、陵寢之事。禮之名有五，曰吉禮、曰賓禮、曰軍禮、曰嘉禮、曰凶禮。皆掌其制度儀式。參《漢書·百官公卿表》卷上、《宋史·職官志》四。蘇洵乃由太常（奉常）寺特召，纂修禮書，書成即名《太常因革禮》，參本譜嘉祐六年、治平二年紀事。蘇洵之論譔在太常。稱「太常」爲「奉常」，時俗尚古使然。人稱蘇洵爲奉常公以此。

《直齋書録解題》卷十二「《李衛公問對》三卷」條下，引《春渚紀聞》，云阮逸「嘗以草示奉常公」。謂「奉常公者老蘇也」。

元祐中，以蘇轍登朝，贈蘇洵太子太師。蘇軾遂以宫師稱洵，人亦以宫師稱洵。

元祐中云云，詳本譜元祐六年二月「以蘇轍入政府」條紀事。

《蘇軾文集》卷六十三《鍾子翼哀詞》之引：「軾年始十二，先君宫師歸自江南。（下略）」即以宫師稱洵。

《紀年録》、《施譜》、《總案》均以宫師稱洵。

蘇洵健在時，未嘗自號老泉。蘇洵卒後，人乃以老泉、老泉先生稱之。

明焦竑《筆乘續集》卷六：「葉少藴《燕語》云……歐公作《老蘇墓誌》，但言人號老蘇，不言其自號「老泉」。」清魏禮《魏季子文集》卷十九《示兒輩》亦云。

明黄燦、黄煒重編《嘉祐集》紀事引馬元調語：「歐、曾諸大家所爲「老蘇」誌銘、哀詩、輓詩具在，有號明允以老泉者乎！」

清王鳴盛《蛾術編》卷七十八：「《金陵阻風得鍾山泉公》詩云：『寶公骨冷唤不聞，却有老泉來唤人。』俗稱蘇明允爲蘇老泉（按：意謂明允自號老泉），……果爾，東坡豈作此語。」按：《金陵阻風》全題爲《六月七日泊金陵阻風得鍾山泉公書寄詩爲謝》，見《蘇軾詩集》卷三十七。

又，阮葵生《茶餘客話》卷十二《老泉非蘇洵號》亦云及此。清王文誥《總案》卷一：「老泉者，公（按，謂蘇軾）以稱其父之墓也。集有《老泉焚黄文》可證。時惟蘇氏子孫稱之，後兩宋文人震於其名，遂謁以爲字，舉目爲蘇老泉，而有加以先生者矣。」《老泉焚黄文》乃《蘇軾文集》卷六十三《祭老泉焚黄文》。清平步青《霞外攟屑》卷十七《老泉非明允號》引《總案》之説以爲是。今人馬叙倫《讀書小記》説同王鳴盛。自明焦竑云云，略參《嘉祐集箋注》附録卷三。又：《欒城後集》卷二十《再祭亡兄端明文》：「先壟在西，老泉之山。」清袁枚《隨園詩話》卷十五亦引之。亦足證明蘇洵生時未嘗自號老泉。又，《欒城後集》卷二《次韻子瞻寄賀生日》有「歸心天若許，定卜老泉室」之句。按，稱蘇洵爲老泉，其來已久，兹舉南宋人若干例。陸游《老學庵續筆記》（見涵芬樓鉛印本《説郛》卷四）稱蘇洵爲老泉。《聖宋五百家播芳大全文粹》卷首作者名氏謂「蘇老泉（原注：明允）洵」。此書係宋紹熙元年（一一九〇）原刊本。《經進東坡文集事略》卷首《東坡先生言行》有「老泉仲子」之語；郎曄於紹熙時上此書（該書卷一《前赤壁賦》注作於紹熙二年，見注文）。

《東萊標注老泉先生文集》十二卷，宋吕祖謙注。宋紹熙四年吴炎刊本，藏中國國家圖書館，稱蘇洵爲老泉先生。《新刊國朝二百家名賢文粹》卷一百四十五收《張益州畫像記》，謂「老泉先生」作。該書係宋慶元三年（一一九七）原刊本。老泉先生即謂蘇洵。《平園續稿》卷七《跋老泉所作楊少卿墓文》作於慶元二年（一一九六）。蘇洵卒後，人以老泉稱之，其故何在？以上所引《總案》已言及此。清袁枚《隨園詩話》卷十五云：「老泉者，眉山蘇氏塋有老人泉。……今人多指「老泉」爲其父明允之號，蓋誤於梅都官有《老泉》詩也。」梅都官乃堯臣，其詩題爲《題老人泉答蘇明允》，見本書嘉祐三年紀事。

或謂老泉乃蘇軾自號。唯可備一説。

《石林燕語》卷十：「蘇子瞻謫黄州，號東坡居士。東坡其所居地也。晚又號老泉山人，以眉山先塋有老翁泉，故云。」庫本《秋澗先生大全文集》卷九十四《玉堂嘉話》：東坡……《宸奎閣碑》墨迹及《上清儲祥宫碑》墨迹，皆後書「老泉撰」。商左山云：「蓋避黨禍，故改云。」按：此處明言「老泉撰」，乃以避黨禍改，足見未改前乃書「蘇軾撰」。明婁堅《學古緒言》卷二十三《記蘇長公二别號》：東坡此書古淡遒勁，雖知好公書者，未必能識也。予嘗見別本及士大夫模入石者，要當以此本爲真正。又紙尾有「東坡居士老泉山人」印。蓋公自黄還朝，既衰而思其丘墓，去作此書不遠，兩別號殆相繼於元豐、元祐之間也。

明黄燦、黄煒重編《嘉祐集》紀事引其師馬元調言：「吾嘗見子瞻墨迹矣，其圖書記曰『東坡居士老泉山人』八字，合爲一章。」

清戚牧《牧牛庵筆記·東坡別號》：「原版《晚香堂帖》，尾有東坡、老泉二印，鈐蘇軾名下。」按，今未見。

自婁堅《學古緒言》云云以下，皆參《嘉祐集箋注》附録。

蘇氏系出高陽。東漢順帝時，蘇武之裔孫有曰章者爲冀州刺史，子孫家於趙郡。唐武后時章之裔孫有曰味道者，官於眉，其子一人家於眉，自是眉州始有蘇氏。

《嘉祐集箋注》卷十四《族譜後録上篇》：「蘇氏之先出於高陽，高陽之子曰稱，稱之子曰老童，老童生重黎及吴回。重黎爲帝嚳火正，曰祝融，以罪誅。其後爲司馬氏。而其弟吴回復爲火正。吴回生陸終，陸終生子六人：長曰樊，爲昆吾；次曰惠連，爲參胡；次曰籛，爲彭祖；次曰求言，爲會人；次曰安，爲曹姓；季曰季連，爲芈姓。六人者皆有後，其後各分爲數姓。昆吾始姓己氏，其後爲蘇、顧、温、董。當夏之時，昆吾爲諸侯伯，歷商而昆吾之後無聞。至周有忿生，爲司寇，能平刑以教百姓，周公稱之，蓋書所謂司寇蘇公者也。司寇蘇公與檀伯達皆封於河，世世仕周，家於其封，故河南、河内皆有蘇氏。六國之際，秦及代、厲，其苗裔也。至漢興而蘇氏始徙入秦。或曰：高祖徙天下豪傑以實關中，而蘇氏遷焉。其後曰建，家於長安杜陵。武帝時爲將以擊匈奴有功，封平陵侯，其後世遂家於其封。建生三子：長曰嘉，次曰武，次曰賢。嘉爲奉車都尉。其六世孫純爲南陽太守。生子曰章，當順帝時爲冀州刺史，又遷爲并州，有功於其人，其子孫遂家於趙郡。其後至唐武后之世，有味道者。味道，聖曆初爲鳳閣侍郎，以貶爲眉州刺史，遷爲益州長史，未行而卒。有子一人不能歸，遂家焉。自是眉始有蘇氏。故眉之蘇，皆宗益州長史味道；趙郡之蘇，皆宗并州刺史章；扶風之蘇，皆宗平陵侯建；河南、河内之蘇，皆宗司寇忿生；而凡蘇氏皆宗昆吾樊；昆吾樊宗祝融、吴回。蓋自昆吾樊至司寇忿生，自司寇忿生至平陵侯建，自平陵侯建至并州刺史章，自并州刺史章至益州長史味道，自益州長史味道至吾之高祖，其間世次皆不可紀。而洵始爲《族譜》以紀其族屬，《譜》之所記，上至於吾之高祖，下至於吾之昆弟，昆弟死而及昆弟之子。曰：嗚呼！高祖之上不可詳矣。」

《嘉祐集箋注》卷十四《族譜後録下篇》：「蘇氏之先自昆吾以來，其最顯者司寇忿生，三代之事，其聞於今不詳，周公作《立政》而特稱之，以教太史。其後周室衰，司寇之子孫亦曰蘇公，遭讒作詩以刺暴公，名曰《彼何人斯》。惟此二人，見於《詩》、《書》，是以其傳至今。自蘇氏入秦而平陵侯建、典屬國武始顯。遷於趙，而并州刺史章、益州長史味道始有聞於世。遷於眉，而至於今無聞，夫是惟譜不立也。自昆吾至《書》之蘇公五百有餘年，自《書》之蘇公至《詩》之蘇公二百有餘年，自《詩》之蘇公至平陵侯建、典屬國武七百有餘年，自平陵侯建、典屬國武，至并州刺史章二百有餘年，自并州刺史章，至益州長史味道五百有餘年，自益州長史味道，至吾之高祖二百有餘年，以三十年而一易世，則七十有餘世也。七十有餘世，亦容有賢不賢焉。不賢者隨世磨滅，不可得而聞；而賢者獨有七人。七十有餘世，其賢者亦容不止於七人矣，而其餘不傳，則譜不立之過也。故洵既爲族譜，又從而記其所聞先人之行。」

《新唐書》卷七十四上《宗相世系表》四上：「蘇氏出自己姓。顓頊裔孫吴回爲重黎，生陸終。生樊，封於昆吾。昆吾之子封於蘇，其地鄴西蘇城是也。蘇忿生爲周司寇，世居河内，後徙武功杜陵，至漢代郡太守建，徙扶風平陵，封平陵侯。三子：嘉、武、賢。嘉，奉車都尉。六世孫南陽太守、中陵鄉侯純，字桓公。生章，字孺文，并州刺史。五世孫魏東平相、都亭剛侯則，字文師。四子：恬、愉、遁、援。愉字休豫，晉太常光禄大夫、尚書。七世孫彤。二子：雅、振。魏都亭剛侯則第三子遁八世孫綽周度支尚書、邳公。生威。趙郡蘇氏出自漢并州刺史章之後，因官居趙州（按，表謂味道相武后。五子：伷，膳部員外郎；份；倜，兖州刺史；俛，職方員外郎；偡）。又有武功蘇氏。」

蘇洵之高祖釿，娶黄氏；曾祖祜，娶李氏。

《嘉祐集箋注》卷十四《族譜後録下篇》：「昔吾先子嘗有言曰：『吾年少而亡吾先人，先世之行，吾不及有聞焉。蓋嘗聞其略曰，蘇氏自遷於眉而家於眉山，自高祖涇則已不詳。自曾祖釿而後稍可記。曾祖娶黄氏，以俠氣聞於鄉閭。生子五人，而吾祖祜最少最賢，以才幹精敏見稱，生於唐哀帝之天祐二年，而殁於周世宗之顯德五年，蓋與五代相終始。殁之一年，而吾太祖始受命。是時王氏、孟氏相繼據蜀，蜀之高才大人皆不肯出仕，曰不足輔。仕於蜀者皆其年少輕鋭之士，故蜀以再亡。至太祖受命，而吾祖不及見也。吾祖娶於李氏。李氏，唐之苗裔，太宗之子曹王明之後世曰瑜，爲遂州長江尉，失官，家於眉之丹稜。祖母嚴毅，居家肅然，多才略，猶有竇太后、柴氏主之遺烈。』」

《蘇軾文集》卷十六《蘇廷評行狀》：「皇祖生於唐末而卒於周顯德。是時王氏、孟氏相繼王蜀，皇祖終不肯仕。嘗以事遊成都，有道士見之，屏語曰：『少年有純德，非我莫知子。我能以藥變化百物，世方亂，可以此自全。』因以麵爲蠟。皇祖笑曰：『吾不願學也。』道士曰：『吾行天下，未嘗以此語人，自以爲至矣，子又能，不學，其過我遠甚。』遂去，不復見。」

皇祖諱祜（原作「祐」，今從《嘉祐集》）。

蘇洵之祖父杲，娶宋氏。

《嘉祐集箋注》卷十四《族譜後録下篇》引父序語：「〔祖祜〕生子五人，其才皆不同，宗善、宗晏、宗昪，循循無所毁譽；少子宗晁，輕俠難制；而吾父杲最好善，事父母極於孝，與兄弟篤於愛，與朋友篤於信，鄉閭之人，無親疏皆敬愛之。娶宋氏夫人，事上甚孝謹，而御下甚嚴。生子九人，而吾獨存。善治生，有餘財。時蜀新破，其達官争棄其田宅以入覲，吾父獨不肯取，曰：『吾恐累吾子。』終其身田不滿二頃，屋弊陋不葺也。好施與，曰：『多財而不施，吾恐他人謀我，然施而使人知之，人將以我爲好名。』是以施而尤惡使人知之。族叔父玩嘗有重獄，將就逮，曰：『入獄而死，妻子以累兄。請爲我詗獄之輕重，輕也以肉饋我，重也以菜饋我。』饋我以菜，吾將不食而死。』既而得釋，玩曰：『吾非無他兄弟，可以寄死生者，惟子。』及將殁，太夫人猶執吾手曰：『盍以是屬子之兄弟。』笑曰：『而子賢，雖非吾兄弟，亦將與之；不賢，雖吾兄弟，亦將棄之。屬之何益？善教之而已。』遂卒。卒之歲，蓋淳化五年。推其生之年，則晉少帝之開運元年也。」

《蘇軾文集》卷十六《蘇廷評行狀》謂杲不仕，有隱德，并謂「行義好施，始有聞於鄉里」。

蘇洵之父序，娶史氏。

《嘉祐集箋注》卷十四《族譜後録下篇》：「先子諱序，字仲先，生於開寶六年，而殁於慶曆七年。娶史氏夫人，生子三人，長曰澹，次曰涣，季則洵也。先子少孤，喜爲善而不好讀書。晚迺爲詩，能白道，敏捷立成，凡數十年得數千篇，上自朝廷郡邑之事，下至鄉閭子孫畋漁治生之意，皆見於詩。觀其詩雖不工，然有以知其表裏洞達，豁然偉人也。性簡易，無威儀，薄於爲己而厚於爲人，與人交，無貴賤皆得其歡心。見士大夫曲躬盡敬，人以爲諂，及其見田父野老亦然，然後人不以爲怪。外貌雖無所不與，然其中心所以輕重人者甚嚴。居鄉閭，出入不乘馬，曰：『有甚老於我而行者，吾乘馬，無以見之。』敝衣惡食處之不恥，務欲以身處衆之所惡，蓋不學《老子》而與之合。居家不治家事，以家事屬諸子。至族人有事就之謀者，常爲盡其心，反覆而不厭。凶年嘗鬻其田以濟饑者，既豐，人將償之，曰：『吾自有以鬻之，非爾故也。』卒不肯受。力爲藏退之行，以求不聞於世。然行之既久，則鄉人亦多知之，以爲古之隱君子莫及也。以涣登朝授大理評事。史氏夫人眉之大家，慈仁寬厚。宋氏姑甚嚴，夫人常能得其歡，以和族人。先公十五年而卒，追封蓬萊縣太君。」

《蘇軾文集》卷十六《蘇廷評行狀》：「公幼疏達不羈，讀書，畧知其大義，即棄去。謙而好施，急人患難，甚於爲己，衣食稍有餘，輒費用或以予人，立盡。以此窮困厄於饑寒者數矣，然終不悔。旋復有餘，則曰：『吾固知此不能果困人也。』益不復愛惜。凶年鬻其田以濟饑者，既豐，人將償之。公曰：『吾固自有以鬻之，非爾故也。』人不問知與不知，徑與歡笑造極，輸發府藏。小人或侮欺之，公卒不懲，人亦莫能測也。李順反，攻圍眉州。公年二十有二，日操兵乘城。會皇考病没，而賊圍愈急，居人相視涕泣，無復生意。而公獨治喪執禮，盡哀如平日。太夫人憂甚，公强施施解之曰：『朝廷終不棄，蜀賊行破矣。』慶曆中，始有詔州郡立學，士驩言，朝廷且以此取人，争願效職學中。公笑曰：『此好事，卿相以爲美觀耳。』戒子孫，無與人争入學。郡吏素暴苛，緣是大擾，公作詩并譏之。以子涣登朝，授大理評事。慶曆七年五月十一日終於家，享年七十有五。以八年二月某日葬於眉山縣修文鄉安道里先塋之側。累贈職方員外郎。娶史氏夫人，先公十五年而卒，追封蓬萊縣太君。生三子。長曰澹，不仕，亦先公卒。次曰涣，以進士得官，所至有美稱，及去，人常思之，或以比漢循吏，終於都官郎中利州路提點刑獄。季則軾之先人諱洵，終於霸州文安縣主簿。涣嘗爲閬州，公往視其規畫措置良善，爲留數日。見其父老賢士大夫，閬人亦喜之。晚好爲詩，能自道，敏捷立成，不求甚工。有所欲言，一發於詩，比没，得數千首。女二人。長適杜垂裕，幼適石揚言。孫七人：位、份、不欺、不疑、不危、軾、轍。聞之，自五代崩亂，蜀之學者衰少，又皆懷慕親戚鄉黨，不肯出仕。公始命其子涣就學，所以勸導成就者，無所不至。及涣以進士得官西歸，父老縱觀以爲榮，教其子孫者皆法蘇氏。自是眉之學者，日益至千餘人。然軾之先人少時獨不學，已壯，猶不知書。公未嘗問。或以爲言，公不答，久之，曰：『吾兒當憂其不學耶？』既而，果自憤發力學，卒顯于世。」

《濟南先生師友談記》引蘇軾語，謂其祖父：「甚英偉，才氣過人，雖不讀書，而氣量甚偉。頃年在鄉里郊居，陸田不多，惟種粟，及以稻易粟，大倉儲之，人莫曉其故。儲之累年，凡至三四千石。會眉州大饑，太傅公即出所儲，首族人，次外姻，次佃户、鄉曲之貧者，次第與之，皆無凶歲之患。或曰：『公何必粟也？』『惟粟性堅能久，故可廣儲以待匱爾。』又繞宅皆種芋魁，所收極多，即及時多蓋薪蒭。野民乏食時，即用大甑蒸之，羅置門外，恣人取食之。」太傅，序。

蘇洵生。

宋真宗大中祥符二年（一〇〇九）己酉　蘇洵一歲

《洵墓誌銘》：「……君以疾卒，實治平三年四月戊申也，享年五十有八。」據是推。

《欒全集》卷三十九《文安先生墓表》、《元豐類稿》卷四十一《蘇明允哀詞》同。

蘇洵出生之前一年，以天書見，改元大中祥符；其年十月，真宗封禪泰山。

《宋大詔令集》卷二《改大中祥符元年赦》（正月戊辰）中云：「荷上帝之眷懷，啓靈心而降鑒。燭祥輝於寢殿，神告先期；肅清醮於齋壇，天垂寶籙。祇膺景貺，躬受丹書。所期純嘏以及人，豈止殊禧而在己。……聖若羲黄，八卦演連山之象；功齊舜禹，九疇浮出洛之文。何涼德之感通，偕昔王之盛美。是用時均慶賜，仰答高明。虔增錫瑞之名，用易紀年之號。式均大賚，普洽洪休。可大赦天下，改景德五年爲大中祥符元年。」

《宋史紀事本末》卷二十二《天書封祀》：「大中祥符元年春正月乙丑，有天書見於承天門，大赦，改元。帝自聞王欽若言，深以澶淵之盟爲辱，嘗怏怏不樂。欽若度帝厭兵，因謬進曰：『陛下以兵取幽、薊，乃可滌此耻。』帝曰：『河朔生靈，始免兵革，朕安忍爲此？可思其次。』欽若曰：『惟封禪可以鎮服四海，誇示外國。然自古封禪，當得天瑞希世絶倫之事，乃可爾。』既而又曰：『天瑞安可必得？前代蓋有以人力爲之者，惟人主深信而崇奉之，以明示天下，則與天瑞無異也。陛下謂河圖、洛書果有耶？聖人以神道設教耳。』帝沈思久之，曰：『王旦得無不可乎？』欽若曰：『臣喻以聖意，宜無不可。』欽若乃乘間爲旦言，旦黽勉從之。帝尚猶豫，會幸祕閣，驟問直學士杜鎬曰：『古所謂河出圖，洛出書，果何事耶？』鎬老儒，不測上旨，漫應之曰：『此聖人以神道設教爾。』帝意遂決，遂召旦飲，歡甚，賜以尊酒，曰：『歸與妻孥共之。』既歸，發封，則皆美珠也。旦悟帝旨，自是不敢有異議。至是，帝謂羣臣曰：『去冬十一月庚寅，夜將半，朕方就寢，忽室中光耀，見神人星冠絳衣，告曰：「來月宜於正殿建黄籙道場一月，當降天書大中祥符三篇。」朕竦然起對，已復無見。自十二月朔即齋戒於朝元殿，建道場以佇神貺。至是，適皇城司奏有黄帛曳左承天門南鴟尾上，令中使視之，帛長二丈許，緘物如書卷，纏以青縷，封處隱隱有字，蓋神人所謂天降之書也。』旦等皆再拜稱賀。帝即步至承天門，瞻望，再拜，遣二内侍升屋，奉之下。旦跪進，帝再拜受之，親置輿中，導至道場，授陳堯叟啓封。帛上有文曰：『趙受命，興於宋，付於奢，居其器，守於正，世七百，九九定。』帝跪受，復命堯叟讀之，有書黄字三幅，詞類《洪範》、《道德經》，始言帝能以至孝至道紹世，次諭以清凈簡儉，終述世祚延永之意。讀訖，帝復跪奉，韞以所緘帛，盛以金匱。羣臣入賀於崇政殿，賜宴，帝與輔臣皆蔬食。遣官告天地、宗廟、社稷。大赦，改元，羣臣加恩，賜京師酺五日。改左承天門爲承天祥符。置天書儀衛扶侍使，有大禮，即命宰執近臣兼之。欽若之計既行，陳堯叟、陳彭年、丁謂、杜鎬益以經義附和，而天下争言祥瑞矣。獨龍圖閣待制孫奭言於帝曰：『以臣愚所聞，天何言哉！豈有書也？』帝默然。」所謂天書也者，不過宋真宗與王欽若輩所製造之鬧劇耳。

封禪泰山，據《長編》卷七十二、《宋史·真宗紀》、《續資治通鑑》卷二十七。

是歲十月甲午，詔天下建天慶觀。

據《續資治通鑑》卷二十八。

《淳熙嚴州圖經》卷一《寺觀·天慶觀》：「在子城西。……國朝大中祥符元年，因天書降，詔天下建天慶觀。」與此不同。

是歲，蘇洵交游年齡之可考者：

田京（簡之）十八歲。《鄖溪集》卷十九《田公行狀》。

石昌言（揚休）十五歲。《名臣碑傳琬琰之集》中集卷十六墓誌銘。

趙概(叔平)十五歲。《蘇軾文集》卷十八《趙康靖公神道碑》。
史經臣(彦輔)十一歲。見本譜寶元二年紀事。
曾公亮(明仲)十一歲。《琬琰集删存》卷二行狀。
陳希亮(公弼)十歲。《琬琰集删存》卷二墓誌銘。
余靖(安道)十歲。《歐陽文忠公集·居士集》卷二十三《余襄公神道碑銘》。
程濬(治之)九歲。《净德集》卷二十一《程公墓誌銘》。
張俞(張愈、少愚、白雲居士)九歲。本譜慶曆四年紀事。
王荆州九歲。見本譜嘉祐四年紀事。
梅堯臣(聖俞)八歲。《歐陽文忠公集·居士集》卷三十三墓誌銘。
楊申(宣卿)八歲。見本譜嘉祐七年「秋楊克從碑成」條。
傅求(命之)七歲。《樂全集》卷三十六神道碑。
富弼(彦國)六歲。《蘇軾文集》卷十八神道碑。
文彦博(寬夫)四歲。《琬琰集删存》卷三傳。
田况(元均)五歲。《王臨川集》卷九十一《田公墓誌銘》。
張方平(安道)三歲。《蘇軾文集》卷十四《張文定公墓誌銘》。

歐陽修（永叔）三歲。《歐陽文忠公集》卷首《年譜》。

韓琦（稚圭）二歲。《安陽集》卷首《神宗御製兩朝顧命定策元勳之碑》。

范鎮（景仁）二歲。《蘇軾文集》卷十四《范景仁墓誌銘》。

趙抃（閱道）二歲。《蘇軾文集》卷十七神道碑。

釋懷璉（大覺）一歲。《蘇軾文集》卷七十一《跋太虚辯才廬山題名》蘇軾自謂懷璉長己二十七歲。

是歲，洵父序三十七歲。

據《蘇軾文集》卷十六《蘇廷評行狀》。

洵次兄涣九歲。

據《欒城集》卷二十五《伯父墓表》。

是歲，蘇洵素所傾慕、負有重望而從未謀面之士之年歲之可考者：

范仲淹（希文、文正）二十一歲。《歐陽文忠公集·居士集》卷二十神道碑銘。

尹洙（師魯）九歲。《歐陽文忠公集·居士集》卷二十八墓誌銘。

是歲，現存蘇洵文字無交往記載然於蘇洵素所習有影響之士之年齡之可考者：

章誓（隱之）十七歲。《净德集》卷二十八行狀。

石介（守道、徂徠先生）五歲。《歐陽文忠公集》卷三十四墓誌銘。

大中祥符三年（一〇一〇）庚戌　蘇洵二歲

蘇洵妻程氏生。

《温國文正司馬公文集》卷七十六《程夫人墓誌銘》：「夫人姓程氏，眉山人，大理寺丞文應之女。……以嘉祐二年四月癸丑終於鄉里，……年四十八。」據是推。

《浄德集》卷二十一《太中大夫武昌程公（濬）墓誌銘》：「維程氏爲眉大姓，世有令德，曾祖諱沼，祖諱仁霸，值時季亂，爵禄不及。考諱文應，以公故累封大理寺丞，贈官光禄大夫。妣宋氏，封長安縣君。」濬，妻程氏之胞兄。

《蘇軾文集》卷六十六《書外曾祖程公逸事》：「公諱仁霸，眉山人。以仁厚信於鄉里。蜀平，中朝士大夫憚遠宦，官缺，選士人有行義者攝。公攝録參軍。眉山尉有得盗蘆菔根者，實竊，而所持刃誤中主人。尉幸賞，以劫聞。獄掾受賕，掠成之。太守將慮囚，囚坐廡下泣涕，衣盡濕。公適過之，知其寃，咋謂盗曰：『汝寃，盍自言，吾爲汝直之。』盗果稱寃，移獄。公既直其事，而尉、掾争不已，復移獄，竟殺盗。公坐逸囚罷歸。」仁霸壽九十。

釋居訥、李大臨（才元）生。

釋居訥據《禪林僧寶傳》卷二十五。

李大臨據嘉祐元年紀事。

大中祥符四年（一〇一一）辛亥　蘇洵三歲

吴中復（仲庶）生。

《宋史》吴中復傳謂卒年六十八，《長編》卷二百九十五謂元豐元年十二月卒。

釋惟簡（寶月）、蔡襄（君謨）、韓絳（子華）、王拱辰（君貺）生。

釋惟簡據《蘇軾文集》卷十五塔銘。

蔡襄據《宋史》卷三百二十傳。

韓絳據《琬琰集删存》卷一神道碑。

王拱辰據《忠肅集》拾遺行狀。

大中祥符五年（一〇一二）壬子　蘇洵四歲

洵與羣兒戲父序之側，石揚休（昌言）取棗栗啖之。

《嘉祐集箋注》卷十五《送石昌言使北引》首言：「昌言舉進士時，吾始數歲，未學也。憶與羣兒戲先府君側，昌言從旁取棗栗啖我。家居相近，又以親戚故甚狎。」

《温國文正司馬公文集》卷七十五《石昌言哀辭》：「眉山石昌言，年十八舉進士，倫輩數百人，昌言爲之首，聲震西蜀。」

查《名臣碑傳琬琰之集》范鎮所撰揚休墓銘，揚休實生於太宗至道元年（九九五），其舉進士之年，即爲今年。

《蘇軾文集》卷十六《蘇廷評行狀》謂祖父序幼女適石揚言。揚言與揚休當爲兄弟或堂兄弟輩，軾稱揚休次子康伯爲表兄。故洵言親戚。

揚休，《宋史》卷二百九十九有傳，謂「少孤力學」。

大中祥符六年（一〇一三）癸丑　蘇洵五歲

張燾（景元）生。

詳《司馬文正公集》卷六十五《耆英會詩跋》。

大中祥符七年（一〇一四）甲寅　蘇洵六歲

洵姪位生。

《嘉祐集箋注》卷十五《祭姪位文》：「昔汝之生，後余五年。余雖汝叔父，而幼與汝同戲爲弟兄。」位乃洵長兄澹之長子，據洵所撰《蘇氏族譜》世系表。

大中祥符八年（一〇一五）乙卯　蘇洵七歲

黎錞（希聲）生。

據《净德集》卷三十二《朝議大夫黎公墓誌銘》。

大中祥符九年（一〇一六）丙辰　蘇洵八歲

天禧元年（一〇一七）丁巳　蘇洵九歲

韓維（持國）、陳襄（述古）生。

韓據《南陽集》附録行狀。

陳據《古靈集》附録行狀。

天禧二年（一〇一八）戊午　蘇洵十歲

文同（與可）生。

據《丹淵集》卷首《石室先生年譜》。

任伋（師中）生。

據本譜至和二年紀事。

蘇洵作詩，贊雀鷇淳音，竹萌静節。

《蘇軾詩集》卷四十三《和陶郭主簿二首》其二：「雀鷇含淳音，竹萌抱静節（原注：此兩句，先君少時詩，失其全首）。誦我先君詩，肝肺爲澄澈。猶如鳴鶴和，未作獲麟絶。願因騎鯨李，追此御風列。丈夫貴出世，功名豈人傑。家書三萬卷，獨取《服食訣》。地行即空飛，何必挾日月。」

鷇乃待母哺食之幼鳥。雀鷇乃雀之幼鳥。《爾雅·釋鳥》：「生哺，鷇。」雀鷇發出之音淳，乃天籟，無雜音。幼竹萌生時，即懷抱静節，立身端直。少年蘇洵，蓋以此自期、自勉、自勵。此詩雖失其全首，然於研究蘇洵，甚爲重要。

詩中所云及之家書，乃眉山家中所藏書。《服食訣》講服食修煉，屬道家範疇。真宗崇尚道教，蘇洵當亦有道家影響。蘇軾獨取之，當爲其少時事。蘇軾《與劉宜翁使君書》云及「齠齔好道」（《蘇軾文集》卷四十九），非虚語。

天禧三年（一〇一九）己未　蘇洵十一歲

曾鞏（子固）生。

據《曾鞏集》附録行狀。

司馬光（君實）生。

據《蘇軾文集》卷十六行狀。

劉敞（原父）生。

據《彭城集》卷三十五行狀。

王珪（禹玉）生。

據《琬琰集删存》卷一神道碑。

天禧四年（一〇二〇）庚申　蘇洵十二歲

蘇頌（子容）生。

據《蘇魏公文集》附録墓誌銘。

李育（仲蒙）生。

據《蘇軾文集》卷六十三哀詞。

天禧五年（一〇二一）辛酉　蘇洵十三歲

眉州傳神降，曰茅將軍，蘇洵父序拆廟毁神像。

《濟南先生師友談記》：「眉州或有神降，曰茅將軍，巫覡皆狂，禍福紛錯，州皆畏而禱之，共作大廟，像宇皆雄，祈驗如響。太傅忽乘醉呼村僕二十許人入廟，以斧钁碎其像，投溪中，而毁拆其廟屋，竟無所靈。」參以下天聖二年紀事。

王安石（介甫）生。

據《王荆公年譜考略》。

鄭獬（毅夫）生。

據《名臣碑傳琬琰集·下集》卷三。獬熙寧五年卒，年五十一。

乾興元年（一〇二二）壬戌　蘇洵十四歲

仁宗天聖元年（一〇二三）癸亥　蘇洵十五歲

蘇洵仲兄渙就鄉試，得解。

《欒城集》卷二十五《伯父墓表》：「公少穎悟，職方君自總以家事，使公得篤志於學，其勤至手書司馬氏《史記》、班氏《漢書》。公雖少年，而所與交游，皆一時長老，文詞與之相上下。天聖元年，始就鄉試，通判州事蔣公堂就閱所爲文，嘆其工，曰：『子第一人矣。』公曰：『有父兄在，楊異、宋輔與吾游，不願先之。』蔣公益以此賢公，曰：『以子爲第三人，以成子美名。』」《蘇軾文集》卷六十六《題伯父謝啓後》：「天聖中，伯父中都公始舉進士於眉，年二十有三。時進士法寬，未有糊名也。試日，通判殿中丞蔣希魯下堂，觀進士程文，見公所賦，歎其精妙絕倫。曰：『第一人無以易子。』公力自言年少學淺，有父兄在，決不敢當此選。希魯大賢之，曰：『君子成人之美。』乃以爲第三。明年登乙科。此則其親書啓事謝希魯者也。（下略）」作於元豐五年。

劉攽（貢父）生。

據本譜嘉祐元年紀事。

天聖二年（一〇二四）甲子　蘇洵十六歲

蘇洵仲兄渙進士及第。

《欒城集》卷二十五《伯父墓表》：「天聖元年始就鄉試，……明年登科。人皆喜之，迎者百里不絶。」同上文又云：「蘇氏自唐始家於眉，閲五季皆不出仕。蓋非獨蘇氏也，凡眉之士大夫，修身於家，爲政於鄉，皆莫肯仕者。天禧中，孫君堪始以進士舉，未顯而亡，士猶安其故，莫利進取。公於是時獨勤奮學問，既冠，中進士乙科。及其爲吏，能據法以左右民，所至號稱循良。一鄉之人欣而慕之。學者自是相繼輩出。至於今，仕者常數十百人，處者常千數百人，皆以公爲稱首。」

《蘇軾文集》卷十《蘇廷評行狀》：「涣以進士得官西歸，父老縱觀以爲榮，教其子孫者皆法蘇氏。自是眉之學者日益，至千餘人。」

同上卷四十九《謝范舍人書》：「自孟氏入朝，民始息肩，救死扶傷不暇，故數十年間，學校衰息。天聖中，伯父解褐西歸，鄉人歎嗟，觀者塞塗。其後，執事與諸公相繼登於朝，以文章功業顯於天下，於是釋耒耜而筆硯者，十室而九。」

曾鞏《贈職方員外郎蘇君〔序〕墓誌銘》：「蜀自五代之亂，學者衰少，又安其鄉里，皆不願出仕。君獨教其子涣受學，所以成就之者甚備。至涣以進士起家，蜀人榮之，意始大變，皆喜受學。及其後，眉之學者至千餘人，蓋自蘇氏始。」

蘇洵之父序至劍門迎涣，欲再毁神像。

《濟南先生師友談記》叙天禧五年祖父序拆茅將軍廟後三年，云：「伯父初登第，太傅甚喜，親至劍門迎之。至七家嶺，忽見一廟甚大，視其榜曰茅將軍。太傅曰：『是妖神却在此爲幻耶？』方欲率衆復毁，忽見一廟吏前迎拜，曰：『君非蘇七君乎？某昨夜夢神泣告曰：明日蘇七君至，吾甚畏之，哀告蘇七君，且爲容恕，幸存此廟，俾竊食此土也。』衆人怪之，共勸焉，乃捨。」

蘇涣之同年有刁繹。

《蘇軾詩集》卷十一《景純復以二篇一言其亡兄與伯父同年之契一言今者唱酬之意仍次其韻》其一：「蟾枝不獨同攀桂，雞舌還應共賜香。」上句言同年。下句蘇軾自注：「亦同爲郎。」景純，刁約之字。《京口耆舊傳》卷一有傳。本譜以後屢及。

軾自注謂涣與繹同爲郎官，約詩中言及，軾因以言之。

《京口耆舊傳》卷一《刁繹傳》：「〔約〕兄繹擢天聖二年進士第。授太常博士，歷仕楚、蜀，最後通判揚州，卒。」

《王臨川集》卷八十六《祭刁博士繹文》：「惟君其先，黻冕之華。君弱而良，遂世其家。越天聖初，上始即位。開延聞人，間不容僞。若古堯虞，稷契親逢。君干其時，奮追羣龍。五兩之綸，三鍾之粟。沈才下吏，間關楚、蜀。朅來揚州，輔佐元侯。朝其或者，明試謨謀。最末及論，泯焉之幽。黿紫紛如，朱丹其車。昔之同升，泰亦衆已。胡寧若人，乃此乎止。旻天介壽，宜良者多。良者弗壽，謂旻天何。親髮墮顛，子髮猶羈。惟堂一慟，誰者無悲。令黿得日，棺還無咎。

銘旌悠悠，羽翣南首。惟君之舊，惟僚及友。徘徊路旁，涕落莫觴。」

據《王臨川集》卷首《王安石年表》，仁宗慶曆二年，安石登第，旋簽書淮南節度判官廳公事，四年自揚州還臨川。則刁繹之卒，在慶曆初。

天聖三年（一〇二五）乙丑　蘇洵十七歲

蘇洵仲兄渙爲鳳翔寶鷄主簿。

據《欒城集·伯父墓表》。

天聖四年（一〇二六）丙寅　蘇洵十八歲

五月己卯，詔禮部貢舉。

據《宋史·仁宗紀》。

蘇洵初舉進士，不中。

《蘇洵墓誌銘》：「年二十七，始大發憤，謝其素所往來少年，閉户讀書爲文辭。歲餘，舉進士，再不中。」既云「再」，知此前嘗舉進士。

《嘉祐集箋注》卷十五《送石昌言使北引》：「吾後漸長亦稍知讀書，學句讀、屬對、聲律，未成而廢。昌言聞吾廢學，雖不言，察其意甚恨。後十餘年，昌言舉進士及第第四名。」此云未成而廢，當指鄉試未發解，未及至京師，石昌言寶元元年登第，至此爲「十餘年」。

天聖五年（一〇二七）丁卯　蘇洵十九歲

蘇洵娶妻程氏。

《程夫人墓誌銘》：「生十八年歸蘇氏。程氏富而蘇氏極貧，夫人入門，執婦職，孝恭勤儉。族人環視之，無絲毫鞅鞅驕倨可譏訶狀。由是共賢之。或謂夫人曰：『若父母非乏於財，以父母之愛，若求之宜無不應者，何爲甘此蔬糲，獨不可以一發言乎！』夫人曰：『然。以我求於父母，誠無不可，萬一使人謂吾夫爲求於人以活其妻子者，將若之何？』卒不求。時祖姑猶在堂，老而性嚴，家人過堂下，履錯然有聲，已畏獲罪。獨程夫人能順適其志，祖姑見之必悦。」

洵仲兄渙約於是年以能選開寶監。

據《欒城集》卷二十五《伯父墓表》。

洵妻程氏之侍女任采蓮由妻攜來。

丁傳靖《宋人軼事彙編》卷十二「蘇洵生軾轍」條下云：「東坡乳母任氏，名采蓮。子由保母楊氏，名金蟬。東坡所作兩銘，皆無夫姓，當即是老蘇妾。於任氏謂事先夫人三十五年，卒時年七十二（撰者按：『年七十二』，原作『七十二年』，今據蘇軾《乳母任氏墓誌銘》改正）。然則爲蘇妾時，年三十八矣。」

《蘇軾文集》卷十五《乳母任氏墓誌》：「趙郡蘇軾子瞻之乳母任氏，名采蓮，眉之眉山人。父遂，母李氏。事先夫人三十有五年。工巧勤儉，至老不衰。乳亡姊八娘與軾，養視軾之子邁、迨、過，皆有恩勞。從軾官于杭、密、徐、湖，謫于黄。元豐三年八月壬寅，卒于黄之臨臯亭，享年七十有二。十月壬午，葬於黄之東阜黄岡縣之北。」

據上文，任氏實生於大中祥符二年，與蘇洵同庚。云「事先夫人」，謂事妻程氏。事妻三十五年之始，妻在岳家，生活於閨中，其時任氏十四歲，當乾興元年。

天聖六年（一〇二八）戊辰　蘇洵二十歲

蘇洵長女生，旋夭。

《嘉祐集箋注》卷十五《極樂院造六菩薩記》：「自長女之夭，不四五年而丁母夫人之憂，蓋年二十有四矣。」長女生下不久即夭，約爲本年事。

是歲閏二月壬子，復制舉六科，增高蹈丘園等科。

據《長編》卷一百七。其六科爲：賢良方正、能直言極諫科，博通墳典、明於教化科，才識兼茂、明於體用科，詳明吏理、可使從政科，識洞韜略、運籌決勝科，軍謀宏遠、材任邊寄科。凡六，以待京朝官之被舉及應選者。又置書判拔萃科，以待選人之應書者。又置高蹈丘園科，沈淪草澤科，茂才異等科，以待布衣之被舉及應書者。又置武舉，以待方略智勇之士。

洵仲兄蘇涣之封告至，内兄程濬之封告亦至。

《濟南先生師友談記》：「祖父嗜酒，甘與村父箕踞，高歌大飲。忽伯父封告至。伯父登朝，而外氏程舅亦登朝。外祖甚富，二家連姻，皆以子貴封官。程氏預爲之，謂祖父曰：『公何不亦預爲之？』太傅曰：『兒子書云，作官器用亦寄來。』一日方大醉中，封告至，并外纓、公服、笏、交椅、水罐子、衣版等物。太傅時露頂戴一小冠子如指許大，醉中取告，箕踞讀之畢，并諸物置一布囊中。取告時，有餘牛肉，多亦置一布囊中，令村童荷而歸，跨驢入城。城中人聞受告，或就郊外觀之，遇諸途，見荷擔二囊，莫不大笑。程老聞之，面誚其太簡，惟有識之士奇之。」伯父謂序子渙。

此所云「封告」，據以下「以子貴封官」云云，乃封贈父、母、祖父、祖母之告，以登朝蔭及直系親屬也。程家封告，實爲程濬。濬之事迹，詳吕陶《净德集》卷二十一《太中大夫武昌程公墓誌銘》，云：「天聖五年，賜同學究出身，選河中府猗氏縣尉，戎州司户參軍，鳳翔府節度推官，用薦者言，授大理寺丞，再舉進士，中乙科，通判彭州，遷殿中丞，又通判梓、嘉二州，改太常博士，賜五品服，歷屯田都官員外郎，遭長安君及光禄公憂，服除，知開封府太康縣，遷職知歸州，移遂州，爲屯田都官職方郎中，提點荆湖南路刑獄，除太常少卿，賜五品服，徙夔州路轉運使，熙寧三年，年七十，乃謝事。」

或謂程濬與蘇渙同登天聖二年進士第，同得官，封告之來，亦爲天聖二年，非是。

兩家封告之來，爲天聖五年程濬出仕以後事，其詳已不可考，要之不出天聖。今姑次其事於本年。

天聖七年（一〇二九）己巳　蘇洵二十一歲

蘇洵游蕩不學，妻程氏憂之。洵之父序則未嘗問。

《嘉祐集箋注》卷十五《祭亡妻文》：「昔予少年，游蕩不學。子雖不言，耿耿不樂。我知子心，憂我泯没。」

《蘇軾文集》卷十六《蘇廷評行狀》：「軾之先人少時獨不學，已壯，猶不知書。公未嘗問。或以爲言，公不答，久之，曰：『吾兒當憂其不學耶！』」

按，此所云「不學」，謂不學書本或少學書本也。其實，廣泛接觸社會，周知民情風土，固游蕩之事。自廣義言之，游蕩亦學。蘇序深知蘇洵，非終日游手好閑者比，有意寬縱之，隨其所欲，得以盡其性。蘇洵日後縱横論天下事，此時之游蕩不可謂無功。參曾棗莊《蘇洵評傳》。

蘇洵仲兄涣爲鳳州司法。州守王蒙正怙勢驕横，涣不爲所用。

《欒城集》卷二十五《伯父墓表》：「未幾，移鳳州司法。王蒙正爲鳳州，以章獻太后姻家，怙勢驕横。知公之賢，屈意禮之，以郡委公。公雖以職事之，而鄙其爲人。蒙正嘗薦公於朝，復以書抵要官，論公可用。公喻郡邸吏，屏其奏而藏其私書。未幾，蒙正敗，士以此多公。」

章獻太后，氏劉，真宗之后。事迹詳《宋史》卷二百四十二《章獻明肅劉皇后傳》。明道二年卒，年六十五。真宗晚年有疾，仁宗即位時年尚少，章獻稱制十一年。蘇涣爲鳳州司法，當爲章獻稱制時。其時約在天聖七年、八年間。今次本年。

蘇洵青少年時嘗游岷峨。

《嘉祐集箋注》卷十六《憶山送人》：「少年喜奇迹，落拓鞍馬間。縱目視天下，愛此宇宙寬。山川看不厭，浩然遂忘懷。岷峨最先見，晴光厭西川。遠望未及上，但愛青若鬟。大雪冬没脛，夏秋多蛇蚖。乘春乃敢去，匍匐攀孱顔。有路不容足，左右號鹿猿。陰崖雪如石，迫暖成高瀾。經日到絶頂，目眩手足顛。自恐不得下，撫膺忽長歎。坐定聊四顧，風色非人寰。仰面躡（撰者按，疑應作『躡』）雲霞，垂手撫百山。臨風弄襟袖，飄若風中仙。」

沈括（存中）生。

據標點本《夢溪筆談》附年表。

天聖八年（一〇三〇）庚午　蘇洵二十二歲

重九，洵至成都玉局觀，得張仙畫像。

《嘉祐集箋注》卷十五《題張仙畫像》：「洵嘗於天聖庚午重九日，至玉局觀無礙子卦肆中，見一畫像，筆法清奇，云乃張仙也，有感必應。因解玉環易之。」以下謂「每旦必露香以告」，以求子嗣。

《蜀中名勝記》卷三謂玉局觀爲北門之勝。又云：「彭乘《玉局記》云：後漢永壽元年（一五五），李老君與張道陵至此，有局脚玉牀自地而出，老君昇座，爲道陵説《南北斗經》。既去，而座隱地中，因成洞穴，故以玉局名之。」彭乘字利建，華陽人。仁宗皇祐五年卒，年六十五。《宋史》卷二百九十八有傳。

《蘇軾詩集》卷二十六《送戴蒙赴成都玉局觀將老焉》「玉局他年第幾人」句下引宋人程縯注：「昔張道陵修道既成，老君降於成都，地湧玉局，今爲觀，在平門内。」又引施元之、顧禧注：「《北斗經》，地神湧出，扶一玉局而作高座。《成都集記》：開元中，道士羅上清奏重修殿宇，本名玉局治，避高宗諱，改爲玉局化。國朝爲玉局觀，置提舉主管官。」

洵友人陳希亮（公弼）登進士第。

《蘇軾文集》卷十三《陳公弼傳》：「公諱希亮，字公弼，姓陳氏，眉之青神人。……中天聖八年進士第。」

《傳》謂：「公於軾之先君子，爲丈人行。」《邵氏聞見後録》卷十五謂希亮嘗曰：「吾視蘇明允猶子也，某猶孫子也。」某謂蘇軾。時希亮知鳳翔，蘇軾簽書鳳翔府節度判官廳公事。時在嘉祐末、治平初。希亮長蘇洵九歲，知蘇洵與希亮交往頗多；不如是，希亮之出言不如是之「不遜」。由蘇洵與陳希亮之交往，可知蘇洵亦常往來青神。蘇洵之友陳公美疑爲希亮（公弼）堂兄弟輩，亦爲青神人。希亮卒於治平二年四月，年六十六。見《琬琰集删存》卷二范鎮所撰《陳希亮墓誌銘》。《宋史》卷二百九十八有傳。

天聖九年（一〇三一）辛未　蘇洵二十三歲

三蘇年譜卷二

明道元年(一〇三二)壬申　蘇洵二十四歲

蘇洵母史夫人卒。母嘗繡「長壽王菩薩」等二幡。母卒,每逢忌日,洵必持幡而泣。

《嘉祐集箋注》卷十五《極樂院造六菩薩記》:「丁母夫人之憂,蓋年二十有四矣。」

同上卷十四《族譜後録下篇》謂父序娶史氏夫人,先序十五年而卒,當今年。謂:「史氏夫人眉之大家,慈仁寬厚。宋氏姑甚嚴,夫人常能得其歡,以和族人。」並謂史氏追封蓬萊縣太君。參卷首「蘇洵之祖父杲」、「蘇洵之父序」等條。

《蘇軾文集》卷六十一《捨幡帖》:「祖母蓬萊縣太君史氏繡幡二,其文曰『長壽王菩薩』、『消災障菩薩』。祖母没三十餘年,而先君中大夫孝友之慕,至老不衰,每至忌日,必捧而泣。今先君之没,復二十四年矣。某以謂寶藏於家,雖先君之遺意。而歸誠於佛,蓋祖母之本願。乃捨之金山,以資冥福。」云「必捧而泣」,乃謂不論其何處必帶之。誠孝令人感動。蘇洵卒時,乃囑蘇軾寶藏之。軾文作於元祐五年。

洵仲兄涣以丁母憂,去永康録事參軍任。

《欒城集》卷二十五《伯父墓表》：「爲永康録事參軍。歲饑，掌發廩粟，民稱其均。」

明道二年（一〇三三）癸酉　蘇洵二十五歲

蘇洵始知讀書而不刻意厲行。

《嘉祐集箋注》卷十二《上歐陽内翰第一書》：「生二十五歲始知讀書，從士君子游。年既已晚，而又不遂刻意厲行，以古人自期。而視與己同列者皆不勝己，則遂以爲可矣。」

景祐元年（一〇三四）甲戌　蘇洵二十六歲

蘇洵長子景先約生於本年。

《洵墓誌銘》：「生三子，曰景先，早卒。」參寶元元年紀事。

蘇洵仲兄涣爲開封士曹。

《欒城集》卷二十五《伯父墓表》叙服母史氏喪，以下云：「起爲開封士曹。雍丘民有獄死者，縣畏罪，以疾苦告。府遣吏治之，閲數人不能究。及公往，遂直其冤。夏人犯邊，府當市民馬，以益騎士。尹以諉公，馬盡得而民不擾。」

景祐二年（一〇三五）乙亥　蘇洵二十七歲

蘇洵發憤讀書。妻程氏以家中之生計自任，洵得專志於學。

《洵墓誌銘》：「年二十七，始大發憤，謝其素所往來少年，閉户讀書爲文辭。」

《温國文正司馬公文集》卷七十六《程夫人墓誌銘》：「府君年二十七猶不學，一旦慨然謂夫人曰：『吾自視，今猶可學，然家待我而生，學且廢生，奈何？』夫人曰：『我欲言之久矣，惡使子爲我而學者，子若有志，以生累我可也。』即罄出服玩，鬻之以治生，不數年遂爲富家。府君由是得專志於學。」

《嘉祐集箋注》卷十五《祭亡妻文》叙少年游蕩不學，妻憂其「泯没」後，於是「感歎折節」。

洵之幼女生。

據《類編老蘇集》卷二《自尤》。

蘇洵仲兄涣知鄢陵。 涣捕盗、辦案均有力，得人心。

《欒城集》卷二十五《伯父墓表》：「以薦知鄢陵。始至，散靈鹽，吏不敢爲姦，遂得其民。歲大荒，賊盗蜂起剽略，父老驚怖，相率請公自救，公慰諭遣之，而陰督吏士，數日盡獲。有兄殺弟而取其衣者，弟偶不死，與父皆訴之。捕得，公閔其窮而爲姦，問之曰：『汝殺而弟，知其不死而捨之者何？』兄喻公意，曰：『弟死復生，適有見者，不敢再也。』由此得不死，父子皆感泣。及公去，負任從之數千里。」

據《墓表》所述，涣上任開封士曹未滿即以薦知鄢陵。其知鄢陵，約爲本年事。

景祐三年（一〇三六）丙子　蘇洵二十八歲　蘇軾一歲

五月，天章閣待制權知開封府范仲淹落職知饒州[一]，秘書丞[二]、集賢校理余靖落職監筠州酒稅，太子中允、館閣校勘尹洙貶爲崇信軍節度掌書記、監郢州酒稅，鎮南節度掌書記、館閣校勘歐陽修貶爲夷陵令。

據《長編》卷一百十八。范仲淹落職，以論呂夷簡執政進者往往出其門，爲戊戌事；余、尹、歐陽之落職、貶，皆以言范仲淹不當貶，分别爲辛卯、乙未、戊戌事。

九月壬辰（十七日），以鎮江節度推官阮逸爲鎮安節度掌書記、知城父縣。蘇洵嘗與阮逸有交往。

九月壬辰云云，據《長編》卷一百十九。《長編》本月紀事并謂阮逸以「鄉貢進士試校書郎」；以下云：初召阮逸、胡瑗「作鐘磬律度，按之，雖與古多不合，猶推恩而遷之」。

《春渚紀聞》卷五《古書托名》謂「世傳王氏《元經》、薛氏《傳》、關子明《易傳》、《李衛公對問》皆阮逸著撰[三]，逸嘗以草示蘇洵。參大中祥符二年「亦稱蘇洵爲奉常公」條。

阮逸，《宋史翼》卷二十三有傳。字天隱，建陽人。天聖五年進士第。景祐元年初至三年初鄭向在知杭州期間，上其所撰《樂論》十二篇，與其師胡瑗俱被召，同校鐘管十三律，分造鐘磬各一簴。康定初，上鐘律制議并圖三卷。皇祐中，更鑄太常鐘磬，召逸與近臣太常議祕閣，遂典樂事，遷屯田員外郎。至和中爲王宮記室，坐事廢。有《易筌》、《王制井田圖》等書。以上據傳，并參《咸淳臨安志》卷四十六、《臨漢隱居詩話》。《嚴陵集》卷三有逸詩。

《郡齋讀書志》卷十：「《元經》十卷。右隋王通撰，唐薛收傳，皇朝阮逸學。起晉惠帝太熙元年，終於陳亡。予從兄子逸，仕安康，嘗得其本，歸而示四父。四父讀至帝問蛙鳴，哂其陋，曰六籍奴婢之言不爲過。按：《崇文》無其目，疑逸依托爲之。」同上卷尚著録「阮逸注《中説》十卷」。《中説》即《文中子》，隋王通門人集其師之語爲是書。

同上卷一著録「關子明《易傳》一卷」。謂魏關朗（子明）撰。

同上卷十四著録「《李衛公對問》三卷」，云：「右唐李靖對太宗問兵事。史臣謂李靖兵法，世無完書，略見於《通典》。今《對問》出於阮逸家，或云逸因杜氏附益之。」杜氏謂《通典》作者杜佑。

《直齋書録解題》卷十二著録「《李衛公問對》三卷」，謂乃假托，較之假托之《黄石公素書》，「文辭淺鄙尤甚」。

十二月十九日（一〇三七年一月八日）卯時，蘇洵次子軾生眉山縣紗縠行。

據《施譜》。

《施譜》謂紗縠行爲私第。《蘇軾詩集》卷三十一《異鵲》有「家有五畝園」之句，或爲《施譜》所本。

《蘇軾文集》卷七十三《記先夫人不發宿藏》:「先夫人僦居於眉之紗縠行。」與《施譜》所云不同。

《欒城集》卷三《次韻子瞻潁州留别二首》其一:「永懷江上宅。」卷九《次韻張耒見寄》:「我家初無負郭田,茅廬半破蜀江邊。」僦居爲可信。《蜀中名勝記》卷十二謂蘇氏故宅在紗線街。

《王譜》:「按先生送沈逵詩云:嗟我與君皆丙子。又有贈長蘆長老詩云:與公同丙子,三萬六千日。又按玉局文云:十二月十九日,東坡生日。置酒赤壁磯上。又按《志林》云:退之以磨蝎爲身宫,而僕以磨蝎爲命。若以磨蝎爲命推之,則爲卯時生。」

眉山屬成都府路之眉州,眉州治眉山縣。

民國《眉山縣志》卷五:「撥股祠。劉鴻典記云:眉城紗縠行有三蘇祠,舊相傳爲三蘇故宅,而州西七十里有撥股祠,亦相傳爲三蘇故宅。説者謂三蘇父子皆生於撥股祠,既乃遷於紗縠行,理合然也。……吾師李西漚先生僑寓眉州,……周覽撥股祠基址,而慨然歎曰:形如飛鳳,秀氣特鍾,此真三蘇故宅也。(下略)」

《貴耳集》卷上:「蜀有彭老山,東坡生則童,東坡死復青。」

《古今合璧事類備要》後集卷十《眉山生三蘇》:「蘇洵生蘇軾、轍,以文章名,其後二子繼之,故時人謡曰:眉山生三蘇,草木盡皆枯。」

《歸潛志》卷九引金雷淵（希顔）語：「昔東坡生，一夕眉山草木盡死。」《吴文正公文集》卷四十八《題東坡古木圖》：「當年眉山孕三蘇，曾聞眉山草木枯。」《冷齋夜話》卷七《夢迎五祖戒禪師》引蘇軾語：「先妣方孕時，夢一僧來托宿，記其頎然而眇一目。」

程夫人命任采蓮乳軾。

據《蘇軾文集》卷十五《乳母任氏墓誌銘》。

蘇軾，字子瞻，一字和仲。或謂小字同文，行九二。

《軾墓誌銘》：「公諱軾，姓蘇氏，字子瞻，一字和仲。」《蘇軾文集》卷六十八《書葛道純詩後》稱和仲，卷十九《洗玉池銘》稱仲和父。《雞肋集》卷三十三《題小飛來詩後》（大觀戊子作）稱武功和仲。據《墓志銘》，蘇軾封武功縣開國伯。不稱蘇軾而稱武功和仲，蓋以武功和仲不爲人所熟知，黨禍方熾，不得不爾。清平步青《霞外攟屑》卷三《三蘇文範》引嘉樂堂《三蘇文範》卷首《三蘇考實》：「軾字子瞻，小字同文。」又云：「轍字子由，小字同叔。」《蘇軾詩集》卷三十八《游羅浮山一首示兒子過》自注「子由一字同叔」；卷三十三《感舊詩》自注同，詩並稱轍爲阿同。謂蘇軾字同文，他書未見，姑志此。

《甕牖閑評》卷三：「黄太史詩云：『爲唤謫仙蘇二來。』故人謂蘇東坡排行第二，其實第九二也。濟南先生李方叔集中，有《讀小蘇先生九三丈》詩，則知東坡第九二矣。」此詩不見今本《濟南集》，已佚。然今本該集仍有二處稱蘇轍爲九三丈，一在卷四《小蘇先生九三丈自司諫拜起居郎》詩題中，一在卷五《金鑾後賦·序》中。《老學庵筆記》卷一叙紹聖四年蘇軾貶儋，與轍相遇於梧、藤間，軾呼轍爲九三郎。《霞外攟屑·三蘇文範》謂軾行九二，其依據當在此。此「九二」、「九三」不知是否爲第九十二、第九十三之意。然據《嘉祐集》卷十三《蘇氏族譜》，眉山蘇氏屬於洵曾祖蘇祜一枝者人不多，疑就眉山蘇氏全族言之。

清陳錫露《黄孀餘話》引《丹淵集》謂蘇軾一字子平，今人古柏《蘇東坡年譜》謂軾又字子平。按：《丹淵集》卷十《寄題杭州通判胡學士官居詩》之胡學士及詩中所云之子平，原刊此集者謂爲蘇軾，乃以此集北宋末初刊時「黨禍未解故竄易」之以致「失真」。不可據此謂軾字子平。軾友人有蘇鈞，字子平，見元豐六年「答蘇鈞簡」條。

號東坡、東坡居士、老泉山人、鐵冠道人、戒和尚、玉局老、眉陽居士、雪浪齋。人稱無邪公、仇池翁、毗陵先生、泉南老人、水東老人、東坡道人、仇仙、海上道人、蘇仙、黄岡翁、坡仙。賜謚文忠後，人復尊稱以文忠。

號東坡、東坡居士，見本譜元豐四年紀事。

《石林燕語》卷十：「蘇子瞻……晚又號老泉山人，以眉山先塋有老翁泉，故云。」

《夷堅志·丙志》卷十三《鐵冠道士》：「坡在海上嘗自稱鐵冠道人。」

自稱戒和尚，見《冷齋夜話》卷七《夢迎五祖戒禪師》條。

《佚文彙編》卷五《書贈徐信》末自稱玉局老；卷六《李伯時畫像跋》末有眉陽居士印章。

自號雪浪齋，見《自號録》。

「無邪公」，見《永樂大典》卷八百九十九引徐恢《月臺集·蒙劉元中沔數示東坡詩》。

《姑溪居士後集》卷十五有《仇池翁南浮集序》；此仇池翁乃蘇軾。

《觀林詩話》提及「趙德麟家所收泉南老人《雜記》」，此泉南老人乃蘇軾。

《渭南文集》卷二十八《跋蘇氏易傳》：「此本，先君宣和中入蜀時所得也。方禁蘇氏學，故謂之毗陵先生云。」謂爲毗陵先生，以嘗居毗陵。

稱水東老人，見《眉山唐先生文集》卷三《乙未正月丁丑》詩。

《豫章黄先生文集》卷二十六《跋東坡樂府》稱蘇軾爲東坡道人。

《省齋文稿》卷十七《跋東坡草烏頭方帖》稱蘇軾爲仇仙。

《省齋文稿》卷十七《跋山谷書東坡聖散子傳》：「山谷作《龐安常傷寒論後序》云：『前序，海上道人諾爲之，故虚右以待。』道人指東坡也。」《龐安常傷寒論後序》，見《豫章黄先生文集》卷十六。黄庭堅此文，約作於元符間，時蘇軾在儋州。參以上所引《夷堅志·丙志》。

《山谷詩集注》卷九《次韻宋楙宗三月十四日到西池都人盛觀翰林公出遨》：「還作遨頭驚俗眼，風流文物屬蘇仙。」

《太倉稊米集》卷三十五《蘇内相在黄岡》詩稱蘇軾爲黄岡翁。

金元好問《遺山先生文集》卷四《奚官牧馬圖息軒畫》稱蘇軾爲坡仙，明李贄編選評點蘇軾各體文章，名曰《坡仙集》。

以上所述，或則流傳較廣，影響較大，或則有特定重要意義，或則不甚爲世人所知，故拈而出之。除此以外，蘇軾自稱及他人所稱尚多，如自「東坡」生發，自稱即有東坡老、東坡病叟、東坡翁，他人所稱則有東坡老人、東坡公、坡、坡公、坡老、坡翁、老坡、大坡等，東坡先生則二者兼而有之，不一一細述。在當時社會中，以官爵、地望、鄉里代稱某有名望之人，大體如是，於蘇軾則稱蘇賢良、太史、蘇太史、蘇翰林、蘇内翰、内翰、蘇學士、蘇端明、蘇禮部、蘇密州、蘇徐州、蘇湖州、蘇黄州、蘇惠州、蘇副使、蘇眉山、蘇眉州、眉山公等（參《古籍整理研究》第二十七輯周正舉《蘇軾稱謂考辨》），亦不一一細述。

賜謚乃孝宗乾道六年事，見本書卷末。

古柏《蘇東坡年譜》謂軾「自號長公」。按：軾兄弟三人。兄景先早卒，人乃尊稱之曰「蘇長公」，如《後山集》卷二《次韻應物有歎黄樓》即有「一代蘇長公」之句，非自稱也。以兄弟行輩言，人或稱蘇軾大蘇（《欒城集》卷十六《神水館寄子瞻兄四絶》其三）、大蘇公（《碧雞漫志》卷一）、蘇二（《山谷外集詩注》卷十六《避暑李氏園二首》其二）。兹并志於此。

景祐四年（一〇三七）丁丑　蘇洵二十九歲　蘇軾二歲

蘇洵長兄澹（希白、太白）卒。

《嘉祐集箋注》卷十五《極樂院造六菩薩記》叙母史氏卒「後五年而喪兄希白」。

《軾墓誌銘》：「伯父太白早卒。」

《樂全集》卷三十九《文安先生墓表》：「考序，……生三子，澹、涣教訓甚至，各成名宦。」歐陽修《蘇洵墓誌銘》亦有澹、涣「皆以文學舉進士」之語。澹之仕宦不得其詳。

《蘇軾文集》卷十六《蘇廷評行狀》謂「澹不仕」，與《樂全集》所云不同。

蘇洵仲兄涣通判閬州。涣在任中，禮鮮于侁甚厚，侁得獲仕進。

《欒城集》卷二十五《伯父墓表》：「通判閬州。州苦衙前法壞，争者日至。公爲立規約，訟遂止。雖爲政極寬，而用法必當，吏民畏而安之。閬人鮮于侁，少而好學篤行，公禮之甚厚，以備鄉舉，侁以獲仕進。其始爲吏，公復以循吏許之，侁仕至諫議大夫，號爲名臣。職方君自眉視公治，喜其能，留數月而歸。會金、洋兵亂，閬人恟懼。時方缺守，公領州事，陰爲之備，而時率寮吏，登城縱酒，民遂以安。亂兵適以敗散，不及境。」職方君，父序。

《淮海集》卷三十六《鮮于子駿行狀》謂名侁，閬州人。景祐五年（即寶元元年，一〇三八）登進士第。知其鄉舉爲景祐四年事。則蘇涣通判閬州，亦爲景祐四年事。以侁之爲吏，在登第以後事。

洵經嘉州出三峽經荆門赴京師就進士試。

《洵墓誌銘》叙洵二十七歲發憤，以下云：「歲餘，舉進士。」知爲今年事。此所云舉進士，乃謂就試。試有二，一爲解試，又稱秋試。二爲禮部試。解試中，方可應禮部試。不知洵赴京師時，是否已在蜀中發解？如未，洵必須於京師應解試。洵之子軾、轍即於嘉祐元年秋於汴京應解試，次年應禮部試。

《洵墓誌銘》「舉進士」之「士」字後有「再」字，知洵兩經解試，此爲第二次。

《宋史》本傳叙二十七歲發憤，以下云：「歲餘舉進士。」

《類編老蘇集》卷二《游陵雲寺》首云：「長江觸山山欲摧，古佛咒水山之隈。千航萬舸胅前過，仰望絶頂皆徘徊。足踏重浪怒洶湧，背負喬嶽高崔嵬。予昔過此下荆渚，斑斑滿面生蒼苔。」陵雲寺在嘉州。參本譜嘉祐四年紀事。

《嘉祐集箋注》卷十六《憶山送人》：「朅來游荆渚，談笑登峽船。峽山無平岡，峽水多悍湍。長風送輕帆，瞥過難詳觀。其間最可愛，巫廟十數巔。聳聳青玉幹，折首不見端。其餘亦詭怪，土老崖石頑。長江渾渾流，觸齧不可欄。苟非峽山壯，浩浩無隅邊。恐是造物意，特使險且堅。江山兩相值，後世無水患。水行月餘日，泊舟事征鞍。爛熳走塵土，耳囂目眵昏。中路逢漢水，亂流愛清淵。道逢塵土客，洗濯無瑕痕。」

《類編老蘇集》卷二《荆門惠泉》：「古郡帶荒山，寒泉出西郭。嘈嘈幽響遠，衮衮清光活。當年我年少，繫馬弄潺湲。愛此泉旁鷺，高姿不可攀。今逾二十載，我老泉依舊。臨流照衰顔，始覺老且瘦。當時同游子，半作泉下塵。流水去不返，游人歲歲新。」此詩作於嘉祐五年。二十載，舉成數，所叙爲此時事，實已及二十二年有餘。

蘇洵離眉山經三峽赴汴京，可以肯定爲今年事。如洵在汴京應解試，則需八月前到汴。如已在蜀發解，則至遲需於下年春初至汴。今已不可得其詳，故全繫洵有關赴汴途中詩句於此。

《輿地紀勝》卷七十八《荆湖北路·荆門軍·景物上》：「蒙泉：在軍城西，出於硤石山之麓，即蒙山也。南曰蒙泉，北曰惠泉。每晝夜兩潮，水溢數寸。世傳南出玉，北出珠。」同上《蒙泉詩》引蘇洵《荆門惠泉》詩首二句。同上《風俗形勝》謂荆門軍「東帶漢水，西被硤石」，「南距江陵，北界漢水」。治長林。

同上卷六十四《江陵府·景物上》：「渚宫：《廣記》云，江陵故城在東南，有渚宫。《元和郡縣志》云：楚别宫。《左傳》曰：王在渚宫。《水經注》云：今城楚船宫地也。春秋之渚宫。《皇朝郡縣志》云：梁元帝即位，取渚宫以爲名。後唐長興三年，高從誨鑿城西南隅爲池，起亭曰渚宫，規模甚壯。」

寶元元年(一〇三八)戊寅　蘇洵三十歲　蘇軾三歲

三月甲寅(十七日)，仁宗御崇政殿試禮部奏名進士。范鎮、司馬光、石揚休得中。蘇洵與本年禮部試，未中。

三月甲寅云云，據《長編》卷一百二十一；謂范鎮得中。

《司馬文正公年譜》：司馬光於本年進士及第。

《温國文正司馬公文集》卷七十五《石昌言哀辭》：「四十三乃及第。」揚休四十三歲當本年。

《洵墓誌銘》叙洵「年二十七始大發憤」，而後「歲餘舉進士再不中」。知洵與范鎮、司馬光、石揚休等同科應禮部試，未能中，未與御試。

《蘇軾文集》卷十四《范景仁墓誌銘》謂鎮(景仁)乃「吾先君子之益友」。鎮爲成都之華陽人。洵之結交范鎮，至遲爲本年。

蘇洵回鄉，經轘轅，識嵩嶽，欲卜居嵩嶽。

《嘉祐集箋注》卷十六《憶山送人》中云：「振鞭入京師，累歲不得官。悠悠故鄉念，中夜成慘然。《五噫》不復留，馳車走轘轅。自是識嵩嶽，蕩蕩容貌尊。不入衆山列，體如鎮中原。」末云：「大抵蜀山峭，巉刻氣不温。不類嵩華背，氣象多濃繁。」累歲云者，不登第自無由得官。此乃叙落第回鄉。轘轅，山名，關口名。今河南偃師縣東南。山路險阻，凡十二曲，循環往還，故稱轘轅。參《元和郡縣志》卷五《河南府·緱氏縣》。

《嘉祐集箋注》卷十六詩題：「丙申歲余在京師。……余嘗有意於嵩山之下，洛水之上，買地築室，以爲休息之館而未果。……」詩云：「經行天下愛嵩嶽，遂欲買地居妻孥。晴原漫漫望不盡，山色照野光如濡。民生舒緩無夭札，衣冠堂堂偉丈夫。」

《蘇軾詩集》卷二十三《别子由三首兼别遲》其一：「先君昔愛洛城居。」

《欒城第三集》卷五《卜居賦·引》：「昔予先君，以布衣學四方，嘗過洛陽，愛其山川，慨然有卜居意，而貧不能遂。」

《總案》謂洵經嵩、洛爲此時事。

經華山。

《嘉祐集箋注》卷十六《憶山送人》中云：「幾日至華下，秀色碧照天。上下數十里，映睫青巑巑。」華下即指華山。蘇洵登華山，領略華山勝概。

經終南山、長安。

《嘉祐集箋注》卷十六《憶山送人》中云：「迤邐見終南，魁岸蟠長安。一月看山嶽，懷抱斗以騫。」斗，斗城，即長安。《箋注》引《三輔黄圖》卷一：「〔長安〕城南爲南斗形，北爲北斗形，至今人呼漢京城爲斗城。」蘇洵經終南山、長安時，贊歎長安之壯觀。

在長安，洵上田京待制詩。時趙元昊稱帝，國號夏。

詩乃《嘉祐集箋注》卷十六《上田待制》。

詩叙過長安，盛贊秦地山川險要，物産豐富，民風强悍。詩云：「天意此有謂，故使連西羌。」西羌謂西夏。有此等好條件，正可防西夏，正可爲關中、中原屏障。詩云：「古人遭邊患，累累鬭兩剛。方今正似此，猛士强如狼。跨馬負弓矢，走不擇澗岡。脱甲森不顧，袒裼搏敵場。」其時邊境形勢甚爲緊張。

老蘇此次過長安，乃以落第西歸，詩叙親身見聞。

《宋史紀事本末》卷三十《夏元昊拒命》：「寶元元年冬十月，元昊僭稱帝，建國號曰大夏。」元昊乃夏之主，宋賜姓趙。景祐三年，元昊已攻占回鶻瓜、沙、肅州。欲自靖德、塞門砦、赤城路三道並入攻鄜延。

《鄖溪集》卷十九《右諫議大夫充天章閣待制知滄州兼駐泊馬步軍部署田公〔京〕行狀》：「天聖初進士第。……龍圖閣學士王博文鎮秦州，請公權節度推官。秦爲兵馬之衝，而公悉力處之。儲芻粟三百六十餘萬〔石〕。轉運使李紘至秦，以爲王公有賢從事。……趙元昊叛夏州，……侍讀學士李仲容薦公，召赴中書堂，試以策畫，遂中上策。除通判鎮戎軍。從宣徽夏守贇出陝西，因見上，陳方略，上甚悦，賜五品服，遂爲經略判官。守贇還闕，復參夏竦軍事。」

田京通判鎮戎軍，爲寶元二年十二月乙亥事。見《長編》卷一百二十五。夏守贇爲陝西經略安撫招討使爲康定元年二月丁亥事。見《夏元昊拒命》。趙元昊反以前，田京即在陝西，反後亦在陝西，擔當軍事要職。

老蘇詩云：「田侯本儒生，武略今洸洸。右手握麈尾，指麾據胡牀。郡國遠浩浩，邊鄙有積倉。」田侯乃儒將。

《宋史》卷三百三《田京傳》謂字簡之，世居滄州，其後徙亳州鹿邑。末云京喜議論，頗通兵戰、曆算、雜家之術，著《天人流術》、《通儒子》十數書，又有奏議十卷」。

綜上所述，知田侯乃田京。

據田京行狀，京至和元年，除天章閣待制、陝西都轉運使。知詩題所云「待制」，乃蘇洵以此詩入集時（或定稿時）所加。嘉祐元年，蘇洵過長安時，邊境平静，與詩中所繪戰争氣氛不符。詩末云：「秦境古何在，秦人多戰傷。此事久不報，此時將何償。得此報天子，爲侯歌之章。」蘇洵在長安與田京相晤時，得知不少將士守土衛邊故事，其中自有田京所作貢獻。蘇洵欲爲此作歌報天子，知朝廷并不十分了解此中情況；蘇洵所云「爲侯」之「侯」，自爲田京。知田京在軍中職位不高，故蘇洵欲爲之宣揚之。如其時田京已爲待制，蘇洵所云，反不符合實際。宋制，待制乃於正式官職之外加與文臣之銜號；宋各殿閣皆置待制之官，如龍圖閣待制及此處所云之天章閣待制之類，位在直學士之下。見《宋史·職官志》。得此銜號者，位置已相當顯赫，田京此時不及是也。

據行狀，田京嘉祐三年卒，年六十七。據此，知京生於淳化三年（九九二），長蘇洵十七歲。

洵離長安，越秦嶺，登劍閣。

《嘉祐集箋注》卷十六《憶山送人》中云：「漸漸大道盡，倚山棧夤緣。下瞰不測溪，石齒交戈鋋。虛閣怖馬足，險崖摩吾肩。左右山絕澗，中如一繩慳。傲睨駐鞍轡，不忍驅以鞭。累累斬絕峰，兀不相屬聯。背出或逾峻，遠騖如争先。或時度岡嶺，下馬步險艱。怪事看愈好，勤劬變清歡。行行上劍閣，勉强踵不前。矯首望故國，漫漫但青烟。」棧，棧道。「下瞰」十六句叙越秦嶺天險。劍閣，即劍門關。真宗景德三年以劍州劍門縣隸關，以兵馬監押主之；熙寧五年，縣復隸劍州。過劍閣，雖無險山要隘，然山勢不斷，故云漫青烟。

過鹿頭坡，抵家。

《嘉祐集箋注》卷十六《憶山送人》中云：「及下鹿頭坡，始見平沙田。歸來顧妻子，壯抱難留連。」

漢州鹿頭關，唐高崇文擒劉闢於此。蓋爲歷史勝概。德陽宋時屬漢州。漢州西南至本州界二十里，自界首至成都府七十五里。進入川西平原。

《蜀中名勝記》卷九《成都府九·德陽縣》：「《寰宇記》云：縣北五里有鹿頭山。自綿州羅江縣來，迤邐入縣界。古老云：昔漢有張鹿頭於此造關，因以爲名。」《箋注》謂鹿頭坡即鹿頭山。

蘇洵長子景先卒。

《嘉祐集箋注》卷十五《極樂院造六菩薩記》謂長兄澹卒後「又一年而長子死」。

《欒城後集》卷二《次韻子瞻寄賀生日》：「弟兄本三人，懷抱喪其一。」

寶元二年(一〇三九)己卯　蘇洵三十一歲　蘇軾四歲　蘇轍一歲

二月二十日亥時，蘇洵幼子轍生。

據《何譜》。《欒城遺言》謂母夢蛟龍伸臂而生。注引《拾遺記》謂孔子當生之夜，一蒼龍亘天而下，來附其母徵在之房，誠吉兆。

《蘇軾文集》卷二十《十八大阿羅漢頌》之跋：「子由以二月二十日生。」

蘇轍，字子由，一字同叔。行九三。小名卯君。

《何譜》：「轍字子由，又字同叔。」

《年表》：「轍字子由，一字同叔。」

《蘇軾詩集》卷三十三《感舊詩》「扣門呼阿同」句下自注：「子由一字同叔。」卷三十八《游羅浮山一首示兒子過》自注同。

《濟南集》卷四有《小蘇先生九三丈自司諫拜起居郎》詩。卷五《金鑾後賦·序》亦稱轍爲九三丈。餘詳紹聖四年五月甲子紀事。

小名云云見《蘇軾文集》卷六十八《書出局詩》。以轍屬兔也。

自號東軒長老、潁濱遺老。人稱潁濱、潁濱先生、欒城公、欒城、欒城先生、高安居士、宛丘先生、補闕、子由先生、黄門公、蘇黄門、蘇門下、蘇侍郎、蘇循州、少蘇公、少公。贈少保，人稱少保。賜謚文定後，人尊稱以文定。

《斜川集》卷一《和叔父移居東齋》謂轍自號東軒長老。

《欒城後集》卷十二、卷十三有《潁濱遺老傳》，自述從仕經歷。

《何譜》稱轍爲潁濱、潁濱先生。

蘇适墓銘稱轍爲欒城公，見宣和四年紀事。

蘇籀有《欒城先生遺言》，欒城先生謂轍。

《參寥子詩集》卷六《聞子由舟及南昌詩以寄之》稱轍爲高安居士。

《蘇軾詩集》卷七《戲子由》戲稱轍爲宛丘先生。
《淮海集》卷十四《答傅彬老簡》稱轍爲補闕。
《張右史文集》卷十五《寄子由先生》稱轍爲子由先生。
張邦基《墨莊漫録》卷三引王鞏《蘇黄門挽詞》，此蘇黄門即轍。《斜川集》卷三《次韵叔父黄門己丑歲除二首》、卷六《祭叔父黄門文》稱轍爲黄門。《姑溪居士後集》卷十五《跋東坡諸公追和淵明歸去來引後》稱轍爲黄門公。
陳天倪《潁濱語録》又稱《蘇門下語録》，見《長編》卷四百九十六元符元年三月癸酉紀事注文。
《朱文公文集》卷七十二《蘇黄門老子解》稱轍爲蘇侍郎。
張耒《續明道雜志》稱轍爲蘇循州。
《新安志》卷三稱轍爲少蘇公。
《鶴山先生大全文集》《跋蘇氏帖》稱轍爲少公。
《蘇适墓誌銘》謂轍贈少保。《宋故孺人黄氏墓誌銘》稱轍爲少保。
轍謚文定，見本書卷六十一餘編淳熙三年紀事。

楊金蟬來隸於蘇家，爲子轍之保母。或謂金蟬乃蘇洵之妾。

丁傳靖《宋人軼事彙編》卷十二「蘇洵生軾轍」條下云楊氏，參天聖五年「洵妻程氏」條，當即是老蘇妾。

《蘇軾文集》卷十五《保母楊氏墓誌銘》：「先夫人之妾楊氏，名金蟬，眉山人。年三十，始隸蘇氏，頹然順善也。爲弟轍子由保母。年六十八，熙寧十年六月己丑，卒於徐州，屬纊不亂。子由官於宋，載其柩殯於開元寺。後八年，軾自黄遷汝過宋，葬之於宋東南三里廣壽院之西，實元豐八年二月壬午也。」

據上文，楊金蟬實生於大中祥符三年，少洵一歲。

熙寧十年四月，轍隨兄軾往徐州，金蟬實同行，故卒於徐。金蟬之於轍，幾於寸步不離。此中不知是否有特殊情況（如謂轍乃出於金蟬）。

董儲以都官員外郎知眉州。蘇洵與游。

《蘇軾詩集》卷十四《董儲郎中嘗知眉州，與先人游，過安丘，訪其故居，見其子希甫，留詩屋壁》題下宋人王堯卿注：「董儲，密州安丘人。寶元二年，以都官員外郎知眉州。」詩云：「白髮郎潛舊使君，至今人道最能文。隻雞敢忘橋公語，下馬來尋董相墳。冬月負薪雖得免，鄰人吹笛不堪聞。死生契闊君休問，灑淚西南向白雲。」

儲，真宗時登進士第。仁宗天聖初爲滑州觀察判官。景祐初以屯田員外郎知宿州，旋通判吉州。見《長編》卷一百三、一百一十六。《金石萃編》卷一百二十一有儲《藍田縣重修玄聖文宣王廟記》，作於大中祥符四年；據此，知儲長於洵頗多。

《蘇軾文集》卷六十九《跋董儲書》其一：「董儲郎中，密州安丘人，能詩，有名寶元慶曆間。其書尤工，而人莫知，僕以爲勝西臺也。」其二：「密州董儲亦能書，近歲未見其比。然人猶以爲不然。僕固非善書者，而世稱之。以是知是非之難齊也。」儲詩不傳。西臺，李建中，蜀人，字得中。善書札，行筆尤工。《宋史·文苑傳》有傳。

洵與史經臣（彦輔）游。

《嘉祐集箋注》卷十五《祭史彦輔文》中云：「輟哭長思，念初結交，康定、寶元。子以氣豪，縱横放肆，隼擊鵬騫。奇文怪論，卓若無敵，悚怛旁觀。憶子大醉，中夜過我，狂歌叫喧。予不喜酒，正襟危坐，終夕無言。他人竊驚，宜若不合，胡爲甚歡。嗟人何知，吾與彦輔，契心忘顔。飛騰雲霄，無有遠邇，我後子先。擠排澗谷，無有險易，我溺子援。破窗孤燈，冷灰凍席，與子無眠。」「康定寶元」，實爲「寶元康定」，以押韻，故如是云。

《蘇軾文集》卷一《思子臺賦·引》：「予先君宫師之友史君諱經臣，字彦輔，眉山人。與其弟沆子凝皆奇士，博學能文，慕李文饒之爲人，而舉其議論。」文饒，唐李德裕之字。德裕，《新唐書》卷一百八十有傳，稱：「少力於學，既冠，卓犖有大節，不喜與諸生試有司。」歷仕唐憲宗、穆宗、敬宗、文宗、武宗諸朝。

經臣卒嘉祐二年，年六十。參該年紀事。據此，知經臣長蘇洵十一歲。

洵與陳公美游。

《嘉祐集箋注》卷十六《答陳公美》云「十歲不得偕」，已相別十年。此詩作於嘉祐元年赴京師途中。以下云：「念昔居鄉里，游處了無猜。飲食不相捨，談笑久所陪。拜君以爲兄，分密誰能開。齒髮俱未老，未至衰與頹。我子在襁褓，君猶無嬰孩。君後獨捨去，爲吏天一涯。」知公美爲眉山人，略長於蘇洵，情誼甚篤。以下云：「我又厭奔走，遠引不復來。」知相別之地，乃公美爲官之處所。則「昔居鄉里」，乃少時事，約爲天聖至寶元間事。詩又云：「君顏蔚如故，大噱飛塵灰。」「大噱」亦爲少時事。

公美，疑爲字。《蘇軾文集》卷十三《陳公弼傳》：「公諱希亮，字公弼，姓陳氏，眉之青神人。」疑公美、公弼爲族中兄弟輩。眉山、青神密邇，來往甚便。

康定元年（一〇四〇）庚辰　蘇洵三十二歲　蘇軾五歲　蘇轍二歲

三蘇年譜卷三

慶曆元年（一〇四一）辛巳　蘇洵三十三歲　蘇軾六歲　蘇轍三歲

慶曆二年（一〇四二）壬午　蘇洵三十四歲　蘇軾七歲　蘇轍四歲

四月庚辰（初七日），富弼（彦國）以知制誥使契丹。彭任從行。任還，嘗爲蘇洵叙入契丹境所聞。

四月云云，據《宋史·仁宗紀》。

《嘉祐集箋注》卷十五《送石昌言使北引》：「往年，彭任從富公使還，爲我言，既出境，宿驛亭，聞介馬數萬騎馳過，劍槊相摩，終夜有聲，從者怛然失色。及明，視道上馬迹，尚心掉不自禁。凡虜所以夸耀中國者多此類，中國之人不測也。」

《蘇軾文集》卷六十六《跋送石昌言引》：「彭任字有道，亦蜀人，從富彦國使虜還，得靈河縣主簿以死。石守道嘗稱之，曰：『有道長七尺，而膽過其身。一日坐酒肆，與其徒飲且酣，聞彦國當使不測之虜，憤憤推酒床，拳皮裂，遂自請行，蓋欲以死扞彦國者也。』其爲人大略如此，然亦任俠好殺云。」守道名介，兖州奉符人。天聖七年進士。慶曆五年七月卒，年四十一。有

《徂徠石先生文集》傳世。《宋史》卷四百三十二有傳。參本譜慶曆三年紀事。

軾始讀書。

《蘇軾文集》卷四十八《上梅直講書》：「軾七八歲時，始知讀書。」

朱姓老尼爲軾言後蜀主孟昶避暑磨訶池撰詞事。

《東坡樂府》卷上《洞仙歌·序》叙之。

蘇洵幼姊卒。

《嘉祐集箋注》卷十五《極樂院造六菩薩記》謂長子卒後「又四年而幼姊亡」。爲今年。

《蘇軾文集》卷十六《蘇廷評行狀》謂幼姊乃適石揚言者。石氏乃眉山有名家族，揚言兄弟輩有昌言者，與蘇洵父子有交往。參本譜大中祥符五年紀事。

孫甇（叔静）生。

據《宋史》卷三百四十七傳。

慶曆三年（一〇四三）癸未　蘇洵三十五歲　蘇軾八歲　蘇轍五歲

軾入小學，師張易簡，與陳太初同學。受李伯祥之賀。

《蘇軾文集》卷十二《衆妙堂記》：「眉山道士張易簡教小學常百人，予幼時亦與焉。居天慶觀北極院，予蓋從之三年。」卷七十二《陳太初尸解》叙與太初同學，元祐末太初「尸解」。涵芬樓

《説郛》卷四十三曾慥《集仙傳》：「陳太初：眉州市道人子也。蘇軾方八歲，與先生同學。」
《施譜》：「是年先生入鄉校。」《淮海後集》卷三《送陳太初道録》有云：「先生簪紱後，世系木綿瓜。駐馬生枯骨，回車濟病蛇。帶雲眠酒市，和月醉漁家。落日千山路，西風一枕霞。」
《文集》卷六十八《題李伯祥詩》稱伯祥爲眉山矮道士，好爲詩，「余幼時學於張易簡觀中，伯祥與易簡往來，嘗歎曰『此郎君貴人也』」。

張商英（天覺）生。

據《名臣碑傳琬琰集》下集卷十六。

八月丁未（十三日），范仲淹爲參知政事，富弼爲樞密副使。此略前，歐陽修、余靖、蔡襄爲諫官。仲淹條對上十事，仁宗悉采用之，是爲慶曆新政。尹洙馳騁上下。蘇洵深受鼓舞。
《長編》卷一百四十二本年八月丁未紀事：「以樞密副使、右諫議大夫范仲淹爲參知政事，資政殿學士兼翰林學士、右諫議大夫富弼復爲樞密副使。」仲淹爲樞密副使，乃本年四月甲辰事，見《長編》卷一百四十。
《長編》卷一百四十本年三月癸巳紀事：太子中允、集賢校理歐陽修爲太常丞知諫院，太常博士、集賢校理余靖爲右正言，諫院供職。
同上本年四月戊申紀事：「著作佐郎、館閣校勘蔡襄爲祕書丞、知諫院。」

同上卷一百四十三九月丁卯紀事：仁宗開天章閣，召范仲淹、富弼對，賜坐給筆札，使疏當世急務於前。仲淹、弼皆皇恐避席，退而列奏十事，一曰明黜陟，二曰抑僥倖，三曰精貢舉，四曰擇長官，五曰均公田，六曰厚農桑，七曰修武備，八曰推恩信，九曰重命令，十曰減徭役。以下云：「上方信嚮仲淹等，悉用其説，當著爲令者，皆以詔書畫一次第頒下。」

《嘉祐集箋注》卷十二《上歐陽内翰第一書》：「往者天子方有意於治，而范公在相府，富公爲樞密副使，執事與余公、蔡公爲諫官，尹公馳騁上下，用力於兵革之地。方是之時，天下之人，毛髮絲粟之才，紛紛然而起，合而爲一。而洵也，自度其愚魯無用之身，不足以自奮於其間，退而養其心，幸其道之將成，而後可以復見於當世之賢人君子。」

《歐陽文忠公集·居士集》卷二十九《尹師魯墓誌銘》、《宋史》卷二百九十五《尹洙傳》：字師魯，河南人。少與兄源俱以儒學知名。天聖二年進士。西北久安，洙作《叙燕》、《息戍》，以爲武備不可弛。趙元昊反，朝廷以范仲淹、韓琦爲經略、安撫副使，以洙爲判官。洙爲琦所深知。韓琦知秦州（撰者按，爲慶曆元年四月辛巳事，見《長編》卷一百三十一），辟洙通判州事，加直集賢院，上奏曰：「自西夏叛命四年，並塞苦數擾，内地疲遠輸。兵久於外而休息無期，卒有乘弊而起。《兵法》所謂『雖有智者，不能善其後』。當此之時，陛下宜夙夜憂懼，所以慮事變而塞禍源也。陛下延訪邊事，容納直言，前世人主，勤勞寬大，未有能遠過者。然未聞以宗廟爲憂，危亡爲懼，此賤臣所以感憤於邑而不已也。何者？今命令數更，恩寵過濫，賜與不節。此三者，戒之慎之，在陛下所行爾，非有難動之勢也。而因循不革，弊壞日甚。臣謂陛下不以宗廟爲憂、危亡爲懼者，以此。」又曰：「臣所論三事，皆人人所共知，近臣從諛而不言，以至今日。方今非獨四夷之爲患，朝政日弊而陛下不寤，人心日危而陛下不知。故臣願先正於內，以正於外。然後忠謀漸進，紀綱漸舉，國用漸足，士心漸奮。邊境之患，庶乎息矣。」仁宗嘉納之。改太常丞、知涇州，以右司諫、知渭州兼領涇原路經略公事。徙晉州，遷起居舍人、直龍圖閣、知潞州。以上云云，乃洵所云「馳騁上下」也。

尹洙參慶曆五年紀事。

石介作《慶曆聖德頌》。

《宋史紀事本末》卷二十九《慶曆黨議》：「國子監直講石介，篤學尚志，樂善嫉惡，喜聲名，遇事奮發敢爲。會吕夷簡罷相，章得象、晏殊、賈昌朝、韓琦、范仲淹、富弼同時執政，而歐陽修、蔡襄、王素、余靖並爲諫官。夏竦既拜，復奪之，以〔杜〕衍代。因大喜曰：『此盛事也，歌頌吾職，其可已乎』：作《慶曆聖德詩》。」

頌見《徂徠石先生文集》卷一，今録其序：

「三月二十一日大昕，皇帝御紫宸殿朝百官，相得象、殊，拜竦樞密使，夷簡以司徒歸第。二十二日，制命昌朝參知政事，弼樞密副使。二十六日，敕除修、靖、素並充諫官。四月八日，皇帝御紫宸殿朝百官。衍樞密使，仲淹、琦樞密副使，乃用御史中丞拱宸、御史邈、御史平、諫官修、靖十一疏，追竦樞密使敕。十三日，敕又除襄爲諫官。天地人神，昆蟲草木，無不歡喜。皇帝退奸進賢，發於至聰，動於至誠，奮於睿斷，見於剛克，陟黜之明，賞罰之公也。上視漢、魏、隋、唐、五代，凡千五百年，其間非無聖神之主、盛明之時，未有如此選人之精，得人之多，進人之速，用人之盡，實爲希闊殊尤，曠絶盛事。在皇帝之德之功，爲卓犖瑰偉、神明魁大。古者，一雲氣之祥，一草木之異，一蹄角之怪，一羽毛之瑞，當時羣臣猶且濃墨大字、金頭鈿軸，以稱述頌美時君功德，以爲無前之休，丕大之績。如仲淹、弼，實爲不世出之賢，求之于古，堯則夔、龍，舜則稷、契，周則閎、散，漢則蕭、曹，唐則房、魏，陛下有之。諸臣亦皆今天下之人望，爲宰相諫官者，陛下盡用之。此比雲氣、草木、蹄角、羽毛之異，萬萬不侔，豈可黝無歌詩雅頌，以播吾君之休聲烈光、神功聖德，刻于琬琰，流于金石，告于天地，奏于宗廟，存于萬千年而無窮盡哉！臣實羞之。臣嘗愛慕唐大儒韓愈爲博士日，作《元和聖德頌》千二百言，使憲宗功德赫奕煒燁，昭于千古，至今觀之，如在當日。陛下今日功德，無讓憲宗。臣文學雖不逮韓愈，而亦官於太學，領博士職，歌詩讚頌，乃其職業。竊擬於愈，輒作《慶曆聖德頌》一首，四言，凡九百六十字。文辭鄙俚，固不足以發揚臣子之心，亦欲使陛下功德赫奕煒燁，昭于千古，萬千年後觀之，如在今日也。臣不勝死罪。臣賤，無路以進，姑藏諸家，以待樂府之采焉。」

其頌云：「於維慶曆，三年三月。皇帝龍興，徐出闈闥。晨坐太極，晝開閶闔。躬攬英賢，手鋤姦枿。大聲渢渢，震摇六合。如乾之動，如雷之發。昆蟲蹢躅，妖怪藏滅。同明道初，天地嘉吉。初聞皇帝，慼然言曰：予父予祖，付予大業。予恐失墜，實賴輔弼。汝得象殊，重慎徽密。君相予久，予嘉君伐。君仍相予，笙鏞斯協。昌朝儒者，學問該洽。與予論政，傅以經術。汝貳二相，庶績咸秩。惟汝仲淹，汝誠予察，太后乘勢，湯沸火熱。汝時小臣，危言業業。爲予司諫，正予門闑。爲予京兆，堲予讒説。賊叛于夏，爲予式遏。六月酷日，大冬積雪。汝暑汝寒，同於士卒。予聞辛酸，汝不告乏。予晚得弼，予心弼悦。弼每見予，無有私謁。以道輔予，弼言深切。予不堯舜，弼自笞罰。諫官一年，奏疏滿篋。侍從周歲，忠力盡竭。契丹亡義，檮杌饕餮。敢侮大國，其辭慢悖。弼將予命，不畏不懾。卒復舊好，民得食褐。沙磧萬里，死生一節。視弼之膚，霜剥風裂。觀弼之心，鍊金鍛鐵。寵名大官，以酬勞渴。弼辭不受，其志莫奪。惟仲淹弼，一夔一契，天實賚予，予其敢忽。并來弼予，民無瘥札。曰衍汝來，汝予黃髮。事予二紀，毛禿齒豁。心如一兮，率履弗越。遂長樞府，兵政毋蹶。予早識琦，琦有奇骨。其器魁櫑，豈視居楔。其人渾樸，不施劀劂。可屬大事，敦厚如勃。琦汝副衍，知人予哲。惟脩惟靖，立朝巘巘。言論磥砢，忠誠特達。禄微身賤，其志不怯。嘗詆大臣，亟遭貶黜。萬里歸來，剛氣不折。屢進直言，以補予闕。素相之後，含忠履潔。昔爲御史，幾叩予榻。至今諫疏，在予箱匣。襃雖小臣，名聞予徹。亦嘗獻言，箴予之失。剛守粹慤，與脩儔匹。並爲諫官，正色在列。予過汝言，無鉗汝舌。皇帝明聖，忠邪辨别。舉擢俊良，掃除妖魃。衆賢之進，如茅斯拔。大奸之去，如距斯脱。上倚輔弼，司予調燮。下賴諫諍，維予紀法。左右正人，無有邪孽。予望太平，日不逾浹。皇帝嗣位，二十二年。神武不殺，其默如淵。聖人不測，其動如天。賞罰在予，不失其權。恭己南面，退姦進賢。知賢不易，非明不得。去邪惟難，惟斷乃克。明則不貳，斷則不惑。既明且斷，惟皇之德。羣下蹴踖，重足屏息。交相告語，曰惟正直。毋作側僻，皇帝汝殛。諸侯危慄，墜玉失舄。交相告語，皇帝神明。四時朝覲，謹脩臣職。四夷走馬，墜鐙遺策。交相告語，皇帝神武。解兵脩貢，永爲屬國。皇帝一舉，羣臣懾焉。諸侯畏焉，四夷服焉。臣願陛下，壽萬千年。」

章得象，字希言，浦城人。慶曆八年卒，年七十一。《宋史》卷三百十一有傳。時爲昭文相。

晏殊，字同叔，臨川人。至和二年卒，年六十五。《宋史》卷三百十一有傳。時爲集賢相。

賈昌朝，字子明，真定獲鹿人。治平二年卒，年六十八。《宋史》卷二百八十五有傳。

王素，字仲儀，開封人。熙寧六年卒，年六十七。《宋史》卷三百二十有傳。

夏竦，字子喬，九江德安人。皇祐三年卒，年六十七。《宋史》卷二百八十三有傳。當時稱爲姦邪。

杜衍，字世昌，山陰人。嘉祐二年卒，年八十。《宋史》卷三百一十有傳。

御史中丞拱宸，氏王；御史邈，氏沈；御史平，氏席。見《長編》卷一百四十。

軾讀《慶曆聖德詩》，慕韓、范、歐陽爲人。

《蘇軾文集》卷十《范文正公文集叙》叙本年入鄉校，以下云：「士有自京師來者，以魯人石守道所作《慶曆聖德詩》示鄉先生。軾從旁竊觀，則能誦習其詞，問先生以所頌十一人者何人也？先生曰：『童子何用知？』軾曰：『此天人也耶，則不敢知；若亦人耳，何爲其不可？』先生奇軾言，盡以告之，且曰：『韓、范、富、歐陽此四人者，人傑也。』時雖未盡了，則已私識之矣。」軾能如是，必有其父之影響。

慶曆四年（一〇四四）甲申　蘇洵三十六歲　蘇軾九歲　蘇轍六歲

六月，以范仲淹爲陝西、河東宣撫使。八月，以富弼爲河北宣撫使。

據《宋史紀事本末》卷二十九《慶曆黨議》，云呂夷簡罷，仲淹以天下爲己任。以下云：「與富弼日夜謀慮，興致太平。然更張無漸，規模闊大，論者籍籍，以爲難行。及按察使出，多所舉劾，衆心不悦，任子之恩澤，磨勘之法密，僥倖者不便，由是謗毁寖盛，而朋黨之論滋不可解。

先是石介奏記於弼，責以行伊、周之事。夏竦怨介斥己，又欲因以傾弼等，乃使女奴陰習介書，久之，習成，遂改『伊、周』曰『伊、霍』，且僞作介爲弼撰廢立詔草，飛語上聞。帝雖不信，而弼與仲淹恐懼，不自安於朝，皆請出按西北邊，不許。適聞契丹伐夏，仲淹固請行，乃獨允之。」又云富弼宣撫河北，從弼請也，弼及范仲淹既去，石介不自安，亦請外，得濮州通判。

是歲，陳堯佐卒。堯佐與蘇洵仲兄蘇涣相知，嘗有書與涣，論嶺外之瓦屋始於韓愈官潮州刺史前。

詳本譜元祐七年紀事（「蘇軾寄《韓文公廟碑》碑文並簡與吴復古」條）。

任伋（師中）官清江，洵作詩送行。

詩乃《嘉祐集箋注》卷十六《送任師中任清江》。《淮海集》卷三十三任伋墓表謂伋卒於元豐四年（一〇八一），年六十四。伋實生天禧二年（一〇一八），少洵九歲。

送行詩首云：「吾老尚喜事，羨君方少年。」洵長伋九歲而以老稱，蓋有不得已之意在焉。「有如伏櫪馬，看彼始及鞍。奔騰過吾目，蕭條正思邊。誰知脱吾羈，傲睨登太山。」此六句，以馬比伋。謂「伏櫪」、「始及鞍」，知伋之年尚穉，聯繫以上所云「少年」，伋此時之年不過十八九歲。謂「奔騰」，則伋充滿活力。謂「正思邊」，知伋正思得所用，雖「始及鞍」，然其才已成。謂

「蕭條」，乃云邊地之蕭條，知伋不僅思得所用，亦思於艱苦之地爲國效力，以建功立業。謂「誰知」，知「蕭條正思邊」，不過蘇洵由觀察所得之印象，而伋之志向遠較此爲大，「傲睨」即云伋之遠大志向，眼界頗高。《名賢氏族言行類稿》卷三十三《任伋傳》謂伋登慶曆三年第。按，慶曆三年未舉行禮部試，「三」當爲「二」之誤。洵此詩乃伋登第後作。「正思邊」或即以下所云之「作邊吏」。

「君今」十二句謂伋得縣，縣即謂清江。云「始」，知此前尚爲吏，即以下所云之邊吏；蘇洵以爲，伋得縣應較此爲早。則作此詩時，伋或已登第一至二年。伋赴任須出三峽，經大江。蘇洵以見大江之浩蕩，識天地之寬闊爲慰、爲勉。「大江多風波，渺然欲翻天，浩蕩吞九野，開闔壯士肝」乃述自身經歷，以壯伋之行。

「去年」十二句叙送行。云「氈裘」，知伋爲邊吏所在，乃「蠻夷」聚居之羈縻地區。云「烽火」，知漢、「夷」因糾紛而發生衝突以至用兵。伋以文吏着戎裝，出入衝突地區，與「蠻夷」之長（首領）周旋。云「屈」，乃謂伋以儒吏之尊，實不願與氈裘之長周旋，然職責所在，不得不行。云「芥蒂」，謂伋爲邊吏有委屈，其委屈即如上所云。云「吹盡」，謂清江新任不用與氈裘周旋，自是一樂事。云「陳湯」，以留意沿途山川形勝爲勉，以爲異日進取之資。末二句云「胸膽」，似伋赴新任仍有不釋然者。

全詩洋溢兄長關愛之情，二人友誼甚深。蘇洵此詩，約作於慶曆三四年間，今姑次於本年。參皇祐元年「蘇洵在鄉與史經臣任伋游」條、至和二年「任君饋顔真卿《郊州碑》」條。

文彦博知益州。彦博任中爲處士張愈(俞)置居青城山白雲溪。蘇洵嘗與俞游。

文彦博云云，據《長編》卷一百五十三本年十二月甲辰紀事。爲俞置居，見《宋史》卷四百五十八《張愈傳》。俞雋偉有大志。《蘇軾文集》卷六十八《題張白雲詩後》：「張俞少愚，西蜀隱君子也。與予先君游，居岷山下白雲溪，自號白雲居士。本有經世志，特以自重難合，故老死草野，非槁項黄馘盗名者也。」《蜀中廣記》卷九十八著録俞《白雲集》三十卷，佚。彦博，汾州介休人，《宋史》卷三百一十三有傳。

《輿地紀勝》卷一百五十一《成都府路·永康軍·人物》：「張俞，字少愚。自晉徙蜀，今爲成都之郫人。應茂材異等科，退居岷山之白雲溪，號白雲隱居。六辭召命，爲詩曰：『前身應是陶宏景，不用人間萬户侯。』又云：『欲作外臣誰是友，白雲孤鶴在巖扉。』田况贈詩曰：『丹鳳詔不起，白雲藏更深。』吕汲公大防賦《白雲詞》以美之。其妻蒲氏亦隱居玉清館，自號隱夫人。《永康續志》云：白雲溪在清都觀前。文潞公鎮蜀，出俸金市此溪贈張俞，號白雲隱居。」白雲隱居一稱白雲庵。《輿地紀勝》同上卷《詩》有《白雲庵詩》一欄，爲張俞作也。如任宗易：「懶隨六詔上丹闕，高卧一峯藏白雲。」鮮于夏：「六詔謾隨丹鳳急，一溪聊與白雲閑。」龐清孫：

「當時若爲蒼生出，安得雲溪不朽名。」他尚有范鎮、蔣堂等七人詩。

《成都文類》卷二十有張俞《上蜀帥任密諫書》。《長編》卷一百二十七康定元年四月己丑紀事：「龍圖閣直學士、右諫議大夫、知并州任中師爲樞密直學士、知益州。」書首云「再拜樞直諫議」，知此任密諫乃任中師。慶曆元年五月辛未，中師爲樞密副使，見《長編》卷一百三十二。張俞書首云「十月二日」，知此書上於康定元年。書中有「俞自惟生治平僅四十年」，知俞生真宗咸平四年（一〇〇一），長蘇洵八歲。

俞雋偉有大志，游學四方，屢舉不第。寶元初，西夏事起，上書陳攻取十策，請使契丹，令西夏、契丹相攻，以完中國之勢，其論甚壯。慶曆元年九月辛酉，詔張俞試校書郎，不赴。見《長編》卷一百三十三。樂山水，嘗浮湘、沅，觀浙江，升羅浮，入九疑。杜門著書，未就，卒。其行實、性情與蘇洵有相類者。

《成都文類》卷二十二張俞《送張安道赴成都序》云至和元年秋七月：「蠻中酋長以〔儂〕智高事聞於黎，轉而聞之益，雲南疑若少動，歲凶之説又從而沸焉，縉紳從而信之焉。西南一隅，朝廷重憂之矣。天子於是命我公來帥，以全蜀安危付之。」俞於是言：「大理至南詔，南詔至益，其地相去數千里，山川險阻，從而可知。然二虜雖大，皆順服之國也，朝廷亦嘗有恩以縻之，今乃捨部族之常居，附遁賊之餘黨，歷險隘之遠道，以謀入寇，彼雖蠻夷，亦知其迂而不爲也。」蓋時有南詔助儂智高寇邊傳言。俞之言於當時之形勢，洞若觀火，非平素關心時事，非平素嫻習方略，孰能如此。張俞此書，蘇洵必熟觀之。張方平到蜀後，指揮若定，亦得力於此。參至和元年十一月紀事所引《蘇軾文集》卷十四《張文定公墓誌銘》。

《成都文類》卷二十有張俞《上成都知府書》，中云：「今宋之政，文亦勝矣。武德不修，大刑用息，戎狄遂乘而叛亂，海内震憤，七年於兹。」此戎狄指西夏，其叛亂當指寶元元年（一〇三八）趙元昊稱帝。據此，知此書作於慶曆五年（一〇四五）。張俞之論，深中時弊。蘇洵於《嘉祐集箋注》卷一《幾策·審勢》中倡用威，「一賞罰，一號令，一舉動，無不一切出於威，嚴用刑法而不赦有罪，力行果斷而不牽於衆人之是非，用不測之刑，用不測之賞，而使天下之人視之如風雨雷電，遽然而至，截然而下，不知其所從發而不可逃遁」，以爲今之勢可用刑，用刑亦王道。蘇洵於《集》卷十一《上韓樞密書》謂「兵久驕不治」，須「執法」、「繩以法」。本俞之論而有發展。

張俞現存之文，收《全宋文》卷五五〇至五五三，凡四十篇。詩二十九首，收《全宋詩》卷三八二；另有殘篇十篇，殘句一句，尚有可補。

《全宋文》張俞傳謂俞卒於一〇六四年，當英宗治平元年。

軾續從張易簡讀書。

據《蘇軾文集》卷十一《衆妙堂記》。

轍始入學，當爲本歲事。自是至出蜀，或切磋琢磨，或登山臨水，未嘗相捨。

《龍川略誌》卷一《夢中見老子》條：「余幼居鄉閭，從子瞻讀書天慶觀。」

《欒城集》卷十二《次韻子瞻感舊見寄》：「結髮皆讀書，明月入我牖。縱横萬餘卷，臨紙但揮手。」

《和王適炙背讀書》：「少年讀書處，寒夜令無火。」卷七《逍遥堂會宿》引：「轍幼從子瞻讀書，未嘗一日相捨。」卷二十四《武昌九曲亭記》：「昔余少年，從子瞻遊，有山可登，有水可浮，子瞻未始不褰裳先之。有不得至，爲之悵然移日，至其翩然獨往，逍遥泉石之上，擷林卉，拾澗實，酌水而飲之，見者以爲仙也。」

《欒城後集》卷二十《祭亡嫂王氏文》：「轍幼學於兄，師友實兼。志氣雖同，以不逮慚。」《再祭亡兄端明文》謂兄弟幼時：「遊戲圖書，寤寐其中，曰予二人，要如是終。」

《蘇軾詩集》卷四《和子由蠶市》：「憶昔與子皆童丱，年年廢書走市觀。市人争誇鬬巧智，野人喑啞遭欺謾。」

軾與程之元嬉戲，或爲此時事。

《蘇軾詩集》卷二十七《送表弟程六知楚州》：「炯炯明珠照雙璧，當年三老蘇程石。里人下道避鳩杖，刺史迎門倒凫舃。我時與子皆兒童，狂走從人覓梨栗。健如黄犢不可恃，隙過白駒那暇惜。醴泉寺古垂橘柚，石頭山高暗松櫟。（下略）」程六乃之元，見題下「施注」。參下文皇祐四年「三姊受虐」條。

滕宗諒降知虢州。先是趙元昊反，宗諒知涇州，禦之有功，言者上不實之論，置獄，范仲淹救之，乃有虢州命。蘇軾聞宗諒建功，深仰其人，及聞其以功而降，深爲之不平。

《長編》卷一百四十六本年正月辛未：「降刑部員外郎、天章閣待制、權知鳳翔府滕宗諒爲祠部員外郎、知虢州。」以下叙朝廷爲宗諒置獄邠州，獄未具而有是命，從參知政事范仲淹言也。宗諒字子京，河南人，與范仲淹同年舉進士。《宋史》卷三百三有傳。傳叙趙元昊反，宗諒知涇州，防禦有功，以下云：「會范仲淹自環慶引蕃漢兵來援，時天陰晦十餘日，人情憂沮，宗諒乃大設牛酒迎犒士卒；又籍定川戰没者於佛寺祭酹之，厚撫其孥，使各得所，於是邊民稍安。」徙慶州。以下云：「御史梁堅劾奏前在涇州費公錢十六萬貫，及遣中使檢視，乃始至部日，以故事犒賚諸部屬羌，又間以餽遺游士故人。宗諒恐連逮者衆，因焚其籍以滅姓名。仲淹時參知政事，力救之，止降一官，知虢州。」宗諒旋知岳州，卒於慶曆七年，《范文正公集》卷十有祭文。

《蘇軾文集》卷六十三《祭滕大夫母楊夫人文》：「士盛慶曆，如漢武宣。用兵西方，故西多賢。

惟時滕公，實顯於西。文武殿邦，尹范是齊。功名不終，有命有義。我時童子，知爲公喟。四十餘年，墓木十圍。」以下叙滕公之子希靖，即滕大夫。希靖詳本譜元祐八年、紹聖元年紀事。祭文所云滕公乃宗諒，尹乃尹洙，范乃范仲淹。洙字師魯，河南人，《宋史》卷二百九十五有傳。喜談兵，提倡古文運動，有《河南先生文集》傳世。《范文正公集》卷十三《天章閣待制滕君墓誌銘》謂宗諒配李氏，子希仲、希魯、希德、希雅。希靖及母楊氏不載。黄宗羲《墓銘例》：「庶出不書。」知希靖乃庶出，楊氏非正配。蘇轍爲蘇軾所作墓銘，即不書朝雲，益可證。《姑溪居士文集》卷三十《跋戚氏》謂希靖海陵人。上引宗諒墓銘謂嘗知泰（海陵），楊氏或爲海陵人，希靖即生於海陵，遂爲海陵人。

軾嘗夢自身是僧。

《冷齋夜話》卷七《夢迎五祖戒禪師》：「軾年八九歲時，嘗夢其身是僧，往來陝右。」《王譜》引《冷齋夜話》謂爲七八歲時事。

軾嘗讀錢易詩。

《蘇軾文集》卷六十八《跋翰林錢公詩後》：「軾齠齔入鄉校，即誦公詩。」易字希白，惟演從弟。《宋史》卷三百一十七有傳。傳稱易「才學瞻敏過人，數千百言，援筆立就，又善尋尺大書行草」。

慶曆五年（一〇四五）乙酉　蘇洵三十七歲　蘇軾十歲　蘇轍七歲

蘇洵命蘇軾作《夏侯太初論》。

《優古堂詩話·東坡作夏侯太初論》引《王立方詩話》、《能改齋漫録》卷八引《王直方詩話》：「東坡十歲時，老蘇令作《夏侯太初論》，其間有『人能碎千金之璧，不能無失聲於破釜；能搏猛虎，不能無變色於蜂蠆』之語。老蘇愛之，以少時所作，故不傳。然東坡作《顏樂亭記》與《黠鼠賦》，凡兩次用之。」

《王譜》慶曆五年紀事：「按《大全集》載東坡少時語云：『秦少章言東坡十來歲，〔老〕蘇曾令作《夏侯太初論》，有「（略）」之語。老蘇愛此論，年少所作，故不傳。』」

《蘇軾詩集》卷十五《顏樂亭詩·叙》云：「蘇子曰：古之觀人也，必於小者觀之，其大者容有僞焉。（撰者按，以下爲『人能碎千金之璧』云云四句）孰知簞食瓢飲之爲哲人之大事乎！」簞食瓢飲爲小道，顏子簞食瓢飲而爲哲人。故觀人必於小者觀之。

《蘇軾文集》卷一《黠鼠賦》叙鼠齧於空橐之中，發而視之，中有死鼠，覆而出之，墮地而走，於是以此鼠爲黠，人竟爲鼠所使。以下云：「坐而假寐，私念其故。若有告余者曰：『汝惟多學而識之，望道而未見也。不一於汝，而一於物，故一鼠之齧而爲之變也。（撰者按，以下爲「人能碎千金之璧」四句），此不一之患也。（下略）』」

按：所云「二四」，乃謂不能平等視鼠。就生物而言，人爲生物，鼠亦爲生物；人欲求生存，鼠亦欲求生存。視鼠、人爲一，人爲鼠使，亦道之常。所云「一二」，乃謂人視鼠有差異，鼠可爲人所使，而人不可爲鼠所使，人一爲鼠所使，心遂不能平。

夏侯太初名玄，三國時魏人。與人謀殺司馬師，夷三族。《三國志·魏志》有傳。玄有集不傳。玄規格局度，世稱其名。蘇洵命蘇軾論夏侯玄，蓋有感於玄之不善其終也。

《嘉祐集箋注》卷二《權書·心術》末云：「善用兵者，使之無所顧，有所恃。無所顧，則知死之不足惜；有所恃，則知不至于必敗。尺棰當猛虎，奮呼而操擊；徒手遇蜥蜴，變色而却步：人之情也。知此者，可以將矣。」

蘇洵此處所論，受蘇軾「人能碎千金之璧，不能無失聲於破釜；能搏猛虎，不能無變色於蜂蠆」之論之影響。參龍吟《萬古風流蘇東坡》第一册第三七一頁。父子之間，學與教相益，不僅爲宋代三百年文人中之佳話，直爲中華文人中之佳話。

「人能碎千金之璧」云云，其適用範圍，小則日常生活，大則國家大事，不謂之哲理不可也。蘇軾十歲時能發此論，已爲他日天才顯露之端倪。

蘇洵與史經臣（彦輔）東游。

《軾墓誌銘》：「公生十年，而先君宦學四方。」軾今年十歲。

「與史經臣」云云，見本年以下「蘇洵與史經臣抵京師」條。

蘇洵過長安，見石昌言。

《嘉祐集箋注》卷十五《送石昌言使北引》叙石揚休（昌言）進士及第。以下云：「（昌言）守官四方，不相聞。吾以壯大，乃能感悔，摧折復學。又數年，游京師，見昌言長安，相與勞苦如平生歡，出文十數首，昌言甚喜，稱善。吾晚學無師，雖日爲文，中甚自慚，及聞昌言説，乃頗自喜。」

蘇洵與史經臣（彦輔）抵京師。

《嘉祐集箋注》卷十六《祭史彦輔文》：「旅游王城，飲食寤寐，相恃以安。」王城謂京師。

蘇洵與顔太初（醇之、鳧繹先生）等卿士大夫游。

據《蘇軾文集》卷十《鳧繹先生詩集叙》，詳本譜慶曆七年紀事。

太初，徐州彭城人。《宋史》卷四百四十二有傳。少博學，有儁才，慷慨尚義。喜爲詩，多譏切時事。詩不傳。

是歲，范仲淹罷知邠州，富弼罷知鄆州。時歐陽修、余靖、蔡襄分散四出，尹洙奔走小官。石介卒。慶曆新政失敗。蘇洵仰天歎息，然未喪失希望。

《長編》卷一百五十四正月乙酉紀事：「右諫議大夫、參知政事范仲淹爲資政殿學士，知邠州兼陝西四路緣邊安撫使、樞密副使、右諫議大夫富弼爲資政殿學士、京東西路安撫使、知鄆州。」

《歐陽文忠公集》卷首年譜：慶曆四年八月癸卯，除修龍圖閣直學士、河北都轉運按察使。本年八月甲戌，落龍圖閣直學士，罷都轉運按察使，降知制誥、知滁州。

余靖本年知吉州。見《歐陽文忠公集·居士集》卷二十三《贈刑部尚書余襄公神道碑銘》。靖知吉州，爲本年二月戊辰事。《淳熙三山志》卷二十二《秩官·郡守》：慶曆五年四月，蔡襄以右正言、直史館知福州。（撰者按：三山即福州）

《宋史紀事本末》卷二十九《慶曆黨議》謂尹洙自知渭州徙知慶州，又徙知晉州。本年七月洙知潞州，見《長編》卷一百五十六。

同上：本年六月，石介卒。並謂介雖在畎畝，不忘天下，是是非非，無所忌諱，以故小人嫉之，相與出力，必擠之死。

《嘉祐集箋注》卷十二《上歐陽内翰第一書》叙慶曆新政失敗，内心憧憬之道未能實現，以下云：「范公西，富公北，執事與余公、蔡公分散四出，而尹公亦失勢，奔走於小官。洵時在京師，親見其事，忽忽仰天歎息，以爲斯人之去，而道雖成，不復足以爲榮也。既復自思，念往昔衆君子之進於朝，其始也，必有善人焉摟之；今也，亦必有小人焉推之。今之世無復有善人也，則已矣，如其不然也，吾何憂焉。姑養其心，使其道大有成而待之，何傷。」

《宋史》卷二百九十五《尹洙傳》謂洙知潞州後，貶崇信軍節度副使，徙監筠州酒税。洙旋感疾，移牒至南陽訪醫，卒，年四十七。時在慶曆七年。見歐陽修《尹師魯墓誌銘》。

自唐末歷五代，文格卑弱。至宋初，柳開始爲古文，尹洙與穆脩復振起之。其爲文簡而有法，有《河南先生集》傳世。

蘇洵妻程氏，親授蘇軾、蘇轍兄弟以書，以氣節勉二子；不發宿藏，不殘鳥雀，以身教。

《軾墓誌銘》：「公生十年，而先君宦學四方，太夫人親授以書。聞古今成敗，輒能語其要。太夫人嘗讀《東漢史》，至《范滂傳》慨然歎息。公侍側，曰：『軾若爲滂，夫人亦許之否乎？』太夫人曰：『汝能爲滂，吾顧不能爲滂母耶？』公亦奮厲有當世志。太夫人喜曰：『吾有子矣。』」

《欒城後集》卷十二《潁濱遺老傳》上：「母成國太夫人程氏，亦好讀書，明識過人，志節凜然，每語其家人『二子必不負吾志』。」二子者，軾、轍也。

《欒城三集》卷十《墳院記》：「〔先〕夫人程氏，……生而志節不羣，好讀書，通古今，知其治亂得失之故。有二子，長曰軾，季則轍也。方其少時，先公、先夫人皆曰：『吾嘗有志兹世，今老矣，二子其尚成吾志乎！』」

《程夫人墓誌銘》:「夫人喜讀書,皆識其大義。軾、轍之幼也,夫人親教之,常戒曰:『汝讀書勿效曹耦止欲以書自名而已。』每稱引古人名節以勵之,曰:『汝果能死直道,吾無戚焉。』」以下云二子同登進士第,同登賢良方正科,乃程氏之素勗,并謂「知愛其子」。

《蘇軾文集》卷七十三《記先夫人不發宿藏》:「先夫人僦居於眉之紗縠行。一日,二婢子熨帛,足陷於地。視之,深數尺,有一甕,覆以烏木板。夫人命以土塞之,甕中有物,如人咳聲,凡一年而已。人以爲有宿藏物,欲出也。夫人之姪之問聞之,欲發焉。會吾遷居,之問遂僦此宅,掘丈餘,不見甕所在。(下略)」

同上《記先夫人不殘鳥雀》:「少時所居書堂前,有竹柏雜花,叢生滿庭,衆鳥巢其上。武陽君惡殺生,兒童婢僕,皆不得捕取鳥雀。數年間,皆巢於低枝,其鷇可俯而窺。又有桐花鳳,四五日翔集其間。此鳥羽毛至爲珍異難見,而能馴擾,殊不畏人。閭里間見之,以爲異事。此無他,不忮之誠信於異類也。有野老言,鳥雀巢去人太遠,則其子有蛇鼠狐狸鴟鳶之憂,人既不殺,則自近人者,欲免此患也。由是觀之,異時鳥雀巢不敢近人者,以人爲甚於蛇鼠之類也,苛政猛於虎,信哉!」武陽君,程夫人。人與鳥雀共生活於大自然之中,應和諧相處。程夫人不殘鳥雀,以今日之保護環境之觀點視之,其意義蓋如此,不僅在不殺也。然能與鳥雀和諧相處,則應以不忮(嫉妒)之誠取信於鳥雀,不以己驕鳥雀,而以平等待鳥雀。所謂平等,乃謂同爲自然界之一生物，人爲一生物，鳥與雀亦爲一生物。蘇軾謂其母之意實在於此，其感人處正在於此。

軾續從張易簡讀書。

據《蘇軾文集》卷十一《衆妙堂記》。

轍亦當續從易簡讀。

是歲，黄庭堅生。

據《山谷全書》卷首《年譜》。

與程建用、楊堯咨、弟轍會學舍中，作《天雨聯句》。

《蘇軾文集》卷六十八《記里舍聯句》叙其事，謂爲幼時事。

《欒城集》卷十五《送程建用宣德西歸》首云：「昔與君同巷，參差對柴荆。」詩末自注：「君昔嘗税居，與弊廬東西相望，武昌君見其家事，知非貧賤人也，此語未嘗語人。俯仰三十年矣。」詩作於元祐元年。武昌君謂母程氏。楊堯咨，待考。

《總案》：「以子由聯句論之，要不出十齡作也。」今從其説。

吕陶《浄德集》卷三十一《送程彝仲赴東川教授》：「與君同縣又同甲。」彝仲，建用字。見《蘇軾詩集》卷二十七《送程建用》題下「王堯卿注」。此同甲謂同年生。《宋史》卷三百四十六《吕陶傳》謂爲成都人，嘉慶《彭山縣志》卷三謂陶爲彭山人。陶詩所云「同縣」乃指彭山。彭山、眉山相連，知建用爲彭山人。陶傳謂：「徽宗立，復集賢殿修撰、知梓州，致仕。卒，年七十七。」知陶卒於徽宗即位後不久。建用長於軾。

慶曆六年（一〇四六）丙戌　蘇洵三十八歲　蘇軾十一歲　蘇轍八歲

洵友人黎錞（希聲）登本年進士第。

《净德集》卷二十二《朝議大夫黎公墓誌銘》謂錞今爲廣安人。以下云：「公諱淳（錞），字希聲。幼務學。既冠，與仲兄洵游京師。當時儒宗石守道、孫明復，皆美其才。韓忠獻公召置門下，聲望益顯。第慶曆六年進士。（下略）」忠獻，琦。

《蘇軾文集》卷十一《眉州遠景樓記》：「今太守黎侯希聲，軾先君子之友人也。」作於元豐元年七月十五日，時錞知眉州。

八月癸亥（十六日），仁宗御崇政殿，策試賢良方正能直言極諫。蘇洵與史經臣同舉制策，不中。

八月癸亥云云，據《長編》卷一百五十九；錢彦遠入第四等。彦遠，字子高，錢塘人，易子。《宋史》卷三百十七有傳。皇祐二年卒，年五十七。

《洵墓誌銘》：「舉茂才異等，不中。」

《蘇軾文集》卷七十二《史經臣兄弟》：「先友史經臣，……與先君同舉制策，有名蜀中，世所共知。」應制舉試遠較應禮部試難。

蘇洵次女卒。

《嘉祐集箋注》卷十五《極樂院造六菩薩記》謂幼姊卒後「又五年而次女卒」。據此，則洵之次女卒年應爲慶曆七年丁亥。然「又五年」句下之文字爲：「至於丁亥之歲，先君去世。」則其次女非卒於慶曆七年，而爲慶曆六年，即本年。蓋一年之中，歲初、歲末，相差幾及一年。卒於上年正月者，至次年之末，即可謂二年。謂次女卒於今年，亦理之常。

據蘇洵《自尤》詩，幼女生於景祐二年（一〇三五）。幼女之上即爲次女，次女生年，至遲爲明道二年（一〇三三），至今年，爲十四歲。

慶曆七年（一〇四七）丁亥　蘇洵三十九歲　蘇軾十二歲　蘇轍九歲

是歲，王則起義。

《宋史·仁宗紀》十一月戊戌紀事：「貝州宣毅卒王則據城反。」

《嘉祐集箋注》卷一《幾策·審敵》言及「河朔有王則之變」。

蘇洵歸蜀，洵仲兄涣賦詩送之。涣時監裁造務。

《蘇軾詩集》卷二十一詩題：「伯父送先人下第歸蜀詩云：『人稀野店休安枕，路入靈關穩跨驢。』」全詩佚。軾詩其十一有「莫謂無車馬，含羞入劍關」之句。「靈關」當謂劍關，即劍門關，入劍門關，即可直馳眉州。
涣詩告誡其弟行路須小心謹慎。
《欒城集》卷二十五《伯父墓表》叙涣通判閬州，以下云：「還朝，監裁造務。」以下叙「未幾，而職方君没」。
蘇洵游廬山。
《嘉祐集箋注》卷十六《憶山送人》中，云：「投身入廬嶽，首挹瀑布源。飛下二千尺，强烈不可干。餘潤散爲雨，遍作山中寒。次入二林寺，遂獲高僧言。問以絶勝境，導我同躋攀。逾月不倦厭，岩谷行欲殫。」
蘇洵游圓通禪院，訥禪師、景福順公與游。
《蘇軾詩集》卷二十三詩題：「圓通禪院，先君舊游也。四月二十四日晚，至，宿焉。明日，先君忌日也。乃手寫寶積獻蓋頌佛一偈，以贈長老僊公。僊公撫掌笑曰：『昨夜夢寶蓋飛下，著處輒出火，豈此祥乎！』乃作詩。院有蜀僧宣，逮事訥長老，識先君云。」（詩略）。軾詩作於元豐七年。
《蘇軾詩集》查注引《圓通紀勝集》：「可僊禪師諱真覺，嶺南人。東坡先生訪之，師先一夕，見空現一寶蓋，霞光匝地，繞獻師前。次日，公果至，作詩，其叙云：『圓通乃先君舊游地，追念昔容，蔑以爲悼，謹書寶積菩薩獻蓋一首，綵幡一對，以資冥助。』」較詩題爲詳。

《欒城集》卷十一《贈景福順長老·引》：「轍幼侍先君，聞舊遊廬山，過圓通，見訥禪師，留連久之。元豐五年以謫居高安，景福順公不遠百里惠然來訪，自言昔從訥於圓通，逮與先君遊。歲月遷謝，今三十六年矣。二公皆吾里人，訥之化去已十一年，而順公年七十四，神完氣足，聰明了達，對之悵然。懷想疇昔，作二篇贈之。」其二首云：「念昔先君子，南遊四十年。相看順老在，想見訥師賢。」

王令《廣陵集》卷九《贈廬山老居訥》：「訥公匡廬老，詩句整以雅。標韻樂天淳，不肯外禮假。所居遠城市，絶俗就閒暇。崗崖道路惡，亦爲佳客下。余雖昔所聞，而見今乃乍。愛其語言好，超絶忽世跨。馬异就其居，燈火共清夜。惜不見其壯，已老吁可訝。高才可施用，售世嗟無價。臨別更何論，共是忘言者。」云「詩句」，則居訥乃詩僧。云「標韻」，知居訥之詩有白居易之風。云「高才」，似居訥不忘情世事，有抱負，王令以其不得施展爲惜；如此才僧，兩宋僧人中實不多見，故予以拈出。

《青山集》卷五《康王洞呈同游訥禪師》：「康王洞口無塵埃，青山嶄巖水邅迴。飛橋百尺渡天險，下聽谷響如奔雷。凭欄要識物外物，泬寥寥兮何有哉。但見東皐聳樓閣，碧瓦鱗鱗何崔嵬。虹電披猖雨新歇，金雲點綴芙蓉開。斜陽疏光照不入，異景萬變誰能裁。仙家遺象已可愛，是時況與禪宗來。瞳人照耀骨森竦，皎如皓月凌寒梅。險句卷起谷簾水，真珠萬斛收蒼崖。猿不能啼鳥無語，巨石枯木爲之摧。達即善用用即妙，斯游何異登蓬萊。回頭碌碌利名士，日盡日朽令人哀。」「瞳人」云云謂訥禪師。

同上卷十一《贈圓通訥禪師》：「禪師古英豪，識之恨已晚。浩氣雖自充，靈標固天産。瓊枝玉府秀，春波鏡湖滿。妙趣玄中玄，高談簡復簡。痊予萬古病，金刀刮昏眼。朗如秋月明，不害浮雲生。始知金仙教，六幽同一情。一情亦何有，紛紛逐妍醜。遂令世上人，浮沉嗟白首。我願卿相知，薦師爲國師。一言了萬化，堯舜誠無爲。逢時揚至道，曠劫開羣迷。儒佛實皆聖，胡爲相是非。本亡末愈弱，行僞言空持。嗚呼可奈何，師也予同歸。」

《五燈會元》卷十六《圓通居訥禪師》：「廬山圓通居訥祖印禪師，梓州人，姓蹇氏。生而英特，讀書過目成誦。十一出家，十七試《法華》得度。受具後肄業講肆，耆年多下之。會禪者南游回，力勉其行。於是徧參荆、楚間，迄無所得。至襄州洞山，留止十年，因讀《華嚴經》有省。後游廬山，道價日起。由歸宗而遷圓通。仁廟聞其名，皇祐初，詔住十方浄因禪院。師稱目疾，不能奉詔。有旨令舉自代，遂舉大覺璉應詔。及引對，問佛法大意，稱旨。天子賢師知人也。（下略）」居訥乃青原下十四，延慶榮禪師法嗣。

《禪林僧寶傳》卷二十五《居訥禪師傳》謂居訥熙寧四年卒，年六十一。知居訥少蘇洵一歲。

五月十一日，蘇洵之父序卒。

據《蘇軾文集》卷十六《蘇廷評行狀》、《元豐類稿》卷四十三《贈職方員外郎蘇君〔序〕墓誌銘》。

蘇洵南游，暑中，答友人提舉監丞簡。先是道中與提舉監丞來簡，乃答之。

《眉山蘇氏三世書翰》蘇洵第一帖：「洵頓首再拜。昨日道中草草上記，方以爲懼。介使昨來，伏奉教翰，所以眷藉勤厚，見於累紙，感服情眷，愧怍益甚。晨興薄凉，伏惟台候萬福。洵以病暑加眩，意思極不佳，所以涉水迂途，不敢入城府者，畏人事也。寵諭常□之行仰戢愛□與之重。深欲力疾少承緒言。但聞台候不甚清快，冒暑遠行非宜，兼水浸道途，恐今晚亦未能至彼。虚煩大旆之出，曷若相忘於江湖，不過廿日後，便可承顔。或同途爲鄱陽之行，如何？更幾見察，幸甚。匆匆，拜此不宣。洵頓首再拜，提舉監丞兄台座。」

洵「道中」簡已佚。

釋文參《御刻三希堂石渠寶笈法帖釋文》卷五。

今年蘇洵制科落第後南游至廬山、虔州等地。七月得父序病逝噩耗，乃匆匆返蜀。此簡云及鄱陽，鄱陽與廬山、虔州皆在今江西省境内，此簡作於本年。提舉監丞不詳姓名，然爲蘇洵老友。洵過其地即致簡，提舉監丞即覆簡可證。簡云以畏人事，不敢入城府而涉水迂途，正是布衣蘇洵可貴之處。

《眉山蘇氏三世書翰》蘇洵第二帖：「……陳元實□□至白面渡相見，亦煩□診視，辱問，及之。承美替不遠。洵亦在十月末，此行甚以爲撓，回程須在月末，氣息僅屬，而觸熱如此遠行，恐亦運數使然耳，外事姑置勿問，次日安饒城風波更多，未嘗過而問也。坐此久而自息食芹之美，不敢不厭耳。洵再拜。」

此簡云及觸熱，當作於答提舉監丞簡同時。今附次於此。陳元實不詳其人。饒城或即饒州。此簡乃答某友人之簡，「辱問，及之」云云可證。此友人爲官於某地，不遠將離任，新任較之現任爲佳，故云「美替」。

蘇洵游虔州天竺寺，觀白居易墨迹，與鍾棐(子翼)兄弟游。五嶺在前，欲登玩其間，未遂所願。

《嘉祐集箋注》卷十六《憶山送人》叙游廬山，以下云：「下山復南邁，不知已南虔。五嶺望可見，欲往苦不難。便擬去登玩，因得窺羣蠻。」以下謂未遂所願。以父序卒。

《蘇軾詩集》卷三十八《天竺寺·引》：「予年十二，先君自虔州歸，爲予言：『近城山中天竺寺，有樂天親書詩云：一山門作兩山門，兩寺原從一寺分。東澗水流西澗水，南山雲起北山雲。前臺花發後臺見，上界鐘清下界聞。遥想吾師行道處，天香桂子落紛紛。筆勢奇逸，墨迹如新。』」作於紹聖元年。

《蘇軾文集》卷六十三《鍾子翼哀詞·引》：「軾年始十二，先君宮師歸自江南，曰：『吾南游至虔，有隱君子鍾君，與其弟槩從吾游，同登馬祖巖，入天竺寺，觀樂天筆迹。吾不飲酒，君嘗置醴焉。』方是時，先君未爲時所知，旅游萬里，舍者常爭席，而君獨知敬異之。……君諱棐，字子翼，博學篤行，爲江南之秀。歐陽永叔、尹師魯、余安道、曾子固皆知之，然卒不遇以没。」哀詞云：「吾先君子，南游萬里道阻邈。如金未鎔，木未繩墨玉未琢。君於衆中，一見定交陳禮樂。曰子不飲，我醪甚甘釃此濁。覽觀江山，扣歷泉石步犖确。先君北歸，君來於虔望南朔。」此哀詞作於元符三年北歸途中，時棐之没「蓋三十有一年」。據此，知棐卒於熙寧二年。

洵仲兄渙奔父喪回蜀。

《欒城集》卷二十五《伯父墓表》：「還朝，監裁造務。未幾，而職方君没。」以下言葬父。渙自京師回。

八月，蘇洵聞父噩耗，歸蜀。中途，逢史經臣（彦輔），同行回蜀。

《嘉祐集箋注》卷十五《祭史彦輔文》叙在虔州，以下云：「及秋八月，予將北歸，亦既具船。有書晨至，開視驚叫，遂丁大艱。故鄉萬里，泣血行役，敢其生還。中途逢子，握手相慰，曰無自殘。旅宿魂驚，中夜起行，長江大山。前呼後應，告我無恐，相從入關。」先是蘇洵至虔州，史經臣（彦輔）亦來，「止於臨江，繫馬解鞍。愛弟子凝，倉卒就獄，舉家驚喧」。

蘇洵歸蜀後，以顔太初詩文示軾。

《蘇軾文集》卷十《鳧繹先生詩集叙》：「昔吾先君適京師，與卿士大夫遊，歸以語軾曰：『自今以往，文章其日工，而道將散矣。士慕遠而忽近，貴華而賤實，吾已見其兆矣。』以魯人鳧繹先生之詩文十餘篇示軾曰：『小子識之，後數十年，天下無復爲斯文者也。』」熙寧八年，蘇軾應太初之子復（長道）請，爲太初之詩作序。《宋文鑑》録太初詩二首，其時頗受重視。影印明抄本《詩淵》第六册第四五七六頁有太初《壽馮比部》詩，知其時其詩集尚有流傳，此以後即佚。

長子蘇軾得異石。蘇洵謂爲天硯，并刻其受硯處。

《蘇軾文集》卷十二《天石硯銘·序》：「軾年十二時，於所居紗縠行宅隙地中，與羣兒鑿地爲戲。得異石，如魚，膚温瑩，作淺碧色。表裏皆細銀星，扣之鏗然，試以爲硯，甚發墨，顧無貯水處。先君曰：『是天硯也。有硯之德，而不足於形耳。』因以賜軾，曰：『是文字之祥也。』軾寶而用之。」其銘曰：「一受其成，而不可更。或主於德，或全於形。均是二者，顧予安取。仰唇俯足，世固多有。」

銘之後有蘇軾元豐七年所作跋。跋謂硯有匣，「其匣雖不工，乃先君手刻其受硯處，而使工人就成之者，不可易也」。「受硯」不知是否指硯之貯水處。軾跋謂以硯付次子迨、幼子過。

蘇洵次女卒。

《嘉祐集》卷十四《極樂院造六菩薩記》繼「幼姊亡」後，云：「又五年而次女卒。」即今年。參見本譜卷三慶曆六年紀事。

慶曆八年（一〇四八）戊子　蘇洵四十歲　蘇軾十三歲　蘇轍十歲

二月，蘇渙、蘇洵兄弟葬父序於眉山縣修文鄉安道里先塋之側。蘇軾作行狀，曾鞏作墓誌銘。

據《蘇軾文集》卷十六《蘇廷評行狀》，謂二月某日，累贈職方員外郎。稱序爲廷評，乃以蘇渙登朝授大理評事之故。

《元豐類稿》卷四十三《贈職方員外郎蘇君〔序〕墓誌銘》銘曰：「蘇氏徂西，值蜀崩分。三世高逝，以篤吾仁。君始不羈，勞躬以卑。孝於父母，施及窮嫠。維見之卓，教其子孫。終化鄉邦，學者詵詵。維子若孫，同時三人。擅名文章，震動四方。乃本厥初，考祖之自。刻詩墓石，以俾厥裔。」《墓銘》謂此墓銘乃應蘇軾之求而作，作於熙寧元年春。以曾鞏此墓銘入序之墓，乃熙寧元年冬蘇軾兄弟離蜀前。

《欒城集》卷二十五《伯父墓表》：「〔父序〕葬逾月，芝生於墓木，鄉人異焉。」

田況自渭州知益州。蘇洵嘗見於益州，並投之以文。

《長編》卷一百六十九皇祐二年十一月戊戌紀事：「召樞密直學士、給事中、知益州田況權御史中丞。……益州自李順、王均再亂，人心易摇，守臣得便宜從事，多擅殺以爲威。雖小罪，猶妻子徙出蜀，至有流離死道路者。況在蜀逾二年，拊循教誨，非有甚惡，不使東遷。蜀人猶愛之，以繼張詠。」據此，況知益州爲慶曆八年十一月以前事。《北宋經撫年表》卷三慶曆八年紀事引《長編》：「四月壬申，〔田〕況改〔知〕益州。」查《長編》無此記載。不知《北宋經撫年表》是否另有依據？今繫本年。

《王臨川集》卷九十一《太子太傅致仕田公墓誌銘》：況字元鈞，故京兆人，後遷信都，家開封。父延昭卒，喪服除，以樞密直學士爲涇原路兵馬都總管經略安撫使知渭州，遂自尚書禮部郎中遷右諫議大夫知成都府充蜀、梓、利、夔路兵馬鈐轄。田況嘉祐八年二月乙酉卒，享年五十九。

《嘉祐集箋注》卷十一《上田樞密書》：「曩者見執事於益州，當時之文淺狹可笑，饑寒窮困亂其心，而聲律記問又從而破壞其體，不足觀也已。」據此，知田況知益州時，老蘇有文字與況。云「淺狹可笑」，謂見識淺薄，視野狹隘。云「饑寒窮困」，謂自卑、自小。云「聲律記問」，謂其文染當時不良文風。老蘇此時與田況文字已不傳。

蘇洵居喪及居喪後近十年，不出蜀，教二子。

《嘉祐集箋注》卷十六《憶山送人》：「到家不再出，一頓俄十年。」

《年表》本年紀事：「父洵以家艱閉户讀書，因以學行授二子曰：『是庶幾能明吾學者。』」「是庶幾」云云，乃據《欒城後集》卷十二《潁濱遺老傳》上。

《軾墓誌銘》：「少與轍皆師先君。」

《欒城後集》卷二十《祭亡兄端明文》：「幼學無師，受業先君。」《再祭亡兄端明文》：「惟我與兄，出處昔同。幼學無師，先君是從。游戲圖書，寤寐其中。」

《欒城集》卷十四《初聞得校書郎示同官三絶》：「讀書猶記少年狂，萬卷縱横曬腹囊。」亦叙從父洵讀書時事。

《欒城後集》卷七《歷代論·引》：「予少而力學。先君，予師也。亡兄子瞻，予師友也。父兄之學，皆以古今成敗得失爲議論之要。以爲士生於世，治氣養心，無惡於身，惟是以施之人，不爲苟生也。不幸不用，猶當以其所知，著之翰墨，使人有聞焉。予既壯而仕，仕宦之餘，未嘗廢書，爲《詩》、《春秋》集傳，因古之遺文，而得聖賢處身臨事之微意，喟然太息，知先儒昔有所未悟也。其後復作《古史》，所論益廣，以爲略備矣。元符庚辰，蒙恩歸自嶺南，卜居潁川。身世相忘，俯仰六年，洗然無所用心，復自放圖史之間。偶有所感，時復論著。然已老矣，目眩於觀書，手戰於執筆，心煩於慮事，其於平昔之文益以疏矣。然心之所嗜，不能自已，輒存之於紙。凡四十有五篇，分五卷。」以下分論以帝王、名臣爲主，間亦論事。以卷七爲例，有《堯舜》、《三宗》、《周公》、《五伯》、《管仲》、《知罃趙武》、《漢高帝》、《漢文帝》、《漢景帝》等九篇。

《欒城第三集》卷十《藏書室記》：「予幼師事先君，聽其言，觀其行事。今老矣，猶志其一二。先君平居不治生業，有田一廛，無衣食之憂。有書數千卷，手緝而校之，以遺子孫，曰：『讀是，内以治身，外以治人，足矣。此孔氏之遺法也。』先君之遺言，今猶在耳。其遺書在櫝，將復以遺諸子，有能受而行之，吾世其庶矣乎！蓋孔氏之所以教人者，始於灑掃應對進退，及其安之，然後申之以弦歌，廣之以讀書。曰：『道在是矣。仁者見之，斯以爲仁；智者見之，斯以爲智矣。』顔、閔由是以得其德，予、賜由是以得其言，求、由由是以得其政，游、夏由是以得其文，皆因其才而成之。譬如農夫墾田，以植草木，小大長短，甘辛鹹苦，皆其性也，吾無加損焉，能養而不傷耳。孔子曰：『十室之邑，必有忠信如丘者焉。不如丘之好學也。』如孔子猶養之以學而後成，故古之知道者必由學，學者必由讀書。傅説之詔其君，亦曰：『學於古訓，乃有獲。』『念終始典於學，厥德修罔覺。』而况餘人乎？子路之於孔氏，有兼人之才，而不安於學，嘗謂孔子：『有民人社稷，何必讀書然後爲學？』孔子非之，曰：『汝聞六言六蔽矣乎？好仁不好學，其蔽也愚；好智不好學，其蔽也蕩；好信不好學，其蔽也賊；好直不好學，其蔽也絞；好勇不好學，其蔽也亂；好剛不好學，其蔽也狂。』凡學而不讀書者，皆子路也。信其所好，而不知古人之成敗，與所遇之可否，未有不爲病者。雖然，孔子嘗語子貢矣，曰：『賜也，汝以予爲多學而識之者歟？』曰：『然。非歟？』曰：『非也。予一以貫之。』一以貫之，非多學之所能致，則子路不讀書，未可非邪？曰：非此之謂也。老子曰：『爲學日益，爲道日損。』以日益之學求日損之道，而後一以貫之者，可得而見也。孟子論學道之要曰：『必有事焉，而勿正，心勿忘，勿助長也。』心勿忘，則莫如學，必有事，則莫如讀書。朝夕從事於《詩》、《書》，待其久而自得，則勿忘勿助之謂也。譬之稼穡，『以爲無益而捨之，則不耘苗者也；助之長，則揠苗者也。』以孔、孟之説考之，乃得先君之遺意。」老蘇教二子讀書之旨，在遵循孔子之遺法，治身、治人，即修身、齊家、治國、平天下，有爲而讀書。

父洵亦嘗命蘇軾兄弟學於劉巨（微之）；從巨學者，尚有家定國（退翁）、家安國（復禮）、家勤國（漢公）兄弟。

《愛日齋叢鈔》卷四：「眉山劉微之巨，教授郡城之西壽昌院，從游至百人，蘇明允命東坡兄弟師之。時尚幼。微之賦《鷺鷥》詩，末云：『漁人忽驚起，雪片逐風斜。』坡從旁曰：『先生詩佳矣，竊疑斷章無歸宿，曷若「雪片落蒹葭」乎？』微之曰：『吾非若師也。』」

《蘇軾詩集》卷二十八《次韻子由送家退翁知懷安軍》：「永懷舊山叟。」叟，句下「誥案」謂爲劉巨。

《欒城集》卷十五《送家安國赴成都教授》其一：「城西社下老劉君，春服舞雩今幾人。白髮弟兄驚我在，喜君遊宦亦天倫。」自注：「微之先生門人，惟僕與子瞻兄、復禮與退翁兄皆仕耳。」

《宋史》卷三百九十《家愿傳》：「家愿字處厚，眉山人。父勤國，慶曆、嘉祐間與從兄安國、定國同從劉巨遊，與蘇軾兄弟爲同門友。」又云：宋理宗淳祐間，嘗親書賜愿之曾孫大酉，其中即有「西社同門友」之語。勤國詳見熙寧十年「任伋家勤國寄詩來答詩」條紀事。《詩集》卷二十八《次韻子由送家退翁知懷安軍》題下「施注」謂定國居長，今從。定國、安國後屢見。

《愛日齋叢鈔》卷四又云：巨不第，郡三公以遺逸舉，不應，鄉人呼爲孝廉；其卒，范鎮弔以詩，有「案前曾立二賢良」之句。足見劉巨有名於鄉里。鎮詩中「二賢良」，當指蘇軾兄弟。王令《廣陵先生文集》卷十七有《答劉公著微之書》，「著」當即「巨」。

蘇軾兄弟亦嘗師事鄉人史清卿。

《宋元學案補遺》卷九十九《蘇氏蜀學略補遺·東坡師承·史先生清卿》：「史清卿，眉山人。東坡兄弟皆師事之。子炤，字見可，官左宣義郎，博古能文，嘗作《通鑑釋文》三十卷（原注：《姓譜》）。」

《直齋書録解題》卷四著録炤《通鑑釋文》，謂「馮時行爲之序，今考之公休之書，大略同而加詳焉，蓋因其舊而附益之者」。公休，司馬光子康之字，有《通鑑釋文》二十卷。嘉慶《眉州屬志》

卷十一謂蘇軾兄弟師事史炤。康參熙寧四年「軾與堂兄簡叙與司馬光之子康聯姻事」條。《蔡忠惠集》卷二十九有《送史炤赴邠州幕序》：據序，其人通武事，有將略，有名於時。嘉慶《耀州志》卷三謂炤嘉祐間知耀州，建儒學。

蘇洵嘗與二子軾、轍同讀富弼（鄭公）《使北語録》，因論之。

《元城語録》卷下：「先生曰：某之北歸，與東坡同途，兩舟相銜，未嘗三日不相見。嘗記東坡自言：少年時與其父并弟同讀鄭公《使北語録》，至於説大遼國主云『用兵則士馬物故，國家受其害，爵賞日加，人臣享其利，故凡北朝之臣勸用兵者，乃自爲計，非爲北朝計，虜主明知利害所在，故不用兵』，三人皆嘆其言，以爲明白而切中機事。時老蘇謂二子曰：『古人有此意否？』東坡對曰：『嚴安亦有此意，但不如此明白。』老蘇笑以爲然。先生又云：前輩讀書，例皆如此，故謂之學問，必見於用乃可貴，不然，即腐儒爾。武帝時，嚴安上書諫用兵，其略云：『今徇南夷，朝夜郎，深入匈奴，燔其龍城，議者美之。此人臣之利，非天下之長策也。』鄭公之言，其源出於此。」《清波雜志》卷一亦載此，文略同。《蘇軾文集》卷十八《富鄭公神道碑》即用此處所述《使北語録》中語。其《使北語録》，《神道碑》名《奉使録》，已佚。

蘇軾、蘇轍讀書南軒。蘇洵名南軒爲來風。

《蘇軾詩集》卷二十《正月十八日蔡州道上遇雪次子由韻二首》其一中云：「憶我故居室，浮光動南軒。松竹半傾瀉，未數葵與萱。三徑瑶草合，一瓶井花温。」

《欒城集》卷七《初發彭城有感寄子瞻》中云：「念昔各年少，松筠閟南軒。閉門書史叢，開口治亂根。文章風雲起，胸膽渤澥寬。不知身安危，俯仰道所存。」

《蘇軾文集》卷七十一《夢南軒》：「元祐八年八月十一日，將朝，尚早，假寐，夢歸縠行宅，遍歷蔬園中。已而坐於南軒，見莊客數人，方運土塞小池。土中得兩蘆菔根，客喜食之。予取筆作一篇文，有數句云：『坐於南軒，對修竹數百，野鳥數千。』既覺，惘然懷思久之。南軒，先君名之曰『來風』者也。」此雖云夢，然爲當日實景。

轍作《南軒記》。

記見《續文章正宗》卷十三，云：「得鄰之暗地燔之，樹竹木灌疏於其間，結茅以自休，囂然而樂。世固有處廟廊之貴，抗萬乘之富，吾不願易也。人之性不同，於是知伏閑隱奥，吾性所最宜，驅之就煩，非其器所長，嬛使之争於勢利、愛惡、毁譽之間耶！然吾親之養無以修，吾之昆弟飯菽藿羹之無以繼，吾之役於物，或田於食，或野於宿，不得常此處也。其能無欲然於心耶。少而思，凡吾之怫性苦形而役於物者，有以爲之矣。士固有勤有所肆，識其皆受之於天而順之，則吾無處而非其樂，獨何必休於是耶。顧吾之所好者遠，無以處於是也。然而六藝百家史氏之籍，箋疏之書，與夫論美刺非、感微托遠、山鑱冢刻、浮誇詭異之文章，下至兵權、曆法、星官、藥工、山農、野圃、方言、地記、佛老所傳，吾悉得於此，皆伏羲以來，下更秦、漢至今，聖人賢者魁傑之材，殫歲月，憊精思，日夜各推所長，分辨萬物之説。其於天地萬物小大之際，修身理人國家天下治亂安危存亡之致，罔不畢載，處與吾俱，可當所謂益者之友，非耶？吾窺聖人指意，所以去疑解蔽，賢人智者所稱事引類始終之概以自廣，養吾心以忠，約守而恕行之，其過也改，趨之以勇，而至之以不止，此吾之所以求於内者。得其時則行，守深山長谷而不出者，非也。不得其時則止，僕僕然求行其道者亦非也。吾之不足於義，或愛而譽者，過也。吾之足於義，或惡而毁之，亦過也。彼何與於我哉！此吾之所任乎天與人者。然則吾之所學者雖博，而所守者可謂簡，所言雖近而易知，而所任者可謂重矣。書之南軒之壁間，早夜觀覽焉以自進也。」

本年，題張仙畫像，并書之。

《嘉祐集箋注》卷十五《題張仙畫像》叙天聖庚午得張仙畫像，以下云：「洵尚無子嗣，每旦必露香以告，逮數年，既得軾，又得轍，性皆嗜書。乃知真人急於接物，而無礙子之言不妄矣。故識其本末，使異時祈嗣者於此加敬云。」無礙子之言爲「有感必應」。何以能「應」？則在於「敬」，「每旦必露香以告」即敬也。何以能「敬」？則在於堅定信念，此本文之主旨也。《箋注》謂：「此文作於蘇軾、蘇轍『性皆嗜書』時，當在慶曆末年。據《眉山縣志》載，《張仙碑》

（內容即《題張仙畫像》）刻石後署『慶曆八年書』。」然蘇洵之《名二子説》，實作於皇祐元年免父序喪後，參該年紀事。或者先有名而後作説。今姑從《眉山縣志》，次《題張仙畫像》一文於此。

是歲，王則起義失敗。

《宋史·仁宗紀》本年閏正月辛丑紀事：「貝州平。」

參慶曆七年「是歲王則起義」條。

是歲，王鞏、李之儀生。

《老學庵筆記》卷四謂鞏與神宗同日生。《宋史·神宗紀》謂神宗本年四月戊寅生。

《姑溪居士後集》卷三《寄耀州畢九》謂「長我一歲」。畢九謂仲游。仲游生慶曆七年，見《永樂大典》卷二萬二百五墓銘。

三蘇年譜卷四

皇祐元年(一〇四九)己丑　蘇洵四十一歲　蘇軾十四歲　蘇轍十一歲

秋八月，蘇洵與兄渙免喪。

《施譜》嘉祐二年紀事：「夏四月，奔蜀國夫人程氏喪還蜀。」按，程氏卒於是月七日。同上書嘉祐四年紀事：「秋七月，免喪。」計服喪之時間，爲二年又三月。此乃當時習俗。蘇序卒於慶曆七年五月，至本月，及二年又三月，免喪。

渙攜姪位居京師。

《嘉祐集》卷十四《祭姪位文》：「余適四方，而汝留故園，余既歸止，汝乃隨汝仲叔旅居東都，十有三歲而不還。」位，卒於嘉祐五年六月十四日，詳該年紀事。自此至嘉祐五年首尾合計十二年，疑「三」爲「二」之誤。仲叔乃渙。

蘇洵作《名二子説》，名軾及轍。

《説》見《嘉祐集箋注》卷十五，云：「輪輻蓋軫，皆有職乎車，而軾，獨若無所爲者。雖然，去軾，則吾未見其爲完車也。軾乎，吾懼汝之不外飾也。天下之車莫不由轍，而言車之功者，轍不與焉。雖然，車仆馬斃，而患亦不及轍，是轍者，善處乎禍福之間也。轍乎，吾知免矣。」《總案》繫洵文於慶曆七年奔喪歸里後，不從。《霞外攟屑》卷三《居喪不作詩文》：「吴草廬題朱文公答陳正已講學墨帖云：眉山二蘇兄弟，文人也，再期之内，禁斷作詩作文，寂無一語，是亦嘗講乎喪禮也。」二蘇能如此，當有洵之影響與教育。洵之文當作於免父之喪後，今繫此。

蘇洵作《仲兄字文甫説》。

文見《嘉祐集箋注》卷十五。

《欒城集》卷二十五《伯父（渙）墓表》：「公諱渙，始字公羣，晚字文甫。」洵以爲渙字公羣乃是「以聖人之所欲解散滌蕩者以自命也」，而「羣者，聖人所欲渙以混一天下者也」。字以公羣，有誇大個人才能、智慧、作用之嫌，有失謙遜之意。蘇洵引《易》「風行水上渙」，謂風、水二物「無意乎相求，不期而相遭，而文生焉」。蓋順其自然，而非人力。

蘇洵謂：「昔者君子之處於世，不求有功，不得已而功成，則天下以爲賢；不求有言，不得已而言出，則天下以爲口實。」旨在順其自然，不做着，不勉强，不矯揉造作，不好大喜功。以之立身，以之從仕，洵之望於其兄者在此。

據《欒城集》，知涣以洵之言爲然。涣、洵兄弟之間，以聖人之道相勉。洵此文作於免父序喪後。

《朱子語類》卷七十三《易九·涣》：「老蘇云：『《涣》之九四曰涣其羣，元吉。夫羣者，聖人之所欲涣以混一天下者也。』此説，雖程《傳》有所不及。如程《傳》之説，則是羣其涣，非『涣其羣』也。蓋當人心涣散之時，各相朋黨，不能混一。惟九四能涣小人之私羣，成天下之公道，此所以元吉也。老蘇天資高，又善爲文章，故此等説話皆達其意。大抵《涣卦》上三爻是以涣濟涣也。」

又：「『涣其羣』，乃取老蘇之説，是散了小小底羣隊，併做一箇。」

又：「『涣其羣』，言散小羣做大羣，如將小物事幾把解來合做一大把。東坡説這一爻最好，緣他會做文章，理會得文勢，故説得合。」

蘇洵在鄉與史經臣（彦輔）、任伋（師中）游。

《蘇軾詩集》卷十五《答任師中家漢公》：「先君昔未仕，杜門皇祐初。道德無貧賤，風采照鄉閭。何嘗疏小人，小人自闊疏。出門無所詣，老史在郊墟。門前萬竿竹，堂上四庫書。高樹紅消梨，小池白芙蕖。常呼赤脚婢，雨中擷園蔬。矯矯任夫子，罷官還舊廬。是時里中兒，始識長者車。烹雞酌白酒，相對歡有餘。有如龐德公，往還葛與徐。妻子走堂下，主人竟誰歟。

我時年尚幼，作賦慕相如。侍立看君談，精悍實起予。（下略）」「老史」句下《西樓帖》原注：「彦輔十三丈。」

任伋詳慶曆四年「任伋任清江」條。

家漢公，名勤國。眉山人。幼時與軾、轍兄弟同學於劉巨。與軾有交往。

軾嘗夢謁於某公府，覺以告父洵、弟轍。

《新編分門古今類事》卷七《東坡大吴》引《幕府燕閑録》：「蘇子瞻學士少時夢謁於某公府，主人紫衣面赤而多髭，謂軾曰：『君是大吴。』覺以告父、兄，皆不悟也。是時子瞻年十四歲。」

參嘉祐六年「蘇軾上謝制科啓」條。

是歲，秦觀生。

據《淮海先生年譜》。

蘇洵自丁家艱，閉户益讀書；焚舊文稿。文章於是精進。

《年表》慶曆八年紀事：「父洵以家艱閉户讀書。」

《洵墓誌銘》叙蘇洵舉茂才異等不中，以下云：「退而嘆曰：『此不足爲吾學也。』悉取所爲文數百篇焚之。益閉户讀書，絶筆不爲文辭者五六年，乃大究六經百家之説，以考質古今治亂成敗、聖賢窮達出處之際，得其精粹，涵蓄充溢，抑而不發。久而曰：『可矣。』由是下筆頃刻數千言，其縱横上下，出入馳驟，必造於深微而後止。蓋其禀也厚，故發之遲；志也慤，故得之精。」

《文安先生墓表》：「一日因覽舊文，作而曰：『吾今之學，乃猶未之學也已。』取舊文稿悉焚之，杜門絶賓友，繙詩書經傳諸子百家之書，貫穿古今，由是著述根柢深矣。」

《蘇明允哀詞》叙舉茂才異等不中後，以下云：「歸焚其所爲文，閉户讀書，居五六年，所有既富矣，乃始復爲文。蓋少或百字，多或千言，其指事析理，引物托喻，侈能盡之約，遠能見之近，大能使之微，小能使之著，煩能不亂，肆而不流。其雄壯俊偉，若决江河而下也；其輝光明白，若引星辰而上也。其略如是，以余之所言，於余之所不言可推而知也。明允每於其窮達得喪、憂歎哀樂，意有所屬，必發之於此；於古之治亂興壞、是非可否之際，意有所擇，亦必發之於此；於應接酬酢，萬事之變者，雖錯出外而用心於内者，未嘗不在此也。」

《宋史·蘇洵傳》叙舉進士、舉茂才異等皆不中後，云：「悉焚常爲文，閉户益讀書，遂通六經、百家之説，下筆頃刻數千言。」

《嘉祐集箋注》卷十一《上田樞密書》叙見田况於益州，自謂其文不足觀，以下云：「數年來，退居山野，自分永棄，與世俗日疏闊，得以大肆其力於文章。詩人之優柔，騷人之精深，孟、韓之温淳，遷、固之雄剛，孫、吴之簡切，投之所嚮，無不如意。」爲此時及此時以後數年間事。參嘉祐元年「上樞密副使田况書」條。

《嘉祐集箋注》卷十二《上歐陽内翰第一書》：「洵少年不學，生二十五歲，始知讀書，從士君子游。年既已晚，而又不遂刻意厲行，以古人自期。而視與己同列者，皆不勝己，則遂以爲可矣。其後困益甚，然後取古人之文而讀之，始覺其出言用意，與己大異。時復内顧，自思其才則又似夫不遂止於是而已者。由是盡燒曩時所爲文數百篇，取《論語》、《孟子》、韓子及其他聖人、賢人之文，而兀然端坐，終日以讀之者七八年。方其始也，入其中而惶然；博觀於其外，而駭然以驚。及其久也，讀之益精，而其胸中豁然以明，若人之言固當然者，然猶未敢自出其言也。時既久，胸中之言日益多，不能自制，試出而書之，已而再三讀之，渾渾乎覺其來之易矣。然猶未敢以爲是也。近所爲《洪範論》、《史論》凡七篇，執事觀其如何？」末云：「惟執事思其十年之心如是之不偶然也而察之。」作於嘉祐元年。

《朱子語類》卷十《學四·讀書法上》：「老蘇只取《孟子》、《論語》、韓子與諸聖人之書，安坐而讀之者七八年，後來做出許多文字如此好。他資質固不可及，然亦須着如此讀。只是他讀時，便只要模寫他言語，做文章。若移此心與這樣資質去講究義理，那裏得來。是知書只貴熟讀，别無他法。」

《朱子語類》卷十一《學五·讀書法下》：「老蘇自述其學爲文處有云：『取古人之文而讀之，始覺其出言用意與己大異。及其久也，讀之益精，胸中豁然以明，若人之言固當然者。』此是他於學文上功夫有見處，可取以喻今日讀書，其功夫亦合如此。」

《朱子語類》卷一百四《朱子一·自論爲學工夫》：「如韓文公《答李翊》一書，與老蘇《上歐陽公書》，他直如此用工夫，未有苟然而成者。歐陽公則就作文上改換，只管揩磨，逐旋捱將去，久之，漸漸揩磨得光。老蘇則直是心中都透熟了，方出之於書。看他們用工夫更難，可惜。若移之於此，大段可畏。看來前輩以至敏之才而做至鈍底工夫，今人以至鈍之才而欲爲至敏底工夫，涉獵看過，所以不及古人也。故孔子曰：『參也魯。』須是如此做工夫始得。」

《朱子語類》卷一百二十一《訓門人九》：「某嘗思，今之學者所以多不得力、不濟事者，只是不熟。平生也費許多功夫看文字，下梢頭都不得力者，正緣不熟耳。只緣一箇不熟，少間無一件事理會得精。吕居仁記老蘇説平生因聞『升裏轉，斗裏量』之語，遂悟作文章妙處。這箇須是爛用醬熟，縱横妙用皆由自家，方濟得事也。」

軾約於本歲前後作《却鼠刀銘》，蘇洵稱之。

《蘇軾文集》卷十九《却鼠刀銘》：「野人有刀，不愛遺余。長不滿尺，劍鉞之餘。文如連環，上下相繆。錯之則見，或漫如無。昔所從得，戒以自隨。畜之無害，暴鼠是除。有穴於垣，侵堂及室。跳床撼幕，終夕窣窣。叱訶不去，啖囓棗栗。掀杯舐缶，去不遺粒。不擇道路，仰行躡壁。家爲兩門，窘則旁出。輕趫捷猾，忽不可執。吾刀入門，是去無迹。又有甚者，聚爲怪妖。晝出羣鬬，相視睢盱。舞於端門，與主雜居。猫見不噬，又乳於家。狃於永氏，謂世皆然。亟磨吾刀，槃水致前。炊未及熟，肅然無踪。物豈有是，以爲不誠。試之彌旬，凜然以驚。夫猫鷙禽，晝巡夜伺。拳腰弭耳，目不及顧。鬚摇乎穴，走赴如霧。碎首屠腸，終不能去。是獨何爲，宛然尺刀。匣而不用，無有爪牙。彼孰爲畏，相率以逃。嗚呼嗟夫，吾苟有之。不言而喻，是亦何勞。」

蘇籀《欒城遺言》：「東坡幼年作《却鼠刀銘》，……曾祖稱之，命佳紙修寫、裝飾，釘於所居壁上。」曾祖，蘇籀謂蘇洵。

《續墨客揮犀》卷五《却鼠刀》：「蘇子瞻有却鼠刀，云得之於野老，嘗匣藏之。用時，但焚香置净几上，即一室之内無鼠。」

蘇籀所云幼年，實爲少年。蘇軾少年時，能爲《却鼠刀銘》，已屬極不平凡之事。言者言談之際，爲之贊歎之，爲之渲染之，突出其不平凡，於是，「少年」遂爲「幼年」。宋刊本十行本《東坡集》銘類首爲此文。

此銘中所云之「野人」，乃山林隱逸之士。此等人不受世俗禮教拘縛，故以「野」稱之。此銘歷叙却鼠刀却鼠之神奇功能，當非盡出虚構。此贈刀之野人，乃有道之士。參至和元年紀事。

蘇軾少時，能與學道者交往，足見蘇洵家庭教育不拘守成規，能予蘇軾、蘇轍以較大活動空間。蘇洵稱《却鼠刀銘》，不僅在贊美蘇軾之才華，且在贊美蘇軾通過此文所流露之活潑性格及細微觀察事物游戲世事之情趣。

皇祐二年（一〇五〇）庚寅　蘇洵四十二歲　蘇軾十五歲　蘇轍十二歲

洵幼女適程之才。

詳嘉祐四年「蘇洵作《自尤》詩」條紀事。

之才，濬之長子。見《净德集》卷二十一濬之墓誌銘。

軾嘗往來於田間。家中薄有田産。

《蘇軾詩集》卷三十六《書晁説之考牧圖後》：「我昔在田間，但知羊與牛。川平牛背穩，如駕百斛舟。舟行無人岸自移，我卧讀書牛不知。前有百尾羊，聽我鞭聲如鼓鼙。我鞭不妄發，視其後者而鞭之，澤中草木長，草長病牛羊。尋山跨坑谷，騰趠筋骨强。（下略）」同上卷四十四《狄韶州煮蔓菁蘆菔羹》首云：「我昔在田間，寒庖有珍烹。常支折脚鼎，自煮花蔓菁。」《欒城集》卷四《和子瞻焦山》：「稻田一頃良自給。」卷五十《謝改著作佐郎啓》：「無負郭之桑麻。」田在郊野。《欒城第三集》卷十《藏書室記》：「先君平居不治生業，有田一廛，無衣食之憂。」

《蘇軾詩集》卷十八《罷徐州往南京馬上走筆寄子由》其五：「卜田向何許，石佛山南路。下有爾家川，千畦種秔稌。山泉宅龍蜃，平地走膏乳。」又云：「故山豈不懷，廢宅生蒿櫓。」其田或在爾家川。

《蘇軾文集》卷六十七《題淵明詩》其一自稱「世農」，卷七十《跋李伯時卜居圖》謂「余本田家」，《蘇軾佚文彙編》卷四《與堂兄》自稱「寒族」。

軾奮厲有當世志。

據《墓誌銘》：《銘》叙母程氏勉蘇軾爲范滂後即叙此，母喜曰「吾有子矣」。

《蘇軾詩集》卷六《次韻柳子玉過陳絶糧》其一：「早歲便懷齊物志。」卷十七《張安道見示近詩》：「少年有奇志，欲和南風琴。」卷二十一《次韻和王鞏六首》其二：「少年帶刀劍，但識從軍樂。」卷四十一《和陶擬古》其四：「少年好遠遊，蕩志隘八荒。九夷爲藩籬，四海環我堂。盧生與若士，何足期渺茫。」以上詩句，皆可證明蘇軾少時即具有遠大抱負。

《蘇軾詩集》卷六《送安惇秀才失解西歸》：「我昔家居斷還往，著書不暇窺園葵。」可爲奮厲注脚。

同上卷四十三《和陶郭主簿》其一：「却去四十年，玉顔如汝今。閉户未嘗出，出爲鄰里欽。家世事酌古，百史手自斟。」作於元符三年。「四十年」乃舉成數，實爲四十餘年。

《欒城集》卷七《次韻子瞻見寄》：「憶公年少時，濯濯吐新萌。堅姿映松柏，直節凌榛荆。」同上《初發彭城有感寄子瞻》：「念昔各年少，松筠閟南軒。閉門書史叢，開口治亂根。文章風雲起，胸膽渤澥寬。不知身安危，俯仰道所存。」

軾好書畫筆硯。嘗手抄經史。

《蘇軾文集》卷七十二《子由幼達》：「子由之達，蓋自幼而然。方先君與吾篤好書畫，每有所獲，真以爲樂。唯子由觀之，漠然不甚經意。」

同上卷十一《寶繪堂記》：「凡物之可喜，足以悦人而不足以移人者，莫若書與畫。……始吾少時，嘗好此二者，家之所有，惟恐其失之，人之所有，惟恐其不吾予也。」

《硯箋》卷二引蘇軾《劍易張近龍尾子石硯詩跋》：「僕少時好書畫筆硯之類，如好聲色。」全文見元豐七年「以銅劍易張近龍尾子石硯」條紀事。

《欒城後集》卷二十一《汝州龍興寺修吴畫殿記》：「予兄子瞻少而知畫，不學而得用筆之理。」卷二《畫文殊普賢》：「吾兄子瞻苦好異，敗繒破紙收明鮮。」《龍川畧志》卷一《燒金方術不可授人》：「子瞻少好畫。」

《春渚紀聞》卷六《筆下變化》：「晁丈無咎言：蘇公少時，手抄經史，皆一通。每一書成，輒變一體，卒之學成而已。乃知筆下變化，皆自端楷中來爾。不端其本而欺以求售，吾知書中孟嘉，自可默識也。」《真迹日録》卷五有「蘇長公手録《漢書》全部及《金剛經》……見之記載中」語。其録《漢書》或爲少時事。蘇軾凡三經手抄《漢書》，參元豐七年「在黄嘗稱賞教授朱載上之詩」條。

軾少知種松，接花果，讀醫藥書。

《蘇軾詩集》卷三十五詩題：「予少年頗知種松，手植數萬株，皆中梁柱矣。」卷二十《戲作種松》叙少年種松東岡。卷六《送安惇秀才失解西歸》：「故山松柏皆手種。」《蘇軾文集》卷七十三《種松法》乃自少年起之經驗談。同上《接果説》叙少時與弟轍用苦楝子接李。同上《艾人着灸法》叙幼時見艾灸書。

軾嘗習琴。

《蘇軾文集》卷七十一《雜書琴事十首·家藏雷琴》贊雷琴之妙。以下《琴非雅聲》、《琴貴桐孫》，有創見。《佚文彙編》卷六《雜書琵琶》：「唐僧段和尚善彈琵琶，製道調」，「予家舊有婢，亦善作此曲，音節皆妙」。《歷代琴人傳》引張右衮《琴經·大雅嗣音》謂「古代多以琴世家，最著者」中，有「眉山三蘇」。

蘇洵仲兄涣知開封府祥符縣。知諫院包拯贊涣敢言。

《欒城集》卷二十五《伯父墓表》：「服除，選知祥符。祥符多富貴家，公均其繇賦而平其争訟，民便安之。鄉書手張宗久爲姦利，畏公，托疾滿百日去，而引其子爲代。公曰：『書手法用三等人，汝等第二，不可。』宗素事權貴，訴於府。府爲符縣，公杖之。已而中貴人至府，傳上旨，以宗爲書手，公據法不奉詔。復一中貴人至，曰：『必於法外與之。』公謂尹李絢曰：『一匹夫能亂法如此，府亦不可爲矣，公何不以縣不可故争之？』絢愧公言，明日入言之。上曰：『此非吾意。誰爲祥符令者？』絢以公對，上稱善，命内侍省推之。蓋宗以賂請於温成之族，不復窮治，杖矯命者，逐之，一府皆震。包孝肅公拯見公，嘆曰：『君以一縣令能此，賢於言事官遠矣！』公嘗出，見一婦人敝衣負水，顧曰：『此蘇士曹也。』公怪，使人問之，曰：『嘻，我廖户曹女，流落爲人婢。』因泣下，公惻然，訪其主，以錢贖之，迎置縣空屋中，擇婦人謹厚者視之。廖君昔與公同爲府中掾，公帥寮舊嫁之。」

包拯字希仁，廬州合肥人。天聖五年進士第。《宋史》卷三百十六有傳。傳謂：「除天章閣待制、知諫院。數論斥權倖大臣，請罷一切内除曲恩。」《長編》卷一百六十八皇祐二年六月丙子至卷一百七十二皇祐四年三月丁未載包拯言事多則，時拯知諫院。拯立朝剛毅，貴戚宦官，爲之斂手。歷知開封府。嘉祐七年卒，年六十四。

李絢字公素，邛州依政人。事迹詳《温國文正司馬公文集》卷四十墓誌銘，《宋史》卷三百二有傳。皇祐四年卒，年四十。《長編》卷一百七十二皇祐四年三月戊申有權知開封府、龍圖閣直學士、起居舍人李絢同提點在京諸司庫務記事；同日，改命兵部員外郎、知制誥權發遣開封府事。絢治有能名。絢善文能詩。

《伯父墓表》未載蘇涣知祥符具體歲月。以《長編》所載包拯、李絢事考之，約爲本年至至和元年間事。以蘇涣至和二年四月知衡州也。

皇祐三年（一〇五一）辛卯　蘇洵四十三歲　蘇軾十六歲　蘇轍十三歲

皇祐四年（一〇五二）壬辰　蘇洵四十四歲　蘇軾十七歲　蘇轍十四歲

五月，蘇洵幼女遭夫家（舅程濬、姑宋氏、夫之才）之虐死去。

詳嘉祐四年「蘇洵作《自尤》詩」；蘇洵謂「壬辰之歲而喪幼女」。

《嘉祐集箋注》卷十五《極樂院造六菩薩記》：「丁亥之歲，先君去世，又六年而失其幼女。」所云「六年」，乃俗語所謂「六個年頭」。

於是蘇、程結怨。然女之舅程濬之另二子之元（德孺）、之邵（懿叔），自元祐起，與蘇軾兄弟交往頗密。四十二年後，軾與之才亦釋怨。

《類編老蘇集》卷二《自尤》詩序：「壬辰之歲而喪幼女，始將以尤其夫家，而卒以自尤也。女幼而好學，慷慨有過人之節，爲文亦往往有可喜。既適其母之兄程濬之子之才，年十有八而死。濬本儒者，然内省有所不謹，而其妻、子尤好爲無法。吾女介於其間，固爲其家之所不悦，適會其病，其夫與其舅、姑，遂不之視而急棄之，使至於死。」詩中詳叙受虐之狀。《排韻增廣事類氏族大全》卷三有軾轍三姊「鄉人嫁娶重母黨，雖我不肯將安云」詩二句，乃《自尤》中語。

《蘇軾文集》卷五十四與之才第二簡：「今吾老兄弟，不相從四十二年矣，念此，令人悽斷。」紹聖二年作。蓋四十二年略有餘。

《齊東野語》卷十三《老蘇族譜記》引蘇洵《族譜亭記》及《自尤》，謂「其怨隙不平也久矣，其後東坡兄弟以念母之故，相與釋憾」。《族譜亭記》見《嘉祐集》卷十三。

《净德集》卷二十一《太中大夫武昌程公墓誌銘》：公諱濬，字治之；天聖五年，賜同學究出身，再舉進士，中乙科，通判彭州，遷殿中丞，又通判梓、嘉二州，改太常博士，賜五品服，徙夔州路轉運使；熙寧三年，年七十，乃謝事。以下謂元豐五年十一月戊子卒，年八十三。娶宋氏，封長壽縣君，先濬十六年卒。子男五人：之才、之元、之邵、之祥（宣德郎）、之儀（未仕）。

《范忠宣公集》卷三《贈眉陽致政程濬少卿》：「清節高風世所推，秋毫名宦肯徘徊。勇抛朝市無窮事，笑指林泉獨自來。吟榻未移溪月上，醉巾長拂野雲回。塵衣欲作登門客，几杖何妨許暫陪。」

《安岳集》卷九《和程濬治之秘監贈楊竦中立朝散》：「身似悲鳴驥，家如濩落瓢。買居悲冀壤，數俸怯薪樵。壽隱三家近，征商百步遥。無心隨所寓，塵滓自冰銷。」

據此，知濬亦有聞於世。

軾始與劉仲達往來於眉山。

據《東坡樂府》卷上《滿庭芳·序》，云時年十七。

是歲，儂智高陷邕州、横州、昭州，命狄青督軍征討。

《宋史·仁宗紀》：本年五月乙巳朔，儂智高陷邕州，遂陷横、貴等州，圍廣州；九月庚申，儂智高陷昭州；庚午，以狄青爲宣徽南院使、宣撫荆湖路，提舉廣南經制盜賊事。

是歲，范仲淹卒。

據《歐陽文忠公集·居士集》卷二十神道碑銘。

皇祐五年（一〇五三）癸巳　蘇洵四十五歲　蘇軾十八歲　蘇轍十五歲

十二月庚申（二十五日），太常博士吴中復（仲庶）爲監察御史裏行。赴闕。蘇洵與中復有交往。

十二月庚申云云，據《長編》卷一百七十五。《長編》并謂：「中復，興國軍人。嘗知犍爲縣，有善政。」

《輿地紀勝》卷一百四十六《成都府路·嘉定府·官吏》：「吴中復：爲犍爲令。土産紅桑、紫竹、荔枝，三者爲民害。作《三戒》詩勒諸石。其序曰：嘉州詩三章，閔嘉民也。」同上《總嘉州詩》謂：「吴中復知犍爲縣，作詩三章，以憫嘉州民，而荔子居其首。」并引中復《荔子（枝）》詩：「莫愛荔子紅，歲作嘉州孽。」荔枝等何以爲孽，今已不可得其詳。《宋史》中復本傳謂中復「進士及第，知峨眉縣」，其知犍爲見《東都事略·中復傳》。峨眉、犍爲均屬嘉州。

《成都文類》卷二十一《上府倅吴職方書》：「執事愛弟裹行君，氣質剛正，非妄許可者，不知洵不肖，讀其文而憐其窮，故曾幸遇之，而又嘗使人以書而候問其死生若故舊。然洵常德之，思有以報而未獲。」蘇洵與吴中復有交往。府倅，吴照鄰。

《嘉祐集》卷十三《與吴殿院書》：「嚮每見君侯，談論輒盡歡。」即謂在蜀時事。殿院乃吴中復。

胡允文（執中）從蘇洵游。

《蘇軾文集》卷六十三《祭胡執中郎中文》：「胡君執中之靈。君少在蜀，從先府君。凡蜀之士，事賢友仁。我之知君，固不待見。從事于岐，始識君面。相從之歡，傾蓋百年。見其孺子，駒駿雛鵷。非罪失官，君則先去。我徂華州，見君逆旅。淫雨彌旬，道淖没車。他人爲泣，君樂有餘。其後七年，君掾計省。雖獲一笑，歡不逾頃。又復七年，我守北徐。君從其子，徐獄是書。雛騫而翔，駒亦千里。惟我與君，宛其老矣。老人無徒，相見益親。凡昔在岐，今存幾人。謂君仁人，雖疾當壽。云何而然，命也難究。嗚呼執中，人誰不死。如君之賢，不云止此。百鍊之剛，日膾千牛。匣而不用，非我之羞。孺子肖君，世有令問。送君一觴，永歸無恨。」

允文從蘇洵學，而蘇軾在蜀時不識，知從洵游，約在皇祐、至和之間，年長於軾。今次於此。其時，蘇洵正發憤研讀、著述，與外界聯繫不多，然已略有名，故慕之者大有人在，胡允文即其一。

據蘇軾祭文，參以蘇軾生平，胡允文嘉祐末爲鳳翔府屬縣令；治平二年初，蘇軾罷鳳翔赴京師，至華州與允文相遇；熙寧三年，允文掾計省；熙寧十年，與允文晤於徐州，時允文之子公達爲掾於徐，允文從其子來此；元豐元年卒，軾爲祭文。參各該年紀事。

《豫章黄先生文集》卷三十《跋子瞻祭胡屯田文》：「庭堅晚進，不及識執中公，而東坡之文，叙述自少迄老，言其事師取友，殊不草草，藏器待知，終不見用，可信其爲士君子也。元祐中，余歸妹於河南張埙叔和，執中公蓋埙之外祖也。故遂識執中公之子峽州太守公達。公達治郡，政雖嚴而不苛，事雖整而常暇。其論熙寧、元祐以來改易更革之大故，利病得失，去彼取此，所以云爲者，使人聽之賓主不倦而忘歸也。以是知東坡之所云『孺子肖君，世有令聞』，非虚語也。其曰『百鍊之剛，日膾千牛』，惜乎匣餘刃而不試也。天下嘗患才難，有之又未必用，可勝歎哉！」

據蘇軾、黄庭堅之文，胡允文有異才殊能，處下僚而不得志，致鬱鬱以終。庭堅文中所云之「師」即蘇洵。蘇軾之知胡允文，得之於其父，蘇洵亦愛之矣。

胡允文，不詳其籍，當非蜀人，如爲蜀人，蘇軾必便筆書之。

蘇洵之妻程夫人盛贊里中晚輩程建用嘉行。以爲終非久貧賤。

《欒城集》卷十五《送程建用宣德西歸》：「昔與君同巷，參差對柴荆。艱難奉老母，弦歌教諸生。藜藿飽臧獲，布褐均弟兄。貧賤理則窮，禮義日益明。我親本知道，家有月旦評。逡巡户牖間，時聞嘆息聲。『善惡不可誣，孝弟神所聽。我見此家人，處約能和平。它年彼君子，豈復地上行。』爾來三十年，遺語空自驚。松阡映天末，苦淚緣冠纓。子親八十五，皤然老人星。安輿及禄養，平反慰中情。月俸雖不多，足備甘與輕。今年復考課，得秩真代耕。倚門老鶴望，策馬飛鴻征。歸來歲云暮，手奉屠蘇觥。我詩不徒作，以遺鄉黨銘。（原注：君昔嘗税居，與敝廬東西相望，武昌君見其家事，知非貧賤人也。此語未嘗語人，俯仰三十年矣。因君西歸，作詩言之，不覺流涕。）」

武昌君，蘇洵之妻、蘇軾蘇轍兄弟之母程夫人。

此詩作於元祐元年，時程建用（彝仲）自京師返蜀教授東川，《蘇軾詩集》卷二十七亦有送行詩。轍詩「今年」云云，即謂爲教授也。

自元祐元年上溯三十年而爲嘉祐元年，然此乃舉成數，實爲皇祐、至和中事，今次本年。蘇軾、蘇轍嘗與建用、楊堯咨幼嘗會學舍中，作《天雨聯句》，見《蘇軾文集》卷六十八《記里舍聯句》。

建用本年前後已爲塾師。呂陶《浄德集》卷三十一《送程彝仲赴東川教授》：「與君同縣又同甲。」嘉慶《彭山縣志》卷三謂陶爲彭山人，則建用爲彭山人。彭山、眉山相連。同甲謂同年生。《宋史》卷三百四十六《呂陶傳》：「徽宗立，復集賢殿修撰、知梓州，致仕，卒，年七十七。」

知建用約長於蘇軾八至十歲。

建用登熙寧九年進士第，元豐七年爲中江令。

是歲，狄青大敗儂智高，廣南平。

《宋史紀事本末》卷三十一《儂智高》：「春正月，狄青夜度崑崙關，大敗儂智高於邕州，智高走大理，廣南平。」

蘇軾至是歲，日益壯大，好讀史、論史，亦好道。

《蘇軾文集》卷四十八《上韓太尉書》：「自七八歲知讀書，及壯大，不能曉習時事，獨好觀前世盛衰之迹與其一時風俗之變。自三代以來，頗能論著。」參慶曆八年「蘇洵居喪」條紀事。

《文集》卷十一《思堂記》叙少遇隱者，教以近道少思寡欲。卷七十《跋李伯時卜居圖》：「余本田家，少有志丘壑。」《蘇軾詩集》卷九《次韻答章傳道見贈》：「嗟我昔少年，守道貧非疚。」參至和元年「軾娶王弗爲妻」條。

吴瓘登進士。

據光緒《江西通志》卷二十一。光緒《吉安府志》謂瓘字伯玉，永新人。又謂：「家居縣南連岡。闔門數百口，以孝弟稱。蘇軾薦爲檢討，除徐州通判。」軾之薦不知爲何年事，姑以瓘登進士第年份繫入。

轍好文，於書畫不甚經意。

《欒城集》卷二十二《上樞密韓太尉書》：「轍生好爲文。」《欒城遺言》：「公（謂轍）曰：『余少年苦不達爲文之節度。讀《上林賦》，如觀君子，佩玉冠冕，還折揖讓，音吐皆中規矩，終日威儀無不可觀。』」又：「公曰：『予少作文，要使心如旋牀，大事大圓成，小事小圓轉，每句如珠圓。』」

參皇祐二年「軾好書畫筆硯」條。

轍少讀《易》與《春秋》，好道。

《欒城遺言》：「二公（謂軾、轍）少年皆讀《易》，爲之解説。各仕它邦。既而東坡獨得文王、伏羲超然之旨，公乃送所解予坡。今《蒙卦》猶是公解。」又：「公少年與坡公治《春秋》，公嘗作論，明聖人喜怒好惡，譏《公》、《穀》以日月土地爲訓，其説固自得之。」《欒城後集》卷四《和遲田舍雜詩》其七：「老佛同一源，出山便異流。少小本好道，意在三神洲。（下略）」

晁補之、陳師道生。

《柯山集》卷四十八祭晁文謂晁生癸巳。《後山集》卷首《後山陳先生集記》謂陳卒於建中靖國元年，年四十九。

三蘇年譜卷五

至和元年(一〇五四)甲午　蘇洵四十六歲　蘇軾十九歲　蘇轍十六歲

洵作《權書》。

《叙》言:「《權書》兵書也,而所以用仁濟義之術也。」仁義之兵,不能自勝,權乃爲仁義之窮而作,言兵者必不可少。

《嬾真子》卷五:「眉山蘇氏文集著有《權書》、《衡論》。《衡論》世皆知出處,獨《權書》人少知之。《漢書》:哀帝時欲辭匈奴使不來朝,黄門郎揚雄上書諫曰:『高皇后嘗怒匈奴,羣臣廷議,樊噲請以十萬衆横行匈奴中。季布曰:噲可斬也。於是大臣權書還之。』注曰:『以權道爲書,順辭以答之。』《權書》之名,蓋出於此。衡取其平,權取其變,衡爲一定之論,權乃通變之書。」《權書》命名本此。

《邵氏聞見後録》卷十四謂王安石修《英宗實録》,謂蘇洵「有戰國縱横之學云」,又謂洵《機論》、《衡策》之文甚美,然大抵兵謀權利機變之言也。

《心術》爲《權書》首篇,論「爲將之道,當先治心,泰山崩於前而色不變,麋鹿興於左而目不瞬」。

不獨治己之心，亦當養士之心，蓄士之怒，懷士之欲而不盡，并天下而士不厭兵。《心術》謂：「凡將欲智而嚴，凡士欲愚。」愚者，深結其心，深服其心，使之爲己。亦所以養心。《心術》謂：「凡主將之道，知理而後可以舉兵，知勢而後可以加兵，知節而後可以用兵。」凡兵尚義；理者，義也。勢者，形勢，敵我對比。節者，節制、進退之道。

《心術》乃論爲將之本。

《心術》之下爲《法制》，論用兵之法及其制約。《法制》首謂「將戰必審知其將之賢愚」，審敵方之將；與其賢將戰則持之，與愚將戰則乘之。知彼首在知其將。

《法制》謂爲將者應善使人，以刑使，以賞使，以怒使，「而其中必有以義附者」，以義結士之心。

《法制》論使兵，謂「治衆者法欲繁，繁則士難以動；治寡者法欲簡，簡則士易以察」。法繁則約束多，便於管理；法簡則易於督察、檢查。老蘇以爲「衆而繁，雖勞不害爲强」。

《法制》論行軍，衆入險阻，必分軍而疏行。論攻守，謂兵莫危於攻，莫難於守；賢將能以寡爲衆，以小爲大。

《法制》論作戰布陣。謂背城而戰，陣欲方、欲踞、欲密、欲緩；面城而戰，陣欲直、欲鋭、欲疏、欲退。

《法制》之下爲《强弱》。首云：「知其所甚愛，知其所不足愛，可以用兵矣。故夫善將者，以其所不足愛者，養其所甚愛者。」「所甚愛」即强，「所不足愛」即弱。爲將者在「輕棄吾弱，而使敵輕用其强，忘其小喪，而志於大得」。老蘇謂輕棄吾弱，乃輕棄於當輕棄之時，而非隨意輕棄之，以老弱之兵，兵家固亦不可無。

《强弱》之下爲《攻守》，論攻守之術。老蘇謂攻、守有三道，一曰正，二曰奇，三曰伏。其要旨爲「攻敵所不守，守敵所不攻」。「守敵所不攻」者，謂守則必固，敵所不能攻。

《攻守》之下爲《用間》。孫武言五間：用故鄉國之人者曰因間，用敵失職之官者曰内間，敵間反爲我用者爲反間，以假誑敵間後必殺間者曰死間，往窺敵情生還歸報者曰生間。然孫武所倡者乃明君賢將以上智爲間，老蘇祖述其説。孫武謂「商之興也，伊摯在夏，周之興也，吕牙在商」。伊、吕一歸而夏、商亡。老蘇以爲湯、武無用間之名與用間之勞，而得用間之實，此之謂上智之間。蓋孫武五間，其歸於詐；兵雖詭道，而本於正者，終亦必勝。五間之旨在制敵、勝敵，所謂湯、武得用間之實者，不用間而敵已亡也。

以上五篇，着重從理論上闡述。

自《孫武》以下五篇，着重從歷史人物、歷史事件進行具體闡述。

《孫武》論武乃言兵之雄，奇權密機，出入神鬼，然用兵多失。吴起言兵輕法制，草略無所統紀，而用兵多勝。老蘇於是謂書「不足信」。此「不足信」，實乃不足盡信之意。蓋以戰場千變萬化，武書乃他人經驗教訓之總結，而非親身經驗總結，此其一。其二，人之才各有長短，言兵與用兵不盡相同。老蘇以爲，用兵之術，在能物視其衆。意爲以物視衆，而非以人視之，視三軍如一物，三軍之衆，在善將者一人之心中，恢恢然有餘地。老蘇之意，孫武似乏此。似不通此變。具體言之，此不善將將。

次《孫武》之後爲《子貢》。老蘇以爲用兵應講求智、信。徒智可以成，而不可以繼。徒智能得志於一時，而不能取信於人，故不可以繼。王者之兵，計萬世而動。子貢亂齊、滅吴、存魯，乃邀一時之功。

以下爲《六國》。首云：「六國破滅，非兵不利，戰不善，弊在賂秦。」六國之君不通此權變。末云：「六國與秦皆諸侯，其勢弱於秦，而猶有可以不賂而勝之之勢，苟以天下之大，下而從六國破亡之故事，是又在六國下矣。」時朝廷以賂遼、夏爲事，以求安於一時。此文有鮮明之針對性。

以下爲《項籍》。首云：「項籍有取天下之才，而無取天下之慮。」老蘇所謂才，不過爲一城一池之奪取，不過爲某一戰役之勝利，不過爲勇力與戰鬬技能。老蘇所謂慮乃戰略，乃對戰局作全盤、長遠之考慮。籍所長者戰術，而所乏者戰略。

老蘇謂項籍不善權變。謂諸葛亮棄荆州而就西蜀，亦不善權變。古之取天下者，常先圖所守，而蜀「其守不可出，其出不可繼」，故無能爲。蓋得之長期實地考察。所謂守，在於能出，創見。

以下爲《高祖》。老蘇謂漢高祖明於大而暗於小。高祖挾數用術以制一時之利害，不如陳平；揣摩天下之勢以劫制項羽，不如張良。然天下已定，爲後世子孫計，陳平、張良不及高祖。此所謂明於大而暗於小。

按，下則「蘇洵上成都府通判吴照鄰書」已言及上《兵論》三篇；《兵論》即《權書》。故繫「作《權書》」於此。

蘇洵上成都府通判吴照鄰書，陳蜀中三患并清患之法，并上《兵論》三篇。

《成都文類》卷二十一《上府倅吴職方書》：「洵竊謂蜀之土壖萬山，塹大江，膏田百同，蟠乎其中。故天下之地，險固沃美無如蜀者。即蜀而言，益，諸郡之綱領；嘉，諸蠻之孔道。故蜀之地大且要，無如益與嘉者。執事始受詔天子相益，嘗受命大司權領嘉事，未幾歸益。今又以事如嘉而還矣。是益徯執事以治，而嘉徯執事以安。一身而二任焉。故蜀之吏，自府、漕、刑外，職大責重，無如執事者。職大責重，古君子居之，未嘗不竭己之才，而又得擇羣言輿謀以輔其志，廣其聰，遠其明，而能成功。故蜀之吏，宜不以貴故忽卑賤之言，亦無如執事者。洵通義窮百姓，讀經史、學計策外無他長。執事愛弟裏行君，氣質剛正，非妄許可者，不知洵不肖，讀其文而憐其窮，故嘗幸過之，而又嘗使人以書而候問其死生，若故舊然。洵常德之，思有以報而未獲其所。執事之始如嘉也，前郡尉張君謂洵曰：『吴公經是，語及子，且知子矣。』夫其弟待之如故舊，其兄未識而語及之且知之焉，然則如洵者，宜如何哉。不效其所有於執事，以補萬一，而以淺陋爲解，則非執事待洵意也。况執事職大任重，必不以貴故忽其言耶。今洵之所言，而執事之所當聞者，蜀之利害也。請爲執事言其略。夫蜀有三患，其二將形，其一既萌。何哉？人性驕侈；耀寶賄盛，紈錦資蓄，未能百金而炫諸外已，若古程卓輩，故使窮民惡盜得以萌窺劫心；李順之亂，實根於此。今又何知，草莽間無李順耶？此將形之一患也。疲兵怯弱，或有變故，常恃客軍，故客軍常曰『有他盜能禦我者』少，不若意，則瞠視大叫。疲兵畏避不暇，何敢議鬭！王均、劉旰之亂，實根於此。今又何如，軍伍中無王均、劉旰耶？此將形之患二也。去歲，邕管逋寇，南詔爲之震棄，倡言於其國曰：『砥爾戈，秣爾馬，吾將逞志於蜀。』今郡縣欲廣其備具，多其戍役，則民不堪，否則懼其乘我虚隙，此既萌之患一也。夫一方而三患具，安危緩急，宜曰何如，而昧者猶謂『今之患獨在南詔』，而又曰『殘虜非吾敵』，不知是三患幸而不發則已，不幸而有一起，二者必從而興，其勢如大鼎，弱足之折，餘必隨之。苟有位者，不皇皇汲汲，早夜思其謀，則亦見坐漏船之中，而不知茹焉、鄭鄭焉者也。然則何爲而可？曰：西南民性，與東北尤異，怯不能守，嗜利而好蕩，是以易亂；勇不能固，懾刑而重遷，是以易制。今其驕侈之風，雖欲化以儉德，固未可歲月待，得强明吏擿其姦，發其非，誅之、徙之，則盜可以消矣。疲兵雖號怯弱，然武王以之而克商，諸葛孔明以之服南蠻抑魏氏，兵不敢出戰、楊儀乘其餘，尚能走孟達。今之人，亦古之人耳，何强弱之遠乎！蓋不訓練之過。竊見疲兵惟忠勇，寧遠二軍，粗識教令，他不過負擔而役，捆屨而食，奈何責其鬬耶！今欲爲之計，莫若擇客軍之精鋭者爲之師而教之，明其號令，一其勇怯，信其賞罰，不旬日可與之赴湯火、蹈白刃，則客軍知所顧忌，不敢動矣。犍爲之西南，漢源之東南，盧山之西北，沿邊雜虜，自漢以降，肆逆效勇，猶可歷數，然則非有雄謀大志，惟暴之則逆，惠之則順。譬之狗然，臨之以箠，鮮不吠噬，豢之以食，可使捍盜。西漢以鉤町兵破姑繒、桑榆後，公孫述竊據，大姓龍、傅、董、尹民，爲漢保境。由是觀之，其人蓋有時而忠也。況今數百年來，懾服帖息，苟重之以惠，則彼獨忠於古哉，所宜密委邊守，常加寬恤。其人之商於吾境者，嚴譏而薄征之，疾則醫之，死則殯之，使其至如歸焉。彼將益樂吾德而求爲我用矣，則向所謂邕管逋寇之在南詔者，又安能數千里越求爲用之虜而犯我哉！縱使盡力能攻而越之，則其鋭兵堅甲，固已缺頓於沿邊雜虜，而我坐收其弊，擒之易耳。今郡縣大修攻守戰鬬之具，而愚民洶洶驚顧，間有瘞金而囊粟以待竄匿者。故洵敢以此説爲獻，執事幸置之胸中。異日府公、漕、刑，必將咨計執事，執事擇其説之可者發之，幸甚。吁，執事權略智調，視措置岷蜀，其猶指揮僕妾輩耳，何待洵言耶。雖然，居山者知虎豹之迹，居澤者識蛟蜃之穴，洵誠懼執事，不若洵家於此，聞見習熟而得之之詳也，以是不敢緘默。平生所學《春秋》、《洪範》、禮、樂、律、曆皆著之書，非遇執事閑燕講道時，未敢以贄。《兵論》三篇，冀執事觀之，而知洵與夫迂儒腐生蓋少異矣。」

此書，《嘉祐集箋注》未收。《輿地紀勝》卷一百四十六《成都府路·嘉定府·風俗形勝》：「蘇洵《上吴職方書》云：『蜀之地大且要，無如益與嘉者。』」即在此書中。

府倅，成都府倅。時吴職方以成都府倅權領嘉州事。職方，職方員外郎之簡稱。愛弟裏行君，爲監察御史裏行吴中復。蘇洵未上此書前，吴職方已知蘇洵。吴中復爲監察御史裏行，乃皇祐五年十二月庚申事，已見上；知蘇洵此書作於其後。

蘇洵此書所云「去歲邕管逋寇」。查《長編》及《宋史·仁宗紀》，乃皇祐五年事。是年，儂智高寇邕州，狄青破之。邕管謂邕州。知洵此書作於本年。本年十一月，張方平到知益州任。蘇洵此書當上於方平到任前。

《梅堯臣集編年校注》有《送吴照鄰都官通判成都》詩，云：「君家婦何賢，捨舟具車轂。五年夢在梁，三年行向蜀。迢遞今日同，辛勤昔時獨。看花久莫留，買錦慰不足。歸來兒女大，婚嫁應相續。」知此吴照鄰乃吴職方。照鄰當爲名，字之中有一「伯」字，以其弟中復字仲庶也。《校注》次此詩於皇祐三年，誤。此詩當作於皇祐四年，或作於皇祐五年。參「吴照鄰赴闕蘇洵作引送之」條及元豐七年四月十四日紀事。

《歐陽文忠公集·居士集》卷三《送吴照鄰還江南》：「霜前江水磨碧銅，岸背菱葉翹青蟲。吴郎鬢絲生幾縷，不羞月上扶桑東。羞見清波照人景，去時黑髮吹春風。五年歸來婦應喜，從此不問西飛鴻。」知照鄰篤於琴瑟之好。還江南，以照鄰之家在江南。其弟中復爲興國軍永興人，在江之南，與江爲鄰。歐陽之詩作於慶曆元年，可爲了解照鄰之助，附繫此。

蘇洵所陳蜀中三患，其一爲李順式農民暴動有可能發生。太宗淳化四年，李順寇掠州縣，陷邛州、永康軍，衆至數十萬。五年正月，入成都，五月，官軍獲李順，復成都。見《宋史紀事本末》卷十六。蘇洵以爲，富有之家驕奢淫佚，窮者無立錐之地，貧富矛盾加深、擴大，李順暴亂之因，實由於此。蘇洵謂今草莽間難保無李順。蘇洵長期鄉居，深知自李順之亂後，貧富之間之對立情緒，由於富者不仁，日益加深。此種情緒，隨時皆有可能爆發爲暴亂。

蘇洵所陳蜀患，其二爲王均式兵卒暴亂有可能發生。據《宋史紀事本末》卷十六，真宗咸平三年正月，益州戍卒作亂，推王均爲首。均稱大蜀，改元化順。是年十月始平。蘇洵此書中所云「客軍」，即戍卒，即中央派駐之武裝。所云「疲兵」，實爲地方武裝。疲兵勢弱，客軍勢强，客軍驕恣侵虐疲兵，矛盾日深，於是發爲暴亂。蘇洵作此書時，距王均作亂雖已五十餘年，然疲兵、客軍之矛盾如故，暴亂之基礎嚴重存在。

蘇洵所陳蜀患，其三爲南詔（大理國）有侵邊之意。儂智高敗後，即遁入南詔。蘇洵此處所述事實，《長編》、《宋史·南詔傳》均失載，可補史之遺。

蘇洵所陳三患，直接得之長期鄉居，經深入觀察後，復進行深刻分析，然後出之，可爲治蜀者決策之重要參考。蘇洵著述中，系統論述蜀事者惟此。

蘇洵謂清患之法有三。一曰强化吏治。蘇洵以爲，驕侈之風，乃禍亂之基。驕侈既已成風，不僅富民驕侈，官吏亦驕侈，官吏驕侈，實爲腐敗。腐敗則下情不能上達，窮苦之人無所告訴。於是亂生。蘇洵所云「擿其姦，發其非，誅之、徙之」，乃主要就腐敗之官吏言。

二曰訓練疲兵，提高疲兵素質，使客軍有所顧忌。疲兵之地位得到提高，疲兵與客軍之磨擦可減少，從而遏制兵卒暴亂。

三曰以惠結沿邊雜虜。此所云「雜虜」，即今之少數民族。具體言之，則有開放邊境貿易，予以税收優惠，疾則醫之，死則殯之，深結其心，以爲我用。如是邊境得安寧，邊患自可消除。

三者皆經過深思熟慮，切實可行。蘇洵自是關心世事。蘇洵此書，不僅欲盡己之責，以家於此，抒所見乃本分，亦有求職、求薦之意。

《蘇軾文集》卷十四《張文定公（方平）墓誌銘》：「公……移鎮西蜀。始，李順以甲午歲叛，蜀人記之，至是方以爲憂。而轉運使攝守事，西南夷有邛部川首領者，妄言蠻賊儂智高在南詔，欲來寇蜀。攝守妄人也，聞之大驚，移兵屯邊郡，益調額外弓手，發民築城，日夜不得休息，民大驚擾，争遷居城中，男女婚會，不復以年，賤粥穀帛市金銀，埋之地中。」此乃本年十一月張方平到知成都任前。聯繫蘇洵此書所云「今郡縣大修攻守戰鬬之具，而愚民洶洶驚顧，間有瘞金而囊粟以待竄匿者」，益知本書作於本年。其時約在夏秋間。

按，今本蘇洵之《集》，未見《兵論》。《嘉祐集箋注》卷二《權書·叙》：「《權書》，兵書也。」下分《心術》、《法制》、《强弱》、《攻守》、《用間》等十章，皆論用兵，詳本年此條之前「作《權書》」條。蘇洵此處與吴照鄰書所言《兵論》即《權書》。《兵論》三篇，《權書》十章，蓋約《權書》以言之也。

十一月，張方平到知成都府任。

《嘉祐集》卷十五《張益州畫像記》：「至和元年秋，蜀人傳言有寇至，邊軍夜呼，野無居人，妖言流聞，京師震驚。方命擇帥，天子曰：『毋養亂，毋助變。衆言朋興，朕志自定。外亂不作，變且中起。不可以文令，又不可以武競，惟朕一二大吏，孰爲能處兹文武之間，其命往撫朕師？』乃推曰：『張公方平其人。』天子曰：『然。』公以親辭，不可，遂行。冬十一月至蜀。至之日，歸屯軍，撤守備，使謂郡縣：『寇來在吾，無爾勞苦。』」

《蘇軾文集》卷十四《張文定公（方平）墓誌銘》：「以公爲……户部侍郎，移鎮西蜀。」以下叙蜀中局勢不安，已見以上「蘇洵上成都府通判吴照鄰書」條。以下云：「朝廷聞之，發陝西步騎戍蜀，兵仗絡繹相望於道。詔促公行，且許以便宜從事。公言：『南詔去蜀二千餘里，道險不通，其間皆雜種，不相役屬，安能舉大兵爲智高寇我哉，此必妄也，臣當以静鎮之。』道遇戍卒兵仗，輒遣還入境。下令邛部川曰：『寇來吾自當之，妄言者斬。』悉歸屯邊兵，散遣弓手，罷築城之役。」

張方平訪知蘇洵。

《樂全集》卷三十九《文安先生墓表》：「仁宗皇帝嘉祐中，僕領蜀郡，念蜀異日常有高賢奇士，今獨乏耶？或曰勿謂蜀無人，蜀有人焉，眉山處士蘇洵其人也。請問蘇君之爲人。曰：『蘇君隱居以求其志，行義以達其道，然非爲亢者也，爲乎緼而未施，行而未成，我不求諸人而人莫我知也，故今年四十餘不仕。公不禮士，士莫至。公有思見之意，宜來。』」

十二月甲寅（二十五日），益州布衣章詧爲本州助教，詧辭不拜。詧深於揚雄《太玄經》。蘇軾嘗跋詧之詩。蘇洵亦深於《太玄經》，當有詧之影響。

《長編》卷一百七十七本日紀事：「詧，雙流人。通經術，善屬文，性澹泊，屏居林泉，以養生治氣爲事。尤深於《太玄》。著《發隱》三篇，講疏四十五卷。田況上其《發隱》，特録之。詧辭不拜。」

《浄德集》卷二十八《冲退處士章詧行狀》：先本閩人，祖上徙居成都之雙流縣，字隱之。以下云：「未冠治經術，往來成都，求師質問大義。鄉先生任維翰若釋中古，皆通經善講解，悉從之游。得其要旨妙論，階之以踐古人之閾，故其志修，其行懋，與人言古今人事物理之變，所謂索而難至者，皆深抉窔奥，務得其極而後已。尤好揚子雲《太玄經》，知玄以數寓道之用，三摹九據始終之變。著《發隱》三篇，講疏四十五卷，《太玄圖》、《卦氣圖》各一，雖前世陸績、宋衷、王涯輩、通《太玄》學者，殆有不及焉。慶曆四年，樞密直學士蔣公堂，以其書薦諸朝。皇祐三年，仁宗祀明堂，賜粟帛。四年，端明殿學士楊公察又薦之，除本州助教，懇避不拜。至和二年，宣徽使張公方平，奏請以處士號旌之，不報。嘉祐四年，天章閣待制何公郯陛對，以疏論列，詔委轉運使詳定其實。時殿中侍御使趙公抃兼按一道，即以學行之懿條悉聞，上乃賜今號。翰林侍讀學士王公素方牧是郡，遂命所居之鄉曰處士，里曰通儒，坊曰冲退。由是浩然以聖賢之道自裕，憂喜無累形，是非無攖中者十年，非其趣之高遠、德之精微，疇能爾。……處士嘗爲歌詩雜文二十卷行於世。《卦氣圖》以石刻於府學之西，《太玄經圖》并文集刻於中興寺子雲祠堂。熙寧元年……六月九日，卒於冲退坊所居之第，享年七十六。」卷三十一《貽草萊章謍》有「謹持此理讀《九贊》」之句，疑以上所引「三摹九」之「九」字後脱「贊」字。《貽草萊章謍》稱揚雄「立言盡括二儀數，八十一首淵而微，至神不形復不見，玄道固非人易知」，以下稱謍「著圖課見歷象運，發隱扣達乾坤機」。

吴照鄰赴闕，洵作引送之。照鄰攜洵文，歐陽修（文忠）見而知之。

引乃《嘉祐集箋注》卷十五《送吴侯職方赴闕引》。洵之引謂天地萬物「長短之相形，大小之相盛，輕重之相抑昂」，而此長短、大小、輕重「皆物之所自有」，於是，度、量、權衡表明長短、大小、輕重之器出。蘇洵以爲，其出也乃順物之自然。

洵之文謂「無傷其身而活一人，人心有之，不肯殺其身以濟必不能生之人，人心有之」；今有人焉，曰「殺吾身雖不能生人，吾爲之」，則非人心之所自有。蘇洵以爲，後者乃「異世驚衆」，非人之常情。蘇洵盛贊照鄰順其自然，順人之常情，「其胸中洎然無崖岸限隔，又無翹然躍然務出奇怪之操，以震撼世俗之志」，充其心所自有，乃天下之君子。

蘇洵長於思辨，然往往强調一端而忽視另一端。如謂度、量、權衡因物之所自有而生，則是矣，而謂度、量、權衡之器不足以見吾智則非。度、量、權衡之器乃億萬人長時間創造。謂器之「不擊而自鳴，不觸而自轉，虚而欹，水實其中，而覆半，而端如常器」者，朝作而暮廢。此論尤非。器之不擊而自鳴，不觸而自轉，乃生産技術領域之創造、發明，代表人類社會先進生産力，有强大生命力，即或遭受扼殺，亦不過一短時期之事。有此類創造發明，人類社會得以發展，得以前進，相反，則停滯不前，以至倒退。蘇洵長期出入經、史、諸子典籍，考察前代、當代政治、經濟、文化、軍事，其見識實在同時代一般士大夫之上。然洵不滿當時社會，往往情緒激憤，遂併當世社會之進步因素，不作深入思考，加以反對，此乃其思想局限所在。蘇洵著述論及科學技術之處極少，此處數語應予以重視。

蘇洵所處北宋社會，物質生産有較大發展，創造發明不斷湧現（如畢昇活字版）。自洵此文「不擊而自鳴」云云言之，已可感受到此種聲勢。洵所處之西蜀，信息不暢，尚且如此，全國可想。

洵此處所述可爲北宋科學技術發展之佐證。科學技術領域與道德領域，有其各自特殊性。科學技術不斷發展，人之認識不斷深化。今日行之有效之技術，明日將爲新者效率更高者代之。今日奉爲圭臬之定律，明日將發現其中有缺陷。不若道德領域，其若干準則，具有普遍性，不因時、空而異；即或有異，所異者乃局部，而非整體。吴照鄰「無翹然躍然務出奇怪之操」，乃言其爲人，屬於道德範疇，與科學技術了不相涉。蘇洵乃等而同之，思之不周。

吴照鄰赴闕，約在張方平到知成都任後。

《蘇軾文集》卷六十九《跋先君書送吴職方引》：「始先君家居，人罕知之者。公（撰者按，謂吴職方）攜其文至京師，歐陽文忠公始見而知之。公與文忠交蓋久，故文忠謫夷陵時，贈公詩有『落筆妙天下』之語。」以下謂照鄰之子出蘇洵所撰而爲其家所珍藏之《送吴侯職方赴闕引》當日原件相示。參元豐七年四月十四日紀事。

《歐陽文忠公集·居士集》卷十一《送前巫山宰吴殿丞》（題下原注：字照鄰）：「俊域當年仰下風，天涯今日一罇同。高文落筆妙天下，清論揮犀服坐中。江上掛帆明月峽，雲間謁帝紫微宫。山城寂寞少佳客，喜見瓊枝慰病翁。」景祐三年作。吴照鄰之詩不傳。照鄰攜蘇洵之文赴闕，實爲此時事。

是歲，歐陽修爲翰林學士兼史館修撰。

《歐陽文忠公集》卷首年譜：「九月辛酉，遷翰林學士，壬戌，兼史館修撰。」

蘇洵嘗誦歐陽修謝表文，命蘇軾擬作。

《侯鯖録》卷一：「東坡年十餘歲，在鄉里，見老蘇誦歐公《謝宣召赴學士院仍謝對衣并馬表》。老蘇令坡擬之，其間有云：『匪伊垂之帶有餘，非敢後也馬不進。』老蘇喜曰：『此子他日當自用之。』」《四六話》卷上亦叙此事。《王譜》謂爲十歲事。

軾文「匪伊垂之帶有餘」，出《詩·小雅·都人士》。《都人士》云：「匪伊垂之，帶則有餘。」鄭玄箋云：「此言士非故垂此帶也，帶於禮自當有餘也。」

軾文「非敢後也馬不進」，出《論語·雍也》。《雍也》叙魯大夫孟之反敗齊不自伐其功，行軍殿後，將入門，策其馬曰：「非敢後也，馬不進也。」意謂我非敢在後爲殿以拒敵，馬不能前進故也。

《蘇軾文集》卷二十四《謝賜對衣金帶馬狀》其一：「臣衰不待年，寵常過分。枯羸之質，匪伊垂之而帶有餘；斂退之心，非敢後也而馬不進。徒堅晚節，難報深恩。」老蘇謂蘇軾他日當自用之，果然。此文作於元祐六年，蘇軾知潁州，朝廷賜對衣、金帶、馬，爲此以謝。

據《歐陽文忠公集》卷首《年譜》至和元年九月辛酉紀事：「遷翰林學士。」《歐陽文忠公集·表奏書啓四六集》卷二有《謝宣召入翰林狀》、《謝對衣金帶鞍轡馬狀》，謂爲至和元年九月撰。後者首云：「右臣伏蒙聖恩，以臣入院，特賜衣一對、金帶一條、金鍍銀鞍轡馬一匹者。」入院即謂入學士院。蘇洵所誦之文，乃以上所云之《謝對衣金帶鞍轡馬狀》。據此，此乃至和元年事，其時老蘇父子皆在鄉里，軾年十九，亦可云十餘歲。謂十歲，乃傳聞。

軾娶王弗爲妻。先是軾少時本欲居山林學道，不願婚宦，然爲以蘇洵爲代表之家族勢力所强，不得不改變初衷，而家族亦略予蘇軾擇偶以寬容。至是與王弗成婚。

《蘇軾文集》卷十五《亡妻王氏墓誌銘》：「君諱弗，眉之青神人，鄉貢進士方之女。生十有六年，而歸於軾。」弗卒於治平二年，年二十七，其來歸爲今年。

同上卷六十三《祭王君錫丈人文》：「軾始婚媾，公之猶子。」

弗生於七月三十日，見本譜治平二年九月九日紀事。

《蘇軾文集》卷四十九《與劉宜翁使君書》：「軾齠齔好道，本不欲婚宦，爲父兄所强，一落世網，不能自逭。然未嘗一念忘此心也。」

同上卷六十《與王庠五首》其一：「軾少時本欲逃竄山林，父兄不許，迫以婚宦，故汩没至今。」

蘇軾少年、青年時，受「道」影響頗深，與學道者有較多接觸。八歲至十歲，以眉山道士張易簡爲師，學於有濃厚道教色彩之天慶觀。《蘇軾文集》卷十九有《却鼠刀銘》，蘇洵甚稱賞，已詳皇祐元年「軾約於本歲前後作《却鼠刀銘》」條。其首句云：「野人有刀，不愛遺余。」以下叙此刀神奇之功能。此「野人」約爲隱居山巖之道流。眉州附近之青城山，有丈人觀、長生觀、上清宫、延慶宫、儲福宫、清都觀等，人稱「神仙都會之府」（《輿地紀勝》卷一百五十三《成都府路·永康軍》）。此遺刀之野人，或即居青城山。

蘇軾少嘗從李士寧游，人或以士寧爲得道者。詳本譜嘉祐元年紀事。王安石《臨川先生文集》卷二十五有《贈李士寧道人》詩，首云「季主逡巡居卜肆」。季主乃司馬季主，卜於長安東市。《史記》卷一百二十七《日者列傳》載其事。據此，知李士寧善卜。《日者列傳》引司馬季主之語，謂卜「必法天地，象四時，順于仁義，分策定卦，旋式正棋，然後言天地之利害，事之成敗」，又謂「卜者導惑教愚也」。由是以言，卜乃正確認識世界以至認識宇宙從而決定個人以至國家行動之可靠手段，具有獨立之性質，誠爲奥妙。

知卜、用卜即學道，學道必須通《易經》。《史記》即謂司馬季主通《易經》。除《易經》以外，可學者尚多，如《老子》等。少年蘇軾深知，欲得道，必須全心投入，婚宦有妨學道、得道。《蘇軾詩集》卷四十三《和陶郭主簿二首》其二末云：「家書三萬卷，獨取《服食訣》。」細味詩意，此所云家，即眉山。此可爲蘇軾少年學道又一證。上引《與劉宜翁使君書》中，蘇軾望自劉誼（宜翁）處得到外丹，外丹即屬於服食者。

蘇軾「爲父兄所强」，易「不欲婚宦」初衷。可以斷言，其中經歷十分細微、複雜、艱難，當有一較長之過程。與劉誼、王庠書中所云「父兄」，實乃以蘇洵爲代表、包括軾母程氏在内之家族。父兄不斷施壓，蘇軾最終因勢單力孤，唯有服從。而自父兄言，予蘇軾擇偶以些許寬容，而此乃蘇軾所贏得者。蘇軾與王弗之結合，不同於祖父蘇序與祖母史氏，以史氏乃眉山大家（見《集》卷十三《族譜後録》卷下）；不同於父蘇洵與母程氏，以程氏乃眉山富家；不同於弟蘇轍與弟媳史氏，弟媳史氏與祖母爲同一家族，親上加親，由來已久。

王弗之父方乃青神鄉貢進士，見《蘇軾文集》卷十五《亡妻王氏墓誌銘》。鄉貢進士者，謂王方以習科舉之文爲業，并望由此得到出路；王方或與蜀地之鄉試（解試、類試），或未中；王方自無緣晉汴京與最高級别屬全國性質之禮部試，以博得一第。王弗之家庭屬於普通讀書人之家庭。非大家，非富家。

眉山往南六十五里即青神。青草瑞草橋、玻璃江等地，予少年、青年蘇軾之印象，十分美好。軾在青神，結識之人甚多。其中長者有王方、王介（字君錫，軾後妻王閏之之父）、蔡褒（子華）、楊宗文（君素）、王淮奇（衆、慶源、子衆）。同輩年相近者，有王愿（王弗之兄）、楊從（存道）。小於軾者，有王箴（君直，閏之之弟）。《蘇軾文集》回憶青神之文字，較之眉山多。

蘇軾如此難忘青神，其最爲重要者，乃因前後二位夫人皆爲青神人。一則敏静謹肅（《蘇軾文集》卷十五王弗墓銘），一則簡儉純明（《柯山集》卷四十八祭王閏之文）。王閏之乃王弗之堂妹，二人自小即得到良好教育。《蘇軾文集》卷六十三祭閏之之父介文云，其家自曾祖以來，即「孝著閭里」，「迨兹百年，世濟其美，少相弟長，老相慈誨，肅雍無間，施及娣姒」。蘇軾與王弗之結合，有相互愛慕之自主因素。

蘇洵關心天下事，才高，在同時代讀書人中，有超前意識。然在愛女之婚姻上，却未能擺脱舊羈絆。其第三女，蘇軾兄弟之三姐八娘之悲劇結局，其責實不可推諉。蘇洵於此，知之甚深，故賦《自尤》以自責。

蘇軾婚姻，如全由蘇洵作主，將爲另一種局面。在蘇洵心中，王家地位較之蘇家，有一段不小距離，此即爲障礙，不易逾越。

至此，人或問，蘇洵爲何終究接受此門親戚？答案爲：其一，自愛女八娘之悲劇中，蘇洵不能不深刻認識到，於蘇軾婚姻之限制，應予放寬。其二，蘇軾原無意結婚，施壓後有轉變；轉變，就蘇洵而言，自是大好事。此時，予愛子些微自主權，乃結束僵局之良策。蘇軾與王弗之結合情況，大體如此。

尚有一項補充。上所提蘇序妻史氏、蘇洵妻程氏、蘇轍妻史氏，皆不知其名與字；如蘇軾之三姐，僅知其乳名爲八娘。而軾二位夫人却不然。前者名弗，後者名閏之，字季章。名、字皆不俗。此所體現者乃蘇軾對女性人格之尊重。二夫人之名與字，當爲蘇軾所命。蘇軾之祖父、父未能及此，蘇軾自勝之。由于自主結合而産生之真摯愛情，於此起決定作用。以上所云蘇軾與王弗之不尋常結合之過程，有蘇洵寬容之精神在。

此條所叙，有得之閻華先生啓示。

轍作《夏論》、《商論》、《周論》。

《欒城遺言》：「公年十六，爲夏、商、周論，今見於《古史》。」又：「作夏、商、周論，才年十有六。古人所未到。」今本《應詔集》卷一有《夏論》、《商論》、《周論》。

張耒生。

據《張耒集》附録年譜。

蘇洵長姊約卒於今年。

《嘉祐集箋注》卷十五《極樂院造六菩薩記》：「先君去世，……服未既而有長姊之喪。」《箋注》：「《宋史·禮志·凶禮四》：『丁父母憂，淳化五年詔曰：孝爲百行之本，喪有三年之制。』『服未既』即未滿三年，可知蘇洵長姊當卒於至和元年前後。」《箋注》之意當爲服滿以後未三年，如此，亦當繫皇祐五年。今姑繫此。

《蘇軾文集》卷十六《蘇廷評行狀》謂「女二人，長適杜垂裕」。

軾與史經臣（彦輔）論歷史人物，當爲此歲前後事。嘗愛經臣所作《思子臺賦》。

《文集》卷六十七《書太白廣武戰場詩》叙與經臣論歷史人物。卷七十二《史經臣兄弟》、卷一《思子臺賦·引》盛贊《思子臺賦》。

至和二年（一〇五五）乙未　蘇洵四十七歲　蘇軾二十歲　蘇轍十七歲

正月朔旦，蜀人相慶如他日。十五日元宵觀燈，城門皆通夕不閉。蓋自張方平鎮蜀後，局勢迅速平静、穩定。洵記其事。

《嘉祐集箋注》卷十五《張方平畫像記》叙上年十一月張方平到知成都府任後，采取有力措施，歸屯軍，撤守備。以下云：「明年正月朔旦，蜀人相慶如他日，遂以無事。」《蘇軾文集》卷十四《張文定公（方平）墓誌銘》叙方平到成都後，措施得力，已見上年十一月紀事。以下云：「會上元觀燈，城門皆通夕不閉，蜀遂大安。已而得邛部川之譯人始爲此謀者斬之，梟首境上，而配流其餘黨於湖南，西南夷大震。先是朝廷獲智高母子留不殺，欲以招智高，至是乃伏法。」

蘇洵與雷簡夫（太簡）納拜，作書。

書乃《與雷太簡納拜書》，見《東萊標注老泉先生文集》卷十一，《嘉祐集箋注·佚文》收入。書稱知郡謂知盧山郡，即雅州；并稱殿丞，謂殿中丞。《長編》卷一百八十六嘉祐二年九月，有「殿中丞權發遣鹽鐵判官雷簡夫」云云，知蘇洵作與簡夫簡時已知簡夫爲殿中丞。

《輿地紀勝》卷一百四十七《雅州官吏》：「雷簡夫。至和初，儂智高走入雲南，蜀人相驚，以智高且至。知益州張方平乞用簡夫知雅州。」按，至和初，儂智高已平。謂智高云云，乃邛部川首領妄言。

同上《風俗形勝》引蘇洵所撰簡夫墓銘：「張方平奏乞用雷太簡知雅州，以當西南夷孔道。」蘇洵此書作於本年，時簡夫知雅州。《集》卷十五《憶山送人》：「到家不再出，一頓俄十年。昨聞廬山郡，太守雷君賢。往求與識面，復見山鬱蟠。」乃此時事。

書有「某與執事道則師友，情則兄弟，傴僂跪拜，抗拜於兩楹之間，而何以親爲」，又云「禮隆於疏，殺於親」，似簡夫有意以女妻軾、轍，洵辭之。《輿地紀勝》謂雅州有二鳳堂，乃爲軾、轍設，亦可與結親相聯繫（參嘉祐元年「蘇洵父子三人至雅州」條）。然軾上年已結婚，轍亦將於今年結婚，疑不能明。

此處所述，得閻華先生啓示。

簡夫，德驤曾孫，同州郃陽人。《宋史》卷二百七十八有傳。

《長編》卷一百三十五慶曆二年正月丁巳紀事：「京兆府布衣雷簡夫隱居不仕。樞密使杜衍薦之，召見，論邊事甚辨。……以爲校書郎、秦州觀察判官。」

《宋會要輯稿》第一百二十册《選舉》三四之三：「慶曆二年正月八日，以京兆府草澤、雷簡夫爲試秘書省校書郎、陝西差遣(原注：陝西轉運司言簡夫有材故也)。」

《宋史》簡夫傳謂康定中杜衍薦之，誤。

《東軒筆録》卷十：「仁宗以西戎方熾，歎人才之乏，凡有一介之善，必收録之。杜丞相衍經撫關中，薦長安布衣雷簡夫才器可任，遽命賜對於便殿。簡夫辨給，善敷奏，條列西事甚詳，仁宗嘉之，即降旨中書，令依真宗召种放事。是時吕許公當國，爲上言曰：『臣觀士大夫有口才者，未必有實效，今遽爵之以美官，異時用有不周，即難於進退，莫若且除一官，徐觀其能，果可用，遷擢未晚。』仁宗以爲然，遂除耀州幕官。簡夫後累官至員外郎、三司判官，而才實無大過人者。」

涵芬樓鉛印本《説郛》卷四陸游《老學庵續筆記》謂蘇洵「《與太簡請納拜書》，蜀人至今傳之，集亦不載」，乃「編集時有意删去，不知其意果何如也」。編集删去，乃軾、轍意。或與簡夫欲結親、蘇洵拒親有關。此中隱祕，今已無可踪迹。參治平二年「雷簡夫卒」條紀事。

《梅堯臣集編年校注》卷二十七《逢雷太簡殿丞》：「長安初見君，君頷微有鬚。後於河内逢，秀峻美髯胡。又會在桐鄉，談時多孟盧。寧書得天然，鍾王不能奴。荏苒三十載，邂逅遇京都。朝接北扉飯，暮應西垣呼。坐中如夢寐，相語故人無。昔由處士召，胸懷開廟謨。今看髭已白，議論恥非夫。拜章陳時事，皆與相意符。其識固不淺，其用當亦殊。人多惜老大，我復歎羈孤。終朝重相笑，爲君傾酒壺。」作於嘉祐二年。此詩歷叙與雷簡夫交往，於研究簡夫生平有價值。

詩云老大，知其時簡夫之年約已五十。

本卷緊次此詩，尚有《雷太簡遺蜀鞭》、《得雷太簡自製蒙頂茶》。鞭與茶乃簡夫自蜀帶至京師贈與梅堯臣者。

四月，洵仲兄渙以職方員外郎到知衡州任。

據《永樂大典》卷八千六百四十七引《衡州府圖經·州守題名》。

《欒城集》卷二十五《伯父墓表》：「知衡州。耒陽民爲盗所殺，而盗不獲。尉執一人指爲盗，公察而疑之，問尉所從得，曰：『弓手見血衣草中，呼其儕視之，得其居人以獻。』公曰：『弓手見血衣，當自取之以爲功，尚何待他人，此必爲姦。』訊之而伏。他日果得真盗。衡人以公爲神。」

渙在任中薦王竦。

《蘇軾詩集》卷三十四《送王竦朝散赴闕》首云：「我家衡山公，清而畏人知。臧否不出口，默識如蓍龜。擢子拱把中，云有驥騄姿。胡爲三十載，尚作窮苦詞。」作於元祐六年，時在潁州。據詩，知渙獎掖人才。

「我家」句下軾自注：「伯父爲衡山日，與君相知，有送行詩。」參本譜元祐六年「王竦朝散赴闕蘇軾作送行詩」條。

九月，蘇洵成《族譜後録》。

《族譜後録下篇》末自署「至和二年九月日」。《族譜後録》有《族譜後録上篇》、《族譜後録下篇》。其旨在訪先人之善行，記其萬一而藏之家，以深懼其善行隱晦而不聞也。

蘇洵《蘇氏族譜》之作，在此時或略前。

洵《譜例序》：「昔者，洵嘗自先子之言而咨考焉，由今而上得五世，由五世而上得一世，一世之上失其世次，而其本出於趙郡蘇氏，以爲《蘇氏族譜》。」先有《蘇氏族譜》，而同時或略後有《族譜後録》，此理之常，故繫《蘇氏族譜》一文於此。《族譜後録》者，《蘇氏族譜》之補充也。

蘇洵上張方平書，謝方平之薦舉。蘇洵拜謁方平於成都，呈《權書》、《衡論》，得方平盛譽。

《書》見《嘉祐集箋注．佚文》，題作《上張益州書》。《集》卷十五《張益州畫像記》謂張方平於至和元年冬十一月至蜀。此書云張方平來數月，「或告洵曰：『張公舉子。』」知此書作於本年。《邵氏聞見後録》卷十五引雷簡夫《上張文定（方平）書》，謂簡夫見蘇洵，洵爲言：「洵已出張公（方平）門下矣。又辱張公薦，欲使代黄柬爲郡學官。」爲郡學官者，爲成都學官也。方平之薦洵謂此。參嘉祐元年「雷簡夫撰書薦蘇洵」條紀事。柬，不詳。

《書》末云：「數百里一拜於前，以爲謝者，正爲此耳。」知洵到成都謁方平。《張益州畫像記》詳叙張方平與蘇洵論治蜀，方平以爲治蜀首在「約之以禮，驅之以法」。《書》云：「王公貴人，可以富貴人者，肩相摩於上；始進之士，其求富貴之者，踵相接於下。而洵未嘗一動其心焉，不敢不自愛其身也。」「自愛其身」者，固守個人之操履也。《書》以爲張方平作事「信於天下，得爲張公客者」，乃「我之幸」。蘇洵自眉山行數百里至成都謁張方平，乃爲方平薦己之行動所感動，非一般拜謁。而方平薦蘇洵，乃出於愛才，出於公心。《書》云：「柳子厚、劉夢得、吕化光皆才過人者，一爲二王所污，終身不能洗其恥。」二王乃王伾、王叔文。當安、史之亂後，唐帝國政治腐敗，藩鎮割據，宦官專權，二王力主革新，柳宗元（子厚）、劉禹錫（夢得）、吕温（化光）從其後，乃其政治上之進步處，乃榮，非恥。蘇洵認識不及此，乃其思想之局限性。

《欒全集》卷三十九《文安先生墓表》：「久之蘇君果至，即之穆如也，聽其言，知見博物洽聞矣。既而得其所著《權書》、《衡論》閲之，如大雲之出於山，忽布四方，倏散無餘，如大川之滔滔東注於海，源也委也，其無間斷也。因論蘇君，左丘明《國語》、司馬遷善叙事，賈誼之明王道，君兼之矣。遠方不足成君名，盍遊京師乎。因以書先之於翰林歐陽永叔。君然僕言。」

蘇洵至成都，轍從行，游大聖慈寺中和勝相院，見僧惟簡（寶月）。

《欒城後集》卷二十《祭寶月大師宗兄文》：「轍方志學，從先君子。東游故都，覽觀藥市。解鞍精舍，時始見兄。頎然如鵠，介而善鳴。宗黨之故，情若舊識。屈信臂頃，閱歲四十。」文作於紹聖二年（一〇九五），知轍從洵至成都爲今年事。故都謂成都。

惟簡事迹，見《蘇軾文集》卷十五《寶月大師塔銘》。

范成大《石湖居士詩集》有《丙申（撰者按，原作「丁酉」誤，今正）重九藥市呈坐客》，詩作於成都，時在孝宗淳熙三年（一一七六）。則蘇洵、蘇轍至成都，爲本年九月事。與上條所云「蘇洵拜謁〔張〕方平於成都」，非一時事。

洵作《幾策》。

《幾策》有《審勢》、《審敵》二篇。

幾，機要，機智，時機。國家大政方針之制定、確立，乃國之機要，而此大政方針之制定、確立，又必須把握時機。

審勢，審時度勢。蘇洵以爲，善制天下者，先審其强弱以爲之謀；時天下之病，常病於弱。其表現爲：習於惠而怯於威，惠太甚而威不勝，賞數加於無功，刑弛而兵不振。於是官吏曠惰，職廢不舉，敗官之罰不加嚴；多贖數赦，不問有罪，而典刑之禁不能行；冗兵驕狂，負力幸賞，而維持姑息之恩不敢節；將帥覆軍，匹馬不返，敗軍之責不加重；羌胡强甚，陵壓中國，而邀金繒、增幣帛之恥不爲怒。此乃大弱。蘇洵以爲，弱在於政，不在於勢。治弱政在用威，一賞罰，一號令，一舉動，無不一切出於威。嚴用刑法而不赦有罪；力行果斷而不牽於衆人之是非；用不測之刑，不測之賞，使天下之人視之如風雨雷電，遽然而至，截然而下，不知其所從發而不可逃遁。此之謂强政，政强則勢强。要言之，治天下其所尚在威。

審勢乃論内政，審敵乃論外敵。時遼驕恣日久，歲邀金繒以數十萬計，民之賦斂重，名爲外憂，其實憂在内。遼之志不止犯邊，而力又未足以成其所欲爲，惟恐吾之一旦絶其好，以失吾之厚賂，當今之大計宜勿賂。勿賂則變疾而禍小，賂之則變遲而禍大。遼之計有三，一曰聲，以先聲脅之，我則命邊郡休士卒、偃旗鼓以待之。二曰形，除道剪棘，多爲疑兵以臨吾城，我則深溝固壘清野以待之。三曰實，即發兵與我戰，我則蓄全力以待之。在勿賂之時，應有應戰準備。

《審敵》末云：「方今匈奴之君有内難，新立。」《遼史》卷二十《興宗》重熙二十四年紀事：「八月丁亥，疾大漸，召燕趙國王洪基，諭以治國之要。戊子，大赦，縱五坊鷹鶻，焚釣魚之具。己丑，帝崩於行宫，年四十。遺詔燕趙國王洪基嗣位。」重熙二十四年當至和二年。《幾策》二文當作於遼興宗卒後至嘉祐元年離蜀前一段時間，今繫本年。

《審敵》末叙遼君新立後云：「意其必易與。鄰國之難，霸王之資也。且天與不取，將受其弊。」乘人之難而有所行動，仁者所不取，老蘇之學，蓋雜霸道。

洵作《衡論》。

本年「蘇洵上張方平書」條，已言及呈方平《權書》、《衡論》。其首有叙。其叙云：「衡之有刻也，於此爲銖，於此爲石。」有衡而後知物之輕、重。衡論者，論政事之輕、重、緩、急、興、廢、利、弊也。

叙云：「始吾作《權書》。」知《衡論》之作在《權書》之後。

《衡論》共十篇，首曰《遠慮》。

《遠慮》首云：「聖人之道，有經，有權，有機。」經者，治國之綱，天下之民學應知之。權者，權力，羣臣恃之以成天下之務。機者，機密，機要，所以濟萬世之功者，腹心之臣當之。人君之遠慮，首在於得腹心之臣，爲當前與未來，與之作戰略部署。

老蘇歷舉歷代腹心之臣，禹有益，湯有伊尹，武王有太公望，漢高有留侯、酇侯，唐太宗有房、杜。老蘇謂專業、守成皆應有腹心之臣。

《遠慮》末謂「聖人之任腹心之臣也，尊之如父師，愛之如兄弟」，「尊其爵，厚其禄，重其權」。而近世之君接宰相不以禮，用之不專，一旦有卒然之憂，即顛沛而殞越。老蘇以寇準爲例，準可謂腹心之臣，然與之權輕，故終以見逐，由無遠慮故也。

次爲《御將》。首云：「人君御臣，相易而將難。將有二：有賢將，有才將。而御才將尤難。御相以禮，御將以術，御賢將之術以信，御才將之術以智。」乃全文綱領。老蘇謂漢之衛、霍、趙充國，唐之李靖、李勣爲賢將，漢之韓信、黥布、彭越，唐之薛萬徹、侯君集、盛彦師爲才將。何以御才將？老蘇謂：「結以重恩，示以赤心，美田宅，豐飲饌，歌童舞女，以極其口腹耳目之欲，而折之以威。」才有大小，才大者可先賞之，漢高祖一見韓信而授以上將，即先賞之。

三爲《任相》。將如馬，故以御之，而相不可以馬御之也。相以任稱，蓋尊之。老蘇謂，將特一大有司耳，非相侔也。爲將者大概多才而或頑鈍無恥，豪縱不趨約束，而爲相者必節廉好禮。故任相應接之以禮而重責之。老蘇謂：「古者相見於天子，天子爲之離席起立；在道，爲之下輿；有病，親問；不幸而死，親弔：待之如此其厚。」此接之以禮也。而今無矣，是不接之以禮也。老蘇謂：古者天下大過，相以不起聞；相不勝任，布衣出府免；相有他失，歸以思過。是重責也。今也免相而刑不加，不過削之以官而出之大藩鎮。是不重責也。禮以維其心，重責以勉其怠。

四爲《重遠》。首云「武王不泄邇，不忘遠」。武王知天下之勢，遠近如一。秦保關中，自以爲子孫萬世帝王之業，而陳勝、吴廣乃楚人。重邇而輕遠，秦隨以亡。老蘇以爲，近之可憂，未若遠之可憂之深。近，民有冤易訴，而遠方之民，死且無告，故常多怨而易動。

老蘇言朝廷輕遠。廣南、川峽，例以爲遠官，審官差除，取具臨時，竄謫量移，往往而至。不招權，不鬻獄，指以爲廉吏。土産富夥，貪官專關譏、門征、僦雇之利，民不得一日而安。於是，李順發於蜀，儂智高亂於廣南，皆原於吏不肖，而吏之不肖，乃由於朝廷不重遠。爲今之計，當專漕刑之責，以其一身任一方之責，使漕刑自舉其人而任地方官吏。

五爲《廣士》。其旨在廣泛搜求人才。首云：「古之取士，取於盜賊，取於夷狄。」管仲相齊舉二盜，秦穆公霸秦，舉夷狄之人由余。用人不以其方，不以其規。

老蘇着重論述胥吏中有人才。舉漢張敞、王尊爲例。老蘇重視基層，自基層中提拔人才并提出提拔培養之法：「擇之以才，待之以禮，恕其小過，……而後察其賢有功而爵之、禄之、貴之，勿棄之於冗流之間。」

老蘇於「才智奇絶而不能爲章句名數聲律之學者」以特殊重視。老蘇以爲此等人「苟一之以進士、制策」，是使此奇才絶智有時而窮也；進士、制策之於奇才絶智是乃「網」。胥吏中亦有奇才絶智，然爲另一「網」所縛，不能自脱。

六爲《養才》。何謂才？老蘇謂：「在朝廷而百官肅，在邊鄙而四夷懼，坐之於繁劇紛擾之中而不亂，投之於羽檄奔走之地而不惑，爲吏而吏，爲將而將。」是之謂才。老蘇以爲，道與德可勉以進，才不可强揠以進。奇傑之士，不可羈束以禮法。然則才如何養？老蘇謂：「古之養奇傑也，任之以權，尊之以爵，厚之以禄，重之以恩，責之以措置天下之務，而易其平居自縱之心，而聲色耳目之欲又已極於外，故不待放恣而後爲樂。」養之於無事之時，從不斷實踐中進行考驗。養非常之才必有非常之舉。其爲簿書米鹽及刀筆吏所困者，貰其過以盡其才。

七爲《申法》。首云古法簡，今法繁，非今不如古，以時不同。古法今法皆求民之情以服其心，其弊在今之用法者習於犯禁而遂不改。其一，不遵度、量、衡之法，如富商豪賈納以大，出以小。其二，不遵法而趨奇貨。如禁民采珠貝，而采珠貝之民溢於海濱。其三，服飾不遵法。如冠服器皿以爵列爲等差，而工商之家曳紈錦，服珠玉。其四，古制命坐賈如實旬報物價，官吏按市價購買私人所需之物，國家收購時，却降價三分之一，不遵法，以致斂怨於下。其五，古制仕則不商，商則有罰，不仕而商，商則有征。今則吏商不罰，又從而不征。吏商有特權。申法，必先治此五者。

八曰《議法》。議法者，論法之弊。首云：「古者以仁義行法律，後世以法律行仁義。」於是弊生。老蘇論贖金之弊。天子之子弟，卿大夫與其子弟有罪以金贖之。大辟之誅，輸一石之金而免，貴人近戚之家，一石之金不可勝數，而爲官者，一石之金又不皆輸，是恣其殺人，是啓姦。老蘇論減罪之律之弊。有人或誣以殺人而不能自明者，有誠殺人而官不能折以實者，于是減罪之律生，當死而流。前者得流刑酷，後者得流刑寬，皆失實。前者實爲平民，雖死而常無告。老蘇以爲革之之法在重贖。貴人近戚困於贖金，不能不斂手畏法；罪疑者法亦不致殘潰其肌體：一舉而兩利。

九曰《兵制》。首云兵、民之分自秦、漢始，民養兵。其弊二，一曰驕，二曰慢法自棄。於是怨起而亂生。老蘇謂民養兵民苦。老蘇謂屯田、府兵利不足以及天下，而後世不能循而守之，以至於廢。太祖借鑒前代，聚重兵京師，而邊境亦不曰無備，藩鎮亦不曰無威。秦郡縣之兵弱，漢唐邦鎮之兵强，宋得其中。宋制兵之權集中於中央，而兵制則未盡善。老蘇謂當以職分籍没之田廣新軍。職分、籍没皆官田。職分之田，募民耕之，斂其租之半而歸諸吏。籍没則鬻之，否則募民耕之，斂其租之半而歸諸公。家出一夫爲兵，謂之新軍。人皆良農，民皆精兵。寓兵於農，耕戰結合。家出一夫，征繇不出其門。蓋猶有三代井田之遺意。

十曰《田制》。文章謂自井田之制廢，耕者之田資於田主，田主日至於富强，耕者日至於窮餓而無告。然富者以其半供國家之税，亦有怨嗟。然時非夏、商、周，井田不可復。如之何而可？老蘇倡漢董仲舒限民名田之説。董仲舒欲以此贍民之不足，塞兼并之路：「古井田法既難卒行，宜采此少取古之説。仲舒略後，孔光、何武請限民田：「諸侯王、列侯皆得名田國中，列侯在長安，公主名田縣道，及關内侯、吏民名田皆毋過三十頃。」(《漢書》卷二十四《食貨志》上)以下尚有「期盡三年，而犯者没入官」之語。老蘇以爲三十頃周民三十夫之田，一人兼之，過；期之三年非人情。老蘇欲少爲之限，不禁其田已過吾限者(三十頃)，但使後之人不敢多占以過吾限(三十頃)。富民所占者少而餘地多，貧民易取以爲業，不爲人所役屬，食地之全利。如是，不用井田之制，而獲井田之利。

洵作《六經論》。

首爲《易論》。首云：「聖人之道，得禮而信，得《易》而尊。信之而不可廢，尊之而不敢廢，故聖人之道所以不廢者，禮爲之明而《易》爲之幽也。」

聖人作禮：爲之君臣，使貴役賤；爲之父子，使尊役卑；爲之兄弟，使長役幼；教民蠶、耕，率天下而勞之。無貴賤、尊卑、長幼，人相殺無已。不耕不蠶，則鳥獸與人相食無已。於是聖人之道行於天下。禮爲之明。

明則易達，易達則褻，褻則易廢。（褻者，不受尊重也。以其貫串於日常生活各方面，習以爲常。）聖人作《易》，觀天地之象以爲爻，通陰陽之變以爲卦，考鬼神之情以爲辭。故天下視聖人如神之幽，如天之高，尊其人而其教亦隨而尊。聖人不因天下之至神，則無所施其教。於是聖人之道尊於天下。《易》爲之幽。

次爲《禮論》。何謂禮？尊君、父、兄。如何爲之禮？坐其君與其父以及其兄，而己立於其旁，且俯首屈膝於其前，而謂之拜（拜、起、坐、立，不過禮之末，此乃舉例言之）。聖人如何以禮教天下之民？曰：先自治其身，使天下皆信其言。聖人曰「天下有不拜其君、父、兄者，吾不與之齒」，而使天下之人亦曰「彼將不與我齒也」。「不與我齒」者，恥也。聖人以齒厭服天下人之心，於是相率以拜其君、父、兄。

聖人必欲天下之拜其君、父、兄，以微權。「微權」者，權微也。就聖人個人而言，權力甚微，所能者僅如此耳。坐之爲逸，而立且拜者之爲勞，故舉其君、父、兄坐之於上，而使之立且拜於下。以示與君、父、兄有别，以尊君、父、兄。尊拜尊者，視尊者高高在上，即聖人作《易》以神其教之意。

三爲《樂論》。《樂經》早亡，此所云「樂」，乃泛論，猶言今之音樂。本文首云：「禮之始作也，難而易行，既行也，易而難久。」聖人觀於天地之間，得其至神之機，而竊之以爲樂。樂，可補禮之所不及。老蘇以爲雷以神用。用莫神於聲，故聖人因聲以爲樂。正聲入乎耳，事君、事父、事兄之心得以共鳴。樂之行也久。

四爲《詩論》。首云：「人之嗜欲，好之有甚於生，而憤憾怨怒，有不顧其死，於是禮之權又窮。」禮之權止於生死，死且不顧，故禮之權窮。禮教人好色不可爲，不可有怨於君、父、兄，然不可强人，故禮窮於强人。强者，勉强、强制之謂也。《詩》則濟禮所不及。《國風》婉孌柔媚而卒守以正，好色而不至於淫。《小雅》悲傷詬讟，而君臣之情卒不忍去，怨而不至於叛。其情既通，其思既達，則可不淫、不叛。於是而天下亦治。《詩》之能濟禮在此。

五爲《書論》。首云：「風俗之變，聖人爲之也。聖人因風俗之變而用其權。聖人之權用於當世，而風俗之變益甚，以至於不可復返。」堯舉天下授舜，舜授之禹，舜、禹若天下固其所有，以爲天下之民以我爲當在此位也。舜、禹因風俗之變而用其權。所謂風俗之變、實爲權力轉移（權力而以風俗稱之，蓋以其時民風淳厚之故），而此種轉移，得民心，自然、順利形成。然後舜、禹用其權治天下。商湯伐桀、周武王伐紂乃用權得天下，所謂「權用而風俗成」，與舜、禹不同。堯、舜出以公心，禪讓天下，老蘇盛贊之。老蘇感歎堯、舜禪讓之風不可復返。因論《書》而及此。不知此種變化乃時代發展使然，而非個人力量所能左右。

六爲《春秋論》。首云：「賞罰者，天下之公也；是非者，一人之私也。位之所在，則聖人以其權爲天下之公，而天下以懲以勸；道之所在，則聖人以其權爲一人之私，而天下以榮以辱。」乃全文之綱。老蘇謂周衰道在孔子，孔子以其道權是非，而賞罰人乃天子、諸侯事，孔子作《春秋》，定賞罰，其何以爲之？曰：孔子作《春秋》，非曰孔氏之書，非曰我作之，曰此魯之書，魯作之。《春秋》之賞罰自魯而及於天下，乃天子之權，孔子何爲與魯？曰：周武王崩，成王立，成王幼，周公攝天子之位以賞罰天下，而魯周公之國，孔子居魯，乃如周公不得已而假天子之權以賞罰天下，故以天子之權與魯，今之天下無周公，故以天子之權與其子孫。齊桓、晉文陽爲尊周，而實欲富强其國，故不以與之。老蘇謂《春秋》之法皆周公之法，欲魯法周公所爲。老蘇謂遷、固之史有是非而無賞罰。

《禮論》尊尊卑長幼之序，係社會安定、穩定所寄。《禮論》實爲論政治。《樂論》論音樂，而音樂乃藝術；《詩論》論《詩》，《詩》乃文學；皆爲禮之輔。《易論》乃以上三論之基礎。《書論》、《春秋論》所論者爲歷史。

洵作《太玄論》。

《論》凡上、中、下三篇。復有《太玄總例》十三篇，曰《四位》、《九贊》、《八十一首》、《三方》、《三州》、《九部》、《三家》、《揲法》、《占法》、《推玄算》、《求表之贊》、《曆法》共十二篇。

《太玄論上》謂自漢以來，《六經》始有異論，有人雜取天下奇怪可喜之説而納諸其中，而天下之工乎曲學小説者，亦欲自附於《六經》以求信於天下，揚雄《太玄經》即其書。揚雄無得於心而侈於外，故爲「太玄」之大名以僥倖於聖人。

《太玄總例·引》云：「蓋雄者好奇而務深，故詞多誇大，而可觀者鮮。」

洵論之本意，在尊《六經》。

洵作《洪範論》。

《論》有《叙》。《叙》謂作《論》之旨在「援經而擊傳」，援經而正傳注之誤，以「斥末而歸本」。以剗磨瑕垢而見聖秘。

按，《洪範》、《尚書》篇名，箕子歸周後作。漢孔安國《注》，劉向、劉歆爲《洪範五行傳》，唐孔穎達《疏》。

《論》凡三篇，其《下》首云：「《洪範》之原出於天，而畀之禹，禹傳之箕子。」禹、箕子之言，幽微宏深，而《注》、《傳》、《疏》未得其統與端。

《上》云：「致至治總乎大法，樹大法本乎五行，理五行資乎五事，正五事賴乎皇極。五行，含羅九疇者也；五事，檢御五行者也；皇極，裁節五事者也。」洪，大；範，法。大法謂《洪範》，帝王致至治之綱。五行曰水、火、木、金、土，萬物所以興作，人類所以生存。五事曰貌、言、視、聽、思；貌恭作肅（心必敬），言從作乂（治必理），視明必哲（見必明），聽聰作謀（謀必當），思睿作聖（於事無不通）。君主始於敬心，終通萬物。故理五行資乎五事。皇，大；極，中。皇極謂君主施政治民，當立其有中，無有邪僻，民亦將善言從化，大爲中正之道。九疇，九類常道。初一曰五行，次二曰敬用五事，次三曰農用八政，次四曰協用五紀，次五曰建用皇極，次六曰乂用三德，次七曰明用稽疑，次八曰念用庶徵，次九曰嚮用五福，威用六極。五事所以稽核致用五行，皇極所以節制五事。九疇包含於五行之中，是之爲統；皇極節制五事，是之爲端。於是人君所守約而易。

《上》謂皇極之建，則五行得其性，雨、暘、燠、寒、風皆時，而五福應。五福謂壽、富、康寧、攸好德、考終命。皇極之不建，則五行失其性，雨、暘、燠、寒、風不以時，而六極應。六極謂凶短折、疾、憂、貧、惡、弱。皇極裁節五事，五事得而五行從。所守約而易。《論》之《中》論劉歆、劉向《洪範五行傳》之失。謂歆、向以爲皇極非所以裁節五事，其失有五。歆、向以五福、六極分應五事，六極中之「弱」未能盡，遂引「皇極」足之，而皇極非五事匹。此其一。逆而六極，順而五福，《傳》之例。今「弱」獨無福以應之，自廢其例。此其二。箕子謂咎之徵五，曰狂、僭、豫、急、蒙，其罰則相應分別爲恒雨、恒暘、恒燠、恒寒、恒風。今《傳》增咎徵以「眊」，增罰以「陰」。況「眊」與蒙無異，雨可兼陰。此其三。《洪範》首五行而次五事，以五行天而五事人，人不可以先天。然五行之逆順，必視五事之得失，爲之傳注者，必以五事先五行。而歆、向則否。此其四。鄭玄引伏生《五行傳》，以五事之貌屬五行之木，以言屬金，以視屬火，以聽屬水，以思屬土，而劉氏父子之《傳》僅以木配貌，至於火、土、金、水，則不及於思、言、視、聽，自相駮亂。

老蘇謂：「九疇之於五行，可以條而入者惟一，箕子陳之，蓋有深旨矣。五事一也，庶驗二也。驗之肅、乂、哲、謀、聖，一出於五事；事之貌、言、視、聽、思，一出於五行：此理之自然，可不條而入之乎。」意爲：肅出五事之貌，乂出言，哲出視，謀出聽，聖出思；五事之貌出水，言出火，視出木，聽出金，思出土。此與伏生《五行傳》所云有不同處，豈伏生另得所傳耶！《論》之《下》論孔安國、鄭玄、孔穎達解《洪範》之失。

《洪範後序》續論劉向之失。劉向以爲皇極建而爲五事主，故强之五福；以爲不建則不能爲五事主，故不加之六極以爲貶。老蘇謂：「皇極之建，五事皆得，而五福皆應，不曰應某事者必某福也。皇極不建，五事皆失，而六極皆應，不曰應某事者必某極也。五事之間得與失參焉，則亦不曰必某福、必某極應也，亦曰福與極參焉耳。」又謂：「聖人者，豈以天下之福與極止於五與六而已哉，蓋亦舉其大概耳。夫天地之間，非人力所爲而可以爲驗者多矣，聖人取其尤大而可以有所兼者五，而使其餘者，可以遂見焉。今也，力分其一端以爲二，而必曰陰爲陰，雨爲雨。且《經》之庶驗有曰暘矣，而豈獨遺陰哉。蓋陰之極盛於雨，而聖人舉其極者言也。」中前論謂劉氏增「陰」入罰爲非。

洵作《史論》。

《論》有《引》，謂唐三百年，無一人可與范曄、陳壽比肩，史才難，作史難。劉知幾《史通》詞章亦不勝。

《論》之《上》謂史乃憂小人而作，爲懲勸小人而作；孔子作《春秋》，使亂臣賊子懼。經與史皆憂小人而作，所不同者體。

《上》論經、史之不同及關係：經以道、法勝，史以事、詞勝；經不得史無以證其褒貶，史不得經無以酌其輕重；經非一代之實録，史非萬世之常法（其意爲經乃萬世之常法，史乃一代之實録),用實相資。

《上》謂《春秋》旌善而懲惡,此經之道。《春秋》本《周禮》以發凡言例,此經之法。事略詞簡。史則事既曲詳,詞亦夸耀。

《上》謂經適於教,有所諱,故非實録。史待經而正,不得史則經晦。

《論》之《中》謂遷、固以事詞勝,然亦兼道、法而有之。其一曰隱而章。如遷傳廉頗,議救閼與之失不載,見《趙奢傳》;固傳周勃,汗出洽背之恥不載,見之《王陵傳》。本傳晦之,他傳發之,與善也。其二曰直而寬。如遷論蘇秦,稱其智過人,固贊張湯,與其推賢揚善。秦、湯過十而功一,不以十而廢一。其三曰簡而明。如遷表十二諸侯,首魯訖吴,實十三國,以夷狄畜越,越不與。遷以十二名篇,而載國十三,以吴爲周裔而霸盟上國,不數吴。皆秉《春秋》之義。其四曰微而切。固表八而王侯六。或功臣外戚,則加其姓,而首目之曰號謚姓名,此異姓列侯之例。諸侯王其目止號謚,不書姓,此同姓諸侯王之例。同姓列侯之例有二,一止書號謚,一則書號謚姓名。後者蓋王莽所封者。立意在防僭。隱而章,則後人樂得爲善之利;直而寬,人知有悔過之漸,簡而明,人君知中國禮樂之可貴;微而切,人君知强臣專制之爲患。繼《春秋》者在此。

《論》之《下》論遷、固、曄、壽之失。論遷喜雜説,雜取《尚書》、《左傳》、《國語》、《論語》之文,以破碎汩亂其體。論固貴諛僞、賤死節(按,謂其論議常排死節,否正直,而不叙殺身成仁之爲美)。

論固襲遷以足其書者過半；取遷、揚雄之《自叙》爲其傳。論曄史之傳多失其人，如董宣以忠毅槩之《酷吏》，鄭衆、吕强以廉明直諒槩之《宦者》等。論壽三國鼎立而紀魏傳吴蜀爲失。

綜觀三《論》，《上》、《中》卓見不少，發明甚多。《下》則多述前人之説，間失之偏。如謂遷喜雜説爲失，不知其時文獻不足，雜取之以示全，乃事之必然。如謂曄論西域惜張騫班勇之遺佛書，乃中國叛聖人以奉戎神，殊不知此正曄之卓識，佛書入中國，正可促進中外文化之交流與融合。

蘇洵論司馬遷，予轍影響頗深。

洵作《諫論》。

《論》凡二篇。孔子與諷諫，少直諫。老蘇以爲諷、直一，顧用之術何如。老蘇參乎權，蓋以時勢不同，而有權宜、變通。古之游説之士，以機智勇辯濟其詐，老蘇欲諫者習游説者之法，以機智勇辯濟其忠。機智勇辯必乎術。

老蘇謂説之術可爲諫法者五。一曰理諭之，如觸讋以趙后愛女賢於愛子，未旋踵而長安君出質。二曰勢禁之，如子貢以内憂教田常，而齊不得伐魯。三曰利誘之，如田生以萬户侯啓張卿，而劉澤封。四曰激怒之，如范雎以無王恥秦，而昭王長跪請教。五曰隱諷之，蘇代以土偶笑孟嘗君田文，而文乃不往秦見秦昭王。五者施之忠臣，足以成功。理而諭之，主雖昏必悟；勢而禁之，主雖驕必懼；利而誘之，主雖怠必奮；激而怒之，主雖懦必立；隱而諷之，主雖暴必容。

老蘇以爲，唐魏徵得其術。取蘇秦、張儀游説之術，濟以龍逢、比干忠藎之心，是爲諫法。得諫法，使君必納諫，乃真能諫之臣。

《論》之《下》首云：「君能納諫，不能使臣必諫，非真能納諫之君。」乃《下》之旨。何以使臣必諫？一曰立賞以勸之，一曰制刑以威之。性忠義，不悦賞，不畏罪者，勇者也，故無不諫。悦賞者，勇怯半者也，故賞而後諫。畏罪者，怯者也，故刑而後諫（按，非真刑，乃以刑威之，諫則不刑）。形成諫之勢。威之即勢。遷其賞於不諫，遷其刑於諫，賞不諫者，刑諫者，則亂亡隨之。

《能改齋漫録》卷十《東坡以魏鄭公學縱横之術》：「東坡作《諫論》，以魏鄭公以蘇、張之辯，而爲諫諍之術。且云：『鄭公其初實學縱横之術，其所以與蘇、張異者，心正也。』世或以東坡之論爲不然。予讀鄭公《出關》詩云：『中原還逐鹿，投筆事戎軒。縱横計不就，慷慨志猶存。杖策謁天子，驅馬出關門。請纓羈南越，憑軾下東蕃。鬱鬱陟高岫，出没望平原。古木鳴寒鳥，空山啼夜猿。既傷千里目，還驚九折魂。豈不憚艱險，深懷國士恩。季布無二諾，侯嬴重一言。人生感意氣，功名誰復論。』東坡實不見此詩，蓋識見之明，有以探其然耳。乃知讀書不博，未可以輕議前輩也。予後讀《舊唐書・魏公傳》云：『見天下漸亂，尤屬意縱横之説。』乃知魏公少學縱横無疑。」

《苕溪漁隱叢話》後集卷二十八：「苕溪漁隱曰：余讀三蘇文，有《諫論》上下二篇，其間云：『吾觀昔之臣言必從，理必濟，莫若唐魏鄭公。其初實學縱橫之説，此所謂得其術者也。』（按：見《上》）其言止此而已。復齋乃云：『魏公以蘇、張之辯，而爲諫諍之術，其所以與蘇、張異者，心正也。』《諫論》中初無此等語，不知復齋（按，即謂《能改齋漫録》作者吴曾）何從得之耶！余讀《諫論》，殆是老蘇作，格力辭旨，可以見矣，非東坡所作也。」

按：「魏公以蘇、張之辯，而爲諫諍之術，其所以與蘇、張異者，心正也。」其語不見蘇洵《諫論》，知蘇軾嘗有文論諫，其文已不傳。

任君饋顔真卿（魯公）《邠州碑》，洵作《顔書》。

詩見《嘉祐集箋注》卷十六。首云：「任君北方來，手出《邠州碑》。爲是魯公寫，遺我我不辭。」真卿真迹不易得。詩盛贊真卿「實豪傑，慷慨忠義姿」。詩贊真卿之書：「骨嚴體端重，安置無欹危。篆鼎兀大腹，高屋無弱楣。古器合尺度，法物應矩規。想見始下筆，莊重不自卑。」有莊重之個人品格，方有莊重之書法。

任君謂任孜、任伋兄弟，不詳爲其中之何人。《宋史》卷三百四十五《任伯雨傳》：「任伯雨，字德翁，眉州眉山人。父孜，字遵聖，以學問氣節推重鄉里，名與蘇洵埒，仕至光禄寺丞。其弟伋，字師中，嘗通判黄州，後知瀘州。當時稱大任、小任。」孜又字師平，見《蘇軾詩集》卷六《送任伋通判黄州兼寄其兄孜》題下宋王堯卿注。

《蘇軾詩集》卷二十一《任師中挽詞》首云：「大任剛烈世無有，疾惡如風朱伯厚。小任温毅老更文，聰明慈愛小馮君。兩任才行不須説，疇昔并友吾先人。」

《丹淵集》卷四《謝任遵聖光禄惠詩》，作於熙寧八年六月。中云：「六十尚爲縣。」此乃舉成數。

《蘇軾詩集》卷六《送任伋通判黄州兼寄其兄孜》中云：「平泉老令更可悲，六十青衫實欲死。」作於熙寧二年。據軾詩，孜實生於大中祥符九年（一〇一六）。

《淮海集》卷三十三任伋墓表謂伋卒於元豐四年（一〇八一），年六十四。伋實生天禧二年（一〇一八），少洵九歲。

此詩作於嘉祐元年出蜀前。今次此。

轍作《缸硯賦》，洵稱之。缸硯，乃軾遺轍者。

《欒城集》卷十七《缸硯賦·序》云：「先蜀之老有姓滕者，能以藥煮瓦石失軟，可割如土。嘗以破釀酒缸爲硯，極美，蜀人往往得之，以爲異物。余兄子瞻嘗游益州，有以其一遺之。子瞻以授余，因爲之賦。」賦云：「有物於此，首枕而足履，大胸而大膺，杯首而箕制。其壽百年，骨肉破碎，而獨化爲是。其始也，生乎黄泥之中；其成也，出乎烈火之下。尾鋭而腹皤，長頸而巨口。鋪糟啜酒，終日醉飽。外堅中虚，膚密理解。偶與物鬬，脅漏内槁。棄於路隅，瓦礫所笑。忽然逢人，藥石包裹。不我謂瑕，治以鼎鼐。烹煎不辭，斧鑿見剖。一爲我形，沃我以水，污我以煤，處我以几。子既博物，能識己否？客曰：『嗟夫，物之成也，則必固有毁也邪？物之毁也，則又不可謂棄也耶？既成而毁者，悲其棄也；既棄而復用者，又悲其用也。是亦大惑而已矣。且以予觀之，昔子則非開口而受濕，洳辛含酸，而不得守子之性者邪？今子則非坦腹而受污，模糊彌漫，而不得保子之正者邪？且其飲子以水也，不若飲子以酒；以物污子也，不若使子自保。子果以此自悲也，則亦不見夫諸毛之捽拔，諸楮之爛靡，殺身自鬻，求效於此，吐詞如雲，傳示萬里。子不自喜而欲其故，則吾亦謂子惡名而喜利，棄淡而嗜美。終身陷溺而不知止者，可足悲矣。』」

蘇轍此賦「有物於此」首八句叙缸硯，「其始也」十句叙釀酒缸，「偶與物鬬」四句叙釀酒缸之破，「忽然逢人」十二句，叙以破釀酒缸爲硯。「客曰」以下就此發議論，大旨謂破釀酒缸化而爲硯，就破釀酒缸而言，無足悲者。

《欒城遺言》：「東坡幼年作《却鼠刀銘》，公作《缸硯賦》，曾祖稱之，命佳紙修寫裝飾，釘於所居壁上。」詳味此段記事，「幼年」二字當貫下，乃謂蘇轍幼年作《缸硯賦》。而叙謂乃兄軾游益州所得遺轍者，則轍此賦非幼年所作。據現存文字資料，蘇軾第一次往益州（成都），爲至和二年即今年事。故繫作《缸硯賦》於今年。然細考其事，蘇軾第一次往益州，實早於今年。約略計之，爲此前數年間事。平情而論，蘇洵命佳紙修寫裝飾《缸硯賦》，釘於所居壁上，亦當爲此前數年間。其時軾、轍正專心致志攻讀，蘇洵稱《缸硯賦》，所以激勵之也。

是歲前後，成都人費孝先來眉山，言青城山老人授以軌甲掛影之術。

據《蘇軾文集》卷七十二《費孝先掛影》。《東軒筆録》卷十一：「自至和、嘉祐以來，費孝先以術名天下，士大夫無不作掛影。」叙其事二則。《萍洲可談》卷三叙其事一則。孝先字景韶，見《新編分門古今類事》卷十二《孝先共占》引《蜀異志》。

軾當見費孝先。

是歲，文彦博、富弼分别爲昭文相、集賢相。

《宋史·宰輔表》本年紀事：「六月戊戌，文彦博自忠武軍節度使、檢校太尉兼知永興軍加禮部尚書、同平章事、昭文館大學士兼譯經潤文使。富弼自宣徽南院使、檢校太保、判并州領户部侍郎、同平章事、集賢殿大學士。」

是歲，轍娶史氏。

《年表》：「轍娶史氏，年十五，父曰瞿。」

《何譜》：「潁濱年十七，娶史氏，後封德陽郡夫人。」

《蘇軾文集》卷二十《十八大阿羅漢頌·跋》：「子由……婦德陽郡夫人史氏，以十一月十七日生。」

是歲，軾作《正統論》。時已學通經史。

論在《蘇軾文集》卷四；題下注：「至和二年作。」時歐陽修著正統論，章望之（民表）著明統論，於正統之外，倡言霸統。蘇軾以修爲歸，出以己意，與望之辯。望之，建州浦城人。《宋史》卷四百四十三望之傳稱其「爲文辯博，長於議論」。集三十卷，早佚。

《軾墓誌銘》：「比冠，學通經史，屬文日數千言。」

洵命轍以軾爲師。

《欒城後集》卷二十一《子瞻和陶淵明詩集引》：「子瞻既冠而學成，先君命轍師焉。」

三蘇年譜卷六

嘉祐元年(一〇五六)丙申　蘇洵四十八歲　蘇軾二十一歲　蘇轍十八歲

正月，蘇洵作《張益州畫像記》，頌方平治蜀之績。

《嘉祐集箋注》卷十五《張益州畫像記》中云：「又明年正月，相告留公像於浄衆寺，公不能禁。眉陽蘇洵言於衆曰：『未亂，易治也；既亂，易治也；有亂之萌，無亂之形，是謂將亂。將亂難治，不可以有亂急；亦不可以無亂弛。是惟元年之秋，如器之欹，未墜於地。惟爾張公，安坐於其旁，顔色不變，徐起而正之。既正，油然而退，無矜容，爲天子牧小民不倦。惟爾張公，爾繄以生，惟爾父母。且公嘗爲我言：「民無常性，惟上所待。人皆曰蜀人多變，於是待之以待盜賊之意，而繩之以繩盜賊之法，重足屏息之民，而以碪斧令。於是民始忍以其父母妻子之所仰賴之身，而棄之於盜賊，故每每大亂。夫約之以禮，驅之以法，惟蜀人爲易。至於急之而生變，雖齊、魯亦然。吾以齊、魯待蜀人，而蜀人亦自以齊、魯之人待其身。若夫肆意於法律之外，以威劫其民，吾不忍爲也。」嗚呼！愛蜀人之深，待蜀人之厚，自公而前，吾未始見也。』皆再拜稽首曰：『然。』蘇洵又曰：『公之恩在爾心，爾死在爾子孫，其功業在史官，無以像爲也。且公意不欲，如何？』皆曰：『公則何事於斯？雖然，於我心有不釋焉。今夫平居聞一善，必問其人之姓名與鄉里之所在，以至於其長短大小美惡之狀，甚者或詰其平生所嗜好，以想見其爲人，而史官亦書之於其傳。意使天下之人，思之於心，則存之於目；存之於目，故其思之於心也固。由此觀之，像亦不爲無助。』蘇洵無以詰，遂爲之記。」明年謂今年。

按：「約之以禮，驅之以法」，出《論語·爲政》。《論語》云：「道之以政，齊之以刑，民免而無耻。道之以德，齊之以禮，有恥且格。」方平之治，蓋以德治爲主，以法治輔之。參《箋注》。

春，蘇洵至益州，上張方平書，求汲引二子軾、轍。

書乃《嘉祐集箋注》卷十二《上張侍郎第一書》。

書云「今年三月」將與二子軾、轍赴京師，知本書作於三月略前。

書之主旨爲求方平汲引二子。若在今日，直言之而已矣，而老蘇心不寧而顔忸怩者累月，欲言而又止。古之人如此不輕易求人。書云：「竊見古之君子，知其人也憂其人，以至於其父母、昆弟、妻子，以至於其親族、朋友，憂之固其責也。」以古之君子擬方平，然猶未能直言也。

書云：「洵有二子軾、轍，齠齓授經，不知他習，進趨跪拜，儀狀甚野，而獨於文字中有可觀者。始學聲律，既成，以爲不足盡力於其間，讀孟、韓文，一見以爲可作。引筆書紙，日數千言，坌然溢出，若有所相。年少狂勇，未嘗更變，以爲天子之爵禄可以攫取。聞京師多賢士大夫，欲往從之游，因以舉進士。」少年時之軾、轍兄弟，才華横溢，抱負遠大。此段文字，於了解少年軾、轍，至爲重要，而非溢美。老蘇書二子，欲以二子之才動方平之心。書云：「今也望數千里之外，茫然如梯天而航海，蓄縮而不進，洵亦羞見朋友。」復狀己之進退艱難以求助於方平，亦云苦矣。

《欒城後集》卷二十《祭張宫保文》：「轍之方冠，公守西蜀。時予先君，幅巾田服。尺書見公，一見而知。曰『此鴻鵠，困於棘茨』。君亦嘻嗟：『世莫知我。孰謂斯人，獨明且果。』」

蘇洵攜二子軾、轍至成都，將赴京師。張方平（安道）撰書薦洵於歐陽修（文忠，永叔），以六科勉軾兄弟。

《年表》本年紀事：「是春，轍父子三人同游京師，過成都，謁知益州張方平。方平一見，待以國士。」

《欒城集》卷三《送張公安道南都留臺》中云：「少年喜文字，東行始觀國。成都多游士，投謁密如櫛。紛然衆人中，顧我好顔色。猖狂感一遇，邂逅登仕籍。」

《欒城第三集》卷一《追和張公安道贈别絶句·引》：「予年十八，與兄子瞻東游京師，是時張公安道守成都，一見以國士相許，自爾遂結忘年之契。」

《蘇軾文集》卷六十三《祭張文定公（方平）文》其一：「時我兄弟，尚未冠紳。得交於公，先子是因。」

《欒全集》卷三十九《文安先生墓表》：「初，君將游京師，過益州與僕别，且見其二子軾、轍及其文卷，曰：『二子者將以從鄉舉可哉！』僕披其卷，曰：『從鄉舉，乘騏驥而馳閭巷也。六科所以擢英俊，君二子從此選，猶不足騁其逸力爾。』君曰：『姑爲後圖。』」《避暑録話》卷下：「嘉祐初，（張）安道守成都，（歐陽）文忠爲翰林，蘇明允父子自眉州走成都，將求知安道。安道曰：『吾何足以爲重，其歐陽永叔乎！』……乃爲作書辨裝，使人送之京師謁文忠。」該書并言，此前，張方平與歐陽修有隙，以薦蘇洵故，方平不以其隙爲嫌。

傳張方平（文定）嘗試蘇軾兄弟以制科文字；方平晤蘇洵，盛贊軾兄弟。

涵芬樓《説郛》卷四十六《瑞桂堂暇録》：「老泉攜東坡、潁濱謁張文定公。時方習制科業，將應詔，文定公與語奇之，館於齋舍。翌日，文定公忽出六題，令人持與坡、潁云：『請學士擬試。』文定密於壁間窺之。兩公得題，各就坐致思。潁濱於一題有疑，指以是（按：當作『示』）坡，坡不言，但舉筆倒敲几上云：『《管子》注。』潁濱疑而未决也，又指其次，東坡以筆勾去，即擬撰出以納。文定閲其文，益喜，勾去一題，乃無出處，文定欲試之也。次日，文定見老泉，云：『皆天才。長者明敏尤可愛，然少者謹重，成就或過之。』所以二公皆受知文定，而潁濱感之尤深。」

蘇洵友人史沆（子凝）卒。先是沆坐事繫獄，淪落荆楚，至是卒。洵嘗與吴中復書，望恤凝之骨肉。

《嘉祐集箋注》卷十五《祭史彦輔文》叙慶曆七年，史經臣（彦輔）「止于臨江，繫馬解鞍。愛弟子凝，倉卒就獄，舉家驚喧」。臨江，今江西清江。祭文叙及沆之卒，云：「子凝之喪，大臨嘔血，傷心破肝。」以下，洵叙「我游京師」，知沆卒於嘉祐元年三月蘇洵離眉山以前，今繫沆之卒於此。

同上卷十三《與吴殿院書》：「曩曾議及故友史沆骨肉淪落荆楚間，慨然太息，有收恤之心。」以下叙沆兄經臣在，沆或萬一能有所雪，今不幸亦死，獨沆有弱女在襄州，望吴殿院恤之。書稱「沆平生孤直不遇」。

《長編》卷一百六十一嘉祐七年七月壬辰紀事：「降知廣州右諫議大夫魏瓘知鄂州。臨江軍判官史沆性險詖，嘗爲瓘所劾免，會廣州封送貢餘椰子煎等餉京師，而沆輒邀流之，飛奏指以爲珍寶，詔遣内侍發驗，無有，沆坐不實廢，瓘亦左降御史。」蘇洵「止于臨江」云云謂此。據《宋朝事實類苑》卷七十，沆此後羈房州，移襄州。

《蘇軾文集》卷七十二《史經臣兄弟》謂「沆才氣絶人而薄於德」。又謂「沆亦無子」。

同上卷一《思子臺賦・引》謂經臣、沆兄弟皆奇士，博學能文。又謂沆「以進士得官，止著作佐郎」。查嘉慶《眉州屬志》卷十，沆爲景祐間進士。《引》又謂沆「有文數百篇，皆亡之」。

《宋朝事實類苑》卷七十有沆《題江州琵琶亭》：「坐上騷人雖有詠（《賓退録》卷三録此詩作『淚』），江邊寡婦不難欺。若使王涯聞此曲，織羅應過賞花詩。」有不平之意在，或緣坐事繫獄而發。史沉其人，蘇洵、蘇軾父子評價不同。洵兩試不得志，求官又不遂，憤激之氣當鬱於中。沉之舉動，他人視爲過，而洵則不僅宥之，直以爲美。軾兩試得中，遭際與父不同，軾論沉語，約發之中、晚年，沉之爲人及事迹，更顯於世，爲人所知。要之，軾論得其實。

蘇洵父子三人至雅州，拜雷簡夫。

《輿地紀勝》卷一百四十七《成都府路·雅州·官吏》：「雷簡夫：至和初，儂智高走入雲南，蜀人相驚，以智高且至。知益州張方平乞用簡夫知雅州。既至，而蜀人遂安。老蘇攜二子來謁，簡夫力薦之，蘇氏父子名滿天下。」

《三蘇全書》第六册《蘇洵集》附録引李良臣《雅州雷蘇賢範堂記》：「縉紳士大夫論吾蜀二千石之有能名者，輒以雷公簡夫爲稱首。公自至和初以殿中丞知雅州，抵今九十有五年，而邦人被服其化，子孫傳誦之，猶綽綽然如前日事。先是眉山有巨儒蘇洵者，以高明博大之學崛起於千百載間，從莫孰何之，以公有知人之鑒，袖其所著《洪範論》及《權書》等文即公府上謁，公屣履迎之，徐閲其文，歎曰：『真王佐才也。』」

自至和初越九十五年而爲紹興二十三年（一一五三）。

《輿地紀勝·雅州·景物下》：「賢範堂：在州治，繪雷簡夫、蘇氏父子像，併刻薦三蘇書於壁間。」

此所云之畫，當爲雷簡夫與蘇氏父子相會情景。三蘇乃雷氏心目中之高才。又：「寒芳閣：在州城龍興寺。……寺有四經樓，上有二蘇墨迹。」又：「雙鳳堂：在州廳後，爲二蘇設也。至和中，老泉攜二子謁太守雷簡夫。」按，實爲本年事。

同上《風俗形勝》引李良臣《賢範堂記》：「雅以雷使君爲重，雷以蘇氏父子重。」此二句不在所引文中，知今傳此文不全。

同上《碑記》：「龍興寺碑：〔寺〕在州城外。……有二蘇先生墨迹，亦在本寺。」

雷簡夫撰書以蘇洵薦之張方平（文定）、韓琦（忠獻）、歐陽修（内翰）。

《邵氏聞見後録》卷十五：「眉山老蘇先生里居未爲世所知時，雷簡夫太簡爲雅州獨知之，以書薦之韓忠獻、張文定、歐陽文忠三公，皆有味其言也。三公自太簡始知先生。」此三書，乃《後録》作者邵博官雅州時得之。忠獻謂琦，文定謂方平，内翰謂修。

同上録簡夫《上張文定書》：「簡夫近見眉州蘇洵著述文字，其間如《洪範論》，真王佐才也；《史論》，真良史才也。豈惟西南之秀，乃天下之奇才耳。令人欲麾珠蠹芝，躬執匕箸，飫其腹中，恐他饋餲且不稱，其愛護如此，但怪其不以所業投於明公。問其然，後云：『洵已出張公門下矣。又辱張公薦，欲使代黄柬爲郡學官。洵思道出張公之門，亦不辭矣。』簡夫喜其説，竊計明公引洵之意，不祇一學官；洵望明公之意，亦不祇一學官。第各有所待也。又聞明公之薦，累月不下。朝廷重以例檢，執政者靳之不特達，雖明公重言之，亦恐一上未報。豈可使若人年將五十，遲遲於途路間邪？昔蕭昕薦張鎬云：『用之則爲帝王師，不用則幽谷一叟耳。』願明公薦洵之狀，至於再，至於三。俟得其請而後已。庶爲洵進用之權也。」

同上録簡夫《上韓忠獻書》：「簡夫啓：昨年在長安累獲奏記。及入蜀來，路遠頗疏息。恭維恩照，恕其如此。不審均逸各都，寢室何似？向年自與尹師魯别，不幸其至死不復相見，故居常恨，以謂天下後生無以議論當世事者。不意得郡荒陋，極在西南，而東距眉山尚數百里。一日眉人蘇洵攜文數篇，不遠相訪。讀其《洪範論》，知有王佐才；《史論》得遷史筆；《權書》十篇，譏時之弊；《審勢》、《審敵》、《審備》三篇，皇皇有憂天下心。嗚呼，師魯不再生，孰與洵抗邪？簡夫自念道不著，位甚卑，言不爲時所信重，無以發洵之迹。遽告之曰：『如子之文，異日當求知於韓公，然後決不埋没矣。』重念簡夫阻遠門藩，職司有所守，不獲搢版約袂，疾指快讀洵文於几格間，以豁公之親聽也，但邑邑而已。洵年踰四十，寡言笑，淳謹好禮，不妄交游。亦嘗舉茂才，不中第，今已無意。近張益州安道薦爲成都學官，未報。會今春將二子入都謀就秋試，幸其東去，簡夫因約其暇日，今自袖所業求見節下，願加獎進，則斯人斯文不爲不遇也。」《審備》已佚。

同上録簡夫《上歐陽内翰書》（節録）：「伏見眉州人蘇洵，年踰四十，寡言笑，淳謹好禮，不妄交游，嘗著《六經》、《洪範》等論十篇，爲後世計。張益州一見其文，嘆曰：『司馬遷死矣，非子吾誰與？』簡夫亦謂之曰：『生，王佐才也。』嗚呼！起洵於貧賤之中，簡夫不能也，然責之亦不在簡夫也；若知洵不以告於人，則簡夫爲有罪矣。用是，不敢固其初心，敢以洵聞左右。恭維執事，職在翰林，以文章忠義爲天下師。洵之窮達宜在執事。嚮者，洵與執事不相聞，則天下不以是責執事；今也，簡夫之書既達於前，而洵又將東見執事於京師，今而後天下將以洵累執事矣。」

洵作《我客至止》。

首云「我客至止，我逆于門」。待之以禮，以示尊重。人情之常，無可挑剔。

第三、四句「來升我堂，來飲我罇」。來客升堂飲酒，并無揖讓、周旋。不知來客爲誰，即使爲老友，亦不應如此隨便。作者至此，似有不滿之意。

第五、六句「羞鼈不時，詈我不勤」。鼈爲珍品，以鼈享客，情意甚周。偶因鼈當上之時未能上，來客不顧讀書人應有體統，以惡言相加，令人不能容忍。

第七、八句「求我何多，請辭不能」。客人在宴席上繼續提出各種要求，不外肴饌不豐、肴饌不精等，要求之多，超出想像。「何多」實寓有意。主人不得已直言答以不能。出現相持局面。

末五句「客謂主人，唯子我然，求子之多，責子之深，期子于賢」。按常情，客人應略事謙讓，以終宴席。事實却不然，客人反借此教訓主人。謂適才所言所爲，乃出於厚愛；責深、求多，乃期望汝進而成爲賢人。客人乃有意識激怒主人，從而教育之。客人之所謂賢，乃能適應客觀形勢，稍屈其身，以爲人所容。而此正老蘇所難，老蘇寧孤獨於人羣之外，亦不願屈其身。老蘇未答客人，實不然其言。

此詩似作於鄉居時，今次此。

蘇洵《木假山記》約作於今年出蜀前。

《木假山記》見《嘉祐集箋注》卷十五。云：「予家有三峯，予每思之，則疑其有數存乎其間。」知此木假山乃眉山家中之所藏，其入藏甚不易。

《蘇軾詩集》卷三十《木山·叙》：「吾先君子嘗蓄木山三峯，且爲之記與詩。詩人梅二丈聖俞，見而賦之。今三十年矣。（下略）」記即上所引者，詩已佚。

蘇軾此詩作於元祐三年（一〇八八）。逆數三十年，爲嘉祐三年。嘉祐三年，蘇洵在眉山。詩人叙事，類舉成數，梅詩實作於蘇洵嘉祐二年離京師前。梅堯臣（聖俞）乃因見蘇洵之記與詩而作詩。蘇軾《木山·叙》中所云「見」，非謂見洵所藏木山實物，此物在眉山，堯臣無由見之。洵之記實作於眉山，面實物而作，因實物而抒感。如謂洵作於京師，則遠離此物，不獨無作之興，亦無作之感，不可通。且文中明言「余家」。

《梅堯臣集編年校注》卷二十七《蘇明允木山》：「空山枯楠大蔽牛，霹靂夜落魚鳧洲。魚鳧水射千秋蠹，肌爛隨沙蕩漾流，唯存堅骨蛟龍鏤。形如三山中雄酋，左右兩峰相挾翊，尊奉君長無慢尤。蘇夫子見之驚且異，買於溪叟憑貂裘。因嗟大不爲棟梁，又歎殘不爲薪樵。雨侵蘚澀得石瘦，宜與夫子歸隱丘。」所叙者乃《木假山記》中所云之木山。堯臣此詩次嘉祐二年。

軾兄弟在眉山，常來往醴泉山、石佛山、爾家川。

《蘇軾詩集》卷九《自昌化雙溪館下步尋溪源至治平寺二首》其一：「正似醴泉山下路，桑枝刺眼麥齊腰。」卷二十七《送表弟程六知楚州》：「醴泉寺古垂橘柚，石頭山高暗松櫟。」叙兒時嬉戲事。《蜀中名勝記》卷十二《眉州》：「《通志》云：醴泉山在治西八里，環繞州城。山半有八角井，清甘如醴。松江在治東南，自蜀江分派西南流，至州城與醴泉江合。」《方輿勝覽》卷五十三謂蜀江在城外，一名玻璃江；謂石頭山在眉山之南。

《欒城集》卷二《和子瞻鳳翔八觀·東湖》：「異鄉雖云樂，不如反故岑。瘦田可鑿耕，桑柘可織紝。東有軒轅泉，隱隱如牛涔。西有管輅宅，尚存青石碪。彭女留漆䟿，禮拜意已欽。慈母抱衆子，亂石寒蕭森。朝往暮可還，此豈不足臨。慎勿語他人，此意子獨諶。」

《蜀中名勝記》卷十二《眉州》引《通義志》云：「昔人評吾州，山不高而秀，水不深而清，列眉通衢，平直衍廣，夾以槐柳，緑陰翳然。小南門城村，家多竹籬桃樹，春色可愛，橋之下流，皆花竹楊柳。泛舟其間，鄉人謂之小桃源。蘇子瞻詩：『清江入城郭，小圃生微瀾。』子由詩：『彷佛城南路，繁香撲市橋。』」

民國《眉山縣志》卷一：「石佛山，治西，山半有石佛像。東坡寄子由詩：『卜宅在何許，石佛山南路。』指此。」「此」下注：「舊志記二十五里，今失其處。」意不明，疑有脱文。「卜宅」後二句云：「下有爾家川，千畦餘秔稌。」《眉山縣志》卷一謂爾家川在石佛山下，今失所在。

在眉山，傳軾嘗讀書連鼇山棲雲寺及三峰山、實相寺、華藏寺。

《蜀中名勝記》卷十二《眉州》引《志》：「連鼇山，在西南九十里，山形如鼇，旁即棲雲寺。東坡少時讀書寺中。嘗於石厓上作連鼇山三大字，大如屋宇，雄勁飛動，其晝專車今存。」民國《眉山縣志》卷一：「連鼇山，治西九十里，陂陀起伏。山之陽有大石一畝餘，深刻連鼇山三字，各一丈二尺許，係東坡手書。清光緒六年，丹稜令莊定域爲置石欄護之，禁磨毁。」又：「棲雲山：治西八十里。山陰與丹稜赤崖相對，層崖絶壑，翠障叢蹊，積爲佳勝。下臨棲雲寺，舊傳東坡病後遊棲雲寺，有題壁詩，今亡。」《眉山縣志》卷十三謂軾有《病狗賦》書於棲雲寺壁。《蜀中名勝記》卷十二謂丹稜縣北有龍鵠山。民國《丹稜縣志》卷一謂連鼇山距龍鵠山二里許，距縣城十五里，山勢連續，其形若鼇。

民國《眉山縣志》卷一：三峰山，治西七十五里。以下謂：「山右有洞，洞周壁多孔，天將雨，烟雲四吐，俗名巴蛇洞。《蜀故》云：有東坡讀書處。」又：「東坡山：治南四十里，有實相寺，相傳係東坡讀書院。」卷十三：「華藏寺：治南三十里，上有東坡讀書臺古迹。」以下引僧德果詩并序：「州治五里山華藏庵前，一峰突起，平如掌然，舊爲東坡先生讀書堂。」

傳軾嘗讀書青神上巖，題中巖「唤魚池」字，作《中巖尊者洞》詩。

嘉慶《眉州屬志》卷二《古迹·青神縣·上巖》謂巖在治東南十八里一山之上並云：「巖有三石筍鼎峙，宋蘇東坡嘗讀書於此。」《中巖》：「去上巖二里許。即巨那尊者道場。下有唤魚池，客至撫掌，魚羣出。……巖上，東坡書『唤魚池』三大字。」詩見光緒《青神縣志》卷四十八，題軾作，詩云：「額上明珠已露機，那堪聖佛放頭低。洞門不是無人鎖，這鎖還須這鎖題。」疑僞托，姑録此。

訪程建用（彝仲），至星橋别業，或爲軾此次離蜀前事。

《蘇軾文集》卷五十八《與建用第二簡》，作於密州，云：「心貌衰老，不復往日，惟念斗酒雙雞，與親舊相從爾。星橋别業，比來更增葺否？」知軾在蜀時，嘗遊星橋别業。此别業或爲建用家所有。

蘇洵攜二子軾、轍别妻程氏赴京師。軾、轍念母氏撫教勞苦，思所報之。

《嘉祐集箋注》卷十五《祭亡妻文》：「有子六人，今誰在堂。唯軾與轍，僅存不亡。咻呴撫摩，既冠既昏。教以學問，畏其無聞。晝夜孜孜，孰知子勤。提攜東去，出門遲遲。今往不捷，後何以歸。二子告我，母氏勞苦。今不汲汲，奈後將悔。」

蘇洵父子離眉山，史經臣（彦輔）送行。

《嘉祐集箋注》卷十五《祭史彦輔文》：「我游京師，强起來餞，相顧流連。」

三月二十八日，軾、轍遊成都大慈寺極樂院，觀盧楞伽筆迹，題名。

題名見《佚文彙編》卷六（二五七九頁）；《輿地紀勝》卷一百三十七、《全蜀藝文志》卷五十二上謂「今存」。楞伽，《益州名畫録》有傳，唐人。《范成大佚著輯存》所收《成都古寺名筆記》記大慈寺保福院佛殿内有「羅漢一堂，盧楞伽筆」，稱「妙格上品」。

在成都，軾嘗晤李士寧。

《蘇軾文集》卷六十八《書章詧詩》：「士寧，蓬州人也。語默不常，或以爲得道者，百歲乃絶。嘗見余於成都，曰：『子甚貴，當策舉首。』已而果然。」參元祐元年閏二月六日紀事。

《歐陽文忠公集·居士集》卷九治平四年所作《贈李士寧》有云：「蜀狂士寧者，不邪亦不正。混世使人疑，詭譎非一行。平生不把筆，對酒時高詠。初如不著意，語出多奇勁。傾財解人難，去不道名姓。金錢買酒醉高樓，明月空牀眠不醒。一身四海即爲家，獨行萬里嘗乘興。既不采藥賣都市，又不點石化黄金。進不干公卿，退不隱山林。與之游者但愛其人而莫見其術，安知其心。吾聞有道之士游心太虛，逍遥出入，常與道俱。故能入火不熱，入水不濡。嘗聞其語，而未見其人也，豈斯人之徒歟。不然言不純師，行不純德，滑稽玩世，其東方朔之流乎。」歐陽修時在京師。

《彭城集》卷十五《送李士寧山人》：「帝城車馬日喧喧，物外相從意爽然。自有藥壺容到客，獨摩金狄嘆流年。高秋天幕收零雨，清露風林嘒暮蟬。曾愧丹砂爲狡獪，更談滄海變桑田（自注：予妻常病，山人自其家取藥見遺，山人妻能采藥也。山人又嘗談南海神事甚異）。」

《臨川先生文集》卷十三《寄李士寧先生》：「樓臺高聳間晴霞，松檜陰森夾柳斜。渴愁如箭去年華，陶情滿滿傾榴花。自嗟不及門前水，流到先生雲外家。」「樓臺」、「松檜」、「柳」、「榴花」、「門前水」，謂李士寧之所居，仿佛仙境。

同上卷二十五《贈李士寧道人》：「季主逡巡居卜肆，彌明邂逅作詩翁。曾令宋賈嘆車上，更使劉侯驚坐中。杳杳人傳多異事，冥冥誰識此高風。行歌過我非無謂，唯恨貧家酒盞空。」「季主」謂司馬季主，卜於長安東市，楚人。《史記》卷一百二十七《日者列傳》叙其事。諸先生謂季主乃「楚賢大夫，游學長安，通《易經》，術黄帝、老子，博聞遠見」。詩中所云「宋賈」乃宋忠、賈誼。《日者列傳》叙司馬季主與宋忠、賈誼論卜。司馬季主謂卜「必法天地，象四時，順於仁義，分策定卦，旋式正棊，然後言天地之利害，事之成敗」；又謂「卜者導惑教愚也」。

洵父子發成都，過劍門，經鳳翔府郿縣横渠鎮，游崇壽院，經扶風。

參本年三月二十八日紀事，發成都，約及閏三月。

《輿地紀勝》卷一百九十二《利州路·劍門關·碑記·唐碑》引蘇軾《南行録·題木櫪觀》詩，叙經劍門事，詳嘉祐四年「過萬州武寧縣木櫪觀題詩」條紀事。

《蜀故》卷十：「劍閣兩石壁上，鐫唐、宋人碑碣無數，悉皆剥落斷缺，惟李義山、陸放翁、蘇東坡三碑尚可披讀，惜乎懸崖絶壁，不可摹搨耳。」兹附於此。

《蘇軾詩集》卷三《太白山下早行，至横渠鎮，書崇壽院壁》末云：「再遊應眷眷，聊亦記吾曾。」《欒城集》卷一次韻：「據鞍應夢我，聯騎昔嘗曾。」皆憶叙此行。蘇軾詩題下「查注」：「崇壽院，在郿縣東五十里横渠鎮南。」郿縣屬鳳翔府，在府東南一百里，有横渠鎮。

《文集》卷十一《鳳鳴驛記》：「始余丙申歲舉進士，過扶風，求舍於館人，既入，不可居而出，次於逆旅。」鳳翔府有扶風縣，在府東八十里，然鳳翔府爲扶風郡，此所云之扶風，爲鳳翔府城。

《欒城後集》卷二十一《汝州龍興寺修吴畫殿記》：「東遊至岐下，始見吴道子畫，乃驚曰：『信矣，畫必以此爲極也。』」岐下乃鳳翔。乃此時事。

至長安，蘇洵上王拱辰書。

書乃《嘉祐集箋注》卷十二《上王長安書》。書云：「洵從蜀來，明日將至長安見明公而東。」

《長編》卷一百八十至和二年七月戊辰紀事：「宣徽北院使判并州王拱辰，復爲尚書左丞、端明殿學士兼翰林侍讀學士知永興軍。」《公是集》卷五十一《王開封拱辰行狀》：嘉祐二年，自知永興軍移知秦州。知蘇洵父子過長安時，拱辰正在任。書首云「判府左丞」以此(云「判府」，謂拱辰乃以尚書左丞知也)。

書云：「士之貴賤，其勢在天子；天子之存亡，其權在士。」天子之尊可以慄慄於上，士之卑可以肆志於下。布衣傲王侯，士驕天子。天下得士然後得天下。至論。

書云：「古之君子，其道相爲徒，其從相爲用。故一夫不用乎此，則天下之士相率而去之。」以道爲徒，謂以道相結；以道爲用，士有羣體意識，相守以道。書云：「今之君子，幸其徒之不用，以苟安其身。」不以道相結，不以道爲用，無羣體意識，於是士之風靡而不振。

書末謂：「伏惟讀其書而察其心，以輕重其心。」其「書」當指此書，以上已言「明日」，知此書乃托人先上之，欲拱辰以禮相接，以樹立重士、愛士之風。

王拱辰，字君貺，舊名拱壽，仁宗賜今名。咸平人。生於大中祥符五年(一〇一二)，少蘇洵三歲。《忠肅集》拾遺有行狀。《宋史》卷三百十八有傳。

在長安，蘇洵晤都漕傅求，臨行，贈以詩。

《嘉祐集箋注》卷十六《途次長安上都漕傅諫議》。詩云「昔者倦奔走，閉門事耕田」，今「如此已十年」；又云「驅車入京洛」，知作於本年攜軾、轍過長安時。詩云：「昨者東入秦，大麥黄滿田。」約爲四月。

詩云：「長安逢傅侯，願得説肺肝。」既云「逢」，則此前已相識，并有所了解。蘇洵以傅侯爲知己。

《宋史》卷三百三十《傅求傳》：「字命之，考城人。進士甲科。……隴右蕃酋蘭氈獻古渭州地，秦州范祥納之，……後帥張昪以祥貪利生事，請棄之。詔求往視，求以爲城已訖役，且已得而棄，非所以强國威。乃詔諭羌衆，反其田，報夏人以渭非其有，不應索，正其封疆而還，兵遂解。進天章閣待制、陜西都轉運使，加龍圖閣直學士、知慶州。」《公是集》卷三十有《陜西路轉運使、兵部郎中、天章閣待制傅求可諫議大夫制》。知蘇洵所云之傅侯乃傅求。

《箋注》謂：「據吴廷燮《北宋經撫年表》卷三，張昪帥秦州在皇祐五年（一〇五三）十一月至至和元年（一〇五四）八月；傅求知慶州在嘉祐二年（一〇五七）；則傅求任轉運使在至和元年至嘉祐二年之間。」蘇洵父子過長安時，求在任。

據以上所引《傅求傳》，知求長於邊務，知兵，實爲幹才。此詩「大麥黄滿田」之後云：「秦民可無饑，爲君喜不眠。禁軍幾千萬（撰者按，『千』疑有誤），仰此塡其咽。西蕃久不反，老賊非常然。士飽可以戰，吾寧爲之先。傅侯君在西，天子憂東藩。烽火尚未滅，何策安西邊。傅侯君謂何，明日將東轅。」所言爲陝西及國家大事。蘇洵與傅求相晤時，當亦言及此。「士飽」云云，乃蘇洵爲求所提之建議。「明日」云云，知此詩爲告別傅求時作。《樂全集》卷三十六有傅求神道碑銘。求生於咸平六年（一〇〇三），長蘇洵六歲；卒於熙寧六年六月十三日。碑銘云：「除天章閣待制、陝西都轉運使。歲餘遷諫議大夫，入判三班院流内詮。」

蘇洵父子經華清宫，出關中，至澠池。

《蘇軾文集》卷六十八《記關右壁間詩》云「舊見此詩於關右壁間」，當爲此時事。經華清宫，見元豐五年十月七日紀事。

《欒城集》卷一《懷澠池寄子瞻兄》自注：「轍昔與子瞻應舉，過宿縣中寺舍，題老僧奉閑之壁。」題壁不見。《蘇軾詩集》卷三有和。澠池在京西一百五十六里，屬河南府。

蘇洵東往京師途中，遇故人陳公美。公美贈詩，洵答之。

洵詩乃《嘉祐集箋注》卷十六《答陳公美》。詩云「十載不得偕」、「東走陵巔崖」，乃謂此次取道秦川入京師。詩云公美「爲吏天一涯」，其爲吏之地或在今豫西一帶，若在秦川，秦、蜀毗鄰，謂之天涯不切。詩云：「不意君在此，得奉笑與詼。」笑與詼乃少時事，仿佛回至少時，倍覺歡樂。點出詼，知老蘇頗詼諧。蘇軾詼諧，或有乃父影響。

陳公美來詩，蘇洵復答之。

洵答詩乃《嘉祐集箋注》卷十六《又答陳公美三首》。其一大意：孔子身居魯司寇之高職位，而魯郊祭之肉不及，乃離魯奔諸侯；當世以爲孔子爲肉而出走，不甚光采，後世遭到責難甚多。老蘇以爲，孔子之奔諸侯，乃爲行其道，郊祭之肉不及，知魯不欲行其道，用其説，故出而之他國也。孔子之所行，如皎皎明月光，後世深知之。此詩緣公美詩而作，似公美來詩中言及有人謂公美遑遑仕途以求升遷爲羞；而於蘇洵，或亦有人謂求升斗之禄而奔走於外爲羞。故老蘇於此詩論孔子之所行，以答公美并明己之意。老蘇意謂，大可不必顧及衆人責難，求國之禄，食國之禄，爲國辦事，何懼於衆人之責難。其二大意：孔子以魯君受齊之女（羣婢）樂而離魯，一去十四年而後返魯，荀子年五十來齊求官而爲官於齊。有人以爲，孔子不必因魯君受女樂而出走，受女樂不過國君區區生活中事。荀子少、壯不出仕，而晚年求禄位。平常人視孔子、荀子所爲，以爲無法理解，故以狂顛——神經不正常待之。老蘇以爲，人之環境不同，思想不同，素養不同，操守不同，立身、謀身之道各不同。孔子、荀子從其特定環境出發，行其道，成爲聖、賢。孔子、荀子以爲其道可以利天下，故矢志不移以行之，他人無須多言。孔子、荀子之行未可非。細味此詩，似公美或有得罪上司因而出走、易官之事。荀子事，老蘇明以自況。知老蘇此次出蜀前，議論之人頗多，有人至以狂顛目之。

老蘇告公美，堅信自己所言所行爲是，并以自勵。如此，浮言將漸息。由此可知，老蘇以將近五十之年出蜀，乃衝破社會若干阻力之後，得以實現。

其三大意：漢公孫弘少遭放逐，牧羊海濱。以後，勉應鄉里之推選，年六十，至長安。其後復爲鄉里推選，以爲年事已高，徒辛勤無補國事爲由辭之。辭不獲。後官至丞相，有建樹。老蘇以爲，士大夫立身於世，當出仕則出仕，應以公孫弘隨時勢出仕爲是，不必堅持不出以沽譽。老蘇謂：孔子、孟子終其身僕僕道途，如逆旅過客，未得安寧，應以其所行爲榜樣。此詩既謂公美，又謂自己。三詩主旨，謂出仕、求仕乃正途。

三蘇東往京師途中，當在陳公美爲官之地作若干日逗留。有此逗留，故得從容以詩篇往來。其爲官之地，當爲交通要道所過。如迂道，洵詩中必言及。其爲官之官，當不過州縣簿、尉。如爲縣令，洵詩中亦當言及。

五六月間，蘇洵父子三人抵京師。

《嘉祐集箋注》卷十二《上韓樞密書》：「比來京師，游阡陌間，……蓋時五六月矣，會京師憂大水。」

《宋史·仁宗紀》本年五月紀事：「是月，大雨，水注安上門，門關折，壞公私廬舍數萬區。」同上六月紀事：「乙亥，雨壞太社、太稷壇。」

《蘇軾詩集》卷一《夜泊牛口》:「忽憶丙申年,京邑大雨霶。蔡河中夜決,横浸國南方。車馬無復見,紛紛操栰郎。」寫此時事。

館於興國寺浴室院。

《蘇軾文集》卷二十一《興國寺浴室院六祖畫贊》叙住浴室院。

《欒城集》卷四《和子瞻宿臨安净土寺》中云:「往年旅東都,局促吁已厭。城西近精廬,長老時一覘。每來獲所求,食飽山茶釅。塵埃就湯沐,垢膩脱巾襜。不知禪味深,但取饑腸饜。」乃叙浴室院時事。

《汴京遺迹志》卷十:興國寺,在馬軍橋東北,太平興國間建。

蘇洵拜謁歐陽修,上修書,并獻所爲《洪範論》、《史論》,始見知於修。

書乃《嘉祐集箋注》卷十二《上歐陽内翰第一書》。書叙慶曆間范仲淹、富弼、余靖、蔡襄、尹洙及歐陽修之進退,其進退關係朝政,并表明以上諸公進退過程中之個人心迹。書謂於歐陽修之文知之特深愈於天下,并以歐陽修之文,與孟子、韓愈之文并列,謂「此三者皆斷然自爲一家之文」。書叙學文、作文,并以所作《洪範論》、《史論》獻之。通觀全書,旨在取得歐陽修之深層次了解,以爲進見之緣。

同上《上歐陽内翰第四書》云「始公進其文,自丙申之秋」語,上修第一書之作,略在秋前。

《上歐陽内翰第三書》:「年近五十,始識閣下。傾蓋晤語,便若平生。非徒欲援之貧賤之中,乃與切磨議論,共爲不朽之計。」知之較深,洵出語可直抒胸臆,未有所顧忌。

《集》卷二十六《祭歐陽少師文》:「嘉祐之初,公在翰林。維時先君,處於西南。世所莫知,隱居之深。作書號公,曰『是知予』。公應『嗟然,我明子心。吾於天下,交游如林。有如斯文,見所未曾』。先君來東,實始識公。傾蓋之歡,故舊莫隆。遍出所爲,歎息改容。歷告在位,莫此蔽蒙。報國以士,古人之忠。公不妄言,其重鼎鍾。厥聲四馳,靡然向風。」

《潁濱遺老傳》上:「父曰眉山先生,隱居不出,老而以文名天下,天下所謂老蘇者也。歐陽文忠公以文章獨步當世,見先生而歎曰:『予閱文士多矣,獨喜尹師魯、石守道,然意常有所未足。今見君之文,予意足矣。』」

《何譜》:「老蘇歲四十八,與二子至京師。始至京師,見知於歐陽公。」

《宋史》卷三百一十九《歐陽修傳》:「曾鞏、王安石、蘇洵、洵子軾轍,布衣屏處,未爲人知。修即游其聲譽,謂必顯於世。」

《欒城後集》卷二十三《歐陽文忠公神道碑》:「公之在翰林也,先君文安先生,以布衣隱居鄉閭,聞天子復用正人,喜以書遺公,公一見其文,曰:『此孫卿子之書也。』」《樂全集》卷三十九《文安先生墓表》:「至京師,永叔一見大稱歎,以爲未始見夫人也,目爲孫卿子,獻其書於朝。自是名動天下，士争傳誦其文。時文爲之一變，稱爲老蘇。」《歐陽文忠公集·書簡》卷一《與富文忠》第一簡叙應蘇洵之請，與富弼（文忠）言，表達洵求見之意。簡作於嘉祐元年，而首云時「暑雨」，知洵至京師後，立即拜見歐陽修。《避暑録話》卷下叙張方平（安道）守成都，不以舊與歐陽修（文忠）有隙爲嫌，作書與修，使蘇洵持之。以下云：「文忠得明允父子所著書，亦不以安道薦之非其類，大喜曰：『後來文章當在此。』即極力推譽。天下於是高此兩人。子瞻兄弟後出入四十餘年，雖物議於二人各不同，而亦未嘗敢有纖毫輕重於其間也。」此處所云蘇軾兄弟所著之書，當不過平常所作文章。

七月癸巳（十三日），朝廷以侍御史范師道、開封府判官祠部郎中直秘閣王疇、祠部員外郎集賢校理胡俛、屯田員外郎集賢校理韓彦、太常博士集賢校理王瓘、太常丞集賢校理宋敏求考試開封舉人。

據《年表》。

師道字貫之，吴縣人。嘉祐八年卒，年五十九。《宋史》卷三百二有傳。疇字景彝，曹州人。治平二年卒，年五十九。《宋史》卷二百九十一有傳。俛字公謹，事迹詳《雞肋集》卷六十六墓誌銘。《蘇魏公文集》卷三十三有《三司度支判官、尚書刑部郎中充集賢校理王瓘可尚書兵部郎中依前集賢校理充三司度支判官制》。敏求字次道，趙州平棘人。元豐二年卒，年六十一。《宋史》卷二百九十一有傳。彦，待考。

秋，軾、轍應開封府解。與林希（子中）、王汾（彦祖）、顧臨（子敦）、胡宗愈（完夫）同試景德寺。

秋云云，據《施譜》。與林希云云，據《蘇軾詩集》卷三十二《次韻林子中王彦祖唱酬》自注，弟轍亦在内。《東京夢華録》卷三謂上清宫在新宋門裏街北，而「景德寺在上清宫背」。卷一《東都外城》謂東城一邊，其門有四，新宋其一。

希，福州人。《宋史》卷三百四十三有傳。嘉祐二年進士，見《淳熙三山志》卷二十六。汾，禹偁曾孫，見《長編》卷二百八治平二年十月甲午紀事。臨，會稽人；宗愈，常州晉陵人：《宋史》卷三百四十四、三百一十八分别有傳。臨卒年七十二，《長編》卷五百九謂元符二年四月卒，知長於蘇軾八歲。

蘇軾應舉時，杜叔元（君懿）以所藏諸葛筆贈軾。洵以兄事叔元。

《蘇軾文集》卷七十《書杜君懿藏諸葛筆》：「余應舉時，君懿以二筆遺余，終試筆不敗。其後二十五年，余來黄州，君懿死久矣。（下略）」自此時越二十五年而爲元豐四年。知叔元贈筆爲此時事。

《大觀録》卷五《與杜道源》宋吴幵跋謂蘇洵「友君懿而兄事之」。道源名沂，叔元之子，亦見吴跋。蘇洵父子至京師時，叔元在京師。

叔元，成都人，見弘治《太平府志》卷十九《杜俣傳》。

《梅堯臣集編年校注》卷二十五有《送杜君懿屯田通判宣州》詩，云：「京兆外郎稱善書，當時相與集江都。日書藤紙争持去，長鉤細畫如珊瑚。自兹乖隔三十載，始駕吾鄉别乘車。吾鄉素誇紫毫筆，因我又加蒼鼠鬚。最先賞愛杜丞相，中間喜用蔡君謨。爾後倣傳無限數，州符縣板仍抹塗。鼠雖可殺不易得，猫口奪之煩叱驅。若君字大筆亦大，穿墉瑣質無長胡。君到官，治事餘。呼諸葛，試問渠。」叔元善書。梅堯臣爲宣州人，故詩中云「吾鄉」。諸葛筆，有盛名。叔元通判宣州，爲嘉祐三年事。見《宣城右集》卷八引《池軒記》。

《青山集》宋刻本卷三《謝杜倅職方兼簡湯史君》：「李白昔遊宣城時，誰爲太守賢相宜。掣鈴交通唤六博，壯哉意氣凌虹霓。北望樓高氣象古，遺風餘思猶依依。我來正值青春半，雜花爛笑禽争飛。輕烟繚繞淡白日，細風蕩漾吹遊絲。高樓簾卷舞袖出，百尺欄干横酒旗。銀鞍白馬不知數，龍筝鳳管相追隨。杜陵遠孫駕别乘，恩威得所名聲馳。華堂重構唤賓客，風前共倒黄金卮。我爲下客最疏放，辱君許可能文詞。死生贪緣釋氏説，但覺時换名姓非。寄言太守勿感慼，共對佳人花下迷。莫教流水落花去，空聞暮雨哀猿啼。」

按：此杜倅乃杜叔元(君懿)。

《公是集》卷七《蔣生》序云：「廣陵蔣生死十四年矣，尸猶温。其妻與其女閉門守之，未嘗與鄰里通水火。或者疑其有道，而杜君懿實之。蓋嘗有自遠來者，以書一封畀其家，視之，蔣生迹也，故俗以爲仙。因作五言贈君懿。」詩云：「仙翁棄妻子，往爲壺中客。玉棺竟未掩，入世已成昔。白雲無回期，三徑滅餘迹。猶傳有青鳥，往往寄消息。」知叔元好道，或居廣陵（揚州）。叔元嘗爲都官郎中，見《蘇軾文集》卷七十《書許敬宗硯二首》。

餘參治平二年紀事。

《蘇軾文集》卷七十《書許敬宗硯二首》其二謂杜叔元「作詩亦有可觀」。今傳叔元詩，有《黄山作》，見清閔麟嗣《黄山志》（定本）卷六，云：「占勝新安境，佳名千古聞。奇峰半天出，秀色數州分。邃谷春猶雪，懸巖霽亦雲。何時脱韁鎖，猿鶴此爲羣。」當作於宣州通判任中。宋黄康弼《續會稽掇英集》卷二有杜叔元《送程給事知越州》詩。查《嘉泰會稽志》卷二，此程給事乃師孟；師孟於熙寧十年十月，以給事中充集英殿修撰知越州。按，叔元此時已卒數年，詩非叔元作。

榜出，袁轂（容直、公濟）首選，蘇軾第二。轍亦中其選。

榜出云云，據《絜齋集》卷十七《先公墓表》。弟轍云云，據《蘇潁濱年表》。《蘇軾詩集》卷三十二《袁公濟和劉景文登介亭詩復次韻答之》「秋風起鴻雁，我亦繼華躅」乃叙此時事。《寶慶四明志》

卷八《袁轂傳》謂轂嘉祐六年登第。《蘇軾文集》卷二《儒者可與守成論》、《物不可以苟安論》，題注「程試」作，即此次作。《文集》卷四十六《謝秋賦試官啓》：「觀其發問於策，足以盡人之材。請求先聖之心，考其詩義；深悲古學之廢，訊以曆書。條任子之便宜，訪成均之故事。」策不見。啓，明年登第後作。

九月十九日，蘇洵作文送石揚休（昌言）北使。先是八月丙寅（十七日），揚休以刑部員外郎、知制誥爲契丹國母生辰使。軾書洵之文。

八月丙寅云云，據《長編》卷一百八十三；《長編》云：「文思使、康州刺史沈惟恭副之。」《蘇軾文集》卷六十六《跋送石昌言引》：「右嘉祐元年九月十九日先君《送石昌言北使》文一首。其字則軾年二十一時所書與昌言本也。今蓄於陳履常氏。昌言名揚休，善爲詩，有名當時，終於知制誥。（下略）」作於元祐三年九月初一日。履常名師道，彭城人。

洵之文乃《嘉祐集箋注》卷十五《送石昌言使北引》。末云：「今之匈奴，吾知其無能爲也。」然其實，其時契丹尚强。欲揚休無爲契丹之勢所震懼，不辱使命，以顯示作爲使者應有之尊嚴。揚休出使感疾，嘉祐二年遷工部郎中，未及謝，卒，年六十三。見《名臣碑傳琬琰之集》范鎮所撰墓銘。

同年司馬光有哀辭，見光集卷七十五。《湘山野録》卷中謂皇祐館中詩筆，「揚休最得唐人風格」。

蓄名墨，不許人磨，《文集》卷七十《書石昌言愛墨》及之，有微詞。

秋，歐陽修始進蘇洵之文。

《上歐陽内翰第四書》：「始公進其文，自丙申之秋，至戊戌之冬，凡七百餘日而得召。」其所進之文，當爲《權書》、《衡論》、《幾策》等，即嘉祐五年歐陽修所上《薦布衣蘇洵狀》中所云之文。蘇洵獻文於歐陽修，當陸續多次，而非一次。修上洵之文於朝廷，當亦爲陸續多次。

《孫公談圃》卷上：「蘇明允作《權書》，永叔大奇之。爲改書中所用『崩』、『亂』十餘字奏於朝，明允因得官。」附此。

《清波雜志》卷二：「客有言表章所用字，有合回互處，若『危』、『亂』、『傾』、『覆』之類，……初以爲過。及見元祐一小説，言蘇明允作《權書》，歐陽公大奇之，爲改書中所用『崩』、『亂』十餘字，奏於朝。」并附此。

鄉人陳景回自南來，欲治園囿於蔡，蘇洵作詩贈之。

《嘉祐集箋注》卷十六詩題：「丙申歲，余在京師，鄉人陳景回自南來，棄其官，得太子中允。景回舊有地在蔡，今將治園圃於其間以自老。余嘗有意於嵩山之下，洛水之上，買地築室以爲休息之館而未果。今景回欲余詩，遂道此意。景回志余言，異日可以知余之非戲云爾。」

景回自南來棄其官，知景回官於南，其爲何官與官於何地，均不詳。得太子中允，似謂守太子中允致仕。果爾，則景回實長於蘇洵。太子中允，東宫屬官，屬太子詹事府，掌侍從禮儀等事。《宋史》卷一百六十九《職官志·敘遷之制》謂太子中允「轉太常丞」，特旨轉秘書郎、著作郎、宗正丞」。卷一百六十八《職官志·合班之制》謂太常丞、著作郎、宗正丞謂從七品，秘書郎爲正八品，則太子中允之官品當爲從八品。

蘇洵此詩云：「聞君厭蜀樂上蔡，占地百頃無邊隅。草深野闊足狐兔，水種陸取身不劬。」陳景回之樂上蔡，蓋以其地爲平川，視野開闊，土地肥沃，物産豐富。

蘇洵詩又云：「誰知李斯顧秦寵，不獲牽犬追黄狐。」欲景回安心田園以頤養天年，不爲世間勢位所動。

洵詩末云：「行看嵩少當吾廬。」欲卜居嵩少。

《蘇軾詩集》卷二十三《别子由三首兼别遲》其二首云：「先君昔愛洛城居，我今亦過嵩山麓。」作於元豐七年，時將赴汝州團練副使任。

《欒城第三集》卷五《卜居賦·序》：「昔予先君，以布衣學四方，嘗過洛陽，愛其山川，慨然有卜居意，而貧不能遂。」

蘇洵上樞密使韓琦書。

《書》乃《上韓樞密書》，云：「比來京師，……時五六月矣，會京師憂大水。」知作於本年。

《宋史·宰輔表》：本年八月癸亥，狄青自樞密使依前檢校太尉，以同平章事、護國軍節度使判陳州。同月，韓琦自三司使加檢校少傅依前行工部尚書、樞密使。《書》有「頃者狄公在樞府，……太尉適承其後」之語。狄公謂青，太尉謂琦。知此《書》作於八月癸亥以後。

《書》論兵，着重論養兵不用之可畏。老蘇陳述可畏之狀：兵者聚天下不義之徒，授之以不仁之器，而教之以殺人之事，所以安天下，殄盜賊，「及夫天下既平，盜賊既殄，不義之徒聚而不散，勇者有餘力則思以爲亂，智者有餘謀則思以爲姦，巧者有餘技則思以爲詐，於是天下之患雜然出矣」。又云：「天下無變而兵久不用，則其不義之心，蓄而無所發，飽食優游，求逞於良民。觀其平居無事，出怨言以邀其上。一旦有急，是非人得千金，不可使也。」所陳乃時事。

兵何以如此驕縱？老蘇以爲在於大臣好名而懼謗，好名則多樹私恩，懼謗則執法不堅。韓琦之前任爲狄青，老蘇稱青「號爲寬厚愛人，狎昵士卒，得其歡心」，於青有微詞，似謂青好名而多樹私恩也。蓋兵在外，愛將軍而忘天子，於是兵唯將軍之命是從，得以戰；兵在内，則愛天子而忘將軍。然則韓琦當何以治兵？曰嚴，曰厲，曰威懷天下，曰厲威武以振其墮。天子推深仁以結兵之心，人臣奉天子之法，雖多殺，天下無以歸怨。

《書》之始，老蘇自謂「非有驚世絶俗之談」。其實，此《書》振聾起聵，實爲「驚世絶俗」之論。然評狄青語，失之偏。

《避暑録話》卷上：「蘇明允本好言兵，見元昊叛，西方用事久無功，天下事有當改作，因挾其所著書嘉祐初來京師。……韓魏公……還朝爲樞密使，時軍政久弛，士卒驕惰，欲稍裁制，恐其忤怨而生變，方陰圖以計爲之。會明允自蜀來，乃探公意，遽爲書顯載其説，且聲言教公先誅斬，公覽，大駭，謝不敢再見。」「謝不敢」云云，傳聞失實。老蘇後與韓琦聯繫不斷，參治平二年紀事。

蘇洵上丞相文彦博書。

《書》首稱「昭文相公執事」。據《宋史·宰輔表》，文彦博、富弼同日拜相。彦博爲昭文館大學士，稱昭文相。昭文相在集賢相之上。參至和二年紀事。

《書》論「欲求盡天下之賢俊，莫若略其始」。老蘇以求金於沙爲例。求金於沙，斂而揚之，惟其揚之也精，是以責金於揚，而斂則無擇焉。其意蓋爲，其始也，廣泛搜求，而後嚴格挑選。其始也，標準不必高。

略於始，賢者、不肖者皆進，而不肖者易犯，易犯故易退，故真能進者乃賢者。老蘇意謂廣開人才之路，官冗不足懼。

《書》論「欲求責實於天下之官，莫若精其終」。老蘇謂：「洵從蜀來，見凡吏商者皆不征，非追胥調發皆得役天子之夫，是以知天下之吏犯法者甚衆。」整頓吏治，即所以精其終。老蘇謂整頓之權「實在相公」，寄文彦博以厚望。《書》末謂文彦博「平生之所望無復慊然者，惟其獲天下之多士而與之皆樂乎」。欲彦博廣收天下賢俊，乃《書》之旨。天下賢俊既進，己當亦得進。上此《書》之意，實在乞彦博引進。彦博立朝以威制天下，孚士大夫之望。老蘇自言「肆言」，欽敬之意，溢於文字，較之《上富弼書》，有明顯不同。

書乃《蘇洵集》卷五《上文丞相書》。

蘇洵上丞相富弼書。先是歐陽修有與弼書，叙蘇洵求見之意。

《書》首云：「往年天子震怒，出逐宰相，選用舊臣堪付屬以付天下者，使在相府，與天下更始，而閣下之位實在第三。」《宋史·宰輔表》：「至和二年六月戊戌，……富弼自宣徽南院使、檢校太保、判并州加户部侍郎、同平章事、集賢殿大學士。」同時爲相者，尚有劉沆、文彦博，富爲集賢相，居第三。其出逐之宰相爲陳執中。

弼爲相，朝野望其有所作爲。然《書》云：「朝夕而待之，跂首而望之，望望然而不獲見也，戚戚然而疑。嗚呼，其弗獲聞也，必其遠也，進而及於京師，亦無聞焉。」知弼拜相以後，實無多大作爲，未免令人失望。此等語言，形似委婉，實則十分尖鋭。《宋史》卷三百一十三《富弼傳》謂「弼爲相，守典故，行故事，而傅以公議，無容心於其間」。老蘇之言得其實。弼字彦國，河南人。

《書》云：「今夫政出於他人而不懼，事不出於己而不忌，惟善人爲能。……君子之出處於其間也，不使之不平於我也。」謂弼爲善人，善處同僚，實則譏其明哲保身，不願開罪於人。《書》謂寇準爲相，「其側有小人不能誅，又不能與之無忿，故終以斥去」；范仲淹爲相，「欲以歲月盡治天下事，失於急與不忍小忿，故羣小人亦急逐之，一去遂不復用，以歿其身」。意謂今小人亦在朝，而弼容之，使無芥蔕於其間，而天下之人未能見其面。老蘇略略點至此，而不繼續明白陳述，蓋望弼自知之，而有所作爲。《書》末云：「洵，西蜀之人也，竊有志於今世，願一見於堂上。伏惟閣下深思之，無忽。」布衣傲王侯，氣勢凌厲。「無忽」一詞，頗失禮貌，非盡處下僚者所能言、所敢言。而老蘇言之，無所顧忌，其氣概令平庸之士震驚。《書》乃《蘇洵集》卷五《上富丞相書》。《歐陽文忠公集·書簡》卷一《與富文忠公》第二簡：「某啓。暑雨，不審台候何似？有蜀人蘇洵者，文學之士也。自云奔走德望，思一見而無所求。然洵遠人，以謂某能取信於公者，求爲先容。既不可却，亦不忍欺，可否進退，則在公布也。」原注謂嘉祐元年作。

蘇洵上樞密副使田況書。并以《策》二道《權書》十篇爲獻。

《書》題作《上田樞密書》，云近以《洪範論》、《史論》獻歐陽修，約作於本年，今次此。

《宋史·宰輔表》：至和元年二月壬戌，田況自三司使、禮部侍郎除樞密副使，嘉祐三年六月丙午，除樞密使。據此田樞密乃田況。

《書》首謂天之所以與我者，發於其心，出於其言，見於其事，確乎其不可易，聖人不得以與人，父不得奪諸其子。意謂每個自我，皆獨立於自己，而不同於任何其他人。我即自我，而非他人。《書》倡「棄天」、「褻天」、「逆天」之說。棄天者，自棄於天也。天與我，必有以用我，蓋用今人所云「天生我材必有用」之意。我知其理而不行，置之一旁，乃自棄於天。褻天者，自褻於天也。天之所以與我者，與天之所以與他人者，并無不同。而我自視低人一等，以得他人之歡欣爲幸；小視自我能力與主張，而求助於他人。天生我材，未能盡力充分施展，是乃對天之褻瀆。二者其罪在自我。不棄不褻，而我不得用，則其罪在人，非自我之力所能及。是之謂逆天。逆天者，悖逆於天也。此「在人」之「人」，乃有權力之人。老蘇鼓吹自我奮發，有强烈震撼作用。已初步具有理論意義。

老蘇以孔子、孟軻老於道途而不倦不愠、不怍不沮，知責之所在以盡其心，知其不可爲而爲之，乃不棄天、不褻天，以此進一步闡明自我之不應棄天、褻天。

老蘇倡棄天、褻天之説，意在表明自我之不棄天、不褻天。老蘇謂「其心亦有所不甚自輕者」，用力於聖人賢人之術已久，夫豈無一言之幾乎道；千金之子、天子之宰相求道而不得者，一旦在己，故其心得以自負，或者天其亦有以與我也。委婉陳述已得聖人、賢人之道，欲田樞密鑒察及此，予以推薦，不逆天之意。老蘇具體陳述自慶曆末至皇祐初拜見後數年之間自我之不棄天、不褻天。一爲大肆致力於文章，詩人之優柔，騷人之精深，孟、韓之温淳，遷、固之雄剛，孫、吴之簡切，投之所嚮，無不如意。二爲大肆致力於著述，作策二道，曰《審勢》、《審敵》，作書十篇曰《權書》，作《洪範論》及《史論》七篇。老蘇陳述自我不棄天、不褻天之事實後，而曰「執事事也，執事責也，於洵何有哉」。必欲田況薦之，而無絲毫卑躬、屈膝之意，雖云善於辭，自是品格高。田況，《宋史》卷二百九十二有傳。況有《金巖集》二卷，《郡齋讀書志》卷十九著録，已佚。今存《儒林公議》二卷。宋程遇孫《成都文類》載況成都所作詩二十二首。況有文名，故老蘇所上書中，詳陳其文。

《書》見《蘇洵集》卷五。

蘇洵嘗會遇吴中復。

《嘉祐集箋注》卷十三《與吴殿院書》：「洵啓。京師會遇，殊未及從容。……在京師逾年，相見至少，誠恐憲官職重，是以不敢數數自通，然亦老懶不出之故。」

據皇祐五年十二月庚申紀事，吴中復爲監察御史裏行。《長編》卷一百八十五嘉祐二年四月己巳紀事：「以殿中侍御史裏行吴中復爲殿中侍御史。」御史爲憲官。殿院即謂殿中侍御史。題稱吴殿院，乃後所加。

十月，裴煜（如晦）知吴江，歐陽修餞行，王安石（介甫）、梅堯臣（聖俞）及蘇洵與其會，分韻賦送行詩。堯臣極稱蘇軾、蘇轍兄弟。

龔頤正《芥隱筆記》：「荆公在歐公坐，分韻送裴如晦知吴江，以『黯然消魂惟别而已』分韻，時客與公八人，荆公、子美、聖俞、平甫、老蘇、姚子張、焦伯强也。時老蘇得『而』字，押『談詩究乎而』，而荆公乃又作『而』字二詩：『采鯨抗波濤，風作鱗之而。』蓋用《周禮·考工記》『旅人深其爪，出其目，作其鱗之而』。又云：『春風垂虹亭，一杯湖上持。傲兀何賓客，兩忘我與而。』最爲工。君子不欲多上人，王、蘇之憾，未必不稔於此也。」

《歐陽文忠公集·居士集》卷六《送裴如晦之吴江》（題下原注：席上分得已字）：「雞鳴車馬馳，夜半聲未已。皇皇走聲利，與日争寸晷。而我獨何爲，閑宴奉君子。京師十二門，四方來萬里。顧吾坐中人，暫聚浮雲爾。念子一扁舟，片帆如鳥起。文章富千箱，吏禄求斗米。白玉有時沽，青衫豈須恥。人生足憂患，合散乃常理。惟應當歡時，飲酒如飲水。」

《梅堯臣集編年校注》卷二十六有《送裴如晦宰吴江》、《永叔席上分韻送裴如晦》，次本年。後者云：「霜華夜夜濃，汴水日日減。行邁唯恐遲，離懷不須黯。遠輕吴江潮，乃見丈夫膽。君意應洗然，吾方困塵慘。」題下原注：「得黯字。」煜之行爲深秋初冬之際。

《王臨川集》卷七《送裴如晦即席分題三首》（題下原注：以黯然消魂惟别而已爲韻擬而惟字韻作）其一：「飄然五湖長，昨日國子師。緑髮約略白，青衫欲成緇。牽舟推河水，去與山水期。春風垂虹亭，一杯湖上持。傲兀何賓客，兩忘我與而。能復記此飲，詩成酒淋漓。」其二：「十月款水冰，問君行何爲。行不顧斗米，自與五湖期。平生湖上游，幽事略能知。此後君最樂，窮年得游嬉。彩鯨抗波濤，風作鱗之而。嗚鼓上洞庭，笑看紅橘垂。漠漠大梁下，黄沙吹酒旗。應憐故人愁，回首一相思。」其三：「邂逅君子堂，一杯相與持。便應取酩酊，萬事不足惟。平明蔡河風，回首成差池。獨我漫浪者，尚得行相追。磨刀繒嚴冬，宿昔少陵詩。還當捕鱸魚，載酒與我期。甫里松菊盛，洞庭柑橘垂。文章爲我唱，不數陸與皮。」煜去以十月。

子美，蘇舜欽字。舜欽慶曆八年卒，無由與此會。龔頤正失考。

焦伯强，名千之，丹徒人。嘉祐六年，召試舍人院，賜進士出身，爲國子監直講。《京口耆舊傳》卷一有傳。餘參熙寧五年「軾詩求焦千之惠山泉」、元豐三年「焦千之卒」條。

姚子張，名闢。詳以後紀事。

《王荆公年譜考略》卷十：「歐公分韻賦詩送裴如晦，在嘉祐元年。荆公詩而字韻二首、惟字韻一首，題下注云『以黯然消魂惟别而已爲韻，擬而、惟字韻作』，夫曰擬，即明允分得而字，而荆公重作，亦事之常，安見其有欲上人之心，使明允以是爲憾，由君子觀之，何若是小丈夫然。頤正得之傳聞，衹云王、蘇之憾，未必不稔於此，而此外未有貶辭。以事在嘉祐元年，故首録之，所以識王、蘇相見之始也。」

蘇洵始與王安石、梅堯臣交往。安石字介甫，撫州臨川人。慶曆二年登楊寘榜進士第四人。簽書淮南判官，知鄞縣，通判舒州，爲集賢校理。此時爲羣牧判官。《宋史》卷三百二十七有傳。清蔡上翔有《王荆公年譜考略》二十五卷。

梅堯臣，字聖俞，宣城人。咸平五年(一〇〇二)生，長蘇洵七歲。皇祐三年，賜同進士出身。時爲國子監直講。《歐陽文忠公集·居士集》卷三十三有《梅聖俞墓誌銘》，《宋史》卷四百四十三有傳。堯臣工爲詩，以深遠古淡爲意，間出奇巧，初未爲人所知。錢惟演留守西京，特嗟賞之，爲忘年交，引與酬倡，一府盡傾。歐陽修與爲詩友，自以爲不及。堯臣益刻厲，精思苦學，由是知名於時。史稱宋興以詩名家爲世所傳如堯臣者，蓋少也。《蘇軾文集》卷六十八《書聖俞贈歐陽閥詩後》：「先君與聖俞游時，余與子由年甚少，世未有知者，聖俞極稱之。」

煜，慶曆六年魁南省，擢乙科。嘉祐末，以秘閣校理守潤州。治平四年，以集賢校理、判三司户部勾院卒。見《平園續稿》卷七《跋歐陽文忠公與裴如晦帖》。清雍正《江西通志》謂煜臨川人，官至翰林學士。

《墨莊漫録》卷四：「鎮江府甘露寺，在北固山上，江山之勝，烟雲顯晦，萃於目前。舊有多景樓，尤爲登覽之最。蓋取李贊皇《題臨江亭》詩有『多景懸窗牖』之句，以是命名。樓即臨江故基也。裴煜守潤日，有詩云：『登臨每憶衛公詩，多景惟於此處宜。海岸千艘浮若芥，邦人萬室布如棋。江山氣象回環見，宇宙端倪指點知。禪老莫辭勤候迓，使君官滿有歸期。』」贊皇、衛公，唐李德裕。煜詩堪稱作者。《續會稽掇英集》卷二有煜《送程給事知越州》詩，乃誤入，其時煜已早卒。兹附此。

張方平爲三司使，將至京師，蘇洵往鄭州迎之。方平至京師，洵上書方平。

書乃《嘉祐集箋注》卷十二《上張侍郎第二書》。

《長編》卷一百八十三本年八月癸亥紀事：端明殿學士兼龍圖閣學士、吏部侍郎、知益州張方平爲三司使。書首稱「省主侍郎執事」。省主即謂三司使，侍郎即謂吏部侍郎。

《宋史》卷二百八十四《宋祁傳》叙祁知定州：「加端明殿學士，特遷吏部侍郎、知益州」。《長編》本年八月癸亥紀事謂王素知定州。祁乃繼方平任。

《書》云：「昨聞車馬至此有日，西出百餘里迎見。雪後苦風，晨至鄭州，唇黑面烈，僮僕無人色。

從逆旅主人得束薪緼火，良久，乃能以見。出鄭州十里許，有導騎從東來，驚愕下馬立道周。云宋端明且至，從者數百人，足聲如雷，已過，乃敢上馬徐去。」此《書》作於歲末。《書》叙窮困之態如此，望方平爲之動心而汲引之。宋端明即謂祁，乃往知益州任。

祁字子京，開封雍丘人。生真宗咸平元年（九九八年），長蘇洵四歲。《名臣碑傳琬琰集》上集有神道碑。與兄庠俱以文學顯，有《景文集》傳世。

《景文集》卷三十八《益州謝上表》：「臣某言，昨被嘉祐元年八月詔書，授臣吏部侍郎，仍舊職，移知益州。臣以九月解定州符印，十月過闕下，又蒙詔旨許朝見，面賜訓敕。自見逮辭凡一月，即乘驛趨官，以今年二月二十日領州事。」今年爲嘉祐二年。據此，知蘇洵鄭州遇宋祁從者爲十一月事。益知蘇洵上張方平此書作於本歲之末。

參方健有關文章。

蘇洵訪張方平（安道），方平詢及軾、轍學業。

《高齋漫録》（涵芬樓鉛印本《説郛》卷二十七）：「三蘇自蜀來，張安道、歐陽永叔延譽於朝，自是名譽大振。明允一日見安道，安道問云：『令嗣近日看甚文字？』明允答以軾近日方再看《前漢》。安道曰：『文字尚看兩遍乎？』明允歸以語子瞻，子瞻曰：『此老特未知世間人果有看三遍者。』安道嘗借人十七史，經月即還，云：『已盡閲。』其天資强記，數行俱下，前輩宿儒，罕能及也。」此爲本年年末張方平回至京師至明年三蘇回蜀前事，今次此。

洵賦《歐陽永叔白兔》。梅堯臣、韓維、劉敞、劉攽、王安石皆有賦。

洵詩見《嘉祐集箋注》卷十六。詩「飛鷹搏平原，禽獸亂衰草。蒼茫就擒執，顛倒莫能保」首四句叙白兔被擒執。以下「白兔不忍殺，歎息愛其老。獨生遂長拘，野性始驚矯。貴人織筠籠，馴擾漸可抱」六句叙白兔入貴人籠中。此貴人，據以下所引歐陽修詩，即爲修。此白兔蓋滁人所得，以獻之於其前太守也。以下「誰知山林寬，穴處顧自好。高飈動槁葉，羣竄迹如掃。異質不自藏，照野明暠暠。獵夫指之笑，自匿苦不早」八句，借獵夫之口不善自爲計，以蟄居籠中，自不若山林之寬闊也。末二句「何當騎蟾蜍，靈杵手自擣」，或謂喻歐陽修志在山林，其實不然，不過照應修詩首數句耳。

修詩見《歐陽文忠公集·居士外集》卷四，題作《白兔》，云：「天冥冥，雲濛濛，白兔擣藥姮娥宫。玉闕金鏁夜不閉，竄入滁山千萬重。滁泉清甘瀉大壑，滁草軟翠摇輕風。渴飲泉，困棲草，滁人遇之豐山道。網羅百計偶得之，千里持爲翰林寳。翰林酬酢委金璧，珠箔花籠玉爲食。朝隨孔翠伴，暮綴鸞皇翼。主人邀客醉籠下，京洛風埃不霑席。羣詩名貌極豪縱，爾兔有意果誰識。天資潔白已爲累，物性拘囚盡無益。上林榮落幾時休，回首峯巒斷消息。」翰林，修自謂；主人，亦修自謂。修詩作於至和二年。

《梅堯臣集編年校注》卷二十六《永叔白兔》：「可笑常娥不了事，走却玉兔來人間。分寸不落獵犬口，滁州野叟獲以還。霜毛茸茸目睛殷，紅條金練相繫擐。馳獻舊守作異玩，况乃已在蓬萊山。月中辛勤莫擣藥，桂旁杵臼今應閑。我欲拔毛爲白筆，研朱寫詩破公顔。」次本年即嘉祐元年。

同上《戲作常娥責》首云：「我昨既賦白兔詩，笑他常娥誠自癡。正值十月十五夜，月開冰團上東籬。畢星在傍如張羅，固謂走失應無疑。不意常娥早覺怒，使令烏鵲繞樹枝。啅噪言語誰可辨，徘徊赴寢搴寒帷。又將清光射我腹，但覺軫粟生枯皮。乃夢女子下天來，五色雲擁端容儀。雕瓊刻肪肌骨秀，聲音柔響揚雙眉。以理責我我爲聽，何擬玉兔爲凡卑。百獸皆有偶然白，神靈獨冒由所推。『裴生亦有如此作，專意見責心未夷。』遂云『裴生少年爾，謔弄温軟在酒卮。爾身屈强一片鐵，安得妄許成怪奇。翰林主人亦不愛爾説，爾猶自惜知不知？』叩頭再謝汝已去，起看月向西南垂。」次本年即嘉祐元年。蓋游戲之作。

同上《重賦白兔》（原注：永叔云：「諸君所作皆以常娥、月宫爲説，頗願吾兄以他意别作一篇，庶幾高出羣類，然非老筆不可。」）：「毛氏穎出中山中，衣白兔褐求文公。文公嘗爲穎作傳，使穎名字存無窮。遍走五嶽都不逢，乃至瑯琊聞醉翁。醉翁傳是昌黎之後身，文章節行一以同。滁人喜其就籠紲，遂與提攜來自東。見公於鉅鰲之峯，正草命令辭如虹。筆秃願脱冠以從，赤身謝德歸蒿蓬。」次本年。亦游戲之作。

韓維《南陽集》卷四《賦永叔家白兔》:「天公團白雪,戲作毛物形。太陰來照之,精魄孕厥靈。走弄朝日光,艴然丹兩睛。不知質毛異,乃下游林坰。一爲世俗怪,罝網遂見縈。我嘗論天理,於物初無營。妍者偶自得,醜者果誰令。豺狼穴高山,呑噬飲膻腥。蒼鷹摶不得,逸虎常安行。是惟獸之細,田畝甘所寧。糧粒不飽腹,連羣落燖烹。幸而獲珍貴,愁苦終其生。糾紛禍福餘,未易以迹明。將由物所爲,或繫時所丁。恨無南華辯,文字波濤傾。兩罝豺與兔,浩然至理真。」

劉敞《公是集》卷十七《題永叔白兔同貢甫作》:「梁王兔園三百里,不聞有與雪霜比。今公畜此安取之,瑩若寒玉無磷緇。《春秋》書瑞不常有,歷年曠世曾一偶。寧知彼非太陰魄,鳳凰麒麟亦郊藪。周南之人公腹心,張罝肅肅横中林。獻全不損一毫末,顧直肯計千鈞金。雕籠密檻回君寵,初不驚人有時拱。由來文采絶世必見羈,豈能隨衆碌碌自放原野爲。」

劉敞《彭城集》卷八《古詩詠歐陽永叔家白兔》:「飛若白鷺,衆不足珍。走若白馬,近而易馴。古來希世絶遠始爲寶,白玉之白無緇磷。乃知白兔與玉比,道與之貌天與神。瑩然月魄照霜雪,紅眼顧眄珠璘瑞。山農提攜越千里,主人得之誇衆賓。網羅脱死鷹犬避,一以潔素能超羣。清江愴神龜,大野傷麒麟。刳腸折足不免患,智若三穴方全身。主人好奇意不倦,有來往往蒙金銀。老翁守株更有待，勿使珍物遺今晨。」《臨川先生文集》卷十《信都公家白兔》：「水精爲宫玉爲田，姮娥縞衣洗朱鉛。宫中老兔非日浴，天使潔白宜嬋娟。揚鬚弭足桂樹間，桂花如霜亂後前。赤鴉相望窺不得，空疑兩瞳射日丹。東西跳梁自長久，天畢横施亦何有。憑光下視罝網繁，衣褐紛紛漫回首。去年驚墮滁山雲，出入虚莽猶無羣。奇毛難藏果亦得，千里今以窮歸君。空衢險幽不可返，食君庭除嗟亦窘。今予得爲此兔謀，豐草長林且遊衍。」云「去年」，亦知作於今年。

按，蘇洵自山林來，其立意與衆人不同。值得細味。梅堯臣詩、王安石詩皆作於本年即嘉祐元年，蘇洵詩當爲同時作，今次本年。

蘇洵始與韓維、劉敞、劉攽游。

韓維字持國，其先真定靈壽人，徙開封之雍丘。父億，嘗輔政。維乃億第五子。億没，閉門不仕。宰相薦其好古嗜學，安於静退，召試學士院，辭不就。富弼辟河東幕府，史館修撰歐陽修薦爲檢討、知太常禮院。通判涇州。哲宗時，嘗拜門下侍郎。元符二年卒，年八十二。《宋史》卷三百十五有傳。有《南陽集》傳世。

劉敞，字原父，號公是，臨江新喻人。慶曆六年進士廷試第二。歷右正言、知制誥。學問淵博，爲文敏贍。有《公是集》傳世。《宋史》卷三百十九有傳。

劉攽，敞弟。字貢甫(父)。與敞同登科。仕州縣二十年，始爲國子監直講。爲館閣校勘。博記能文章。《宋史》與兄敞同傳。

李大臨(才元)知邛州，蘇洵有送行詩。梅堯臣、蘇頌、劉敞、司馬光、王安石亦有送行詩。大臨之行以歲末。

詩乃《嘉祐集箋注》卷十六《送李才元學士知邛州》。

《宋史》卷三百三十一《李大臨傳》：「字才元，成都華陽人。登進士第，爲絳州推官。杜衍安撫河東，薦爲國子監直講、睦親宅講書。文彦博薦爲祕閣校理。……仁宗嘗遣使賜館閣官御書，至大臨家，大臨貧無皂隸，方自秣馬，使者還奏，帝曰：『真廉士也。』以親老，請知廣安軍，徙邛州。還，爲羣牧判官、開封府推官。」

洵此詩緊扣鄉關言。「白馬渡滻水，紅旌照蜀山」二句，知大臨乃取道陝西回蜀。「歸來未解帶，故舊已滿門」二句，乃想像之詞。「平生浪游處，何者哀王孫，壯士勿齷齪，千金報一餐」四句，用《史記》卷九十二《淮陰侯列傳》典故，知大臨嘗受惠於鄉人，大臨思有以報之。華陽、眉山密邇，蘇洵在蜀中時當與大臨有交往，知之甚深。

《宋史·李大臨傳》又云：「甫七十，致仕，七年而卒。」知享年七十七歲。《長編》卷三百六十六謂大臨卒於元祐元年二月辛巳，知大臨生於大中祥符三年，少蘇洵一歲。

《梅堯臣集編年校注》卷二十六《送李才元學士知邛州》：「太守車煌煌，莫如還故鄉。昔登蜀郡籍，今得臨邛章。過家禮耆舊，接境跪壺漿。寒經道路遠，春入山川長。俗將樂其化，詔亦美其良。相如有遺迹，誰復酒壚旁。」作於本年即嘉祐元年。此詩之前，爲《八月十三日觀長星》詩。此詩之後第七詩，爲《送石昌言舍人使人使匈奴》詩。本年九月十九日，蘇洵有文送石揚休（昌言）北使，見本年以上紀事。梅堯臣此詩約作於八月下旬、九月上旬之間。李大臨赴任爲本年。同上卷三十有《李才元學士守臨邛日有穀一莖九穗者數本芝數本蓮花連葉并蒂者各一本因賦之》詩：「臨邛傳瑞物，太守在郡時。（下略）」梅堯臣卒於嘉祐五年四月二十五日，此詩爲絶筆。此詩之前十八題，爲《次韻永叔二月雪》；此詩作於三、四月間。詩既云「在郡時」，知其時已臨邛任滿回京師。益知大臨赴任爲本年事。

《蘇魏公文集》卷三《即席分韻送李才元學士守臨邛》：「君登石渠閣，荏苒十遇春。編摩業既卒，出入命已頻。人情嘆榮滯，雅意猶逡巡。襟懷恬而曠，鬢髮黳如新。躬隨省中籍，念切堂上親。前時動鄉思，歸夢趨梁岷。乞符去故里，拜疏伏紫宸。恩頒尺一詔，寵駕雙朱輪。朝爲浮瀛侶，暮作臨邛賓。誰言蜀道遠，自喜家山鄰。歲晏風慘慘，行役心欣欣。怊悵同舍友，仳離照心人。杯行莫辭滿，分攜只明晨。」據此詩，知大臨離京師赴臨邛任時，送行者頗多，時爲一歲之末。云「乞符」，知大臨去臨邛，乃由乞求而得。云「念切」，參以下王安石送行詩所云「朝廷孝治」，益知乞符由因之一爲奉親。其時，大臨之父母親，至少一方尚健在。云「歲晏」，點大臨離京師赴任季候。云「登石渠閣」，謂爲秘閣校理。蘇頌，字子容，本泉州同安人，以父紳葬潤州丹揚，遂籍焉。真宗天禧四年（一〇二〇）生，小蘇洵十一歲。仁宗慶曆二年進士第。皇祐五年，召試館閣校勘，同知太常禮院。此時在館中。頌有《蘇魏公文集》七十二卷。《名臣碑傳琬琰集》中集卷三十有曾肇撰《蘇丞相頌墓誌銘》，《宋史》卷三百四十有傳。

《蘇魏公文集》卷十四《蘇明允宗丈挽辭》其二首云：「嘗論平陵系，吾宗代有人。」同上卷十《己未九月予赴鞫御史獄聞子瞻先已被繫（下略）》其三中云：「謬見推稱丈人行，應緣舊熟秘書君。」上句謂蘇軾（子瞻）稱蘇頌爲丈人。《蘇軾文集》卷六十二《薦蘇子容功德疏》：「自昔先君以來，常講宗盟之好。俯仰之間，四十餘年。」作於徽宗建中靖國元年（一一〇一）。上溯四十餘年，即爲此時事。下句「秘書君」謂蘇洵，以洵嘗爲秘書郎也。蘇洵父子與蘇頌交往，即自此時始。

參治平四年紀事。

《公是集》卷八《送李才元》：「車馬何赫奕，觀者皆歎息。富貴歸故鄉，任州二千石。賜金爲親壽，衣錦供子職。里閈納華駟，公堂列嚴戟。地兼百城會，衆有萬户籍。指揮吏奔走，宣布民悦懌。丈夫雖非通，豈負稽古力。懷章過故人，笑别見顔色。吾徒若匏瓜，長繫慚不食。贈君當何言，有信勉相憶。」榮歸鄉郡，并賜金爲親壽，可謂殊恩，可謂佳話。

同上卷十六《贈才元學士》（題下自注：家貧自秣馬，賜書使者至，言之上，上以語丞相，就職而拜廣安守）：「待詔先生窮巷居，簞瓢屢空方晏如。自操井臼秣羸馬，却整衣冠迎賜書。王人駐車久歎息，天子聞知動顔色。飽死曾不及侏儒，牧民會肯輸筋力。詔書朝出蓬萊宫，繡衣還鄉由上衷。君今已作二千石，亦復將爲第五公。」

《温國文正司馬公文集》卷八《送才元守廣安軍歸成都覲省》：「皂蓋五驊騮，今來異昔遊。簞壺交里舍，鐃吹下瀛洲。壽酒行當舉，歸鞭不可留。春光久相待，先在錦江頭。」

蘇洵始與司馬光交往。光字君實，陝州夏縣人。年二十，舉進士甲科。本年爲并州通判。元祐初拜相，爲一代名臣。有《温國文正司馬公文集》傳世。

王安石《臨川先生文集》卷二十四《送李才元校理知邛州》：「朝廷孝治稱今日，鄉郡榮歸及壯時。關吏相呼迎印綬，里兒争出望旄麾。北堂已足誇三釜，南畝當今識兩歧。獨我尚留真有命，天於人欲本無私。」

蘇洵至京師後，文章爲時所推重，然與王安石頗不協。

《避暑録話》卷上：「蘇明允本好言兵，見元昊叛西方，用事久無功，天下事有當改作，因挾其所著書，嘉祐初來京師。一時推其文章。王荆公爲知制誥，方談經術，獨不喜之，屢詆於衆，以故明允惡荆公甚於仇讐。」按,「知制誥」爲「群牧判官」之誤。前已及。蘇、王結怨始於此。

又按,據以上各條所述,知蘇洵至京師後,以一布衣與當時負有盛名之詩人、學者,有較廣泛之接觸,《避暑録話》所言「一時推其文章」,非虚語。

在京師,軾、轍潛心稽考《公羊》、《穀梁》、《左氏》三傳。

《欒城先生遺言》:「潁昌吾祖書閣,有廚三隻,《春秋説》一軸,解注以《公》、《穀》、《左氏》、孫復。卷末後題:『丙申嘉祐元年冬,寓居興國浴室東坐第二位,讀《三傳》。』次年夏辰時,坡公書名押字。少年親書此卷,壓積蠹簡中,未嘗開緘。籀偶開之,一一對擬今黄門《春秋集傳》,悉皆有指定之説。想爾時與坡公同學,潛心稽考,老而著述大成,遺書具在,當以黄門《集傳》爲證據。坡公晚歲謂《春秋傳》皆古人未至,故附記之於斯。」又:「公少年與坡公治《春秋》。」

在京師,軾頗不滿紈綺習氣。

《蘇軾詩集》卷二十二《寄周安孺茶》中云:「粤自少年時,低徊客京轂。雖非曳裾者,庇廕或華屋。頗見紈綺中,齒牙厭粱肉。」

蘇洵二上歐陽修書。

書乃《上歐陽内翰第二書》。書叙孔子之後有孟子、荀卿子、揚雄、韓愈,韓愈没三百年,不知天下之將誰與。老蘇謂:「天下病無斯人,天下而有斯人也,宜何以待之?」似謂自身乃今日之孟子、荀卿子、揚雄、韓愈，而人不知，而朝廷不知；人有一能皆稱，有一善皆書，爲人所重，而多稱、屢書者反不爲人所貴重，似怨朝廷不知己。所云「於今世最爲無用」，乃反語，出之以憤激。然歐陽修實以荀卿許之，謂洵之《六經論》乃荀卿之文。而至今未受重視，遂疑修之言乃戲。責修不由衷。掀起一道波瀾。前所云荀卿子，乃由此起。稱修之言爲戲，説明二人交往漸深，故如此出之。以下云及屢請修讀己之文而修屢辭，引修語「吾未暇讀也」，亦可見二人交往之迹，怨抑之情，溢於言表。老蘇知修能容人，易一人當以另一種筆調。此時此地，老蘇已急不可奈。書末云「苟以爲可教，亦足以慰其衰老」，近於乞憐。

此書作於春初。此書稱「内翰諫議」。《歐陽文忠公集》卷首年譜本月正月乙巳紀事：「轉右諫議大夫。」作於此略後。

知制誥韓絳欲見蘇洵，洵報之以書，陳願見之意。

書乃《嘉祐集箋注》卷十二《上韓舍人書》。《蘇軾文集》卷四十六《謝韓舍人啓》中云：「變苟且依違之俗，去浮僞囂譁之文。罷黜俗儒，動以千計；講通經術，得者九人。顧兹小才，偶在殊選。」本譜本年正月六日紀事已言知制誥韓絳同知貢舉，此啓乃蘇軾登進士第後謝絳之作。軾稱絳爲舍人，故知此《上韓舍人書》乃上絳之作。書云「踰年在京師」，知作於本年春間。

書叙韓絳欲見、己亦願見而又未遽見之意。書云：「天子求治如此之急，君侯爲兩制大臣，豈欲見一閑布衣與之論閑事耶。」明知欲見不爲論閑事，有意抑揚之；或絳欲論閑事，而以語激之。

高自矜持。

書欲韓絳以賓禮相待，「使得從容坐隅，時出其所學」，欲顯示布衣尊嚴。

書末云願見。蓋心中所欲言者已言，自無不見之理。

轍晤李清臣（邦直），風雨夜劇談。

《東坡烏臺詩案·與李清臣寫超然臺記并詩》引李清臣熙寧十年徐州所作次轍韵，其後四句云：「新詩定及三千首，曩別幾成二十秋。南省都臺風雨夜，問君還記劇談不。」乃叙此時事，距熙寧十年，已整整二十年。

清臣，安陽人。皇祐五年進士。事迹見《雞肋集》卷六十二《資政殿大學士李公行狀》，《宋史》卷三百二十八有傳。

兄弟初至京師，心懷壯志。

《東坡樂府》卷上《沁園春》（調下原注：赴密州，早行，馬上寄子由）下闋首云：「當時共客長安，似二陸初來俱少年。有筆頭千字，胸中萬卷，致君堯舜，此事何難。」寫此時事。二陸，陸機、陸雲，西晉文士。

三蘇年譜卷七

嘉祐二年(一〇五七)丁酉　蘇洵四十九歲　蘇軾二十二歲　蘇轍十九歲

正月六日,以翰林學士歐陽修知貢舉,翰林學士王珪、龍圖閣直學士梅摯、知制誥韓絳、集賢殿修撰范鎮并權同知貢舉。

據《宋會要輯稿》第一百七册《選舉》一之一一。《輯稿》第一百一十五册《選舉》一九之一二本年正月五日紀事謂梅堯臣、鮮于侁等充點檢試卷官。珪字禹玉,摯字公儀,絳字子華,鎮字景仁,《宋史》卷三百十二、二百九十八、三百十五、三百三十七分别有傳。侁見治平四年十一月初四日紀事。

軾、轍應省試,軾所撰《刑賞忠厚之至論》無所藻飾,一反險怪奇澀之「太學體」。梅堯臣得之以薦,歐陽修喜置第二。省試時并作雜策五首、詩一首。轍同中第。

《宋史》卷三百十九《歐陽修傳》:「時士子尚爲險怪奇澀之文,號『太學體』,修痛排抑之,凡如是者輒黜。」

《歐陽文忠公集》附録卷五歐陽發等所述《事迹》謂「僻澀如『狼子』、『豹孫』、『林林』、『逐逐』之語，怪誕如『周公伻圖』、『禹操畚鍤』、『傅説負版築來築太平之基』之説」。《石林詩話》謂「平時有聲如劉煇輩，皆不預選」。

《軾墓誌銘》：「嘉祐二年，歐陽文忠考試禮部進士，疾時文之詭異，思有以救之。梅聖俞時與其事，得公《論刑賞》以示文忠。文忠驚喜，以爲異人，欲以冠多士。疑曾子固所爲，子固，文忠門下士也，乃置公第二。」《蘇軾詩集》卷八《監試呈諸試官》叙修變革文體。《欒城後集》卷二十三《歐陽文忠公神道碑》：「子瞻以進士試稠人中，公與梅聖俞得其程文，以爲異人。」卷二十六《祭歐陽少師文》叙修變革文體。

論見《蘇軾文集》卷二。雜策見卷七。《宋史》卷一百五十一《選舉志》：「凡進士，試詩、賦、論一首，策五道。」雜策《休兵久矣而國益困》有「自寶元以來」休兵十有餘年語，知爲此時作。詩乃《詩集》卷四十八《豐年有高廩》，參注文所引《江鄰幾雜誌》。賦不見。

《文集》卷四十九《謝梅龍圖啓》：「軾長於草野，不學時文，詞語甚樸，無所藻飾。」

《濟南先生師友談記》：「王仲薿承事，字豐甫，相國郇公之子也。昔爲廌言：東坡自蜀應進士舉，到省時，郇公以翰林學士知舉，得其論與策二卷稿本。論即《刑賞忠厚之至》也。凡三次起草，雖稿亦結塗注，其慎如此。論卷竊爲道人梁冲所得，今所存惟策稿爾。冲以吐納、醫藥爲術，東坡貶時識之。今在京師，豐甫欲訴於官取之爾。」郇公，王珪。仲薿，珪少子，建炎初知袁州，《南宋書》卷三有傳。冲，參元豐七年「賦詩贈梁冲道人」條。

《石林燕語》卷八：「蘇子瞻自在場屋，筆力豪騁，不能屈折於作賦。省試時，歐陽文忠公鋭意欲革文弊，初未之識。梅聖俞作考官，得其《刑賞忠厚之至論》，以爲似《孟子》。然中引皋陶曰『殺之三』，堯曰『宥之三』，事不見所據，亟以示文忠，大喜。往取其賦，則已爲他考官所落矣，即擢第二。及放榜，聖俞終以前所引爲疑，遂以問之。子瞻徐曰：『想當然耳，何必須要有出處？』聖俞大駭，然人已無不服其雄俊。」《侯鯖録》卷七謂《刑賞忠厚之至論》乃應直言極諫科時所作，誤；謂諸主文不知堯、皋陶事出處，及蘇軾入謝日，「引過詣兩制幕次，歐公問其出處，東坡笑曰：想當然耳。數公大笑。」《捫虱新話》卷二《東坡作文用事》條記載略同《石林燕語》。

《老學庵筆記》卷八叙梅堯臣得蘇軾所撰《刑賞論》，以下云：「以示歐陽公。公曰：『此出何書？』聖俞曰：『何須出處。』公以爲皆偶忘之，然亦大稱歎。初欲以爲魁，終以此不果。及揭榜，見東坡姓名，始謂聖俞曰：『此郎必有所據，更恨吾輩不能記耳。』及謁謝，首問之，東坡亦對曰：『何須出處。』乃與聖俞語合。公賞其豪邁，太息不已。」

《誠齋詩話》謂歐陽修作省試知舉，蘇軾爲第二。以下云：「坡來謝，歐陽問坡所作《刑賞忠厚之至論》，有『皋陶曰殺之三，堯曰宥之三』，此見何書？坡曰：『事在《三國志·孔融傳注》。』歐退而閲之，無有。他日再問坡，坡云：『曹操滅袁紹，以袁熙妻賜其子丕。孔融曰：昔武王伐紂，以妲己賜周公。操驚問何經見，融曰：以今日之事觀之，意其如此。堯、臯陶之事，某亦意其如此。』歐退而大驚，曰：『此人可謂善讀書，善用書，他日文章，必獨步天下。』然予嘗思之，《禮記》云：『獄成，有司告於王。王曰宥之，有司曰在辟。王又曰宥之，有司又曰在辟。三宥不對，走出，致刑於甸人。』坡雖用孔融意，然亦用《禮記》故事，其稱王謂王三皆然，安知此典故不出堯。」

按：「獄成」云云，見《禮記》卷二十《文王世子》。參《芥隱筆記》。

《蘇軾詩集》卷三十《和子由除夜省宿致齋三首》其三：「當年踏月走東風，坐看春闈鎖醉翁。」寫省試。

《欒城後集》卷二十三《歐陽文忠公神道碑》：「（嘉祐）二年，權知貢舉。是時進士爲文，以詭異相高，文體大壞。公患之，所取率以詞義近古爲貴，凡以險怪知名者，黜去殆盡。榜出，怨謗紛然，久之乃服，然文章自是變而復古。」

《欒城集》卷二十六《祭歐陽少師文》：「嗟維此時，文律頹毀。奇邪譎怪，不可告止。剽剥珠貝，綴飾耳鼻。調和椒薑，毒病唇齒。咀嚼荆棘，斥棄義蔵。號兹古文，不自愧耻。公爲宗伯，思復正始。狂詞怪論，見者投棄。踽踽元昆，與轍皆來。皆試於庭，羽翼病摧。有鑒在上，無所事媒。馳詞數千，適當公懷。擢之衆中，群疑相豗。公恬不驚，衆惑徐開。滔滔狂瀾，中道而回。匪公之明，化爲詼俳。」

《歐陽文忠公神道碑》："公考試禮部，亡兄子瞻以進士試稠人中，公與梅聖俞得見其程文，以爲異人。"

《年表》："轍兄弟試禮部中第。"《亡兄子瞻端明墓誌銘》謂歐陽修置軾第二。

軾復以《春秋》對義，居第一。

據《軾墓誌銘》。

《經進東坡文集事略》卷三《南省講三傳十事》總題題下郎曄注："仁宗嘉祐二年，歐陽文忠公修考試禮部，既置公第二，復以《春秋》對義，居第一，即此十事。見公《墓誌》。"

《總案》謂"《春秋》對義，本集不載"，誤。文在《蘇軾文集》卷六，即《三傳義》十篇。

或謂軾省試時，轍嘗示意，乃傳聞，不足信。

《鐵圍山叢談》卷三："昔東坡公同其季子由入省草試，而坡不得一，方對案長嘆，且目子由，子由解意，把筆管一卓，而以口吹之，坡遂寤，乃《管子》注也。"

三月辛巳（初五日），仁宗御崇政殿，試禮部奏名進士，又試特奏名。内出《民監賦》、《鸑刀詩》、《重巽申命論》題。

三月辛巳云云，據《長編》卷一百八十五。"内出"云云，見《宋會要輯稿》第一百一十册《選舉》七之一七；"申"原脱。

蘇軾此次御試所作賦、詩已佚，論見《文集》卷二。

《鐵圍山叢談》卷三謂蘇軾與弟轍：「將就御試，共白厥父明允，慮一有黜落奈何。明允曰：『我能使汝皆得之，一和題一駡題可也。』由是二人皆得中。」兹附於此。

丁亥（十一日），賜進士章衡等二百六十二人及第，一百二十六人同出身。

據《長編》卷一百八十五。《宋史·仁宗紀》三月紀事：「是月，賜禮部奏名進士、諸科及第出身八百七十七人。」《長編》本月壬午有「試諸科」記載。此八百七十七人當包括進士及第及同出身者三百八十八人。

章衡見以下「同年以後」條紀事。

蘇軾、蘇轍皆進士及第。與瓊林苑宴，與蔣之奇約卜居陽羡。見歐陽修，以書啓謝修及梅摯、王珪、范鎮、韓絳。上書韓琦及梅堯臣，見琦及富弼。謝秋賦試官。修喜得軾，并以培植其成長爲己任。士聞者始譁不厭，久乃信服，文風爲變。蘇氏文章，遂稱於時。

《軾墓誌銘》：「殿試中乙科。」《王譜》同。《紀年録》謂中丙科，升一甲。

歐陽修《蘇明允墓誌銘》、曾鞏《蘇明允哀詞》皆謂軾、轍舉進士在高等，前者并謂於是「父子隱然名動京師，而蘇氏文章遂擅天下」。《太平治迹統類》卷二十七引李復圭《紀聞》，列舉是科登第者首十六之名，爲章衡、竇卞、鄭雍、吕惠卿、蔣之奇、蘇軾、曾鞏、朱光庭、曾布、宋希、史元道、王詔、梁燾、蘇惟賢、蘇轍、劉元喻。

《年表》謂轍中第五甲。李復圭，《宋史》有傳，略長於蘇軾。其《紀聞》已佚。

《蘇軾文集》卷六十三《祭歐陽文忠公夫人文》敘見修，修「爲撫掌，歡笑改容」，爲言「我老將休，付子斯文」。卷四十九《謝歐陽内翰（修）書》敘當時文弊「求深者或至於迂，務奇者怪僻而不可讀」；敘省試擢在第二後，「羣嘲而聚罵者動滿千百」。羣嘲聚罵，即李復圭所云「辱歐陽修」。蘇軾由省試第二改爲殿試第六，乃朝廷爲平息衆人情緒，而采取之妥協措施。《謝梅龍圖（摯）書》、《謝范舍人（鎮）書》亦見卷四十九。《謝王内翰（珪）啓》、《謝韓舍人（絳）啓》見卷四十六。《上韓太尉（琦）書》、《上梅直講（堯臣）書》見卷四十八。卷十《范文正公文集敘》：「登第，始見知於歐陽公。」以下言因修以識韓琦、富弼，「皆以國士待軾」。卷四十六有《謝秋賦試官啓》，《七集·續集》此文「謝」前有「登第後」三字。

《蘇軾詩集》卷二十四《次韻蔣穎叔》：「瓊林花草聞前語，罨畫溪山指後期。」自注：「蔣詩記及第時瓊林苑宴坐中所言，且約同卜居陽羨。」穎叔，之奇字。之奇見本年以下「同年以後」條。

《詩集》卷九《韓子華石淙莊》：「我舊門前客。」卷二十六《次韻王定國謝韓子華過飲》：「我亦老賓客。」子華，絳字。「客」云者，以絳爲座主也。

《歐陽文忠公集·書簡》卷六嘉祐二年《與梅聖俞》：「某啓。承惠答蘇軾書，甚佳，今却納上。」

又謂：「讀軾書，不覺汗出，快哉！快哉！老夫當避路，放他出一頭地也。可喜！可喜！」又謂：「因出，頻見過。某居常在家。吾徒爲天下所慕，如軾所言是也。奈何動輒逾月不相見。軾所言樂，乃某所得深者爾，不意後生達斯理也。」

《蘇軾文集》卷六十四《太息一章送秦少章秀才》：「昔吾舉進士，試於禮部，歐陽文忠公見吾文，曰：『此我輩人也，吾當避之。』方是時，士以剽裂爲文，聚而見訕，且訕公者所在成市。曾未數年，忽焉若潦水之歸壑，無復見一人者。」《宋大事記講義》卷七《變文體》謂訕者「或爲祭歐陽文」。《宋史》卷三百一十九《歐陽修傳》謂「囂薄者伺修出，聚譟於馬首，街邏不能制」，然文體自是亦變。

《欒城集》卷十五《送歐陽辯》：「我年十九識君翁，鬚髮白盡顴頰紅。奇姿雲卷出翠阜，高論河決生清風。我時少年豈知道，因緣父兄願承教。（下略）」

《嵩山文集》卷九《題六一東坡像》詩末自注：「歐陽云：『自古異人間出，前後參差不相待。予老矣，乃今見之，豈不爲幸哉！』」所云「見」者，見蘇軾也。

《能改齋漫録》卷十一《放出一頭地》：「東坡初登第，以詩謝梅聖俞。聖俞以示文忠公，公答梅書略云：『不意後生能達斯理也。吾老矣，當放此子出一頭地。』」軾詩未見。

轍見歐陽修。有謝秋試官啓。

《歐陽文忠公神道碑》：「是歲轍亦中下第，公亦以謂不忝其家。」

《欒城集》卷十五《送歐陽辯》：「我年十九識君翁，鬢髮白盡顴頰紅。奇姿雲卷出翠阜，高論河決生清風。我時少年豈知道，因緣父兄願承教。文章疏略未足云，舉止猖狂空自笑。（下略）」

《欒城集》卷二十二《上樞密韓太尉書》：「見翰林歐陽公，聽其議論之宏辯，觀其容貌之秀偉，與其門人賢士大夫游，而後知天下之文章聚乎此也。」

《年表》嘉祐元年紀事：「明年登第後，有《謝秋試官啓》。」文已佚。

轍上樞密韓太尉琦書。

書見《欒城集》卷二十二，作於見歐陽修以後。

書云：「轍年少，未能通習吏事。嚮之來，非有取於斗升之禄，偶然得之，非其所樂。然幸得賜歸待選，使得優游數年之間，將歸益治其文，且學爲政。太尉苟以爲可教而辱教之，又幸矣。」

琦時爲樞密使。琦乃相州安陽人，《宋史》卷三百十二有傳，字稚圭。

同年以後交往者有章衡、曾鞏、曾布、曾肇、林希、朱光庭、蔣之奇、張琥、吕惠卿、鄭雍、章惇、葉温叟、林旦、晁端彦、邵迎、刁璹、梁燾、蘇舜舉、程筠、傅才元、鄧綰、蕭世京、家定國、吴子上、王琦、陳侗、莫君陳、蔡元導、蔡承禧、黄好謙、單錫、李惇、丁騭、劉同年、石同年、時同年、孫同年、楊同年、□處善。

章衡，字子平，浦城人。《宋史》卷三百四十七有傳。

曾鞏，字子固，建昌南豐人。《宋史》卷三百一十九有傳。

曾布，字子宣。鞏弟。《宋史》卷四百七十一有傳。

曾肇，字子開。鞏弟。《宋史》卷三百十九有傳。

林希。已見嘉祐元年「應開封府解」條。

朱光庭，字公掞，偃師人。《宋史》卷三百三十三有傳。《蘇軾詩集》卷二十七《次韻朱光庭初夏》題下「王堯卿注」謂與蘇軾同年。

蔣之奇，常州宜興人。《宋史》卷三百四十三有傳。《蘇軾詩集》卷二十四《次韻蔣穎叔》題下「王堯卿注」謂與蘇軾同年。

張琥，後改名璪，字邃明，滁州全椒人。《宋史》卷三百二十八有傳。《蘇軾文集》卷十《稼説》謂與琥爲同年。

吕惠卿，見《太平治迹統類》卷二十七。

鄭雍，字公肅，襄邑人。見《北海集》卷三十四行狀。

章惇，字子厚。見《曲洧舊聞》卷五。謂與晁端彦同榜及第，同歲生。

葉温叟，見《避暑録話》卷下。

林旦，見《淳熙三山志》卷二十六；希之弟。

晁端彥，見本譜本年「晁端彥來與軾定交」條紀事。

邵迎，見《蘇軾文集》卷十《邵茂誠詩集敘》。

刁璹，見《至順鎮江志》卷十八《人才・僑寓》。

梁燾，見《太平治迹統類》卷二十七。

蘇舜舉，見《蘇軾詩集》卷九《與臨安宗人同年劇飲》題下「查注」。

程筠，見《蘇軾詩集》卷二十三詩題。

傅才元，見本譜紹聖二年紀事。

鄧綰，見本譜治平四年「四月護父喪還家」條紀事。

蕭世京，見順治《吉安府志》卷四。

家定國，見《欒城集》卷二詩題。

吴子上，見《蘇軾文集》卷六十九《跋先君書送吴職方引》。

王琦（文玉），見元豐七年「至池州」條紀事。

陳侗，見《欒城集》卷十四詩題。

莫君陳，見《嘉泰吴興志》卷十七。

蔡元導、蔡承禧，見《蘇魏公文集》卷五十六《承議郎集賢校理蔡公墓誌銘》。

黄好謙，見《蘇軾文集》卷六十三《祭黄幾道文》。幾道，好謙字。

單錫，見《咸淳毗陵志》卷十一。

李惇，見《蘇軾詩集》卷二十五《李憲仲哀詞》叙。憲仲，惇字。

丁騭，見《咸淳毗陵志》卷十一。

劉同年，見《蘇軾文集》卷四十九《答劉沔都曹書》；此同年，乃沔之父。此同年疑爲劉元喻。

石同年，見《蘇軾佚文彙編》卷四《與子明》第六簡。

時同年，見元豐元年「滕縣時同年建西園」條。

孫同年，見《蘇軾詩集》卷十九詩題。

楊同年，見元祐五年「楊同年自秀州至」條。

□處善，見《蘇軾佚文彙編》卷三《與處善宣德》。

晁端彦（美叔）來與軾定交。

《蘇軾詩集》卷三十五《送晁美叔發運右司年兄赴闕》起八句云：「我年二十無朋儔，當時四海一子由。君來扣門如有求，頎然鶴骨清而修。醉翁遺我從子遊，翁如退之蹈軻、丘，尚欲放子出一頭，酒醒夢斷四十秋。」自注：「嘉祐初，軾與子由寓興國浴室，美叔忽見訪。云：『吾從歐陽公遊久矣，公令我來，與子定交，謂子必名世，老夫亦須放他出一頭地。』」《王譜》引此詩前三句謂端彥與蘇軾定交爲至和二年事，似誤解詩意。

端彥字美叔。參《蘇軾詩集》卷十三《懷西湖寄晁美叔同年》題下「施注」。

蘇洵喜二子軾、轍登進士第。軾、轍念母氏撫教，期母壽康。

《嘉祐集箋注》卷十五《祭亡妻文》叙二子至京師後，云：「大寒酷熱，崎嶇在外。亦既薦名，試於南宫。文字煒煒，歎驚羣公。二子喜躍，我知母心。非官寔好，要以文稱。我今西歸，有以藉口。故鄉千里，期母壽考。」

梅堯臣作詩贈勉曾鞏、蘇軾。

詩乃《梅堯臣集編年校注》卷二十七《送曾子固蘇軾》，首云「屈宋出於楚，王馬出於蜀」，中云「楚蜀得曾蘇，超然皆絶足」。

四月七日，洵妻程氏卒。

《温國文正司馬公文集》卷七十六《程夫人墓誌銘》：「嘉祐二年四月癸丑終於鄉里。」又云：「始夫人視其家財既有餘，乃歎曰：『是豈所謂福哉。不已，且愚吾子孫。』因求族姻之孤窮者，悉爲嫁娶振業之。鄉人有急者，時亦賙焉，比其没，家無一年之儲。」程年四十八。

蘇洵父子三人倉惶返蜀。

《嘉祐集箋注》卷十一《上歐陽内翰第三書》、卷十二《與吴殿院書》皆叙返蜀倉惶，未及告别歐陽修、吴中復，蓋以變出意外也。

蘇洵與二子軾、轍回抵眉山，軾、轍哭涕。

《嘉祐集箋注》卷十五《祭亡妻文》：「歸來空堂，哭不見人。傷心故物，感涕悲慟。」叙二子蘇軾、蘇轍。其所取道爲陸抑爲水？以情度之，當爲陸。陸雖稍稍辛苦，然可争取時間。

蘇洵到家月餘，上歐陽修書。旋復與修書。

書乃《上歐陽内翰第三書》。書云：「所示范公碑文，議及申公事節，最爲深厚。」乃云離京師前歐陽修嘗以所作范仲淹神道碑文予蘇洵閲讀，亦見二人交往之情。碑見《歐陽文忠公集·居士集》卷二十一，題作《資政殿學士户部侍郎文正范公神道碑》。碑云：「自公坐吕公貶，羣士大夫各持二公曲直。吕公患之，凡直公者皆坐爲黨，或坐竄逐。及吕公復相，公亦再被起用，於是二公歡然，相約戮力平賊。天下之士，皆以此多二公。」「公」謂范仲淹。吕公謂申國公吕夷簡。碑文中議及吕夷簡事節，即以上所引者。

書叙回至家中後家中「屋廬倒壞，籬落破漏」之淒涼情景。書云「老矣恐不能復東」，乃此時真實心緒表露。書叙思念歐陽修之殷。在蘇洵書札中，此乃交流友情之普通書札。

《歐陽文忠公集·書簡》卷七《與蘇編禮》第一簡叙得蜀後所惠書，復「得書承尊履休康，併以爲慰」。修之簡作於今年，知蘇洵本簡後尚另有一簡與修，其簡已佚。

歐陽修致書蘇洵。

《歐陽文忠公集·書簡》卷七《與蘇編禮》第一簡：「某啓。自足下西歸，承有家問，匆遽而行。時一小子卧病，方憂悶中，不得相見。中間得還蜀後所惠書，及今者賢郎又至，得書，承尊履休康，併以爲慰。足下文行見推於時，豈久窮居於遠方者。未相會間，千萬自愛。」歐集原注謂此簡作於嘉祐二年。歐陽修所云「惠書」，當即《上歐陽内翰第三書》。簡中所云「今者賢郎又至得書」，疑有文字脱誤。賢郎謂軾、轍，軾、轍正服母喪，何由至京師；且京師往返數千里，非咄嗟可辦。疑「賢郎」之後，脱去「之書」二字。

十月，蘇洵之兄涣知衡州任滿。

據《永樂大典》卷八千六百四十七引《衡州府圖經·州守題名》。

十一月庚子（二十八日），蘇洵葬夫人程氏於眉州彭山縣安鎮鄉可龍里。洵作祭文。

《嘉祐集箋注》卷十五《老翁井銘》：「丁酉歲，余卜葬亡妻，得武陽安鎮之山。山之所從來甚高大壯偉，其末分而爲兩股，回轉環抱，有泉坌然出於兩山之間而北附，右股之下蓄爲大井，可以日飲百餘家。卜者曰吉，是其葬書爲神之居。蓋水之行常與山俱，山止而泉冽，則山之精氣勢力自遠而至者，皆蓄於此而不去，是以可葬無害。」箋注：「武陽，縣名，即今四川彭山縣。安鎮，鄉名。」又：「老翁井，今在眉山境内。」

《温國文正司馬公文集》卷七十六《程夫人墓誌銘》：「嘉祐二年……十一月庚子，葬某地。」司馬光撰此文時，葬時已定，葬地尚未最後確定，故曰「某地」；其時交通不便，汴京、眉山往返需時約半年，確定葬地以後，光書已不及。

《嘉祐集箋注》卷十五《祭亡妻文》末云：「安鎮之鄉，里名可龍。隸武陽縣，在州北東。有蟠其丘，惟子之墳。鑿爲二室，期與子同。」《欒全集》卷三十九《文安先生墓表》謂蘇洵以治平四月壬辰葬於眉州彭山縣安鎮鄉可龍里。

洵祭文云：「子去不返，我懷永哀。」歷叙程氏教子、相夫，備嘗艱辛，發於至情至性，令人不能卒讀。《程夫人墓誌銘》又云：「治平三年夏，蘇府君終於京師，光往弔焉。二子軾、轍哭且言曰：『某將奉先君之柩歸葬於蜀。蜀人之祔也，同壟而異壙。日者吾母夫人之葬也，未之銘，子爲我銘其壙。』光固辭，不獲命，因曰：『夫人之德非異人所能知也，願聞其略。』二孤奉其事狀拜以授光。光拜受，退而次之。（下略）」其事狀不知出自誰手，或即出自軾、轍也。

《蘇軾文集》卷六十六《書温公誌文異壙之語》：「《詩》云：『穀則異室，死則同穴。』古今之葬皆爲一室。獨蜀人爲一墳而異藏，其間爲通道，高不及肩，廣不容人。生者之室，謂之壽堂，以偶人被甲執戈，謂之壽神以守之，而以石甕塞其通道。既死而葬則去之。軾先夫人之葬也，先君爲壽室。其後先君之葬，歐陽公誌其墓，而司馬君實追爲先夫人墓誌，故其文曰：『蜀人之祔也，同壠而異壙。』君實性謙，以爲己之文不敢與歐陽公之文同藏也。東漢壽張侯樊宏，遺令棺柩一藏，不宜復見，如有腐敗，傷子孫之心，使與夫人同墳異藏。光武善之，以書示百官。蓋古亦有是也，然不爲通道，又非詩人同穴之義，故蜀人之葬最爲得禮也。」

史經臣（彦輔）卒，蘇洵作祭文；并爲之立後，治喪；命子軾往弔其喪。

《嘉祐集箋注》卷十五《祭史彦輔文》末云：「我還自東，二子喪母，歸懷辛酸。子病告革，奔走往問，醫云已難。問以後事，口不能語，悲來塞咽。遺文墜稿，爲子收拾，以葺以編。我知不朽，千載之後，子名長存。嗚呼彦輔，天實喪之，予哭寢門。白髮斑斑，疾病來加，卧不能奔。哭書此文，命軾往奠，以慰斯魂。」

《蘇軾文集》卷一《思子臺賦·引》：「〔經臣〕有文數百篇，皆亡之。予少時常見彦輔所作《思子臺賦》，上援秦皇，下逮晉惠，反復哀切，有補於世。蓋記其意而亡其辭，乃命過作補亡之篇，庶幾後之君子猶得見斯人胸懷之彷彿也。」

同上書卷七十二《史經臣兄弟》謂弟沆才氣絶人，以下云：「彦輔才不減沆而篤於節義，博辯能屬文，其《思子臺賦》最善，大略言漢武、晉惠天資相去絶遠，至其惑，則漢武與晉惠無異。竟不仕，年六十卒，無子。先君爲治喪，立其同宗子爲後，今爲農夫，無聞於人。」

蘇洵與吴中復書。

書乃《嘉祐集箋注》卷十三《與吴殿院書》。首云以妻卒倉遽返蜀，不得奉别，致怏悵之意。書言及史彦輔（經臣）之卒，并謂其弟沆（子凝）有弱女在襄州，祈中復有以庇之（沆卒於彦輔前），當作於彦輔卒後不久。襄州即今襄樊。中復與彦輔兄弟相知甚深。

轍賦《絶勝亭詩》。

《蘇軾文集》卷六十八《書子由絶勝亭詩》：「『夜郎秋漲水連空，上有虚亭縹緲中。山滿長天宜落日，江吹曠野作驚風。爨烟慘淡浮前浦，漁艇縱横逐釣筒。未省岳陽何似此，應須子細問南公。』蜀州新建絶勝亭，舍弟十九歲作。」此詩《欒城集》未收。參見劉尚榮《蘇轍佚著輯考》。

按：此詩疑爲二十一歲免喪後作。二蘇居喪期間禁斷作詩作文，已見皇祐元年「父洵作《名二子説》」條。此詩乃親見絶勝亭，因而有作。本年離京師前，無緣見之。蜀州在成都之西，離眉山不遠，轍免喪後至此，見此亭新落成，因賦之。今仍繫本年。

三蘇年譜卷八

嘉祐三年(一〇五八)戊戌　蘇洵五十歲　蘇軾二十三歲　蘇轍二十歲

蘇洵作《老翁井銘》,欲居老翁井;并作《老翁井》詩。

《老翁井銘》見《嘉祐集箋注》卷十五,首云:「丁酉歲,余卜葬亡妻,得武陽安鎮之山。」以下敘山中有泉。文非作於丁酉歲(嘉祐二年)。文乃回憶過去,故首云「丁酉歲」。文云:「他日乃問泉旁之民,皆曰是爲老翁井。」蘇洵亡妻程氏之葬,乃嘉祐二年十一月庚子,詳該年紀事。文中所云「他日」,約略計之,已入今年。文云作亭於泉之上,「又甃石以禦水潦之暴,而往往優游於其間,酌泉而飲之」,益知爲葬後即今年事。

文云爲銘,銘曰:「山起東北,翼爲南西。涓涓斯泉,坌溢以瀰。斂以爲井,可飲萬夫。汲者告吾,有叟於斯。里無斯人,將此謂誰。山空寂寥,或嘯而嬉。更千萬年,自潔自好。誰其知之,乃訖遇我。惟我與爾,將遂不泯。無溢無竭,以永千祀。」有與「老翁」相伴之意。

《老翁井》詩見《嘉祐集箋注》卷十六《佚詩》。

詩首云:「井中老翁誤年華,白沙翠石公之家。」《老翁井銘》引老翁井(泉)旁之居民云:「往歲十年，山空月明，天地開霽，則常有老人蒼顏白髮，偃息於泉上，就之則隱而入於泉，莫可見。蓋其相傳以爲如此者久矣。」乃第一句所本。「誤」者言不知歲月、忘其歲月也。第二句所云之「公」即翁。老翁井（泉）之所在有白沙翠石，故云老翁之家。第三、四句：「公來無踪去無迹，井面團團水生花。」謂老翁之來往人不能見，所能見者，水面所生之團團之花而已。所據者仍爲泉旁居民之傳聞。第五、六句：「公今與世兩何預，無事紛紛驚牧豎。」仍就老翁言。老翁無求於世，無擾於世，而牧豎好奇，紛紛自擾之；不僅自擾之，反以擾老翁，使之不得安。末二句：「改顏易服與世同，毋使世人知有翁。」爲老翁計，爲免世人之擾，改顏易服，同於世人，世人不知有此老翁，則干擾自去。此其一。其二，蘇洵以老翁自擬，欲改顏易服，混迹於世人之中，使世人不復知有其人。抱負不施，鬱鬱不自得，值愛妻之逝，抑悶之情有增無已，遂有隱居絶世之念。蘇洵此詩，作於《老翁井銘》同時。

「施注」載《老翁井》於《遺詩》卷首，明成化刊《東坡七集》載此詩於《續集》卷一，明萬曆《重刊東坡先生外集》亦載此詩。今夷考其實，信爲蘇洵所作。朱熹《晦庵詩話》：「《老翁井》詩在老蘇《送蜀僧去塵》之前，必非他人之作。」《送蜀僧去塵》，已見《類篇老蘇集》。朱熹去蘇洵時代近，其言必有據。

六月庚戌（十一日），歐陽修加龍圖閣學士，權知開封府。

據《歐陽文忠公集》卷首年譜。

《嘉祐集箋注》卷十二《上歐陽内翰第四書》：「嚮爲京兆尹，天下謂公當由此得政。」得政當謂爲參知政事以至拜相。

十月，蘇洵得雷簡夫（太簡）來書。

《嘉祐集箋注》卷十三《答雷太簡書》：「前月辱書，承諭朝廷將有召命，且教以東行應詔。旋屬郡有符，亦以此見遣。」屬郡謂己所屬籍眉州。蘇洵得眉州之符，爲十一月五日事，詳該月該日紀事。簡夫之書先於符命到，到時約爲十月末。簡夫作書時，朝命尚未發布。簡夫之書或作於十月中初。

《長編》卷一百八十八本年九月辛未紀事：「以辰、澧州體量盜賊、殿中丞雷簡夫爲國子博士。」簡夫作簡時，或在國子博士任上。

朝廷召蘇洵試策論舍人院。十一月五日，眉州録到中書劄子。

《嘉祐集箋注》卷十《上皇帝書》：「臣前月五日，蒙本州録到中書劄子，連牒臣：以兩制議上翰林學士歐陽修奏臣所著《權書》、《衡論》、《幾策》二十篇，乞賜甄録，陛下過聽，召臣試策論舍人院，仍令本州發遣臣赴闕。」據此，朝命當略早於此。或爲十月中、初。

同上書卷十三與梅堯臣（聖俞）書云及「前月承本州發遣赴闕就試」，與雷簡夫（太簡）書云及「屬郡有符」，以召試之命見遺，可參。

《何譜》：「老蘇年五十，天子召試紫微閣，辭以疾不就。」辭疾見以下十二月一日紀事。

十二月一日，以病辭赴京師試策論，上仁宗皇帝書，論天下事。

書乃《嘉祐集箋注》卷十《上皇帝書》。書謂「臣不幸有負薪之疾，不能奔走道路，以副陛下搜揚之心」，乃論天下事之「近而易行，淺而易見者」條爲十通，以塞明詔。其實，「負薪之疾」不過爲托辭，老蘇實不願就試。

其一論用人。其道有三。一爲有宏才大略不樂於小官而無聞者，兩制得以非常舉之，以此等人天下亦不過幾人。二爲於官吏有功而賞，有罪而罰，明著之。如某吏廉，某吏能，須明著其迹；某有罪，須著其所犯之由。三爲破天下士人苟且之心，而振作其怠惰之氣，使踴躍於功名，以求上進。觀天下之勢而爲之法，以執掌天下大事之權而用其法。如是則吏治整肅，朝野振作，冗官可節。

其二亦論用人。具體言之，乃論任子。何謂任子？西漢時，兩千石以上官，可保舉子、弟一人爲郎。任子，任其子、弟也。《宋史》卷一百五十九《選舉志》五：「太祖初定任子之法，臺省六品，諸司五品，登朝嘗歷兩仕，然後得請。」其範圍至寬。老蘇謂當今用人之弊最甚者爲任子。任子之弊有三。一爲所任子弟因其父兄之資以得大官，而又任其子弟，子弟復任其孫，孫又任其子，於是所任之子弟不學而得者常無窮。不學何以爲官，何以爲好官。二爲所任之子弟得官易，失之不甚惜。不惜官，不忠於官之所守，其何以官，何以爲好官。三爲所任之子弟視民如草芥。此等人爲官，乃民之災。何以革新之？老蘇以爲，父兄官至正郎，宜皆不聽任子弟（意謂官至正郎不得推舉子弟得官）。惟其能自修飾，而越録躐次，以至於清顯者，乃聽。有條件革除其不應得者。革新以後其利一爲減少冗官，二爲公卿之後奮志爲學，三爲任而得官珍惜其位，不肯終老自棄於庸人。

其三論考績之法。亦屬用人範疇。一在加强領導力量，建立有效辦事機構。老蘇謂：「可使朝臣議定職司考課之法，而於御史臺别立考課之司。（御史）中丞舉其大綱，而屬官之中，選强明者一人，以專治其事。」二在製定切實可行辦法。老蘇謂：天下之官，皆有所屬之長，有功有罪，其長皆可以舉刺。考課之司中掌考課者以舉刺多者爲上，以舉刺少者爲中，以無所舉刺者爲下。因其罷歸而奏其治要，使朝廷有以爲之賞罰。其非常之功，不可掩之罪，又當特有以償之，使職司知有所懲勸。蓋就其二「有功而賞，有罪而罰」而詳言之。

其四强調尊君，尊中央之權，强調州、縣吏與太守、刺史之相對平等，强調抑制地方行政長官太守、刺史威嚴。提高州、縣吏之地位。老蘇以爲，太守、刺史與州、縣之吏同受天子之爵，同食天子之禄，皆比肩而事天子。今州、縣之吏事太守、刺史如事君之禮，趨走其庭，不啻若僕妾，於是大吏常恣行不忌其下，而小吏不能正，以至於曲隨諂事，助以爲虐，於是州、縣吏下屬之吏胥、百姓輕州、縣吏(輕則易爲姦)。老蘇之旨在整肅吏治，全士大夫之節，儆大吏之不法者。大吏者，刺史、太守也。

其五論復武舉。爲之新制，以革其舊弊。老蘇以爲：「宜因貢士之歲，使兩制各得舉其所聞，有司試其可者，陛下親策之。權略之外，便於弓馬，可以出入險阻，勇而有謀者，不過取一二人，待以不次之位，試以守邊之任。」發現將才，培養高級軍事人才。

其六論法有所不足，其不利者，應撤去。老蘇謂法不足以制天下，人君御其大臣，不可以用法。兩制以上奉法供職；兩府、兩制法不可以相往來；知舉用封彌謄録，封彌謄録即法。所云法，乃規章條例(與今日所云之法有區別)。此等規章條例，妨礙豪俊之士之脱穎而出，妨礙朝廷内部情况之交流與溝通。源於朝廷墨守繩墨，對人之不能信任。革之之法，在存法之大略，而濟之以至誠。

其七亦論用人。首謂爲天下者不可以名器許人。今進士三人之中，釋褐之日，天下望爲卿相，不及十年，未有不爲兩制者。此即以名器許人之證。此「進士三人」，當謂同榜進士及第之第一人、第二人、第三人。老蘇謂，有司如此第之，非真知其才之高下大小也，試之爲政，而觀其悠久，則必有大異不然者。老蘇謂應革其弊，館閣臺省，非舉不得入，不可輕以相付。

其八謂奉使宜有常人，惟其可者，而不必均。以人之才有所短而不可强，其專對、捷給、勇敢，非可以學致，今必使强之，彼有倉惶失次，爲夷狄笑而已。此段亦論用人，論專門人才宜專用。

其九論革除因郊而赦。宋自祖宗以來，三歲因郊則赦，形成常制（《宋史》卷二百一《刑法》三）。老蘇建議朝廷，赦不於郊之歲，以爲常制。以因郊而赦，天下之凶民，可以逆知而僥倖，故當郊之歲，盗賊公行，罪人滿獄。

其十論盡去宦官，務絶其權。宦官爲害最大。天下之小人，皆通於宦官，珠玉錦繡所以爲賂者絡繹於道，以間闗齟齬賢人之謀。大臣常有所顧忌，以不得盡其心。

《書》末云：「曩臣所著二十篇，略言治世之要。」此二十篇當爲篇首所云「兩制議上翰林學士歐陽修奏臣所著《權書》、《衡論》、《幾策》二十篇」，此二十篇，着重理論探討。此《書》洋洋六千言，既有理論探討，又有具體陳述，其綱爲用人（人才選拔、人才培養、人才使用），與「二十篇」可互參。

歲末，蘇洵答雷簡夫（太簡）書。

書見《嘉祐集箋注》卷十三。簡夫來書，見本年十月紀事。洵書末云「歲晚」，點作時。

書叙辭東行應詔就試之因，云：「嚮者，《權書》、《衡論》、《幾策》皆僕閑居之所爲。其間雖多言今世之事，亦不自求出之於世，乃歐陽永叔以爲可進而進之。苟朝廷以爲其言之可信，則何所事試，苟不信其平居之所云，而其一日倉卒之言，又何足信耶！恐復不信，只以爲笑。」可與以下歲末蘇洵與梅堯臣書條《與梅聖俞書》中所云「此尤不可苟進以求其榮利也」互參。然「不自求出之於世」二句，似言不由中出；苟真不自求出之於世，則不必以《權書》等論著獻之歐陽修。然不如此敘寫，則似有失自尊，貽人苟進以求榮利口實，其心態甚微妙。

《長編》卷一百八十八十二月丙子紀事：「國子博士、權鹽鐵判官雷簡夫爲屯田員外郎。」《宋史・雷簡夫傳》云「擢三司鹽鐵判官」。

洵此簡末云：「歲晚，京師寒甚，惟多愛。」知簡夫時在三司鹽鐵判官、屯田員外郎任上。

歲末，蘇洵與梅堯臣（聖俞）書。

書見《嘉祐集箋注》卷十三。書末云及《上皇帝書》，作於本年十二月一日；末復云「冬寒」，知作於歲末。

書云：「前月承本州發遣赴闕就試。」前月乃十一月，詳該月紀事。洵不就試，書敘其故有二，一爲「平生不能區區附合有司之尺度」，舉應茂才試事，爲之寒心。一爲歐陽修已有薦狀，并上所著《權書》、《衡論》、《幾策》，今千里召試，是朝廷於己之才識「尚有所未信，此尤不可以苟進以求其榮利」。於是以病辭。

任氏姊卒，蘇洵作祭文。

文乃《嘉祐集箋注》卷十五《祭任氏姊文》。文云：「昔我曾祖，子孫滿門。姊之先人，實惟其孫。不幸而亡，又不有嗣。」據洵《蘇氏族譜》，洵曾祖祐六子，宗善、宗晏、宗昪、杲、宗晁、德，宗善子昭越，宗晏子昭無嗣。知任氏姊乃昭越或昭之女。封建宗法制度，宗祀承祧唯屬於男子，而不屬於女子。

文云：「後世饗祀，其托在姊。祭於女家，聞者欷歔。」無男子乃極大之不幸，然其時女子猶得受托饗祀，其後，出嫁女子正式饗祀亦不得預之。

文云：「姊之未亡，洵作《族譜》。」《族譜後録下篇》自署「至和二年九月日」，知任氏姊之卒在此以後。

文云「送哭酸辛」、「跪讀此文」，知作於眉山家居時。洵嘉祐二年至四年在眉山家居。今繫於本年。

文云：「念姊之先，其後爲誰。周旋反覆，不見而悲。」後者謂男子也。其父無男子，即絶嗣，是以悲也。

文云「悲其早喪」，似謂姊原有兄或弟。文云「今姊永歸，遂及良人」，以下并云「皆葬於原」，知姊之夫先卒。

梅堯臣寄詩題蘇洵老人泉（老翁井）。

《梅堯臣集編年校注》卷二十八《題老人泉寄蘇明允》：「泉上有老人，隱見不可常。蘇子居其間，飲水樂未央。淵中必有魚，與子自徜徉。淵中苟無魚，子時翫滄浪。日月不知老，家有雛鳳皇。百鳥戢羽翼，不敢言文章。去爲仲尼歎，出爲盛時祥。方今天子聖，無滯彼泉旁。」老人泉即老翁井。詩末勸蘇洵出仕。詩次《依韻和王景彝對雪》等詩後，作於本年歲末。蘇洵《老翁井銘》一文完成後，寄梅堯臣，堯臣見之，因而作此詩。

任孜、任伋兄弟來詩，洵作詩答之。

《嘉祐集箋注》卷十六《答二任》中云：「昨者入京洛，文章彼人誇。故舊未肯信，聞之笑呀呀。獨有兩任子，知我有足嘉。遠遊苦相念，長篇寄芬葩。」「昨者」二句叙在京師事。「故舊」云云知回鄉里，此詩作於鄉里。「獨有」四句叙二任遠遊未歸，詩約作於本年。詩末盼與二任相會。詩云：「貧窮已衰老，短髮垂鬖鬖。」苦况可憫。又云「重禄無意取」、「胡爲踏朝衙」。洵非不欲仕。此實爲憤激之語。

《蘇軾詩集》卷一有《泊南井口期任遵聖長官到晚不及見復來》。卷六有《送任伋通判黄州兼寄其兄孜》，有「平泉老令更可悲」句，此時孜當爲平泉令。平泉，屬簡州，轄於成都府路。

是歲，文彦博判河南府兼西京留守，富弼爲昭文相，韓琦爲集賢相。

《宋史·宰輔表》：「六月丙午，富弼自户部侍郎、同平章事加禮部侍郎、昭文館大學士、監修國史兼譯經潤文使。韓琦自樞密使，工部尚書依前官加同平章事、集賢殿大學士。」并云同日文彦博判河南府。

是歲，轍始作《詩傳》。

《欒城遺言》：「年二十，作《詩傳》。」

又：「公解《詩》時，年未二十。初出《魚藻》、《兔苴》等説，曾祖編禮，以爲先儒所未喻。」曾祖謂洵。按：此爲始作。參元豐四年「轍頻與兄軾簡，時了却詩傳」條。

三蘇年譜卷九

嘉祐四年(一〇五九)己亥　蘇洵五十一歲　蘇軾二十四歲　蘇轍二十一歲

二月戊辰(初三日),歐陽修免開封,轉給事中,同提舉在京諸司庫務。

據《歐陽文忠公集》卷首年譜。

《嘉祐集箋注》卷十二《上歐陽内翰第五書》叙修知開封,以下云:「其後聞有此授,或以爲拂世戾俗,過在於不肯鹵莽。然此豈足爲公損益者。」「拂世戾俗」或指權知開封時開罪權貴,不能安於其位。由權知開封至轉給事中,由煩劇備員顧問,老蘇心中有不平之意。「此授」即謂給事中同提舉在京諸司庫務新任。

軾往成都,與宗兄惟簡(寶月)過往頗多。離成都時,惟簡遠出相送。

《蘇軾佚文彙編》卷四與惟簡第一簡:「昨者累日奉喧,既行,又沐遠出,至刻厚意。」又云:「昨所説兩藥方,劄去呈大人。」在惟簡處,借折枝兩軸、浮漚畫一軸。在成都,蘇軾買纈一匹,以花樣不入意,欲換黄地月□者,托惟簡問價。二人情誼甚深。簡作於四月三日,往成都當爲三月間事。參本年四月三日紀事。

王素自定州移知成都，軾往見之，并上《書》爲蜀人陳情。

《蘇軾文集》卷四十八《上知府王龍圖書》云及「先魏公宰天下十有八年」。查《宋史》，知此魏公乃王旦，而此知府乃旦之子素。《書》有「公爲定州」、「爲之三年」之語。查《長編》卷一百八十三，嘉祐元年八月辛亥，權開封府王素知定州。按：此乃除命日期，到任例晚二三月不等。據《書》，素乃自定州移知成都。「三年」乃舉其成數，實不及三年。則素知成都當爲嘉祐四年春間事。《書》云：「軾負罪居喪，不當輒至貴人之門，妄有所稱述。」若三年爲實數，則素至成都時，軾兄弟等已將離去矣。

《書》首云「軒車之來，曾未期月」，作於到任之初。

《書》云：「國家蓄兵以衛民，而賦民以養兵，此二者不可以有所厚薄也。」又云：「庚子之小變，起於兵離，而甲午之大亂，由於民怨。由此觀之，固有本末也。」其本在養民。又云：「蜀人之爲怯，自昔而然矣。民有抑鬱，至此而不能欠告者。」意在使民情能上達。

王素，字仲儀，旦之季子。《宋史》卷三百二十有傳。旦，《宋史》卷二百八十二有傳。

王素乃繼宋祁而爲益州知府。《長編》卷一百八十九本年三月己亥紀事：端明殿學士兼翰林侍讀學士、吏部侍郎、集賢殿修撰宋祁爲三司使。知宋祁三月己亥以前，已離知益州任。益州大邦，主要負責官員不能久缺。此益爲王素於本年春到知益州任之强有力之佐證。

以上「往成都」所引與惟簡第一簡，作於眉山家中，簡中所云「大人未及奉書，舍弟亦同此致懇」可證。軾寫此簡時，代父、弟向惟簡致意。其時，軾自成都回至眉山家中，簡中所云「累日奉喧」，乃謂三月間在成都有短時間逗留。軾見王素，即此短時間逗留之事。

軾與王素之子鞏（定國）相識，當爲是時事。

《蘇軾文集》卷二十九《辨舉王鞏劄子》：「鞏與臣世舊，幼小相知。從臣爲學。」鞏生慶曆八年，已見本譜該年紀事。今年鞏年十二，與「幼小」合。然謂鞏從蘇軾學亦始於此時，則未必然。以其時匆匆一見，不能從容爲之。直至熙寧二年以前，二人長期不相聚。參熙寧二年「王鞏來從軾學」條。

趙抃（閲道、清獻）爲益州路轉運使。蘇轍見之於成都。

《蘇軾文集》卷十七《趙清獻公神道碑》叙抃知睦（嚴）州，移充梓州路轉運使，未幾移益。抃乃衢州西安人，《宋史》卷三百一十六有傳。爲殿中侍御史，彈劾不避權幸，京師稱以鐵面御史。元豐七年卒，年七十七。長蘇洵一歲。

《欒城集》卷二十四《太子少保趙公詩石記》：「轍昔少年，始見公於成都。」

《嘉祐集箋注》卷十三《謝趙司諫書》：「嚮家居眉陽，以病懶不獲問從者。常以爲閤下之所在，聲之所振，德之所加，士以千里爲近，而洵獨不能走二百里一至於門。縱不獲罪，固以爲君子之棄人矣。」家居乃謂此時。眉州至成都二百里。轍之往成都見抃，或有洵之意。據此處所叙，洵亦有往見之意。

據《嚴州圖經》卷一，抃知嚴州乃嘉祐三年事，則移益（成都）乃本年事。

轍謁諸葛武侯祠。

《欒城後集》卷三《題郾城彼岸寺二首》其一《文殊院古柏》：「曾看大柏孔明祠。」蘇轍一生最後至成都，爲本年。故繫之於此。

四月三日，蘇軾與宗兄惟簡（寶月）簡，簡中兩及父洵。

簡乃《蘇軾佚文彙編》卷四與惟簡第一簡。簡云「三日早」作，未云月份。簡云「趁追薦」，當指爲亡母程氏四月八日忌日所舉行之宗教儀式。簡又有「須至五月十間方得了當」之語，亦可爲作於四月之證。軾此簡作於眉山，時自成都回；本年三月，軾嘗往成都。

簡云：「大人未及奉書。」知蘇洵與惟簡（寶月）亦有交往，且知洵尊重惟簡。

簡云：「昨所説兩藥方，劄去呈大人。」知蘇洵居鄉亦留意中醫、中藥。既云「劄去」，是蘇軾離眉山來成都前，洵就此事有吩咐，或就此與惟簡有書簡往來。

簡中云「寶宰」，不知是否爲此時眉山縣之縣令。

夏，蘇洵上歐陽修書。

書乃《嘉祐集箋注》卷十二《上歐陽内翰第四書》。書云「夏熱」，點明季候。書叙去歲召試京師已未能成行之故。

書引孟子語：「仕不爲貧，而有時乎爲貧。」求仕重在行道。老蘇謂今之世宰相兩制行道有時而難，己何足以言行道。就試京師至有望於一官，遷延歲月，老而不能爲，亦何足以言行道。老蘇旨在表明無意求仕。既無意求仕，故其來遲遲，不願離鄉土。老蘇求仕心切，而此云不求，蓋不滿朝廷辦事遲緩，低能不力。老蘇謂聞詔不成行，非「高而求名」。然揣摩老蘇此時心理，不成行，乃顯示個人與衆人有所不同，非汲汲於功利者，雖己不謂高，而他人亦以高視之。此乃有操守之讀書人常態。《上歐陽内翰第五書》謂「恥於自求」，是之謂也。

書云「王命且再下」。時已得確訊，朝廷將再下詔。《歐陽内翰第五書》云辭召試後，歐陽修「叮寧而不肯已」，知修嘗有書與老蘇。老蘇原謂「恐不能復東」，今則云與軾、轍俱東，朝廷召命爲諸多因素之一。

蘇洵作《自尤》詩。先是洵之幼女爲夫家虐死，洵以爲女之死乃己之過，乃作是詩。

《類編老蘇集》卷二收蘇洵《自尤》詩，其序云：「予生而與物無害。幼居鄉閭，長適四方，萬里所至，與其君子而遠其不義。是以年五十有一，而未始有尤於人，而人亦無以我尤者。蓋壬辰之歲而喪幼女，始將以尤其夫家，而卒以自尤也。女幼而好學，慷慨有過人之節，爲文亦往往有可喜。既適其母之兄程濬之子之才，年十有八而死。而濬本儒者，然内行有所不謹，而其妻子尤好爲無法。吾女介乎其間，因爲其家之所不悦。適會其病，其夫與其舅姑遂不之視而急棄之，使至於死。始其死時，余怨之，雖吾之鄉人亦不直濬。獨余友人聞而深悲之，曰：『夫彼何足尤者！子自知其賢，而不擇以予人，咎則在子，而尚誰怨？』予聞其言而深悲之。其後八年，而予乃作《自尤》之詩。」

詩首云：「五月之日茲何辰？有女强死無由伸。嗟余爲父亦不武，使汝孤塚埋冤魂。生死壽夭固無定，我豈以此輒尤人？當時此事最驚衆，行道聞者皆酸辛。」點明幼女死之月，其死爲冤死。

詩云：「余家世世本好儒，生女不獨治組紃。讀書未省事華飾，下筆亹亹能屬文。家貧不敢嫁豪貴，恐彼非偶難爲親。汝母之兄汝叔舅，求以厥子來結姻。鄉人皆嫁重母族，雖我不肯將安云？」謂幼女讀書能文，氣質高雅。謂幼女嫁母族程氏，實非己所願，以迫於鄉俗，不得不爾。自此而言，蘇洵幼女之死，社會亦有責，或可直謂之社會悲劇。

詩云：「生年十六亦已嫁，日負憂責無歡欣。歸寧見我拜且泣，告我家事不可陳。舅姑叔妹不知道，棄禮自快紛如紜。人多我寡勢不勝，只欲强學非天真。昨朝告以此太甚，捩耳不聽生怒嗔。余言如此非爾事，爲婦何不善一身？嗟哉爾夫任此責，可奈狂狼如癡麏。忠臣汝不見泄冶，諫死世不非陳君。誰知余言果不妄，明年會汝初生孫。一朝有疾莫肯視，此意豈尚求爾存。

憂怛百計惟汝母，復有汝父驚且奔。此時汝舅擁愛妾，呼盧握槊如隔鄰。狂言發病若有怪，里有老婦能降神。呼來問訊豈得已，汝舅責我學不純。急難造次不可動，堅坐有類天王尊。導其女妻使爲孽，就病索汝襦與裙。衣之出看又汝告，謬爲與汝增慇懃。多多擾亂莫勝記，咎汝不肯同其塵。經旬乳藥漸有喜，移病余舍未絶根。喉中喘息氣才屬，日使勉强餐肥珍。舅姑不許再生活，巧計竊發何不仁！嬰兒盈尺未能語，忽然奪取詞紛紛，傳言姑怒不歸覲，急抱疾走何暇詢。病中憂恐莫能測，起坐無語涕滿巾。須臾病作狀如故，三日不救誰緣因？」叙女之遭虐。其始，舅（夫之父）、姑（夫之母）、叔（夫之弟）、妹（夫之妹）以圍虐爲快，無自辯餘地；其夫之才實爲狂狼，幾於失去理智。次則女生子後得疾，其舅擁妾作樂，視之如路人；疾重不求之於醫，而求之於女巫，女巫嗾夫之母與妹，百般折磨。再則女攜兒回娘家療治有效，之才之母又以不歸覲爲由，急抱其兒，命女歸，于是疾大作，三日不求醫，坐視其死。蘇洵之詳盡叙述，實爲了解北宋時期婚姻、婦女問題之重要資料。

詩云：「此惟汝甥汝兒婦，何用負汝漫無恩？嗟予生女苟不義，雖汝手刃我何言？儼然正直好禮讓，才敏明辨超無倫。正應以此獲尤譴，汝可以手心自捫。此雖法律所無奈，尚可仰首披蒼旻。天高鬼神不可信，後世有耳尤或聞。」蘇洵嚴詞斥責幼女夫家。

詩末云：「只今聞者已不服，恨我無勇不復冤。惟余故人不責汝，問我此事久嘆呻。慘然謂我子無恨，此罪在子何尤人？虎咆牛觸不足怪，當自爲計免見吞。深居高堂閉重鍵，牛虎豈能逾墻垣？登山入澤不自愛，安可僥倖遭麒麟？明珠美玉本無價，棄置溝上多淄磷。置之失地自當爾，既爾何咎荆與榛？嗟哉此事余有罪，當使天下重結婚！」蘇洵自責。平情而論，蘇洵幼女之死，洵實有責。

《齊東野語》卷十三《老蘇族譜記》：「滄洲先生程公許字季與，眉山人，仕至文昌，寓居霅上，與先子從容談蜀中舊事，歷歷可聽。其言老泉《族譜亭記》，言鄉俗之薄，起於某人，而不著其姓名者，蓋蘇與其妻黨程氏大不咸，所謂某人者，其妻之兄弟也。老泉有《自尤》詩，述其女事外家，不得志以死，其辭甚哀，則其怨隙不平也久矣。」公許有《滄洲塵缶編》傳世。

元佚名《排韻增廣事類氏族大全》卷三有蘇洵之女適程之才者詩「鄉人」嫁娶云云二句。按，此乃《自尤》中句，元佚名誤。

蘇洵作《彭州圓覺禪院記》。

記見《嘉祐集箋注》卷十五。記云：「予在京師，彭州僧保聰來求識予甚勤，及至蜀，聞其自京師歸，……所居圓覺院大治。」此記作於鄉居眉山時。今繫本年。

記云：「予佳聰之不以叛其師悦予也，故爲之記。」嘉保聰有堅定信仰，有操守，此乃本文主旨。記首云：「人之居乎此也，其必有樂乎此也。」樂乎此者，能以心馭其形耳。有信仰而堅守之，不爲外界所惑；以己之勞養其身，不爲外界所誘。君子恥食其食而無其功，故居而不樂。記謂：「自唐以來，天下士大夫争以排釋、老爲言，故其徒之欲求知於吾士大夫之間者，往往自叛其師以求容於吾。」如靈師、文暢之徒飲酒食肉以自絶於其教。蘇洵譏靈師、文暢等不可以一日立於天下，實乃自欺、欺天。洵以爲靈師、文暢等必欲叛釋教，則須歸爾父子，復爾室家，即還俗爲儒。

蘇洵引《傳》曰「人臣無外交」。此語出自《禮記·郊特牲》。《穀梁傳·魯隱公元年》有「寰内諸侯，非有天子之命，不得出會諸侯」之語。蓋謂人臣忠君，其行動須遵行君之旨意。蕭何、韓信識劉邦有作爲，一心佐之定天下，蘇洵贊爲先覺。季布事楚忠於楚，楚雖滅，其忠可取。丁公事楚不忠於楚，不可取。蘇洵以爲，保聰忠於釋教，忠於信仰，亦猶人臣之忠君。

蘇洵與鄉楊氏名僧仁慶、元俊、正信（表公）游。

《蘇軾文集》卷六十六《書正信和尚塔銘後》：「太安楊氏，世出名僧。正信表公兄弟三人，其一曰仁慶，故眉僧正。其一曰元俊，故極樂院主，今太安治平院也。皆有高行。而表公行解超然，晚以静覺。三人皆與吾先大父職方公、吾先君中大夫遊，相善也。熙寧初，軾以服除，將入朝，表公適卧病，入室告别。霜髪寸餘，目光瞭然，骨盡出，如畫須菩提像，可畏也。軾盤桓不忍去。表曰：『行矣，何處不相見。』軾曰：『公能不遠千里相從乎？』表笑曰：『佛言生正信家，千里從公，無不可者，然吾蓋未也。』已而果無恙，至六年乃寂。是歲，軾在錢塘，夢表若告別者。又十五年，其徒法用以所作偈、頌及塔記相示，乃書其末。」

蘇軾此文所叙爲熙寧元年事。「至六年」云云，知正信卒於熙寧六年。「又十五年」乃元祐三年，軾作此文。

《嘉祐集箋注》卷十五有《極樂院造六菩薩記》。極樂院，供奉阿彌如來之寺院。《阿彌陀經》：「從是西方，過十萬億佛土，有世界名曰極樂，……其國衆生，無有衆苦，但受諸樂，故名極樂。」蘇洵造六菩薩時，元俊或即爲極樂院主。

《蘇軾佚文彙編》卷四有《與史院主徐大師二首》。此院乃治平院，當即《書正信和尚塔銘後》所云之「太安治平院」，即蘇洵所云之「極樂院」。蘇洵當日造六菩薩時，元俊或即主其事。《與史院主徐大師》簡云及「石頭橋、堋頭兩處墳塋，必須照管」。此二處墳塋，蘇洵時當已如此。明文徵明謂《與史院主徐大師》當作於熙寧二年，非是。簡謂「久別」，蘇軾兄弟離蜀爲熙寧元年，不得謂之久；蘇軾離蜀時，院主或仍爲元俊，細味《書正信和尚塔銘後》可知。軾文所云「故極樂院主」，即指熙寧時。

蘇洵作《極樂院造六菩薩記》。

記見《嘉祐集箋注》卷十五。云：「逝將南去，由荊、楚走大梁，然後訪吴、越，適燕、趙，徜徉於四方以忘其老。將去，慨然顧墳墓，追念死者，恐其魂神清爽，滯於幽陰冥漠之間，而不復曠然遊乎逍遥之鄉，於是造六菩薩并龕座二所。蓋釋氏所謂觀音、勢至、天藏、地藏、解冤結、引路王者，置於極樂院阿彌如來之堂，庶幾死者有知，或生於天，或生於四方上下，所適如意，亦若余之遊於四方而無繫云爾。」

此記作於本年十月離眉山前。六菩薩即觀音、勢至、天藏、地藏、解冤結、引路王。此極樂院，有供奉阿彌如來之堂。其院（寺）當在眉山。文中所云死者，乃長女、母史氏、長兄澹（希白）、長子景先、幼姊（適石揚言者）、次女、父蘇序、幼女（適程之才者）、長姊（適杜垂裕者）、妻程氏，共十人，先後於三十年間去世。造六菩薩，蓋解脱其靈魂，而已將遠去，使其有所依傍。

蘇洵作《祭史親家祖母文》。

文見《嘉祐集箋注》卷十五。文云：「始自丁亥，天崩地坼，先君殁世。」謂父序之逝。又云：「次及近歲，子婦之母，亦以奄棄。」謂妻程氏之逝。又云：「子喪其妣，婦喪祖母。」謂轍喪母，妻史氏喪祖母。文云：「夫人之孫，歸於子轍。」洵所祭之史親家祖母，乃轍妻史氏之祖母。其卒在程氏後。卒時洵或尚在蜀中。如此文作於京師，不應無一語及之。

蘇洵嘗作《迎祥寺記》。

《輿地紀勝》卷一百五十一《成都府路·永康軍·碑記·迎祥寺鐘樓刻字》：「在導江縣北迎祥

寺鐘樓内。有刻字，不記年月，觀其有『節度』、『押衙』字，知爲唐末五代間刻也。寺有老泉爲記，東坡所書碑刻俱存。」記久佚。

永康軍領縣二：導江、青城治導江。距成都南百二十里。境内岷山連峯接岫，千里不絶，青城乃第一峯。見同上卷《風俗形勝》。蘇洵少時常游其地，有「岷峨最先見，晴光厭西川」之句（《憶山送人》）。

蘇洵作《雲興于山》詩。

首二句「雲興于山，霧霧爲霧」。欲雨，未雨。此種現象，天旱時屢見，然終未能見雨，願望一次次落空。

第三、四句「匪山不仁，天實不顧」。山，山神，山川之神。雲興于山，山川之神已盡力。雲興而不雨，則責實在天。司雨之權在天而不在山川。責天不仁。此詩爲祈雨詩。祈雨詩大抵訴下民之苦，望上天憐憫。今乃反其道，令人精神爲之一振。

第五、六句「山川我享，爲我百訴」。「我享」謂享我，山川之神享下民祭祀，無數次爲下民陳情於天。山川之神爲下民盡力。

第七、八句「豈不畏天，哀此下土」。「豈不畏天」意爲「天豈不畏」。天之責在哀憐撫愛下土萬民，今不哀不愛，是失其責，天亦應有所畏，應得到懲罰。久祈雨而不得，由失望而憤激。

第九、十句「班班鳴鳩，穀穀晨號」。烏知萬民之苦，爲萬民鳴號祈雨。第十一、十二句「天乎未雨，余不告勞」。余謂鳴鳩。鳴鳩透過鳴號表示，與萬民同苦難，爲祈雨盡力，不達目的不罷休。末二句「誰爲山川，不如羽毛」。「誰爲」謂誰，羽毛謂鳴鳩。山川之神禱於天不應，萬民焦急不可奈，遂有不滿山川之神之意，欲山川之神更致力於祈禱，責天之意，亦在其中。

此詩作於出蜀之前。老蘇親見禾苗枯槁、萬民焦慮之狀，遂爲此詩。汴京久霖不止之苦，汴民常歷。若夏日農村大旱景象，決非居汴京者所能想像。今繫此詩於老蘇最後一次出蜀之前。

詩見《嘉祐集箋注》卷十六。

蘇洵作《王道矩字説》。

《山谷題跋》卷八《跋老蘇先生所作王道矩字説》：「此蘇明允弄筆所成，猶有文章關鍵，所以子瞻之文，震動一世，豈非所謂積水成淵蛟龍生焉者乎！」

蘇洵之文已佚。

《蘇軾詩集》卷一《渝州寄王道矩》：「嘗聞五月到渝州，水拍長亭砌下流。惟有夢魂長繚繞，共論唐史更綢繆。舟經故國歲時改，霜落寒江波浪收。歸夢不成冬夜永，厭聞船上報更籌。」作於本年江行途中。「嘗聞」二句似言王道矩嘗爲作者言五月間嘗到渝州。「惟有」二句叙二人情誼，共論唐史則爲生活中故事。「舟經」二句作者叙過渝州，霜落寒江，已爲冬季。「歸夢」二句寫思念之殷，足見情誼之深。

《蘇軾文集》卷五十九《與楊濟甫十首》其三：「冬寒，遥想起居佳勝。此去替不兩月，更不能歸鄉，且入京去。逾遠，依黯。近得王道矩書云，朝夕一來此，相看告便。如遞中惠一書，貴知道矩幾日起發，此幹告早及，某只在十二月十七八間離岐下也。」作於治平元年。據簡，知道矩時在眉州，欲來鳳翔。

《總案》卷五：「此書（撰者按，謂以上所引之與楊濟甫簡）作於十月，以去替不久，故促道矩早至，其來當在十一月也。道矩似爲通義君之兄。」通義君，蘇軾之妻王弗。

據以上所述，蘇洵之文至遲作於嘉祐四年離蜀前。以嘉祐四年蘇軾已稱其字也。今姑次於此。

鄉人宋君用赴京師，軾有詩勉其行。

詩見《蘇軾詩集》卷四十八（二六〇三頁）。詩云「八月秋風高」，點明季節。

李覯（泰伯）卒。

覯卒於本年仲秋，據《直講李先生文集》附録墓銘，年五十一。南城人，《宋史》卷四百三十二有傳。

《蘇軾文集》卷六十六《跋邢敦夫南征賦》贊李覯之賢，其引覯自述「天將壽我」云云，見覯集卷首自序。《道山清話》謂覲「賢而能文章，蘇子瞻諸公極推重之」。

軾、轍免喪。

《嘉祐集》卷十一《上歐陽内翰第四書》：「今歲之秋，軾、轍已服闋。」《施譜》云七月，《總案》云九月。

軾嘗游猪母泉，與妻兄王愿觀魚。

《蘇軾文集》卷七十二《猪母佛》叙其事。文謂泉在眉州青神縣道側，又謂「泉在石佛鎮南五里」。《蜀中名勝記》卷十二云及眉州「治南石佛鎮」，知石佛鎮屬眉山縣，則猪母泉乃青神邊沿地；又謂鎮有猪龍泉，「曾有乳猪伏於此，化二鯉，蓋猪龍也，詳見《怪異記》中」，當即猪母泉。蘇軾續娶王閏之，有弟箴（元直），未云有兄，知此王愿乃弗之兄。

家有怪石，植疏竹軒中，軾作詩。

詩乃《蘇軾詩集》卷四十八《咏怪石》。

十月四日（或五日），蘇洵離眉州，赴京師，二子軾、轍侍。

《蘇軾佚文彙編》卷四《與寶月》第二簡作於十月十二日，其時，已至嘉樹五六日。知至嘉樹爲六日或七日。據范成大《吴船録》，眉州至嘉州一百二十里，一二日可至。今定爲二日，則自眉州起程日期當爲四日或五日。

《蘇軾文集》卷十《南行前集叙》：「時十二月八日，江陵驛書。」同上卷四十八《上王兵部書》：「自蜀至於楚，舟行六十日。」可參。

《王譜》本年紀事：「十二月，侍老蘇舟行適楚。」誤。

《施譜》本年紀事：「九月，侍宫師如京師。」亦誤。

《紀年録》謂本年「冬侍宫師適楚」。《年表》本年紀年：「十月，侍父游京師。」得之。

六日（或七日），至嘉樹。

已見十月四日紀事。

《蜀中名勝記》卷十一《峨眉縣》：「嘉樹，在羅目縣東南三十里陽山江溉。兩樹對植，圍各二三尺，上引横枝，亘二丈，相援連理，陰庇百夫。其名曰黄葛，號嘉樹。蘇子由詩：『予生雖江陽，未嘗到嘉樹。』即此。」據此，嘉樹乃勝概，并非聚落、市鎮，可繫舟暫訪，然不可久停。《與寶月》簡云「至嘉樹亦五六日間」，是以嘉樹指嘉州。「予生」二句云云，見《欒城集》卷一《初發嘉州》。

在嘉州，過郭綸，轍作詩。軾亦作詩。

詩見《欒城集》卷一；題下自注：「綸本河西弓箭手，屢戰有功，不賞。自黎州都監官滿，貧不能歸，權嘉州監税。」頗爲之不平。詩歷叙郭綸經歷。《長編》卷一百二十八仁宗康定元年九月丙寅紀事叙及郭綸在與「西賊」戰鬭中固守定川堡，得不陷，而是役官軍戰没者凡五千餘人。《長編》

注文謂轍此詩，載綸守定川事差詳，足見此詩有很高史料價值。

軾詩見《蘇軾詩集》卷一。

蘇洵游龍巖，嘉州知州來會。游凌雲寺，頌李冰治水之功。皆有詩。

《類編老蘇集》卷一有《游嘉州龍巖》詩。首云：「繫舟長堤下，日夕事南征。」在嘉州略有停留。詩云：「使君憐遠客，高會有餘情。」嘉州知州來送行。惜此知州不詳其姓名。詩云：「氣候帶霜清。」點季候。

同上卷二有《游凌雲寺》詩，首云：「長江觸山山欲摧，古佛咒水山之隈。」言寺之地理位置。詩云：「山川變化禹力盡，獨有道者嘗閔哀。嵺山决水通萬里，奔走荆蜀如長街。」《嘉祐集箋注》謂「有道者，指李冰治水」；謂所嵺之山爲離堆山，一名烏尤山。詩云：「世人至今不敢嫚，坐上蜕骨冷不埋。」《箋注》謂「李冰蜕骨不埋之傳説不詳」。然自老蘇此詩中得知有此傳説，亦爲幸事。

《輿地紀勝》卷一百四十六《成都府路·嘉定府·景物下》：「九龍巖：在府治之東北四里江山上，隱隱有九龍之狀。」同治《嘉定府志》卷四：「九龍山：城東北四里，三龜山之右，一名龍巖，又名靈巖，又名龍泓。山上石壁刻石龍九，相傳唐明皇幸蜀時所鐫，强半磨泐，其存者矯然有勢。山最幽邃，號小桃園。」知九龍巖即九龍山，即蘇洵所云之龍巖。《輿地紀勝》同上卷《景物上》：「龍泓：在龍遊縣之龍巖山，東坡《送張嘉州》詩『夢中却到龍泓口』是也。」嘉州治龍遊縣。

知九龍巖又名龍巖山。

《嘉定府·景物下》：「大像閣：在凌雲寺。唐開元中，僧海通於瀆江、沫水、濛水三江之合悍流怒浪之濱，鑿山爲彌勒大像，高踰三百六十尺，建七層閣山覆之。至韋皋時，積十九年而工始備。皋有《大像記》。」《碑記》：「韋南康《大像碑》，在凌雲寺大像之左。」洵詩所云「古佛」即彌勒大像也。

軾游九頂山治易洞，題詩；爲清音亭命名、書額。

《輿地紀勝》卷一百四十六《嘉定府》：「治易洞，在九頂山後門。皇祐間郡守吴秘名，上有磨崖大字。」詩見《詩集·增補》。《蜀中名勝記》卷十一謂磨崖爲「聖作《易》，晦其數，劉傳吴，識易祖」；蘇軾書。同治《嘉定府志》卷三十三：「吴秘受《易》於劉牧，慶曆中，獻牧《易傳》五十卷於朝，優詔奬之。後知嘉州，有善政。州之治易洞，其遺迹也。」

《輿地紀勝》卷一百四十六：「清音亭：在九頂山，東坡書額，下瞰大江，萬瓦在目，三峨横陳。」又：「凌雲寺：在府之南山，寺有清音亭，邵博《記》云：『天下山水之勝在蜀，蜀之勝曰嘉州，州之勝在凌雲寺，寺之南山，又其勝也。嘉祐中，東坡字其亭曰清音，又南山之勝也。』」「嘉祐中」三字原脱，據《補續全蜀藝文志》卷二十七引文補。同治《嘉定府志》卷四十三邵博《清音堂記》以下云：「有近歲所謂廉訪者，輒曰亭雖佳，其名字於吾意不可，自書爲『横山堂』易之。余舊聞寺有東坡遺迹，過而訪焉，照禪師告余以故。嗟乎，此孔子習禮之樹所以不免於宋人也。雖然，東坡前日之不幸，何獨此哉！而小人之無忌憚，則不復有加矣。舊榜尚存，復置於額而并刻之石，且記其事，以爲往來士大夫之一笑。」博字公濟，伯温子。紹興間官果州、眉州、犍爲。紹興二十八年卒，《宋史翼》卷十有傳。有《邵氏聞見後録》傳世。

《蜀道驛程記》謂嘉州凌雲大像「南爲競秀亭，由佛殿左折而上，有小澗跨石梁，坡公洗墨池也，旁爲清音亭，二亭皆俯江干，平視三峨，極曠望之致」，殿右爲宋州守吴秘治易洞。《蜀中名勝記》卷十一《峨眉縣》謂峨眉山有純陽殿，「殿前俯溪，有石如船，水出灌堰，石上『龍門』二字，蘇子瞻書」；嘉慶《峨眉縣志》卷九引袁子讓《遊大峨山記》謂山有龍門洞，洞前有龍潭，壁間有「龍門」二字，乃蘇軾筆，有傳聞因素。

傳蘇洵父子嘗於嘉州訪逸民程公望。

同治《嘉定府志》卷五：「白崖三洞。〔樂山〕城□十里。曰白雲、曰朝霞、曰清風。朝霞洞一名藴真洞，亦名治易洞。是爲宋逸民程公望注《易》故居。……蘇洵父子……數過其地。」據此，樂山有二治易洞。另一治易洞在九頂山後門，皇祐間嘉州守吴祕名，上有磨崖大字。見《輿地紀勝》卷一百四十六《嘉定府》。

同上卷四十六引《憩園偶談》：「程公望寓白巖院注《易》，蘇文公嘗攜二子過之。」同卷引《憩園偶談》熙寧辛亥十二月十九日韓璹程公洞題名，有「謁公望先生隱舍」之語。蘇文公謂蘇洵。

傳軾讀書蘇稽山，傳於爛柯洞等處題字，傳題詩白水寺。

同上卷四《樂山》：「蘇稽山：在城西三十里，有坡老亭。」以下謂陳文燭謂蘇軾讀書於此。卷五：「爛柯洞：城東北，近龍泓寺，有東坡擘窠『爛柯巖洞』四字。」卷四十六：「按《蜀志補罅》，東巖『魚化龍』三字，龍泓寺『爛柯巖洞』四字、『金蝌池』三字，皆軾書。」卷四十《白水寺》：「但得身閑便是仙，眼前黑白漫紛然。請君試向巖中坐，一日真如五百年。」題蘇軾作，疑僞托，姑録此。

十月十二日，因嘉倅任屯田之便，軾致簡宗兄惟簡（寶月），以行前惟簡不能按約前來爲怏。

《蘇軾佚文彙編》卷四與惟簡第二《簡》叙之。《簡》云：「今嘉倅任屯田秀才行，聊附此爲問。」屯田不詳其名、字。《温國文正司馬公文集》卷九《和任屯田感舊叙懷》題下自注謂任迥，字元道，或是其人。《佚文彙編》卷四《與友人》謂任爲名士，因此識之；作於蜀中。

約於十三日，蘇洵父子初發嘉州，皆有詩。

《蘇軾佚文彙編》卷四《與寶月》第二簡：「來早且解纜前去。」作於十月十二日。云「約於」，以其爲擬議中事。

《類編老蘇集》卷一《初發嘉州》：「家托州航千里速，心期京國十年還。烏牛山下水如箭，忽失峨眉枕席間。」首句之意爲全家入京，二子、二媳、蘇軾之乳母任氏、蘇轍之乳母楊氏。軾詩見《蘇軾詩集》卷一，轍詩見《欒城集》卷一。

軾詩首云：「朝發鼓闐闐，西風獵畫旂。」啓行，并點時間。頗爲隆重。以下云：「故鄉飄已遠，往意浩無邊。」未免幾分惆悵。以下叙錦水、蠻江、過凌雲大佛之脚，造平川，叙途中情景。末點「暮烟」，一日之情景已盡於此。

轍詩云：「放舟沫江濱，往意念荆楚。擊鼓樹兩旗，勢如遠征戍。紛紛上船人，櫓急不容語。」叙初發情景。以下云：「飛舟過山足，佛脚見江滸。舟人盡斂容，競欲揖其拇。」蓋爲凌雲大佛。以下云：「移舟近山陰，壁峭山無路。云有古郭生（璞），此地苦箋注。區區辨蟲魚，《爾雅》細分縷。洗硯去殘墨，遍水如黑霧。至今江上魚，頂有遺墨處。」《輿地紀勝》卷一百四十六《成都府路·嘉定府·古迹·郭璞書巖》引此詩以上數句，云在烏尤山，史無璞入蜀之文，而嘉州城中八卦井，亦云璞所置。《輿地紀勝》卷一百四十六《嘉定府·景物下》：「烏尤山，在九頂山之左，舊名烏牛，突然於水中，如犀牛之狀。至山谷題涪翁亭，始謂之烏尤。」《蜀中名勝記》卷十一引《紀勝》（按，當即《輿地紀勝》）「烏尤山」之「山」字後，有「一名離堆山」五字。

蘇洵父子過犍爲，題王齊愈、齊萬書樓，過宜賓，夜泊牛口。至戎州，留題壽昌院。

《蘇軾詩集》卷一有《犍爲王氏書樓》有借問「主人今何在」：「被甲遠戍長苦辛」，有《過宜賓見夷中亂山》、《夜泊牛口》、《牛口見月》、《戎州》。《欒城集》卷一有《過宜賓見夷中亂山》、《夜泊牛口》、《戎州》諸詩。民國《犍爲縣志》人物下謂蘇軾「嘗遊覽犍爲山水於子雲亭下，訪王氏書樓古迹，賦詩感慨云」。

《蘇軾詩集》卷二十《王齊萬秀才寓居武昌縣劉郎洑正與伍洲相對伍子胥奔吴所從渡江也》：「君家稻田冠西蜀，搗玉揚珠三萬斛。塞江流柿起書樓，碧瓦朱欄照山谷。」齊愈字文甫，齊萬字子辯，時寓居武昌。見《犍爲王氏書樓》題下「誥案」。

《輿地紀勝》卷一百四十六謂犍爲在嘉州東一百二十里。

同上書卷一百六十三《潼川府路·敘州·景物下》：「壽昌院：在城北甘泉門外。東坡過戎州，艤舟遊此，壁間留題，所謂『江山石㮴之雄觀』是也。有浮圖，高二百尺。」

《山谷先生年譜》元符元年紀事：「重九日遊（戎州）無等院。」以下引黄庭堅《題名》，謂「步自無等院，登永安門，遊息此寺」，「見東坡先生題云，低回其下，久之不能去」。「此寺」未明指，據《年譜》，元符元年，庭堅嘗居南寺，或是。

民國《犍爲縣志》人物下謂蘇軾：「嘗至犍爲三聖驛，客巡檢署司，題小絶於岩，士人命工刻之。及烏臺獄起，懼株連，悉鑿去。」同上疆土：「三聖石，縣北七十里三聖驛，擘窠大書『三聖石』三字，不著姓名，年代無考。宋眉山蘇東坡與弟子由艤舟游此，題小絶於岩。其詩因禁鑿去，今鑿迹猶存。」有傳聞因素，兹附於此。

轍詩見《欒城集》卷一。《過宜賓見夷中亂山》中云：「遥想彼居人，狀類麏鹿竄。」所謂夷。《夜泊牛口》叙野老「水寒雙脛長，壞袴不蔽股。日暮江上歸，潛魚遠難捕。稻飯不滿盂，饑卧冷徹曙」，繫念其生活。《戎州》中云：「亢亢頭垂髻，團團耳帶環。」叙民俗。又云：「投氈揀精密，换馬瘦孱顏。」叙市易。

蘇洵舟中彈琴，軾、轍有詩。

《蘇軾詩集》卷一《舟中聽大人彈琴》：「彈琴江浦夜漏永，斂衽竊聽獨激昂。風松瀑布已清絶，更愛玉珮聲琅璫。自從鄭衛亂雅樂，古器殘缺世已忘。千家寥落獨琴在，有如老仙不死閲興亡。世人不容獨反古，强以新曲求鏗鏘。微音淡弄忽變轉，數聲浮脆如笙簧。無情枯木今尚爾，何况古意墮渺茫。江空月出人響絶，夜闌更請彈《文王》。」

《欒城集》卷一《舟中聽琴》：「江流浩浩羣動息，琴聲琅琅中夜鳴。水深天闊音響遠，仰視牛斗皆從横。昔有至人愛奇曲，彈之三歲終無成。一朝隨師過滄海，留置絶島不復迎。終年見怪心自感，海水震掉魚龍驚。翻回蕩潏有遺韻，琴意忽忽從此生。師來迎笑問所得，撫手無言心已明。世人嚚嚚好絲竹，撞鐘擊鼓浪謂榮。安知江琴韻超絶，擺耳大笑不肯聽。」琴韻超絶。

泊南井口，蘇洵老友任孜（遵聖）來。或亦别任伋（師中）。

《蘇軾詩集》卷一《泊南井口期任遵聖長官到晚不及見復來》：「江上有微徑，深榛烟雨埋。崎嶇欲取别，不見又重來。下馬未及語，固已慰長懷。江湖涉浩渺，安得與之偕。」知任孜終來。蘇洵父子與任孜似有偕行意，然其勢不能。

瀘州有南井監，在州西七十里。

《欒城集》卷一《泊南井口期任遵聖》：「期君荒江濱，未至望已極。朔風吹烏裘。隱隱沙上立。愧余後期至，先到犯寒色。既泊問所如，歸去已無及。繫舟重相邀，雨冷塗路濕。」「朔風」二句，言孜之來。「愧余」之「余」乃孜自謂。「繫舟」二句乃言見面寒暄後復邀孜至舟中。

嘉祐三年「任孜任伋兄弟來詩洵作詩答之」引《蘇軾詩集》卷六《送任伋通判黄州兼寄其兄孜》「平泉老令更可悲」句，謂其時孜當爲平泉令。故軾之詩此處以「長官」稱孜。孜其時當適自平泉罷任回鄉，故急促趕來送别。自兹以後，洵與孜無交往記載。

軾送伋詩尚有「别來十年學不厭」句謂伋。軾詩作於熙寧二年，距今適爲十年。疑伋亦來别。

軾在淯井監，得蠻布弓衣所織梅堯臣《春雪》詩，至京師後，贈歐陽修。

據《六一詩話》。《詩話》云此弓衣乃西南夷人所賣者。又云《春雪》在梅集中未爲絶唱，「蓋其名重天下，一篇一詠傳落夷狄，而異域之人貴重之如此耳，子瞻以余尤知聖俞者，得之因以見遺。」於是爲修家寳玩。

《輿地紀勝》卷一百六十六《潼川府路·長寧軍·軍沿革》：「國朝初置淯井監，屬瀘州江安縣。」監在瀘州西南二百六十三里。

《春雪》詩見《梅堯臣集編年校注》卷十八，次皇祐元年。

過合江縣安樂山，軾作詩。

詩見《詩集》卷一（一四頁）。合江屬瀘州，在州東一百二十三里，有安樂山、安樂溪。《輿地紀勝》卷一百五十三《瀘州》：「天符葉：初生安樂山，一夕大風雨拔去，不知所在，後得於容子山，俗以爲神所遷，如荔枝葉而長，上有文，如蟲蝕，或密或疏，宛類符篆，不知何木也，或以爲劉真人仙迹。」以下引軾此詩其一，嗣引其二「真人已不死」云云，謂爲轍詩。同上書同卷節引伋《游安樂山》詩。

過渝州，蘇軾作詩寄王道矩。過涪州，經明月峽。

《蘇軾詩集》卷一《渝州寄王道矩》第三句「惟有夢魂長繚繞」，叙思念之殷。第四句「共論唐史更綢繆」，知蘇軾與道矩嘗切磋唐史，則道矩乃蘇軾硯友。參本年此前「蘇洵作《王道矩字説》」條。

參治平元年「王道矩與蘇軾簡」條。

《蘇軾詩集》卷一尚有《江上看山》、《涪州得山胡次子由韻》。

同上卷上《留題仙游潭中興寺》：「蜀客曾游明月峽。」宋人程縯注謂明月峽在忠、涪州二州境。

今次此。

《欒城集》卷一《江上早起》中云：「區區茅舍翁，曉出霧氣腥。收筒得大鯉，愛惜不忍烹。持之易斗粟，朝飯厭魚羹。」叙民生。以《蘇軾詩集》考之，此詩約作於渝州境。《山胡》末云：「被執應多恨，筠籠僅不容。」《蘇軾詩集》有《涪州得山胡次子由韻》，知《山胡》作於涪州。《山胡》之後有《白鷴》，或亦作於涪州；首云：「白鷴形似鴿，摇曳尾能長。寂寞懷溪水，低回愛稻粱。」既狀其形體，又叙其習性，令人喜愛。

蘇洵父子至忠州豐都縣，遊仙都觀，皆題詩。並作《題仙都山鹿》詩。

蘇洵《題仙都觀》，見《類編老蘇詩》卷二，首云：「飄蕭古仙子，寂寞蒼山上。」《蘇軾詩集》卷一《留題仙都觀》云：「空山樓觀何崢嶸，真人王遠、陰長生。」則洵所云「古仙子」者，乃王遠、陰長生也。宋人林子仁注軾詩云：「王方平、陰長生，皆在此山學道得仙者。」知王遠即王方平。據《太平寰宇記》，此山名平都山。在豐都縣。

蘇洵以爲仙人之所以成仙，乃由於「朝食白雲英，暮飲石髓」，於是「心肝化瓊玉，千歲已無恙」。洵進而笑「世人安能知，服藥本虚妄」。其實白雲英，石髓亦道家服用之藥，洵亦可笑。不若軾詩：「學仙度世豈無人，餐霞絶粒長苦辛。安得獨從逍遥君，泠然乘風飄浮雲，超世無有我獨存。」學仙苦，不可學，然甚慕之。意氣飄逸，非乃父所能及。

《類編老蘇集》卷二有《仙都山鹿》。

《蜀中名勝記》卷十九《重慶府·酆都縣》：「《霏雪録》云：『蘇老泉將游仙都觀，知縣李長官云：「故知君之將至也」。問何以知之。曰：「此山巨鹿鳴，輒有客至，屢驗，輒未一失。」老泉亦嘗爲人言之。』」

蘇洵《仙都山鹿·叙》及《蘇軾詩集》卷一《仙都山鹿》題下注文引《王狀元集百家注分類東坡先生詩》轉引蘇洵《仙都山鹿》詩之叙，叙中所云，與《霏雪録》略同，前者較詳。《王狀元集百家注》無「老泉亦嘗爲人言之」一句。

《晚香堂蘇帖》：「軾至豐都縣，將游仙都觀，見知縣李長官。云：『固知君之將至也。此山有鹿，甚老，而猛獸獵人，終莫能害，將有客來游，輒夜鳴，故常以此候之。』」《詩集·仙都山鹿》題下「王注」引此文，謂爲蘇洵《仙都山鹿》詩之序；以下尚有「而未嘗失，予聞而異之，乃爲此詩」十三字。按：《類編老蘇集》卷二有《仙都山鹿》詩，有此序。此文屬蘇軾作，「而未嘗失」云云，爲脱文。《類編老蘇集》卷二尚有《題仙都觀》。《欒城集》卷一有《江上早起》、《江上看山》、《山胡》、《白鷴》詩。《詩集·留題仙都觀》「王注子仁」引有蘇轍《留題仙都觀》一首。

《文集》卷六十六《書鮑静傳》叙遊忠州酆都觀。卷六十八《記白鶴觀詩》：「昔游忠州白鶴觀，壁上高絶處有小詩，不知何人題也。」以下記詩。白鶴觀即仙都觀，見《詩集·留題仙都觀》題下注文。

宋黄善夫家塾刊本《王狀元集百家注分類東坡先生詩》卷五《留題仙都觀》「真人王遠陰長生」句下林子仁注引蘇轍詩：「道士白髮尊，面黑嵐氣染。自言王方平，學道古有驗。道成白晝飛，人世不留窆。後有陰長生，此地亦所占。并騎雙翔龍，霞綬紫雲襜。揚揚玉堂上，與世作豐歉。」此詩亦爲題仙都觀而作，原未入《集》，乃《南行集》中詩。通行本「襜」作「擔」，誤而無解！洵詩云：「客來未到何從見，昨夜數聲高出雲。應是先君老僮僕，當時掌客意猶勤。」詩與叙相應。軾詩末云：「仙人已去鹿無家，孤棲悵望層城霞。至今聞有遊洞客，夜來江市叫平沙。長松千樹風蕭瑟，仙宫去人無咫尺。夜鳴白鹿安在哉，滿山秋草無行迹。」亦與叙相應。

在忠州境内，軾、轍題屈原塔、嚴顔碑、望夫臺，作竹枝歌。

詩見《欒城集》卷一。《屈原塔》中云：「臨江慷慨心自明，南訪重華訟孤直。」有創見。《嚴顔碑》謂「刻石千歲字已訛」，贊顔「臨危閑暇」。《望夫臺》贊望夫女「山高身在心不移」。《竹枝歌》中云：「俚人風俗非中原，處子不嫁如等閑。」雙鬟垂頂髮已白，負水采薪長苦艱。」又云：「上山采薪多荆棘，負水入溪波浪黑。天寒斫木手如龜，水重還家足無力。」又云：「山深瘴暖霜露乾，夜長無衣猶苦寒。平生有似麋與鹿，一旦白髮已百年。」曲盡老處子之苦。《蘇軾詩集》卷一有《屈原塔》、《望夫臺》、《竹枝歌》，卷四十七有《嚴顔碑》。

《輿地紀勝》卷一百七十三《忠州・碑記》有屈原碑、嚴顔碑。

蘇洵過萬州武寧縣木櫪觀，題詩。軾亦題詩。

《類編老蘇集》有《過木櫪觀》。其引云：「許精陽得道之所，舟人不以相告。既過武寧縣，乃得其事。縣人云：許精陽棺椁，猶在山上。」

《輿地紀勝》卷一百七十七《夔州路・萬州・景物下》：「白鶴寺：在武寧縣西，許旌陽舊宅。」又：「白鶴觀：在武寧縣。唐乾符元年，有白鶴降而賜額，三蘇皆有題詠及記。」又：「木櫪山：在武寧西十餘里。《圖經》云：昔大禹治水過此，見衆山漂没，惟此山木櫪不動，因此爲名。」同上《古迹》：「許旌陽舊宅：即今之白鶴寺，在武寧縣西一里。宋大章未嘗讀《神仙傳》，疑其不信，新都宰張澤語予（撰者按，『予』疑爲『之』之誤）曰：『許遜本潭人，曾任嘉之津陽令，雅顧此山，因有別業，亦何疑乎！』」

蘇洵所云之許精陽即許旌陽。「精」、「旌」同聲相假。《蘇軾詩集》卷一有《過木櫪觀》。轍詩不見。《輿地紀勝》所云之記，當即洵詩之引。洵、軾詩題《過木櫪觀》乃過木櫪山白鶴觀之意。萬州二縣，治南浦，武寧在州西一百六十里。

軾詩云：「許子嘗高遁，行舟悔不遷。」蓋以不知武寧爲許旌陽得道之所，悔不至白鶴觀一瞻其遺迹也。

《輿地紀勝》卷一百七十七《萬州・景物上》「七賢堂：太守魯有開、白雲先生張俞、蜀公范鎮、老泉蘇洵、東坡蘇軾、潁濱蘇轍、山谷黄庭堅，先後經行，取其詩章翰墨，刻置堂上，仍繪七賢像，右司陳損之記。」

蘇軾《過木櫪觀》「飛簷如劍寺」句下自注：「出劍門東，望上，寺宇彷彿可見。」《輿地紀勝》卷一百九十二《利州路劍門關・碑記・唐碑》：「在劍門山巔，有一寺曰梁山寺，産茶，亦爲蜀中奇品。東坡《南行録・題木櫪觀》詩有云『飛簷如劍寺』之語，其下注云：『出劍門東望，有一寺，山顛樓閣，隱隱可見，有一二碑皆磨滅，此唐碑也。』」注文有不同處。

至夔州，題八陣磧、諸葛鹽井。軾、轍題詩。

《蘇軾詩集》卷一有《八陣磧》、《諸葛鹽井》。

《蘇軾文集》卷六十五《諸葛亮八陣》記自山上俯視八陣磧事。

《欒城集》卷一《八陣磧》中云：「乘高望遺迹，磊磊六十四。遥指如布棋，就視不知處。世稱諸葛公，用衆有法度。區區落褒斜，軍旅無闊步。中原竟不到，置陣狹無所。」似微有諷意。

至夔州。洵軾題白帝廟。

夔州治奉節。

《類篇老蘇集》卷二有《題白帝廟》。

《太平寰宇記》卷一百四十八引《郡國志》：「公孫述至魚腹，有白龍出井中，因號魚腹爲白帝城。」

《方輿勝覽》謂白帝廟在奉節縣東八里舊州城内。舊州城即白帝城。

洵詩首云「誰開三峽纔容練」。由白帝廟即入峽，故以爲言。《太平廣記》卷五十六《雲華夫人》引《集仙録》：「雲華夫人，王母第二十三女，太真王夫人之妹也，名瑶姬。受徊風混合萬景錬神飛化之道。嘗東海游，還，過江上，有巫山焉。峯巖挺拔，林壑幽麗，巨石如壇，留連久之。時大禹理水，駐山下，大風卒至，崖振谷隕不可制，因與夫人相值，拜而求助。即敕侍女授禹策，召鬼神之書，因命其神狂章、虞余、黄魔、大翳、庚辰、童律等助禹，斵石疏波，决塞導阨，以循其流。禹拜而謝焉。」此句用其事，其主旨乃謂三峽之開實得神助。

洵詩第二句「長使羣雄苦力争」，實乃過渡。第三、四、五、六句歷舉周時楚國祖先熊氏、後漢初公孫述、三國時劉備及諸葛亮於此馳騁，皆未能如願，至今空留陳迹。末二句揭示羣雄之敗蓋有天意在焉，照應首二句。

《蘇軾詩集》卷一《白帝廟》首云：「朔風初入峽，慘慘去何之。共指蒼山路，來朝白帝祠。」父子三人同來。以下有云：「涕泗憫興衰。」懷古乃此詩主旨。又云：「荆邯真壯士。」平陵人荆邯爲公孫述出奇謀而述不能用，以失敗終（見《後漢書·公孫述傳》）。是述之敗乃由於人謀，與乃父之見不同。

洵詩「誰開三峽」云云之意，《欒城集》卷一《巫山廟》亦見。《巫山廟》中云：「堯使大禹導九州，石隕山墜幾折股。山前恐懼久無措，稽首山下苦求助。丹書玉笈世莫窺，指示文字想爾汝。擘山洩江幸無苦，庚辰、虞余實相禹。功成事定世莫知，空山俄頃千萬古。」本《集仙録》。

發瞿唐，軾作《灎澦堆賦》，轍作詩。

賦見《蘇軾文集》卷一。奉節屬夔州路，有灎澦堆。

《欒城集》卷一《灎澦堆》首云：「江中石屏灎澦堆，鱉靈夏禹不能摧。」中云：「何人磊落不畏死，爲我赤脚登崔嵬。」贊其人登其上刻碑。

入峽，過巫山。經神女廟，洵有詩。軾、轍有詩或賦。

巫山亦屬夔州，在州東七十五里。

《類編老蘇集》卷二有《神女廟》。洵詩第二句「高情杳渺與世疏」，爲此詩主旨。三、四句叙以物爲獻，以示虔敬之意；酒既不足獻，「願采山下霜中蔬」爲獻，然蔬又豈足獻，不能定。「霜」點季候。第五、六句叙神女之居「仙壇古洞」、「瓊樓白玉」，正第二句所云「杳渺」，皆出想像。第七、八句叙惟有仙人琴高，正第二句所云「與世疏」。洵筆下之神女，不惟不可即，亦不可望矣。

《蘇軾詩集》卷一有《神女廟》。謂神女之「玉座幽且閑」。以下云：「飄蕭駕風馭，弭節朝天關。

倏忽巡四方，不知道里艱。」不即不離，亦即亦離。以下云：「古粧具法服，邃殿羅烟鬟。有神自奔走，雜沓來趨班。」神不在，神亦在。令人神往。要之，軾詩五彩繽紛，衆象並呈，而洵詩則略顯單調。

《蘇軾詩集》卷一尚有《入峽》、《巫山》、《巫山廟上下數十里》諸詩。

《欒城集》卷一《入峽》：「緬懷洚水年，慘戚病有堯。禹益決岷水，屢與山鬼鏖。摧岡轉大石，破地疏洪濤。巉巉當道山，斬截肩尾銷。峭壁下無趾，連峰斷修腰。」盛贊禹開峽之功。

賦見《欒城集》卷十七。中云：「亭亭孤峰，其下叢木交錯而不明兮，若有美人慘然而長嗟。斂手危立以右顧兮，舒目遠望恍然而有所懷。儼峨峨其有禮兮，盛服寂寞而無譁。臨萬仞之絶巘兮，獨立千載而不下顧。追懷楚襄之放意肆志兮，泝江千里而遠來。離國去俗兮，徘徊而不能歸。」叙神女。以下云：「惟神女之不可以求得兮，此其所以爲神。」言人之所未言。詩見《欒城集》卷一，云：「巫廟真人古列仙，高心獨愛玉爐烟。饑烏巧會行人意，來去紛紛噪客船。」真人不過問饑烏，故饑烏得肆行其意；饑烏知人敬真人，遂益無所憚。情趣盎然。同卷尚有《巫山廟》：「乘船入楚泝巴蜀，濆旋浪惡秋水高。」或者據此謂此詩乃治平三年護父洵靈柩過此時作。

按：此説非是。其一，居喪期間，不作詩文，已見皇祐元年「父洵作《名二子説》」條。安有父柩在舟而留連山水之理。如有是事，在當世社會即視爲不孝。其二，此詩有「子知神君竟何自」、

「神君尊貴豈待我」之句。云「子」、云「我」，乃作者爲便於展開叙述而設想之二人物。此二人物，實爲衆多出、入峽者之代表。乘舟經行峽中，須冒風險，而上泝巴蜀，風險尤劇。作者「乘船」云云，并非就此次經行言，乃就衆多之經行者心中所最繫念之事——安全而言。故「乘船」句以上有神君「爲我驅獸攘龍蛟」之句。祝神君施威力，故「乘船」二句以後云及「歸來無恙無以報，山上麥熟可作醪」，以答神君。其三，蘇軾、蘇轍治平三年十二月入峽（據《年表》），此云「秋」，亦不合。其四，轍此詩「堯使大禹導九州」至「空山俄頃千萬古」，乃本軾此時所作之《神女廟》詩。參《蘇軾詩集》卷一《神女廟》注文。

過巴東。軾、轍有詩。

《蘇軾詩集》卷一有《過巴東縣不泊》。

《輿地紀勝》卷七十四《荆湖北路·歸州·巴東詩》引蘇轍詩：「人知公惠在巴東，不識三朝社稷功。平日孤舟在何處，江亭依舊榜秋風。」蓋懷寇準也。準太平興國中爲巴東令，手植雙柏，人呼爲萊公柏。準在巴東，有「野水無人渡，孤舟盡日横」之句。轍「孤舟」謂此。同上引蘇轍詩：「爲語巴東人，世世當諱準。」全詩已早佚。

以上二詩，《欒城集》未收，不知是否原在《南行集》中。巴東在歸州州治秭歸之西六十里，過巴東，即至秭歸。

泊巴江，軾轍約共游蜀。

《墨莊漫録》卷三引王鞏（定國）挽轍詩，其三末云：「徒記巴山路，空悲蜀道程。弟兄仁達意，千古各垂名。」鞏自注：「公與子瞻嘗泊巴江，夜雨，相約共游蜀，竟不果歸。」

洵經巴東時，應楊美球之請，赴江陵途中，爲其父作墓誌銘。與美球書，論墓誌銘之作在於使死者不泯於後；論墓誌銘當實書，當爲親諱。

《蘇洵集》卷二十《丹稜楊君墓誌銘》：「楊君……生子四人。……其幼美球。美球嘗從事安靖軍。余遊巴東，因以識余。嘉祐二年某月某日，君卒，享年若干。四年十一月某日，葬於某鄉某里。將葬，從事來請余銘，以求不泯於後，余不忍逆。」銘有「囑余作銘賴其季」之句，鄭重表明墓誌銘之作乃應美球之請。

《蘇洵集》卷七有《與楊節推書》。節推，節度推官之簡稱。《嘉祐集箋注》：「從事爲漢代刺史之佐吏，至宋而廢。宋之節推與漢之從事相類。」此楊節推即楊美球。

《書》云：「往者見托以先丈之埋銘。」此《書》之作與《墓誌銘》之作，其間有一段時間距離，自數月、半年以至數年不等。或謂此《書》作於本年「冬南行途經巴東後不久」，不易通，不可取。

《書》云：「夫古之人所爲誌夫其人者，知其平生，而閔其不幸以死，悲其後之無聞，此銘之所爲作也。」亦即《墓誌銘》所云「不泯於後」之意。

記「平生」之主旨在「實」，即真實，實有其事。楊美球嘗示蘇洵以程生所作之其父之《行狀》。《書》謂：「凡《行狀》之所云，皆虚浮不實之事，是以不備論。」既不實，則不足采。今觀《墓誌銘》，無一語及其父平生事迹，蓋其父平生，無一事可書，而《行狀》所書者又皆「虚浮」，不足爲據。虚者，不實；浮者，誇大其辭，《行狀》、《墓誌銘》常見之。無可書即不書，此蘇洵爲此文所遵循之不可逾越之原則。蘇洵此《墓誌銘》，在古今大量此類文字中，具有特色，具有研究價值。蘇洵此《書》引《行狀》云：「公有子美琳，公之死由哭美琳而慟以卒。」自今日觀之，此爲實書。然蘇洵以爲，孔子弟子子夏哭子喪明，曾子譏其有罪（詳《禮記·檀弓上》），今其父以哭子而「喪其身」，直書之，乃是彰其父之過，以其父不善待其身也。於是書以「美琳先君之喪一月而卒」。擴而大之，乃是遵《春秋》之義，爲親者諱。

過秭歸，軾、轍作《屈原廟賦》，題昭君村，阻風雪新灘。

軾賦見《蘇軾文集》卷一，《詩集》卷一有《昭君村》、《新灘》、《新灘阻風》詩。《新灘阻風》云：「飛雲滿巖谷，舞雪穿窗牖。灘下三日留，識盡灘前叟。」《欒城集》卷一有《昭君村》詩。首云「峽女王嬙」。詩叙昭君嫁後内心活動，以「不及故鄉山上女，夜從東舍嫁西家」作結，責其「去家離俗慕榮華」。

秭歸乃歸州之治。《輿地紀勝》卷七十四《荆湖北路·歸州·古迹·清烈公廟》引《晏公類要》：「三閭大夫祠，在秭歸縣，在州東五里，即屈原之故宅也。」歸州治秭歸，領縣三：秭歸、巴東、興山。《屈原廟賦》中云「峽山高兮崔嵬，故居廢兮行人哀」，明言屈原廟及其故居在峽中。《總案》次《屈原廟賦》於忠州，誤。《輿地紀勝》同上卷載屈原故宅多處，兹述於下，以備參考。《古迹》欄《清烈公廟》引《元和郡縣志》云：「屈原宅，在興山縣北三十里。」又《屈大夫宅》云：「《東漢·地理》注引《荆州記》云：秭歸縣北一百里，有屈平故宅，累石爲屋基，今其地名屈平宅。其東北六十里，有女須廟。《寰宇記》云：女須即大夫姊也。有擣衣石猶存。」《昭君村》：「在州東北四十里，屬興山；又有《明妃廟》條。《經進東坡文集事略》卷一《屈原廟賦》郎注引晁補之語，謂爲護父喪歸蜀過屈原祠所作，今不從。

轍賦見《欒城集》卷十七。首云：「凄涼兮秭歸，寂寞兮屈氏。」賦中云：「忽自溺兮曠何求，野莽兮舜之丘。舜之墻兮繚九周，中有長遂兮可駕以游。揉玉以爲輪兮，斫冰以爲之輈。伯翳俯以御馬兮，皋陶爲予參乘。慘然愍予之强死兮，泫然涕下而不禁。」屈原訪舜，蓋如《集》卷一《屈原塔》所言，明心迹，訟孤直。

江上值雪，軾、轍倡酬。

《蘇軾詩集》卷一詩題：「江上值雪，效歐陽體，限不以鹽、玉、鶴、鷺、絮、蝶、飛、舞之類爲比，仍不使皓、白、潔、素等字，次子由韻。」弟轍原倡已佚。

《欒城集》卷一《次韻子瞻病中大雪》中云：「空記乘峽船，行意被摧剉。溟濛覆洲渚，冷洌光照坐。我唱君實酬，馳騁不遑卧。譬如逐獸盧，豈覺山徑坷。酒肴助喧熱，筆硯盡雲涴。詩詞禁推類，令肅安敢破？亦有同行人，牽挽赴程課。」乃寫此時事。「乘峽」乃云已入峽，「摧剉」乃云爲風雪所阻，「禁推類」乃云禁常用字入詩。倡酬乃阻風雪新灘時事。此處參《蘇洵評傳》。

軾過黄牛峽，題黄牛廟，游蝦蟇背，出峽。

《蘇軾詩集》卷一有《黄牛廟》、《蝦蟇背》、《出峽》。《輿地紀勝》卷七十三《峽州》：「黄牛靈應廟：在黄牛峽。相傳佐禹治水有功。」並謂：「諸葛武侯建祠兹土。」歐陽修嘗爲峽州夷陵令，作《黄牛廟》詩。元豐五年正月，蘇軾題其後，并歐陽詩皆刻石。《豫章黄先生文集》卷二十《黔南道中行記》謂紹聖三年，曾於此觀修詩及蘇軾題跋。

《詩集》卷三《壬寅三月有詔令郡吏》詩自注：「昔與子由遊蝦蟇背，方冬，洞中温温如二三月。」卷二十二《寄周安孺茶》：「蟖培頃曾嘗，瓶罌走僮僕。」「培」即背，見《詩集》卷一第七十七條校記。

出峽，蘇洵父子游三游洞，賦詩。

《類編老蘇集》卷二有《題三游洞石壁》：「洞門蒼石流成乳，山下長溪冷欲冰。天寒二子苦求去，吾欲居之亦不能。」蓋父子三人同游。

《輿地紀勝》卷七十三《荆湖北路・峽州・景物上》：「三游洞：白樂天與弟知退及元微之三會

於夷陵，尋幽踐勝。知退曰：『斯景勝絶，天地間有幾乎？』賦古調二十韻書石壁，樂天序，而記見三游序。今洞在夷陵縣。」夷陵屬峽州。

《蘇軾詩集》卷一詩題：「游〔三游〕洞之日，有亭吏乞詩，既爲留三絶句於洞之石壁。」宋人林子仁注：「三絶句，老泉及東坡、子由各一也。」軾詩乃《蘇軾詩集》卷一《游三游洞》，云：「凍雨霏霏半成雪，游人屨凍蒼苔滑。不辭攜被巖底眠，洞口雲深夜無月。」轍詩見軾詩題下宋人注文，云：「昔年有遷客，攜手過嵌巖。去我歲三百，遊人忽復三。」不見《欒城集》。

《蘇軾詩集》卷一詩題，「游洞之日」至「石壁」後，云：「明日，至峽州，吏又至，意若未足，乃復以此詩授之。」詩云：「一徑繞山翠，縈紆去似蛇。忽驚溪水急，争看洞門呀。滑磴攀秋蔓，飛橋踏古槎。三扉迎北吹，一穴向西斜。歎息烟雲老，追思歲月遐。唐人昔未到，古俗此爲家。洞煖無風雪，山深富鹿猳。相逢衣盡草，環坐髻應髽。竈突依巖黑，樽罍就石窪。洪荒無傳記，想像在羲媧。此事今安有，遺踪我獨嗟。山翁勸留句，强爲寫楂牙。」山翁即亭吏。詩記洞中景像，亦略叙洞外居民生活。

《欒城集》卷一另有《三游洞》：「洞前危逕不容足，洞中明曠坐百人。蒼崖硉兀起成柱，亂石散列如鷩麇。清溪百丈下無路，水滿沙土如魚鱗。夜深明月出山頂，下照洞口纔及唇。沉沉深黑若大屋，野老構火青如燐。平明欲出迷上下，洞氣飄亂爲横雲。深山大澤亦有是，野鳥鳴噪孤能蹲。三人一去無復見，至今冠蓋長滿門。」當亦爲至峽州應亭吏之請作。詩中「三人」謂父子兄弟三人。

至峽州，軾、轍題清溪寺，軾並題甘泉寺、歐陽修至喜堂。

《蘇軾詩集》卷一有《寄題清溪寺》、《留題峽州甘泉寺》、《夷陵縣歐陽永叔至喜堂》。《欒城集》卷一有《寄題清溪寺》。峽州領夷陵、宜都、長陽、遠安四縣，治夷陵。

《詩集》自注謂清溪寺乃鬼谷子故居，甘泉寺乃姜詩故居。《輿地紀勝》卷七十三《峽州》引《晏公類要》，謂遠安有仙居洞，乃鬼谷子所隱；洞之竹葉上，多生符篆，文如籀，俗云鬼谷子遺迹；姜詩溪在州之南岸，有泉湧。

《欒城集》卷一《寄題清溪寺》題下自注謂寺在峽州，乃鬼谷子故居。詩首云：「清溪鬼谷子，雄辯傾六國。」其弟子蘇秦、張儀竊其術惑世，而鬼谷子「居亂獨無言，其辯吾不測」，以爲不可思議。

楊美球節推贈詩，蘇洵和。

《類編老蘇集》卷一有《和楊節推見贈》，節推乃美球，詳上條「至巴東」紀事。

詩云：「捨棹治陸行，歲晚筋力乏。」知此詩作於江陵。

詩首云：「與君多乖睽，邂逅同泛峽。」謂與美球巴東相識，然後同舟東下。以下云：「宋子雖世舊，談笑頃不接。」蘇洵祖母姓宋。《蘇軾詩集》卷四十八有《送宋君用遊輦下》，中云「吾鄉廣平君」，知君用爲眉人；據詩，君用先富而後貧。蘇洵所云宋子與宋君用境況有相似處，亦爲眉人。細味詩，知美球到江陵後，與宋同來訪蘇洵。

詩云：「二君皆宦游，疇昔共科甲。」宋之官職及二人科甲均已不可考。

詩云：「置酒來相邀，慇懃爲留楫。」蘇洵到江陵後，作短暫逗留，與二人有關。

詩云：「去生別懷愴，有子旅意愜。」知此詩作於楊、宋二人告別之時。有二人相伴，旅途愜意，其去則不免感愴。

末云：「相將犯苦寒，大雪滿馬鬣。」謂楊、宋之去。

張子立寄詩來，洵答之。先是子立見蘇洵於渝州途中，欲從學於洵，洵辭。

《類編老蘇集》卷一有《答張子立見寄》。詩首云：「舟行道里日夜殊，佳士恨不久與俱。峽山行盡見平楚，捨船登岸身無虞。念君治所自有處，不復放縱如吾徒。」佳士即謂子立。聯繫以下詩句，知子立自渝州即同舟順江而下，捨舟陸行至江陵，似子立亦同行。治所，子立官居江陵附近。至江陵後，子立與蘇洵父子別。子立之詩，或即作於至治所以後。

洵詩云：「憶昨相見巴子國，謁我江上顔何娛。求文得卷讀不已，有似駿馬行且且。自言好學老未厭，方冊幾許魯作魚。古書今文遍天下，架上未有耿不愉。示我近所集，漫如游通衢。通衢衆所入，癃殘詭怪雜沓不辨可嘆吁。文人大約可數者，不過皆在衆所譽。此外何所愛，刓破無四隅。」叙子立來見。據《元和郡縣志》卷三十三《劍南道》下，巴子國乃渝州。「求文」二句贊子立之文。

「自言」四句謂書籍中錯字、誤字多，子立以此爲苦。「示我」八句，謂子立出其所藏書，藏書中「癃殘詭怪雜沓不辨」，充斥異端邪説，非先儒正道，以致學無所成，欲求教於洵。

洵詩云：「况余固魯鈍，老蒼處羣雛。入趙抱五弦，客齊不吹竽。山林自竄久不出，回視衆俊驚鋸鋙。豈意誤見取，騏驥參羸駑。將觀馳騁鬬雄健，無乃獨不堪長途。」謂魯鈍、不合時宜，不堪爲人師。有憤激、不平之意在。

詩末云：「凄風臘月客荆楚，千里適魏勞奔趨。將行紛亂苦無思，强説鄙意慚區區。」點出作詩所在地與時節。魏謂汴京。

江行途中，楊緯贈洵木山，洵作詩。

《類編老蘇集》卷一有《寄楊緯》，首云：「家居對山木，謂是忘言伴。去鄉不能致，回顧頗自短。」「山木」即木山，家居木山，即洵作《木假山記》所云之木山，此木山仍在眉山家中。

洵詩以下云：「誰知有楊小，磊落收百段。揀贈最奇峯，慰我苦長嘆。連城盡如削，邃洞幽可款。回合抱空虛，天地聳其半。」叙楊緯贈木山。楊緯實爲木山收藏家，其所贈之木山，乃其所藏木山中之珍品。緯贈以木山，慰旅途（乃以後旅居）寂寥，則緯乃洵之知交，彼此有深刻了解。洵詩以下云：「舟行因樂載，陸挈敢辭懶。」緯贈之於舟行途中，或贈之於舟行始發之日。洵詩末云：「飄飄乎千里，有客來就看。自言此地無，愛惜苦欲換。低頭笑不答，解纜風帆滿。京洛有幽居，吾將隱而玩。」「飄飄乎」六句乃叙舟行中一軼事，以見楊緯所贈木山之珍及洵之愛惜此木山。其時，洵京洛並無幽居，然洵自信將有幽居，并與此木山朝夕相對，以釋緯之遠念。

江行途中，軾和張均詩。

《蘇軾詩集》卷四十八《和張均題峽山》，作於江行途中。均待考。

十二月，至江陵。

據《年表》。據本年以下紀事，轍等至江陵爲本月初。

《欒城集》卷一《次韵子瞻減降諸縣囚徒事畢登覽》中云：「自昔辭鄉樹，南行上楚舟。萬江窮地脈，三峽束天溝。雲暗酆都晚，波吹木櫪秋。尋溪緣窈窕，入洞聽颼颼。空寺收黄栗，荒祠畫伏彪。登臨雖永日，行邁肯登輈！」叙沿途景象。木櫪，乃木櫪觀，在萬州武寧縣，《類編老蘇集》卷二、《蘇軾詩集》卷一有《過木櫪觀》詩。轍亦有詩，已佚。

蘇洵及二子軾、轍彙江行詩文一百篇爲《南行集》（《南行前集》）。十二月八日，軾作叙。

《蘇軾文集》卷十《南行前集叙》：「夫昔之爲文者，非能爲之爲工，乃不能不爲之爲工也。山川之有雲霧，草木之有華實，充滿勃鬱，而見於外，夫雖欲無有，其可得耶。自少聞家君之論文，以爲古之聖人有所不能自已而作者。故軾與弟轍爲文至多，而未嘗敢有作文之意。己亥之歲，侍行適楚，舟中無事，博弈飲酒，非所以爲閨門之歡，而山川之秀美，風俗之朴陋，賢人君子之遺迹，與夫耳目之所接者，雜然有觸於中，而發於咏歎。蓋家君之作與弟轍之文皆在，凡一百篇，謂之《南行集》。將以識一時之事，爲他日之所尋繹，且以爲得於談笑之間，而非勉强所爲之文也。時十二月八日，江陵驛書。」《南行集》乃蘇洵父子三人自嘉州至江陵真實生活（所見、所聞、所感）之記録。

《蘇軾詩集》卷四《九月二十日微雪懷子由》：「江上同舟詩滿篋。」句下宋人趙次公注：「詩滿篋，則今所傳《南行集》是已。」

兹考蘇洵父子三人《南行集》現存詩文。洵此一時期作者凡十首，源出《類編老蘇集》。《蘇軾詩集》卷一收詩四十首，卷四十七收詩二首，卷四十八收詩一首，《增補》收詩一首，《蘇軾文集》收賦二首。蘇軾詩文共四十六首。《欒城集》卷一《郭綸》至《寄題清溪寺》共二十三首，加《蘇軾詩集》卷一注文引轍詩二首，實得二十五首。《欒城集》卷十七有《巫山賦》、《屈原廟賦》共二首，計轍之詩文二十七首。三人共存詩文八十三首，已佚十七首。

《南行前集》又名《江行唱和集》，見《經進東坡文集事略》卷五十六。

洵等晤王荆州。洵作畫像贊，軾有上書。并晤其子。

贊見《嘉祐集箋注》卷十五。贊謂此王荆州「鎮天子之南邦」，知時爲江陵（荆州）守。贊謂此王荆州「生辛丑」，乃真宗咸平四年（一〇〇一），長蘇洵八歲。贊謂王荆州乃「天子之老」、「其威桓桓」，知其經歷戎行，爲朝廷所倚重。《蘇軾文集》卷四十八有《上王兵部書》，此王兵部即王荆州，知嘗官兵部尚書，或即以兵部尚書領知江陵府事。贊謂此王荆州爲齊人，然其名竟不傳。

《蘇軾詩集》卷二《荆州十首》其四：「太守王夫子，山東老俊髦。壯年聞猛烈，白首見雄豪。食雁君應厭，驅車我正勞。中書有安石，慎勿賦《離騷》。」《後漢書·王符傳》：皇甫規解官歸安定，鄉人有以貨得雁門太守者，亦去職還家。書刺謁規，規卧不迎，既入，而問：「鄉前在郡食雁美乎？」第五句蓋謂當時州郡守亦有以貨得之者；此乃腐敗現象，此王荆州對此不滿。欲有所作爲，而無力能及之。屈原憂愁幽思而作《離騷》，第八句似謂此王荆州有憂愁幽思，居荆州，不甚得志。蘇洵盛贊此王荆州，有不平之意在，以此王荆州有大才而不爲時所重用也。

《欒城集》卷五《送王璋長官赴真定孫和甫辟書》：「昔年旅南服，始識王荆州。威動千里肅，恩寬行客留。從容見少子，風采傾凡儔。温然吐詞氣，已覺清且修。不見十五年，相逢話百憂。新棄東海邑，願從北諸侯。北鄙事方夥，饑饉連戈矛。盟好未可輕，念當事懷柔。主將今老成，勉盡良計籌。」此詩作於熙寧八年，時蘇轍在齊州。王璋辭東海邑令，回齊州家鄉，與蘇轍相晤。轍作此詩時，王荆州當已去世；如王荆州在，詩中當言及，轍熙寧六年至齊時，未云及王荆州，疑去世已久。和甫名固，時知真定，《宋史》有傳。固爲王荆州一輩人，王璋應辟，有家世因素。

洵等食荆州黄魚，留江陵度歲。

《蘇軾詩集》卷五《渼陂魚》：「早歲嘗爲荆渚客，黄魚屢食沙頭店。濱江易采不復珍，盈尺輒棄無乃僭。」《欒城集》卷一《辛丑除日寄子瞻》：「初來寄荆渚，魚雁賤宜客。楚人重歲時，爆竹鳴礫礫。」乃叙此時事。

是歲，蘇洵長孫蘇邁生。

據《斜川集》卷五《送仲豫赴官武昌叙》，邁長於迨（仲豫）十一歲。迨生於熙寧三年。則邁實生於本年。邁出蜀前或已生，當亦同出蜀。

李廌生。

據《墨莊漫録》卷四。

《永樂大典》卷二萬二千五百三十七引李之儀《濟南月巖集序》，作於政和六年，謂廌已卒八年。《宋史》卷四百四十四《李廌傳》謂廌卒年五十一。據是推，廌應生嘉祐三年。今仍從《墨莊漫録》。

三蘇年譜卷十

嘉祐五年(一〇六〇)庚子　蘇洵五十二歲　蘇軾二十五歲　蘇轍二十二歲

觀息壤,游渚宫。

《欒城集》卷一《息壤》:「南郡城南獨何者,平地生長殊不休。」《輿地紀勝》卷六十四《江陵府》上《景物上·息壤》:「《山海經》云:鯀竊帝之息壤,以湮洪水。《溟洪録》云:江陵府南門,有息壤焉。唐元和中,裴宇牧荆州,掘之,得石城,與江陵城同,中徑六尺八寸,徙棄之。是年霖雨不止,遂埋之。見《息壤記》。」以下引蘇轍詩上兩句,「生長」作「水長」。所謂「息壤」,蓋天帝所息之壤。《蘇軾詩集》卷二《息壤詩》即有「帝息此壤」之語。據轍詩,是其壤并不息。范成大《吴船録》卷下有息壤記載。轍詩中云:「傳言夏鯀塞洚水,上帝愛此無敢偷。竊持大畚負長鑮,刺取不已帝使流。禹知水怒非塞止,綱捕百怪雜蜃鰍。掘壕入土不計丈,投擲填壓聲嗚啾。」前四句當本《山海經》,後四句或爲民間傳説,轍以入詩。

宋黄善夫家塾本《王狀元集百家注分類東坡先生詩》卷三宫殿類《渚宫》題下林子仁注文節引蘇轍《渚宫》:「楚塞多秋水,荆王有故宫。……湘東晉宗子,高氏楚元戎。鑿沼長千尺,開亭費萬工。」原詩佚。參見劉尚榮《蘇轍佚著輯考》該詩校案。

正月五日，發江陵，陸行赴京師。

《總案》：「公《荆州》詩云：『柳門京國道，驅馬及春陽。』又子由除日寄公詩云：『新春始值五，田凍未生麥。相攜歷唐許，花柳漸芽坼。』合二詩觀之，乃正月五日自荆州出陸之證也。」《欒城集》卷一《辛丑除日寄子瞻》：「新春始涉五，田凍未生麥。相携歷唐許，花柳漸芽拆。」知發江陵乃正月五日。

過荆門軍，蘇洵父子三人皆題惠泉。

《類編老蘇集》卷二有《荆門惠泉》。《蘇軾詩集》卷二有《荆門惠泉》、《次韻答荆門張都官維見和惠泉詩》。《欒城集》卷一有《荆門惠泉》、《答荆門張都官維見和惠泉》。前者中云：「應是衆水中，獨不容至潔。涓涓自傾瀉，奕奕見清澈。」可謂奇想。後者中云：「泉上白髮翁，來飲杯饌闕。酌水自獻酬，箕踞無禮節。」雖不無鄙夷之意，然老翁自得之態，仍躍然紙上。

《長編》卷二百八十熙寧十年二月甲辰紀事：「前原州臨涇縣令張維除名，送康州編管。翰林醫學趙涣勒停，西上閤門使、知鎮戎軍張守約等九人，並奪一官。以維受趙涣等賂，賒貸官錢帛與人及守約等。……維賒借違法，已更赦，特有是命（原注：九年四月，蔡確乘傳勘獄）。」維事迹僅見此。

《輿地紀勝》卷七十八《荆湖北路·荆門軍·景物上·蒙泉》:「在軍城西,出於硤石山之麓,即蒙山也。南曰蒙泉,北曰惠泉。每晝夜兩潮,水溢數寸,世傳南出玉,北出珠。」同上《蒙泉詩》欄引洵《荆門惠泉》首二句,引軾《次韻答荆門張都官維》詩「泉源本無情」四句。

發浰陽,渡漢水。

《蘇軾詩集》卷二有《浰陽早發》、《夜行觀星》、《漢水》詩。

《欒城集》卷一《浰陽早發》中云:「楚人信稀少,田畝任蓁蕪。空有道路人,擾擾不留車。悲傷彼何懶,歎息此亦愚。」悲歎荒涼,略寓自嘲。

至襄陽,蘇洵作《襄陽懷古》; 洵游萬山,題詩。

《類編老蘇集》卷一有《襄陽懷古》。洵詩云「悠哉漢水清」。《蘇軾詩集》卷二有《漢水》,中云:「襄陽逢漢水,偶似蜀江清。」《欒城集》卷一《襄陽樂》,有「惟有州南漢水長,漢水南流峴見碧」之句,又云「漢水魚多去滿船」。

洵詩云「遼遼峴山道」。《輿地紀勝》卷八十二《京西南路·襄陽府·景物上》:「峴山:《寰宇記》云,在襄陽府東十(撰者按,「十」前脱去「東」字,據庫本《太平寰宇記》補)里。羊祜常登峴山,慨然歎息。」

洵詩云「道逢墮淚碣」。《輿地紀勝》同上卷《碑記》：「墮淚碑：《寰宇記》云，在襄陽縣東九里。晉羊祜之鎮襄陽，有功德於人，百姓於峴山建碑立廟，歲時享祭，望其碑莫不流涕，杜預因名之曰墮淚碑。」

洵詩云「借問羊叔子」。《輿地紀勝》同上卷《官吏上》：「羊祜，字叔子，太山南城人。祜出鎮南夏，甚得江漢之心。在軍，常輕裘緩帶，身不披甲，鈴閣之下，侍衛不過數十人。增修德性，以懷遠人。墾土八百頃。其始，軍無百日之糧，季年乃有十年之積。後卒，百姓爲建碑，望其碑者莫不流涕。」

洵詩云「何異葛孔明」。《輿地紀勝》同上卷《古迹》：「諸葛孔明宅：在襄陽縣西十五里隆村。又有諸葛避水臺，在宅之西。」《碑記》：「諸葛武侯故宅碑：晉李興撰。」又：「唐蜀丞相諸葛公碑：大中三年李景遜撰，今在隆中。」

洵詩云「中有杜預銘」。《輿地紀勝》同上卷《官吏上》：「杜預：字元凱，京兆人。羊祜舉預自代都督，荆州衆庶賴之，號曰杜父。成功之後，於峴山之首及潭中皆置碑焉。又開楊口，起夏水，達巴陵，內瀉長江之險，外通零桂之漕。」《晉書》卷三十四《杜預傳》謂，預好爲後世名，嘗言高岸爲谷，深谷爲陵，因刻石爲二碑，一沉萬山之下，一立峴山之上。然萬山下之潭未涸，其碑無由見。「好譽真儒生」，批評杜預未能免俗，刻碑實多此一舉，以其功績自在青史，爲後世所知。

《類編老蘇集》卷二有《萬山》。入《嘉祐集箋注·佚詩》。

洵詩首云：「萬山臨漢江，傑立與峴偶。」《輿地紀勝》同上卷《景物上》：「萬山：《元和郡縣志》云在襄陽縣西十里（撰者按，今本《元和郡縣志》卷二十一謂爲十一里）。與南郡鄧縣分界。」《蘇軾詩集》卷二《萬山》亦云：「西行度連山，北出臨漢水。」

洵詩云：「杜公破三吴，磊落叔子後。」據《晉書》卷三十四《杜預傳》，預繼羊祜都督荆州諸軍事、鎮南大將軍，鎮襄陽。太康元年（二八〇），預統兵滅吴，以功封當陽縣侯。叔子，羊祜。

洵詩云：「當年愛山意，無乃求自附。」《晉書》卷三十四《羊祜傳》：「祜樂山水，每風景，必造峴山，置酒言詠，終日不倦。」「求自附」乃發祜内心之祕。蓋洵亦愛山水，由己以及人也。

襄陽南至荆門軍三百二十五里，東北至唐州二百五十里。

軾至襄陽，作古樂府。題峴山，懷羊祜；題萬山；至隆中，訪諸葛亮故里。

《蘇軾詩集》卷二有《淯陽早發》、《夜行觀星》、《漢水》、《襄陽古樂府三首》——《野鷹來》《上堵吟》《襄陽樂》、《峴山》、《萬山》、《隆中》。《欒城集》卷一有《淯陽早發》、《襄陽古樂府二首》。

《輿地紀勝》卷八十二《襄陽府》謂呼鷹臺在鄧城東南一里，峴山離襄陽府十里，萬山在城西十里，隆中在城西二十里；又謂有「東坡帖在高齋」。

《東牟集》卷二《乙酉閏八月二十一日出南城遊峴山壁間讀東坡詩感而有作》：「千年陵谷多遷

變，高名長在唯稱賢。峴山上下碑在否？見説父老猶潸然。襄陽但記羊叔子，雪上風流亦如此。壁間誰記萬瓦詩，歎息前賢淚如洗。」「萬瓦詩」不見《峴山》，蘇軾或另有一作。

轍作古樂府。

《欒城集》卷一《襄陽古樂府二首》。一爲《野鷹來》。據《水經注》，東漢末劉表嘗於襄陽歌《野鷹來曲》。詩云：「長歌《野鷹來》，當年落誰耳？父生已不武，子立又不强。北兵果南下，擾擾如驅羊。」父謂表，子謂琮。嘲笑表父子無能。以下云：「鷹來野雉何暇走，束縛籠中安得翔！可憐野雉亦有爪，兩手捽鷹猶可傷。」嘲劉琮不及野雉。

一爲《襄陽樂》。《南史》卷十七《劉道産傳》，南朝宋時，道産爲襄陽太守，有惠政於民，由此有《襄陽樂歌》。詩美道産之政，中云：「漢水南流峴山碧，種稻耕田泥没尺。里人種麥滿高原，長使越人耕大澤。澤中多水原上乾，越人爲種楚人食。」道産世居京口，古謂之越，詩似謂道産推廣越人耕作技術於襄陽，可補史之遺。

蘇軾賦《竹葉酒》、《鯿魚》、《食雉》詩。

三詩皆見《蘇軾詩集》卷二。

《竹葉酒》：「楚人汲漢水，釀酒古宜城。春風吹酒熟，猶似漢江清。」點春，蓋品之。鯿魚，漢江産。《鯿魚》云：「誰言解縮項，貪餌每遭烹。」并以是悲之。《食雉》：「空中紛格鬭，綵羽落如花。

喧呼勇不顧，投網誰復嗟。」以争强好勝喪生，亦有感歎之意。

過唐州，軾作《新渠詩》，贊唐守趙尚寬善政。

詩見《蘇軾詩集》卷二，叙云正月過唐，贊尚寬復三陂、疏召渠，招懷遠人，散耕於唐。

尚寬字濟之，河南人。《宋史》卷四百二十六有傳。《長編》卷一百九十二本年七月丙午，詔尚寬再任。《詩集》「查注」謂蘇軾過唐正尚寬再任時，誤。《長編》卷二百治平元年正月甲寅謂尚寬尋以母喪去任，並謂在唐五年；二百三十三、二百四十謂熙寧五年五月壬辰，尚寬以知梓州、少府監爲司農卿，十一月辛亥卒，賜錢五十萬。以有功於民。《蜀中廣記》卷九十四謂尚寬皇祐初守忠州，俗畜蠱殺人，乃教人服藥，殺造毒者；著録其《治蠱方書》。

過昆陽，弔昆陽故城，洵作《昆陽城》詩，軾作賦。

唐州至汝州葉縣一百八十里。

詩見《類編老蘇集》卷二。《蘇軾文集》卷一有《昆陽城賦》，《經進東坡文集事略》卷一有此賦，注文謂昆陽故城在葉縣北。

洵詩首云「昆陽城外土非土」，謂土乃多年戰骨化成，筆墨極爲沉重。昆陽之戰乃王莽之將王尋、王邑與劉秀之戰，秀勝莽敗。詩第三、四句謂莽之敗乃由於王尋、王邑驅市人而戰，而市人未經訓練，倉促上陣，其敗乃必然。第五、六句言江河爲參戰者之屍骨所填滿，參戰者之血沿道路直流，殘酷已極。第七、八句言戰爭損傷極大，影響極深，區區薄賦寬征，無補於事。第九、十句叙盗賊縱横，實亦爲戰争之直接影響。第十一、十二兩句點出「御之失道」乃戰争根源。蘇軾《昆陽城賦》云：「昆陽之戰，屠百萬於斯須」，又云「紛紛籍籍死於溝壑者，不知其何人，或金章而玉佩」，鋪叙戰争殘酷與其父同旨。

至葉縣，軾轍題雙鳧觀。至襄城潁橋，軾題潁大夫廟。

軾詩見《蘇軾詩集》卷二（八二頁）。《欒城集》卷一有《雙鳧觀》詩。葉縣在汝州東南二百四十里。雙鳧觀，本縣令王喬祠。詩自注謂廟在汝州潁橋。襄城在汝州東南一百五十里，有潁橋鎮。轍詩末云：「搔首野廟春風長。」點出季候。

至許州，軾始識范仲淹仲子純仁（堯夫）；作《許州西湖》詩。

《蘇軾文集》卷十《范文正公文集叙》謂登第「後三年，過許，始識公之仲子今丞相堯夫」，以其父「遺稿見屬爲叙」。純仁，《宋史》卷三百一十四有傳，時簽判許州。

詩見《蘇軾詩集》卷二。《詩集》次此詩於《雙鳧觀》、《潁大夫廟》前，不當。許州州治距東京一百一十五里，自界首至東京一百八十里，而汝州州治距東京四百五十里。自地理位置言先汝後許。今據此次其前後。

過尉氏，登阮籍嘯臺，弔朱亥墓。軾有詩。

尉氏屬開封府，爲畿，在京南九十里。《蘇軾詩集》卷二有《阮籍嘯臺》、《大雪獨留尉氏》、《朱亥墓》詩。《蘇軾文集》卷十五《朱亥墓誌》或亦作於此時。

《塵史》卷下《風俗》：「朱亥墓在都城南，過所謂四里橋之道，左旁有祠，垣宇甚全，木亦茂，呼爲屠兒墓園。清明則衆屠具酒肴祠之，出於人情也。」《汴京遺迹志》卷九謂朱亥墓在開封城西南朱仙鎮。

《詩集》卷三十五《和陶飲酒二十首》其七：「頃者大雪年，海派翻玉英。有士常痛飲，饑寒見真情。牀頭有敗榼，孤坐時一傾。未能平體粟，且復澆腸鳴。脱衣裹凍酒，每醉念此生。」乃《大雪獨留尉氏》所叙時事。

二月十五日，到京師，賃居西岡一宅子。

《蘇軾文集》卷五十九《與楊濟甫》第一簡叙之。簡首云「爲别忽已半歲」，末云「春暄」。自去歲十月初自眉州起發至今年三月末，適爲半歲，簡作於此時。簡又云「前月半已至京」，則至京師爲二月十五日事。

自江陵至京師，父子三人途中所爲詩文又七十三篇，爲《南行後集》，轍有《南行後集引》。

據《年表》。《引》久佚。

《南行後集》現存詩文，屬洵者有《答張子立見寄》等六詩，見《類編老蘇集》；屬軾者，有《蘇軾詩集》卷二詩三十七首，《蘇軾文集》卷一賦一首；屬轍者有《欒城集》卷一詩七首，《渚宮》殘句一首：共五十二首。

三月，轍以選人至流内銓。楊畋（樂道）以天章閣待制判流内銓，主持官吏之選調，轍授河南府澠池縣主簿。未赴。

《欒城集》卷十八《楊樂道龍圖哀辭·叙》：「嘉祐五年三月，轍始以選人至流内銓。是時楊公樂道調銓之官吏。」畋乃新泰人，《宋史》卷三百有傳。

《年表》：「三月，以選人至流内銓。天章閣待制楊畋調銓官吏，轍授河南府澠池縣主簿。」

《集》卷一《懷澠池寄子瞻兄》「曾爲縣吏民知否」句下自注：「轍嘗爲此縣簿，未赴而中第。」此中第謂制科。

唐代候選注官人匯集京師，稱「調集」，每年一選。宋代銓選不歸吏部，京官以上罷選，僅幕職州縣官（選人）歸吏部流内銓選調。楊畋判銓主其事。

參方健有關文章。

四月乙亥（十七日），江休復（鄰幾）卒於京師。蘇軾嘗見休復。

乙亥云云，據《歐陽文忠公集·居士集》卷三十三《江鄰幾墓誌銘》，年五十六。休復晚年修起居注，累遷刑部郎中。

《蘇軾文集》卷五十六《與江惇禮》第一簡：「僕雖晚生，猶及見君之王父也。」惇禮名端禮，又字子和，乃休復孫。見《嵩山文集》卷十九《江子和墓誌銘》。

二十五日，梅堯臣（聖俞）卒。蘇軾嘗愛堯臣《和宋次道紫宸早朝》詩。

二十五日云云，據《歐陽文忠公集·居士集》卷三十三《梅聖俞墓誌銘》，卒年五十九。

蘇軾嘗愛云云，據《侯鯖録》卷七。詩見《梅堯臣集編年校注》卷二十八，云：「陸生聲譽在雲間，來預簪裾謁帝顏。冠劍有容夔與契，文章全盛馬兼班。耽耽玉宇龍纏棟，靄靄金鋪獸嚙環。却出常衙殿前過，戟衣風動自相攀。」作於嘉祐三年。

六月十四日，蘇洵作《祭姪位文》。

《嘉祐集箋注》卷十五《祭姪位文》首云：「嘉祐五年六月十五日，叔洵以家饌酒果祭於亡姪之靈。」文云「汝殁之五日」，則位實卒於六月初九日。文云「昔汝之生，後余五年」，知位卒時年四十六。位隨其仲叔渙「旅居東都十有三歲而不還」，則位至汴京乃慶曆七年。按，蘇渙、蘇洵之父序卒於此年，渙、洵皆奔喪回里。位隨渙至京師，當爲皇祐元年免喪後之事。文云位之「二孺」，其長者名林，詳本譜熙寧三年紀事。文云位之季弟，據洵《蘇氏族譜》，乃佾，其後不詳。

歐陽修薦蘇洵。

《歐陽文忠公集·奏議集》卷十六《薦布衣蘇洵狀》（題下原注：嘉祐五年）：「右臣猥以庸虚，叨塵侍從，無所裨補，常愧心顔。竊慕古人薦賢推善之意，以謂爲時得士，亦報國之一端。往時自國家下詔書，戒時文，諷勵學者以近古，蓋自天聖迄今二十餘年，通經學古履忠守道之士，所得不可勝數，而四海之廣，不能無山巖草野之遺，其自重者既伏而不出，故朝廷亦莫得而聞，此乃如臣等輩所宜求而上達也。伏見眉州布衣蘇洵，履行淳固，性識明達，亦嘗一舉有司不中，遂退而力學。其論議精於物理，而善識權變；文章不爲空言，而期於有用。其所撰《權書》、《衡論》、《幾策》二十篇，辭辯閎偉，博於古而宜於今，實有用之言，非特能文之士也。其人文行，久爲鄉閭所稱，而守道安貧，不營仕進，苟無薦引，則遂棄於聖時。其所撰書二十篇，臣謹隨狀上進。伏望聖慈下兩制看詳，如有可采，乞賜甄録。謹具狀奏聞，伏候勅旨。」《長編》卷一百九十二本年八月甲子紀事節引此奏，「二十篇」作「二十二篇」。歐集謂奏於「翰苑」時。

軾、轍寓居懷遠驛。

據《年表》。《蘇軾詩集》卷二十二《初秋寄子由》「施注」謂驛在汴京麗景門河南岸。《東京夢華録》卷六《元旦朝會》：「諸番國在瞻雲館或懷遠驛。」當謂來朝下榻處。《汴京遺迹志》卷十三：懷遠驛，待交阯使，爲都城四館驛之一。

《玉海》卷一百七十二《景德懷遠驛》：「景德三年十二月辛巳，作懷遠驛於汴河北以待南番、交州、西蕃、大食、龜兹、于闐、甘州等貢奉客使（注云：規度侍衛都虞候舊廨爲之，在興道坊）。」據神宗時王瓘所撰《北道刊誤志》，興道坊在東京舊城内左一厢，又名崇德坊。懷遠驛乃即其地擴建原侍衛都虞候公署而成。參方健有關文章。

《蘇軾詩集》卷三《辛丑十一月十九日既與子由别於鄭州西門之外馬上賦詩一篇寄之》自注「嘗有夜雨對牀之言」，趙次公注謂乃懷遠驛事。《欒城集》卷七《逍遥堂會宿二首·引》：「轍幼從子瞻讀書，未嘗一日相舍。既壯，將遊宦四方，讀韋蘇州詩，至『安知風雨夜，復此對牀眠』，惻然感之，乃相約早退，爲閑居之樂。」《欒城後集》卷二十《再祭亡兄端明文》：「昔始宦遊，誦韋氏詩。夜雨對牀，後勿有違。」皆寫此時事。《詩集》卷二十二《初秋寄子由》、卷三十三《感舊詩》皆叙及懷遠驛事。《曲洧舊聞》卷三：「東坡嘗與劉貢父言，某與舍弟習制科時，日享三白，食之甚美，不復信世間有八珍也。」謂一撮鹽、一楪生蘿蔔、一碗飯。

劉巨（微之）寄贈蘇軾兄弟詩。

《愛日齋叢鈔》卷四叙軾兄弟應制科，巨贈詩，有曰：「驚人事業傳三館，動地文章震九州。老夫欲别無他祝，以願雙封萬户侯。」乃寄贈。

朝旨許應制科，軾上富弼、曾公亮、兩制及吴奎書。

《蘇軾文集》卷四十八《上富丞相書》末云翰林歐陽公「使與於制舉之末」。《上曾丞相書》：「今也天子舉直諫之士，而兩制過聽謬以其名聞。」《應制舉上兩制書》：「當世之君子，不以其愚陋，而使與於制舉之末。」公亮爲相，乃明年閏八月事；此時爲參知政事。稱丞相，當是編集時改動。公亮字明仲，泉州晉江人。《宋史》卷三百一十二有傳。

《上吴内翰書》，見《紀年録》，以上「楊畋以蘇軾所爲文五十篇奏之」條所引「舍人楊公不知其不肖而采其鄙野之文五十篇奏之」之後，尚有「於是天子使與明詔之末」之語。前三書，《總案》繫嘉祐六年；然此三書既爲朝旨許應制科而作，以繫於本年爲是。後一書，《紀年録》繫入嘉祐六年。然細考後一書，實作於嘉祐五年，書中起始所言「今年春」，一直貫下。

轍上富弼、曾公亮及兩制諸公書。

《欒城集》卷二十二《上昭文富丞相書》首云「轍西蜀之人，行年二十有二」，作於今年。時弼以昭文館大學士爲丞相。書云：「恭惟天子設制策之科，將以待天下豪俊魁壘之人，是以轍不自量而自與於此。」自薦中寓自負之意。書又云：「自明公執政，於今五年，天下不聞慷慨激烈之名，而日聞敦厚之聲，意者明公其知之矣，而猶有越人之病也。」所云「越人之病」，蓋謂急治之則傷其四支，緩治之則勞苦而不肯去；越人非不能去其病，然既畏急治之，又以緩治遭致非議亦畏之。意爲朝政弊端，須采取强有力之措施以革除之，犧牲局部亦在所不惜。而富執政五年，不過一味求穩；其實際意義，即在批評富無大作爲。蘇轍「求直言」、「舉直言」，其言不可謂不直。

《蘇軾文集》卷十八有弼神道碑。參嘉祐元年紀事。

同上卷有《上曾參政書》。考《宋史·宰輔表》，此曾參政乃曾公亮。書云：「轍西蜀之匹夫，往年偶以進士得與一命之爵。今將爲吏崤黽之間，閑居無事，聞天子舉直言之士。而世之君子以其山林樸野之人，不知朝廷之忌諱，其中無所隱蔽，故以應詔。」自陳與天子舉直言之士之旨相合。書謂公亮「參決大政，而日韜其光，務爲敦厚」，日但以「上承二公，下拊百官，周旋揖讓」爲事。轍本書中自謂「言語文章雖無以過人，而所論説乃有矯拂切直之過」，觀以上批評公亮之語，誠然。此書主旨，與上富弼書同。書末云：「有歷代論十二篇，上自三王而下至於五代，治亂興衰之際，可以概見於此。」乃上之公亮。此十二論，乃《應詔集》卷一之《夏論》、《商論》、《周論》、《六國論》、《秦論》，卷二之《漢論》、《三國論》、《晉論》、《七代論》、《隋論》，卷三之《唐論》、《五代論》。《年表》繫此書於嘉祐六年，誤。蓋公亮本年十一月辛丑，已除樞密副使。公亮字明仲，晉江人。《宋史》卷三百十二有傳。

同上有《上兩制諸公書》。兩制謂掌内制、外制之翰林學士、知制誥、中書舍人。考之《長編》、《宋史》諸書，其時掌内、外制者，有楊畋、吴奎等。書陳所以爲學之道。書云：「昔者轍之始學也，得一書伏而讀之，不求其傳，而惟其書之知。求之而莫得，則反覆而思之，至於終日而莫見，而後退而求其傳。何者？懼其入於心之易，而守之不堅也。」重在獨立思考。書云：「及既長，乃觀百家之書，縱横顛倒，可喜可愕，無所不讀，泛然無所適從。蓋晚而讀《孟子》，而後遍觀乎百家而不亂也。」蓋汎觀天下之異説，三代以來興亡治亂之際，而折中於孟子。奎字長文，濰州北海人。《宋史》卷三百一十六有傳。

軾授河南府福昌縣主簿，不赴。

據《軾墓誌銘》。弟轍授河南府澠池縣主簿，據《蘇潁濱年表》，亦不赴。

軾見伯父涣，涣爲言爲政之方。

《經進東坡文集事略》卷九《刑賞忠厚之至論》注：「潁濱嘗語陳天倪云：亡兄子瞻及第調官，見先伯父，問所以爲政之方。伯父曰：『如汝作《刑賞忠厚論》。』子瞻曰：『文章固某所能，然初未嘗學爲政也，奈何？』伯父曰：『汝在場屋，得一論題時，即有處置，方敢下筆，此文遂佳。爲政亦然。有事入來，見得未破，不要下手；俟了了而後行，無有錯也。』至今以此言爲家法。伯父即提刑涣字文甫者，事見語録。」涣知衡州任滿後，授知漣水軍，未行。見《欒城集》卷二十五《伯父墓表》。

蘇洵寓雍丘（杞）。

《嘉祐集》卷十二《謝趙司諫書》：「寓居雍丘，無故不至京師詹望君子。」《蘇老泉先生全集》卷十六《賀歐陽樞密啓》：「阻以在外，闕至於門。」雍丘屬畿，在京東八十七里。杞即雍丘，見《讀史方輿紀要》。

按：《謝趙司諫書》作於本年八月後，《賀歐陽樞密啓》作於同年十一月，《辛丑除日寄子瞻》，作於嘉祐六年末。寓雍丘一年餘。《總案》嘉祐六年閏八月謂蘇軾「於宜秋門内得南園，奉宫師徙居其中」，並引「本集《與楊濟甫》云『都下春色已盛』」云云爲證。考與濟甫簡，見《文集》卷五十九，乃熙寧三年初作，叙除父洵喪還朝後事，非叙此時事。《總案》誤。此處參《蘇洵評傳》。

軾訪馬正卿(夢得)。

《蘇軾文集》卷七十二《馬正卿守節》叙之：正卿，杞人，作太學正。同卷《馬夢得窮》謂與己同歲生，少己八日。正卿窮苦狀，《欒城集》卷六《贈馬正卿秀才》有描叙。

轍見伯父涣於杞。

《欒城集》卷二十五《伯父墓表》：「轍生九年始識公於鄉，其後見公於杞。」時涣授知漣水軍，未行。

《集》卷一《辛丑除日寄子瞻》：「居梁不耐貧，投杞辟糠覈。」涣或涣、洵之姪輩在杞有産業。參《蘇洵評傳》。

《伯父墓表》叙蘇涣知衡州任滿後，云：「還，知漣水軍。未行，會樞密副使孫公抃薦公，擢提點利州路刑獄。」按，涣罷衡州，已見本譜嘉祐二年十月紀事；赴利州路提點刑獄任，爲嘉祐六年秋。其間未官者近四年。涣當居京師。疑涣先居於杞，洵入京師後，因而居之。參本年以下「蘇洵之兄涣亦有賀歐陽修啓」條。

歐陽修舉蘇軾應材識兼茂明於體用科。

《宋史·蘇軾傳》：「（嘉祐）五年，調福昌主簿，歐陽修以材識兼茂薦之秘閣。」《歐陽文忠公集·奏議集》卷十六嘉祐五年《舉蘇軾應制科狀》：「右臣伏以國家開設科目以待儁賢，又詔兩省之臣舉其所知，各以聞達，所以廣得人之路，副仄席之求，臣雖庸暗，其敢不勉。臣伏見新授河南府福昌縣主簿蘇軾，學問通博，資識明敏，文采爛然，論議蠭出，其行業脩飭，名聲甚遠。臣今保舉，堪應材識兼茂明於體用科。欲望聖慈召付有司，試其所對。如有繆舉，臣甘伏朝典。謹具狀奏聞，伏候勑旨。」時歐陽修任禮部侍郎。其任禮部侍郎，爲七月庚子事；九月丁丑，兼翰林侍讀學士。見《歐陽文忠集》卷首《年譜》。是修之薦，乃本年七月庚子至九月丁丑間事。

楊畋舉蘇轍應材識兼茂明於體用科，以文五十篇薦之。

《欒城集》卷十八《楊樂道龍圖哀辭·叙》：「楊公……見予於稠人中。曰：『聞子求舉直言，若必無人，畋願得備數。』轍曰：『唯。』既而至其家，一見坐語，如舊相識。」

《年表》：「畋謂轍曰：『聞子求直言，若必無人，願得備數。』於是舉轍應材識兼茂明於體用科。」《集》卷二十二《上兩制諸公書》：「今年春，天子將求直言之士，而轍適來調官京師，舍人楊公不知其不肖，取其鄙野之文五十篇而薦之，俾與明詔之末。」楊公即畋。據《宋史》之《楊畋傳》，時畋爲中書舍人。文五十篇，謂進論二十五篇，進策二十五篇，見《應詔集》卷一至卷十。

按：「今年春」云云，《東坡紀年録》嘉祐六年引，謂爲蘇軾《上吴内翰書》中文字，然《紀年録》必有依據，惜《上吴内翰書》不得其全文。《紀年録》所引文字與《集》略不同，而《總案》所引者亦略不同。

參下條「楊畋亦以蘇軾之文五十篇奏之」條。

楊畋亦以蘇軾之文五十篇奏之，以薦應制科也。

《紀年録》引蘇軾《上吴内翰書》：「今年春，天子將求直言之士，而某適來調官京師，舍人楊公不知其不肖，而采其鄙野之文五十篇奏之。」《佚文彙編》未收。内翰乃奎，《宋史》卷三百十六有傳。舍人乃楊畋。此五十篇，不知是否爲《中庸論》等？參嘉祐六年八月二十五日紀事。書中所言「調官京師」，乃指調福昌主簿。《避暑録話》卷下：「故事，制科必先用從官二人，舉上其所爲文五十篇，考於學士院，中選而後召試，得召者不過三之一。」以下言惟歐陽修爲學士時，所薦皆天下名士，無有不在高選者，有蘇軾兄弟、李清臣、孫洙，世遂稱修善舉賢良。

八月甲子（初八日），蘇洵爲祕書省試校書郎。以趙抃等之薦也。洵以書謝。

據《長編》卷一百九十二。《長編》言歐陽修上蘇洵所著《權書》等，宰相韓琦善之，召試舍人院，以疾辭，成都府路轉運使趙抃等「皆薦其行義推於鄉里，而修又言洵既不肯就試，乞就除一官，故有是命」。據此，修除上《薦布衣蘇洵狀》外，另有疏，不見。《宋會要輯稿》第一百二十册《選舉》三四之三九謂此爲九月八日事，無「試」字。《輯稿》注謂：「成都府路轉運使趙抃言洵學行推於鄉里，故有是命。」《嘉祐集》卷十三《謝趙司諫書》：「今年秋，始見太守竇君京師，乃知閣下過聽，猥以鄙陋上塞明詔。」謂抃之薦也。抃之薦，由於應朝廷之詔。竇君，當爲眉州太守。《書》又云：「頃者朝廷猥以試校書郎見授。」知此書作於本年。《謝趙司諫書》又云：「今閣下舉人而取於不相識之中，則其去世俗遠矣。」《蘇軾文集》卷十七《趙清獻公神道碑》：移充梓州路轉運使，未幾，移益。以右司諫召。《長編》卷一百九十一本年五月癸丑：抃除右司諫。

蘇洵上歐陽修書。

書乃《嘉祐集箋注》卷十二《上歐陽内翰第五書》。據《歐陽文忠公集》卷首年譜：本年七月庚子，修轉禮部侍郎。書首云「内翰侍郎執事」，以此。修爲禮部侍郎，乃以翰林學士兼。

書云：「自顧無分毫之功有益於世，而王命至門，不知辭讓，不畏簡書，朋友之譏，而苟以爲榮。此所以深愧於執事，久而不至於門也。」叙祕書省試校書郎之授一下即受，本應辭讓而未辭讓，有愧於心。

書叙嘉祐三年朝命再召而辭，修不以爲矯，以下云：「一命而受也，執事不以爲貪，而知其不欲爲異。」以修深知其心，故至門爲謝。則此書者，乃老蘇親持至也。

書末云「今洵已有名於吏部」，望「猶得以賓客見」；老蘇不願「與奔走之吏同趨於下風」。保持自身應有之矜持。

李流謙《澹齋集》卷一《和林夫讀老泉先生上歐陽韻》：「倚門抹青紅，過者必反顧。風雨不足憑，零落汙黄土。斯文有正色，神指亦難數。兩漢僅自支，崔蔡已衰暮。老龍破風雷，一躍空萬古。賈胡負失真，而况逢其富。堅車行大逵，往往初必忤。要知論賢愚，豈在遇不遇。」題所云「上歐陽」，乃指上歐陽修之書；此第五書，乃現存蘇洵所上歐陽修最後一書。姑繫李流謙之詩於此。

蘇洵有《謝相府啓》。先是朝廷欲召洵試紫微閣，洵辭不至，乃除祕書省試校書郎。洵至是作謝啓。

啓見《嘉祐集箋注》卷十五。

歐陽修《蘇洵墓誌銘》：「初，修爲上其書，召試紫微閣，辭不至。遂除試秘書省校書郎。」洵之啓云：「不意貧賤之姓名，偶自徹聞於朝野，向承再命以就試，固以大異其本心。」就試即謂召試紫微閣。以下云：且必試而審觀其才，則上之人猶未信其可用；未信而有求於上，則洵之意以爲近於强人。遂以再辭，亦既獲命叙再辭之由。初辭、再辭文字，均佚。啓又云：「昔者孟子不願召見，而孔子不辭小官，夫欲正其所由得之之名，是以謹其所以取之之故。」是則名者，乃充分尊重本人意願之意，以今日言之，乃爲尊重人格。

啓云「昭文相公」。昭文謂昭文館學士。據《宋史·宰輔表》，時富弼爲同平章事，昭文館大學士。則此啓乃謝富弼。

《邵氏聞見後録》卷十六：「歐陽公《乞致仕表》云：『俾其解組官庭，還車故里。披裘散髮，逍遥垂盡之年；鑿井耕田，歌咏太平之樂。』客有面歎其工致平淡者。公曰：『也不如老蘇秀才「有田一廛，足以爲養；行年五十，復將何求」』。蓋蘇明允《謝官牒》中語，公愛之尚不忘耳。」「有田」云云，乃《謝相府啓》中語。

轍謁趙抃。

《欒城集》卷二十四《太子少保趙公詩石記》：「轍昔少年，始見公於成都，中見公於京師，其容晬然以温，其氣肅然以清。」蘇軾或同謁見。

軾上劉敞書，論求才論氣；誦敞才氣之盛美；時敞將知永興。

《宋史》卷三百一十九《劉敞傳》謂敞以議論與衆忤，求知永興軍，拜翰林侍讀學士。永興軍屬陝西路。《歐陽文忠公集·書簡》卷五即以侍讀稱敞。《蘇軾文集》卷四十八《上劉侍讀書》云「付之全秦之地」，知侍讀即敞。《長編》卷一百九十二：本年九月丁亥，知制誥劉敞知永興。

轍上劉敞書。

《欒城集》卷二十二有《上劉長安書》。《長編》卷一百九十二：本年九月丁亥，知制誥劉敞知永興。永興治長安，故以長安稱敞。

書云：「仄聞執事之風明俊雄辯，天下無有敵者；而高亮剛果，士之進於前者莫不振栗而自失，退而仰望才業之輝光，莫不逡巡而自愧。蓋天下之士已大服矣，而轍願執事有以少下之，使天下樂進於前而無恐。而轍亦得進見左右，以聽議論之末。」婉箴其失，陳其傾慕之情，立言可謂得體。敞以博學聞。

十一月辛丑(十六日)，歐陽修拜樞密副使。蘇洵有賀啓。

十一月云云，據《歐陽文忠公集》卷首《年譜》。修時以翰林學士兼侍讀學士、朝散大夫、守尚書禮部侍郎、知制誥、充史館修撰、護軍、樂安郡開國侯、食邑一千三百户、食實對二百户、賜紫金魚袋拜。拜詞王疇撰。首云「天下之重，兵本之寄，委於廊廟之臣」，樞密副使乃重任。

賀啓乃《賀歐陽樞密啓》。賀「君子之得位」，蓋以此時天下猶未大治，賢者在下風，修之入持國樞，故可賀也。隱寓個人未遇之意。啓末云「阻以在外」，時居雍丘。

蘇洵之兄渙亦有賀歐陽修啓，軾代撰。

《蘇軾文集》卷四十七《賀歐陽樞密啓》云：「拜恩王庭，署事兵府。非徒儒者之盛節，實爲天下之殊休。」以下有「名冠當代」、「大賢」云云，與修合。啓云：「某分守遠郡。」據《欒城集》卷二十五伯父渙墓表，時渙除知漣水軍。啓下原注：「代大中公作。」據墓表，渙累贈太中大夫，知「大」爲「太」之誤。以太中公稱渙，乃入集時所定。

轍有賀啓。

賀啓見《欒城集》卷五十。《年表》亦有記載。

蘇洵自本歲，復讀《易》，作《易·傳》。

《嘉祐集箋注》卷十三《上韓丞相書》：「自去歲以來，始復讀《易》，作《易·傳》百餘篇。此書若成，則自有《易》以來，未始有也。」

《欒城後集》卷二十二《亡兄端明子瞻墓誌銘》：「先君晚歲讀《易》，玩其爻象，得其剛柔、遠近、喜怒、逆順之情，以觀其詞，皆迎刃而解。作《易·傳》未完。」

蘇洵作《譜例序》、《大宗譜法》。先是歐陽修見蘇洵所撰《蘇氏族譜》，亦出其所作《歐陽氏族譜》，洵乃爲此二文。

《嘉祐集箋注》卷十四《譜例》：「昔者，洵嘗自先子之言而咨考焉，由今而上得五世，由五世而上得一世，一世之上失其世次，而其本出於趙郡蘇氏，以爲《蘇氏族譜》。它日，歐陽公見而歎曰：『吾嘗爲之矣。』出而觀之，有異法焉。曰：『是不可使獨吾二人爲之，將天下舉不可無也。』洵於是又爲《大宗譜法》以盡譜之變，而并載歐陽氏之《譜》以爲譜例，附以歐陽公《題劉氏碑後》之文以告當世之君子，蓋將有從焉者（原注：《歐陽氏譜》及永叔《題劉氏碑後》不具於此）。」

《箋注》：「文中言及『歐陽氏之譜』，歐陽修《歐陽氏譜圖序》自署『嘉祐四年己亥四月庚午嗣孫修謹序』，而蘇洵於嘉祐五年（一〇六〇）至京，可見《譜例》、《大宗譜法》皆作於其後不久。」

《大宗譜法》：「《蘇氏族譜》，小宗之法也，凡天下之人，皆得而用之，而未及大宗也。」大宗之法之特點在「別其父子，而合其兄弟」。《蘇氏族譜》：「自吾之父以及吾之高祖，仕不仕，娶某氏，享年幾，某日卒，皆書」。此小宗之法。具體言之，自蘇洵高祖釿、曾祖祜、祖父杲、父序、蘇洵兄弟三人、洵之姪位及佾，皆書之，列於一圖（或可稱表）之内，父子不別，共處於一圖（表）。

別其父子者，合蘇氏全族而言，或合全族某一分支而言，凡屬同一輩者，依次按其祖上兄弟世系，兄之子居先，弟之子居後。注明某子、某子。此一輩了（俗稱第幾世），再另起一輩。俗語所云「父子不相見」也。此乃蘇洵譜法。

《歐陽修全集》卷七十四《歐陽氏譜圖序》:「譜圖之法,斷自可見之世,即爲高祖,下至五世玄孫。」「自高祖至玄孫五世,共列於一圖之内,即俗所云『五世同堂』。自此五世之後,而自其玄孫起,『别自爲世』,亦五世同堂。『玄孫既别自爲世,則各詳其親,各繫其所出。』此乃歐陽修譜法。蘇洵譜法,人簡稱蘇修。歐陽修譜法,人簡稱歐修。自宋歷元、明、清、民國以至於今九百年間,各族姓修譜,大抵非蘇修即歐修,影響甚爲深遠。以吾宗《孔子世家譜》言之(非指全族言,乃謂皖江支系),所采者爲蘇修。

蘇洵撰《蘇氏族譜》,略早於歐陽修。蘇洵此方面之影響,前此言者不多,故略言之如此。其中值得深入探討之問題尚多。

三蘇年譜卷十一

嘉祐六年（一〇六一）辛丑　蘇洵五十三歲　蘇軾二十六歲　蘇轍二十三歲

軾與弟轍繼續寓居懷遠驛。

《蘇軾詩集》卷三十三《感舊詩·叙》：「嘉祐中，予與子由同舉制科，寓居懷遠驛，時年二十六，而子由二十三耳。」

三月癸巳（初十日），王俊民爲進士及第第一人。蘇軾嘗記其軼事。

三月癸巳云云，據《長編》卷一百九十三；俊民，掖縣人。俊民字康侯，嘗爲應天府發解官。見《齊東野語》卷六《王魁傳》；嘉祐八年五月卒，年二十八。

《蘇軾文集》卷七十三《禄有重輕》叙俊民未第時事。文中稱王狀元，在蘇軾生活六十餘年中，王姓狀元唯俊民。

五月丁酉（初九日），宋祁卒。蘇軾嘗評其集。

五月丁酉云云，據《長編》卷一百九十三。祁字子京，安州安陸人。《宋史》卷二百八十四有傳。時以翰林學士承旨兼端明殿學士翰林侍讀學士、知制誥。

《郡齋讀書志》卷四下：「《宋景文集》一百五十卷。右皇朝宋祁。」以下謂：「通小學，故其文多奇字。蘇子瞻嘗謂其『淵源皆有考，奇險或難句』，以爲知言。」「淵源」云云，見《蘇軾詩集》卷十六《密州宋國博以詩見紀在郡雜詠次韻答之》。《山谷老人刀筆》卷十七《與範長老》第八簡：「宋子京十贊，不能稱東坡極口稱道之意，在當時同輩中，乃爲雄文耳。」知蘇軾之評頗有影響。

楊畋進龍圖閣直學士、知諫院，軾有賀啓。

《蘇軾文集》卷四十七《賀楊龍圖啓》：「伏審新改直職，擢司諫垣。」以下有「伏惟諫院龍圖」之語。

《宋史》卷三百《楊畋傳》次「進直龍圖閣直學士復知諫院」於封還「李珣自防禦使遷觀察，劉永年自團練使遷防禦」詞頭後。封還詞頭乃上年十一月丁亥，見《長編》卷一百九十二。《長編》卷一百九十四，本年八月乙卯有龍圖閣直學士兼侍講知諫院楊畋言事記載，知畋進龍圖閣直學士知諫院約爲本年春、夏間事，今次此，以上叙述，參考《蘇文繫年考略》。

蔡襄（君謨）爲三司使。軾嘗與襄論書。

四月二十八日，詔改授蔡襄權三司使（原命權知開封府）。見劉琳《蔡襄年譜》載《宋代文化研究》一九九四年第四期。襄上《辭權三司使表》，見《蔡忠惠集》卷二十四。詔不允。八月乙亥

（二十五日），襄爲制舉考官，是其時已爲三司使。

參方健有關文章。

《蘇軾文集》卷六十九《記與君謨論書》：「往年，予嘗戲謂君謨言，學書如泝急流，用盡氣力，船不離舊處。君謨頗諾，以謂能取譬。今思此語已四十餘年，竟如何哉！」軾與襄論書，爲自此至赴鳳翔前事。《總案》繫入嘉祐二年，誤；時襄知福州，見《淳熙三山志》卷二十二（襄以嘉祐元年八月知福州，三年五月移知泉州）。

蘇軾有評襄之書文多篇，稱襄書爲當世第一。文在《文集》卷六十九，題作《跋蔡君謨書海會寺記》、《論君謨書》、《跋君謨飛白》、《跋君謨書賦》、《跋君謨書》等。

襄，興化仙遊人。《宋史》卷三百二十有傳。

《硯箋》卷三《紅絲石硯》引蘇軾與襄帖：「紅絲發墨，謂勝端則過。」全簡已佚，《佚文彙編》已收。兹附此。

六月戊寅（初二日），王安石爲知制誥。安石有《上時政疏》。

六月云云，據《宋史·仁宗紀》。

《上時政疏》論大明法度，衆建賢才。參《王荆公年譜考略》卷九。

净因院大覺懷璉禪師饋以唐閻立本所畫《水官圖》，蘇洵作詩。子軾亦作。

《嘉祐集箋注·佚詩·水官詩》首云「水官騎蒼龍，龍行欲上天」，水官乃水神之名。洵詩模寫畫面各種人物及獸類，末云：「我從大覺師，得此鬼怪編。畫者古閻子，於今三百年。見者誰不愛，予者誠亦難。在我猶在子，此理寧非禪。報之以好詞，何必畫在前。」抒謝大覺之意。《蘇軾詩集》卷二《次韻水官詩·引》：「净因大覺璉師，以閻立本畫水官遺編禮公。公既報之以詩，謂軾汝亦作，軾頓首再拜次韻，仍録二詩爲一卷獻之。」編禮公謂父洵，以洵時編纂禮書也。

本年十一月十九日，軾與轍别於鄭州之西門，赴鳳翔簽判任。洵詩及軾詩作於本年七月至此一段時間。

陸綰（權叔）提舉江淮茶税，蘇洵作送行詩。

詩乃《蘇洵集》卷一《送陸權叔提舉茶税》。

《重修琴川志》卷八《人物》：「陸綰，字權叔，縣人。登吕溱榜（撰者按，爲寶元元年）進士第。綰本名絳，字伯厚。見前史同姓名者不道，故更今名。綰讀書務道理，以根聖人之心，著書必本經，以救宿儒之弊。昆弟分産，推先疇而付之。捐俸振族，唯恐不給。教孤姪猶其子，以此各登科名。臨吏則益嚴，臨民則益恤，奉己則甚薄，奉賓親則甚厚。嘗提舉江淮茶税，充淮南路制置發運司運鹽公事。終朝奉郎、尚書職方郎中，贈中散大夫。有《春秋經解》三十卷。工歌詩，有《聽琴歌》等作，皆膾炙人口（以下録蘇洵此詩）。」同上書卷十四有綰《游勝法寺兼簡深公》詩，署「尚書屯田員外郎」。嘉祐三年作。《吴中人物志》卷六《陸綰傳》謂綰歷知揚子、雍丘二縣。

詩首句「君家本江湖」。綰爲琴川人，琴川即常熟，常熟介長江、太湖之間，言其實。次句「南行即鄰里」，知此詩作於京師。提舉江淮茶税之司，或設揚州，揚州與常熟密邇，「即鄰里」。第四句云「漸喜官資美」，知綰此前所任較此爲卑。《吴中人物志》言綰嘗知雍丘，或即此前所任。蘇洵嘗居雍丘，在雍丘時當與綰有交往。則洵此詩之作，當在今年修纂禮書前，今據此入繫。

第七至十句「往年在巴蜀，憶見《春秋》始。名家亂如髮，棼錯費尋理」。回憶往事。知蘇洵在蜀中時，即沉潛《春秋》之中，感歎各家闡述《春秋》經旨、注釋《春秋》經文之書述紛亂如髮，不易理出頭緒，不得其要領。第十二句所云「新《傳》滿盈几」之新《傳》，當即綰所撰之《春秋新解》之稿。知蘇洵在京師與綰交往時，綰正從事《春秋新解》之著述。洵詩云「今來未五歲」，當就自身而言，自嘉祐元年至京師，包括回鄉兩年餘，至今五年，當爲嘉祐六年即今年，時洵居雍丘，亦可爲此詩作於今年之一佐證。第十三、十四句「又言欲治《易》，雜説書萬紙」，言綰治《春秋》同時，亦治《易》，用力亦甚勤，成果頗豐。第十五句「君心不可測」當爲不知陸綰欲竭力於《春秋》，抑竭力於《易》，似有在一定時間之内，以集中力量專攻其一爲好之意。第十六句「日夜湧如水」乃言縮之才思。第十七、十八句「何年重相逢，祇益使余畏」，祝陸縮《春秋》與《易》之研究精進。末四句：「但恐荼事多，亂子《易》中意。荼、《易》兩無妨，知君足才思。」重點乃勿忘治《易》、勿輟治《易》、勿亂治《易》。

蘇洵上韓琦書。求官。

書乃《嘉祐集箋注》卷十三《上韓丞相書》。書云：「去歲蒙朝廷授洵試校書郎。」知書作於今年。以下云：「亦非敢少之也。使朝廷過聽，而洵僥倖，不過得一京官，終不能如漢、唐之際所以待處士者，則京官之與試銜，又何足分多少於其間，而必爲彼而不爲此邪。」知試校書郎不得稱爲京官，與京官有名分高低之分。蘇洵之意謂求京官，不在於名分，「實以家貧無資，得六七千錢，誠不足以贍養，又况忍窮耐老，望而未可得耶」。據此，試校書郎不過一虛銜，並未有實際事務可做，無薪俸收入，所以求京官者，在得資養家。

蘇洵謂：「凡人爲官，稍可以紓意快志者，至京朝官始有其彷彿耳。」洵求京官之另一意即在此。洵不願爲州縣趨走拜伏小吏，以此等「皆勞筋苦骨，摧折精神，爲人所役使，去僕隸無幾」。

蘇洵直陳當今用人制度之弊。洵謂：「今朝廷糊名以取人，保任以得官，苟應格者，雖屠沽不得不與。何者？雖欲愛惜而無由也。」又謂：「今洵幸爲諸公所知似不甚淺，而相公尤爲有意。至於一官，則反覆遲疑不決者累歲。嗟夫，豈天下之官以洵故冗耶！」直言當政者不願與官，其情急迫。

洵謂：「相公往時爲洵言，欲爲歐陽公言子者數矣，而見輒忘之以爲怪。」琦忘或有之，不欲爲歐陽修言恐亦有之。蘇洵望琦勿忘之，「故忍耻而一言」。「耻」，分量極重，實不得已而言之。

《欒全集》卷三十九《文安先生墓表》：「至京師。……時相韓公琦聞其風而厚待之，嘗與論天下事，亦以爲賈誼不能過也。然知其才而不能用。」

七月，蘇洵爲霸州文安縣主簿，與項城令姚闢修纂禮書。

據《長編》卷二百六治平二年九月辛酉紀事。《長編》云：「先是（歐陽）修同判太常寺，奏禮院文字多散失，請差官編修。時朝廷重置局止以命禮官，而禮官祠祭齋宿，又兼校館閣書籍，或别領他局。嘉祐六年，祕閣校理張洞奏請擇用幕職州縣官文學該贍者三兩人置局，命判寺一員總領其事。七月，用項城縣令姚闢、文安縣主簿蘇洵編纂，令判寺官督趣之。」

《蘇洵墓誌銘》：「會太常修纂建隆以來禮書，乃以爲霸州文安縣主簿，使食其禄。」

《何譜》：「爲霸州文安縣主簿，使食其禄。」

《京口耆舊傳》卷六《姚闢傳》：「姚闢字子張，金壇人。祖宗朝士尚詞章，闢獨究心六經，義有未安，必求其是。早從歐陽修學問，亦以家近，往來金陵，從王安石質疑，故修作《獲麟》詩贈之，有曰：『世已無孔子，獲麟意誰知。我嘗爲之説，聞者未免疑。而子獨曰然，有如壎應篪。』又曰：『子昔已好古，此經常手持。超然出衆見，不爲俗牽卑。聖門開大道，夷路肆騰嬉。』則以《春秋》受知於修者也。修又手書答之，云：『《禮記》雜亂之書，能如此指摘其謬，其功施後世無窮，非止效俗儒著述求一時之名而已。』此則以《禮記》受知於修者。修答焦千之書，令其看闢《詩説》，簽出長處，則闢又嘗以《詩》請益於修。安石答闢云：『觀所爲文，於理悖焉者希，聞論衆經，有所開發。』又曰：『足下固已幾於道，汲汲乎，則古之蹈道者，將無以出足下上。』則所與安石反覆者，殆徧諸經。擢皇祐元年進士第。授陳州項城令。一時名士，多慕與之交。其至項城也，鄭獬答詩云：『膠西夫（撰者按，湖北先正遺書本《鄖溪集》卷二十七《次韻酬項城姚子張到縣感事》「夫」作「童」）子近之官，坐對《春秋》討隱、桓。』自注云：『子張善《春秋》。』先是朝廷置局編修禮書，嘉祐二年（撰者按，《長編》作「六年」），祕閣校理張洞奏：禮官祠祭齋宿，及預他局，請擇州縣幕職官文學精贍者三兩人，專置局編纂。於是闢與蘇洵二人奉詔。尋又以知制誥張瓌奏，命參知政事歐陽修提舉。」

按，據以上所述，姚闢乃博學名儒。以姚闢與蘇洵編纂禮書，可謂得人。

張洞，字仲通，開封祥符人。真宗天禧三年（一〇一九）生，小蘇洵十歲。幼敏悟，誦書日數千言，爲文詞甚敏。未冠曄然有聲於同列。舉進士中第。召試學士院，充祕閣校理，判祠部。轉太常博士，判登聞鼓院。仁宗方嚮儒術，而洞在館閣久，數有建明。仁宗以爲知《經》，會覆考進士崇政殿，因賜飛白「善經」字寵之。英宗時，官至工部郎中。治平四年卒，年四十九。《雞肋集》卷六十二、《宋史》卷二百九十九有傳。史稱洞有抱負，以直言正論爲大臣所忌。

《宋詩拾遺》卷四姚闢《挽老蘇先生》其一首云「持筆游從今五年」，叙本年起與蘇洵游。鄭獬全詩乃《鄖溪集》卷二十七《次韻酬項城姚子張到縣感事》云：「膠西童子近之官，坐按《春秋》討隱、桓（自注：子張善《春秋》）。休嘆折腰向彭澤，猶勝索米困長安。來篇喜見萬金字，厚報恨無雙玉盤。莫就白雲買烟艇，磻溪久已棄魚竿。」

《都官集》卷十二《太湖一首和姚子張》：「太湖可漁山可樵，漁樵隱者非一朝。醉拍溟渤摩穹霄，歌詠周孔追松喬。故磯人歸今寂寥，秋空浪穩蘭爲橈。何爲不去走市朝，況無一策陳虞堯。嗟哉生事垂簞瓢，母齒豁豁羣兒齠。啼寒悲饑如鴟鴞，古人以此嘗折腰。敢不歡喜禄下僚，滄浪有景直不遥。西風起時心摇摇，異日掉臂君可招。」知姚闢之心迹近漁樵。附此。

洵與李育（仲蒙）游。育與修《太常因革禮》。

《蘇軾文集》卷六十三《李仲蒙哀詞》：「昔吾先君始仕於太常，君以博士往來相好。先君於人少所與，獨稱君爲長者。君爲人敦朴愷悌，學博而通，長於毛氏《詩》、司馬氏《史》，善與人交，雖見犯不報。嘗有與君爲姻者，無故決去，聞者爲之不平，君恬不以爲意。先君以是稱其難。」據《哀詞》，育乃河南人，卒熙寧二年，年五十；知洵長育十一歲。《太常因革禮》卷首育銜爲：「尚書祠部員外郎、充祕閣校理、同知禮院。」葉夢得《避暑録話》卷下：「李育，字仲蒙。……馮當世榜第四人登第，能爲詩，性高簡，故官不甚顯，亦少知之者。與外大父晁公善，尤愛其詩。先君嘗得其親書《飛騎橋》一篇於晁公。字畫亦清麗，以爲珍玩。」馮當世榜乃皇祐元年。此書謂育爲吴人，與蘇軾之言不同。軾謂育有子籲，據《二程全書》，籲爲程頤弟子，而頤爲河南人，軾之言可信。吴或爲育之祖籍。葉夢得之外祖父乃晁補之之父君成。夢得並録育詩。

參本譜熙寧二年七月丙戌記事。

蘇洵之兄蘇渙赴利州路提點刑獄任。軾送行。

《蘇軾文集》卷六十三《祭伯父提刑文》：「辛丑之秋，送伯西郊。淫雨蕭蕭，河水滔滔。言别於槁，屢顧以招。孰知此行，乃隔幽明。」云「淫雨」、「河水」，此雖云秋，實乃七、八月之交。渙以都官郎中爲利州路提點刑獄，見《欒城集》卷二十五《伯父墓表》。《墓表》謂渙乃出樞密副使孫抃之薦，並云：「嘗行部至閬中，民觀者如堵牆，其童子皆相率環公，揮之不去。公謂之曰：『吾去此二十年矣，爾何自識予？』皆對曰：『聞父、祖道公爲政，家有公像，祝公復來，故爾。』公笑曰：『何至是！』」

《蘇軾詩集》卷五《亡伯提刑郎中挽詩》其二：「揮手都門别，朱顔鬢未霜。」亦寫此事。「都」原作「東」，今從西樓帖。

八月十七日，命翰林學士吴奎、龍圖閣直學士楊畋、權御史中丞王疇、知制誥王安石就秘閣考試制科，奎等上王介、蘇軾、蘇轍論各六首，合格。其科號賢良方正能直言極諫。

八月十七日云云，據《宋會要輯稿》第一百一十一册《選舉》一一之八；此六論爲《王者不治夷狄》、《禮義信足以成德》、《劉愷丁鴻孰賢》、《禮以養人爲本》、《既醉備萬福》、《形勢不如德》。六論見《文集》卷二；《文集》「萬福」作「五福」。介字中甫，衢州人。見《明道雜志》。

《軾墓誌銘》：「秘閣試六論，舊不起草，以故文多不工，公始具草，文義粲然，時以爲難。」

《施譜》：「先生試秘閣六論，合格。」

據《潁濱遺老傳》，考官尚有起居舍人、同知諫院司馬光及知制誥沈遘。蓋合御試而言，參八月二十五日紀事。

《蘇軾文集》卷四十九《答李端叔書》：「軾少年時，讀書作文，專爲應舉而已。既及進士第，貪得不已，又舉制策，其實何所有。而其科號爲直言極諫，故每紛然誦説古今，考論是非，以應其名耳。」其科全稱賢良方正能直言極諫，亦見《宋會要輯稿》第一百一十一册《選舉》一一之八。《墓誌銘》亦云應直言。然歐陽修奏文及以下所引《王臨川集》制文及《宋史》本傳皆云所應者乃材識兼茂明於體用科，蓋二者乃一科。《文集》卷六十《與吕龍圖》第一首稱「中茂才科」，益信。

《濟南先生師友談記》：「東坡云：頃同黄門公初赴制舉之召，到都下，是時同召試者甚多。一日，相國韓公與客言曰：『二蘇在此，而諸人亦敢與之較試，何也？』此語既傳，於是不試而去者，十蓋八九矣。」又：「東坡云：國朝試科目，亦在八月中旬。頃與黄門公既將試，黄門公忽感疾卧病，自料不能及矣，相國韓魏公知之，輒奏上曰：『今歲召制科之士，惟蘇軾、蘇轍最有聲望。今聞蘇轍偶病，未可試。如此人兄弟中一人不得就試，甚非衆望，欲展限以俟。』上許之。黄門病中，魏公數使人問安否。既聞全安，方引試。凡比常例展二十日。自後試科目並在九月，蓋始於此。比者相國吕微仲語及科目何故延及秋末之説，東坡爲吕相國言之。相國曰：『韓忠獻其賢如此，深可慕爾。』」《施譜》亦節引此段記載。然據上所引之《宋會要輯稿》，試六論爲八月十七日，正在中旬，並未延期；據下引《長編》，御試在本月二十五日舉行，亦未延期。待考。

《硯箋》卷一《二蘇賢良硯》引蘇過《先君與叔父試制策各攜一端硯外孫文驥得其一過藏其一名賢良硯》詩：「兩翁出蜀時，不攜一束書。揭來奉大對，昧死排姦諛。諫官與御史，鉗口慚青蒲。翁登鸞臺上玉堂，論思獻納在帝旁。居夷渡海不汝置，險阻艱難曾備嘗。」《斜川集》未收。

《吹劍録全編·四録》：「東坡《形勢不如德論》，不知出處；《禮知信足以成德》，知子由記不得，乃厲聲索硯水曰：『小人哉！』子由始悟出《樊遲學稼》法。」

辛丑（二十一日），歐陽修爲參知政事。

據《宋史·宰輔表》。

蘇洵上《議修禮書狀》。

狀見《嘉祐集箋注》卷十五。狀末云：「謹具狀申提舉參政侍郎，欲乞備録聞奏。」此狀乃由歐陽修轉呈。

狀謂：「遇事而記之，不擇善惡，詳其曲折，而使後世得知而善惡自著者，是史之體也。」强調歷史之嚴肅性，其嚴肅性乃歷史自身之要求。歷史之任務在於後世得知當世之狀況，使當世之善惡自著於後世，是之謂忠實於歷史。是之謂歷史之體。

洵之論乃緣「祖宗所行不能無過差；不經之事，欲盡芟去，無使存録」之議而發。議者之意在掩惡諱過，所云「不經」，不過爲托詞。洵謂孔子作《春秋》，不善亦書；班固作《漢·志》凡漢之事，悉載而無所擇。如是，先世之小過，不足以害其大明，而可以使後世無疑之之意，爲後世所信。苟掩惡諱過，將使後世不知淺深，以爲有所大不可言者，史將不可取信於後世，不成其爲史。乃卓見。

乙亥（二十五日），仁宗御崇政殿，試蘇軾等。考官爲胡宿、沈遘、范鎮、司馬光、蔡襄。進《策》，答《策問》。進《中庸論》等凡二十五篇。

乙亥云云，據《長編》卷一百九十四。《宋史·仁宗紀》本日紀事：「策制舉人。」《施譜》：「九月，御試，考官胡宿、沈遘、范鎮、司馬光、蔡襄。」今仍從《長編》、《宋史》，定御試爲八月二十五日。《蘇軾文集》卷二十七《辯試館職策問劄子》第二首：「臣昔於仁宗朝舉制科，所進策論及所答聖問，大抵皆勸仁宗勵精庶政，督察百官，果斷而力行。」《策》見《文集》卷八、卷九。《答策問》即《御試制科策一道》，見卷九；此文附《策問》，乃胡宿撰，見《經進東坡文集事略》卷二十注文。

胡宿字武平，常州晉陵人。治平四年卒，年七十二，謚文恭。《宋史》卷三百十八有傳。宗愈乃宿姪。沈遘字文通，年未四十卒，錢塘人。《宋史》卷三百三十一有傳。

《經進東坡文集事略》卷四至八皆收《進論》，郎曄注：「此係應制科時所上進卷。」其中《中庸論》三首，見《文集》卷二；《秦始皇帝論》、《漢高帝論》、《魏武帝論》、《伊尹論》、《周公論》、《管仲論》、《孫武論》二首、《子思論》、《孟子論》，見《文集》卷三；《樂毅論》、《荀卿論》、《韓非論》、

《留侯論》、《賈誼論》、《晁錯論》、《霍光論》、《揚雄論》、《諸葛亮論》、《韓愈論》、《大臣論》二首，見《文集》卷四。

《蘇軾詩集》卷十五《贈寫御容妙善師》：「憶昔射策干先皇，珠簾翠幄分兩廂。紫衣中使下傳詔，跪奉冉冉聞天香。仰觀眩晃目生暈，但見曉色開扶桑。迎陽晚出步就座，絳紗玉府光照廊。野人不識日月角，仿佛尚記重瞳光。」叙此時事。

轍答《策問》極言得失。

《潁濱遺老傳》上：「轍年……二十三舉直言，仁宗親策之於廷。時上春秋高，始倦於勤。轍因所問，極言得失，曰：『陛下即位三十餘年矣，平居静慮，亦嘗有憂於此乎，無憂於此乎？臣伏讀制策，陛下既有憂懼之言矣，然臣愚不敏，竊意陛下有其言矣，未有其實也。往者寶元、慶曆之間，西羌作難，陛下晝不安坐，夜不安席。天下皆謂陛下憂懼小心如周文王。然自西方解兵，陛下棄置憂懼之心二十年矣。古之聖人無事則深憂，有事則不懼。夫無事而深憂者，所以爲有事之不懼也。今陛下無事則不憂，有事則大懼。臣以爲憂樂之節易矣。臣疏遠小臣，聞之道路，不知信否。近歲以來，宫中貴姬至以十數，歌舞飲酒，優笑無度。坐朝不聞咨謨，便殿無所顧問。三代之衰，漢、唐之季，女寵之害，陛下亦知之矣。久而不止，百蠹將由之而出。内則蠱惑之所汙，以傷和伐性；外則私謁之所亂，以敗政害事。陛下無謂好色於内不害外事也。今海内窮困，生民愁苦，而宫中好賜不爲限極，所欲則給，不問有無。司會不敢争，大臣不敢諫，執契持敕，迅若兵火。國家内有養士、養兵之費，外有北狄、西戎之奉，陛下又自爲一阱，以耗其遺餘。臣恐陛下以此得謗，而民心不歸也。』」全文見《應詔集》卷十二，文句與此略有出入。

《欒城集》卷十五《去年冬，轍以起居郎入侍邇英，講不逾時。遷中書舍人，雖忝冒愈深，而瞻望清光，與日俱遠。追記當時所見，作四絶句呈同省諸公》其三云：「早歲西廂跪直言，起迎天步晚臨軒。」自注：「轍昔舉制策，坐於崇政西廊，蓋邇英之北也。是日晚，仁皇自延和步入崇政，過所試幄前，瞻望天表，最爲親近。」乃此時事。

閏八月九日，司馬光上《論制策等第狀》，乞甄收蘇轍。轍入四等。

《司馬光奏議》卷五《論制策等第狀》（題下原注：「閏八月九日上。既而執政以毡所試進呈，欲黜之。上曰：『其言切（原作「或」，據《年表》改），不可棄也。』乃降一等收之，即蘇轍也。」）狀云：「右臣近蒙差赴崇政殿後覆考應試舉人試卷。内囗、毡兩號所對策，辭理俱高，絶出倫輩。然毡所對『命秩之差』、『虚實之相養』等一兩事，與所出差舛。臣遂與范鎮同議，以囗爲第三等，毡爲第四等，詳定官已定從覆考。竊知初考官以爲不當，朝廷更爲之差官重定，復從初考，以毡爲不入等。臣竊以國家置此六科，本欲取材識高遠之士，固不以文辭華靡、記誦雜博爲賢。毡所試文辭，臣不敢言。但見其指陳朝廷得失，無所顧慮，於四人之中，最爲切直。今若以此不蒙甄收，則臣恐天下之人，皆以爲朝廷虚設直言極諫之科，而毡以直言被黜，從此四方以言爲諱。其於聖主寬明之德，虧損不細。臣區區所憂，正在於此。非爲臣已考爲高等，苟欲遂非取勝而已也。伏望陛下察臣愚心，特收毡入等，使天下之人皆曰毡所對目雖有漏落，陛下特以其切直收之，豈不美哉！謹具狀奏聞，伏候敕旨。」《年表》亦引此文，「回」作「固」，「皆曰毡」之「毡」作「毡」；「臣恐天下」之「天」原作「及」，今從《年表》。據《年表》及《蘇軾文集》卷十六《司馬温公行狀》，是科應試者四人，今所知者蘇軾、蘇轍、王介三人。

《潁濱遺老傳》上：「策入，轍自謂必見黜，然考官司馬君實第以三等。范景仁難之，蔡君謨曰：『吾三司使也，司會之言，吾愧之而不敢怨。』惟胡武平以爲不遜，力請黜之。上不許，曰：『以直言召入，而以直棄之，天下謂我何！』宰相不得已，置之下第。」按：據《宋史·宰輔表》，時宰相爲韓琦、曾公亮。

《蘇軾文集》卷十六《司馬温公行狀》：「蘇轍舉直言策，入第四等，而考官以爲不當收。公言：『轍於同科四人中，言最切直，有愛君憂國之心，不可不收。』時宰相亦以爲當黜，仁宗不許。曰：『求直言，以直棄之，天下其謂朕何！』。」按「仁宗不許」云云，亦見於《三集》卷十《遺老齋記》。

《長編》卷一百九十四本年八月乙亥紀事：「諫官司馬光考其（按：謂蘇轍）策，入三等。翰林學士范鎮難之，欲降其等。蔡襄曰：『吾三司使，司會之名，吾愧之而不敢怨。』惟胡宿以爲策不對所問，而引唐穆宗、恭宗以况盛世，非所宜言，力請黜之。光言是於同科三人中，獨有愛君憂國之心，不可不收。而執政亦以爲當黜。上不許，曰：『求直言而以直棄之，天下其謂我何。』乃收入第四等。」「唐穆宗、恭宗」云云，乃蘇轍對策中語。《宋史》卷三百三十六《司馬光傳》亦略及。

蘇軾入三等，王介爲四等。軾除大理評事、簽書鳳翔府判官；知制誥王安石作制。

據《長編》卷一百九十四；王介爲四等，爲秘書丞，知静海縣。《宋史》本傳謂「宋初以來，制策入三等，惟吴育與軾」。《石林燕語》卷二云「故事，制科分五等，上二等皆虚，惟以下三等取人，然中選者亦皆第四等」，故蘇軾《謝制科啓》云「誤占久虚之等」。《王臨川集》卷五十一《應才識兼茂明於體用科守河南府福昌縣主簿蘇軾大理評事制》：「勑某。爾方尚少，已能博考羣書，而深言當世之務，才能之異，志力之强，亦足以觀矣。其使序於大理，吾將試爾從政之才。夫士之强學贍辭，必知要然後不違於道。擇爾所聞，而守之以要，則將無施而不稱矣，可不勉哉！可。」

《歐陽文忠公文集》卷一百五十《與焦殿丞千之》：「蘇氏昆仲，連名並中，自前未有，盛事！盛事！」簡作於本年。

以蘇轍爲試秘書省校書郎充商州軍事推官。

據《年表》。《年表》謂此爲丁卯事。按：丁卯已及九月底，恐有誤。《西溪集》卷五《應才識兼茂明於體用科新授河南澠池縣主簿蘇轍可試秘校充商州軍事推官》：「敕某。朕奉先聖之緒以臨天下，雖夙寤晨興，不敢康寧，而常懼躬有所闕，羞於前烈。日御便坐以延二三大夫，垂聽而問。而轍也指陳其微，甚直不阿。雖文采未極，條貫靡究，亦可謂知愛君矣。朕親覽，其獨嘉焉。其以轍爲州從事，以試厥功。克慎爾術，思永修譽。可。」

《潁濱遺老傳》上：「除商州軍事推官。知制誥王介甫意其右宰相專攻人主，比之谷永，不肯撰詞。宰相韓魏公哂曰：『此人策語，謂宰相不足用，欲得婁師德、郝處俊而用之，尚以谷永疑之乎？』知制誥沈文通，亦考官也，知其不然，故文通當制，有愛君之言。諫官楊樂道見上，曰：『蘇轍，臣所薦也。陛下赦其狂直而收之，盛德之事也，乞宣付史館。』上悦從之。」《年表》同，《長編》亦敘及，較略。「宰相不足用」云云，亦蘇轍答策中語；疑以此開罪宰相，宰相欲黜之也。

軾上《謝制科啓》。

啓見《蘇軾文集》卷四十六。

《新編分門古今類事》卷七《東坡大吴》引《幕府燕閑録》叙蘇軾十四歲時，夢人謂軾「君是大吴」，以下云：「後十四年，舉賢良中選，詣御臺謝知試王綽，既入門，儼如夢中，視綽乃夢中人也。既坐，謂子瞻曰：『君是大吴。』兄弟相顧而笑，因請其故。綽曰：『前日賢良就試，綽與封彌，以大吴爲卷號，是時意君爲第一，今則果然。』亦問其笑，乃以夢答，賓主大歡久之。」「十四」當爲「十二」之誤。然考官無王綽，待考。兹附於此。

《邵氏聞見後録》卷十四：「東坡中制科，王荆公問吕申公：『見蘇軾制策否？』申公稱之。荆公曰：『全類戰國文章，若安石爲考官，必黜之。』故荆公後修《英宗實録》，謂蘇明允有戰國縱横之學云。」按：安石乃考官，《後録》偶失實。申公乃公著。

蘇洵長子軾除大理評事、簽書鳳翔府判官。軾除據《長編》卷一百九十四；《長編》未載具體之日。軾全銜爲：將仕郎、守大理寺評事、簽書鳳翔府節度判官廳公事。

轍有《謝中制科啓》。

《年表》本年紀事：「轍有《謝制科啓》。」

《三蘇全書》第十八册《蘇轍集》卷六十二引《皇朝文鑑》卷一二二蘇轍《謝中制科啓》：「轍以薄材，親承大問。論議群起，予奪相乘。不意聖恩之曲加，猶獲從吏之殊寵。伏讀告命，重積震惶。嘉其愛君之心，期以克終之譽。辭不獲命，愧無以堪。轍生於遠方，有似愚直。幼承父兄之餘訓，教以强己而力行。雖爲朝廷之直臣，常欲挺身而許國。位卑力薄，自許過高。言發讒生，事勢宜爾。迨尋策問之微意，實皆安危之大端。自謂不及，則曰志勤道遠；開其不諱，則曰無悼後害。竊以制策之及此，又念利目之謂何。罄其平時之所懷，猶懼不足以仰對。言多迂闊，罪豈容誅。伏以國家取人之科，惟是剛柔適中之士。太剛則惡其猖狂不審，太柔則畏其選懦不勝。將求二者之中，屬之以事；固非一介之賤，所或能當。轍之不才，過乃由此。然而訐切憤悱，爲知士之所不許；因循鹵莽，又有國之所樂聞。使舉世將以從容而自居，則天下誰當以奮發而爲意。此蓋某官，羽翼盛時，冠冕多士。思盡芻蕘之議，以明寬厚之風。羈危之所恃，以爲無憂；紛紜之所恃，以爲定論。顧惟無似，尚辱甄收。感恩至深，求報無所。昔者西漢之盛，莫如文、景、孝武之賢；制策所興，世稱晁、董、公孫之對。然而數子者頌詠德美，而不及其譏刺。故三帝者好愛文字，而無聞於寬容。豈其時君不可爲之深言，抑其辟臣亦將有所不悦。轍才雖不逮，時或見容。非懷爵禄之榮，竊喜幸會之至。」

轍奏乞養親，不赴商州任。

《潁濱遺老傳》上：「是時，先君被命修禮書，而兄子瞻出簽書鳳翔判官，傍無侍子，轍乃奏乞養親三年。」

軾赴鳳翔前，經營南園。

《總案》：「公後在鳳翔，子由賦園中草木十詩以寄，云『南園地性惡』，是此園名南園也。又云『吾兄客關中，果贏施吾宇』，是顯爲公之園也。公答詩云『煌煌帝王都』、『閉門觀物變』，是園在京師也。」轍詩在《欒城集》卷二，軾詩在《蘇軾詩集》卷五（二〇二頁）。軾經營南園，在赴鳳翔前。赴鳳翔後，由弟轍繼續經營。

軾嘗晤小兒醫張荆筐，荆筐爲言空冢小兒事。

《蘇軾文集》卷七十二《空冢小兒》叙之，謂本年京師時事。

簽書鳳翔府判官告下，追封母程氏爲武陽縣君。

《程夫人墓誌銘》：「軾登朝，追封武陽縣君。」簽書全銜爲：「將仕郎、守大理寺評事、簽書鳳翔府節度判官廳公事。」參本年以下「在長安」條。

軾别陸詵。

《蘇軾詩集》卷六《陸龍圖詵挽詞》：「塵埃輦寺三年别。」「王堯卿注」謂此乃謂與詵别於京師。蘇軾與詵約於嘉祐七年會於鳳翔，參該年「與陝西轉運副使陸詵相會於鳳翔」條。「三年」乃謂自始見至再見。據此，軾與詵始見約爲嘉祐五年，首尾計之爲三年。

《宋史》卷三百三十二《陸詵傳》：「字介夫，餘杭人。」詵嘗判太常禮院，稱以「輦寺」，當以此。

軾辭父離京師赴鳳翔任。同行者有馬正卿（夢得）。

《蘇軾詩集》卷二十一《東坡八首·叙》：「余至黄州二年，日以困匱。故人馬正卿哀余乏食。」詩其八云：「馬生本窮士，從我二十年。日夜望我貴，求分買山錢。」詩作於元豐四年。《王譜》謂十二月赴任，失之。《施譜》謂爲十一月，《紀年録》謂冬。

十月三日，詔編定謚法。

《宋會要輯稿》第四十册《禮·謚》五十八之四（一六一三頁）：「（嘉祐六年）十月三日，詔以太常禮院見置局編纂禮書，委本（撰者按：原誤作『木』）院編纂官以《周公》、《春秋廣謚》、沈約、賀琛、王彦威及雍熙中所編定謚法類聚詳酌取方今可行用者編定以聞。」參嘉祐八年「《六家謚法》二十卷編成上書」條，蘇洵與其事。

蜀友回鄉，蘇軾作簡。

《蘇軾佚文彙編》卷四《與友人》：「……大人曾是。軾在益州時，同角有書奉寄并文□一封，參差却將歸。今仍附去，悉之！悉之！舍弟不及書。臨行草草。僧正亦不别幅，千萬致意。軾上。」

大人謂蘇洵。此簡作時，洵尚在。如已故，則稱先君。此簡作於嘉祐間，時在京師。簡云「臨行草草」，或是赴鳳翔。簡云致意僧正，知友人乃回成都。今次赴鳳翔前。

十一月十九日，軾與弟轍别於鄭州之西門。過澠池，和弟轍《澠池懷舊》。

《蘇軾詩集》卷三詩題：「辛丑十一月十九日，既與子由别於鄭州西門之外，馬上賦詩一篇寄之。」

《欒城集》卷一《懷澠池寄子瞻兄》起四句云：「相攜話别鄭原上，共道長途怕雪泥。歸騎遠尋大梁陌，行人已度古崤西。」乃寫此時事。沈欽韓《蘇詩查注補正》謂鄭州西門乃汴京新鄭門，誤。又，《詩集》卷四《九月二十日微雪懷子由弟二首》其二：「鄭西分馬涕垂膺。」和詩在《詩集》卷三（九六頁）。

軾至長安，晤劉敞（原父），敞留劇飲，爲述陳元龍答陳季弼語。游石林亭，觀敞所蓄唐苑中石，作詩。

《蘇軾文集》卷六十八《書黄州詩記劉原父語》：「昔爲鳳翔幕官，過長安，見劉原父，留吾劇飲數日。」以下叙敞酒酣，述陳元龍答陳季弼敬陳元方兄弟等人之語，以「餘子瑣瑣，亦安足録哉」作結。以下云敞「因仰天太息」，並云此乃敞之雅趣。按：敞意蓋謂蘇軾有可敬之處也。

詩見《蘇軾詩集》卷三（九七頁）。

《鐵圍山叢談》卷四：「原父號博雅，有盛名。曩時出守長安，長安號多古簋、敦、鏡、甗、尊、彝之屬，因自著一書，號《先秦古器記》。」又謂：虞、夏而降，制器尚象，著焉後世；梁劉之遴好古愛奇。以下云：「然在上者初不大以爲事，獨國朝來寖乃珍重，始則有劉原父侍讀公爲之倡，而成於歐陽文忠公。又從而和之，則若伯父君謨、東坡數公云爾。」知蘇軾喜古器有敞之影響。

《金石萃編》卷一百三十五《石林亭唱和詩》（原注：石高三尺九寸二分，廣一尺九寸，共十六行，行二十七字，正書。額題京兆唱和四字，篆書。在麟遊縣）：「《石林亭詩》：翰林侍讀學士、尚書禮部郎中、永興軍路安撫使兼知軍府事劉敞。……《次韻和》：將仕郎、守大理評事、簽書鳳翔府節度判官廳公事蘇軾。……嘉祐七年十二月十五日，將仕郎、守縣尉兼主簿事李部書。登仕郎、試秘書省校書郎、守鳳翔府麟遊縣令郭九齡建。」永興軍路治長安、萬年二縣。

《公是集》卷四《石林亭成宴府僚作五言》：「吾愛謝宣城，適意安獨往。雖聯鳳池步，不廢山泉賞。吾慕應休璉，感事能屬書。頗嬰下流謗，獨占仁智居。寥寥二賢後，忽忽千載餘。若士不可追，此風或在予。延石象衆山，決泉瀉交渠。林壤使我欣，不知歲月徂。薜蘿分蔽虧，松竹相扶疏。時時四方客，顧此亦踟躕。倘遇鍾子期，知子情所攄。」亭蓋在一園内，有石山（人工構築之），有流泉，有松，有竹，有薜蘿，景色宜人。

同上卷十一《新作石林亭》：「朝廷入忘返，山林往不還。念無高世姿，聯處可否間。築基倣崔嵬，鞭石輕險艱。羣玉相磊落，萬峯正孱顔。種樹亦蒼蒼，激流復潺潺。渦浯欸在眼，崑閬若可攀。自我嬰世網，邇來鬢毛斑。丘壑成弱喪，簿書常自環。及爾滅聞見，曠如遠塵寰。豈敢同避世，庶幾善閉關。子牟困懷魏，謝傅悲徂山。兹焉可遺老，詎厭終歲閑。」云「新作」，乃劉敞到長安後所築。

十二月十四日，軾到鳳翔府簽判任。

《蘇軾文集》卷四十六《鳳翔到任謝執政啓》：「違去軒屏，忽已改歲。」以下云：「前月十四日到任，翌日尋已交割訖。」前月，上月也。到任、交割，又見《文集》卷五十九《與楊濟甫》第二簡。鳳翔屬陝西路之秦鳳路，縣十：天興、岐山、扶風、盩厔、郿、寶鷄、虢、麟游、普潤、好畤；監一：司竹。治天興。

時宋選代崔嶧知鳳翔府。選厚遇蘇軾。

《長編》卷一百九十三：本年六月丁卯，嶧徙知河中，以所至貪污。嶧字之才，京兆長安人，《宋史》卷二百九十九有傳。

《蘇軾文集》卷十一《鳳鳴驛記》謂今年八月選始至。

《温國文正司馬公文集》卷十有《和宋郎中（原注：選字子才）孟秋省直》、《送宋郎中知鳳翔府》詩。後者有「昔解陳倉印，於今二十秋」之句。選知鳳翔前，與司馬光、韓宗彦、沈遘爲三司僚屬。見《温公續詩話》。《畫繼》稱選嘗爲少府監。

選，鄭州滎陽人。兄弟三人，選居長，次道、迪。選有子子房（漢傑）。道、迪、子房與蘇軾皆有交往。

《文集》卷五十九與子房第一簡：「某初仕即佐先公，蒙顧遇之厚，何時可忘。」《蘇軾詩集》卷三《東湖》：「予今正疏懶，官長幸見函。」《次韻子由除日見寄》：「兄今雖小官，幸忝佐方伯。」《新葺小園》其二：「西鄰幸許庇甘棠。」可證選顧遇。卷四《題寶雞縣斯飛閣》：「誰使愛官輕去國，此身無計老漁樵。」因選發。《鳳鳴驛記》贊選敬禮賓客，「四方之至者如歸其家」。

王彭（大年）爲監軍。軾與彭游甚密，彭爲言佛法。

據《蘇軾文集》卷六十三《王大年哀詞》：彭乃太原人。全斌曾孫，凱子。全斌宋初平蜀有功，凱數敗趙元昊，有邊功，《宋史》卷二百五十五同傳。據《哀詞》，彭從父討賊，亦邊功卓著，奏功不賞，不以爲意。

蘇軾其時與彭「居相鄰，日相從」；彭喜蘇軾之文，軾每爲出一篇，輒拊掌歡然終日；爲言佛法大略，蘇軾喜佛書，蓋自彭發之。以上云云，皆見《哀詞》。《文集》卷六十六有《記王彭論曹劉之澤》。

張琥爲鳳翔府户曹參軍，胡允文（執中）爲鳳翔府屬縣令。

琥據《錢塘韋先生文集》卷十八《故大資政張公行狀》。未冠登嘉祐二年第，滁州全椒人，後改名璪，《宋史》卷三百二十八有傳。

《蘇軾文集》卷十一《鳳鳴驛記》有鳳翔府屬「縣令胡允文」云云，卷六十三《祭胡執中郎中文》云「從事於岐，始識君面，相從之歡，傾蓋百年」。執中乃允文之字。鳳翔府治天興，允文或爲天興令。

軾至孔子廟，觀石鼓；過府廳，讀詛楚文；游開元寺，觀王維、吴道子畫；游天柱寺，觀楊惠之塑維摩像；泛東湖；登真興寺閣；游李氏園，弔秦穆公墓：彙爲《鳳翔八觀》詩。嘗鈎《石鼓文》。

《蘇軾詩集》卷三《鳳翔八觀·石鼓歌》：「冬十二月歲辛丑，我初從政見魯叟。」《施譜》、《總案》入此八詩於本年，今從。

《六硯齋筆記》卷三：「東坡首鈎《石鼓文》一本，篆籒特全，音釋具備，遠勝潘迪、薛尚功、鄭樵所録。」今不見。

清汪師韓評軾《石鼓歌》：「雄文健筆，句句奇重，氣魄與韓退之作相埒而研練過之。細玩通篇，以『冬十二月』四句起，以『興亡百變』四句結。起仿《北征》詩體，莊重有法，結亦悠然不盡。」（《蘇詩選評箋釋》卷一）蘇軾詩歷叙石鼓遭遇，其末四句云：「興亡百變物自閑，富貴一朝名不朽。細思物理坐歎息，人生安得如汝壽。」韓愈(退之)有《石鼓歌》。今人高步瀛《唐宋詩舉要》卷三引吴汝綸評：「此蘇詩之極整齊者，句句排偶，而俊逸之氣自不可掩。」《詛楚文》云：「詞云秦嗣王，敢使祝用瓚。先君穆公世，與楚約相捍。質之於巫咸，萬葉期不叛。今其後嗣王，乃敢構多難。刳胎殺無罪，親族遭圉絆。計其所稱訴，何啻桀紂亂。」責秦之無信義。以下云：「吾聞古秦俗，面詐背不汗。」非一日形成。

《王維吴道子畫》云：「道子實雄放，浩如海波翻。當其下手風雨快，筆所未到氣已吞。亭亭雙林間，彩暈扶桑暾。中有至人談寂滅，悟者悲涕迷者手自捫。蠻君鬼伯千萬萬，相排競進頭如黿。」盛贊吴道子之畫。又云：「摩詰本詩老，佩芷襲芳蓀，今觀此壁畫，亦若其詩清且敦。祇園弟子盡鶴骨，心如死灰不復温。門前兩叢竹，雪節貫雙根。交柯亂葉動無數，一一皆可尋其源。」盛贊王維(摩詰)之畫。然蘇軾猶贊美王維，以爲吴道子仍爲「畫工」，而於王維得神似「斂衽無間言」。

《維摩像唐楊惠之塑在天柱寺》云：「今觀古塑維摩像，病骨磊嵬如枯龜。乃知至人外生死，此身變化浮雲隨。」查慎行《初白菴詩評》卷中謂「維摩像必示疾者，故詩云然。」趙翼《甌北詩話》卷五《蘇東坡詩》：「坡詩不尚雄傑一派，其絶人處在乎議論英爽，筆鋒精鋭，舉重若輕，讀之似不甚用力而力已透十分，此天才也。」以下舉多例説明，其中即有本詩：「世人豈不碩且好，身雖未病心已疲。此叟神完中有恃，談笑可却千熊羆。……至今遺像兀不語，與昔未死無增虧。」謂「此皆坡詩中最上乘，讀者可見其才分之高，不在功力之苦也」。《東湖》云：「扶風古三輔，政事豈汝諳。聊爲湖上飲，一縱醉後談。門前遠行客，劫劫無留驂。問胡不回首，毋乃趁朝參。予今正疏懶，官長幸見函。不辭日游再，行恐歲滿三。」「扶風」二句，略寓不遇之意。「醉後」，知同游者有友人。「問胡」六句，實爲對話，閑暇中仍寓沉屈之意。

汪師韓《蘇詩選評箋釋》卷一評《真興寺閣》：「蒼蒼莽莽，意到筆隨。中間『側身送落日，引手攀飛星』十字，奇警奪目，可與老杜『七星在北户，河漢聲西流』相匹敵。」陳衍《宋詩精華録》卷二謂此詩乃「坡公五古之以健勝者」。

《李氏園》。《江鄰幾雜志》謂：「〔李〕茂貞幽昭宗於紅泥院，自據使宅。民獻善田，薄租以佃之，稱『秦王户』後，子孫以券收田，府西土腴各百餘頃，不十年蕩盡。」查慎行《初白菴蘇詩補注》卷四：「與先生詩吻合。意其奪田開園，乃唐末事。其後既爲世土，則市小惠，以結民心，亦奸雄之故智。東坡身至鳳翔，所見必真，故詩云云，可補史傳之缺。」

《秦穆公墓》云：「昔公生不誅孟明，豈有死之日而忍用其良。乃知三子循公意，亦如齊之二子從田横。古人感一飯，尚能殺其身。今人不復見此等，乃以所見疑古人。古人不可望，今人益可傷。」三子者，子車氏之三子奄息、仲行、鍼虎，秦之良者也。秦穆公卒，三子殉葬。蘇軾以爲乃三子爲感穆公之恩而自願從殉。胡仔《苕溪漁隱叢話》後集卷三：「余觀東坡《秦穆公墓》詩意，全與《三良》詩意相反，蓋是少年時議論如此。至其晚年，所見益高，超人意表，此揚雄所以悔少作也。」《詩》有《黄鳥》篇，鄭箋云：「從死，自殺以從死。」謂三良也。賀裳《載酒園詩話》卷一《詠史》：「《黄鳥》之詩曰：『臨其穴，惴惴其栗。』感恩而殺身者然乎。」蓋以蘇軾之評斷爲錯，不可從。

轍和《鳳翔八觀》詩。

轍和見《欒城集》卷二。

石鼓乃周宣王遺物。轍和《石鼓》叙石鼓於亂時「獨以無用不見數」，以致「形骸偃蹇任苔蘚，文字皴剥困風雨」，然以無用得全。以下謂石鼓有「楊柳貫魴鱮」文字，并謂：「以柳貫魚魚不傷，貫不傷魚魚樂死。」由是以言周宣王用兵「將帥用命士卒歡」，以宣王「撫之如子敬如父」，宣王實爲仁人。則石鼓乃神物，登之廟中可以格鬼神。

詛楚文乃秦人詛楚之文。轍和《詛楚文》謂：「諸侯迭相詛，禍福果誰有？」以詛乃「鄙醜」之行。

轍和《王維吴道子畫》中云：「誰言王摩詰，乃過吴道子？試謂道子來，置女所挾從軟美。道子掉頭不肯應，剛傑我已足自恃。」言王維、吴道子各有所長。「優柔自好勇自强，各自勝絶無彼此。」蘇轍提倡各種風格并存。

轍和《楊惠之塑維摩像》中云：「誰人好道塑遺像，鮐皮束骨筋扶咽。兀然隱几心已滅，形如病鶴竦兩肩。骨節支離體疏緩，兩目視物猶炯然。」又云：「彼人視身若枯木，割去右臂非所患。」叙所塑之像。末云：「真人遺意世莫識。」存其疑。

轍和《東湖》中云：「蜿蜒蒼石螭，蟠拏據湖心。倒腹吐流水，奔注爲重深。清風蕩微波，渺渺平無音。有鱉行在沙，有魚躍在潯。鱉圓如新荷，魚細如蠹蟫。梧桐生兩涯，蕭蕭自成林。孫枝復生孫，已中瑟與琴。秋蟲噪蜩蛩，春鳥鳴鴃鵟。有客來無時，濯足蔭清陰。自忘府中官，取酒石上斟。醉倒卧石上，野蟲上其襟。醒來不知暮，湖月翻黄金。油然上馬去，縱牽不自箴。作詩招路人，行樂宜及今。人生不滿百，一瞬何所任。路人掉頭笑，去馬何駸駸。」叙兄軾常游其間。

轍和《真興寺閣》中云：「上有傲世人，身衣白鶴毛。下視市井喧，奔走何嗷嗷。蕭然倚楹嘯，遺響入雲霄。清風吹其裾，冉冉不可操。不知何所爲，豈即非盧敖？」盧敖，秦博士，避亂於東武之盧山，後得道。《蘇軾詩集》卷十三有《盧山五詠·盧敖洞》詩。轍此詩蓋出想像。

轍和《李氏園》自注：「李茂貞園也，俗謂皇后園，蓋茂貞謂其妻也。」據《蘇軾詩集》注文，唐僖宗時，李茂貞爲鳳翔節度使，昭宗時封岐王，後唐莊宗時卒。轍和詩中云：「悲哉李氏末，王霸出奴皂。城中開芳園，城外羅戰堡。擊鼓鳴巨鐘，百姓皆懊惱。」「擊鼓」云云，似驅使百姓，惜不得其詳。以下云入宋以後「園田賦貧民」，「當年王家孫，自庇無尺橑」。末云「持用戒滿盈」，蓋言李氏後裔今日不能自保，實由於當日之「滿盈」。

轍和《秦穆公墓》末云：「三良徇秦穆，要自不得已。」實出於迫脅。

除日，轍作詩寄軾。時轍居太學前。

《欒城集》卷一《辛丑除日寄子瞻》：「人心畏增年，對酒語終夕。」又云：「有懷岐山下，展轉不能釋。」初別，思之殷。

同上又云：「城南庠齋静，終歲守墳籍。」

庠齋，謂太學。宋代太學在東京城南。見明李濂《汴京遺迹志》卷三、清周城《宋東京考》。據此，轍中制科後，已自懷遠驛遷出居此。據「終歲」句，轍居此已作較長時間打算。參嘉祐七年「時蘇洵蘇轍與黎錞爲鄰」條。

歐陽修盛贊蘇軾文章，喜其出己之上。

《歐陽文忠公集·試筆·蘇氏四六》：「往時作四六者，多用古人語及廣引故事，以衒博學，而不思述事不暢。近時文章變體，如蘇氏父子以四六叙述，委曲精盡，不減古人。自學者變格爲文，迨今三十年，始得斯人，不惟遲久而後獲，實恐此後未有能繼者爾。自古異人間出，前後參差不相待，余老矣，乃及見之，豈不爲幸哉！」此所云四六，實兼指散體；所云蘇氏父子，其重心自是蘇軾。歐陽修爲天聖八年進士，九年任西京留守推官，與尹洙、梅堯臣切磋革新詩文。見歐集卷首年譜。自天聖九年至今年爲三十年。

《風月堂詩話》卷上：「東坡詩文，落筆輒爲人所傳誦，每一篇到歐公處，公爲終日喜，前後類如此。一日，與棐論文及坡公，歎曰：『汝記吾言，三十年後世上人更不道着我也。』」《曲洧舊聞》卷八亦及此。

軾嘗有雜書小册。

《禮部集》卷十七《蘇文忠公雜書小册》：「右蘇文忠公雜書一小册，文定公題識二十八字，册本，抄黄石公素書及占相等法，題乙卯歲實元元年。文忠纔二歲，文定始生。『乙』當作『己』，誤也。此公早年所嘗繙閲，往往因餘紙信手肆筆，縱横斜正，間見錯出，如《道德經》文，杜、韋、韓公詩章及雜事古語，雖無倫次，而皆可諷誦。又作人物面目，樓樹水波，游戲妍巧，悉有思致，後來書畫之妙，已見於此。擬對制策稿，論列時事十數條。按：公嘉祐六年所對策，首用此文，而下移一段以爲結語。中間如勤政、御臣制敵、用人、阜財消變之方，皆與此合。蓋當時天下之事，其要有幾，惟明者所見略同，而言必出此，有以見公之偉識，非區區揣摩套括者比也。至若弟懷其兄而書之前，兄懷其弟而書其後，追計歲月，感歎離合，使人惻怛之心悠然而生，豈徒好云乎哉！文定公長子湧泉少傅，僑居婺，其家寶藏此册，裔孫某出以示余，三百年物，手澤如新，風規可仰。既欣幸寓目，因叙梗概，以識而歸之。」湧泉乃遲，字伯充。見《蘇潁濱年表》。遲建炎間知婺州，見《宋史翼》卷四《蘇遲傳》。

文中所云「所對策」，乃《文集》卷九《御試制科策一道》。今據此繫此事於本年。

洵作《朝日載昇》。

詩首云「朝日載昇，蕘蕘伊氓」。太陽從東方昇起，一日之始。以「蟲飛蕘蕘」狀伊氓，不過言萬民在平等條件下生存，受上天與太陽恩賜，并無高、低、貴、賤之分。

詩三至六句「于室有績，于野有耕，于塗有商，于邊有征」。績謂女，耕謂男。績以衣，耕以食，商以交換、流通，萬民生存之必不可少。老蘇以征與績、耕、商並列，有强烈時代色彩。時非三代，如無兵征于邊，則績、耕、商皆無保障。

詩七、八句「天生斯民，相養以寧」。「于室有績」四句乃寫社會分工，基本概括當時社會現實。績、耕、商、兵互相支持與協助，構成安寧、和諧之大社會，無紛争與紛擾，遵上天之意，享受上天恩賜。

詩九、十句「嗟我何爲，踽踽獨營」。老蘇歆羡績、耕、商、征之各得其所，而個人獨不在其列，淒凉孤獨，我應有所爲而不得可爲之所，彷徨躑躅，無所適從，無人可以傾訴衷情以得到交流。

詩十一、十二句「初孰與我，今孰主我」。其始，誰與我同游，今同游者安在，同游者已離我而去；其始，有人爲我之主宰，肯援我以手，助我以力，今肯爲我之主宰者已不在，已自食其言。由淒凉孤獨滋生出巨大痛苦。

末二句「我將往問，安所處我」。由巨大痛苦產生出無限悲憤，直向蒼天發難，欲向蒼天討公道。非悲憤之極，不能道此語。

洵作《有觸者犢》。

詩首云「有觸者犢，再箠不却」。觸由角來，有角方能觸物。今不曰有角而曰有觸，乃强調觸，强調觸即寓有角之意於其中。初生之犢不怕虎，雖一再遭鞭打，仍要觸，不爲之却，不爲之後。强調觸，乃强調秉賦與性格。

詩三、四句「爲子已觸，安所置角」。由於觸，遂惹出許多麻煩。於是有人勸犢不用觸，停止觸。答以觸不能停，天生角，角之功能爲觸，不觸，角置之何處。有角即觸乃天性，不觸即違背天性。詞嚴義正，堅持觸不動摇。

詩五、六句「天實畀我，子欲已我」。子謂畏犢之觸者。或已遭犢觸，或今雖未遭觸而其勢必遭者。犢遂與之論理。明確提出「天」。角乃父母所畀，并非我願有即有。畏犢之觸者由畏懼而爲疾恨，公然提出放棄觸。疾觸者已形成一種聲勢，一種壓力。

詩第九、十句「惡我所爲，盍奪我有」。犢與疾犢之觸者之鬭争升級。犢咄咄逼人，毫不退讓，直斥疾觸者。由於犢鋒芒畢露，到處直觸至疾觸者之要害，疾觸者遂欲置犢於更艱難困苦之境地，而犢毫不示弱。「盍奪我有」即謂疾犢者欲拔去犢之角，然疾犢者不敢。

末二句「子欲不觸，盍索之笠」。笠欲何爲？爲庇護頭部，使不致受傷、流血。然實際上，即或戴笠，防護之功能亦有限。犢以一往無前、不屈不撓之姿態，表示對疾犢者之蔑視，並表示決不停止對應觸者之觸。

洵作《有驥在野》。

詩首二句「有驥在野，百過不呻」。驥乃駿馬，日馳驅千里，方適其志。今在野，是未得所用，不適其志也。然驥之爲馬，素質純良，能忍耐。人日過其旁，或視而不見，或欲用而不能，驥如平素，從不呻吟。

詩三、四句「子不我良，豈無他人」。子謂驥之主人。此二句代驥斥其主人，謂其主人存心不良，施虐於其身，遂欲易其他主人而事之。「豈無」一詞，抒强烈憤激，而又無可奈何。

詩五、六句「縶我于厩，乃不我駕」。代驥寫出縶于厩中而不得用之苦悶。

詩七、八句「遇我不終，不如在野」。其始，主人亦有用之之意，待之尚良，然未能持之以久。既如此，翻不如生活于廣袤原野，雖不得用，然落得自由。

第九、十句「禿毛于霜，寄肉于狼」。生活于廣袤原野，雖有自由，然亦有苦辛，以至災難。長期奔走於霜晨，毛漸落以至於禿。草原之上，餓狼成羣。奔走於草原，常爲狼追逐之目標。「寄肉」寫盡奔走於草原之孤驥之苦難，令人辛酸。「寄」者猶言隨時隨地皆可被餓狼吞噬，生命已不由己。

第十一、十二句「寧彼我傷，寧不我顧」。此二句繼續就驥在原野寫。「我傷」謂傷我，「彼」謂狼。意爲寧可以讓狼傷害我，爲狼所食，亦願走出廐中。「寧不」一句乃轉而就驥之主人言。驥之主人似寧可以使我終老廐中亦不起用我、亦不惠顧我。「寧」乃揣測之語，無可奈何之中，尚存有些小希望。

末句「無子我忘」。此句狀寫一種極爲複雜之心態。「子」之存在，主人之存在，仍爲驥之希望之所在。「無子我忘」另一面之意爲有子，我尚不可忘。

此詩就蘇洵而言，乃某一時期思想之真實寫照。朝廷知老蘇之才，屢欲用之，而遲遲未能用，老蘇不免心焦、怨望。《箋注》謂此詩「或喻朝廷詔老蘇進京而不重用」，或是。今繫於此。

此詩置之廣闊社會背景，有寓言意義。

三蘇年譜卷十二

嘉祐七年(一〇六二)壬寅　蘇洵五十四歲　蘇軾二十七歲　蘇轍二十四歲

正月,軾上謝宰相韓琦啓。

《蘇軾文集》卷四十六《鳳翔到任謝執政啓》首云「違去軒屏,忽已改歲」,知作於正月。中云「伏惟昭文相公」,據《宋史·宰輔表》,嘉祐六年閏八月琦拜昭文館大學士。

十日,次韻弟轍除夕見寄。

詩乃《蘇軾詩集》卷三《次韻子由除日見寄》,云「詩成十日到」。

二月五日,朝廷命官録被水諸州繫囚。

據《宋史·仁宗紀》。《蘇軾詩集》卷三詩題:「壬寅二月,有詔令郡吏分往屬縣減决囚禁。」

十三日,軾出府城,赴寶雞、虢、郿、盩厔四縣減决囚禁,暮宿武城鎮。

十四日,軾自寶雞行至虢。

十五日,軾經郿縣至清秋鎮。

十六日,軾至盩厔。

以上均據二月五日所引詩題及詩之自注；詩題云「畢事」，乃言四縣既至，王事畢。

十七日，軾謁太平宫，晤監宫張杲之。

據二月五日所引詩自注。據詩題，蓋王事之餘，因便遊之。杲之，熙寧五年爲台州黄巖令，見《嘉定赤城志》卷十一。《蘇魏公文集》卷三十一有《前華州下邽縣令張杲之可著作佐郎制》。

《宋詩紀事補遺》卷二十有詩。

十八日，軾循終南山而西，遊崇聖觀、大秦寺、延生觀、仙遊潭，宿中興寺；晤道士趙宗有。

據二月五日所引詩自注。《蘇軾詩集》卷四《重遊終南子由以詩見寄次韻》「溪上有堂還獨宿，誰人無事肯重來。古琴彈罷風吹座，山閣醒時月照杯」、《次韻子由以詩見報編禮借雷琴記舊曲》「誰知千里溪堂夜，時引驚猿撼竹軒」，皆叙此時事。

十九日，軾歸至郿。二十日，回府。

據二月五日所引詩自注。二月五日所引詩詩題又云：「作詩五百言，以記凡所經歷者寄子由。」《欒城集》卷一有和。

二月，軾奉命往屬縣減決囚禁，事畢登覽，作詩寄轍。轍次韻。

軾原韵見《蘇軾詩集》卷三。次韵見《欒城集》卷一，首云：「遥知因涣汗，遠出散幽憂。原隰繁分繡，村墟盡小侯。春深秦樹緑，野闊渭河流。四顧神蕭瑟，前探意漲浮。勝觀殊未已，往足詎能收。下坂如浮舸，登崖劇上樓。强行腰傴僂，困坐氣嘘休。鳥語林巒静，花明澗谷幽。濯溪驚野老，伐路駭它州。中散探深去，文淵到處留。聽琴峰下寺，弄石水中洲。溪冷泉冰脚，山高霧繞頭。石潭清照骨，瀑水濺成鈎。仙廟鳴鐘磬，神官秉鉞劉。養生聞帝女，服氣絶彭雔。故宅猶傳尹，先師不喜丘。居人那識道，過客謾停騶。巖谷誠深絶，神仙信有不？雲居無几杖，霞珮棄鑴鎪。豹隱連山霧，龍潛百尺湫。門開誰與叩？桃熟浪傳偷。紺髮清無比，方瞳凛不眸。會須林下見，乞取壽年修。拔去和鷄犬，相隨若旆旒。乘風遺腰裹，長嘯賤笙篌。從騎衣皆羽，前驅鬣盡虬。安能牽兩足，暫得快雙眸。」叙兄軾暢游，雖不乏想像，然仍有實情依據。末憶往昔「書出同穿履，宵眠共覆裘」，以是「今游雖不與，後會豈無由」，一往情深。

軾始識董傳，因與定交。

《蘇軾文集》卷五十《上韓魏公》言官鳳翔「始識傳，至今七八年」。書作於熙寧二年，識傳約爲今年。傳字至和，洛陽人，能詩。見《詩集》卷五《和董傳留别》宋王堯卿注。上韓書云「傳居喪二曲」，知乃寓居。二曲乃盩厔，《讀史方輿紀要》卷五十三：「山曲曰盩，水曲曰厔。」蘇軾行部自盩厔回，因據《總案》繫此。

《梅堯臣集編年校注》卷二十三《送董傳秀才之汝陰》：「社燕已歸盡，秋鶯猶繞林。久爲梁國客，不起灞陵心。徒步赴朋館，遠遊無橐金。江君丈人意，莫入楚鄉深（自注：鄰幾常止此行）。」此詩作於皇祐五年。鄰幾當爲撰《江鄰幾雜志》之江鄰幾。

《臨川先生文集》卷三十八《雲之祁祁答董傳》：「雲之祁祁，或雨于淵。苗之翹翹，或槁于田。雲之祁祁，或雨于野。有槁于田，豈不自我。蒼兮其隮，其在西郊。匪我爲之，我歌且謠。蔚兮其復，南山之側。我歌且謠，維以有德。」附此。

軾新葺小園，有詩。

《蘇軾詩集》卷三《新葺小園》云「三年輒去豈無鄉，種樹穿池亦漫忙」，時初到任。《次韻子由岐下詩》之引詳叙小園結構，首云「予既至岐下逾月，於其廨宇之北隙地爲亭」，其經營始於正二月間。

旱，軾赴郿禱於太白山，作祝文。自太白山早行，至横渠鎮，書崇壽院壁。復游延生觀玉真堂，題仙游潭中興寺，至玉女洞、馬融石室，過樓觀，郿塢，入磻溪，觀太公釣石，至石鼻城，有詩，共七首。

《蘇軾文集》卷六十二有《鳳翔太白山祈雨祝文》。太白山在郿縣。卷十一《喜雨亭記》謂本年春雨麥於岐山之陽，「既而彌月不雨」。禱雨約爲二月末。詩見《蘇軾詩集》卷三，凡七首（一二九至一三三頁)。郿縣有横渠鎮,虢縣有磻溪。

軾詩前三轍次韵,後四轍亦有作。

轍詩見《欒城集》卷一。以上各地皆屬鳳翔,轍未至其地,其着眼點大體在歷史。如《次韵子瞻延生觀後山上小堂》末云:「帝子暮歸人不見,微風細雨自開簾(自注:唐玉真公主修道於此山)。」詠玉真公主。《石鼻城》詠章邯、司馬懿。《磻溪石》詠姜尚。《郿塢》詠董卓。《樓觀》詠老聃及尹喜。

軾次韻弟轍所賦岐下廨亭諸詩。

詩見《蘇軾詩集》卷三(一三四頁)。《總案》謂「詩不及喜雨之事」,作於三月未雨之前。轍詩佚。

三月初五日,軾與從叔簡。

《陵陽先生集》卷十七《跋周卿所藏坡帖》:「此東坡公鳳翔簽幕時與其從叔書也。公以嘉祐七年二月十三日被命疏决寶雞等四縣囚禁,乃是月壬寅詔旨。書中云『近有詔書疏决』是也。既竣事,遂朝謁太平宫,並南山而西,游樓觀、大秦等寺,帖中云『因得恣游南山』是也。十九日始歸,書中云『近方還府』是也。是時,老泉被命編修禮書,留京師,書中云『屢得編禮書』是也。此書後題『三月初五日』,距十九歸府時僅半月。鳳翔去蜀頗近,家問不絶,猶有以嘆,而況吾儕流落羈旅萬里外，回首故山，可勝淒然。」周卿乃度正字，《宋史》有傳，南宋中葉人。有《性善堂集》，今傳本乃《永樂大典》輯本。

乙卯（初七日），吴奎自翰林學士、權知開封府除樞密副使。軾有賀啓。

《長編》卷一百九十六本月乙卯紀事：「翰林學士、右司郎中、知制誥、權知開封府吴奎爲右諫議大夫、樞密副使。」《宋史·宰輔表》同。

啓見《蘇軾文集》卷四十七（一三四九頁），啓首云：「頃聞休命，擢領上都。」按，「上都」謂開封。以下云「釋府事之喧繁，總兵權於禁密」。

《宋史》卷三百十六《吴奎傳》：「字長文，濰州北海人。」失載權知開封事。

《經進東坡文集事略》卷二十七郎曄注謂此啓乃賀吴育者。案：育除樞密副使乃慶曆五年四月事，時蘇軾猶在蜀中，郎注誤。

乙卯，雨，甲子（十六日），雨，民以爲未足。宋選復遣專使禱雨於太白山。

乙卯云云，據《蘇軾文集》卷十一《喜雨亭記》。宋選云云，《文集》卷七十二《太白山神》敘及之，卷六十二《鳳翔醮土火星青詞》亦爲禱雨作，約作於此時。

十九日，宋選親禱雨於真興寺閣，大雨降，有詩。作《喜雨亭記》、《乞封太白山神狀》。

記見《蘇軾文集》卷十一，云「丁卯（十九日）大雨，三日乃止」。其時新作之亭適成，乃以喜雨名之，作記。

《蘇軾詩集》卷三《真興寺閣禱雨》謂「太守親從千騎禱」；《攓雲篇·引》叙及大雨將臨景象，《文集》卷七十二《太白山神》叙及大雨。乞封狀見《文集》卷三十七。太白山神原封靈應公（一作神應公），近改濟民侯，今乞改明應公。《文集》卷六十二《禱龍水祝文》亦爲十九日禱雨作。

軾修南山木栰河運衙規，衙前之困稍紓。

《軾墓誌銘》謂「自趙元昊叛命，人貧役重，岐下歲以南山木栰，自渭入河，經砥柱之險，衙前以破産者相繼」。乃爲修衙規，使自擇水工，以時進止，自是害減半。《宋史》本傳亦叙之。《文集》卷四十六《鳳翔到任謝執政啓》叙及「編木栰竹，東下河渭，飛芻輓粟，西赴邊陲，大河有每歲之防，販務有不蠲之課，破蕩民業，忽如春冰」。以下有「救之無術」之語，知積弊已深。據此啓，知到任之初，即着手調查研究。

蘇軾以隋仁壽宫怪石植之喜雨亭北，轍題詩。

《欒城集》卷二末有《子瞻喜雨亭北隋仁壽宫中怪石》詩，次《興州新開古東池》後，爲與兄軾官鳳翔期間唱酬往還詩之最後一篇。按：此乃蘇轍編集時誤次。

詩題所云之喜雨亭，作於本年三月。詩云：「鑿汧通水細渠清。」《蘇軾詩集》卷三《次韵子由岐下詩》之引云：「予既至岐下逾月，於其廨宇之北隙地爲亭。亭前爲橫池，長三丈。池上爲短橋，屬之堂。……出堂而南，爲過廊，以屬之廳。廊之兩傍，各爲一小池。三池皆引汧水，種蓮養魚於其中。」蓋軾所經營之亭、堂、廳、池，當即在喜雨亭北。詩又云：「累石作臺秋蘚上。」即累怪石作臺。繼續經營。詩末云：「三年此亦非公有，空使他年記姓名。」明爲軾到任後不久之口吻，故次其詩於此。

四月，楊畋（樂道）卒。五月，轍作哀辭。

《欒城集》卷十八《楊樂道龍圖哀辭·叙》：「四月，公薨。方其病也，予見於其寢，漠然無言，曰：『死矣，將以寂滅爲樂。』蓋予之識公始三歲矣，三歲之中不過數十見。公齒甚長，予甚少；公已貴，予方貧賤。見之輒歡樂笑語，終日不厭，釋然忘其老且貴也。蓋公死，士大夫相與痛惜其不幸，而予竊有以私懷之。……將以七月葬於洛陽。五月，其家以其柩歸，作哀辭以遺其紼者歌之。」畋卒年五十六。

六月，兄軾登真興寺樓，囑轍作賦，轍賦之。

《欒城集》卷十七《登真興寺樓賦·叙》：「季夏六月，子瞻與張户曹琥同游真興寺，晚登寺後重閣，南望連山如畫。山前有白鷺十數，杳杳飛去。東南望五丈原，原上有白雲如覆釜。慨然思孔明之遺迹，作書與轍曰：『可以賦此。』」於是爲賦之。

琥，後改名瑑。嘉祐二年同年。《宋史》卷三百二十八有傳。

秋，楊克從碑成。碑文蘇洵撰，應克從之孫申請也。

《平園續稿》卷七《跋老泉所作楊少卿墓文》：「同年臨江楊謹仲，諱愿。往爲廬陵郡博士，嘗爲予言，乃祖中大夫諱申，在京師從老泉蘇公明允乞曾祖光禄少卿諱克從墓文，又得王廣淵書丹、時君卿篆額。今有石本留先塋，頗恨未之見也。謹仲下世之十三年，其長孫光祖始軸以求跋。予生晚，不知中大夫何如人。然碑成於嘉祐七年秋，而刻於英宗治平之初元。是時，三蘇名震京師，廣淵直集賢院，爲羣牧三司判官，君卿自藩邸以藝文被幸，由奉禮郎换内殿承制。三人雖不同，同爲當世所貴，非中大夫好學而篤志，則其文、其書豈易得哉！韓退之謂唐人欲銘其先，必得三難，予謂楊氏此碑，非三難乎；厥後謹仲既以學行爲鄉先生，今諸孫又表而出之，不隕其業，將無愧於老泉之詞矣。慶元二年十二月二十一日。」洵文不見。

楊申，字宣卿，其先廬陵人，遷新喻。天聖二年進士。官上饒丞，入爲太常少卿，遷光禄卿。與王安石論新法，不合，出知濟州。多善政。後乞歸，以中散大夫致仕。呂大防表其所居爲善德坊。事迹見《江西詩徵》卷六、清光緒《江西通志》卷一百四十三。《江西詩徵》有申所作《四登科詩》。

王珪《華陽集》卷十三有《光禄卿知濟州楊申訓兵有法獎諭詔》，韓維《南陽集》卷十七有《職方郎中楊申可太常少卿制》。

《梅堯臣集編年校注》卷二十九《送楊申職方通判信州》：「從來饒、信吏，愛寶襲侈越。莫買冰玉盤，蒼山斲明月。明月有時生，窮巖有時竭。君常抱清節，歷職老無闕。與我年齒同，獨未變華髮。又爲江外行，畫舸羨明發。」作於嘉祐四年。知申生於真宗咸平五年（一〇〇二年），長洵七歲。

君卿與軾有交往，見元豐七年十一月十三日紀事。

蘇軾讀《開元天寶遺事》，賦詩三首。

詩見《蘇軾詩集》卷三（一四二頁）。

詩其一首云「姚宋亡來事事生」，感歎姚崇、宋璟亡後，唐遂失其正。詩盛贊王忠嗣以民命、物力爲重，「不取西蕃石堡城」，斥唐玄宗好大喜功。其二斥唐玄宗「官爵如泥土」，讖符遂入之。其三斥唐玄宗纏頭一擲三百萬。驕奢至於如此，國安得不衰。蘇軾之意，蓋欲當國者有以鑑之。

秋，軾至長安，與章惇（子厚）同考試永興軍路、秦鳳路應解試士子，作策問。自長安回。

《施譜》：「秋，考試永興軍。」繫嘉祐八年。按：嘉祐時，禮部試每二年一次，爲嘉祐二年、四年、六年、八年。此考試乃解試，考試永興軍爲本年事。《施譜》偶誤。《高齋漫録》：「蘇子瞻任鳳翔府節度判官，章子厚爲商州令，同試永興軍進士，劉原父爲帥，皆以國士遇之，二人相得歡甚。」《西塘集耆舊續聞》卷四：「子厚爲商州推官。時子瞻爲鳳翔幕簽，因差試官開院，同途小飲山寺。聞報有虎者，二人酒狂，因勒馬同往觀之。去虎數十步外，馬驚不敢前。子瞻云：『馬猶如此，著甚來由。』乃轉去。子厚獨鞭馬向前去，曰：『我自有道理。』既近，取銅沙鑼於石上攧響，虎即驚竄，歸謂子瞻曰：『子定不如我。』異時姦計，已見於此矣。」據《歐陽文忠公集》卷三十五劉敞（原父）墓銘，敞於嘉祐八年八月召還。進而肯定考試永興軍乃本年事。《宋史》卷四百七十一《章惇傳》謂惇時爲商洛令。商洛屬商州。惇，建州浦城人。商州屬永興軍路，鳳翔府屬秦鳳路，皆屬陝西路。秦鳳路解試亦在永興軍治所長安舉行，劉敞當以永興軍安撫使兼領其事。

《蘇軾文集》卷七《永興軍秋試舉人策問》「漢唐不變秦隋之法近世乃欲以新易舊」當爲王安石而發。安石嘉祐六年《上時政疏》已言及「因循苟且，逸豫而無爲，可以徼倖一時，而不可以曠日持久」，須汲汲講求法度。參《王荆公年譜考略》卷九。

《蘇軾詩集》卷四《病中聞子由得告不赴商州》：「近從章子聞渠説，苦道商人望汝來。」自注章子乃惇。《文集》卷四十九與惇第一簡：「軾始見公長安，則語相識，云：『子厚奇偉絶世，自是一代異人。至於功名將相，乃其餘事。』」皆此時事。《道山清話》：「章子厚與蘇子瞻少爲莫逆交。一日，子厚坦腹而卧，適子瞻自外來，摩其腹以問子瞻曰：『公道此中何所有？』子瞻曰：『都是謀反底家事。』子厚大笑。」當爲此時事。

八月乙亥（初一日），蘇洵仲兄涣卒。

據《欒城集》卷二十五《伯父墓表》。時涣在利州提刑任上。涣享年六十二。

《伯父墓表》：「公忠信孝友，恭儉正直，出於天性。好讀書，老而不衰。平居不治産業，既没，無以葬。善爲詩，得千餘篇，題其編曰《南麾退翁》。雜文、書啓、章奏若干卷。記平生所涖歲月、爵土一卷，曰《蘇氏懷章記》。其爲吏，長於律令，而以仁愛爲主，故所至必治，一時稱爲吏師。」

《輿地紀勝》卷一百四十五《成都府路·簡州》有涣《贈劉諷》詩，云：「林下人歸少，君歸不待年。能令兩蜀士，歎甚二疏賢。」《輿地紀勝》引《圖經》云：「諷字納言，昊之次子也。登天聖二年第，爲都官郎中，年六十三，致其仕而歸。」似涣此詩作於京師。諷有孫曰涇，與蘇軾有交往。同上書卷一百八十五《閬州》有涣《雲臺觀》詩：「雲臺勝景壓蒼溪，東漢遺名冠蜀西。」全詩佚。另有涣贈洵句，見本譜慶曆七年紀事。

涣三子不欺、不疑、不安及其子孫與軾、轍交往，詳本譜。

《鶴山集》卷六十四《題蘇叔明公誠陶然堂賦後》：「南麾退翁，蘇文公之兄也。持正不撓，終於利州路提點刑獄，子孫多賢，且繼踵科級，其五葉曰叔平者，自號松菊花圃，有子曰公誠，字叔明，以禮自牧，爲族黨歸重，嘗賦陶然堂以自述，非明乎義利之際者不及此。余歸自靖，叔明訪余山居，言論風指，斂浮歸實，進進未已。嗚呼，世家摇落不振，邦國之耻也，叔明尚懋敬之哉。玄默執徐壯月穀旦。」

據此，蘇叔明時在蜀，當仍居於眉山。今附於此。

軾作祭涣文、輓詩。

《祭伯父提刑文》在《蘇軾文集》卷六十三。輓詩見《蘇軾詩集》卷五（二一八頁），詩題云「甲辰十二月八日鳳翔官舍書」，當作於卒後不久。詩云「後事書千紙」，謂著作。

轍有輓涣詞。

輓詞乃《欒城集》卷二《利路提刑亡伯郎中輓詞二首》。

九月九日，軾獨游普門寺僧閣，作詩懷轍。

《蘇軾詩集》卷四《壬寅重九不預會獨游普門寺僧閣》中云：「憶弟淚如雲不散，望鄉心與雁南飛。」

《欒城集》當有次韵或和，今不見。

《金石萃編》卷一百三十五《蘇文忠獨遊南山詩》謂詩係正書，題云：「壬寅重九以不與府會，故獨遊至此，有懷舍弟子由。」爲「元祐庚午秋天王院僧□□、鳳翔府天興縣尉林□」刻石。

軾作《太白詞》迎送太白山神。時詔封太白山神爲明應公，修其廟，親往祀之。作祝文。

詞見《蘇軾詩集》卷四（一五二頁），依《詩集》編次。詔封云云，據《蘇軾文集》卷七十二《太白山神》。祝文見《文集》卷六十二（一九一三頁）。

轍同作。

《蘇軾詩集》卷四《太白詞·叙》：「岐下頻年大旱，禱於太白山輒應，故作迎送神辭一篇五章。」

爲祈雨、謝雨作。

《欒城集》卷十八有《太白山祈雨詩五首》（題下原注：同子瞻作），亦爲祈雨得應謝神作。

二十日，微雪，兄軾作詩懷轍。轍次韻。

《蘇軾詩集》卷四《九月二十日微雪懷子由弟二首》其一云：「岐陽九月天微雪，已作蕭條歲暮心。」其二末云：「遥知讀《易》東窗下，車馬敲門定不應。」

轍詩見《欒城集》卷一，其二末云：「離思隔年詩不盡，秦梁雖遠速須應。」唱酬頻繁且速。

軾時兼鳳翔府學教授。

詩見《蘇軾詩集》卷四（一五四頁）。《集注分類東坡詩》卷七此詩「師注」：「公爲鳳翔簽判，太守陳公弼命公兼府學教授，故用冷官事。」《施譜》：「秋，（陳）希亮命公兼府學教授。」《詩集》

卷五《和子由記園中草木》其十自注：「八月十一日夜，宿府學。」作於治平元年。微雪詩，《欒城集》卷一有次韻。按：時太守爲宋選。

轍商州推官告下。先是轍以父洵在京師旁無侍子，奏乞養親三年，不赴商州，詔從之。軾賦詩。

《欒城後集》卷十二《潁濱遺老傳》上謂：「〔得告〕。是時先君被命修禮書，而兄子瞻出簽書鳳翔判官，傍無侍子，轍乃奏乞養親三年。」奏已佚。

《蘇潁濱年表》繫此事於嘉祐六年，並謂「詔從之」，今改繫，詳下。

《蘇軾詩集》卷四《病中聞子由得告不赴商州三首》題下宋人趙次公注：「子由除商州推官，而知制誥王介甫猶不肯撰辭，告未即下，故先生（撰者按，謂蘇軾）自去年十一月先赴鳳翔，至今年秋，子由方告下，而以旁無侍子，乃奏乞養親三年，此所以得告而不赴也。」按，次公之説是。蘇軾之詩，次《九月二十日微雪》詩後。軾得轍不赴商州訊，已入冬。軾詩其一首云：「病中聞汝免來商。」其三首云：「辭官不出意誰知，敢向清時怨位卑。」轍侍親不過藉口。《欒城集》卷一《次韻子瞻聞不赴商幕三首》其一：「怪我辭官免入商，才疏深畏忝周行。」養親乃托詞。

轍次軾韵謂新成《新論》。

《欒城集》卷一《次韵子瞻聞不赴商幕》其二中云：「妄語自知當見棄。」策問列第四等，遭到論議，猶耿耿於懷。蓋轍既「乞養親」，朝廷亦樂於順勢應其請，「見棄」二字實透漏此中消息。其三云：「近成《新論》無人語。」《年表》謂今年「有《新論》三首」，《新論》見《集》卷十九，論天下之治亂。「無人語」亦頗有落落不合之意。其一末云：「閉門已學龜頭縮，避謗仍兼雉尾藏（自注：雉藏不能盡尾，鄉人以爲諺）。」謗當緣制科而起。

冬初，軾與李庠（彭年）送崔岐歸二曲，作詩。

詩見《蘇軾詩集》卷四（一五五頁），起云「霜乾木落愛秦川」。《蘇軾文集》卷五十七《與監承事》叙及庠讀此詩「蓋淚下」，贊庠爲關中豪俊。監承事乃張杲之。簡云「往來鄠、虢、二曲三邑」。此二曲乃盩厔。《詩集》「查注」謂爲韋曲、杜曲，則是回長安矣，誤。簡作於熙寧間。庠，京兆萬年人，官至水部員外郎。熙寧九年卒，年六十五。事迹詳《范忠宣公集》卷十二墓銘。

大雪，虢令趙薦（賓興）詩來，次韵。

次韻見《蘇軾詩集》卷四（一五八頁）。《浄德集》卷二十四薦墓銘：邛州依政縣人；爲虢令，「民以豪悍相勝，抵禁自若，君設爲規範，諭以可不可，民信之，刑省五六」；好爲詩，凡十八卷，四千三百首。其詩不傳。

《浄德集》卷三十六《答趙賓興（撰者按：原作「與」，誤）同年見寄》：「羡君方寸最澄清，何必滄浪更濯纓。玉塵縱談聊入幕，錦衣歸養自專城。交情久似喬松茂，詩興濃如皎月明。閲味來章佩勤好，却慙塵耳聽咸莖。」

轍次軾大雪詩韵。

《欒城集》卷一《次韻子瞻病中大雪》：「爾來隔秦魏，渴望等饑餓。徒然遇佳雪，有酒誰與賀。」叙思念之情。

軾詩見《蘇軾詩集》卷四。

歲晚，軾懷蜀之風俗，作饋歲、別歲、守歲詩寄弟轍。楊蟠嘗有次守歲韻。

詩見《蘇軾詩集》卷四（一五九頁）。《欒城集》卷一次韻。

《王譜》：「記歲暮鄉俗三首，以子由和守歲詩考之，云『顧兔追龍蛇』，子由注云：是歲壬寅。乃知記歲暮鄉俗三詩，作於壬寅歲矣。」

《章安集》引《三台詩録》有楊蟠《除夕次東坡守歲韻》，中云：「明朝四十過，暮景真易斜。」蟠爲慶曆六年進士，據《嘉定赤城志》卷三十三，年長於蘇軾。此詩當作於軾詩後不久，題乃以後所加，蟠作此詩時，或與軾有交往。蟠乃章安人，章安今在臨海東南，屬台州（赤城）。《輿地紀勝》卷四十三《高郵軍·官吏》謂爲錢塘人。嘉靖《建寧府志》卷十八謂爲建安人。餘詳元祐六年「次韻楊蟠梅花」條。

轍次軾《饋歲》、《别歲》、《守歲》詩韵。

轍詩見《欒城集》卷一，其《饋歲》首云：「周公制鄉禮，無有相通佐。」旨在有無相助。中云：「自從此禮衰，伏臘有饑卧。」末云：「鄉人慕古俗，酬酢等四座。東鄰遺西舍，迭出如蟻磨。寧我不飲食，無爾相咎過。相從慶新春，顔色買愉和。」「寧我」二句，曲盡古俗精神，令人神往。

時蘇洵蘇轍與黎錞（希聲）爲鄰，居太學前。歐陽修嘗盛稱「文行蘇洵，經術黎錞」，以爲蜀士之表。

《欒城集》卷七《次韻子瞻寄眉守黎希聲》末四句云：「簿領沉迷催我老，《春秋》廢格累公賢。鄰居屈指今誰在？一念傷心十五年。」自注：「轍昔侍先人於京師，與希聲鄰居太學前。是時公之亡兄與二亡姪皆在。今十五年，而在者唯公與僕二人，言之流涕。」此詩作於熙寧十年（一〇七七），上溯十五年，乃今年。

《净德集》卷二十二《朝議大夫黎公墓誌銘》：「《春秋》事出於史，而法與義生於筆削，雖游、夏不敢措辭其間，及夫微言寂絶，大旨畔散，傳注解詁之家，坌并而起，各持其説，以誇異騁高於人。蓋自左丘明而下，五傳殊歸，歷漢、晉及唐之盛，而祕府所藏，至六十餘家，千餘卷。嗟乎，《春秋》之難知，而學者之難論，亦已甚矣。渠江黎希聲，專經而信道，常謂《春秋》緣舊史之文，假聖師之筆，行王者之事，其文坦易，其法簡嚴，思之不必太深，求之不必太過，則有得。乃探索藴奥，敷暢厥旨，著《春秋經解》十卷。大率以經爲主，不汩於異家曲説之紛紜，傳諸士林，信之深，從之衆。熙寧初，丞相韓魏公上其書於朝，謂可置文館，翰林王禹玉輩援之甚力，會貢舉更制，《春秋》不爲科，議乃寢（撰者按：此即轍詩所云『廢格』也）。公亦浩然有歸意，遂老於蜀。」以上乃概述。

《輿地紀勝》卷一百六十五《廣安軍·人物》：「黎錞，……。任直講日，英宗以蜀士問歐陽修，對曰：『文行蘇洵，經術黎錞。』帝大悦。初，眉山蘇洵與公俱客京師，僦居比鄰。蘇公二子軾、轍及公二子儔、侁皆在。二公父子俱受知於歐陽公，時望歸之。」《蜀中名勝記》卷二十《廣安軍》引《黎錞鄉記》亦云。

《朝議大夫黎公墓誌銘》叙黎錞既冠與仲兄洵游京師，登第後，累官太常博士、屯田員外郎，以下云：「歐陽文忠公、吴長文薦爲學官，得國子監直講。是時，太學生凡千數，諸博士講解，先日撰口義，升座徐讀而退，無復辨析旨要。公獨不然，置經於前，按文釋義。聽者樂聞其説，咸宗尚之。」

據以上二書所述，蘇、黎鄰居，當爲黎錞任國子監直講時。蘇轍詩自注所云之亡兄，疑即錞之仲兄洵，所云二亡姪，當即《輿地紀勝》所云之儔、侁，以黎錞墓誌銘言錞唯有一子，其名傃。

儔、侁疑爲錞仲兄洵之子。錞墓誌銘「錞」作「淳」，似應以「淳」爲是。今仍作錞。蘇洵當亦與黎洵、黎儔、黎侁有交往。

黎錞墓誌銘言錞歸蜀後，守雅、蜀、眉、簡四州。元豐七年，以朝請大夫致仕，哲宗即位，加朝議。元祐八年五月二十九日卒，享年七十九。

《郡齋讀書志》（衢本）卷三著録《黎氏春秋經解》十二卷，云：「右皇朝黎錞希聲撰。錞，蜀人，歐陽公之客。名其書爲經解者，言以經解經也。其後又爲統論附焉。」《遂初堂書目》、《直齋書録解題》未著録。《宋史》卷二百二《藝文志》一著録黎錞《春秋經解》十二卷。《文淵閣書目》未著録。已佚。居太學前，參嘉祐六年「除日轍作詩寄軾」條。

《全蜀藝文志》卷四十四吴融《宋朝議大夫黎公錞贊》：「三傳融心，六一攸契。經術揚庭，結知英帝。學仕兼優，借留斯致。箋簡遺言，百世争媚。」

洵父子嘗聞歐陽修談吏事。

《能改齋漫録》卷十三《歐陽公多談吏事》：「張芸叟言：『初遊京師，見歐陽文忠公，多談吏事。張疑之，且曰：「學者之見先生，莫不以道德文章爲欲聞者。今先生多教人吏事，所未諭也。」公曰：「不然。吾子皆時才，異日臨事，當自知之。大抵文學止於潤身，政事可以及物。吾昔貶官夷陵，彼非人境也。吾壯年未厭學，欲求史、漢一觀，公私無有也。無以遣日，因取架閣陳年公案，反覆觀之。見其枉直乖錯，不可勝數，以無爲有，以枉爲直，違法徇情，滅親害義，無所不有。且以夷陵荒遠偏小，尚如此，天下固可知矣。當時仰天誓心，自爾遇事，不敢忽也。迨今三十餘年，出入中外，忝塵三事，以此自將。今日以人望我，必爲翰墨致身，以我自觀，亮是當年一言之報也。』」張又言：「『自得公此語，至老不忘。』是時，老蘇父子，間亦在焉，嘗聞此語。其後子瞻亦以吏能自任，或問之，則答曰：『我於歐陽公及陳公弼處學來。』」《容齋隨筆》卷四《張浮休書》亦叙此，謂張舜民（芸叟）之言出舜民《與石司理書》，不見舜民所撰《浮休集》。按，《浮休集》與此書久佚。

軾上三司使蔡襄（君謨）書，論朝廷放欠意旨爲三司曹吏所阻，乞放欠鳳翔府二百二十五家。

《蘇軾文集》卷四十八《上蔡省主論放欠書》：「軾於府中，實掌理欠。」以下叙欠户中有甚足悲者：「或管押竹木，風水之所漂；或主持糧斛，歲久之所壞；或布帛惡弱，估剥以爲虧官；或糟滓潰爛，紐計以爲實欠；或未輸之贓，責於當時主典之吏；或敗折之課，均於保任干繫之家。」此等人每赦必及，而三司之曹吏獨不許。乞放欠「二百二十五人，錢七萬四百五十九千，粟米三千八百三十斛」，以養其老幼。《長編》卷一百九十嘉祐四年十一月丙申「翰林學士王珪御史中丞韓絳同知諫院范師道同詳定除放欠負」條下引此書，謂爲「上蔡襄書」，知蔡省主乃襄。《宋史》卷三百二十《蔡襄傳》謂召爲三司使，「較天下盈虚出入，量力以制用，刬剔蠹敝，簿書紀綱纖悉皆可法」。三司使即省主。軾或得請。襄傳以下云「英宗不豫，皇太后聽政」，查《宋史·英宗紀》，此乃嘉祐八年四月事。襄爲三司使在此前。軾書約上於到任之初，云「今歲麥熟以來」，此「今歲」謂本年。

應縣令胡允文請，軾作《鳳鳴驛記》。

記見《蘇軾文集》卷十一，作於到鳳翔之「明年」；紀宋選善政，時選尚在任。

軾與陝西轉運副使陸詵相會於鳳翔之扶風。詵在任中嘗舉蘇軾臺閣清要任使。

《蘇軾詩集》卷六《陸龍圖詵挽詞》：「樽俎岐陽一笑新。」岐陽屬扶風，爲鎮。《詩案·供狀》：蘇軾供稱歷仕舉主，首言詵。《宋史》卷三百三十二《陸詵傳》：詵嘗提點陝西刑獄，徙湖南、北轉運使，直集英院，進集賢殿修撰、知桂州。未載詵任陝西轉運副使。《詩集》「施注」「謂詵所歷桂、延、秦鳳、晉、真定，成都六州，秦鳳未上而改命」，當以是故。《長編》卷二百三：治平元年十一月乙卯，詵知桂州奏事。詵爲陝西轉運副使，約在提點陝西刑獄前後，約爲今年。今姑次此。

三蘇年譜卷十三

嘉祐八年(一〇六三)癸卯　蘇洵五十五歲　蘇軾二十八歲　蘇轍二十五歲

轍記歲首鄉俗，作二詩寄軾。軾和。

詩見《欒城集》卷一。其一《踏青》首云「江上冰消岸草青」，叙踏青之候。中云：「山下瓶罌沾稚孺，峰頭鼓樂聚簪纓。縞裙紅袂臨江影，青蓋驊騮踏石聲。」同是踏青，平民與富貴人亦不同。《集注分類東坡詩》卷二十三有此詩，趙次公注文引轍此詩詩叙，云：「眉之東門十數里，有山曰蟆頤，山上有亭榭松竹，山下臨大江，每正月人日，士女相與游嬉飲酒於其上，謂之踏青也。」《集》失載。此詩即紀其實。

其二《蠶市》，《集注分類東坡詩》卷二十三趙次公注文亦引轍之叙，今《集》亦失載。叙云：「眉之二月望日，鬻蠶器於市，因作樂縱觀，謂之蠶市。」二月望亦可謂歲首。此詩亦紀其實。

二詩當作於正月。軾和見《蘇軾詩集》卷四。

正月十五日夜，軾題府城東院王維畫，書壁。蘇軾嘗評維畫。

書壁乃《蘇軾文集》卷七十《題鳳翔東院王畫壁》。同上《書摩詰藍田烟雨圖》：「味摩詰之詩，詩中有畫。觀摩詰之畫，畫中有詩。詩曰：『藍谿白石出，玉川紅葉稀。山路元無雨，空翠濕人衣。』此摩詰之詩，或曰非也，好事者以補摩詰之遺。」《詩話總龜》前集卷八引《詩史》：「東坡嘗與人書，言味王摩詰之詩，詩中有畫；觀摩詰之畫，畫中有詩。云：『藍田白石出，玉關紅葉稀。山路元無雨，空翠濕人衣。』此東坡詩，非摩詰也。」

軾寄轍岐陽十五碑，轍作詩，軾次韻。

轍詩見《欒城集》卷一。軾次韻見《蘇軾詩集》卷五，題作《次韵子由論書》；《集注分類東坡詩》卷十一此詩詩題下趙次公注：「子由首詩，本爲謝先生寄碑。在《東軒集》。其序云：答子瞻兄，凡寄十五碑。」清馮應榴《蘇文忠詩合注》題下注：「此子由原唱，先生答和也。原題云『子瞻寄示岐陽十五碑』，并無叙文，原注（按：謂趙次公注）誤。」按：馮説誤。趙次公已明言「首」，首乃「原唱」之意。趙次公明謂出自《東軒集》，此集乃次公所親見，已久佚，馮應榴自不得以後人所見爲據，妄謂前人爲非。轍詩評此十五碑，故軾詩題逕以「論」稱之。詩末云：「願從兄發之，洗硯處兄左。」欲向軾學書。參建中靖國元年「轍嘗習兄軾之書」條。後者見《集》卷二，軾次韵見《蘇軾詩集》卷四。

轍論書詩有獨到見解，論畫詩能傳畫之神。《蘇軾文集》卷七十二《子由幼達》謂轍於書畫「漠然不甚經意」；則「漠然」不過表面現象，其内心亦頗喜愛也。《集》卷二《鳳翔八觀·王維吴道子畫》中云：「我非畫中師，偶亦識畫旨。」得之。參以下「軾回鳳翔」條。

二月，軾至長安。和劉敞題薛周逸老亭詩。

詩見《蘇軾詩集》卷四（一六四頁）。周之兄弟輩有向及姪紹彭與蘇軾有交往，參熙寧二年「嘗過薛紹彭家」條、元祐二年六月紀事。《欒城集》卷二有《次韵子瞻題薛周逸老亭》，論飲酒，末云：「多少苟自適，豈害爲朋游。」此乃主旨。

游岐山令王紳家中隱堂，軾作詩。轍次韵。

詩見《蘇軾詩集》卷四（一六五頁）。詩叙云中隱堂有名長安城中。紳事迹見《丹淵集》卷三十九墓誌銘。紳自少喜讀書，記問精博，爲詞章有條理。爲岐山令，有善政，去之日，「老幼婦女皆奔走涕泣」。卒于治平元年三月，年四十一。餘詳注文。

詩其三有「二月驚梅晚」之句，是至長安爲二月事。

《欒城集》卷二有《次韻子瞻題長安王氏中隱堂五首》，歷叙園中勝處，如其三首六句：「愛君高堂上，有似蜀江壖。牆外終南近，檐西太白偏。曉梅晴自媚，老竹暗相遷。」如其一中二句：「竹深啼鳥亂，花落晚蜂飛。」如其四中四句：「竹林迎日净，槐木擁亭高。鳥噪知人至，蟬鳴覺口勞。」如親歷其境。其三有「未到遥聞説」之句，蓋得之兄軾「聞説」，佐以合理之想像，故能如是。

軾回。過寶雞，題斯飛閣。

詩見《蘇軾詩集》卷四（一六八頁）。

詩有「泛泛春風弄麥苗」之句，爲春日事。

蘇軾重游南山，轍作詩寄之。軾次韵。兄軾許贈驪山澄泥硯，轍作詩索之。軾寄硯來。

《欒城集》卷二《聞子瞻重游南山》首云：「終南重到已春回。」末云：「應有新詩還寄我。」索詩。《蘇軾詩集》卷四軾次韵答以「懶不作詩」，故無詩可寄。

《集》卷二《子瞻見許驪山澄泥硯》：「長安新硯石同堅，不待書來遂許頒。」軾許贈。末云「早與封題寄書案，報君湘竹筆身斑」，索硯，擬以湘竹筆回報兄軾。軾次韵末云「封題寄去吾無用，近日從戎擬學班」，寄硯。

軾詩題作《次韻和子由欲得驪山澄泥硯》，在《蘇軾詩集》卷五，作於治平元年。

寒食前一日，轍作詩寄軾。軾次韵。

詩見《欒城集》卷二。末云：「秦川雪盡南山出，思共肩輿看麥田。」軾詩見《蘇軾詩集》卷四。首云「寒食今年二月晦」。末云：「忽聞啼鴂驚羈旅，江上何人治廢田。」思鄉。

軾回鳳翔。遊開元寺，記所見吴道玄畫答轍《畫文殊普賢》詩。

詩見《蘇軾詩集》卷四（一七〇頁）。轍詩在《欒城集》卷二。軾詩乃次轍韻，云：「春遊古寺拂塵壁。」知爲春季事。開元寺，詳《邵氏聞見後録》卷二十八，題下「查注」已引。轍詩末云：「吾兄子瞻苦好異，敗繒破絮收明鮮。自從西行止得此，試與記録代一觀。」則此畫乃軾至鳳翔後求得，囑轍爲題之。轍云「記録」，乃如實記下畫面所畫。

蘇軾賦《妒佳月》。

詩見《蘇軾詩集》卷四。

詩叙狂雲妒佳月，月不見。少待之，寒空浄無迹。於是「浩瀚玻璃琖，和光入胸臆」。狂想、奇想，全部星空皆入己之胸中。於是遂爲星空中之一員，與星空同在，約月爲莫逆之交。大抵一時遐想，筆而書之，不必有所寄寓。

吴中復（仲庶）知潭州，蘇洵作送行詩。

詩乃《嘉祐集箋注》卷十六《送吴待制中復知潭州二首》。

第一首首二句「十年曾作犍爲令，四脈嘗爲愍俗詩」言中復官犍爲令時善政，參皇祐五年紀事。次二句「共歎才高堪御史，果能忠諫致戎麾」，贊中復官御史時忠於職守。第五句「會稽特欲榮公子」言中復赴知潭州任時，榮經故里；中復爲興國永興人，赴潭州可取道於此。第六句「馮翊猶堪試望之」引《漢書·蕭望之傳》漢宣帝以望之試官三輔而後重用故實，謂朝廷行將召回中復大用，其知潭州，不過試之爾。末二句「船繫河堤無幾日，南公應已怪來遲」言將行。

第二首首二句「臺省留公凡幾歲，江湖得郡喜今行」言中復官臺省屢年，今離廟堂喜官江湖。次二句「卧聽鐃鼓朝眠穩，行入淮流鄉味生」言中復乘船取道淮河轉大江赴任。蘇洵或親至汴河邊送行也。船經淮河，故里漸近，鄉土人情漸諳，懷鄉之情，油然而生。第五、六句「細雨滿村蓴菜長，高風吹旆綵船獰」遥思中復返鄉情景。中復與蘇洵乃多年夙交，知中復縈念家鄉之情甚深，此二句道出中復心中所欲言。末二句「到家應有壺觴勞，倚賴比鄰不畏卿」遥想中復到家情景，家中人及比鄰以壺觴相勞。

《長編》卷一百九十七嘉祐七年八月癸未有知雜御史吴中復論事紀事。《北宋經撫年表》卷五謂中復嘉祐七年知潭州，則其知潭州具體時間，當在八月癸未以後；《年表》謂嘉祐八年吴中復以户部副使知潭州，治平元年十二月，改知瀛州。《宋史》卷三百二十二《吴中復傳》：「遷御史知雜事，户部副使，擢天章閣待制，知潭州、瀛州。」蘇洵此二詩，當作於嘉祐八年，即今年。

《永樂大典》卷五千七百七十録鄭獬《送吴中復鎮長沙》詩：「初登西漢文章府，便領吴王第一州。繞郭白雲衡嶽近，滿帆明月洞庭秋。」吴中復赴知潭州任時，鄭獬在京師。《長編》卷一百九十八今年四月癸丑，有右司諫、直集賢院、同修起居注鄭獬論事紀事。可參。

《臨川先生文集》卷六《送吴仲庶出守潭州》:「吴公治河南,名出漢廷右。高才有公孫,相望千歲後。平明省門開,吏接堂上肘。指揮談笑間,静若在林藪。連牆畫山水,隱几詩千首。浩然江湖思,果得東南守。傳鼓上清湘,旌旗蔽牛斗。方今河南治,復在荆人口。自古楚有材,酃渌多美酒。不知樽前客,更得賈生否。」吴中復離京師赴潭州任,或有送行之會,王安石及老蘇皆與其會,并賦詩。

吴公乃中復祖上。

《蔡忠惠集》卷八《送仲庶待制知潭州》:「十年臺省獻嘉謀,新總兵符鎮上游。琴有薰絃多舜俗,地連沙尾舊湘州。江邊行色船千丈,塞外威聲馬萬頭。宣室夜談思賈誼,未應鄉國久遲留。」

王珪《華陽集》卷五《送吴仲庶待制出守長沙》:「畫船催鼓送將行,一醉離觴下玉京。延閣漏閑空紫橐,洞庭波起獵紅旌。曾冠獬廌姦回讋,却佩龍泉種落驚。莫向江城歎卑濕,賈生不似使君榮。」

洵借人雷琴,彈之。轍有詩,軾次轍韵。

《欒城集》卷二《大人久廢彈琴比借人雷琴以記舊曲十得三四率爾拜呈》:「久厭凡桐不復彈,偶然尋繹尚能存。倉庚鳴樹思前歲,春水生波滿舊痕。泉落空巖虚谷應,珮敲清殿百官寒。

終宵竊聽不能學，庭樹無風月滿軒。」

首句「久厭」云云，謂父洵久廢彈琴。次句即謂記舊曲十得三四也。洵雖久不彈，然能如此，足見素養頗深。中二聯叙父洵奏琴。倉庚，黄鶯之别名。《詩·豳風·東山》：「倉庚于飛，熠熠其羽。」「倉庚」一聯蓋言父洵於琴中憶過去歲月。「泉落」一聯言父洵琴藝之高。軾次韻「寒」作「騫」；《欒城集》原校：宋乙本「寒」作「蹇」。按，作「寒」「蹇」皆非，作「騫」是。此聯蓋謂父洵彈琴，時而如流泉落入空巖之中，虚谷發出回聲；時而如玉珮響於清殿之上，百官皆思高舉。《唐國史補》謂李勉雅好琴，其絶代者一名響泉，一名韻磬。洵所彈之琴爲雷琴。亦響泉韻磬之流。唐時，西蜀人雷威善蓄琴，人稱雷琴。宋姚寬《西溪叢語》卷上有記載。《唐國史補》謂雷氏斵琴，嘗自品第，上者以玉，次者以瑟，瑟又次以金徽螺蚌。洵所彈之琴，當爲雷琴中上品。

《蘇軾詩集》卷四《次韻子由以詩見報編禮借雷琴記舊曲》：「琴上遺聲久不彈，琴中古義本長存。苦心欲記常迷舊，信指如歸自著痕。應有仙人依樹聽，空教瘦鶴舞風騫。誰知千里溪堂夜，時引驚猿撼竹軒。」首二句亦言父洵久不彈琴，三四句亦言記舊曲，舊曲印象尚深，皆點題。第五句「仙人」謂王質。王質入山伐木，見童子彈琴，留斧柯而聽之，俄頃，起所坐，斧柯爛盡。見《太平御覽》引《東陽記》。第六句用師曠奏琴故事。師曠援琴而歌，一奏玄鶴二八，道南方來，再奏之而列，三奏延頸而鳴，舒翼而舞，音中宫商。見《韓非子》。二句言父洵琴藝之高。末二句言過終南山時令道士趙宗有彈琴溪堂。意爲其時正父洵彈琴之時。此種相合，實爲思父心靈感應之反映，憑添一段神秘色彩，意味無窮。大作家構思之妙，非尋常作家能及。

蘇轍此詩之前，爲《寒食前一日寄子瞻》，此詩有「春水生波」句，則父洵彈琴爲春末事。轍詩次本年。

三月甲子（二十二日），賜進士、諸科及第等。邵光爲進士。蘇軾嘗稱之。

三月甲子云云，據《宋史·仁宗紀》。邵光爲是科進士，見《咸淳毗陵志》卷十一。《范太史集》卷五十五《手記》有邵光，云「子瞻稱之，已卒」。按：《手記》約撰於元祐末。

辛未（二十九日），仁宗卒。

四月壬申（初一日），皇子曙即位，是爲英宗。

據《宋史·仁宗紀》、《宋史·英宗紀》。

二十三日，蘇洵上宰相韓琦書，論仁宗山陵。

書乃《嘉祐集箋注》卷十五《上韓昭文論山陵書》。據《宋史·宰輔表》，琦時同平章事加昭文館大學士。

《樂全集》卷三十九《文安先生墓表》："初作昭陵，凶禮廢闕，〔時相韓〕琦爲大禮使，事從其厚，調發輒辦，州縣騷動。先生以書諫琦。"昭陵，仁宗所葬之陵。

蘇洵謂："當今之議，莫若薄葬。"薄葬理由有三。其一"上以遂先帝恭儉之誠"。謂仁宗平昔愛百姓深，檢身節儉甚至，推其平生之心而計其既没之意，仁宗實不欲以山陵重困天下。其二"下以紓百姓目前之急"。謂今府庫之中，空虚無有，一金以上非取於民則不獲，山陵一切配率之科下，秋冬之間，海内必將騷然。其三"内以解華元不臣之譏"。按，華元乃春秋時宋大夫。《史記》卷三十八《宋微子世家》謂宋文公卒，子共公立，始厚葬，"君子譏華元不臣"。蓋謂華元棄君於惡也。洵之意乃謂主張厚葬仁宗者，是陷仁宗於惡也。

《文安先生墓表》"先生以書諫琦"句後云："且再三，至引華元不臣以責之。琦爲變色，然顧大義，爲稍省其過甚者。"據"再三"云云，知洵此書以外，尚另有上韓書；或上書以外，洵尚謁見韓琦，面論此事。

《古今歲時雜詠》載題轍所作《四月二十八日寄仇池》詩。

詩見《古今歲時雜詠》卷四十四，云："細莎爲屨如編鬚，輕葛爲服如剪莩。寒泉灑屋朝露濡，霜簟可薦機可扶。風鳴牖間如吹竽，此雖有暑宜亦無。庭前峻山榿之餘，盆中養鰍大如魚。荻生抱甲未見膚，蔓起上屋將懸壺。麥苗高齊可藏烏，此雖非野僅亦如。兄居溪堂南山趺，濯足溪水鶩雁凫。澄潭百丈清無淤，將往思我立踟蹰。東軒鄙陋何足居，欲行不行繫轅駒。」《蘇軾詩集》卷四有《溪堂留題》。南山謂終南山，溪堂在南山。「兄居」云云，與軾合。題爲轍所作此詩，以「仇池」代兄軾。《蘇軾詩集》卷四十《和陶桃花源·引》云：「予在潁州，夢至一官府，人物與俗間無異，而山川清遠，有足樂者。顧視堂上，榜曰仇池。」以下引趙令時（德麟）語，謂仇池「乃福地，小有洞天之附庸」。軾官潁州爲元祐六年，《和陶桃花源》次紹聖三年。此時以「仇池」代稱兄軾，殊不合。又云「東軒」，乃轍元豐中謫筠所居，益不合。姑次此。

《古今歲時雜詠》載題轍所作《六月十三日病起走筆寄仇池》詩。

詩見《古今歲時雜詠》卷四十四，云：「入伏節氣變，脩然如九秋。牆上有短樹，庭下風颼颼。風來吹我衣，虻蚋各已收。移牀就堂下，仰見月成鈎。但與支體快，不作腑臟謀。半夜起寒熱，展轉脱水鯆。藥劑失先後，欲速反見留。不免召楊子，把臂揣厥由。笑我冷治冷，徒爾苦舌喉。授我桂與薑，乃始與病投。逾旬不出户，映牖披重裘。遥聞南山下，不與他土侔。山寒雪不解，清氣晝夜浮。餘冷入市城，煩熱遭濯漱。况乃郡齋静，滿地貯清流。露濕荷葉净，月上松柏幽。牆頭白楊樹，秋聲無時休。夜蜩感寒氣，上樹鳴啾啾。野鶴弄池水，落拍翅羽修。此處雖可愛，慎勿恣意游。幾人愛凉冷，凉冷乃熱讎。試掃北窗下，静卧却所憂。屏扇去冰雪，虚室風自油。歲熱强自厚，良藥彼有不。」

南山即終南山，與兄軾此時經歷合。以「仇池」代兄稱，殊不合。參上條。

號令趙薦罷，軾有詩送行。

詩見《蘇軾詩集》卷四十八（二六〇〇頁）。《詩集》卷四詩題云及七月二十五日，宿虢縣僧舍曾閣，「壁間有前縣令趙薦留名」，則薦之去，約爲本年春、夏間事。據《净德集》卷二十四薦墓銘，薦元豐四年卒，年四十八。

軾上韓琦論場務書，陳衙前之役之害，議以官榷與民。

書見《蘇軾文集》卷四十八（一三九二頁）。書稱「陛下新御宇内」，作於英宗即位之初。衙前乃州役，詳《宋史》卷一百七十七《食貨志》。「官榷與民」，乃變官賣爲民賣，即私賣。書謂「今日之所宜深懲而永慮」者在革除弊政。書云「議以官榷與民」，「其詳固已具於府之所録以聞者」，是另有一奏，已佚。

聞軾習射，轍作詩；軾次韻。種菜，作詩寄兄軾；軾次韻。

《欒城集》卷二《聞子瞻習射》首云：「舊讀兵書氣已振，近傳能射喜征蒐。」《蘇軾詩集》卷五次韵末云：「觀汝長身最堪學，定如髯羽便超群。」知轍長身，欲轍學射。《種菜》首云：「久種春蔬旱不生，園中汲水亂瓶罌。」以瓶罌汲水澆菜。末云：「家居閑暇厭長日，欲看年華上菜莖。」汲水種菜，不過爲度長日。《蘇軾詩集》卷五次韵云及「時繞麥田求野薺，强爲僧舍煮山羹」，叙近日生活。

六月十日，軾伯母楊氏卒。

據《蘇軾文集》卷五十九《與蒲誠之》第一簡。簡云「伯父之喪未及一年」，知卒於今年。《欒城集》卷二十五《伯父墓表》叙楊氏卒。

蒲誠之過鳳翔。有簡與誠之。

《蘇軾文集》卷五十九與誠之第一簡首云「聞軒馬已至多時」，乃至鳳翔。第二簡云「向經由時，甚恨不款曲」，亦可證。味二簡，誠之經由，乃夏季事。

《净德集》卷二十七《静安縣君蒲氏墓誌銘》：堂兄不欺妻蒲氏，乃宗孟姊。第一簡以不欺之母病逝事告誠之，是誠之爲宗孟家族，與蘇軾亦屬戚誼。宗孟見熙寧三年「輿蒲宗孟同朝」條紀事。

《丹淵集》卷十七有《拙詩六韻奉寄興州分判誠之蒲兄》、《依韻和蒲誠之春日即事》，是誠之嘗官興州。

宋選罷知鳳翔府任，陳希亮來代。

《蘇軾文集》卷五十九《與蒲誠之》第一簡云伯母卒於本年六月十日，末云「殘暑」，當作於七月間。簡云：「新牧、倅皆在此，常相見。」既云「新」，知到任不久。新牧，陳希亮也。到任當在夏。《總案》謂希亮本年正月到任，誤。

希亮字公弼，其先京兆人，後遷眉州青神之東山。《宋史》卷二百九十八有傳，《文集》卷十三有《陳公弼傳》。

陳希亮以嚴著，有能名，然以鄉里長老自視。其始，軾與希亮不甚叶，作《客位假寐》詩。

《陳公弼傳》：「目光如冰，平生不假人以色，自王公貴人，皆嚴憚之。」以下云：「所至姦民猾吏，易心改行，不改者必誅，然實出於仁恕，故嚴而不殘。」

《畫墁集》卷六《房州修城碑陰記》云陳希亮有吏能名。又云：「治平末年，予爲岐府掾。是時，陳公去岐未久，竊嘗訪其行事，大略馭吏嚴察，人不敢欺。姦吏不敢欺，則良民自安堵矣。小大之牘，罔不經目，小則幕府，大則自操筆爲之。常屬紙數幅，使兩人持其端，提筆歷歷書之，理法皆備，出人意表。官吏以此服之，是時，蘇子瞻登制舉，簽判府事，實佐公。其後子瞻亦自負吏事，人或詰之，乃曰：『吾得之陳公也。』」

《陳公弼傳》：「公於軾之先君子，爲丈人行。而軾官於鳳翔，實從公二年。方是時，年少氣盛，愚不更事，屢與公争議，至形於言色，已而悔之。」《邵氏聞見後録》卷十五謂希亮覽蘇軾所撰《凌虛臺記》，笑曰：「吾視蘇明允猶子也，某猶孫子也。平日故不以辭色假之者，以其年少暴得大名，懼夫滿而不勝也，乃不吾樂耶！」又謂：蘇軾簽判鳳翔，吏呼蘇賢良。公弼怒曰：

「府判官何賢良也！」杖其吏不顧。又謂蘇軾作府齋醮、禱祈諸小文，希亮必塗墨改定，數往反。《房州修城碑陰記》謂希亮「以鄉里長老自處」。《蘇軾詩集》卷四《客位假寐》：「謁入不得去，兀坐如枯株。豈惟主忘客，今我亦忘吾。」寫謁希亮不得見，又不得去，甚不堪。爲此時事。

大旱。七月二十四日，出禱磻溪，宿虢縣。

二十五日，渡渭，宿於僧舍曾閣。

以上均見《蘇軾詩集》卷四詩題(一七三頁)。

二十六日，至磻溪，禱雨；往陽平，憩於麻田青峰寺之翠麓亭。

《施譜》：「秋，禱雨磻溪。」

據《蘇軾詩集》卷四詩題(一七四頁)。《蘇軾文集》卷六十二有《禱雨磻溪祝文》。虢縣有陽平鎮。《欒城集》卷二《次韻子瞻麻田青峰寺下院翠麓亭》，韻不同，疑蘇軾另有一作。

二十七日，自陽平至斜谷，宿於南山蟠龍寺。

據《蘇軾詩集》卷四詩題(一七五頁)。《欒城集》卷二《次韵子瞻宿南山蟠龍寺》，韻不同，疑蘇軾另有一作。

二十八日，至下馬磧，憩於北山僧舍，登懷賢閣，題詩懷諸葛亮。

據《蘇軾詩集》卷四詩題(一七六頁),云懷賢閣,「南直斜谷,西臨五丈原,諸葛孔明所從出師也」。《總案》:「二十七日自陽平至斜谷,地屬郿縣,此則已過斜谷入岐山縣境,當爲二十八日之事。」今從。

回鳳翔。中元節假不過知府廳,爲陳希亮所案,罰銅八斤。

中元節云云,據《詩案·供狀》,云係「公罰」;據《邵氏聞見後録》卷十五,乃陳希亮所按。《畫墁集》卷六《房州修城碑陰記》:「子瞻在岐下,與陳公不相叶,竟至上聞。」當指此事。《蘇軾文集》卷四十六《謝館職啓》:「一參賓幕,輒蹈危機。已嘗名挂於深文,不自意全於今日。」亦謂此事。

聞兄軾將如終南太平宮溪堂讀書,轍作詩;兄軾自磻溪憩麻田青峰寺下之下院翠麓亭,宿南山磻龍寺,作詩,轍次其韻。

《欒城集》卷二《聞子瞻將如終南太平宮溪堂讀書》暢想兄軾游終南山情景,末云:「我雖不能往,寄詩以解愁。」蓋有羨之之意。軾和詩見《蘇軾詩集》卷四,叙公務繁重,「對之食不飽,餘事更遑求」,則將如終南山太平宮溪堂讀書,乃傳聞也。

《集》卷二《次韻子瞻麻田青峰寺下院翠麓亭》與兄軾原韻不同,疑「次韻」二字應作「和」,或軾寄爲二首,而另一首已佚。此詩可爲軾詩之補充,云:「走馬紅塵合,開懷野寺存。南山抱村轉，渭水帶沙渾。亭峻朱欄繞，堂虚白佛尊。煩襟喜修竹，倦馬樂芳蓀。白氎柔隨手，清泉滿照盆。塵顔洗濯净，髀肉再三捫。饋食青蔬軟，流匙細粟翻。老僧勿施敬，對客説山門。」同上《次韻子瞻宿南山蟠龍寺》亦可爲軾詩補充，云：「谷中夜行不見月，上下不辨山與谷。前呼後應行相從，山頭誰家有遺燭。跫跫深徑馬蹄響，落落稀星著疏木。行投野寺僧已眠，叩門無人狗出縮。號呼從者久嗔罵，老僧下牀揉兩目。聞知官吏冒夜來，掃牀延客卧華屋。釜中無羹甑實盡，愧客滿盎惟脱粟。客來已遠睡忘覺，僧起開堂勸晨粥。自嗟奔走閔僧閑，偶然來過何年復。留詩滿壁待重游，但恐塵埃難再讀。」

參本年七月二十六日、二十七日紀事及下條紀事。

軾至盩厔上清宫溪堂，讀道藏。觀唐太宗所書《急就章》。題二詩南溪竹上。

《蘇軾詩集》卷四有《和子由聞子瞻將如終南太平宫溪堂讀書》、《讀道藏》。後者云：「嗟余亦何幸，偶此琳宫居。宫中復何有，戢戢千函書。」同上卷有《九月中曾題二小詩於南溪竹上既而忘之昨日再遊見而録之》，南溪，在終南山。知至上清讀道藏，爲九月事。觀唐太宗云云，見《蘇軾詩集》卷六十九《書太宗皇帝急就章》。

《欒城集》卷二尚有《和子瞻讀道藏》。《將往終南和子由見寄》未見原韻。

轍和兄軾讀道藏詩。自稱研讀《老子》、《莊子》。

軾詩見《蘇軾詩集》卷四，次嘉祐八年冬。轍和不知何故次此，今仍其舊。軾詩云：「至人悟一言，道集由中虛。心閑反自照，皎皎如芙蕖。」乃詩之旨。轍答：「有言至無言，既得旋自忘。譬如飲醇酒，已醉安用漿。」其境界較軾高。轍詩首云：「道書世多有，吾讀《老》與《莊》。《老》《莊》已云多，何況其駢傍。所讀嗟甚少，所得半已强。」此乃閑居中一大收獲也。

蘇軾欲遷南溪會景亭少西，易名曰招隱，作詩。轍次其韻。

軾詩見《蘇軾詩集》卷四，次韵見《欒城集》卷二。軾詩首云：「飛檐臨古道，高榜勸游人。」勸者，勸其隱也。轍答：「隱居吾未暇，何暇勸夫人。」蓋戲之。軾詩云：「風迴落醉中」，點出秋間。

九月十六日，軾挈家來遊天和寺，有詩。轍次韵。

詩見《蘇軾詩集》卷四（一八三頁）。《欒城集》卷二《次韵子瞻題扶風道中天花寺小亭》乃次軾此詩之韵。知天和寺即天花寺。

《金石續編》卷十六《天和寺詩刻并記》（原注：詩十行，記九行，行書大小不等，在陝西扶風縣）：「癸卯九月十六日，挈家來遊，眉山蘇軾題。（詩略）天和寺在扶風縣之南山。東坡蘇公留詩於廳壁，迄今二十年矣。予承乏斯邑，因暇日與絳臺田愿子立、洛陽趙印勝翁同觀，愛其真墨之妙，慮久而漫滅，乃召方渠閻圭公儀就模於石。時元豐癸亥六月二十三日，終南陳雄武仲題。」

轍詩云「獨游知憶弟」，蓋謂嘉祐七年重九游普門寺。軾題天和寺末云：「臨風莫長嘯，遺響浩難收。」轍詩「望遠勝登樓」之句，蓋以答軾。

扶風驛舍聞泣者甚怨，軾作詩感歎人間貧富懸殊。時晤楊耆。

詩見《蘇軾詩集》卷二十二（一一九一頁），詩引叙其事，首云「西蜀楊耆，二十年前，見之甚貧」。二十年後，當元豐六年，見耆黄州，乃書贈此詩，見該年十一月九日紀事。詩首云「孤村微雨送秋涼」，中云「天寒滯穗猶横畝」，作於深秋，當爲遊天和寺略後事。詩末云「人間貧富海茫茫」。

軾與仁宗山陵事，有詩叙山陵事勞民。

《蘇軾詩集》卷四《和子由聞子瞻將如終南太平宫溪堂讀書》叙山陵事迫，「府縣煩差抽」。詩云及「秋風」，爲秋季事。《宋史·仁宗紀》：本年十月甲午，葬永昭陵。《嘉祐集》卷十二《上韓昭文（琦）論山陵書》，主薄葬仁宗；《欒全集》卷三十九《文安先生墓表》亦叙之。朝廷未從。

蘇軾十二月十五日南溪微雪，作詩。轍次其韵。

軾詩題作：「十二月十四日夜，微雪，明日早往南溪小酌，至晚。」《蘇軾詩集》收入卷四，次本年。轍詩題作「次韵子瞻南溪微雪」。轍詩首云：「南溪夜雪曉來霽，有客晨游酒未消。」

謂軾。

轍詩見《欒城集》卷二。

軾小留終南山;新構避世堂,留題溪堂。轍次前者韵。

《蘇軾詩集》卷四凡二詩(一八四至一八五頁)。《欒城集》卷二有《次韵子瞻南溪避世堂》。轍云:「柱杖行窮徑,圍堂尚有林。飛禽不驚處,萬竹正當心。虎嘯風吹籟,霜多蟬病瘖。獸驕從不避,人到記由今。」點霜。叙堂之環境,扣避世。

《雙溪集》卷一《南溪太息一首》:「東坡曾賞南溪雪,他日流芳好事孫。寒浸稜稜裹崧岱,憂端憤憤塞乾坤。赤囊政爾勞邊吏,白羽多應落酒樽。太息九原何可作,逸才誰敢賦招魂。」蘇籀或亦至鳳翔。

冬,再至盩厔,謁上清宫,作《上清詞》。弟轍應邀亦賦。

詞見《蘇軾詩集》卷四十八,《佚文彙編》卷五《書上清詞後》叙其事。弟轍《上清詞》,在《欒城集》卷十八。參治平元年四月晦日記事。

軾覃恩轉大理寺丞。

《紀年録》謂爲英宗即位後事。《詩案·供狀》未云歲月。《施譜》繫此事於本年,未云月。治平元年正月十三日所撰遊仙遊潭文署大理寺丞,見該日紀事。

知成都府韓絳（子華）欲薦蒲誠之替蘇軾。未成。

《蘇軾文集》卷五十九與誠之第二簡叙替事。簡云「盡今歲方及二年」，知作於今年；簡云韓益州，乃絳，見《宋史》卷三百一十五絳傳及《北宋經撫年表》卷五。第三簡亦略及此。事終未成，觀以後事可知。《蘇軾詩集》卷九《韓子華石淙莊》：「我舊門前客。」絳於軾爲舉主，味軾簡，絳此時亦薦軾。

軾作《思治論》。

文見《蘇軾文集》卷四。

張琥（璪、邃明、叔毅）回京師，蘇軾作考辭；軾并作《稼説》以送，勉琥務學。

《錢塘韋先生文集》卷十八《故大資政張公行狀》：「授校書郎，爲鳳翔府户曹參軍。在官舉職，操守堅正。今尚書蘇公軾，時簽書府幕，嘗與公爲考辭，而曰『緩於利而急於義，利其外而介其中』，則少時風節已可見矣。」考辭，《佚文彙編拾遺》收。

送文見《蘇軾文集》卷十（三三九頁）。文云：「博觀而約取，厚積而薄發，吾告子止於此矣。」并囑琥「歸過京師」時「以是語」告子由。

琥回京師具體時間不詳，今姑從《總案》繫此。

陳希亮作凌虚臺，軾應其請，作記。

記見《蘇軾文集》卷十一(三五〇頁)。記謂物之廢興成敗,不可得而知,臺不足恃以長久,「而或者欲以夸世而自足,則過矣,蓋世有足恃者,而不在乎臺之存亡也」。郎曄注謂希亮(公弼)覽文後,有「不吾樂耶」之語,意爲軾不樂希亮塗改其文,軾實有諷之之意。然希亮「不易一字,亟命刻之石」,是贊其才也。記約作於今年。

《畫墁集》卷三《凌虛臺》:「岐山四合與臺平,半露園林葉未成。是處芳菲皆可惜,晚來風雨太無情。山川不改秦雲色,宫室長懸隴水聲。惟有故園終不見,倉庚黄鳥向人鳴。」詩有憑弔之意,作於臺成若干年後,然臺之景象,猶可以彷彿得之,今録此。

軾結交陳希亮之子慥(季常),爲本年事。

《蘇軾文集》卷十三《方山子傳》:「前十有九年,余在岐下,見方山子從兩騎,挾二矢,游西山。鵲起於前,使騎逐而射之,不獲。方山子怒馬獨出,一發得之。因與余馬上論用兵及古今成敗,自謂一世豪士。」傳作於黄州。方山子乃慥。

歐陽修約於是歲作《鵯鶋詞》。蘇軾以後嘗書之。

《剡源戴先生文集》卷十八《題坡書歐陽公鵯鶋圖》:「右草書歐陽公《鵯鶋詞》一卷,建業翁舜咨得於姑孰士大夫家。從來以爲山谷書。漁陽鮮于伯機以爲東坡草書,世人見者絶少。余嘗見所書《秋聲賦》,筆法與此略相仿佛。蓋皆書歐陽公所作,一時師友,心相向往,風流映帶，自古未之有也。（下略）」

《鵯鵊詞》見《歐陽文忠公集·居士集》卷九。歐集目録謂「嘉祐□年」作。歐詩分體編年，此詩前《寄題洛陽張少卿静居堂》，嘉祐六年作。則《鵯鵊詞》乃作於嘉祐七、八年，今次本年。

李士寧至鳳翔，言王君不葬其親事。士寧當晤蘇軾。

《欒城集》卷十二《同孔常父作張夫人詩》中云：「昔有王氏老，身爲尚書郎。親死棄不葬，簪裙日翱翔。白骨委廬陵，宦游在岐陽。一旦有丈夫，軒軒類佯狂。相面識心腹，開口言災祥。嗟汝平生事，不了令誰當。汝身暖絲棉，汝口甘稻粱。衣食未嘗廢，此事乃可忘。一言中肝心，投身拜其牀。傍人漫不知，相視空茫茫。終言汝不悛，物理久必償。兒女病手足，相隨就淪亡。鄙夫本愚悍，過耳風吹牆。明年及前期，長子憂骭瘍。一麾守巴峽，雙柩還故鄉。弱息雖僅存，蹣跚亦非良。誰言天地寬，網目固自張。古事遠不信，近事世所詳。」詩末自注：「嘉祐末年，李士寧言王君事於右扶風，其報甚速。」蘇轍此處所叙李士寧所言事，當得之兄軾。

參元豐四年「蘇轍同孔武仲作張夫人詩」條。

本歲，蘇洵作《辨姦論》刺王安石，洵之子軾、轍有「噫其甚矣」之歎。元豐初，張方平（安道、文定）盛贊之，載其文於洵之《墓表》。蘇軾有謝書。清臨川人李紱、金溪人蔡上翔以爲文非蘇洵作。今人鄧廣銘祖李、蔡之説，亦以爲此文非蘇洵作。論争遂起，以迄於今。然此文實爲洵所作。

一、《文安先生墓表》：「〔王〕安石之母死，士大夫皆弔，先生獨不往，作《辨姦》一篇。」《王荆公年譜考略》卷九嘉祐八年紀事：「八月，王安石母吴氏卒於京師。」論謂王安石：「口誦孔、老之言，身履夷、齊之行，收召好名之人，不得志之人，相與造作言語，私立名字，以爲顔淵、孟軻復出，而陰賊險狠與人異趣。」又謂王安石：「衣臣虜之衣，食犬彘之食，囚首喪面而談《詩》、《書》，此豈其情也哉。凡事之不近人情者，鮮不爲大姦慝。」并謂王安石得用，「天下將被其禍」。

二、《文安先生墓表》：「嘉祐初，王安石名始盛，黨友傾一時。其命相制曰：『生民以來，數人而已。』造作語言，至以爲幾於聖人。歐陽修亦已善之，勸先生與之游，而安石亦願交於先生。先生曰：『吾知其人矣，是不近人情者，鮮不爲天下患。』」以下接「安石之母死」云云二十字，上已引。以下云「當時見者多謂不然，曰噫其甚矣。先生既没三年，而安石用事，其言乃信。夫惟有國者之患，嘗由辨之不早，予言之，知風之自，見動之微，非天下之至精，其孰能至於此哉。嘗試評之，定天下之臧否，一人而已。」

《蘇軾文集》卷四十九《謝張太保撰先人墓碣書》：「軾頓首再拜。伏蒙再示先人墓表，特載

《辨姦》一篇，恭覽涕泗，不知所云。竊惟先人早歲汨没，晚乃有聞，雖當時學者知師尊之，然於其言語文章，猶不能盡，而况其中有不可形者乎。所謂知之盡而信其然者，唯公一人。雖若不幸，然知我者希，正老氏之所貴。《辨姦》之始作也。自軾與舍弟皆有噫其甚矣之諫，不論他人。惟明公一見以爲與我意合，公固已論之先朝，載之史册，今雖容有不知。後世決不可没。而先人之言，非公表而出之，則人未必信。信不信何足深計，然使斯人用區區小數以欺天下，天下莫覺莫知，恐後人必有秦無人之歎。此墓表所以作，而軾之所流涕再拜而謝也。黄叔度淡然無作，郭林宗一言，至今以爲顔子。林宗於人才大小畢取，所賢非一人，而叔度之賢，無一見於外者，而後世猶信，徒林宗之重也。今公之重不減林宗，所賢唯先人，而其心跡粗若可見，其信於後世必矣。多言何足爲謝，聊發一二不宣。軾再拜。」

葉夢得《避暑録話》卷上曰：「蘇明允本好言兵，見元昊叛，西方用事久無功，天下事有當改作。因挾其所著書，嘉祐初來京師，一時推其文章。王荆公爲知制誥，方談經術，獨不嘉之，屢詆於衆，以故明允惡荆公甚於仇讎。會張安道亦爲荆公所排，二人素相善，明允作《辨姦》一篇，密獻安道，以荆公比王衍、盧杞，而不以示歐文忠。荆公後微聞之，因不樂子瞻兄弟，兩家之隙，遂不可解。《辨姦》久不出，元豐間，子由從安道辟南京，請爲明允墓表，特全載之。蘇氏亦不入石，比年少傳於世。荆公性固簡率不緣飾，然而謂之食狗彘之食囚首喪面者，亦不至是也。」

據《避暑録話》，張方平作《文安先生墓表》及蘇軾作謝方平書，實爲元豐元年事。

三、清李紱《穆堂初稿》卷四十五《書辨姦論後二則》其一：「老泉《嘉祐集》十五卷，原本不可見。今行世本有《辨姦》一篇，世人咸因此文稱老泉能先見荆公之誤國。其文始見於《邵氏聞見録》中，《聞見録》編於紹興二年。至十七年，婺州〔州〕學教授沈斐編《老蘇文集》，附録二卷，載有張文定公方平所爲《老泉墓表》，中及《辨姦》；又有東坡《謝張公作墓表書》一通，專叙《辨姦》事。竊意此三文皆贋作，以當日情事考之，固參差而不合也。按《墓表》言：『嘉祐初，王安石名始盛，黨友傾一時，其《命相制》曰：生民以來，數人而已。造作語言，至以爲幾於聖人。歐陽修亦已善之，勸先生與之游，而安石亦願交於先生。先生曰：吾知其人矣，是不近人情者，鮮不爲天下患。』而《聞見録》叙《辨姦》緣起，與《墓表》正同。其引用之耶？當明言《墓表》云云，不當作自叙語氣；其暗合耶？不應辭句皆同。然則斯言其然耶，抑無有也？考荆公嘉祐之初未爲時所用，黨友亦稀；嘉祐三年始除度支判官，上《萬言書》，并未施行，明年命修起居注，辭章八九上，始受知制誥；糾察在京刑獄，旋以駁開封尹失入爲御史舉奏，又以争舍人院申請除改文字忤執政，遂以母憂去，終英宗之世召不赴。乃云『嘉祐初黨友傾一時』，誤亦甚矣。以荆公爲聖人者，神宗也，命相之制辭在熙寧二年，而老泉卒於英宗治平三年，皆非其所及聞也。」

李氏以下云：「《墓表》又云：『安石母死，士大夫皆弔，先生獨不往，作《辨姦論》一篇。』按曾文定公作荆公母夫人墓誌云卒於嘉祐八年，叙七子官階，稱安石爲工部郎中、知制誥，是荆公母卒時官甚卑，安見士大夫皆往弔哉，張文定與荆公同時，其爲此《表》，不應舛錯如是。」

李氏以下云：「文定鎮益州已爲大臣，老泉始以布衣見知，年又小於文定，其卒也官止丞簿，而《墓表》以先生稱之，北宋風氣近古，必不爲此。曾文定爲二蘇同年友，其作《老泉哀辭》，直稱明允；乃伉直如張文定，反謙抑過情如是，疑《墓表》與《辨姦》皆邵氏於事後補作也。」

李氏以下云：「老泉之卒也，歐陽公志其墓，曾子固爲之《哀辭》。老泉以文字見知於歐陽公，又以『不近人情』之説相謝，果嘗爲此文，則歐陽公必見之，而《墓志》中不及《辨姦》，子固《哀辭》亦不及《辨姦》，即當時或不然之，而歐、曾全集從不及《辨姦》。《表》謂『當時見者多謂不然』，是此文已流布矣，何歐、曾獨未之見乎？且子固謂『《志》以納之壙中，《哀辭》則刻之墓上』，是既有《哀辭》，不應復有《墓表》矣。老泉以治平三年卒，四年葬，張文定又同時在京師，欲爲《墓表》宜即在葬時，今《墓表》不著作表年月，固已非體；而《表》中及荆公命相，則神宗之世矣，何其遲耶？《瀧岡阡表》之遲，蓋云有待，此《表》豈亦有待？何不言其所以遲也？《墓表》有『蜀無人』之語，而東坡《謝書》又云『秦無人』，辭既重複，文氣又相類，則亦邵氏所贋作耳！不然，東坡《謝書》感激至於流涕，其後爲張文定志墓，叙其與父相知，絶不及此《論》，何耶？」

李氏以下云：「老泉文峻潔無長語，嘗言：作文比喻不可太多。而《辨姦》一篇援引膚漫，既引王、盧，又引豎刁三人，又引『用兵者』，何其多耶？其立論既勉强而不可通，其措辭亦粗鄙而不可解也；謂其人『口誦孔、老之言，身履夷、齊之行』矣，又謂其『陰賊險狠，與人異趣』，人之爲人，言與行二者而已，言孔、老，行夷、齊，又何多求焉？孟子謂伯夷爲聖人，而百世之師也，履夷、齊之行，可謂之『陰賊險狠』乎？衣巨盧之衣，食狗彘之食，不知其爲何等衣食。聞有牛衣不聞犬衣，聞犬彘食人食而不聞人食犬彘之食也。或以『巨盧』爲『臣虜』，蓋用李斯語，『犬彘之食』亦極言其粗惡如監門之養，果爾，則益不當訾議臣虜之役、監門之養。蓋昔人以述堯、舜、神禹者，孔子以耻惡衣食者爲不足與議於道，今不耻惡衣食而談詩書乃反以爲『姦』，豈老泉所見賢於孔子耶？荆公祖父并由進士歷官，兄弟登制科者四人，簪纓華腴，衣食宜不至甚惡，况惡衣惡食固不足耻乎！」

李氏以下云：「若夫『收召好名之士、不得志之人，相與造作言語，以爲顔淵、孟軻復出』，則荆公本傳與荆公全集俱存，并無此事。荆公生平孤立，曾文定公而外，不妄交一人。本傳謂『借援韓、吕爲重』，亦本《聞見録》揣度之妄言耳。韓持國之賢，明道以爲最不可及；康節以持國與君實、晦叔、伯淳并稱作『洛陽四賢』，呂（撰者按：原作『吟』，誤刊，今正）中公尤二程所深交，而元祐所謂賢相也。非有以深服其心，安肯冒昧爲人援引？而呂、韓世家，又非所謂『好名而不得志』者也。荆公執政之後，或有依附之徒，而老泉已没，匪能逆知。若老泉所及見之，則荆公官卑迹遠，非有能收召之力，吾不知所謂『好名而不得志』者果何人。蓋《辨姦論》斷非老泉作也。」

李氏以下云：「夫人之作奸，必有所利而爲之。荆公生平以皋、夔、稷、契自命，千駟弗視，三公不易，此天下所共信者，復何所爲而爲姦？彼誠見夫宋之積弱孱然不可以終日，而公卿大臣如處堂之燕雀晏然自以爲安，不得不出而任天下之重，而又幸遭大有爲之主，遂毅然相與立制度、變風俗、排衆議而行之，凡以救國家之弊，圖萬世之安，非有絲毫自私自利之意。其術即未善，而心則可原，曾何姦之有哉！自宋至今，天下所共信其言者，無若程、朱二子，然明道上書首言變法，荆公新法之行，首用明道爲條例司官，十閲月而後求外。考亭論當時駁新法者，其議論、識見皆出荆公下。觀二子之言，則以新法爲姦者，其論果足據乎！」

李氏末云：「或謂蘇氏尚機謀而薄經術，故老泉以荆公爲『姦』；喜放達而惡檢繩，故東坡以伊川爲『姦』。《辨姦》之作，容或有之，惟其論不足憑耳。東坡元祐之奏謂『臣素惡程頤之姦』，今之人固未有因東坡之言遂確以伊川爲姦者，《論》之真贋，又無足辨也。」

同上其二：「余少時閲世俗刻本《老泉集》，嘗書其《辨姦論》後，力辨其非老泉作，覽者猶疑信相半。欲得宋本參考之，而購求多年，未之得也。蓋馬貴與《經籍考》刊載《嘉祐集》十五卷，而世俗所刻，不稱『嘉祐』，書名既異，又多至二十卷，并刻入《洪範》、《謚法》等單行之書，又增附録二卷，意必有他人贋作闌入其中。近得明嘉靖壬申年太原守張鏜翻刻巡按御史澧南王公家藏本，其書名、卷帙并與《經籍考》同，而諸論中獨無所謂《辨姦論》者，乃益信爲邵氏贋作確然而無疑，而又歎作僞者心勞日絀，蓋僞固未有不破者也。」

是書乃李紱門人王恕清乾隆庚申（五年，一七四〇）刊，紱爲臨川人。卷首《火餘草詩自叙》謂「壬申年十八」，作於康熙丁丑。知生於清康熙十四年乙卯（一六七五）。卷首紱之同懷弟紘有序：謂紱「生平志荆公之志，以皋、夔自命」。

四、清蔡上翔《王荆公年譜考略》卷十：「世傳王介甫之姦，蘇明允能先見，故其作《辨姦》曰：『惟天下之静者，乃能見微知著』，則固傑然以静者自負矣。又曰『賢者有不知，則由好惡亂其中而利害奪其外』。予考嘉祐初，介甫聲名甚盛，而事權未著，不知明允所指賢者爲何人，而賢者又曷爲而有好惡亂其中而利害奪其外之事也。是雖爲《辨姦》緣起。則已支離不成文理矣。既以王衍、盧杞比介甫，而嘉叔子、汾陽能知人。而又曰二公之料二子亦容有未必然，何也？史稱盧杞有口才，體陋甚，鬼貌藍色。謂容貌不足以動人，可矣。謂言語不足以眩世，可乎。史稱杞賊害忠良，四海共棄，名列姦臣，爲唐室大慝。則以盧杞一人比介甫足矣。而又曰合王衍、盧杞爲一人始足以禍天下，何也。易牙殺子，豎刁自宫，開方棄親，此皆不近人情之尤，而其後乘人主荒淫以禍人國者也。若介甫之姦未著，而明允特先爲辨之，既曰合王衍、盧杞爲一人。又曰非特易牙、豎刁、開方三子之比，明允見微知著，果若此乎？後來介甫之姦，果至於是乎？若夫面垢不洗，衣垢不浣，則必庸流乞丐窮餓無聊之人而後可。慶曆二年，介甫年二十二成進士，已踐仕途。四年，曾子固稱其人爲古今不常有。皇祐三年，文潞公薦其恬退，乞不次進用。至和二年，初見歐陽公。次年，以王安石、吕公著並薦於朝，稱安石德行文章爲衆所推，則年三十六也。而是年明允至京師，始識安石，安有臚列醜惡一至此極，而猶屢見稱於南豐、廬陵、潞國若此哉！且自慶曆二年，由僉判淮南，至嘉祐初，已十五六年。無非在官之日，中間所交若曾子固、孫正之、王逢原、孫莘老、王深父、劉原父、韓持國、常夷甫、崔伯易、丁元珍、龔深父，皆號爲一時賢者，而無一人爲好名之士不得志之人也。唯吕惠卿，後人以爲安石黨。考嘉祐三年，歐陽公與介甫書，乃始稱道其賢，是介甫識惠卿甚遲。而與之共行新法，又爲明允所不及見者。彼造謗者，此外欲實指一好名之人爲何人，造作語言爲何語，私立名字爲何名，其將能乎？周公謹曰：蘇明允《辨姦》，嘗見陳直齋先生言，此雖爲介甫發，亦似間及二程，所以後來朱晦菴極力回護，云老蘇《辨姦》初間只是私意，後來荆公做不着，遂中他説。予謂二説皆非也。直齋似據收召好名之士，顔淵、孟軻復出語。以爲間似二程，不知洛學興於熙、豐，則當嘉祐之初，明允何嘗知有二程。蘇、程，洛、蜀分黨。實成於元祐。明允安得有間及二程之事，况僞造安道《墓表》、子瞻《謝書》者，已明言爲介甫而作也。介甫自熙寧二年當國，七年辭位，八年再相，九年又辭，遂不復出。當時同朝所攻者新法耳，以爲爲天下患，果有如王衍清談敗俗乎，果有如盧杞賊害忠良乎，果有如豎刁、易牙、開方三子禍起宫闈、傾人家國乎？則以爲遂中他説，而其實無一中也。諸君子亦知《辨姦》支離無據，故爲此揣摩料度之言，而不知實非明允作耳。穆堂李氏謂前明嘉靖間所刻《嘉祐集》十五卷，爲王氏藏本，并無《辨姦》一篇。乾隆己酉，予亦於書肆見此書，則穆堂斷爲邵氏僞作無疑也。《辨姦》曰誤天下蒼生者必此人也，本山巨源語，而《宋文鑑》及《名臣言行録》皆曰羊叔子。考《晉書》，王衍嘗詣祜，祜謂賓客曰：「王夷甫方以盛名處大位，然敗俗傷化，必此人也。」其語與巨源略同。彼作僞者既援引錯誤，而《文鑑》、《名臣言行録》俱不及察，遂從其原本録之，及傳之既久，亦有知其非而改之者，則今世所傳本是也。《文鑑》云「非特三子之比」，亦作僞者原本也。蓋前以合王衍、盧杞爲一人，故曰二公之料二子。後引易牙、豎刁、開方，故曰非三子之比。今世本改爲二子，則又是改者之誤。故予從《文鑑》録之，所以存作僞者之真也。《文鑑》與今本字句雖有異同，不具論。惟「盧杞姦邪，終成大患，陰賊害物，誤天下蒼生必斯人也』，見於吕誨《十事疏》。豎刁、易牙、開方三子非人情不可近，則明允《管仲論》有之，『雖有願治之主，好賢之相，猶將舉而用之。』與方勺所紀『使其得志立朝，雖聰明之主，亦將爲其誑惑』無以異，此皆作僞者心勞日絀，勦襲之所由來也。明允衡量古人，料度時事，偏見獨識，固多有之，然能自暢其説，實爲千古文豪。以《嘉祐全集》考之，亦惡有《辨姦》亂雜無章若此哉！」

《王荆公年譜考略》卷十：「夫先人有潛德幽光，得賢人君子爲之表揚，而爲子孫者至於感激流涕以謝，固其宜也。若明允之於介甫，生前既無一日過從之雅，即謂介甫素不悦其所學，與非毁其文章，亦未嘗有事權以塞其登進之路，則子瞻之於介甫，尤非有不共戴天之仇也。曷爲一則曰涕泗，再則曰流涕，乃專在於《辨姦》，由君子觀之。是豈仁人孝子所爲，且將視子瞻爲何如人哉。《辨姦》爲一人私書，初傳於世，亦詭祕莫測，而曰論之先朝，載之史册，是何所據而云然。明允卒後四年，而安石當國，新法始行，舉朝讙譁，豈其人果皆由讀《辨姦》而然，而曰非明公表而出之，恐後人有秦無人之嘆，是又何説也。明允、安道、子瞻皆長於文，而兼有善行者也，自《辨姦》、《墓表》、《謝書》、《薦書》紛紛競出，鄙俚醜惡，使三君子文與行俱喪，吾之辨之，不獨爲介甫惜，而尤惜三君子長爲千古受穢不小矣。末載林宗、黄叔度尤支離無當，悉存之，以見其人無之而不妄也。」謂《辨姦論》非蘇洵作。

蔡上翔字元鳳，别字東墅，金溪人。乾隆二十六年進士。爲四川東鄉知縣。歸田後，以王安石爲一代偉人，爲新法受謗，本陸九淵之説，爲王安石年譜。光緒《江西通志》卷一百五十五、光緒《撫州志·文苑傳》有傳。年譜刊於清嘉慶九年（一八〇四），時年八十八。據此，知上翔生於清康熙五十七年（一七一八）。年九十四卒。

五、方勺、邵伯温論《辨姦論》所作時間。方勺《泊宅編》三卷本卷上：「歐（撰者按，原作『温』，誤排，今正）公在翰苑時，嘗飯客，客去，獨老蘇少留，謂公曰：『適坐有囚首喪面者何人？』公曰：『王介甫也。文行之士，子不聞之乎？』洵曰：『以某觀之，此人異時必亂天下，使其得志立朝，雖聰明之主，亦將爲其誑惑。内翰何爲與之游乎？』洵退，於是作《辨姦論》行於世。是時介甫方作館職，而明允猶布衣也。」據此，則蘇洵作《辨姦論》乃王安石嘉祐五年直集賢院時事（直集賢院即館職），今不從。

《王荆公年譜考略》卷十：「世有公卿、大夫、士同飯，終席不交一言，及飯訖，始問主人同坐者爲何人乎？既爲不交一言，第得之一見，即退而作《辨姦》，又爲追索既往，逆探將來，若是其詳，世有如是刻薄冒昧之明允哉！同飯既見其囚首喪面，何又知平日囚首喪面而談詩書，世有無時無地無非囚首喪面之王介甫哉，且云是時明允猶布衣，則必在六年以前。元年因詩起憾，既見其人矣，至是又問適坐者何人，此兩重公案，試起龔、方二人同堂而詰之，其何辭以對，故次及之。」辨《泊宅篇》之非。

蘇洵識王安石，爲嘉祐元年，已見前述。方氏此處所録，乃屬傳聞。吴氏以傳聞立論，姑録之，以爲深入考察之助。然謂「作《辨姦論》行於世」，則值得重視。今人章培恒先生於《辨姦論非邵伯温僞作》（見《辨姦論真僞考信編》）一文中，深入比較方氏三卷本與十卷本，謂三卷本成書當在宣和七年，宋人筆記中，述及《辨姦論》者，當以此爲最早。

《邵氏聞見録》卷十二：「眉山蘇明允先生，嘉祐初游京師時，黨與傾一時，歐陽文忠公亦善之。先生，文忠客也。文忠勸先生見荆公，荆公亦願交於先生，先生曰：『吾知其人矣，是不近人情者，鮮不爲天下患。』作《辨姦論》一篇，爲荆公發也。其文曰（略）。斯文出，一時論者多以爲不然，雖其二子，亦有嘻其甚矣之歎。後十餘年，荆公始得位爲姦，無一不如先生言者。」王安石熙寧二年（一〇六九）拜參知政事。據此，則老蘇作《辨姦論》乃嘉祐初事，今不從。按：《邵氏聞見録》作者邵伯温此處文字與《文安先生墓表》相同處頗多，《墓表》爲伯温參考之重要依據。

六、論人論事，須持其平。失其平，或抑，或揚，應抑而不抑，應揚而不揚，則失其實，失其公。持平之道，在冷静、客觀。老蘇善論人，如《名二子説》之於二子軾、轍，於軾、轍性格、志趣把握之準確，達到驚人程度，令人歎服，終軾、轍之身不能逾之。此無他，得之於長期反覆觀察，出之以冷静思考。老蘇於王安石則不然。老蘇論王安石，以憤激之語出之，甚至以憤怒、謾駡之語出之。憤激、憤怒、謾駡，其心已失去平衡，自不論客觀、公正。夫面垢不洗，衣垢不澣，不過個人之生活細節，不過生活習性，其或與衆人有較多不同，可以乖僻視之，與其人之本質善惡、教養高下並無相通之處。老蘇論安石「陰賊險狠」，過矣，失其平矣。王安石并無口是心非、口蜜腹劍、趨炎附勢、投井下石之事，何得謂之陰賊險狠。竊思老蘇所以如此，實由於内心不平衡。其時雖編纂禮書，然仍以未能充分施展其抱負爲憾。王安石倡言時政，和之者衆，威望日隆。老蘇亦言時政，較之王安石之遭遇，可謂冷落。相形之下，遂遷怒於安石。老蘇於此，并非盡出以公心。

《辨姦論》自問世，歷宋、元、明三代，謂爲蘇洵所作，并無異議。清康熙、雍正之間，李紱首先發難，清乾隆間蔡上翔《王荆公年譜考略》繼之，上已述。

李、蔡發難之原由爲：其一，《辨姦論》長期以來收入多種古文選本，博學之士無論已，稍通文墨者亦能誦習之。影響所及，讀者大都以爲王安石乃心術不端之士；至於王安石之飲食衣著，注意者似不多。王安石臨川人，李紱亦臨川人。李紱以爲謂《辨姦論》爲蘇洵作，有玷鄉賢。爲弘揚先賢，故爲發難。蔡上翔乃金溪人，金溪、臨川密邇，爲弘揚鄉賢遺德，故祖李説而發揚之。其二，爲激勵自身。王安石立志救國鋭意革新，爲後代，爲家鄉樹立榜樣，效之者崇之者有人在。前者有李紱，後者有蔡上翔。效之者、崇之者皆欲所效、所崇之人盡善盡美，毫無瑕疵，故有此舉。李、蔡發難，并非純出於學術。

自蔡氏之後，沉寂一百餘年。一九五三年十一月，鄧廣銘先生所著《王安石》（乃《中國歷史小叢書》中之一種）問世，再度發難。鄧氏祖述李、蔡之説，謂《辨姦論》乃南宋初一文人所捏造，其人即「北宋時代守舊黨徒邵雍的兒子邵伯温」。并謂「《辨姦論》恰正等於代表他們（對王安石變法不滿的豪紳大地主）泄忿而作」（以上引號中語，轉引自王昊《辨姦論真僞考信編》）。於是，真僞之争，遂有階級鬬争性質，此實時代使然。

近五十年來，肯定鄧説者有之，否定者有之，所發表之文章，達二十餘篇。青年學者王昊潛心於此，撰成《近五十年來辨姦論真僞問題研究述評》一文，略述其梗概（王昊近復輯爲《辨姦論真僞考信編》一書行世）。此近五十年，王昊分三階段。第一階段爲建國至文革前，提出問題與祖述成説，標以「問題浮現」。第二階段爲文革中，王安石視爲法家代表，《辨姦論》視爲尊儒反法之典型，標以「偏離正常學術軌道」。第三階段爲新時期至今，争鳴回至正常軌道，力作不斷問世。

蘇洵集之版本、《東坡集》之版本、《欒全集》之版本、張方平對蘇洵之稱謂、《辨姦論》之文筆、《邵氏聞見録》之寫作過程、墓碣與墓表之作用與區分等，在論争中皆有深入探討。如王水照先生《再論辨姦論真僞之争》中，謂蘇軾《上神宗皇帝書》中多化用襲用《辨姦論》之語句，《辨姦論》中「豎刁、易牙、開方」三人排列次第與傳統説法不同，而與蘇洵《管仲論》所述次第一致，體現個人習慣用法，從而啓發讀者自身肯定《辨姦論》乃蘇洵之作。考證文章達到如此境界，蔑以加矣。王吴謂争論仍將繼續。余以爲此種大争論，十分必要，其意義已超越《辨姦論》真僞本身，而涉及北宋中末政治、文化廣闊範疇。

就《辨姦論》真僞争論而論，持肯定之説者終將全面占據統治地位。兹略叙管見。

謂《辨姦論》非蘇洵作，至今爲止，既無直接證據，又無間接證據（南宋一代人無任何人提出疑問，其中有從北宋入南宋者，如方勺、葉夢得等）。謂蘇洵未作《辨姦論》，乃推測、懷疑，而推測、懷疑非歷史。張方平《文安先生墓表》之作，有一過程。《謝張太保撰先人墓碣》首云：「伏蒙再示先人墓表，特載《辨姦》一篇。」既云「再」，乃重訂；既云「特載」，乃方平原撰之《墓表》中未載《辨姦論》。方平原撰之《墓表》，當作於蘇洵卒後不久。葉夢得《避暑録話》卷上云蘇洵作《辨姦論》，密獻張方平，其文久不出，元豐初，蘇轍從方平辟南京，方平重訂《墓表》，「特全載之，蘇氏亦不入石，比年少傳於世」。夢得生於神宗熙寧十年（一〇七七），見《全宋詩》卷一四〇六《葉夢得傳》。夢得乃晁補之外甥，見葉夢得《避暑録話》卷下「李育字仲蒙」條。補之乃蘇軾弟子。元祐初，蘇軾爲翰林學士、知制誥時，有部分文字，即爲補之代作，今載補之

《雞肋集》卷五十四。蘇門弟子中，有此情况者，屬僅見。夢得徽宗時知潁昌，蘇軾次子迨、三子過與夢得朝夕相處。見本書所引《硯北雜志》。夢得之記載，直接得之補之及蘇迨兄弟，十分可信，此爲破僞作説之有力證據。持僞作説者如蔡上翔譜王安石，不知譜之旨在客觀考察、記載某個人之一生。一有抑揚，便失真實。蘇洵之文，無傷於荆公之光輝。此乃公論，而蔡氏當時自難認識到。然蔡氏亦能言之成理。蓋以北宋末至整個南宋時期，不滿荆公者甚多，南宋之初，甚至有人以靖康巨變歸咎於荆公。以故其説頗有影響，以至今日。

自李氏、蔡氏至今日持僞作説者似未注意及邵伯温乃邵雍之子。邵雍乃著名理學家。自小受聖人正心誠意之教，長而傳布聖人之言行，其立身行事，自以聖人爲準。邵伯温秉承家教，有其自身規範。邵氏身經靖康之變，受當時社會影響，或有不滿於荆公者。然爲泄憤而僞造作品以攻荆公以愜意於一時，此乃小人之所爲，邵伯温豈能爲之！作僞，就受儒家詩禮之教之一般正直士大夫而言，乃屬不敢思及、不可想像之事，而况伯温爲醇儒之子乎！須知假終究爲假，一旦被揭穿，尚有何面目立世。其時距蘇軾年代甚近，知情者大有人在，爲假，揭穿之險會接踵而來。理學家、忠誠之儒家信徒視名譽高於生命。謂邵伯温僞作，實乃對中國儒家信徒、中國正直之士大夫之不了解。以上云云，持肯定《辨姦論》爲蘇洵之説者似亦未言及，故爲言之。

張方平《文安先生墓表》「嘉祐初，王安石名始盛，黨友傾一時，其命相制曰『生民以來，數人而已』，造作言語，至以爲幾於聖人」云云，乃争論焦點之一。以王安石拜參知政事（副相）爲熙寧二年，距嘉祐初已十餘年，該如何解釋？個人以爲，嘉祐初，王安石曠世經邦大才已露端倪，不少人爲之震憾，因而造作輿論，達之朝廷，欲其大用。此等人士以爲王安石乃生民以來超級大才中之一，正如熙寧二年命副相制詞中所云。此處引命相制詞，乃挖苦、諷刺朝廷。如謂《墓表》爲僞作，作僞者絶不至在此等要害處出錯。造作不實作品，較之正常爲文，需千百倍小心謹慎，擔心所造騙局爲人揭穿。張方平、蘇軾十分精通本朝掌故，豈有在此等重要問題上出錯之理。張方平用筆，可謂巧妙。

《學林漫録》第十四輯曾棗莊先生《備忘雜録·如何理解張方平文安先生墓表中的一段話》引《墓表》以下文字：「嘉祐初，王安石名始盛，黨友傾一時。其《命相制》曰：『生民以來，數人而已。』造作語言，至以爲幾於聖人。」謂：「這段文字是……講王安石的影響；自『嘉祐初』至『傾一時』是講王在『嘉祐初』的影響；自『其《命相制》』至『幾於聖人』是講王在熙寧初的影響。『傾一時』處不應用逗號而應用句號，『嘉祐初』三字只是前句的時間限制詞，並不包括後句（自「其命相」至「幾於聖人」）。」其説有參考價值，兹附於此。

《六家謚法》二十卷編成，上書。此書乃范鎮、周沆編，姚闢、蘇洵與其事。既成，蘇洵撰《上六家謚法議》。

《宋會要輯稿》第四十册《禮·謚》五十八之四（一六一三頁）叙嘉祐六年十月三日詔太常禮院編定謚法，以下云：「於是判太常寺兼禮儀事、翰林學士范鎮等與編纂官祕書丞姚闢、霸州文安縣□主簿蘇洵言：『謹按世之以謚著書而可以名家者，止於六家，其王彦威之徒，皆祖述舊文，無所增損。六家之中，其名《周公》者，最無條貫，同謚異條，或分見數處，紛紜擾亂，難以省覽。其餘《春秋廣謚》、沈約、賀琛、扈蒙，其綱目俱存，而脱謬已甚，或當時之妄誤，或傳寫之訛失，有司行用，實難依據。臣等今已講求別本，證之史傳，別其同異，去其重複，勘謬、補闕，務令完正。其有訛謬已久，世俗采用不復疑，如以「壯」爲「莊」，以「僭」爲「替」，如是者亦不敢輒改。皆隨件注數，凡注十百條。號曰《六家謚法》。』二十卷。〔嘉祐〕八年上之」。參嘉祐六年十月三日紀事。

范鎮、姚闢、蘇洵等言云云，《宋代蜀文輯存》卷四收入，繫蘇洵之名。

《遂初堂書目·儀注類》著録《六家謚法》。

《直齋書録解題》卷三《經解類》著録《六家謚法》二十卷，云：「翰林學士、判太常寺周沆等編。六家者，《周公》、《春秋》、《廣謚》、沈約、賀琛、扈蒙也。今按，《周公》即《汲冢書》之《謚法解》，

《春秋》即杜預《釋例》所載也，《廣謚》不著名氏，沈約書一卷，賀琛書四卷，扈蒙書一卷，皆祖述古法而增廣之。琛字國寶，山陰人，梁尚書左丞。蒙字日用，幽州人，國初翰林學士。此書嘉祐末編集，英宗初始上。」英宗三月即位，八月可云「英宗初」。

同上《嘉祐謚〔法〕》條下，謂蘇洵「與編《六家謚法》」。

《宋史·藝文志·經解類》著録「《六家謚法》二十卷」，並謂「范鎮、周沆編」。並參《玉海》卷五十四、《文獻通考》卷一百八十八《經籍考》。

《蘇軾文集》卷十四《范景仁墓誌銘》謂英宗即位時鎮判太常寺。景仁乃鎮之字。《六家謚法》乃鎮判太常寺時所編。鎮其時爲翰林學士，而周沆爲龍圖閣直學士，疑《直齋書録解題》「《六家謚法》」條所云「翰林學士」乃「龍圖閣直學士」之誤，或於「翰林學士判太常寺」之後，脱去「范鎮龍圖閣直學士判太常寺」十二字，後者當得其實。

《郡齋讀書志》卷二著録《周公謚法》一卷。《宋史·藝文志》同，謂即《汲冢周書·謚法篇》；與《直齋書録解題》同。清任兆麟有輯選《周公謚法》一卷。

《郡齋讀書志》著録《春秋謚法》一卷。《宋史·藝文志》同，謂即杜預《春秋釋例·謚法篇》，與《直齋書録解題》同。久佚。四庫全書所收者，乃《永樂大典》輯本。

《郡齋讀書志》著録沈賀《謚法》四卷；《宋史·藝文志》著録沈約《謚法》十卷，久佚；著録賀琛

《謚法》三卷，今傳。

范鎮，嘉祐二年正月六日已提及。鎮其先自長安徙蜀，爲成都之華陽人。蘇軾爲鎮所作之墓銘首曰：「熙寧、元豐間，士大夫論天下賢者，必曰君實、景仁。」君實，司馬光也。蘇軾元豐二年，下御史臺獄，索鎮與軾往來書疏文字甚急，鎮猶上書救軾不已。軾稱鎮乃「吾先君子之益友」。

《蘇軾文集》卷六十三《祭范蜀公文》：「吾先君子，秉德不耀。與公弟兄，一日之少。窮達不齊，歡則無間。豈以閭里，忠義則然。」知蘇洵、范鎮過從甚密。

《欒城集》卷二十六《祭范蜀公景仁文》：「昔我先人，公早知之。白首相歡，事往莫追。」

周沆字子真，青州益都人。第進士。累官知潭州，除河東路轉運使，儂智高亂定，安撫廣西。擢天章閣待制、陝西都轉運使，改河北。又徙河東轉運使，遷龍圖閣直學士、知慶州。召知通進銀臺司、判太常寺。英宗時，進樞密直學士、知成德軍，以户部侍郎致仕。治平四年八月卒，年六十九。長蘇洵十歲。《温國文正司馬公文集》卷九有神道碑，《鄖溪集》卷十有墓誌銘，《宋史》卷三百三十一有傳。

《范景仁墓誌銘》謂鎮有兄鎡、鍇，仕皆不顯，則洵與鎮兄弟游乃蜀中事。

沈括記蘇洵言張詠（乖崖、忠定）知成都時禮成都府知録參軍事。洵或晤沈括。

《夢溪筆談·續筆談》：「成都府知録雖京官，例皆庭參。蘇明允常言，張忠定知成都府曰，有一生，忘其姓名，爲京寺丞知録事參軍，有司責其庭趨，生堅不可，忠定怒，曰：『唯致仕即可免。』生遂投牒乞致仕，自袖牒立庭中，仍獻一詩辭忠定，其間兩句曰：『秋光都似宦情薄，山色不如歸意濃。』忠定大稱賞，自降階執生手，曰：『部内有詩人如此而不知，詠罪人也。』遂與之升階，置酒歡語終日，還其牒，禮爲上客。」

《蘇軾詩集》卷三十四《送路都曹》之引云：「乖崖公在蜀，有録事參軍，老病廢事。公責之，曰：『胡不歸？』明日，參軍求去，且以詩留别，其略曰：秋光都似宦情薄，山色不如歸意濃。公驚謝之，曰：『吾過矣，同僚有詩人而我不知。』因留而慰薦之。予幼時聞父老言，恨不問其姓名。（下略）」知成都府知録參軍之事流傳甚廣。

《夢溪筆談》附録《沈括事略》嘉祐八年紀事：「三十三歲。舉進士。」《筆談》卷第一六五則所記即爲在京師舉進士時事。蘇洵與沈括游，或在本歲。今次此。

從叔母楊氏卒，洵作輓詞。

輓詞見《嘉祐集箋注》卷十六。首句云「老人凋喪悲宗黨」，知老人淑德爲宗族所共欽。次句「寒月凄涼葬舊林」，或爲秋季；「舊林」，當爲蘇氏祖塋。第三句「白髮已知鄉里暮」，似言楊氏滿頭白髮，自知遲暮，眷戀鄰里。第四句「傷懷難盡子孫心」言子孫以老人之辭世，悲痛不已，即使如是，亦不足以盡心。第五句云「幾年贈命涵幽壤」，知洵之從叔輩及其子孫有從仕者。第六句云「當有銘文記德音」謂墓誌銘。知蘇洵得楊氏辭世悲耗時，尚未延人爲楊氏作墓誌銘；此句乃有意啓示其子孫。然亦可得知蘇洵之從叔及其子孫仕不甚顯。第七句云「千里緘詞托哀恨」，知蘇洵此時不在家鄉眉山，而在千里之外之京師。「緘詞」乃謂以此輓詞寄回。云「哀」，衷心悲痛。云「恨」乃悲之深，悲之極；知楊氏愛蘇洵甚深，蘇洵以爲未能有所報答，彌留之際未能相見，皆在情理之中。第八句「嗚嗚引者涕中吟」謂，讀此詞時發爲哀痛之音。

蘇洵次韻和縉叔遊仲容西園二首。縉叔或爲吕夏卿。

詩見《嘉祐集箋注》卷十六。

詩其一第一句「春入禁城」，點出作詩季候、地點。禁城謂京師，蘇洵作此詩時，時在京師。云「舊隱」，當指眉山故居。第二句云「芳圃」，當謂西園；云「還家」，照應第一句「舊隱」。西園當富村落野趣。第三、四句寫園中有松、竹、翠蔓、朱梅。朱梅當即紅梅。第五句所云「兕」乃酒器，「置兕」謂設酒，「嚴置兕」謂酒宴整齊。然「客慢空勞」，酒力不勝，大可不必如此勞費。客，蘇洵自謂。慢，怠慢。以不能飲酒，辜負主人盛意，有怠慢之嫌。第六句「早成蛇」用《風俗通》「杯弓蛇影」故事。壁上所懸之赤弩映於酒杯中，形如蛇，未醉時視之，不過如蛇耳；有醉意時視之，則成真蛇。蘇洵此時已有醉意，酒不多，已有醉態。末二句云「相公」。宰相稱相公，則仲容爲某相公之子。或疑此相公爲歐陽修（修嘗官參知政事，爲副相），仲容乃修之次子奕，然奕字仲純，《蘇軾文集》卷五十三有《與歐陽仲純》五首，非是。《歐陽文忠公集·居士集》卷二十四有《尚書屯田員外郎張君墓表》。此張君字仲容，名谷，開封尉氏人。登進士第。嘗通判眉州，累遷屯田員外郎。皇祐五年卒於家，年五十九。其父爲鄭州原武縣主簿。知此仲容非張谷。詩云「遺書」，時相公已卒。歐陽修卒於熙寧五年，在洵卒後六年。疑爲修者益非。味詩意，似藏書之所在西園，蘇洵因見書齋藏書多，遂以借書之意入詩。

第二首首二句言西園内有徑百餘尺，栽松，隔徑另有堂宇院落，自成規模，似兩家然實爲一家。第三、四句云「厭事」。此事當爲公務，整日沉湎於文稿或公文簿籍之中，不免厭煩。知縉叔其時亦爲官。云「共邀」，似仲容亦仕於朝，有簿書之苦，情趣相投，故二人常終日爲飲。有助於了解蘇洵汴京生活之一方面。云「渴春」，詞新。欲渴春，陶醉於春天之中，精神專注，欣賞花開，品味花開。第五句叙信步庭院，聞寒鵲鳴於樹上，寒鵲之鳴，當因客至，添出一番情趣。第六句復寫醉。冷蛇入身，肌膚若冰，發而爲寒戰，醉甚矣。末二句點出「衰病」，其時約在嘉祐末、治平初之間，老蘇修纂禮書。點出「不勝杯酌」而且「困」，照應第六句。於是玉山醉倒，乘車回寓所。老蘇喜飲而不能飲。今繫此二詩於本年。

其時有吕夏卿，字縉叔。泉州晉江縣人，《宋史》卷三百三十一有傳。通譜學，創爲世系諸表，於修《新唐書》有功。乾隆《晉江縣志》卷八謂爲慶曆二年進士。此縉叔，或是其人。《長編》卷一百九十八六月癸未紀事，有同知禮院、祠部員外郎、直祕閣吕夏卿奏事記載；旋兼充史館檢討，見《宋會要輯稿》職官一八之五三。吕夏卿與修《太常因革禮》，見治平二年九月辛酉紀事。有文集五十卷，《蘇魏公文集》卷六十六有序。文集已佚。《分門纂類唐宋時賢千家詩選》卷一有吕夏卿《春陰》絶句，《輿地紀勝》卷九十《廣南東路·韶州》有夏卿《謁張相公祠》殘句。

王吏部知徐州，洵作詩。

詩見《嘉祐集箋注》卷十六。

第一句「東徐三齊之南鄰」言徐州地理位置。第二句「夫子豈非三齊人」，有意識拈出「豈非」一詞，本無疑問而提出一疑問。爲何提出此疑問，第三句對此作出解釋。第三句「辭囂乞静得此守」之「囂」謂三齊。三齊今徐州以北山東大部地區，人烟稠密，物産豐富。「囂」可理解爲人聲喧囂，而此爲繁榮興旺之表現。細味詩句，王吏部乃三齊人，亦官於三齊。按照常情，王吏部應繼續爲官於鄉邦，而事實則否，此疑問之所以提出。王吏部辭囂而乞静，而得知徐州。然静自有静之佳處。走兔自由出入於叢茂草藪，無人捕獵，魚成群上下於河津，自得其樂。

則王徐州非俗吏。第四句「走兔入藪魚投津」之意在此。

第五至八句「徐州絶勝不須問，請問項籍何去秦。江山雄豪不相下，衣錦游戲欲及辰」，引項羽自咸陽東歸彭城（徐州）故事，謂徐州山川雄豪，不在秦地之下，項羽有「富貴不歸故鄉，如衣繡夜行」之語，似王徐州之原籍爲徐州，回原籍爲官，徜徉故鄉山川，有足樂者。老蘇於此寓慶賀之意。

第九至十二句「霸王事業今已矣，但有太守朱兩輪，還鄉據勢與古并，豈有漢戟窺城闉」謂今日之徐州，非霸王時之徐州，霸王已不在，霸王之敵手劉邦亦不在，今日之徐州，乃太守王徐州之徐州，據徐州之形勢，守土一方，古今徐州守之責皆同。此處點「還鄉」，再次隱寓王徐州之原籍爲徐州之意。

第十三句「論安較利乃公勝」謂王徐州至徐州後應辦之務。其務有二，一爲「論安」，保百姓平安。此乃承第十二句言，徐州今日雖無兵禍，然徐民性强悍，不易馴服，雨雪不時，盜賊易興。爲太守者，「安」爲首要任務。一爲「較利」，爲百姓興利。「安」與「利」，相輔相成。百姓得利則安，百姓有安，可從容從事勞作。云「公勝」。似謂王徐州嘗爲地方州縣官，有治績，有經驗。守土治政乃所長。似王徐州原爲三齊之州郡官。「論安較利」亦可視爲老蘇對基層之要求。

末句「行矣正及汴水匀」勉其速赴任。承上句言，論安較利，徐州不可一日無太守，以速去爲是。「汴水匀」謂汴水平和，則王徐州之之徐州乃春夏季事（或略及夏初）。老蘇此詩作於汴京。味詩，其時老蘇趨於穩定，今姑次本年。

王吏部不詳其人，有關志書亦不載。

三蘇年譜卷十四

宋英宗治平元年（一〇六四）甲辰　蘇洵五十六歲　蘇軾二十九歲　蘇轍二十六歲

正月十三日，軾與章惇同遊仙遊潭，爲文記之。時惇與蘇旦、安師孟來訪。因與惇游樓觀、五郡、大秦、延生、仙遊。是爲三遊終南山。惇別去，有詩。

《晚香堂蘇帖》：「嘉祐九年正月十三日，軾與前商洛令章惇子厚，同遊仙遊潭。始軾再至潭上，畏其險不渡，而心甚恨之。最後□潭水而西，至其稍淺可涉處，亂流而濟，得唐人之遺塔，上有石刻天王鬼神飛仙十有六方，爲二級，雖摹刻之迹，而其顧瞻俯仰睢盱哆冶之狀，非吴道子不能至也。軾既歎其神妙，而悲其不□□世人觀扣，于是以墨本歸而記其上。大理寺丞、簽書鳳翔府節度判官廳公事蘇軾書。」

《關中金石記》卷五《章惇題名記》：「甲辰正月立。行書，在鄠縣草堂寺。文云：惇自長安率蘇君旦、安君師孟至終南謁蘇君軾。」《金石萃編》卷一百四十《草堂寺題名》第二十七段：「惇自長安率蘇君旦、安君師孟至終南謁蘇君軾，因與蘇游樓觀、五郡、延生、大秦、仙游。」以下叙與旦、師孟過渼陂，漁於旦之園池，晚宿草堂，明日宿紫閣，晚復宿草堂，間過高觀，題名潭東石上。題於本年正月二十三日。《宋史》卷四百七十一《章惇傳》:「與蘇軾游南山,抵仙游潭,潭下臨絶壁萬仞,横木其上,惇揖軾書壁,軾懼不敢書。惇平步過之,垂索挽樹,攝衣而下,以漆墨濡筆大書石壁曰:『蘇軾、章惇來。』既還,神彩不動,軾撫其背曰:『君他日必能殺人。』惇曰:『何也?』軾曰:『能自判命者,能殺人也。』惇大笑。」涵芬樓《説郛》卷二十七引《高齋漫録》有此事,或爲《宋史》所本。《高齋漫録》「抵仙游潭」句前尚有「同游南山諸寺,寺有山魈爲祟,客不敢宿,子厚宿,山魈不敢出」云云。

《石墨鐫華》卷六《宋蘇軾仙游塔題字》:「塔上有唐書天王鬼神,子瞻謂非吴道子不能,而題其下,云云。雖用卧筆,而時作渴筆,甚有素師藏真律公二帖意,比公他書不同,即《上清詞》亦當遜其俊爽。」塔在仙游寺前,乃小塔,俗云逼水塔。

《蘇軾詩集》卷五《自清平鎮游樓觀五郡大秦延生仙游往返四日得十一詩寄子由同作》之《樓觀》、《五郡》、《授經臺》、《大秦》、《仙游潭》、《南寺》作於同游時。《南寺》首云「東去愁攀石,西來怯渡橋」,即《章惇傳》所云過仙游潭横木橋。《文集》卷七十《再跋醉道士圖》引章惇跋,有「子瞻性好山水」「不肯渡仙游潭」語,乃叙此時事。《欒城集》卷二有《和子瞻三游南山九首》。

本年以下有「晤安師文」條,師孟或爲師文兄弟輩。《文集》卷四十九《答安師孟書》或作於鳳翔。書稱師孟「以美才積學取榮名於當時」。

轍和軾詩十首。

轍和詩乃《欒城集》卷二《和子瞻三游南山九首》、《和子瞻調水符》。軾《南寺》云「西來怯渡橋」，轍答：「慣上横空木，輕生此寺僧。」軾詩題：「愛玉女洞中水，既致兩瓶，恐後復取而爲使者見紿，因破竹爲契，使寺僧藏其一，以爲往來之信，戲謂之調水符。」轍《和子瞻調水符》戲之云：「多防出多欲，欲少防自簡。君看山中人，老死竟誰謾。渴飲吾井泉，饑食甑中飯。何用費卒徒，取水負瓢罐。置符未免欺，反覆慮多變。授君無憂符，階下泉可嚥。」其他各首大多立意與原唱無關，如《玉女洞》着重寫玉女，塑造形象。

二月十六日，軾與張杲之、李庠游南溪。

據《蘇軾詩集》卷五詩題（一九八頁）。詩題並云醉後相與解衣濯足，詠韓愈《山石》，遂次愈韻。嘉祐八年二月間，弟轍寄詩云「應有新詩還寄我」（見該年「重游終南」條），軾《重游終南子由以詩見寄次韻》報以「懶不作詩君錯料」。《總案》據此定本詩作於今年。蓋本年詩作頗多，非「懶不作詩」也。今仍次此。

軾或與蒲誠之相晤。

《蘇軾文集》卷五十九與誠之第四簡：「聞車騎已在二曲，即見風采，喜慰可知。」簡云「冒寒」，或爲春間事。第五簡言「須至旦出城」，爲與蒲相晤也。不知臨時是否有變更，故云「或」。

軾題凌虛臺。轍次其韻。

軾詩見《蘇軾詩集》卷五。《蘇軾文集》卷十一有《凌虛臺記》，上年已及。轍詩見《欒城集》卷二。轍詩首云：「棄我謂我遠，求我謂我還。」「我」者，終南山也。蓋近在咫尺。以下云：「我一爾則二，視此臺上山。」「爾」者謂人也，棄之、求之，徬徨莫定。以下云：「山高上干天，獨不照我顏。無乃我自蔽，誰謂山則慳？遠望不見趾，近視不得鬢。山實未始變，任子自擇删。」誠所謂凌虛。「我」轉而爲人，「子」亦轉爲我，筆亦虛。以下叙登臺上。

蘇軾賦《竹鼲》。轍次韻。

詩見《蘇軾詩集》卷五。

竹鼲乃食竹根之鼠。詩言野人獻竹鼲，然其質微陋，「刀几安足枉」，不必煩刀几，不值得食。然此物爲人所獻，獻之者之意欲受獻者食之，今不能食，故以下有「羞愧」之語，辜負獻者美意。竹鼲不能食，欲食何物？「南山有孤熊，擇獸行舐掌」，蓋欲食熊掌。此詩實乃游戲之詩，有妙趣。

轍詩見《欒城集》卷二。軾詩云：「自言道旁得，采不費罝網。」轍則爲竹鼲不平，云：「嗟鼲獨何罪，膏血自爲罔。」并感慨：「陰陽造百物，偏此愚不爽。」以下言黠者如王孫亦爲彈所中，歸結爲「愚死智亦擒」。此詩之旨似在言百物皆難脱人之掌握。與軾詩不同。

蘇軾賦《渼陂魚》。轍次韻。

軾詩見《蘇軾詩集》卷五。

據注文，鄠縣渼陂産魚甚美。詩云：「攜來雖遠鬣尚動，烹不待熟指先染。坐客相看爲解顔，香粳飽送如填塹。」蓋客俎久空，見此美食，遂無暇顧及體態。富於情趣。末云：「東道無辭信使頻，西鄰幸有庖虀釃。」欲以味厚之酒醋饗使者，蓋欲其常送也。轍詩見《欒城集》卷二。轍詩中云：「嗟君游宦久羊炙，有似遠行安野店。得魚未熟口流涎，豈有哀矜自欺僭？」戲兄軾，足見兄弟情親。

四月晦日，轍有《題上清宫辭後》。

據《年表》。

《欒城集》卷十八《上清辭》題下自注：「宫在太白山，同子瞻作。」按，此《上清辭》當即《年表》所云之《題上清宫辭後》；《欒城集》無月日。

轍經營南園，賦園中所有十首。

轍詩見《欒城集》卷二。所有謂果木花草。此十首，蓋爲躬親栽培種植果木花草實踐之體驗，要而言之有三。一在對物性之認識。如《竹》：「寒地竹不生，雖生常若病。斸根種幽砌，開葉何已猛。」竹宜暖。如《蘆》：「蘆生井欄上，蕭騷大如竹。移來種堂下，何爾短局促。莖青甲未解，枯葉已可束。」蘆習水。如《石榴》：「堂後病石榴，及時亦開花。身病花不齊，火候漸已差。芳心竟未已，新萼綴枯槎。誰言石榴病，乃久占年華。」有奈力，生命力强。如《蒲桃》：「蒲桃不禁冬，屈盤似無氣。」怯寒。如《果蠃》：「但愛果蠃莖，屈曲上牆堵。朝見緣牆頭，暮已過牆去。」生長速。如《牽牛》：「牽牛非佳花，走蔓入荒榛。開花荒榛上，不見細蔓身。」有其自身發展特點。

二在對地性之認識。如《雙柏》：「南園地性惡，雙柏不得長。蓬麻春始生，今已滿一丈。」柏生長之土質宜肥，而蓬麻瘠土亦能成長。

三在師從有經驗之種植栽培者。如《篲草》：「室幽來客稀，塵土積不掃。鄰翁笑我拙，教我種叢草。經霜斫爲篲，不讓秋竹好。始生如一毛，張王忽侵道。鋤耰禁芟斸，愛惜待枯槁。有用皆勿輕，吾師灌園老。」種草改善環境。

《蘇轍詩集》卷五《和子由記園中草木十一首》題下「詰案」：「南園在京師宜秋門内，公在京所置業也。時子由奉宮師居其中。」宮師謂父洵。

參本年八月十一日紀事。

軾題岐山周公廟。轍次其韵。

軾詩見《蘇軾詩集》卷五，云「尚喜秋來過故宮」，作於秋。轍詩見《欒城集》卷二，云「野巫長跪若爲通」，荒涼之甚。云「有客賦詩題屋壁」，謂軾也。

岐山在鳳翔東四十里。

八月十一日夜宿府學，軾和弟轍園中草木十一首。轍和軾二首。

詩見《蘇軾詩集》卷五（二〇〇頁），其一云「吾歸於汝處，慎勿嗟歲晚」，謂歲末成資將解還，作於今年。其十自注：「八月十一日夜宿府學，方和此詩。夢與弟游南山，出詩數十首，夢中甚愛之。及覺，但記一句云：蟋蟀悲秋菊。」

《欒城集》卷二《賦園中所有十首》乃原韻。軾和作以詠夢中「蟋蟀悲秋菊」一首繫此後，故爲十一首。

軾詩其一首云：「煌煌帝王都，赫赫走群彥。嗟汝獨何爲，閉門觀物變。微物豈足觀，汝獨觀不倦。」謂轍專心致志考察果木花草之習性也。轍和乃《欒城集》卷二《和子瞻記夢二首》。軾詩其十自注：「夢與弟游南山，出詩數十首，夢中甚愛之，及覺，但記一句云：『蟋蟀悲秋菊。』」爲此軾又作詠蟋蟀悲秋菊之第十一首和詩。轍詩其一：「百語記一詞，秋菊悲蛩吒。」即源於軾注。轍贊揚「蟋蟀悲秋菊」之句乃鮑（照）謝（朓）風格，已素所不具，實出軾之所借，而又不明言，借以贊軾。軾詩其十一中云：「菊衰蛩亦衰，與汝歲相期。」乃詩之旨。轍詩其二末云：「蟲凍不絕口，菊死不絕芬。志士豈棄友，烈女無兩婚。」發揚軾詩之旨。

秋，夏軍攻静邊砦。軾多詩及邊事，有從戎之意。朝廷以王素（仲儀）知渭州，夏軍解去。

《王華陽集》卷五十八《王素墓誌銘》：治平元年秋，敵寇静邊砦，權涇原帥陳述古與副總管劉几議進兵不合，以端明殿學士知渭州。《宋史》卷三百二十《王素傳》謂於是「蕃夷故老皆歡賀，比至，敵解去」。《蘇軾文集》卷二十一《王仲儀真贊》詳叙之。

《蘇軾詩集》卷五《次韻和子由聞予善射》云「豈信邊隅事執殳」，《次韻子由論書》云「爾來又學射，力薄愁官笴」，《次韻和子由欲得驪山澄泥硯》末云「近日從戎擬學班」。《欒城集》卷二《聞子瞻習射》首云「舊讀兵書氣已振，近傳能射喜征蕘」。《欒城後集》卷一《次韻子瞻感舊》詩自注：「子瞻每欲爲國守邊，顧不敢請耳。」

《詩集》卷十二《鐵溝行贈喬太博》：「忽憶從軍年少時，輕裘細馬百不知。臂弓腰箭南山下，追逐長楊射獵兒。」寫此時事。南山乃終南山。

轍作《木山引水二首》，軾和。

轍詩見《欒城集》卷二。軾詩見《蘇軾詩集》卷五。

《類編老蘇集》卷一《寄楊緯》叙嘉祐四年江行赴京師途中，楊緯以木山相贈。中云：「連城盡如削，邃洞幽可款。回合抱空虚，天地聳其半。」狀木山之奇。末云：「京洛有幽居，吾將隱而玩。」詩作於江陵至京師途中，云將携之至京師。

軾詩其一首云：「蜀江久不見滄浪，江上枯槎遠可將。」即謂楊緯所贈之木山。轍詩其二首云：「檐下枯槎拂荻梢。」蓋此木山即置之檐下。

轍寄題興州太守晁仲約新開古東池。軾亦有寄。

詩乃《欒城集》卷二《興州新開古東池》。兄軾有詩，見《蘇軾詩集》卷五，題作《寄題興州晁太守新開古東池》。《温國文正司馬公文集》卷十一有《寄題興州晁都官仲約東沼沼上唐鄭都官有詩刻石》：「名郎游勝地，心迹繼風流。昔爲題詩者，今因好事修。四山相照映，五馬屢淹留。想見波光净，依然一片秋（自注：鄭詩云：徹底千峰影，無風一片秋）。」晁仲約乃司馬光之晚輩，故以名郎稱。鄭乃唐人鄭谷。《丹淵集》卷三有《余過興州太守晁侯延之於東池晴碧亭且道其所以爲此池亭之意使余賦詩》：「鄭谷題詩處，荒涼不復知。使君來問日，景物欲歸時。崖巘供清溜，亭臺繞翠漪。主人憐過客，借與傲炎曦。」興州，屬利州路，治順政縣。今屬陝西。在鳳翔之南，劍門之北。轍詩末云：「西還過此須終日，爲問使君行未行？」「西還」謂返蜀。嘉祐元年自蜀赴京師，疑經興州。《王臨川集》卷五十有《屯田員外郎晁仲約可都官員外郎制》。慶曆間知高郵軍，迥孫，見《宋會要輯稿》第九十七册《職官》六四之四三、第一百八册《選舉》三之一八。餘見詩注。迥，《宋史》卷三百五有傳。

《曾鞏集》卷五十《漢武都太守漢陽河陽李翕西峽頌》：「嘉祐之間，晁仲約質夫爲興州，還京師。」知仲約字質夫。

參方健有關文章。

王道矩與蘇軾簡，言朝夕來鳳翔。

《蘇軾文集》卷五十九《與楊濟甫》第三簡：「近得王道矩書云，朝夕一來此，相看告便。」與濟甫簡作於本年十月，詳以下「十月與楊濟甫簡」條；蘇軾望濟甫告「知道矩幾日起發」，以即將離鳳翔也。據此，知道矩來簡當在秋間。

道矩乃眉山鄉友，參嘉祐四年紀事。

十月，軾與楊濟甫簡，詢王道矩來訪起發之期。

簡乃《蘇軾文集》卷五十九與濟甫第三簡。簡云「去替不兩月」、「十二月十七八間離岐下」，約作於十月下旬。

《蘇軾詩集》卷一有《渝州寄王道矩》。《總案》謂道矩似爲妻弗之兄。來與否，不詳。

十一月乙亥(初四日)，科陝西户三丁之一，刺以爲義勇軍。蘇軾嘗親行之，然不滿其政。

十一月云云，據《宋史·英宗紀》。據《東都事略·韓琦傳》，此乃應琦請。蘇軾云云，據《蘇軾文集》卷二十五《上神宗皇帝書》。

五日，冬至，軾上皇帝書。

《蘇軾文集》卷三十七《上皇帝書》：「臣伏以今月初五日南至，文武百僚入賀，所以賀一陽來復也。」南至即冬至。冬至日在夏曆十一月。自蘇軾入仕，三度經歷十一月五日冬至，一爲本年，一爲元豐六年，一爲紹聖元年。元豐六年，軾在黄州貶所；紹聖元年冬至，軾初至惠州貶所：皆無因上書。書作於本年。書末云「臣敢因至日以獻」，知作於冬至日。以上云云，據《蘇文繫年考略》。書以嗇養爲言，謂「用之於國，則安静而不勞，用之於身，則冲和而不竭」。

本月，孫抃卒。蘇軾嘗有《華陰老嫗》叙抃赴舉軼事。

本月云云，據《蘇魏公文集》卷五十五抃墓銘、卷六十三行狀。抃，眉州眉山人，天聖八年進士，官至參知政事，卒年六十九。《宋史》卷二百九十二有傳。軾文見《蘇軾文集》卷七十三。

陳希亮招飲凌虚臺，蘇軾賦詩，前嫌已釋。

《蘇軾詩集》卷五《凌虚臺》：「浩歌清興發，放意末禮删。」已親近不受拘束。又云：「是時歲云暮，微雪灑袍斑。吏退迹如掃，賓來勇躋攀。臺前飛雁過，臺上雕弓彎。」約及仲冬。

苦寒，轍作詩寄兄軾。軾和之。

軾詩見《蘇軾詩集》卷五。首云：「人生不滿百，一别費三年。三年吾有幾，棄擲理無還。」作於將罷任時。轍原作未見，佚。

詩末云：「西羌解仇隙，猛士憂塞壖。廟謨雖不戰，虜意久欺天。山西良家子，錦緣貂裘鮮。千金買戰馬，百寳粧刀鐶。何時逐汝去，與虜試周旋。」《宋史·王素傳》叙「敵解去」，以下云：「拓渭西南城，濬隍三周，積粟支十年。屬羌奉土地來獻，悉增募弓箭手。行陳出入之法，身自督訓。」以邊境有備，得以復安。據詩，知蘇軾不滿朝廷不戰。

司竹監燒葦園，軾召都巡檢以其徒會獵園下，作詩。轍和之。

軾詩見《蘇軾詩集》卷五。云凍，云歲暮，云霜風，點明季候。轍詩見《欒城集》卷二，首云：「駿馬七尺行馮馮，曉出射獸霜爲冰。荻園斫盡有枯枿，束茅吹火初如燈。乍分乍合勢開展，蒼烟被野風騰騰。黄狐驚顧嘯儔侶，飛鳥先起如蒼鷹。須臾立旆布行伍，有似修蟒横岡陵。蒼鷹猛獸出前後，缺處已掛黄麻罾。」叙圍獵。以下云：「回風忽作火力怒，平地一卷無疆塍。商辛不出抱寳死，曹瞞逸去燋其肱。投身誤喜脱灰燼，闖首旋已遭侵凌。」叙火攻。以下云：「何人上馬氣吞虎，狐帽壓耳皮蒙膺。開弓徐射叠雙兔，擁馬歡叫驚未曾。舉鞭一麾百夫進，擊鼓再發箭舉掤。去如飛虻中如雷，獲若雨獸膏流澠。」叙主將雄猛。并叙兄軾：「吾兄善射久無敵，是日斂手稱不能。憑鞍縱馬聊自適，酒後醉語誰能應？」彷佛參加會獵，轍詩可爲了解軾詩之助。

司竹監在府東南二百三十里。

十二月八日，軾書挽伯父涣詩。

據《蘇軾詩集》卷五詩題。

十七日，軾罷簽書鳳翔府節度判官廳公事任。

《蘇軾文集》卷六十九《書所作字後》有「治平甲辰十月二十七日自岐下罷」之語；卷五十九《與楊濟甫》第三簡云及「某只十二月十七八間離岐下」。《總案》謂「十月二十七日」爲「十二月十七日」之誤，是。《蘇潁濱年表》謂本月蘇軾「自鳳翔解官歸京師」，《施譜》謂本月自鳳翔代還。

軾磨勘轉殿中丞，乃本年此前事。

《紀年録》繫今年，今從。《施譜》繫治平二年二月。《詩案·供狀》及此事，未云歲月。鄭獬《鄖溪集》卷二《大理寺丞蘇軾可殿中丞制》：「汝以高文典册，伏對於大庭。忠言俊氣，直出諸生之右。宜擢之不次，絶群而進，尚可歲月之累耶！夫奏言試功，大舜之所以治也。凡汝所言者，朕既得之，而其所試者，今又載於有司。稍遷以通籍，勉爾志業，以需不次之澤可。」「出諸生之右」，當指應制科事。獬，《宋史》卷三百二十一有傳，英宗即位前，已知制誥。

是歲，任伋（師中）嘗來京師。

《欒城集》卷三《送任師中通判黄州》：「一别都門今五年，劇談精壯故依然。」轍詩作於熙寧二年。上溯五年爲今年。

軾在鳳翔任中，嘗得唐吴道玄（道子）所畫四菩薩以獻父洵。

《蘇軾文集》卷十二《四菩薩閣記》：「始吾先君於物無所好，燕居如齋，言笑有時。顧嘗嗜畫，弟子門人無以悦之，則争致其所嗜，庶幾一解其顔。故雖爲布衣，而致畫與公卿等。長安有故藏經龕，唐明皇帝所建，其門四達，八板皆吴道子畫，陽爲菩薩，陰爲天王，凡十有六軀。廣明之亂，爲賊所焚。有僧忘其名，於兵火中拔其四板以逃，既重不可負，又迫於賊，恐不能皆全，遂竅其兩板以受荷，西奔於岐，而寄死於烏牙之僧舍，板留於是百八十年矣。客有以錢十萬得之以示軾者，軾歸其直，而取之以獻諸先君。先君之所嗜，百有餘品，一旦以是四板爲甲。」

以下叙蘇洵卒後以此四板（即四菩薩）施之僧惟簡。參熙寧元年十月二十六日紀事。

蘇洵作《吴道子畫五星贊》。

贊見《嘉祐集箋注》卷十五。五星者，東方歲星，南方熒惑，中央土星，西方太白，北方辰星。歲星乃木星，熒惑乃火星，太白乃金星，辰星乃水星。吴道玄以五種人物鮮明形象出之。木星「盛服佩劍，其容昭昭」，雍容平和。火星「左弓右刀，赫烈奮怒」，氣勢威武。土星「四方遠遊，去如飛飈」，行動迅捷。金星「長裙飄飄，抱撫四弦」，婀娜飄逸。水星「執筆與紙，凝然不囂」，莊重恬静。吴道玄亦有所本，如土星向有「唇傅黑膏」語。據《史記·天官書·正義》謂土星乃黑帝之子，故如是云。《史記·正義》謂金星乃「大將軍之象」，故蘇洵尚有「太白惟將，宜其壯夫」，而今之金星爲婦人，大畫家之藝術構思，非常人所能及。《五星》早已散佚，然自蘇洵贊語中，尚可彷彿其一。

蘇洵此贊不詳作於何時，兹以蘇軾獻吴道玄（道子）畫板事，附次於此。

在鳳翔，開元寺僧嘗授軾以燒金方書，後不得已與陳希亮。

《龍川略志》卷一《燒金方術不可授人》：「予兄子瞻嘗從事扶風，開元寺多古畫，而子瞻少好畫，往往匹馬入寺，循壁終日。有二老僧出揖之曰：『小院在近，能一相訪否？』子瞻欣然從之。僧曰：『貧道平生好藥術，有一方能以朱砂化淡金爲精金。老僧當傳人而患無可傳者，知公可傳，故欲一見。』子瞻曰：『吾不好方術，雖得之，將不能爲。』僧曰：『此方知而不可爲，公若不爲，正當傳矣。』是時，陳希亮少卿守扶風，平生溺於黄白，嘗於此僧求方，而僧不與。子瞻曰：『陳卿求而不與，吾不求而得，何也？』僧曰：『貧道非不悦陳卿，畏其得方不能不爲耳。貧道昔嘗以方授人矣，有爲之即死者，有遭喪者，有失官者，故不敢輕以授人。』即出一卷書，曰：『此中皆名方，其一則化金方也。公必不肯輕作，但勿輕以授人。如陳卿，慎勿傳也。』子瞻許諾。歸視其方，每淡金一兩，視其分數，不足一分，試以丹砂一錢益之，雜諸藥入甘鍋中煅之，鎔即傾出，金砂俱不耗，但其色深淺斑斑相雜，當再烹之，色匀乃止。後偶見陳卿，語及此僧，遽應之曰：『近得其方矣。』陳卿驚曰：『君何由得之？』子瞻具道僧不欲輕傳人之意，不以方示之。陳固請不已，不得已與之。陳試之良驗，子瞻悔，曰：『某不惜此方，惜負此僧耳，公慎爲之！』陳姑應，曰：『諾！』未幾，坐受鄰郡公使酒，以贓敗去。子瞻疑其以金故，深自悔恨。後謫居黄州，陳公子慥在黄，子瞻問曰：『少卿昔竟嘗爲此法否？』慥曰：『吾父既失官至洛陽，無以買宅，遂大作此。』然竟病指癰而没，乃知僧言誠不妄也。（下略）」《夷堅志·補》卷十三《鳳翔開元寺僧》條亦記載此事，文字略有異，如「未幾……黄州」，《夷堅志》作：「未幾，坐受鄰郡酒罷去，旋捐館。後十五年，坡謫居黄州。」

《邵氏聞見後録》卷十五謂希亮「受他州饋酒，從贓坐，沮辱抑鬱抵於死」。《蘇軾文集》卷十三《陳公弼傳》則云：「始，州郡以酒相餉，例皆私有之，而法不可。公以遺游士之貧者，既而曰：『此亦私也。』以家財償之。且上書自劾，求去不已。坐是分司西京。」似有解釋、開脱之意。「分司西京」云者，即罷官也。又，《傳》謂希亮「寡欲」，與《龍川略志》所云有不一致處，蘇軾或以陳慥之故而有所迴護也。

《席上腐談》卷下：「東坡先生年二十有六，初仕岐下，有異僧强授之以化金方。既得其方，自是緘封之。後以授潁濱先生。潁濱亦藏之。逮居潁昌，有親故知之，因扣其術。潁濱曰：

『自先兄見授，秘之有年矣。暇日當求之巾笥間。』久之，呼求者至，出書示之。東坡岐下緘之宛然，潁濱乃啓封，披其書曰：『此其是乎？』求者欣然曰：『是矣。』潁濱即焚於爐中，語求者曰：『貧可忍也，此寧可爲乎！』求者愧赧，若無所容，倉皇狼狽而去。」茲附於此。

在鳳翔，軾妻王弗常以慎於行事與交游爲戒，嘗諫止發地下所藏。

《蘇軾文集》卷十五《亡妻王氏墓誌銘》叙戒軾慎於行事與交游，謂「軾有所爲於外，君未嘗不問知其詳」，戒以慎。謂弗能識人。卷七十三《先夫人不發宿藏》叙：「所居古柳下，雪，方尺不積雪，晴，地墳起數寸。吾疑是古人藏丹藥處，欲發之。亡妻崇德君曰：『使先姑在，必不發也。』吾愧而止。」先姑云者，謂母程氏僦宅紗縠行不發宿藏事。崇德君乃弗封號，參治平二年五月丁亥紀事。

在鳳翔，軾嘗與董傳論杜詩，嘗與魏起（興叔）論杜逸詩，嘗因秦州所進肉騣馬論杜詩誤刊。

《蘇軾文集》卷六十八《記董傳論詩》叙與傳論杜詩「已知仙客意相親，更覺良工心獨苦」；卷六十七《記子美逸詩》叙與起論杜逸詩《聞惠子過東溪》；《書子美驄馬行》因見肉騣馬悟杜《鄧公驄馬行》「肉驄碨礧連錢動」之「驄」當作「騣」。

在鳳翔，軾嘗識武功令王頤於武功，頤以銅龜子贈之。

《蘇軾詩集》卷六《王頤赴建州錢監求詩及草書》：「我昔識子自武功，寒廳夜語樽酒同。酒闌燭盡語不盡，倦僕立寐僵屏風。丁寧勸學不死訣，自言親受方瞳翁。（下略）」武功屬永興軍路，永興軍路治長安，武功距長安一百五十里。頤爲太原人，見《蘇軾文集》卷十九《鳳味硯銘》序。

《蘇軾文集》卷六十四《拾銅龜子文》：「故人王頤爲武功宰，長安有修古塔者，發舊葬，得之以遺予，予以藏私印。」

《蘇軾詩集》卷五《次韻和子由欲得驪山澄泥硯》：「豈知好事王夫子，自采臨潼繡嶺山。」「誥案」謂此王夫子乃頤，是。臨潼亦屬永興軍，境内有驪山。是頤嘗自采澄泥硯并或贈蘇軾也。

在鳳翔，軾嘗於終南山下得古器；寫楚一章；見村邸壁詩，記之；戲作賈梁道詩；上虢守啓。

《歐陽文忠公集·集古録跋尾》卷一《終南古敦銘》：「右終南古敦銘。大理評事蘇軾爲鳳翔府判官，得古器於終南山下。其形制與今《三禮圖》所畫及人家所藏古敦皆不同，初莫知爲敦也。蓋其銘有『寶尊敦』之文，遂以爲敦爾。」

《雙溪集》卷十一《跋東坡拔豖帖》：「先生早年在岐下寫楚詞一章云，似鍾繇行體，筆能趁意。是時書畫已絶出世俗。」

《蘇軾詩集》卷四十七有《戲作賈梁道詩》，外集謂鳳翔作。《文集》卷六十五《賈充叛魏》叙作詩事。《文集》卷六十八《記西邸詩》録村邸壁詩。《蘇軾文集》卷四十七有《上虢州太守啓》，有「某仕版寒蹤，賓僚俗吏」語，知作於鳳翔。虢州屬陝西路之永興軍路，距鳳翔不遠。

軾在鳳翔，張舜民從游。

《永樂大典》卷三千四百一引張舜民《畫墁録（集）·祭子由門下文》：「憶昔關中，嘗親伯氏。」《宋史》卷三百四十七舜民傳謂爲邠州人。邠州屬陝西路之永興軍路，離鳳翔不遠。

蘇軾在鳳翔，作《謝張太原送蒲桃》、《讀晉史》、《讀王衍傳》、《讀後魏賀狄干傳》四詩。

詩皆見《蘇軾詩集》卷四十八。

張太原，爲作者老友。詩云：「惟有太原張縣令，年年專遣送蒲桃。」

作《讀晉史》，評南北朝對峙局面，主中原而責中原不能自振。詩云：「滄海横流血作津，犬羊角出競稱真。中原豈是無豪傑，天遣羣雄殺晉人。」

作《讀王衍傳》責王衍「清論誤蒼生」。

作《讀後魏賀狄干傳》謂賀狄干語言衣服類中國，乃深受漢「文風」影響，難得。卓識。

蘇軾在鳳翔，作《夢雪》詩。

詩見《蘇軾詩集》卷四十八。《外集》編此詩鳳翔，必有所本。

詩云「兒童勿驚怪」。此兒童之中，當有邁。

傳軾嘗畫梅菊老竹於府判廳署壁上。

重修《鳳翔府志》卷一《古迹·鳳翔縣》：「蘇文忠公畫，石刻梅、菊、老竹，在府判廳署壁上。」

離鳳翔，軾赴長安，謁石蒼舒（才翁），應蒼舒之請，書字數幅，并跋。

跋見《蘇軾文集》卷六十九，題作《書所作字後》。

蒼舒，京兆人，善行草，見《蘇軾詩集》卷六《石蒼舒醉墨堂》題下「王子仁注」、「查慎行注」及「誥案」。《過庭録》謂石蒼舒與韓琦有舊，琦拜相，蒼舒至干禄，留數月無成，乃作詩別琦云：「□□□□□□□，簾前二聖擁千官。唯有掃門霜鬢客，却隨社燕入長安。」琦覽之惻然，遂注一官而去。以掃門客自況，遭冷落可知。然怨而不怒，士君子之風，石蒼舒有焉。附此。

晤安師文，軾爲跋其所藏顔魯公書草。

文見《蘇軾文集》卷六十九（二一七八頁），文謂師文爲長安人。

《書史》卷上叙安師文藏懷素絹帖，《山谷全書》外集卷二十四《雜書》叙元祐中見師文祭濠州刺史伯父文，學顔書得其妙處。《長編》卷四百八十七、四百九十八分叙紹聖四年五月甲子師文以朝奉郎論熙河邊事、提舉涇原路沿邊新弓箭手，蓋師文亦習武。

過陳漢卿家，軾首見吴道玄畫佛。

據《蘇軾詩集》卷十六（八二九頁）詩題，詩作於元豐元年。詩題云「後十餘年復見」此畫於鮮于侁（子駿）家。《總案》繫此於熙寧元年十二月，與「十餘年」不合。

漢卿字師黯，世居閬中，好古書奇畫，事迹詳《歐陽文忠公集·居士集》卷三十墓銘。至和元年卒，年四十六。有子安期，軾或見之。《詩集》題下「誥案」以《蘇軾文集》卷五十九之《答漢卿》之「漢卿」當陳漢卿，誤。

軾爲王頤（正父）跋《醉道士圖》，和董傳留别詩。

跋見《蘇軾文集》卷七十（二二二〇頁）。詩見《蘇軾詩集》卷五（二一一頁），《施譜》亦繫此詩於本年。

軾與陳睦飲於朝元閣上。游驪山，有詩。

《蘇軾詩集》卷二十七《送陳睦和潭州》叙二十三年前長安事。元祐元年作，所叙爲今年。睦字和叔，嘗奉使三韓，事迹詳「施注」。《欒城集》卷十四次軾韻自注云「子雍奉使三韓」，知睦一字子雍。《詩集》卷五有《驪山三絶句》，其一云：「辛苦驪山山下土，阿房纔廢又華清。」其二云：「上皇不念前車戒，却怨驪山是禍胎。」三詩皆詠唐玄宗。

軾賦《華清引》（平時十月幸蓮湯）。

詞見《傅幹注坡詞》卷十一。

詞寫唐玄宗幸華清宫時。詞下闋云：「翠華一去掩方牀，獨留烟樹蒼蒼。至今清夜月，依舊過繚牆。」與《驪山》詩詩意同。

是歲，趙令畤（德麟）生。

《濟南集》卷三《趙德麟中秋生日》：「治平初年歲執徐，越王國邸生英儒。」《爾雅》謂太歲在辰曰執徐，即今年。令畤生於今年八月十五日中秋。《蘇軾文集》卷一《秋陽賦》爲令畤作，首云令畤爲「越王之孫」。令畤爲宗室，太祖次子燕懿王德昭玄孫，德昭卒後贈越王。德昭、令畤，《宋史》卷二百四十四有傳。《全宋詞》謂令畤生於皇祐三年，誤。令畤元祐中與蘇軾過從甚密，其《侯鯖録》載軾事頗多，故繫於此。參拙撰《趙令畤的生年》，載《文學遺産》一九九四年第五期。

文同（與可）許惠贈蘇洵所畫舒景，洵作詩督之。軾始識同於鳳翔。

洵詩見《嘉祐集箋注·佚詩》。

詩首云：「枯松怪石霜竹枝，中有可愛知者誰。」同善畫松、石、竹。《箋注》引蘇軾《文與可畫贊》（按，在《蘇軾文集》卷二十一）：「竹寒而秀，木瘠而壽，石醜而文，是爲三益之友。」木，當指松。然世人不深知其妙，蘇洵以此爲惜。第三、四句：「我能知之不能説，欲説常恐天真非。」意謂個人知其妙，然不能以言辭確切表達之。非不欲説之，然以「天真」自然，乃文同畫之最高境界，不易説也。第五、六句：「羡君筆端有新意，倏忽萬狀成一揮。」此乃個人之所能説者：文同之畫意新，善於捕捉迅速變化之各種事物之神情。第七、八句：「使我忘言惟獨笑，意所欲説輒見之。」意謂個人自文同之畫中得其笑，欲説之意即在笑中。第九、十句：「問胡爲然笑不答，無乃君亦難爲辭。」《箋注》引蘇軾《石室先生畫竹贊》（按，在《蘇軾文集》卷二十一）首四句：「先生閑居，獨笑不已。問安所笑，笑我非爾。」以下尚有八句，全引於此：「物之相物，我爾一也。先生又笑，笑所笑者。笑笑之餘，以竹發妙。竹亦得風，夭然而笑。」文同畫竹，得竹之天真、自然，而以笑出之。以此問文同，同笑而不答，答即在笑中。第十一、十二句：「畫行書空夜畫被，方其得意猶若癡。」謂文同習畫、作畫專一，已進入癡境；其笑乃癡之表現。第十三至十六句：「紛紜落紙不自惜，坐客争奪相漫欺。貴家滿前謝不與，獨許見贈憐我衰。」此即文同之癡。《箋注》引蘇軾《跋文與可墨竹》（按，在《蘇軾文集》卷七十）：「昔時，與可墨竹，見精縑良紙，輒憤筆渾灑，不能自已，坐客争奪持去，與可亦不甚惜。後來見人設置筆硯，即逡巡避去。」以下尚有「人就求索，至終歲不可得」云云。乃其父詩句之最佳注釋。蘇軾、蘇洵於文同之畫之鑒賞及於文同之爲人之了解如此默契，蘇軾有其父深刻影響在，或蘇軾之論識亦嘗作用於其父。二者相較，前者爲主。末四句：「我當枕簟卧其下，暮續膏火朝忘炊。門前剥啄不須應，老病人誰稱我爲。」卧其下者，卧文同之門下也，大有不得畫不走之勢，切一「督」字。云「枕簟」，詩約作於夏末秋初。

《蘇軾文集》卷六十三《黄州再祭文與可文》：「我官於岐，實始識君。甚口秀眉，忠信而文。志氣方剛，談詞如雲。一别五年，君譽日聞。……再見京師，默無所云。杳兮清深，落其華芬。」

文同《丹淵集》卷首范百禄所撰《宋故尚書司封員外郎充祕閣校理新知湖州文公（同）墓誌銘》：「嘉祐四年，召試館職，判尚書職方兼編校史館書籍。以親老，請通判邛州。至未幾，丁都官（撰者按，謂父昌翰）憂。服除，歸館。又以母年，請通判漢州。遷太常博士，明堂覃恩，遷尚書祠部員外郎，賜五品服，知普州。丁仁壽（撰者按，謂母李氏）憂。服除。熙寧三年，知太常禮院兼編修大宗正司條貫。」

《丹淵集》卷三十八《榮州楊處士墓誌銘》：「君以嘉祐五年二月二十五日葬於崇德縣榮川鄉。南坦莊錡以書并狀拜道士李有慶來詣同山居，始求銘君之墓。同亦與錡識，故爲之銘。」文同爲梓州永泰人，距榮州不遠。據同之文，知同於嘉祐五年初已返蜀。蘇洵、蘇軾、蘇轍父子無緣與之見。

文同與蘇軾之始見，實爲治平元年即今年軾官鳳翔（岐）時。鳳翔爲出入蜀中交通孔道。文同服父喪服除回京師館中任職。蘇洵與文同相見，亦爲今年。《丹淵集》卷首宋家誠之所撰

《石室先生年譜》治平二年紀事引《漢倅題名記》：「治平二年二月五日到任。」同在京師時間不長。

《欒城集》卷二十六《祭文與可學士文》：「與君結交，自我先人。」文同今年至京師時，轍侍蘇洵於京師，故得相見。

《丹淵集》卷二十六《送朱郎中詩序》：「熙寧三年庚戌，三月癸丑，同自蜀還臺，宿臨潼華清道館。」同抵京師，約爲四五月間事。與蘇軾祭同文所云合。

《蘇軾文集》卷二十一《石室先生畫竹贊》之叙云：「與可，文翁之後也。蜀人猶以石室名其家，而與可自謂笑笑先生。」《總案》謂此叙「首推其所自，次叙其道號，信爲岐下初遇時作也」。軾爲同畫竹作贊。

蘇洵嘗以仁宗欲率百官朝正章獻太后事質之歐陽修。

《蘇軾文集》卷七十二《范文正諫止朝正》：「歐陽文忠公撰《范文正神道碑》，載章獻太后臨朝，仁宗欲率百官朝正太后，范公力争乃罷。其後軾先君奉詔修太常因革禮，求之故府，而朝正案牘具在。考其始末，無諫止之事，而有已行之明驗。先君質之於文忠公。曰：『文正公實諫而卒不從，《墓碑》誤也，當以案牘爲正耳。』今日偶與客論此事，夜歸乃記之。」

蘇洵《嘉祐謚法》三卷撰成。上之朝廷不用。鄭樵稱其書爲前人所不及。

《宋會要輯稿》第四十册《禮·謚》五十八之四(一六一一三頁)叙嘉祐八年上《六家謚法》二十卷，以下云：「蘇洵既於此條注舛誤，又别撰《謚法》并上之。下其書兩制看詳，有言不可用者，遂不用。」云「此條注舛誤」，謂編定《六家謚法》過程中，蘇洵注出六家之舛誤也。《謚法》即《嘉祐謚法》，詳以下紀事。《謚法》之上，在《六家謚法》略後，今繫於本年。

參嘉祐八年「《六家謚法》二十卷編成上書」條。

《蘇洵墓誌銘》：有《謚法》三卷。

《文安先生墓表》：所著有《謚法》三卷。

《蘇明允哀詞》：「更定《謚法》二卷，藏於有司。」

《何譜》本年紀事：「修禮書。又《進所編定六家謚法表》云：「謹成《謚法》二卷。才力短陋，無以發揚聖人□遺而稱先帝之明命。」原文早佚，此乃摘引。「先帝」謂仁宗；據此文，撰《謚法》，亦仁宗遺意。蘇洵所進者爲《謚法》，而奏表之題稱《六家謚法》，《六家謚法》另爲一書，蘇洵不過與其事，不得云「謹成」。疑「六家謚法」之「六家」二字爲衍文。

《謚法》即以下所云《嘉祐謚法》。「謚法」之上冠以「嘉祐」二字，以此書乃仁宗明命修纂也。

《通志》卷四十六《謚略·序論第五》：「法之爲謚者，取一文也，非有法也。謚法行而其説紛紛，成書見於世者，有《周公謚法》，有《春秋謚法》，有《廣謚》，有《今文尚書》，有《大戴記》，有

《世本》，有《獨斷》，有劉熙之書，有來奥之書，有沈約之書，有賀琛之書，有王彦威之書，有蘇冕之書，有扈蒙之書，有蘇洵之書，其實皆由漢、魏以來儒生取古人之謚而釋以己説，集而爲法也。故蘇氏曰：周公之法反取賀琛之新法而載之書，是知世之謚法，其名尤古者，益非古法也。今考周公之書所用後人之語甚多，是爲謚法者，展轉相因，言文雜揉，無足取也。惟沈約之書，博采古今，詮次有紀，然亦無所建明，至蘇氏承詔，編定《六家謚法》，乃取《周公》、《春秋》、《廣謚》、沈約、賀琛、扈蒙之書，斷然有所去取，其善惡有一成之論，實前人所不及也。」

《郡齋讀書志》（衢本）卷二：「《嘉祐謚法》三卷：右皇朝蘇洵明允撰。嘉祐中，被詔編定《周公》、《春秋》、《廣謚》、沈約、賀琛、扈蒙六家謚法。於是講求六家外，采《今文尚書》、《汲冢》、師春、蔡邕《獨斷》。凡古人論謚之書，收其所長，加以新意，得一百六十八謚、三百一十一條，芟去者百九十有八，又爲論四篇，以叙其去取之意。」

《直齋書録解題》卷三：「《嘉祐謚（法）》三卷：太常禮院編纂眉山蘇洵明允撰。洵與編《六家謚法》，因博采諸書爲之，爲論四篇，以序其去取之意。（下略）」

《宋史·藝文志·經解類》著録蘇洵《嘉祐謚法》三卷。

《四庫全書總目提要》卷八十二《史部·政書類》：「《謚法》四卷（原注：内府藏本）。宋蘇洵撰。……自《周公謚法》以來，歷代言謚者，有劉熙與沈約、賀琛、王彦威、蘇冕、扈蒙之書，然皆雜糅附益，不爲典要。至洵奉詔編定《六家謚法》，乃取《春秋》、《廣謚》及諸家之本删訂考證，以成是書。凡所取一百六十八謚、三百十一條，新改者二十三條，新補者十七條，別有七去八類，於舊文所有者，刊削甚多，其間如堯、舜、禹、湯、桀、紂乃古帝王之名，并非謚號，而沿襲前謁，概行載入，亦不免疏失，然較之諸家，義例要爲嚴整。後，鄭樵《通志·謚略》，大都因此書而增補之，且稱其斷然有所去取，善惡有一定之論，實前人所不及。蓋其斟酌損益，審定字義，皆確有根據，故爲禮家所宗。雖其中所收僻字，今或不能盡見諸施行，而歷代相傳之舊典，猶可以備參考焉。歐陽修（撰者按，原作『曾鞏』，誤）作洵墓志載此書作三卷，而此本實四卷，殆後人所分析歟。」

蘇洵《皇祐謚録》編成。

《遂初堂書目·儀注類》著録《皇祐謚録》。

《宋史·藝文志·經解類》著録蘇洵「《皇祐謚録》二十卷」。

本年以下「歐陽修與蘇洵簡」條，已言及此書。則此書之成，當與《嘉祐謚法》同時。本書稱謚録，似爲有關定謚之資料輯録，録之乃以供研究者參考，而非撰著。惜其書久佚，已不得其詳。

歐陽修與蘇洵簡，贊洵所撰《謚法》。

《歐陽文忠公集·書簡》卷七《與蘇編禮》第二簡：「某啓。承示表本，甚佳。前所借《謚法》三卷，值公私多事。近方遍得披閲，文字更不待愚陋稱述，第新法增損，今别爲一書，則無不可矣。成一家之言，吾儕喜若己出爾。《謚録》卷袟既多，只欲借草本。」原注謂作於治平間。歐陽修所云表本，乃《上六家謚法議》；所云謚法乃蘇洵所撰之《嘉祐謚法》；所云謚録當爲洵所撰《皇祐謚録》。

蜀僧去塵返蜀，蘇洵作送行詩。

詩見《類編老蘇集》卷一。

詩首云：「十年讀《易》費膏火。」洵《上韓丞相書》：「自去歲以來始復讀《易》，作《易傳》百餘篇。」作於嘉祐六年。今云十年，知讀《易》時日已長，今次於此。

第二句「盡日吟詩愁肺肝」，敘長時間以來日常生活。第三句「不解丹青追世好」，可自二方面理解。就蘇洵言，蘇洵喜畫，此言不解，殊不合。或就個人喜畫然不善畫而言。就去塵言，去塵謙言不解丹青，欲蘇洵作詩爲贈。據第四句「欲將芹芷薦君盤」，蘇洵之意或屬前者。

第五、六句：「誰爲善相寧嫌瘦，後有知音可誰彈？」須細細體味。善相者據相定一人之前程，所相之對象肥瘦與否，非所敢嫌，欲嫌亦不可嫌。似謂人之一生，注定窮愁潦倒，善相者亦無可奈何，以相不可改也。善相者出於本能，欲所相之對象之相皆隆準大耳，「寧嫌瘦」，相比較而言。善相者不願相薄相，瘦爲薄相，故嫌之。《嘉祐集箋注》引應劭《風俗通義》伯牙以鍾子期爲知音，子期死，伯牙廢琴事，蘇洵於此反其意而用之。「後有知音」之實際意義之一面爲時無知音。時無知音，則琴可以廢。然琴是否廢，蘇洵於此未能作出決斷，蓋「後有知音」尚寓有希望。跌宕之中，藴含個人複雜感情。

《箋注》引葉夢得《石林詩話》卷下：「明允詩不多見，然精深有味，語不徒發，正類其文。如讀《易》詩云：『誰爲善相應嫌瘦，後有知音可廢彈；』婉而不迫，哀而不傷，所作自不必多也。」「婉而」八字盡之。雖云不傷，然終覺凄涼，《九日和韓公》云「佳節久從愁裏過」，愁之生緣於凄涼。

末二句：「拄杖掛經須倍道，故鄉春蕨已闌干。」以加速行程回至故鄉度春日爲望，點送。作者濃濃鄉情即在其中。

蘇洵作《香》詩。

詩見《嘉祐集箋注》卷十六。

詩首云：「擣麝篩檀入範模，潤分薇露合鷄蘇。」言製香。麝，獸名，又稱香獐。其腹下香腺分泌麝香。麝而擣，當云研之爲末。檀木甚香，亦爲製香原料。篩檀似謂一遍一遍研細，不斷經篩取其末，其未成末者再研。

範模，用以製香。以下言「青烟細」、「玉筯粗」，謂製成之香粗細不等，其粗者如玉筯，則此製成之香乃長形，一根一根，一枝一枝，便於燃燒。範模之長短大小，視需要而定。以麝及檀之粉末入於範模之中。此乃第一步。

第二步，以薇之露水及薇，合生於水旁之鷄蘇，入於範模之中，以滋潤麝、檀。不言以一般水調潤，工藝十分講求。

詩三、四句：「一絲吐出青烟細，半柱燒成玉筯粗。」謂燃燒。上句謂細香，下句謂粗香。云「絲」，極細。云「柱」，則粗相當可觀。此處不過舉一粗、一細之例，其實品種甚多。玉筯，筷子；筯，同箸。半柱，半根筷子。

第五、六句：「道士每占經次第，佳人惟驗繡工夫。」言香之用。上句言道士之用香。占，占卦。經，占卦之書。道士占卦，焚香以示虔誠，兼營造氣氛。次第謂卦之爻之數，如「乾上」、「乾下」之初九、九二、九三、九四、九五、上九、用九，「坤下」、「坤上」之六二、六三、六四、六五、上六、用六等。

下句謂佳人之用香。佳人居閨閣之中，不知時間長短，以燃香枝數知之。今變換一種説法，謂「驗繡工夫」，顯示出閨閣佳人之良好、積極心態，甚妙。

末二句：「軒窗几席隨宜用，不待高擎鵲尾爐。」言香應用之範圍。一言應用之廣。此當指城居。軒、窗、几、席皆用，足見北宋時期城市物質生活已達相當高之水平。一言應用之方式，有燃燒於專爲焚香之鵲尾爐者，有以其他簡便方式燃燒者。據老蘇此詩，知燒香已爲一般家庭之時尚。

此詩作於京師。老蘇有如此閑情逸致，足見心態尚佳。老蘇於香經過一番考察，其平居生活，當亦以香爲伴。作於嘉祐末、治平初。今次此。

蘇洵作《藤樽》詩。

詩見《嘉祐集箋注》卷十六。

詩首云：「枯藤生幽谷，蹙縮似無材。」蹙縮謂藤之狀，藤攀附於樹或物，不得自由伸展。蹙縮之狀，緣是形成。藤無材，枯藤蹙縮更無材，生於幽谷之中，不爲人所知，藤亦不求人知。作者謂其無材，概括一般人心態。着一「似」字，頗出人意料，引起下文。

第三、四句：「不意猶爲累，刳中作酒杯。」此枯而蹙縮之藤有材。有材即有用，應爲之賀，而作者何以謂之「累」？以失去天全，不能保其天全。枯藤之材爲何？可以「刳中作酒杯」，刳中即喪其天全，喪其自然形態，而此自然形態，乃得之於天。

第五、六句：「君知我好異，贈我酌村醅。」以枯藤之材爲酒杯，世所罕見，罕見即爲異。友人以此爲贈，情意可感。友人知己甚深，更可感。以藤樽酌村醅，別有一番情趣。如以此藤樽酌高貴之名酒，物不逢其類，情趣即黯然逝去。作者於此時，於此藤樽已傾注一種美好之情。第七、八句：「衰意方多感，爲君當數開。」「衰」，着重言一種精神狀態，有年齡因素，但不爲主要。此種精神狀態之具體表現，爲寂寞以及由寂寞所産生之頽唐、不振作。友人以藤樽見贈，感受其友愛、關懷、温暖，心頭爲之一熱，故頻頻酌村醅，回答友人厚愛，亦以消愁。第九、十句：「藤樽結如螺，村酒緑如水。」盛贊藤樽、村酒。藤之狀彎彎曲曲，其連結糾纏之處，類螺旋之狀，儼然一螺。此不啻一種新發現，作者於此藤樽，已傾注更多美好之情。眉山之水緑，酒如水之緑，水、酒皆可愛。作者已自寂寞、頽唐中走出，陶醉於純潔之友情中，陶醉於純樸之鄉情中，陶醉於寧静、和諧之大自然中。

第十一、十二句：「開樽自獻酬，竟日成野醉。」作者之精神境界在不斷擴大，由個人生活之狹隘、局促之小天地，進一步走向大自然。此種變化，直可以解放視之。此樽、此酒，發生神奇作用。

第十三、十四句：「青莎可爲席，白石可爲機。」大自然之一切，於作者眼中、心中，乃如此美好；前此見之，平淡無奇，見如未見。青青之莎可以爲席，白白之石，可以爲機，乃對大自然之熱情頌歌。何謂機，機乃機心。心凝於白石，而不及其他，此「爲機」即無機。個人與大自然溶爲一體。「衰意」在消逝。

末二句：「何當酌清泉，永以思君子。」懷念贈藤樽之君子。以上所述，乃過去某一時期鄉居生活之回憶及其時思想之一側面。此詩作於晚年居京師時。作者晚年，雖云編禮書、編謚法，然終未能施展其抱負，顯現其才能，心嘗鬱鬱。友人所贈之藤樽，自蜀中攜至京師，偶覩此物，遂爲此詩，以抒心中不平之氣。其實藤亦喻己。然藤尚可「刳中作酒杯」，得知己賞識，己不能與藤相較，直藤之不若矣。今次於此。

三蘇年譜卷十五

治平二年(一〇六五)乙巳　蘇洵五十七歲　蘇軾三十歲　蘇轍二十七歲

至華州，軾與胡允文(執中)遇。

《蘇軾文集》卷六十三《祭胡執中郎中文》：「我徂華州，見君逆旅。淫雨彌旬，道淖没車。他人爲泣，君樂有餘。」

過華陰，軾寄弟轍詩。

詩見《蘇軾詩集》卷五(二二四頁)，中云「東風吹雪滿征衣」。《總案》繫此詩於治平元年。《施譜》繫今年，今從。《詩集》卷二十《梅花》其一首云「春來幽谷水潺潺」，第三句「一夜東風吹石裂」，春來而東風吹。同上卷《陳州與文郎逸民飲别攜手河堤上作此詩》云「春風料峭羊角轉」，「合注」引唐陸龜蒙詩：「東風料峭客帆遠。」「春風」、「東風」相互轉用。「東風吹雪」云云，蓋爲春初事。華陰在華州東五十里。

轍無次韻或和作。

華岳道中，軾入岳神祠，責神。

《濟南先生師友談記》：「公曰：頃在鳳翔罷官來京師，道由華岳。忽隨行一兵，遇祟甚狂，自褫其衣巾不已，公使人束縛之，而其巾自墜。人皆曰：此岳神之怒故也。公因謁祠，且曰：『某昔之去無祈，今之回無禱，特以道出祠下，不敢不謁而已。隨行一兵，狂發遇祟，而居人曰神之怒也，未知其果然否？此一小人如蟣蝨爾，何足以煩神之威靈哉！縱此人有隱惡，則不可知，不然，以其懈怠失禮，或盜服御飲食等，小罪爾，何足責也，當置之度外。竊謂岳鎮之重，所隸甚廣，其間强有力富貴者，蓋有公爲奸慝，神不敢於彼示其威靈，而乃加怒於一卒，無乃不可乎！某小官，一人病則一事缺，願恕之可乎？非某愚直，諒神不聞此言。』出廟，馬前一旋風，突而出，忽作大風，震鼓天地，沙石警飛。公曰：『神愈怒乎，吾弗畏也。』冒風即行，風愈大，惟趁公行李，而人馬皆辟易，不可移足。或勸之曰：『禱謝之。』公曰：『禍福，天也。神怒即怒，吾行不止，其如予何！』已而風止，竟無别事。」

《北山集》卷十三《西征道里記》叙紹興乙未六月十九遊關東店、潼關、關西店、西嶽廟，至華陰縣，出南門，朝謁雲臺觀，然後還宿潼關，以下云：「又土人言，有康通判者，嘗與東坡爲僚，踰百歲，後弟子四五人，往來諸峰間，無定處，然土人不能具道其名。」兹附此。

赴京師途中，軾與蒲誠之簡，求添差防護厢軍。

簡乃《蘇軾文集》卷五十九與誠之第六簡，云「爲華州減却十人」，「明日至府謁見」，誠之乃官於華州東某地。

二月，軾還朝，除判登聞鼓院。

據《施譜》。

轍爲大名府留守推官。三月到任。

《潁濱遺老傳》上：「子瞻解還，轍始求爲大名推官。逾年，先君捐館舍。」按蘇洵卒於治平三年四月，則此前一年即治平二年三月，轍應已赴任。

《年表》：「轍爲大名府留守推官，有《謝韓丞相啓》。」

《欒城集》卷五十有《北京謝韓丞相啓》，乃到北京後作。

轍侍父京師期間，與姪林有倡酬。

《欒城集》卷二有《用林姪韵賦雪》詩，作於侍父京師期間。具體作時，轍編集時距作詩已二十餘年，已不能詳，故次於此卷之末。以下自《送張唐英監閬州税》至《送道士楊見素南游》五詩同此。

林乃伯父澹之孫，位之子。

轍京師侍父期間，賦詩送張唐英監閬州税。

《送張唐英監閬州税》首六句云：「閬中雖近蜀，監税本閑官。豈足淹賢俊，聊應長羽翰。讀書心健否，答策意何闌。」

《宋史》卷三百五十一《張唐英傳》謂爲蜀州新津人。傳謂唐英「少攻苦讀書，至經歲不知肉味」，「讀書」句當指此。傳謂「及進士第，翰林學士孫抃得其《正議》五十篇，以爲馬周、魏元忠不足多」，則唐英有經世之才。而傳謂「調穀城令」，今又監閬州税爲閑官，轍殊有不平之意。《丹淵集》卷九《張次公太博歸閬中》：「制詔頻來試玉京，清途猶自滯豪英。策高三道竟何用，恩拜二親方爾榮。嵇阮襟懷終曠達，儀秦才術本縱横。閬中勝事知無限，且向城南爛熳行。」次公乃唐英之字，《宋史》本傳「公」作「功」。「策高三道」即轍詩所云之「答策」，謂應制科也。然唐英傳謂孫抃「薦試賢良方正，不就」，據文同此詩及轍詩，則唐英似應制科試。不然，胡爲有「答策」，豈不應試而答策傳於外耶？

據《名臣碑傳琬琰中集》卷十四《張御史唐英墓誌銘》，唐英爲慶曆三年進士。熙寧元年卒，年四十三。

《輿地紀勝》卷一百八十五《利東路·閬州·人物·張唐英》：「字次功。爲御史。嘗爲閬州監税。嘗撰《蜀檮杌》及《昭陵名臣傳》。」《詩》下引張唐英《鮮于氏紫雲亭》：「西掖詞臣舊處游，南隆隱客敝盧幽。」

又，《宋代蜀文輯存》卷十四有張商英《寧魂》，亦叙唐英事迹，唐英乃商英之兄。

轍作《送張師道楊壽祺二同年》詩。詩首云：「故國多賢俊。」知二人皆蜀人。以下云：「重來舊游處，兩見近題名。」知二人自外地至京師，或爲候選。以下云：「入峽猿應苦，還荆雁已鳴。」聯繫以上「孤轅已南向，疋馬復西征」句，知一人往南，一人入蜀。末云：「喜從元帥幕，官職漸峥嶸。」則一人當往荆湖北路荆南軍府所在地江陵府（荆州），一人當往成都府益州。宋制，知荆南例爲馬步軍都總管，知成都例爲成都府、利州、梓州、夔州四路兵馬都鈐轄，故得以元帥稱之。知二人往各該地爲幕官。參以下楊壽祺詩。

《全宋詩》卷六百二十七引元陳世隆《宋詩拾遺》卷七楊壽祺《將過益昌先寄馮允南使君》：「衮衮京華志氣低，歸心長伴日輪西。蒼顏白髮因新選，明月清風思舊溪。屈指光陰時節晚，舉頭霄漢路歧迷。巴陵太守應憐我，準擬經過醉似泥。」「新選」云云，可以證實二人至京師爲候選；二人中，入蜀者爲楊。允南名山，亦嘉祐二年登第。山有《安岳集》，有多詩及壽祺。《安岳集》卷十一《和楊壽祺承事見寄》：「道屈文章價不低，誤傳新句落天西。忽聞命駕趨雲棧，猶憶同舟上井溪。争歎科名淹舊發，誰憐簿領困塵泥。相逢且約嘉陵酒，爲洗關中數尺泥。」《寄題合江知縣楊壽祺著作野亭》：「野亭何處訪仙翁，安樂風烟迥不同。千里清泉來塞外，四時佳景出山中。偷身暫逐禽魚樂，放意翻成筆硯空。醉伴逍遥無計去，鈎藤新熟荔枝紅。」可參。

轍作《送家定國同年赴永康掾》詩。

詩首云：「清慎岷山掾，登科已七年。」永康在岷山範圍内，故稱永康掾爲岷山掾。定國與蘇轍同登第於嘉祐二年，知此詩作於治平元年。

《净德集》卷二十三《朝請郎新知嘉州家府君墓誌銘》：「君諱定國，字退翁。……既擢第，除雅州名山尉。居（父）朝議憂。……服除，調永康軍司法。」司法亦掾也。

參本譜元祐二年「家定國知懷安軍轍作詩送行」條。

轍作《送霸州司理翟曼》詩。

詩首云：「大梁能賦客，邊郡繫囚曹。官職不相稱，聲名終自高。」知翟曼居京師開封。霸州爲邊郡，繫囚曹乃司理所職。第三句頗爲不平，第四句則轉而慰之。第七、八句云：「努力事初宦，尺絲無厭纅。」勉其無棄瑣屑。

轍作《送道士楊見素南游》詩。

詩首云：「黄河春漲入隋溝，往意隨波日夜流。」隋溝乃謂運河。蓋楊見素欲自運河南游江淮。第五、六句云：「湖風送客那論驛，岳寺留人暗度秋。」岳寺當指南岳衡山，則湖乃洞庭，蓋楊見素亦欲游湖湘。末云：「遲子北歸來見我，攜琴委曲記深幽。」知見素乃短暫出游，或長居汴京；見素出游，或以琴自隨，蓋善琴。

軾官鳳翔（包括往還）、轍侍父居京師期間，有《岐梁唱和詩集》。

《欒城集》卷三《次韵姚孝孫判官見還岐梁唱和詩集》首云：「伯氏文章豈敢知，岐梁偶有往還詩。」岐謂鳳翔，梁謂開封。

今存岐梁唱和詩，見《蘇軾詩集》卷三者四十首，卷四者三十八首，卷五者三十五首，共一百一十三首。見《欒城集》卷一者二十一首，卷二者五十八首，卷十八者五首，共八十五首。《蘇軾詩集》卷三《次韵子由岐下詩》缺轍原唱二十一首，卷五《壬寅重九不預會獨游普門寺僧閣有懷子由》缺轍次韵，卷五《和子由苦寒見寄》缺轍原唱，《華陰寄子由》缺轍次韵。轍詩共佚二十四首。

孝孫字光祖，安吉人。官司農主簿。見《吴興備志》卷十一。

陳貽序（叔倫）登進士第，貽序爲蘇軾所知。

據《嘉定赤城志》卷三十三，貽序臨海人，亦爲曾鞏所知，終奉議郎、湖南運判，子克。《全宋詞》、《全宋詞補輯》有克詞。

《蘇軾文集》卷七十三《菱芡桃杏説》云「今日見提舉陳貽叔，云舒州有醫人李惟熙者」。此貽叔或即貽序。蘇軾自海南北歸時，有簡與李惟熙，見《佚文彙編》卷三。《菱芡桃杏説》或作於晚年。

四月，陳希亮卒。

據《琬琰集删存》卷二《陳希亮墓誌銘》。年六十六。

參元豐四年「慥父陳希亮傳」條。傳，蘇軾撰。

五月丁亥（二十八日），軾妻王弗卒。弗以後封爲魏城君、崇德君、通義郡君。

五月丁亥云云，據《蘇軾文集》卷十五弗墓銘，時弗年二十七；本年六月，殯京城西。

《蘇軾詩集》卷二十一《伯父送先人下第歸蜀詩云云因以爲韻》：「哀哉魏城君，宿草荒新墓。」注謂弗。《文集》卷七十三《先夫人不發宿藏》稱弗爲崇德君。《墓誌銘》謂「追封通義郡君」。

轍辭韓琦，離京師，至大名。

《欒城集》卷五十《北京謝韓丞相啓二首》其一首云：「頃違軒闥，尋至北門。」「頃違」云者，是離京師時向韓琦辭行。

時王拱辰（君貺）知大名府兼北京留守。

《忠肅集·拾遺》有《王開府（拱辰）行狀》，云：「治平二年，知大名府兼北京留守。」拱辰，開封咸平人。仁宗天聖八年，年十八，進士第一。《宋史》卷三百十八有傳。《嘉祐集》附録有拱辰《老蘇先生挽詞》，末云「二子繼方裘」，知轍兄弟爲拱辰所知。

《欒城集》卷十五《王君貺宣徽挽詞》其三：「從軍在河上，仗鉞喜公來。幕府方閑暇，歌鍾得縱陪。」詩末自注：「今樞密安公厚卿，昔與轍同在幕府。」元祐二年作，參該年紀事。

强至（幾聖）佐幕。

至，杭州人。慶曆六年進士。《咸淳臨安志》卷六十六有傳。

安燾（厚卿）佐幕。

燾，開封人。《宋史》卷三百二十八有傳。謂「主管大名府路機宜文字」。

姚孝孫（光祖）佐幕。

孝孫參本年以下「姚孝孫還《岐梁唱和詩集》」條。

吕公著舉軾應試館職，簡謝。

《蘇軾文集》卷六十《謝吕龍圖》第一簡叙「兩登進士舉，一中茂才科」，「歐公引之於其始，韓公薦之於其中，今又閣下舉之於其後」。歐公乃歐陽修，韓公或爲韓琦。簡所云吕龍圖乃公著。《宋史》卷三百三十六《吕公著傳》：「英宗親政，加龍圖閣直學士。」公著字晦叔，夷簡子。《紀年録》繫此簡於嘉祐五年，失之。

學士院試策，軾優詔直史館。此乃以制科特旨命試。有謝啓。

據《宋會要輯稿》第一百十九册《選舉》三一之三五。《輯稿》謂爲治平三年二月四日事。

《軾墓誌銘》：「英宗在藩聞公名，欲以唐故事召入翰林，宰相限以近例，欲召試秘閣，上曰：『未知其能否故試，如蘇軾有不能耶！』宰相猶不可，及試二論，皆入三等，得直史館。」二論乃《學士院試孔子從先進論》、《學士院試春秋定天下之邪正論》，俱見《蘇軾文集》卷二。

《濟南先生師友談記》：「東坡云：頃試制舉，中程後，英宗皇帝即欲便授知制誥。相國韓公曰：『蘇軾之才，遠大之器也，他日自當爲天下用，要在朝廷培養之，使天下之士莫不畏慕降伏，皆欲朝廷進用之，然後取而用之，則人人無復異詞矣。今驟用之，則天下之士未必以爲然，適足以累之也。』英宗曰：『知制誥既未可，且與修起居注，可乎？』魏公曰：『記注與制誥爲鄰，未可遽授，不若且於館閣中擇近上貼職與之，他日擢用，亦未爲晚。』乃授直史館。歐陽文忠公時爲參政，慮執政官中有不喜魏公者喋於東坡，坡曰：『公所以於某之意，乃古之所謂君子愛人以德者歟！』」韓公乃琦。《文集》卷三十二《杭州召還乞郡狀》謂「琦以臣年少資淺，未經試用，故且與館職」。

按：《墓誌銘》言未試欲召入翰林，《師友談記》言試後即欲便授知制誥，是其不同處。《長編》卷二百七治平三年二月一日「殿中丞蘇軾直史館」紀事取材於《墓誌銘》與《師友談記》，從前者云「上在藩邸，聞軾名，欲以唐故事召入翰林，便授知制誥」。《宋史》本傳略同《長編》。《王譜》、《紀年録》、《施譜》均謂直史館爲治平二年事，今從。《詩集》卷五《入館》：「黄省文書分道山，静傳鐘鼓建章閑。天邊玉樹西風起，知有新秋到世間。」細味詩意，乃初入館時作。據「新秋」云云，知直史館乃夏末秋初事。若「新秋」所云爲治平三年事，則父洵已卒，與事理不合。《文集》卷四十六有《謝館職啓》。

《避暑録話》卷上：「祖宗故事，進士廷試第一人及制科一任回，必入館，然須用人薦，且試而後除。進士聲律固其習，而制科亦多由進士，故皆試詩賦一篇，唯富鄭公以茂才異等起布衣，未嘗歷進士，既召試，乃以不能爲詩賦懇辭，詔試策論各一，自是遂爲故事。制科不試詩賦，自富公始。至子瞻，復不試策，而試論三篇。」此處云「試論三篇」，與《墓誌銘》不同，當從後者。《却掃編》卷下則謂：「舊制召試館職，詩賦各一篇。治平中，東坡被召，自言久去場屋，不能爲詩賦，乃特詔試論二篇。」

劉攽（貢父）有賀啓。

《彭城集》卷二十九《回賀蘇學士詔啓》：「伏審光奉詔函，擢躋史觀。本朝厚方聞之選，儒士榮藏室之華。非夫擅三良之能，兼兩如之直，曷膺遴柬，以副僉言。恭以某官積學淵微，軼材超特。以直諒多聞之益，被賢良高第之求。豈其拘累日之勞，是以不待次而進。側聆休命，方集歡悰；過沐華箋，亟聞讜論。銘佩之素，啓處不忘。」據「回賀」、「華箋」云云，知蘇軾先有啓與劉攽。

據《宋史》攽傳，時攽約爲館閣校勘。

到任期月，轍上謝韓丞相琦啓。

《欒城集》卷五十《北京謝韓丞相啓》其一：「自領簿書，復將期月。」轍三月到任，此啓應作於四月。

轍尋差管句大名府路安撫總管司機宜文字，再上謝韓丞相琦啓。

啓乃《欒城集》卷五十《北京謝韓丞相啓》其二，云到北京後，「曾未逾時，就改此職」。《年表》云「尋差管句大名府路安撫總管司機宜文字」。

孫永(曼叔)權三司開拆司，赴京師，轍送詩。

詩乃《欒城集》卷三《北京送孫曼叔屯田權三司開拆司》。詩云「秋風起沙漠，凄雨濕征袖」，約爲秋初。詩又云「自我游魏博，相識恨未久」，知轍到北京，爲夏季事。魏博謂北京。永世爲趙人，徙長社。《宋史》卷三百四十二有傳。《蘇魏公集》卷五十三永墓銘謂卒於元祐八年，年六十八。知轍小永十三歲。詩題所云屯田，當爲屯田郎中。

轍和强至詩。

詩乃《欒城集》卷三《和强至太博小飲》、《和强君瓦亭》。太博謂太學博士。後者首云「君爲魏博三年客」，則至來北京乃嘉祐末。至原韵已佚。

蘇自之餽蘇軾酒，軾作詩謝之。

詩見《蘇軾詩集》卷五（二二六頁）。

韓愈有「高士例須憐麴櫱」之句，蘇軾反其意，而云「麴櫱未必高士憐」。蘇軾以爲徐邈（景山）、阮籍、畢卓、劉伶之徒以嗜酒名，然乃貪怪嗜怪，并非高士。杜甫有《飲中八仙歌》，其八人亦未爲高士。「麴櫱未必高士憐」，易言之，即高士未必憐麴櫱。以上所云，皆其論據。然則當如之何？蘇軾以爲：「决須飲此勿復辭，何用區區較醒醉。」不必稱能飲者爲高士，亦不必自炫能飲即爲高士。以此意謝蘇自之惠酒。惠酒者欲受酒者喜飲之，蘇軾已點明此意。

蘇軾此詩作於京師。詩云自之爲宗人，並云「百里雙罌遠將寄」，雖云「遠」，實則不遠，自之所居或爲官之地即在離京師不遠處。云「寄」，似爲專人送至。其仕履不詳。

入館，軾作詩。

詩乃《蘇軾詩集》卷五《入館》。

詩云：「知有新秋到世間。」點季候。

七月辛巳（二十三日），吕公弼（寶臣）除樞密副使。軾有賀啓。

七月云云，據《宋史·宰輔表》。啓乃《蘇軾文集》卷四十七《賀吕副樞啓》。公弼，夷簡子。《王魏公集》卷八有行狀，《宋史》卷三百一十一有傳。卒於熙寧六年，年七十六。傳謂公弼嘗知瀛、開封、渭、延、成都，與啓「出領數郡」合。《經進東坡文集事略》卷二十七謂啓乃賀公弼者。

中秋夜觀月，轍賦詩。

詩乃《欒城集》卷三《中秋夜八絶》。

過蔡茂先，軾贈詩。

詩見《蘇軾詩集》卷五(二二二七頁)，首云「京城三日雨留人」。《宋史·英宗紀》，本年八月庚寅，京師大雨，九月壬戌雨，罷大宴。詩作於八、九月間。

九月辛酉(初三日)，《太常因革禮》修成。歐陽修提舉編纂此書。賜修及蘇洵等銀帛。

《長編》卷二百六本日紀事：「提舉編纂禮書、參知政事歐陽修奏，已編纂禮書，成百卷。詔以《太常因革禮》爲名。」以下云先是歐陽修參知政事，朝廷命修提舉此書，嗣云：「知制誥張瓌奏：『伏見差官編校開國以來禮書，竊恐事出一時不合經制者，著之方册，無以示後，欲乞審擇有學術方正大臣，與禮官精議是非，釐正紬繹，然後成書，則垂之久遠，無損聖德。』洵等議：『修書本意，但欲編纂故事，使後世無忘之，非制爲典則，使後世遵行之也。今朝廷之禮，雖號詳備，然大抵往往有不安之處，非特一二事而已，而欲有所去焉，不識其所去者果何事也。既欲去之，則其勢不得不盡去，盡去則禮缺。苟獨去其一，而不去其二，則適足以爲抵牾齟齬而不可齊，徒增後世之疑，是欲益而反損也。』瓌疑遂格。至是書成，賜修等銀帛有差。」「修等」當包括蘇洵、姚闢等。洵等之議，不知出自誰手，其文筆甚似洵，洵集不見。《歐陽文忠公集》卷首《年譜》本日紀事：「提舉編纂太常禮書百卷成，詔名《太常因革禮》賜銀絹。」《太常因革禮》一百卷，缺卷五十一至六十七。《宛委别藏》、《廣雅書局叢書》、《叢書集成》收有。書成，歐陽修等奏云（見卷首）：「臣修等昔聞秦焚滅詩書，而禮樂尤其所惡，故漢興二百餘年，而郊祀之禮聽於方士，乘輿所御，不過袀服。及至顯宗，然後發憤太息，以有三雍七郊，百官備物，輅車衮冕，以祀天地，養三老五更於學，然後學士有述焉。漢末喪亂，永平遺文，復就湮滅。而江左學者，猶能言之。蕭梁之時，日不暇給，猶命陸連、賀瑒等五人，分治五禮。及至隋文，天下初合，享國日淺，亦能於兵燼之餘，收集南北儀注，爲百三十篇。故唐興，得以沿襲爲貞觀、顯慶、開元之禮。古之君子，於戰伐崎嶇之中，猶不忍禮樂之廢，苟有一日之安，則相與戮力講求，其勤如此。宋有天下，承平百年，憲章文物，遠迹三代，而觀書於太常者，獨有《開寶通禮》，得爲完書。其餘顛倒脱落，無所考證，至不及漢、唐者。此有司失職，學者不講之過也。昔太祖皇帝始命大臣，約唐之舊，爲《開寶通禮》，事爲之制，以待將來。其後更歷三朝，隨事損益，與《通禮》異者，十常三四，苟新書不立，而待《通禮》以爲備，則後世將有惑焉。故天聖中，禮官王皞等，論次已行之事，名曰《禮閣新編》。其後賈昌朝等，復加編定，名曰《太常新禮》。而《禮閣新編》止於天禧之五年，《太常新禮》止於慶曆之三年，又多遺略，不能兼收博采，以示後世。而二書之外，存於簡牘者，尚不可勝數，付之胥史，日以殘脱。故嘉祐中，臣修以爲言，而先帝以屬修與凡禮官，命臣闢、臣洵專領其局，始自建隆以來，訖於嘉祐，巨細必載，網羅殆盡。以爲《開寶通禮》者一代之成法，故以《通禮》爲主，而記其變，其不變者，則有《通禮》存焉。凡變者，皆有所治於《通禮》也，其無所沿者，謂之新禮，《通禮》之所有，而建隆以來不復舉者，謂之廢禮。凡始立廟，皆有議論，不可以不特見，謂之廟議。其餘即用《通禮》條目，爲一百篇，以聞。賜名《太常因革禮》。雖不足以稱先帝考禮修業，傳示無極之意，猶庶幾於守職不廢，以待能者。尚書吏部侍郎參知政事提舉編纂臣歐陽修、龍圖閣直學士尚書兵部侍郎兼侍讀同判太常寺兼禮儀事臣李柬之、龍圖閣直學士左諫議大夫兼侍講崇文院檢討官同判太常寺兼禮儀事臣吕公著、尚書工部郎中知制誥兼同判太常寺兼禮儀事臣宋敏求、尚書屯田員外郎充集賢殿修撰同判太常寺兼禮儀事臣周孟陽、尚書度支員外郎直秘閣兼充史館檢討同知禮院兼丞事臣吕夏卿、尚書祠部員外郎充秘閣校理同知禮院臣李育、秘書丞充集賢校理同知禮院臣陳繹、太常博士禮院編纂臣姚闢、守霸州文安縣主簿禮院編纂臣蘇洵謹上。」此文，當即《長編》所云之奏。修之集不見。此文當出自蘇洵之手。而洵集亦不見，《集》未收。

柬之，字公明。其先趙郡人，後徙幽州。迪之子。曉本朝掌故。英宗即位，富弼薦其學行，兼侍讀。熙寧六年卒，年七十八。《宋史》卷三百一十有傳。

呂公著字晦叔，壽州人。幼嗜學，至忘飲食。登進士第。通判潁州，郡守歐陽修與爲講學之友。修使契丹，契丹主問中國學行之士，首以公著對。仁宗末獎其恬退，賜五品服。元祐元年拜相，與司馬光同心輔政。元祐四年卒，年七十二。《宋史》卷三百三十六有傳。

宋敏求字次道，趙州平棘人。寶元二年賜進士出身。熟於朝廷典故，家富藏書。著述今傳者有《河南志》、《春明退朝録》等。元豐二年卒，年六十一。《宋史》卷二百九十一有傳。《蘇魏公文集》卷五十一有神道碑。

周孟陽，字春卿。其先成都人，徙海陵。醇謹夷緩。神宗時，拜天章閣待制，卒年六十九。《宋史》卷三百二十二有傳。

呂夏卿。據《宋史》卷三百三十一、乾隆《晉江縣志》卷十二傳，熙寧初，遷兵部員外郎、知制誥，出知潁州。卒，年五十三。計其卒，即在熙寧中。

陳繹字和叔，開封人。慶曆初進士。累官知制誥，拜翰林學士。元祐三年卒，年六十八。《蘇魏公文集》卷六十有墓誌銘，《宋史》卷三百二十九有傳。謂「有文三十卷」，久佚。繹與蘇軾有交往。

《太常因革禮》卷末李壁跋：「《太常因革禮》，老蘇先生奉詔所修也。先是，歐陽文忠公同判太常寺，始建編修禮書之議，朝廷難從其請。然猶重置局，就以命禮官，既不專任，閱歲久之，書不果成。嘉祐六年七月己酉，乃以先生爲霸州文安縣主簿，使食其禄，與陳州項城縣令姚闢同編纂。判寺官督趣，歐陽公以參知政事提舉。閱五年，當治平二年九月辛酉，而奏書成。《國史》謂建隆以來三輯禮書，嘉祐尤悉，則謂此書也。古者，經禮三百，曲禮三千，自後世以禮著書者，僅存其大概，或缺其彌文，經禮粗詳，而曲禮盡廢，以致往往不可復考。嘉祐書獨於損益去取異同之際，莫不咸在。當此時，知制誥張瓌奏以國朝不合古制，欲命大臣與禮官釐正紬繹，然後垂之永久。先生争之，以爲方今編集故事，使後世無忘之耳，非曰制爲典禮，遂使遵而行之也，遇事而載之，不擇善惡，是記事之體也。然則其凡例條目，先生之定論蓋若此。而昧者顧謂繁簡失中，以楦釀目之，抑未之思與？其書以《開寶通禮》爲本，而以儀注例册附見之，且參以《實録》、《封禪記》、《鹵簿記》、《大樂記》及他書，經禮、曲禮，於是兩備。張文定心所謂其事業不得舉而措之於天下，獨《新禮》百篇，今爲太常施用者是也。錢侯太虚爲吾州，盡刻蘇氏之書於學宫，所以嘉惠諸生甚厚，且屬壁識歲月。因備列於之于末云。淳熙十五年正月，郡人李壁書。」

李壁字季章，號雁湖居士，丹稜人。燾之第六子。光宗紹熙元年進士第。官至參知政事。嘉定十五年（一二二二）卒，年六十四。有《王荆公詩注》傳世；另有《雁湖集》已佚。錢太虚盡刻蘇氏之書於學宫，除《太常因革禮》外，當有《嘉祐集》、《謚法》等，惜年代久遠，不能詳。查有關方志，亦不詳其人，蓋湮没已久矣。使《雁湖集》在，亦尚可踪迹，而《雁湖集》亦佚，不能不令人慨歎。

據此，《太常因革禮》，有刻本二種，其一乃《郡齋讀書志》著録本，其一乃此錢刻本。衢本《郡齋讀書志》卷二：「《太常因革禮》一百卷。右皇朝姚闢、蘇洵撰。嘉祐中，歐陽修言禮院文書放軼，請禮官編修，六年，用張洞奏，以命闢、洵。至治平二年乃成。詔賜以名。李清臣云：開寶以後，三輯禮書，推其要歸，嘉祐尤悉。然繁簡失中，謫缺不補，豈有拘而不得騁乎，何檀釀之甚也。」「有拘而不得騁」，以今日之語通俗言之，乃謂不能以己意放開手脚，其詳已不可得而知矣。

清臣所云「嘉祐尤悉」云云，以上所引李壁跋，謂爲《國史》中語，蓋其時李清臣修國史也。

九日重陽，韓琦（魏公）宴客，蘇洵與。琦賦詩，洵歸寓所後次琦韵。

《類編老蘇集》卷一《九日和魏公》：「晚歲登門最不才，蕭蕭華髮映金罍。不堪丞相延東閣，閑伴諸儒老曲臺。佳節久從愁裏過，壯心偶傍醉中來。暮歸衝雨寒無睡，自把新詩百遍開。」

《安陽集》卷九《乙巳重九》：「苦厭繁機少適懷，欣逢重九啓賓罍。招賢敢并翹材館，樂事難追戲馬臺。蘚布亂錢乘雨出，雁排新陣拂雲來。何年得遇樽前菊，此日花隨月令開。」

《石林詩話》卷下：「蘇明允至和間來京師，既爲歐陽文忠公所知，其名翕然。韓忠憲諸公皆待以上客。嘗過重陽，忠憲置酒私第，惟文忠與一二執政，而明允乃以布衣參其間，都人以爲異禮。明允有『佳節屢從愁裏過，壯心時傍醉中來』之句，其意氣尤不少衰。明允詩不多見，然精深有味，語不徒發，正類其文。」

《瀛奎律髓》卷十六録洵詩，并云：「《詩話》謂韓魏公九日飲執政，老泉以布衣與坐。今味『閑伴諸儒老曲臺』之句，即是修《太常禮》之時，非布衣也。蓋英宗治平二年乙巳，韓公首倡，見《安陽集》。是日有雨，所和詩非席上所賦，其曰『暮歸衝雨寒無睡』，乃是飲歸而和此詩耳。」《詩話》即《石林詩話》。

《總案》據《石林詩話》（按，原誤作《避暑録話》）繫洵詩於嘉祐元年九月，亦誤。

軾自書《大方廣圓覺修多羅了義經》，以薦亡妻王弗。九日，弗百日齋設，軾乃書其後。

《三蘇全書》第十四册《蘇軾文集》卷九十六《書大方廣圓覺修多羅了義經》：「亡室王氏，年二十七歲，七月三十日生，乙巳五月二十八日卒。至九月初九日百日齋設，軾爲自寫此經，以贈净因大覺禪師，庶用追薦。趙郡蘇軾記。」

此文，《三蘇全書》未載所出，以情度之，當自《大方廣圓覺修多羅了義經》抄出。時大覺尚在京師。參本年以下「大覺禪師懷璉乞歸明州」條。

十月，轍往城南壓沙，老僧爲話春日梨花競開景象。

《欒城集》卷三《寒食贈游壓沙諸君》：「城南壓沙古河淤，沙上種梨千萬株。隆冬十月我獨往，風吹葉盡枝條疏。」以下引老僧語。《山谷别集詩注》卷上《壓沙寺梨花》題下宋史季温注引趙舜欽《茅齋詩話》：「大名壓沙寺梨花之盛，聞於天下。」

十月晚，王拱辰生日，轍壽詩。

詩乃《欒城集》卷三《王公生日》，首云「純陰十月晚」。《祠部集》卷十一有《王尚書生辰》。

王臨（大觀）賦詩。轍次其韵。

次韵乃《欒城集》卷三《次韵王臨太博馬上》。首云「冬晚霜露重」，點明季候。詩末四句云：「水旱嗟嚬蹙，瘡痍費抑搔。暮歸何處是，堆案簿書高。」乃此際生活寫照。臨乃大名成安人，廣淵弟。事迹見《宋史》卷三百二十九傳。卒於元祐二年七月庚申，見《長編》卷四百三。

蘇洵嘗令軾致懇杜沂（道源）。

《蘇軾文集》第六册《蘇軾佚文彙編》卷二《與杜道源》第三簡：「大人令致懇，爲催了《禮書》，事冗未及上問。」《禮書》謂《太常因革禮》。催了當爲朝廷之意。簡作於本年。沂乃道源之名。見《大觀録》卷五《與杜道源》宋吴幵跋。《咸淳臨安志》卷二十五《山川四·臨安縣·徑山》引蔡襄《游徑山記》，記景祐三年（一〇三六）十二月十五日游徑山，末云：「同游者，建安黄瑊君度，岳陽朱師德宗哲，又君度之姪子常、子美，甥杜沂皆從游。其前與謀而後以事已之者，朱宗哲之兄師道希聖，杜沂之父叔元君懿，揭陽盧幾舉之三人，莆陽蔡襄一與之善，惜乎不及俱也。」知杜沂長於軾頗多，叔元時在杭州，交游頗廣。

軾與杜沂（道源）多簡。

《佚文彙編》卷二第一簡與沂云及王弗之逝，第三簡云及父洵修禮書事冗。第一簡尚云及「尊丈不及作書」，知沂父叔元（君懿）亦在京師。簡中所云孟堅，乃沂子傳，時爲監簿。參元豐三年四月十三日紀事。

大覺禪師懷璉乞歸明州，英宗依所乞。蘇軾與懷璉别。

《蘇軾文集》卷六十一與大覺第二簡：「奉别二十五年。」簡作於元祐四年。逆數至今年，連首尾計，爲二十五年。同上卷十七《宸奎閣碑》謂禪師住京師，與己游最舊。

《五燈會元》卷十五《育王懷璉禪師》叙乞歸後，謂「渡江，少留金山、西湖」。《宸奎閣碑》謂出守杭州時，大覺「歸山二十三年」，蓋以途中淹留也。

軾與大覺別，在本年九月九日後，參該日紀事。

軾始識王震。

《蘇軾詩集》卷二十六《次韻王震》：「攜文過我治平間。」震，素姪孫。《宋史》卷三百二十素傳及之。

蘇洵與杜叔元（君懿）簡。

《晚香堂蘇帖》：「洵頓首。前辱屈臨，未由詣謝，承惠教，祇增愧悚。晴暖，尊體佳勝。旦夕走前次。人還，且此布謝，不宣。洵頓首君懿郎中仁兄閣下。」另行起，云：「錢亦如數領訖，何用忙也。」味洵簡，知叔元專人來送簡及錢與蘇洵，洵因來人回之便，特草此便簡答叔元。簡云「前辱屈臨」，知叔元其時亦居京師，交往頗多。簡稱叔元爲郎中。《梅堯臣集編年校注》卷二十五有《送杜君懿屯田通判宣州》詩，作於嘉祐三年。此郎中或爲屯田郎中。然《蘇軾文集》卷七十《書許敬宗硯》其一稱叔元爲都官郎中。未知孰是？今亦次此簡於本年。

《式古堂書畫彙考·書》卷十亦有洵此簡。

《晚香堂蘇帖》洵簡之後，尚有蘇軾跋語：「此先子手書也，謹泣而藏之。軾。」

洵此簡，《嘉祐集箋注·佚文》未收。

《佚文彙編》卷二《與杜道源》第一簡：「尊丈不及作書。」尊丈即謂叔元。軾簡云及中婦王弗之卒公私紛冗（弗卒於本年五月丁亥），知簡作於本年，其時杜叔元在京師，今叙杜叔元來訪事於本年。

杜叔元（君懿）藏許敬宗之硯，蘇洵嘗求之，叔元不可。

《蘇軾文集》卷七十《書許敬宗硯》其二：「杜叔元字君懿，……蓄一硯，云：『家世相傳，是許敬宗硯。』始亦不甚信之。其後官於杭州，漁人於浙江中網得銅匣，其中有『鑄成許敬宗』字。硯有兩足，正方，兩匣亦有容足處，不差毫毛，始知真敬宗物。君懿與吾先君善，先君欲求其硯而不可。」

許敬宗，《新唐書》卷二百二十三上有傳，入《姦臣》。

參本譜熙寧七年「在高郵軾晤孫覺」條紀事。

姚孝孫還《岐梁唱和詩集》，賦詩。轍次其韻。

詩見《欒城集》卷三。次韻云「恨君曾是關中吏」，知孝孫嘉祐末官關中。

學道者以大扇傷一婦人而盜其首飾，蘇轍訊其案。王拱辰謂慎勿以刑加道人，釋之。

《龍川略志》卷一《慎勿以刑加道人》叙其事。拱辰并爲蘇轍言昔日登科時，謁張士遜（退傅），士遜囑拱辰異日「有道人犯法慎勿刑」事。士遜，淳化三年進士，累官同中書門下平章事。皇祐元年卒，年八十六。《宋史》卷三百十一有傳，乃名臣。

雷簡夫(太簡)卒。蘇洵爲作墓誌銘。蘇軾、蘇轍編集洵集時抽去此文,以簡夫無令聞於終。

《關中金石記》卷五:《妙德禪院明覺殿記》,嘉祐八年六月立,雷簡夫撰文。簡夫之卒在嘉祐八年六月以後至治平三年四月蘇洵去世前一段時間。今繫本年。

《輿地紀勝》卷一百四十七《雅州·風俗形勝》引蘇洵所撰《雷簡夫墓誌銘》:「張方平奏乞用雷太簡知雅州,以當西南夷孔道。」「太簡」當作「簡夫」,以墓誌銘稱名而不稱字。

《侯鯖録》卷一:「老蘇作《雷簡夫墓銘》云:『嗚呼太簡,不顯祖考。不有不承,隱居南山。德積聲施,爲取於人。不獻不求,既獲不用。有功不多,孔銘孔悲。』」

涵芬樓鉛印本《説郛》卷四陸游《老學庵續筆記》謂在蜀中「得老蘇所作《太簡墓銘》」,不在洵集中。其文,僅見以上所引。王象之修《輿地紀勝》時,在雅州尚有流傳,以後即佚。

《侯鯖録》高度評價蘇洵銘文:「此語大妙,有三代文章骨氣,爲文之法也。」銘文盛贊簡夫「不顯祖考」,未承襲祖宗餘蔭;《宋史·雷簡夫傳》謂「簡夫始起隱者,出入乘牛,冠鐵冠,自號『山長』」。其曾祖雷德驤、祖有鄰、叔祖有終、父孝先皆有聲聞於時,有終尤稱「明幹知兵」。贊簡夫不求其名,功成而弗居,以未獲大用爲悲。

簡夫初聲名頗盛。《墨池編》卷三引宋祁《贈雷簡夫》:「豪英出名胄,偃蹇倦宦游。大言滿千牘,高氣横九州。」《溫國文正司馬公文集》卷三《贈雷太簡》:「南山有白雲,應物任所適。歘來非有心，倏去還無迹。甘澤望沾浹，嘉生待蘇息。無爲遽收卷，復入巖間石。」《伐檀集》卷上《依韻和酬雷太簡見貽之什》云簡夫「意遠辭淡泊」。《豫章黄先生文集》卷二十六《跋雷太簡梅聖俞詩》謂簡夫才氣高邁，作詩用字穩實，筆法刻厲而有和氣，他人無此功。或盛贊其有治世之才，以用於世望；或盛贊其詩；或贊其才氣而微箴其大言。以上皆評簡夫隱居終南山與初仕時。

《邵氏聞見後録》卷十五叙雷簡夫以書薦蘇洵於韓忠獻（琦）、張文定（方平）、歐陽文忠（修），以下云：「後，東坡、潁濱但言忠獻、文定、文忠，而不言太簡，何也？予官雅州，得太簡薦先生書，嘗以問先生曾孫子符仲虎，亦不能言也。」此中因由，可與陸游所言洵集不收《雷太簡墓誌銘》一文相聯繫。《宋史》卷二百七十八《雷簡夫傳》：「簡夫始起隱者，出入乘牛，冠鐵冠，自號『山長』。關中用兵，以口舌捭闔公卿。既仕，自奉稍驕侈，騶御服飾，頓忘其舊，里閭指笑之，曰：『牛及鐵冠安在？』」此猶可宥之。

二蘇兄弟之所以不宥雷簡夫者，乃以簡夫入仕後墮落。《彭城集》卷三十五《劉敞行狀》叙敞治長安，云：「大姓范偉積産數巨萬，冒武功縣令范祚爲其祖。偉所取信者，特祚爲令時黄勅耳。偉家不徭役者五十年。更西事調發，下户困敝，而偉自若。盗相祚墓以己祖母合葬之，謾云祚繼室也。雷簡夫以處士登用，能爲文辭，偉賂簡夫使爲墓碑，以信其僞。偉因此出入公卿間，持府縣短長，數犯法至徒流，輒以贖去。長安人皆知偉罔冒，畏偉不敢言，吏授賕者，輒爲偉蔽匿。公因事發之，窮治偉，伏罪。」簡夫受惡人之賂，爲惡人張目，蘇軾兄弟著述中不及簡夫，當以是。而又以簡夫嘗薦父洵，亦不欲揚其惡，故默而不言。

《侯鯖録》卷一早於陸游謂簡夫墓銘乃洵撰。洵受簡夫知遇，撰簡夫墓銘，乃人情之常。然既撰墓銘，自不能不隱其惡，《嘉祐集》編集時删去簡夫墓銘，乃二蘇意。

《邵氏聞見後録》作者邵博言蘇軾、蘇轍兄弟「無一字及簡夫，似絶不知其人者，勢位富貴蓋可忽乎哉」！二蘇胸懷坦蕩，疾惡如讎，其眼中實不能容砂粒。此意，余在《文學遺産》一九八九年第六期《關於蘇軾生平的若干資料》一文已言之，博之論非。然平情而論，博之論乃出於誤會。博之時代固與《彭城集》作者劉攽及蘇軾兄弟近，然其時天下擾攘，靖康之變，中原板蕩，汴京作者所作，不易見到，博蓋未見《彭城集》也。

《輿地紀勝》卷一百四十七《雅州·風俗形勝》尚引蘇洵所撰簡夫墓銘，知其文在雅有流傳。

《蘇軾文集》卷六十九《書張少公判狀》謂簡夫「云聞江聲而筆法進」，殆謬。蘇軾著述中提及簡夫者僅此。簡夫之語，見《六藝之一録》卷二百七十三簡夫所撰《江聲帖》：「近刺雅州，晝卧郡閣，因聞平羌江瀑漲聲，想其波濤番番迅駛，掀搕高下，蹷逐奔去之狀，無物可寄其情，遽起作書，則心中之想，盡出筆下矣。」

軾以以往所得某道人方贈單驤，或爲此時事。

《蘇軾文集》卷五十五《與林子中》第四簡叙及往歲所得道人方，「後以與單驤」。簡云「初傳者若非絶世隱淪之人爲之，恐有灾患」，參治平元年「在鳳翔開元寺僧嘗授以燒金方書」條，此道人方蓋燒金方之類。驤參治平三年「父洵疾」條。

孫馨（叔静）嘗從洵講問，洵稱之。

《蘇軾文集》卷六十九《跋先君與孫叔静帖》附洵與馨帖，云：「承借示新文及累爲臨訪，甚荷勤眷。文字已細觀，甚善！甚善！必欲求所未至，如《中正論》引舜爲證，此是時文之病。凡論意立而理明，不必覓事應副。誠未之思。專此，不宣。」此文，已自《嘉祐新集》收入《嘉祐集箋注·佚文》，文字略有不同。洵之意蓋謂《中正論》意已立，理已明，不必引舜爲證。軾之跋云：「嘉祐、治平間，先君編修《太常因革禮》。在京師學者，多從講問。而孫叔静兄弟，皆篤學能文，先君亟稱之。先君既殁十有八年，軾謫居於黄，叔静自京師過蘄枉道過軾，出先君手書以相示。軾請受而藏之，叔静不可，遂歸之。先君平生往還書疏，多口占以授子弟，而此獨其真迹，信於叔静兄弟厚善也耶？元豐六年七月十五日，軾記。」馨，錢塘人。《宋史》卷三百四十七有傳。傳謂：「年十五，游太學。蘇洵、滕甫稱之。」又謂卒於靖康二年，年八十六，謚通靖。據此，洵長於馨三十三歲。

馨之兄弟輩不詳。
據《孫馨傳》，蘇洵此時當與滕甫（達道、元發）有交往。甫事迹詳《蘇軾文集》卷十五《故龍圖閣學士滕公墓誌銘》。

三蘇年譜卷十六

治平三年(一〇六六)丙午　蘇洵五十八歲　蘇軾三十一歲　蘇轍二十八歲

王拱辰賦《北都偶成》,轍次其韻。

《欒城集》卷三《次韻王君貺北都偶成三首》其一云「談兵玉帳春」,或爲春季事,今姑次此。其二云「卧獸常思肉,奔鯨不受羅」,當指遼。

沈立(立之)賦《白鹿》,轍次其韻。

《欒城集》卷三《次韻沈立少卿白鹿》云「風微澗草春」,點季候。立,歷陽人。元豐元年卒,年七十二。《無爲集》卷十二有《右諫議大夫沈公(立)神道碑》,《宋史》卷三百三十三有傳。《蘇軾詩集》卷八《和沈立之留别二首》其一稱立爲丈人。

二月,送陳安期,轍賦詩。

詩乃《欒城集》卷三《送陳安期都官出城馬上》,首云「城中二月不知春」,點明季節。又云「行客」,謂安期。

安期,閬中人。父漢卿,爲尚書比部員外郎,事迹見《歐陽文忠公集·居士集》卷三十墓銘;至和元年卒，年四十六。安期元祐中爲屯田郎中，《集》卷二十七有制。

寒食，安焘（厚卿）置酒壓沙寺，邀諸友觀梨花。轍未能往，賦詩贈諸友。

强至《祠部集》卷三有詩，題爲：「丙午寒食，厚卿置酒壓沙寺，邀諸君觀梨花，獨蘇子由不至，以詩來。邀席客同作，予走筆依韵和之。」詩云：「種梨易長地舊淤，春風一掃無枯株。沙頭古寺枕城角，樓殿自與人迹疏。看花置酒三月破，點檢座客惟欠蘇。酒酣花底不知處，恍若身世游蕊珠。銅臺割據古豪盛，樂事已去惟丘墟。直須及時結勝賞，莫局官事同轅駒。林僧迎我屨前揖，野鳥避客遥相呼。咸陽有花遠莫見，豈若此地來須臾。風前嗅雪不宜緩，春芳過眼猶奔車。繁枝向月合照映，亂片落地無掃除。樽邊酩酊不復計，馬上倒載聊拚扶。子由閉户自懶出，花與雙眼知何辜。天姿必欲貴純白，紅杏可婢桃可奴。君詩險絶不容和，梁園騁思慚相如。」「看花」云云，蓋已及三月。轍詩見《欒城集》卷三，題作《寒食贈游壓沙諸君》，云及「來邀反覆不能往」。

明日，上巳，安焘復置酒招强至與蘇轍。

《祠部集》卷三詩題：「寒食安厚卿具酒饌邀諸君子游壓沙寺觀梨花，獨蘇子由不至，詩來，命座客同賦。予既次韵和之，明日上巳安復置酒招予與蘇。（下略）」詩有云：「主人明朝復命客，是日禊事修祓除。日涵花氣暖不散，酒力易著起要扶。」味詩意，知轍與會，如未往，强至必言及。

又明日，清明，强至招安燾與蘇轍，爲射飲之會。轍用前韵作詩，至復次韵。

以上「明日上巳」條所引《祠部集》卷三詩題「安復置酒招予與蘇」以下云：「又明日清明，予屈二君爲射飲之會，而蘇君仍用前韵，作詩見及，予亦復和。」詩云：「花前爛醉如泥淤，猶恐花過嗟空株。壓沙梨開百頃雪，春晚未賞計已疏。厚卿置酒趁寒食，蜂喧蝶鬧人意蘇。林間把盞誰我侑，鳥歌聲滑如溜珠。魏都風流重行樂，艷妝麗服明郊墟。我初聞招便勇往，恨不插翼附駿駒。蛾眉夫子趣獨異，静坐幕府煩邀呼。車公不到座寂寞，大句落紙來須臾。樽邊弄筆輒强和，布鼓乃敢當雷車。主人明朝復命客，是日禊事修祓除。日涵花氣暖不散，酒力易著起要扶。清明予亦飲射圃，罰觶屢困辭不辜。杯盤一飽藉脱粟，那有白飯餘君奴。（自注：事見《杜工部集》）。梨花好在期共醉，功名身外終何如。」

轍詩見《欒城集》卷三，題爲：「明日安厚卿、强幾聖復召飲，醉次前韵。」詩有云：「清明未過春未老，寒食豈必節與除。二君爲我重置酒，席上醉倒交相扶。」轍詩蓋合上巳與清明言之。

軾直史館。嘗於秘閣見法帖。

直史館據《王譜》。《蘇軾文集》卷六十九《辨法帖》：「余嘗於秘閣觀墨迹，皆唐人硬黄上臨本，惟鵞群一帖，似是獻之真筆。」

軾與范純禮（彝叟）遇於京師。

《蘇軾文集》卷十《范文正公文集叙》叙見范仲淹（文正）第三子純禮於京師，又十一年，遂與其第四子純粹（德孺）同僚於徐。知相遇爲今年事。純禮，《范忠宣公文集》附録、《宋史》卷三百十四有傳。《范文正公文集叙》云與純禮「一見如舊」，且以其父仲淹之遺稿「見屬爲叙（序）」。參元祐四年四月二十一日紀事。

歐陽修與蘇洵三簡問疾。

《蘇陽文忠公集·書簡》卷七《與蘇編禮》第三簡：「某啓。多日不奉見，承遷居不易。初聞風氣不和，謂小小爾。昨日賢郎學士見過，始知尚未康平。旦夕來，體中何似？更冀調慎藥食。無由馳候，專奉此。」

第四簡：「某啓。自以拙疾數日，缺於致問，不審體中何如？必遂平愈。孫兆藥多凉，古方難用於今，更宜參以他醫爲善也。專此，不宣。」

第五簡：「某啓。數日來，尊候必更痊安。單藥得效，應且專服，千萬精審，無求速功。不欲頻去咨問，恐煩倦也。亦不煩答簡。或賢部批數字，可矣。」

歐集謂此三簡作於治平三年。

第三簡云「遷居」，今已不得其詳。謂「賢郎」當爲軾、轍。此簡叙得疾之初情況。

第四簡所云孫兆，乃當時名醫，《蘇軾文集》卷七十三《單龐二醫》及其人。據簡，蘇洵其時服孫兆之藥，又專用古方。細味此簡，似洵於個人之病有主見，不願傾聽他人意見。第五簡所云單醫乃單驤。《蘇軾文集》所云單龐二醫，單即謂單驤。謂：「驤舉進士不第，頗以醫聞。其術雖本於《難經》、《素問》而別出新意，往往巧發奇中，然未能十全。」似歐陽修頗信單醫。

四月戊申（二十五日），蘇洵卒。

《洵墓誌銘》謂《太常因革禮》「書成，方奏未報而君以疾卒，實治平三年四月戊申也。享年五十有八」。

《蘇軾詩集》卷二十三詩題：四月二十五日，「先君忌日也」。

洵臨終囑軾完成《易傳》，葬杜氏姑、蔭伯父澹。

《軾墓誌銘》：洵臨終囑蘇軾完成《易傳》，葬杜氏姑，蔭伯父澹。分詳元豐四年「述父洵遺志成《易傳》」、熙寧元年七月、熙寧三年「是月罷權開封府推官……嘗奏彭蔭補」條。

時范鎮（景仁）在陳州。

《蘇軾文集》卷六十三《祭范蜀公文》：「先君之終，公時在陳。宵夢告行，晨起赴聞。」「宵夢」句乃云范鎮夢蘇洵來告別。據此，知二人交契，非同一般。

范鎮當有哀洵之文字，惜范集已佚。

查《蘇軾文集》卷十四《范景仁墓誌銘》，知鎮時以翰林侍讀學士知陳州。

鎮卒於元祐三年，享年八十一。見該年紀事。

司馬光來弔喪，軾與轍求光爲母程氏銘墓。光從請。

《温國文正司馬公文集》卷七十六《程夫人墓誌銘》（治平三年作）叙洵卒，光往弔，以下云：「二孤軾、轍哭且言曰：『某將奉先君之柩終葬於蜀，蜀人之祔也，同壟而異壙，日者吾母夫人之葬也，未之銘，子爲我銘其壙。』光固辭不獲命。因曰：『夫人之德，非異人所能知也，願聞其略。』二孤奉其事狀，拜以授光，光拜受。」

六月壬辰（初九日），贈蘇洵光禄寺丞，應軾之請也。並敕有司具舟載喪歸蜀。

《長編》卷二百八本日紀事：「贈故霸州文安縣主簿、太常禮院編纂禮書蘇洵光禄寺丞。所修書方奏未報，而洵卒，賜其家銀、絹各百兩、匹。其子殿中丞、直史館軾辭所賜，求贈官。既從之，又特敕有司具舟載其喪歸蜀。」

《洵墓誌銘》叙洵卒，以下云：「天子聞而哀之，特贈光禄寺丞。敕有司具舟載其喪歸於蜀。」《邵氏聞見後録》卷十四：「《英宗實録》：『蘇洵卒，其子軾辭所賜銀、絹，求贈官，故贈洵光禄寺丞。』與歐陽公之《誌》『天子聞而哀之，特贈光禄寺丞』不同。或云《實録》，王荆公書也。又書洵機論衡策（撰者按，乃《機策》、《衡論》之誤）文甚美，然大抵兵謀權利機變之言也。」「天子」云云，見《洵墓誌銘》。《後録》同卷又云：「荆公後修《英宗實録》，謂蘇明允有戰國縱横之學云。」

并次此。

《英宗實録》乃王安石撰，詳本譜熙寧二年七月己丑紀事。

蘇軾直史館時，作《送司勳子才丈赴梓州》詩。

詩見《蘇軾詩集》卷四十八。

詩叙子才初爲成都掾，復爲眉山令三年。其初仕，已「至今三十年」，今乃赴梓州。則子才初仕，當爲慶曆間事。子才此時之年約已五十餘歲，約長於蘇軾二十餘歲。詩云：「吾徒本學道，窮達理素推。」以下論窮達之理。則子才亦學道者，二人可謂忘年友。

軾嘗見韓琦，語及王迥，當爲治平在朝時事。

《宋朝事實類苑》卷六十五引《魏王語録》：「公在政府，蜀人蘇軾往見公，公因問軾云：『近有人來薦王迥，其爲人如何？學士相識否？』軾云：『爲人奇俊。』公不諭軾意。後數日，公宴，出家妓，有歌新曲《六么》者，公方悟軾之言，蓋歌有『奇俊王家郎』也。既而公語諸子云：『蘇軾學士，文學過人，然豈享大福德人也？』」《魏王語録》，琦門客撰。佚。

《萍洲可談》卷一：「朝士王迥，美姿容，有才思。少年時不甚持重，間爲狎邪輩所誣，播入樂府，今《六么》所歌『奇俊王家郎』者，乃迥也。元豐中，蔡持正舉之可任監司。神宗忽云：『此乃奇俊王家郎乎？』持正叩頭謝罪。」可參。

迥字子高，見《詩集》卷十六《芙蓉城·敘》及注文，并參元豐元年三月紀事。

軾辭别姚闢。

《蘇軾詩集》卷七《姚屯田挽詞》：「七年一别真如夢。」作於熙寧五年。至是首尾爲七年。

《京口耆舊傳》卷六《姚闢傳》謂禮書修成後，闢官屯田員外郎。

蘇軾、蘇轍兄弟載洵之柩歸蜀。

據《年表》。《年表》謂自汴入淮泝江。

蘇軾、蘇轍過泗州、龜山、洪澤。

《蘇軾詩集》卷六《泗州僧伽塔》：「我昔南行舟繫汴，逆風三日風吹面。舟人共勸禱靈塔，香火未收旂脚轉。回頭頃刻失長橋，却到龜山未朝飯。」叙此行。

同上《龜山》：「我生飄蕩去何求，再過龜山歲五周。」作於熙寧四年。自今年治平三年至作詩時爲五周年。知經龜山。

《欒城集》卷九《過龜山》：「再涉長淮水，驚呼十四年。龜山老僧在，相見一茫然。」元豐三年作，逆數十四年乃今年。

龜山鎮在泗州盱眙。龜山當在其地。

《蘇軾詩集》卷六《發洪澤途中遇大風復還》：「居民見我還，勞問亦依依。」既云還，知軾、轍扶父柩過此。

蘇軾、蘇轍過樊口、石首。

《蘇軾詩集》卷二十《次韻前篇》：「憶昔扁舟泝蜀峽，落帆樊口高桅亞。」自注謂樊口在黄州南岸。知泊於此。

《蘇軾文集》卷七十一《記樊山》：「今山中有聖母廟，予十五年前過之。」作於黄州，時在元豐四年。

《輿地紀勝》卷八十一《壽昌軍·景物上》：「樊山，在武昌縣西四里，今日西山。」

《欒城集》卷三《和子瞻渦口遇風》：「憶同泝荆峽，終夜愁石首。餘飇入幃幄，跳沫濺窗牖。平生未省見，驚顧欲狂走。」石首在江陵府東南二百里，屬江陵府。

蘇軾、蘇轍扶喪過江陵。遇劉摯（莘老）。

《蘇軾詩集》卷六《廣陵會三同舍以其字爲韻仍邀同賦·劉莘老》：「江陵昔相遇，幕府稱上賓。」宋施元之、顧禧注：「東坡以治平丙午夏，奉老蘇公喪，舟行歸蜀道江陵，而忠肅（莘老）正在荆州幕府，故云。」《宋史》卷三百四十《劉摯傳》謂摯時官江陵觀察推官；摯，東光人；卒年六十八。《長編》卷四百九十三謂摯紹聖四年卒。知長蘇軾六歲。

軾道遇李師中。

《長編》卷二百十四熙寧三年八月癸亥紀事：命天章閣待制李師中供析照驗見蘇軾妄冒差借兵卒事實以聞，侍御史知雜事謝景温劾奏故也。蓋謂蘇軾扶父喪歸蜀途中，嘗差借兵卒，李師中見之。《總案》謂景温之奏雖妄而相遇則確，今從。師中字誠之，楚丘人。《宋史》卷三百三十二有傳。

十二月，入峽。

據《年表》。

三蘇年譜卷十七

治平四年(一〇六七)丁未　蘇軾三十二歲　蘇轍二十九歲

正月丁巳(初八日),英宗卒。神宗即位。

據《宋史·英宗紀》、《宋史·神宗紀》。

二十日,蘇軾、蘇轍扶喪過雲安下巖。

《蘇軾文集》卷七十一《題雲安下巖》云「子瞻、子由與侃師至此,院僧以路險見止」,知下巖有寺,侃師當即該寺之僧。《蜀中名勝記》卷二十三《夔州府·雲陽縣》謂下巖在縣之西。趙抃有《過雲安軍下巖僧舍》詩,首云「幽寺倚巖阿」。眉州青神縣亦有下巖,見同上書卷十二,然無寺,同上書繫蘇軾之文於青神,非是。

《輿地紀勝》卷一百八十二《夔州路·雲安軍·仙釋》:「劉道者:黄太史詩序云:萬州之下巖,唐末有劉道者,定州人,聞道於雲居禪師,爲開巖第一祖。自鑿石龕,曰:『死,便藏龕中。』門人奉其命。二百年矣,來遊者題詩不可勝讀。蘇東坡、潁濱、黄太史經行,皆有題字刻諸巖右云。」題字或即《題雲安下巖》之文。

軾、轍泊喪舟仙都山下。

《龍川略志》卷一《養生金丹訣》：「予治平末泝峽還蜀，泊舟仙都山下，有道士以陰真君長生金丹訣石本相示。予問之曰：『子知金丹訣否？』道士曰：『不知也。』然士大夫過此，必以問之，庶有知之者。」

《蘇軾詩集》卷一《留題仙都觀》題下「查注」引《百川學海》：「治平末，東坡泝峽，泊舟仙都觀下。道士持陰長生石刻金丹訣，就質真贋。坡曰：『不知也。』然士大夫過此必以請，久久自有知之者。」此當本《龍川略志》而誤爲蘇軾事。

仙都山即平都山，在酆都縣境内，見《蜀中名勝記》卷十九《重慶府·酆都縣》。嘉祐四年冬，蘇洵父子三人舟行出蜀過此，有詩，見該年紀事。

許安世爲進士及第第一人。安世有啓與軾，有答。

許安世爲狀元，見《長編》卷二百九本年三月紀事。《宋史·神宗紀》謂爲三月壬子。

答啓見《蘇軾文集》卷四十七。啓云：「雖喜車旌之召，旌興弓劍之悲。」謂英宗之逝也。

安世字少張，《都官集》卷十二有《贈孔經甫賢良并簡許少張狀元》詩。雍丘人，見《默記》卷中。

楊從（存道）、方蒙、伍諧爲是科進士。

從據《豫章黄先生文集》卷十四《故江陽楊君畫像贊》。文謂從累世以儒學著，孝弟慈祥，以學行表於鄉，年四十九卒。江陽乃彭山縣東。

《蘇軾文集》卷五十三《與王元直》悼從之逝，是蘇軾與從少時有交往。

蒙爲進士，見影印本《浙江通志》卷一百二十三。《揮麈録·後録》卷七：「汴水湍急，失足者隨流而下，不可復活。舊有短垣以限往來，久而傾圮，民佃以爲浮屋。元祐中，方達源爲御史，建言乞重修短垣，護其堤岸。疏入，報可。遂免渰溺之患。達源名蒙，桐廬人，陳述古壻，多與蘇、黄遊。」又云有集，已佚。蒙卒贈銀青光禄大夫，見《南澗甲乙稿》卷二十一蒙孫滋（務德）墓銘。

詒據同治《安福縣志》。有《咏月》「扁舟何日江南岸，與子歸來竹一竿」句，軾亟賞之，以爲不減已「半篙新漲百灘空」之句。王安石嘗薦爲諸王宫教授，然「剛介寡合，不附會安石新法，安石亦忌之」。見《縣志·傳》。

四月，軾、轍護父喪還里。軾撰祖父序之行狀，因同年鄧綰（文約）求曾鞏（子固）作墓誌銘。

《蘇軾文集》卷五十與曾鞏簡叙其事。《蘇軾文集》卷十六《蘇廷評行狀》乃序之行狀。綰，成都雙流人，《宋史》卷三百二十九有傳，年五十九。卒於元祐元年四月二十八日，見《長編》卷三百七十五注文。

與曾鞏簡叙還里後云：「未幾，偶與弟轍理家中舊書，見先君手自疏録祖父事迹數紙，似欲爲行狀未成者。」於是，蘇軾爲作祖父序之行狀，即見於《蘇軾文集》卷十六之《蘇廷評行狀》。

上引與鞏簡以下叙求鞏爲作墓銘，鞏爲作之，本書多處引及。

軾始識趙庚（成伯）。

《蘇軾文集》卷十一《密州通判廳題名記》謂成伯罷眉之丹稜令，「余適還眉，於是始識君」。成伯名庚，見熙寧九年四月癸卯紀事。

九月十五日，軾跋弟轍得自河朔之摹本《蘭亭》。作《中和勝相院記》。時勝相院僧惟簡來。

跋乃《蘇軾文集》卷六十九《書摹本蘭亭後》，云「子由自河朔持歸，寶月大師惟簡請其本，令左綿僧意祖摹刻於石」。知惟簡自成都來。《總案》謂記爲本日作，云軾「與惟簡可謂厚矣，此文獨戲之不以爲嫌，信初年所作也」。記見《蘇軾文集》卷十二，叙戲僧事。

十月壬申（二十七日），軾轍葬父洵於眉州彭山安鎮可龍里——蟇頤山東二十餘里老翁泉。稱東塋。手植青松營塋。其後於塋側建廣福禪院。

十月壬申云云，據《年表》。《欒全集》卷三十九《文安先生墓表》謂葬於八月壬辰。然八月無壬辰，待考。彭山在州治北四十里。蒲宗孟所作《老蘇先生祭文》有「天寒歲暮，再拜柩前」之語，疑《墓表》有文字脱誤。

《蘇軾詩集》卷二十七《送賈訥倅眉》：「老翁山下玉淵回，手植青松三萬栽。」謂營塋。自注：

「先君葬於蟇頤山之東二十餘里，地名老翁泉。」

《欒城第三集》卷十《墳院記》：「旌善廣福禪院者，先公文安府君贈司徒墳側精舍也。」下叙元祐五年官尚書右丞，與聞國政，以故事得於墳側建刹度僧，以薦先福，墳東南四里許，有故伽藍，請於朝，改賜今牓，時元祐六年。記作於政和二年九月。《欒城後集》卷十八有《東塋老翁井齋僧疏》。

《蜀中名勝記》卷十二《眉州》謂洵葬地在「今蟇頤山之東，地名石龍，柳家溝老翁泉之側」，疑「可龍」爲「石龍」之誤。今仍從《嘉祐集》。又謂嘉靖間嘗求墓所在，未得。嘉慶《彭山縣志》卷五明余承勛《修復老泉先生墳祠記》謂石龍適在彭山、眉山界中。

民國《眉山縣志》卷一：「蟇頤山。治東八里。以濱玻璃江，林巒特秀，如蝦蟇狀，故名。山周約五里，高二里許。腹有洞，深二丈餘，洞有泉，自山罅流出，極清冽，潛通玻璃江，名老人泉。」又：「老翁泉。治東二十里。舊志載：其山高大，分兩股（原注：即柳溝山），泉出兩山間，傍右股，下蓄爲井，可日飲百家，西流入高橋河。」

同上卷十三謂廣福寺在治東二十里，并謂：「《名勝志》云：東坡兄弟讀書處，有韓琦記老泉詩刻石。」按：琦《安陽集》卷二十一有《蘇洵員外輓辭二首》。

眉州彭山云云，詳本年以下「蘇軾、蘇轍以父洵與母程氏同葬」條。

趙概有蘇洵輓詞。

宋沈斐《嘉祐集附録》卷下趙概《老蘇先生輓詞》其一：「稱味欒城舊（原注：唐相味道，欒城人也），潛光谷口棲。雄文聯組繡，高論吐虹霓。遽忽悲丹旐，無因祀碧雞。徒嗟太丘德，位不至公主。」其二：「侍從推詞伯，君王問《子虛》。早通金匱學，晚就曲臺書。露泣時難駐，琴亡韻亦疏。臧孫知有後，里閈待高車。」

概字叔平，虞城人。仁宗天聖五年進士（《青箱雜記》卷八）。累官樞密使、參知政事。神宗元豐六年卒，年八十八。謚康靖。《蘇軾文集》卷十八有《趙康靖公神道碑》。《宋史》卷三百一十八有傳。云通金匱學，似云洵知醫。

曾公亮有蘇洵輓詞。

《宋詩拾遺》卷十二曾公亮《輓老蘇先生》：「立言高往古，抱道鬱當時。鉛槧方終業，風燈忽遘悲。名垂文苑傳，行紀太丘碑。後嗣皆鸞鷟，吾知慶有詒。」

曾公亮，本譜以後屢及。

歐陽修有蘇洵輓詞。

《歐陽文忠公集·居士集》卷十四《蘇主簿輓歌（原注：洵）》：「布衣馳譽入京都，丹旐俄驚反舊閭。諸老誰能先賈誼，君王猶未識相如。三年弟子行喪禮，千兩鄉人會葬車。我獨空齋掛塵榻，遺編時閲子雲書。」原次治平三年。據「千兩」句，知修之作實作於蘇洵葬後。「君王」句以仁宗、英宗未能召見蘇洵爲惜。

韓琦有蘇洵輓詞。

韓琦《安陽集》卷四十五《蘇洵員外輓詞》其一：「對未延宣室，文嘗薦《子虚》。書方就綿蕝，奠已致生芻。故國悲雲棧，英游負石渠。名儒升用晚，厚愧不先予。」其二：「族本西州望，來爲上國光。文章追典誥，議論極皇王。美德驚埋玉，環材痛壞粱。時名誰可嗣，父子盡賢良。」《蘇軾文集》卷六十三《祭魏國韓令公文》：「昔我先子，没於東京。公爲二詩，以祖其行。文追典誥，論極皇王。公言一出，孰敢改評。」稱蘇洵爲員外，當以洵卒後累贈都官員外郎之故。見本譜神宗元豐元年紀事。據此，韓琦此詩之題，當是編集刊刻時所定，非復當日之舊。

王拱辰有蘇洵輓詞。

宋沈斐《嘉祐集附録》卷下王拱辰《老蘇先生輓詞》：「氣得岷峨秀，才推賈馬優。未承宣室問，空有茂陵求。玩《易》窮三聖，論《書》正九疇。欲知歆、向學，二子繼弓裘。」「玩《易》」句謂蘇洵有志於《易》理之闡發，蘇頌輓詞亦有「未終三聖傳」之句，亦謂洵有志於《易》之著述，并已着手撰著。三聖者，連山、歸藏、周易也。

陳襄有蘇洵輓詞。

《古靈先生文集》卷四《蘇明允府君輓詞》：「禮閣儀新奏，延英席久虚。自從掩關卧，無復草玄書。東府先生誄，西山孝子廬。誰言身後事，文止似相如。」

陳襄，本譜以後屢及。

王珪有蘇洵輓詞。

王珪《華陽集》卷五《輓霸州文安縣主簿蘇明允》：「岷峨地僻少人行，一日西來譽滿京。白首自知聞道勝，青衫不及到家榮，玄猿夜哭銘旌過，紫燕朝飛挽鐸迎。天禄校書多分薄，子雲那得葬鄉城。」

鄭獬有蘇洵輓詞。

《鄖溪集》卷五《哀蘇明允》：「豐城寳劍忽飛去，玉匣靈踪自此無。天外已空丹鳳穴，世間還得二龍駒。百年飄忽古無奈，萬事凋零今已殊。惆悵西州文學老，一丘空掩蜀山隅。」

獬字毅夫，安州安陸人。皇祐五年進士第一（《長編》卷一百七十四）。神宗熙寧初拜翰林學士。五年卒（《長編》卷二百三十八），年五十一。《宋史》卷三百二十一有傳。

蘇頌有蘇洵輓詞。

《蘇魏公文集》卷十四《蘇明允宗丈輓辭二首》其一：「觀國五千里，成書一百篇。人方期遠到，天不與遐年。事業逢知己，文章有象賢。未終《三聖傳》，遺恨掩重泉。」其二：「嘗論平陵系，吾宗代有人。源流知所自，道義更相親。痛惜才高世，齎咨涕滿巾。又知餘慶遠，二子志經綸。」一百篇謂《太常因革禮》一百卷，《三聖傳》謂《易傳》，見以上「王拱辰有蘇洵輓詞」條。

姚闢有蘇洵輓詞。

《宋詩拾遺》卷四姚闢《輓老蘇先生》其一：「持筆游從已五年，忽嗟精魄去茫然。茂陵未訪相如稿，宣室曾知賈誼賢。《薤露》有歌凄曉月，絳紗無主蔽寒烟。平生事業文公誌，應許鄉人白玉鐫。」其二：「羈旅都門十載中，轉頭浮宦已成空。青衫暫寄文安籍，白社長留處士風。萬里雲山歸故國，一帆江月照疏篷。世間窮達何須校，只有聲名是至公。」

《京口耆舊傳》卷六《姚闢傳》叙姚闢與蘇洵所編纂之《太常因革禮》成，以下云：「明年春，授屯田員外郎、應天府教授。韓琦守相，往從之游。琦集中有送闢南歸詩，所謂『有客軒然襟義高，直自睢陽來一訪』者是也。秩滿，通判通州，卒。葬本縣唐安鄉石門千之原内。」以下云闢爲當時「諸公推重」；「中更兵亂，遺文散失，惟詩六百餘首，鄉人多傳誦之」。今存之詩，除挽老蘇二首外，僅存四首，殘句三聯，見《全宋詩》卷五百十六。

姚闢詩「平生事業文公誌」，當指歐陽修所撰蘇洵墓誌銘。

參熙寧五年紀事。

劉攽有蘇洵輓詞。

劉攽《彭城集》卷十二《輓蘇明允》其一：「季子才無敵，桓公義有餘。空悲五儋石，猶得茂陵書。郢路營魂遠，江源氣象虚。康成宜有後，正使大門閭。」其二：「漢儀綿蕝盛，周謚竹書成。益以《春秋》法，因知皇帝尊。百年當絶筆，諸子謝微言。詩禮終誰及，賢良萃一門（原注：蘇增《謚法》，又修纂禮書而卒）。」

張商英有蘇洵輓詞。

《兩宋名賢小集》卷一百六張商英《友松閣遺稿·輓老蘇先生》：「近來天下文章格，盡是之人咳唾餘。方喜丘園空繐帳，何期簫吹咽輀車。一生自抱蕭張術，萬古空傳揚孟書。大志未酬身已没，爲君雙淚濕衣裾。」

商英字天覺，號無盡居士，蜀州新津人。唐英弟。治平二年進士（《名臣碑傳琬琰集》下卷十六《張少保商英傳》）。《宋史》卷三百五十一有傳。本譜以後屢及。

張燾有蘇洵輓詞。

宋沈斐《嘉祐集附録》卷下張燾《輓老蘇先生》：「本朝文物盛西州，獨得宗公薦冕旒。稷嗣草儀書未奏，茂陵詞客病無瘳。一門歆、向傳家學，二子機、雲並雋遊。守蜀無因奠尊酒，素車應滿古原頭。」

燾字景元，臨濮人。《宋史》卷三百三十三有傳。元豐五年，與洛陽耆英會，有詩。見司馬光《洛中耆英會》；時年七十，見光《傳家集》卷六十八《洛中耆英會序》。知少蘇洵五歲。其卒即在元豐五年。嘗以龍圖閣直學士知成都府，此詩「守蜀」云云謂此。

章望之有蘇洵哀詞。

清康熙刊《蘇老泉先生全集》附録宋章望之《老蘇先生哀詞》：「子之生兮岷峨之英，子之逝兮汴都之傾。爛文采兮曄其聲名，奄忽逝去兮莫然其靈。魂之逝兮幽墟，骨之葬兮蜀山之隅。猿哀吟兮鳥叫呼，神氣如無兮寧與物俱。日舒曉兮月開夜，風雨晦明兮寒暑變化。魂冥冥兮何在，其疾其徐兮四維上下。獨播世兮休譽，不試之嗟兮何時而罷。」

望之字表民，建州浦城人。著《救性》、《明統》、《禮論》及歌詩雜文數百篇，集爲三十卷，已佚。《宋史》卷四百四十三有傳。

張燾有蘇洵祭文。

庫本《嘉祐集》附録（宋沈斐輯）卷上張燾《老蘇先生祭文》：「嗚呼！蜀山之英，岷山之靈。積久憑厚，而君晚成。懷策囊書，再遊上京。二子侍來，一時貴名。羣公要官，推挹薦藉。蘇氏文章，遂擅天下。《禮經》、《謚法》，讎繹未暇。天不憖遺，忽從奄化。嗚呼識君，亦既舊故。旅櫬之歸，莫吊孺慕。佳城之掩，遠莫瞻顧。聊陳奠樽，將我哀素。伏惟尚饗。」

蒲宗孟有祭蘇洵文。

庫本《嘉祐集》附録（宋沈斐輯）卷上蒲宗孟《老蘇先生祭文》：「嗚呼，天有靈氣，不知自秘。無物得之，獨先生兮，斂爲才智。地有靈光，不知自藏。無物得之，獨先生兮，發爲文章。先生之才，非衆人之才也。淩厲勃鬱，駕空鑿密。超後無前兮，自爲紀律。先生之文，非衆人之文也。健緊遒壯，排山走浪。談笑睥睨兮，若無巧匠。峭華絶頂，長松孤勁。拔俗掀崖兮，未足方先生之行。泰山飛雲，溶洩繽紛。盤空繞日兮，來（撰者按疑爲『未』之誤）足爲先生之文。嗚呼，在古有人，猶得而踐。獨吾先生不可爲而可羨。出入馳騄兮，千態萬變。縱横上下兮，窮幽浹顯。先生初時，未學弦歌。年二十七，始就琢磨。閉户讀書，不知其它。後纔數年，連舉二科。世不見收，歸息岷峨。曲淩深澗兮，考槃其薖。益自刻苦，遂躡賜軻。百家紛披，諸子森羅。習爲一途，漲爲一波。《洪範》、《史論》，詆黜譏訶。《太玄》踦嬴，自古喑阿。先生一言，糾繆黜訛。世無人知，先生已老。宗工歐陽，一見歎懊。自恨相逢，日月不早。攜其文章，出力薦導。俾纂禮書，補綴探討。以新大典，法則祖考。是時天下，朝廷久趨。争傳其文，規矩風模。父子赫然，聳動賢愚。一家三人，齊名並驅。是以歐陽公誌其墓曰『學者多尊其賢』。以其父子俱知名，故號先生爲老蘇。善評文者亦曰『先生歐陽之徒』。嗚呼，先生亦盛乎。今無及矣，後可繼乎！舉世之賢，單窮窘促。覼其尋常，有一而足。獨吾先生，兼包廣蓄。溢囷滿橐，所求無欲。如發寶藏，精金瑩玉。無所不備兮，驚心駭目。舉世之人，孱筋弱力。觀其尋常，徐行已踣。獨吾先生，快勇健特。攘袂奮氣，萬里頃刻。左趨右旋，不肆其逼。遂窺其奥兮，蹈闞入域。宋有天下兮，今五世矣。景星屢呈，丹鳳屢至。流俗慣見，不以爲瑞。惟先生兮，離羣絶類。世無有兮，人知爲異。太平之祥兮，先生是矣。景星鳳凰，安足數矣。天胡不仁兮，遽此奪矣。嗚呼嗟乎兮，斯文已矣。自今已去兮，不復見矣。天下之人，徒誦其言、思其人、仰其餘行而已矣。《衡論》、《機策》，前人不到。石穴金匱，已收遺草。《禮書》、《謚法》，世不得傳。廣内中祕，獨有遺編。自當世以及後世，百年以及千年，使來者讀是書以濟大道，由先生以觀聖賢，然後知蜀之褒、雄、相如者爲不足貴，而千古以下，自劍以南，獨有先生焉。嗚呼，宗孟仰先生爲久，不得執紼掃兮，從門人之後。知先生爲深，不得質疑兮，破未明之心。喪舟沿洄，丹旐晝開。江水清泠矣，峽風吹埃。白石磷磷兮，蒼山崔嵬。天寒歲暮兮，增我餘哀。再拜柩前兮，慘顧傷懷。肴盈豆登兮，酒盈樽罍。音容有無兮，恍疑其來。杳不可接兮，長慟而回。嗟嗟先生，亦已焉哉。」

蒲宗孟，見本譜熙寧三年紀事。祭文云及「天寒歲暮」、「再拜柩前」，知宗孟來弔於眉山，祭文作於葬時。

闕名作蘇洵會葬致語并口號。鄉人會葬之車凡千兩。朝野之士爲誄者凡百三十三人。

庫本《嘉祐集》附録（朱沈斐輯）卷下闕名《老蘇先生會葬致語并口號》：「蓋聞太上立德，貫今古以長存；至人無心，視死生爲一致。固當談笑於禍福之際，雍容於變化之間。日夜相當乎前，愛樂不入其舍。是何禮存送往，語有致哀。子産之哭子皮，吾無與爲善。仲尼之慟顔子，天殆喪予。秦哀三良，齊悼二惠。孔門弟子，相向而失聲；荆州刺史，望拜而墮淚。豈不以時乎難得而易失，賢者少達而多窮。事關興衰，禮有哀樂。恭惟編禮寺丞，一時之傑，百世所宗。道兼文武之隆，學際天人之表。漁釣渭上，韞《六韜》而自稱；龍蟠漢南，非三顧而不起。宋興百載，文弊多方，簡編俱在，氣象不振。雖作者之繼出，尚古風之未還。迨公勃興，一變至道。上自朝廷縉紳之士，下及岩穴處逸之流，皆願見其表儀，固將以爲師友。而道將墜喪，天不假年。書雖就於百篇，爵不過於九品。謂公爲壽，不登六十；謂公爲夭，百世不亡。今者喪還里閭，宵會親友。顧悲哀之不足，假諷咏以舒情。敢露微才，上呈口號：萬里當年蜀客來，危言高論冠倫魁。有司不入劉蕡第，諸老徒推賈誼才。一惠獨刊姬《謚法》，《六經》先集漢家臺。如公事業兼忠憤，淚作岷江未寄哀。」云「敢露微才」，作者爲不知名之士。非真無名，輯而録之者略去耳。

前所引歐陽修所作輓歌中，有「千兩鄉人會葬車」之句。

朝野之士云云，見《文安先生墓表》。爲誄之人中，當包括以上所云歐陽修等，共一百三十三人（闕名不知是否在其中）。

《宋祕書省續編到四庫缺書目》卷一有《蘇明允哀輓》二卷，已久佚。沈斐所輯，當據是書。此二卷所收，當即以上所云之一百三十三人之作。

歐陽修作墓誌銘，張方平作墓表，曾鞏作哀詞。

此三文所敘蘇洵生平行實，已分别引入有關年份。今録墓誌銘之銘詞、哀詞中之哀詞於下。

銘詞云：「蘇顯唐世，實欒城人。以宦留眉，蕃蕃子孫。自其高曾，鄉里稱仁。偉於明允，大發於文。亦既有文，而又有子。其存不朽，其嗣彌昌。嗚呼明允，可謂不亡。」

哀詞云：「嗟明允兮邦之良，氣甚夷兮志則彊。閲今古兮辨興亡，驚一世兮擅文章。御六馬兮馳無疆，决大河兮嚙扶桑。粲星斗兮射精光，衆伏玩兮彫肺腸。自京師兮泊幽荒，矧二子兮與翱翔。唱律品兮和宫商，羽峩峩兮勢方颺。孰云命兮變不常，奄忽逝兮汴之陽。維自著兮暐煌煌，在後人兮慶彌長。嗟明允兮庸何傷？」

蘇軾、蘇轍以父洵與母程氏同葬。

《嘉祐集》卷十四《祭亡妻文》：「安鎮之鄉，里名可龍。隸武陽縣，在州北東。有蟠其丘，惟子之墳。鑿爲二室，期與子同。」同卷《老翁井銘·叙》云「卜葬亡妻，得武陽安鎮之山」。蘇軾兄弟以父母合葬，遵治命也。

武陽即彭山，見《蜀中名勝記》卷十二。

蘇軾兄弟葬父洵時，豪傑之士助礡。

涵芬樓鉛印本《説郛》卷二十九《澹山雜識·東坡借碑》：「某年十二三歲時，見東坡過先君，具言世有豪傑之士隱而不見於世者。吾鄉隱居君子（原注：予失其姓名），世居眉山之中。坡節葬時，會期日已迫，而墓碑未足。謀之於人，皆曰：『當往見此君，則立可辦也。但多游獵，又所居山林夐絶，未易見之。試往圖之。』東坡凡兩日，始得至其居，又俟至日昃，伏於道左，方見其從數騎歸，乃整（撰寫者按：『整』疑乃『一』字）少年也。既下馬，始通謁。少年易服，出迎於門外，執禮無違。坐定問其所以，東坡具以告。少年曰：『易事爾，已具飯，且宿於此，當令如期辦所須。』少頃，數青衣童跪進盤飧，皆今日所擊之鮮也。進酒數大白，飲啖旁若，食兼數人。飯畢，始從容對榻。翌日，遣僕馬送坡下山。三日無耗，明日且下手破土，坡甚疑悔，欲罪元告者。是夕至晚，碑猶無一口至者。明日晚，視其墓地之側，則五萬口斬斬然羅列矣。衆皆驚歎。事畢，再往謁謝，卒不得見，送所直，亦不得達。豪傑士哉。」《説郛》謂錢功號淮海野人。

此事有傳奇色彩。當時之事，未必真如是。作者回憶少時事，不免有所渲染，傳播者不免添枝加葉，然可以肯定，事必有所依據。蘇軾少時得却鼠刀於野人，此送碑之豪傑士，亦原持却鼠刀者之流。豪傑士之所以作出如許舉動，實以蘇洵亦爲豪傑之士。蘇洵不僅在士大夫中有廣泛影響，在隱逸山林之士中，亦有廣泛影響，此乃一般士大夫所不及者。加以其二子軾、轍之不凡，遂有此事。

傳蘇軾嘗聞父洵言破霧珠事。

庫本《説郛》卷十七下引《南墅閑居録·神珠》：「蘇子瞻嘗言其先祖光禄云：有一書生，晝坐簷下，見大蜂觸網相螫，久之，俱墮地，起視之，已化爲小石矣。書生異而收之，因置衣帶中。一日過市，遇蠻童數輩，視書生，愕眙，揖曰：『願見神珠。』笑而辭之，書生遂以帶中石示之。羣賈相顧，喜曰：此破霧珠。蠻人至海探珠寶，常以霧暗爲苦，有此珠，即霧自開。因以寶貨易之，值數千緡耳。」

蘇洵贈光禄寺丞。此所云「先祖」實爲「先君」之誤。

此事有傳聞因素，附此。

蘇洵有文、詩集流傳。

兹略考蘇洵文、詩集在宋代之流傳。

其一、文集二十卷本。歐陽修《蘇洵墓誌銘》及曾鞏《蘇明允哀詞》皆謂有文集二十卷。此二十卷，不過爲洵卒後初步清理所得。古今人壽命不同，今人遠較古人爲長。然洵享年才五十八，就其所處之時代而論，中壽或不及。洵在世時，或未遑考慮及所作詩文之刊行。蘇洵詩文首次刊行，可以肯定，爲蘇軾、蘇轍兄弟事。蘇洵集中不載《雷太簡墓誌銘》，即其證據（參本譜治平二年紀事）。歐陽修集有關修之資料賅備，其子發等與有力，歐集之末，即載發等之《先公事迹》。他如陸游長子子虡刊《劍南詩稿》於江州，幼子子遹刊《渭南文集》於溧陽，范莘、范兹刊其父成大《石湖集》於其家之壽櫟堂，再如周綸之刊其父必大之《周益國文忠公集》、楊長孺之刊其父萬里之《誠齋集》，皆有題跋或題識。不應二蘇獨無之。意者其本久佚，今已無從踪迹。

此其一。

其二、《嘉祐集》。十五卷。晁公武《昭德先生郡齋讀書志》卷十九（衢本）著録，晁序作於紹興二十一年（一一五一）。紹興十七年，沈斐刊《嘉祐新集》於婺州。云「新」，乃與《嘉祐集》比較而言；并説明《嘉祐集》刊行已有時日，有相當影響。有理由認爲，此《嘉祐集》始刊於北宋之末。蘇轍卒於政和二年（一一一二）。北宋末、南宋初蘇洵之孫及曾孫出仕者多人。《嘉祐集》所刊篇目，似可認爲已爲洵孫曾輩所默默認定。可以肯定，《嘉祐集》未收《辨姦論》，實以徽宗朝蔡京輩張揚王安石，刊出《辨姦論》，於洵之孫曾不利。

考陳振孫《直齋書録解題》卷十七著録《嘉祐集》十五卷。《宋史·藝文志》著録《蘇洵集》十五卷；此《蘇洵集》當即《嘉祐集》。

上海圖書館藏有南宋中葉蜀刻小字本《嘉祐集》十五卷，四部叢刊影印小緑天孫氏所藏影宋鈔本《嘉祐集》十五卷，較之《嘉祐新集》缺篇不少，已無從斷定今所見之《嘉祐集》爲晁氏、陳氏著録本之舊。

其三、《嘉祐新集》。十六卷，附録二卷。清徐乾學傳是樓所藏，卷末題「紹興十七年四月晦日婺州州學雕」。四庫全書卷一百五十三據以著録，此州學教授爲沈斐。集以「新」名，以上已提及，兹略申之。此本較之叢刊本《嘉祐集》多出多篇外，卷十三尚有《與孫叔静》書簡一篇。按，此書簡見《蘇軾文集》卷六十九，爲《跋先君與孫叔静帖》之附録。此文必見於當日流行之《東坡先生大全集》中，沈斐因便輯入其集。説明沈斐搜求蘇洵遺文頗力。云「新」以明舊之所無。附録二卷，沈斐所輯，除歐陽修所撰洵之《墓誌銘》、張方平所撰洵之《墓表》、曾鞏所撰之《哀詞》外，尚有輓詩十五首，祭文二首、哀詞一首，會葬致語并口號一首，其中大多賴沈斐之輯得傳。《宋祕書省續編到四庫缺書目》卷一有《蘇明允哀輓》二卷，沈斐當輯自此書。張方平《墓表》云蘇洵之逝，「朝野之士爲誄者凡百三十三人」。沈斐所輯作者，僅十七人，皆有聲聞於世，而衆多聲聞不彰之士不與焉。此十七人之中，有十人之集已散佚，藉沈斐之輯録，其作品得以傳。未入輯者一百一十七人之作品遂不傳。此一百餘人之作，其價值决不在知名者以下，遭遇如此，可謂不幸。

考之史料，沈斐刊刻《嘉祐新集》時，蘇轍之長子蘇遲退居婺州。平情而論，沈斐之刊刻，當有蘇遲之有力支持，惜《新集》無沈斐、蘇遲之跋，無從踪迹。

《新集》收《辨姦論》。據本譜，建炎元年，蘇軾已追復端明殿學士，盡還合得恩數；紹興元年，特贈蘇軾資政殿學士、朝奉大夫。刊行《辨姦論》，時機已至。

其四、類編本。簡稱《類編老蘇集》，全稱《類編增廣老蘇先生大全文集》。此書與北京大學圖書館所藏《類編增廣黄先生大全文集》、王水照先生所藏《類編增廣潁濱先生大全文集》覆印本，版式完全一致。黄集目録後刊記有「乾道端午識」之語。（以上叙述據王水照《再論辨姦論真僞之爭》並參鄧廣銘《再論辨姦論非蘇洵所作》）。竊以爲《類編老蘇集》亦爲南宋孝宗時麻沙本。《老蘇集》雖「構」、「慎」等字均不諱，然麻沙係私刻書坊，較之官刻，避諱並不嚴，不可執此作爲考察刊刻時代之首要依據與主要依據。其首要與主要依據爲版式。

《類編老蘇集》較《嘉祐集》多詩二十首，其《游嘉州龍巖》、《初發嘉州》、《襄陽懷古》、《寄楊緯》、《和楊節推見贈》、《答張子立見寄》、《題仙都觀》、《游陵雲寺》、《過木櫪觀》、《神女廟》、《題白帝廟》、《萬山》、《荆門惠泉》、《昆陽城》、《題三游洞石壁》、《仙都山鹿》十六首，當自《南行集》輯入。其《送蜀僧去塵》，葉夢得《石林詩話》卷下、朱熹《晦庵詩話》皆言及。其《九日和魏公》，《石林詩話》卷下亦及。其《自尤》，此後周密《齊東野語》及之。其《與可許惠所畫舒景以詩督之》，不見他書記及。《類編老蘇集》以「增廣」名書，符其實；其搜輯有功。

其五、標注本。全稱《東萊標注老泉先生文集》，十二卷，皆收文。東萊，吕祖謙。初刊於宋光宗紹熙癸丑(一一九三)。今傳。此本較《嘉祐集》、《嘉祐新集》多《與雷太簡納拜書》一篇。今傳。

其六、《老蘇集》,五卷。《通志·藝文志》著録,未見。

其七、《嘉祐集》,三十卷。《通志·藝文志》著録,未見。

其八、《〔蘇洵〕别集》五卷。《宋史·藝文志》著録,未見。

馬永卿《嬾真子》卷五:「眉山蘇氏文集著有《權書》、《衡論》。《衡論》世皆知出處,獨《權書》人少知之。」

據《嬾真子》所述,馬永卿北宋末嘗仕於關中、夏縣。永卿從劉安世(元城先生)游。書中記安世事多則。安世卒於宣和七年,見《宋史》卷三百四十五《劉安世傳》。書中記事及紹興六年。據馬氏此處所云蘇氏文集乃蘇洵之集。據馬氏記載,北宋末、南宋初,洵集頗流傳;以其頗流傳,故馬氏爲考釋「權書」之義。

傳蘇洵嘗批點《孟子》。

《蘇老泉批點孟子引》:「天之繫星漢,山之尚草木烟雲,水之承風,至文也,夫人而欲知之也,必由親夫達觀先覺者以發之。孟子傳道述德之言,其文至矣,顧其運規矩於無形,妙方圓於莫尚,後死者不有濂、洛、關、閩之領悟,而有董、賈、韓、歐之摹寫,豈能驟而窺耶!老泉絶世俗,退居山野,肆力於文章者數年,而後得其所謂規矩方圓之迹,而評點以表識之,豈非達觀先覺之所在，而學文者所當親乎！此子瞻必賴是而悟文機也。或乃病其接吾孟子入於文辭之流，戾其明道之意也，噫，程子不曰得於辭不達其意者有矣，未有不得於辭而能通其意者也，誠有得於文之操縱抑揚、卷舒、和燥、緩急、續絶、予奪、隱顯、起伏、開合、往來、感應、頓挫、奔逸之情，則亦可以見夫道之行於天地之間之象也，矧必順理而成章，經天而緯地而後可謂之文哉。若夫由辭以得意，則同存乎人而已。余時方謀梓傳，遂書此以釋或者之疑。嘉靖改元九日後學靖江朱得之識。」

此書分上、下卷，在合刻周、秦經書内，有明溪香書屋刻本。此書卷上第一行頂格書「孟子上」三字。第二行低三字書「宋蘇洵老泉評點」七字，空一格，書「明盧之頤自觀訂正」八字。第三行低二格書「梁惠王」三字。第四行頂格，以下爲正文。「孟子見梁惠王」一句旁批「一句截住」四字；以下「王曰叟不遠千里而來亦將有以利吾國乎」，自「叟」以下，每個字皆加單圈，於「不遠千」三字之間，批「婉切」二字；以下「孟子對曰王何必曰利亦有仁義而已矣」，「王何必曰利」五字加單圈，「仁義」二字加雙圈，「王何必」三字旁批「直諫」二字；以下「王曰何以利吾國大夫曰何以利吾家士庶人曰何以利吾身上下交征利而國危矣」皆加單圈，於「大夫曰」三字之間，旁批「嚴緊」二字。以上所引文字之上，尚有眉批：「此篇皆引君以當道，得進諫之體。」此乃第一條。其書評點，大體類此。

此書藏國家圖書館善本部。善本部尚藏有明萬曆四十五年（一六一七）閔齊伋刻套印本，四册。國家圖書館分館有戴詠樓重鐫硃批《孟子》即此書，清乾隆十五年（一七五〇）刻本；既云「重鐫」，知此前尚有刻本；此云「硃批」，閔本云「套印」，非同一本。足見此書流傳甚廣。民國二十二年，尚有朱惟公《增補蘇批孟子》本。

傳爲蘇洵批點《孟子》之文字，乃爲適應明代科舉應試者之需要而作。明代科舉應試文字，完全局限於經義，不得稍越一步。宋代科舉應試文字，雖亦爲闡釋經義，然尚有較寬闊之思想空間，可以供馳騁，故蘇軾應試文字《刑賞忠厚之至論》，亦可爲傳世名文。二蘇其他應試文字尚多，可以覆按。謂蘇洵批點《孟子》，不過假其名以得利耳。

《説郛·續編》卷十八引孫緒《無用閑談》謂「縉紳家相傳《批點孟子》爲蘇老泉親筆」。緒乃明弘治進士，知此書明弘治、正德間已流行。

四庫全書未收此書，然存目，其提要謂「《宋·志》不著録」，「其評語全以時文之法行之，詞意庸淺，不但非洵語，亦斷非宋人語也」。

《霞外攟屑》卷七下《文章圈點》：「《南雷文定·凡例》……云：文章行世，從來有批評而無圈點，自《正宗》、《軌範》肇其端，相沿以至荆川《文編》、鹿門八家。……吕葆中《古文精選·凡例》亦云：古人選本用圈點者，在宋惟吕東萊之《關鍵》（原注：按，有標抹，非圈點，葆中誤）、樓迂齋之《崇古文訣》、謝疊山之《軌範》而已。浦起龍《讀杜心解·凡例》亦云：書有圈點、鈎勒，始自前明中葉選刻時文陋習，然行間字裏，特爲爽豁，故仿而用之。（下略）蘇洵生活之時代，尚無圈點，即此一點，亦足證明謂蘇洵批點《孟子》，實不可信，故録《霞外攟屑》之考證於此以備考。

《蘇批孟子》流傳如此之廣，知其有益於初學之習文，以此而論，此書雖不出於蘇洵之手，然亦不可廢。

十一月戊寅（初四日），詔求直言。鮮于侁應詔陳事，神宗愛其文。蘇軾嘗傳其文。

十一月云云，據《宋史·神宗紀》。

《宋史》卷三百四十四《鮮于侁傳》：「神宗詔求直言，侁爲蔡河撥發，應詔陳十六事，神宗愛其文。……除利州路轉運判官。」侁，閬人。《欒城集》卷二十五《伯父墓表》謂伯父涣倅閬，禮侁甚厚。

蘇軾傳侁文，見熙寧三年八月初六日紀事。

十二月七日，軾、轍自老翁井還，偶憩大池院，題柱。

題柱見《佚文彙編》卷六（二五八〇頁）。

《輿地紀勝》卷一百三十九《眉州·碑記》及《蜀中名勝記》卷十二《川南道·眉州》引《碑目》，均云院去眉山縣十里。後者「大池」作「天池」。老翁井，父洵葬地，此乃省墓後過此。

致書同年曾鞏，軾薦蜀士黎生、安生。

《元豐類稿》卷十三《贈黎安二生序》：「趙郡蘇軾，余之同年友也。自蜀以書至京師遺余，稱蜀之士曰黎生、安生者。既而黎生攜其文數十萬言，安生攜其文亦數千言，辱以顧余。讀其文，誠閎壯雋偉，善反復馳騁，窮盡事理，而其材力之放縱，若不可極者也。二生固可謂魁奇特起之士，而蘇君可謂善知人者也。頃之，黎生補江陵府司法參軍。將行，請予言以爲贈。」以下引黎生語，謂學不近俗，里人皆笑以爲迂闊，鞏謂此乃小迂，若己之「知信乎古而不知合乎世，知志乎道而不知同乎俗」，乃迂之大者，勉其信古志道，「遂書以贈二生，并示蘇君」。軾原書佚，作時不詳，姑繫此。

轍與單驤遇廣都，論古今醫術同異。

《龍川略志》卷二《醫術論三焦》：「彭山有隱者，通古醫術，與世諸醫所用法不同，人莫之知。單驤從之學，盡得其術，遂以醫名於世。治平中，予與驤遇廣都，論古今術同異。」廣都在成都府南四十五里。

《蘇軾文集》卷七十三《單龐二醫》：「蜀有單驤者，舉進士不第，頗以醫聞。」父洵患病時，嘗服驤之藥。見本譜治平三年紀事。

轍長子遲約生於治平間。遲小名梁。

遲卒於高宗紹興二十五年，見該年紀年。遲之弟适生於神宗熙寧元年，見該年紀事。如遲長适一歲，則享年達八十九歲。事實上，兄長弟一歲，尚不多見，長三至五歲，則屬常見。據此，遲享年當過九十。《宋史翼·蘇遲傳》謂遲八十餘歲，無依據。

小名梁，見《蘇軾詩集》卷二十三《端午游真如遲适遠從子由在酒局》「高談付梁羅」句下自注。《蘇軾詩集》卷二十三《別子由三首兼別遲》其三：「憶昔汝翁如汝長，筆頭一落三千字。」汝謂遲。轍十八歲發解，十九歲登進士第，二十三歲登制科，計其筆落三千字之時，在十八九歲。軾詩作於元豐七年，時遲年十八九歲。以此推之，遲實生於治平間。

三蘇年譜卷十八

宋神宗熙寧元年（一〇六八）戊申　蘇軾三十三歲　蘇轍三十歲

春，軾致書曾鞏，求爲祖父序作墓誌銘。

《元豐類稿》卷四十三《贈職方員外郎蘇君（序）墓誌銘》：「熙寧元年春，余之同年友趙郡蘇軾，自蜀以書至京師，謂余曰：『軾之大父行甚高而不爲世用，故不能自見於天下。然古之人亦不必皆能自見而卒有傳於後者，以世有發明之者耳。故軾之先人嘗疏其事。蓋其屬銘於子，而不幸不得就其志，軾何敢廢焉，子其爲我銘之。』」據《宋史·曾鞏傳》，時鞏在史館。

四月八日，劉敞（原父）卒。軾有祭文。

四月云云，見《彭城集》卷三十五敞行狀，年五十。祭文見《蘇軾文集》卷六十三（一九四五頁）。

《曲洧舊聞》卷四：「東坡《祭原父文》云：『大言滔天，詭論滅世。』蓋指介甫也。介甫當時在流輩中，以經術自尊大，唯原父兄弟敢抑其鋒，故坡特於祭文表之。」卷二亦略及此，并謂此文「宣和以來，始得傳於世」。

《古今事文類聚·别集》卷一引曾慥《百家詩選》：「劉原父敞在詞掖，有立馬揮九制之才。歐陽文忠公嘗以簡問：『入閣起於何年？閣是何殿？名閣延英起於何年？五日一起居遂殿正衙不坐起何年？三者孤陋所不詳，乞示本末。』公方與客對食，曰：『明日爲答。』已而復追回，令立候報，就坐中疏入閣事，詳盡無遺。歐公大驚，曰：『原父博學，不可及也。』《五代史》載入閣一段事，即答簡所云。公嘗私謂所親曰：『好個歐九，極有文章，可惜不甚讀書耳。』東坡公聞此言，曰：『軾輩將如之何。』」附志此。

六月，蘇軾葬其妻王弗於父蘇洵母程夫人之墓側，遵蘇洵之遺命也。

《蘇軾文集》卷十五《亡妻王氏墓誌銘》謂王氏卒之「明年六月壬午，葬於眉之東北彭山縣安鎮鄉可龍里先君先夫人墓之西北八步」。按，王弗卒之明年，當治平三年，時蘇軾之父蘇洵新卒，蘇軾未歸蜀。軾葬其妻，當在葬父母之後，「其明年」乃謂葬父母之明年，即今年。治平三年、四年及今年六月皆無壬午。今繫之本年六月。

《亡妻王氏墓誌銘》又云：「始死，先君命軾曰：『婦從汝於艱難，不可忘也，他日汝必葬諸其姑之側。』未朞年而先君没，軾謹以遺令葬之。」

七月，除喪。軾葬杜氏姑，遵父洵之遺命也。

《施譜》：「秋七月，除宫師喪。」

《軾墓誌銘》：「伯父太白早亡，子孫未立，杜氏姑卒未葬，先君没，有遺言，公既除喪，即以禮葬姑。」杜氏姑，即適杜垂裕者，已見本書。

軾至成都。二十八日，與成都學官侯溥會食嘉祐院，觀佛牙，作《油水頌》。嘗薦王箴（元直）之文於溥。旋回眉山。

頌見《蘇軾文集》卷二十，頌後附溥跋。《斜川集》卷五《王元直墓碑》：「弱冠，以所屬文見先君子，愛之。稱於賢良侯元叔。時爲成都學官，見而奇之。」乃此時事。今年，箴適二十歲。元叔，溥字。箴或與蘇軾同往成都也。

溥乃蜀人，博學。見《楊公筆録》。溥所跋《油水頌》則稱河南人，其祖上當自河南遷入蜀中。《成都文類》卷三十四、三十八、四十八有溥文多篇。

軾娶王介（君錫）之幼女閏之（季璋）爲妻。

《蘇軾文集》卷六十三《祭王君錫丈人文》叙其事。君錫名介，青神人，見《斜川集》卷五《王元直墓碑》。元直名箴，閏之弟也。據《文集》卷二十一《阿彌陀佛贊》，閏之今年二十一歲。續娶閏之，當爲服除後事，故繫於此。閏之乃弗之女弟，見《軾墓誌銘》。

十月二十六日，軾作《四菩薩閣記》，以所得唐吴道玄（道子）所畫四菩薩像藏之閣中，并畫父蘇洵像於其中，以誌永久紀念之意。

本譜治平元年十二月十七日紀事，引《蘇軾文集》卷十二《四菩薩閣記》自篇首「始吾先君於物所好」至「一旦以是四板爲甲」凡一百九十七字，以下云：「治平三年，先君没於京師。軾自汴入淮，泝于江，載是四板以歸。既免喪，所嘗與往來浮屠人惟簡，誦其師之言，教軾爲先君捨施必所甚愛與所不忍捨者。軾用其説，思先君之所甚愛軾之所不忍捨者，莫若是板，故遂以與之。且告之曰：『此明皇帝之所不能守，而焚於賊者也，而况於余乎？余視天下之蓄此者多矣，有能及三世者乎？其始求之若不及，既得，惟恐失之，而其子孫不以易衣食者，鮮矣。余惟自度不能長守此也，是以與子。子將何以守之。』簡曰：『吾以身守之。吾眼可霍，吾足可斷，吾畫不可奪。若是，足以守之歟？』軾曰：『未也。足以終子之世而已。』簡曰：『吾又盟於佛，而以鬼守之。凡取是者與凡以是予人者，其罪如律。若是，足以守之歟？』軾曰：『未也。世有無佛而蔑鬼者。』『然則何以守之？』曰：『軾之以是予子者，凡以爲先君捨也。天下豈有無父之人歟，其誰忍取之。若其聞是而不悛，不惟一觀而已，將必取之然後爲快，則其人之賢愚，與廣明之焚此者一也。全其子孫難矣，而况能久有此乎！且夫不可取者存乎子，取不取者存乎人。子勉之矣，爲子之不可取者而已，又何知焉。』既以予簡，簡以錢百萬度爲大閣以藏之，且畫先君像其上。軾助錢二十之一，期以明年冬閣成。熙寧元年十月二十六日記。」

蘇軾捐資建四菩薩閣，蓋以即將離蜀，遠赴京師，以此永久紀念蘇洵。此文雖未云及蘇轍，當亦爲轍之意。

十一月丁亥（十八日），神宗有事於南郊。

據《宋史·神宗紀》及《宋大詔令集》卷一百十八《典禮三·南郊一·熙寧元年有事南郊御札》（七月甲戌）。

贈蘇洵太子中允。

《蘇軾文集》卷六十三《祭老泉焚黄文》：「乃者熙寧七年、十年，上再有事於南郊，告成之慶，覃及幽顯，我先君中允贈太常博士累贈都官員外郎。」其太常博士、都官員外郎，分別贈於熙寧七年、十年，詳各該年紀事。蘇洵卒時，贈光禄寺丞，見治平三年紀事。中允爲太子中允簡稱。其太子中允之贈，必爲今年事。

自居喪至離眉山前及嘉祐間居喪期間，軾常往來青神瑞草橋；與王淮奇（羣、子衆、慶源）、楊宗文（君素）、蔡褒（子華）游；王箴（元直）亦與游。

《蘇軾文集》卷五十三與箴第一簡，卷五十六與宗文第一、三簡，卷五十九與淮奇第八、十、十一簡叙之。

《蘇軾詩集》卷三十一《寄蔡子華》亦叙之；詩題下「王注」謂褒青神人，與王、楊稱三老。箴乃淮奇姪，見《斜川集》卷五《王元直墓碑》。淮奇之名與字，見《山谷全書·外集》卷二十二《題子瞻與王宣義書後》；淮奇官宣義郎。

《蜀中名勝記》卷十二：「（青神）縣西瑞草橋，橋崩，得殘碑，乃蘇東坡與丈人丈母書也。東坡外家在是，所謂『相望六十里，共飲玻瓈江』矣。」書今不見。眉州治眉山，州南六十五里即青神。蘇軾與淮奇簡中所云「江上」、「江邊」，當指玻瓈江。

成都永康軍迎祥寺鐘樓碑，隆州《多心經》，或爲軾在蜀時所書。

《輿地紀勝》卷一百五十一《成都府路·永康軍·碑記》謂迎祥寺「有老泉爲記，東坡所書碑刻俱存」。同上卷一百五十《隆州·碑記》著録《東坡多心經》，謂在州治。

將離眉山，與堂兄不疑（子明）别，以墳墓囑托堂兄不危（子安）及楊濟甫照管。

《年表》熙寧元年紀事：「冬，轍兄弟免喪，東游京師。」

《佚文彙編》卷四與不疑第八簡云及「闊别十年」，作於元豐元年。《蘇軾文集》卷六十與不危第二簡、第三簡，卷五十九《與楊濟甫》第九簡、《與楊子微》第二簡叙照管墳墓事。子微名明，濟甫子，見建中靖國元年「楊明奉其父濟甫命」條。

蔡褒（子華）來送，手種荔樹以期歸。軾辭别正信和尚（表公），與家安國别。遂行。

《蘇軾詩集》卷三十一《寄蔡子華》云「故人送我東來時，手栽荔子待我歸」。作於元祐四年。《蘇軾文集》卷六十六《書正信和尚塔銘後》叙辭别正信；正信姓楊，弟兄三人，與祖父序、父洵相善。《詩集》卷二十九《送家安國教授歸成都》云「别君二十載」，作於元祐二年。舉成數，可言二十載。

過益昌，軾轍晤鮮于侁（子駿），時侁漕利路。

據《蘇軾文集》卷六十八《題鮮于子駿八詠後》。《欒城集》卷六《和鮮于子駿益昌官舍八詠·寶峰亭》：「昔過益昌城，暮登君子堂。駕言念長道，未假升崇岡。」益昌乃宋初之名，時已易名昭化，屬利州路利州。

至鳳翔，軾晤張舜民。使人問訊董傳。

《永樂大典》卷三千四百一引張舜民《畫墁録（集）·祭子由門下文》：「我掾岐府，熙寧初年。公與伯氏，免喪山川。連鑣而東，道出岐山。盤留累日，賞畫聽泉。人望入館，雅如登仙。」《蘇軾文集》卷五十《上韓魏公》：「今年正月，軾過岐下，而傳居喪二曲，使人問訊其家。」《總案》謂此乃并叙董傳事，「是年在長安度歲，其十二月過岐下」。是。

至長安。十二月二十九日，軾與范純仁（堯夫）、王頤（正甫）及弟轍會於毋清臣家，再跋《醉道士圖》。

跋見《蘇軾文集》卷七十（二二二〇頁）。《宋史》卷三百一十四《范純仁傳》謂純仁嘗任陝西轉運副使，當在此時。《欒城集》卷三《京師送王頤殿丞》：「憶遊長安城，皆飲毋卿宅。身雖座上賓，心是道路客。笑言安能久，車馬就奔迫。」毋卿謂清臣。

三十日，觀王頤、石蒼舒（才翁）草書，軾記之。

記乃《蘇軾文集》卷六十九《書王石草書》。

軾記王、石二人「對韓公草書」，韓公贊爲「妙手」。韓公乃琦。

據《長編拾補》卷二，治平四年十一月丙戌（十二日），韓琦判永興軍兼陝西安撫使，十二月到任（治所在長安）。據《韓魏公集》卷十六《家傳》，熙寧元年七月，韓琦以疾求罷，「冒大暑」，「赴闕朝覲」，詔命復判相州。《宋史·韓琦傳》亦繫韓琦離長安復請相州於熙寧元年七月。以上云云，參方健有關文章。

據以上所述，蘇軾此段紀事，乃追記。有可能得之王、石二人親口所述。

轍次子适（仲南）生，小名羅。

《文物》一九七三年第七期蘇遲撰《宋承議郎眉山蘇仲南墓誌銘》。宣和四年九月八日卒於官舍，享年五十五。據是推。

小名羅，見《蘇軾詩集》卷二十三《端午游真如遲适遠子由在酒局》：「高談付梁、羅。」句下蘇軾自注謂羅乃适之小名。

三蘇年譜卷十九

熙寧二年（一〇六九）己酉　蘇軾三十四歲　蘇轍三十一歲

正月，董傳來長安晤軾。

《蘇軾文集》卷五十《上韓魏公》云「傳徑至長安，見軾於傳舍，道其饑寒窮苦之狀」。

嘗過薛紹彭家，軾觀曹將軍《九馬圖》，作贊。

贊見《蘇軾文集》卷二十一（六一〇頁），謂此圖乃杜甫所爲作詩者。蘇軾過紹彭家具體時間已不可考，其過長安，此爲最後一次，姑繫此。

紹彭，向子，有翰墨名。見《宋史》卷三百二十八《薛向傳》。紹彭字道祖，與米黻、劉涇友善，蔡肇所撰黻之神道碑，稱米等三人「風神蕭散，蓋一流人也」。見《揮麈録·後録》卷七。餘參元祐二年六月及建中靖國元年「薛紹彭與米黻書」條。

二月庚子（初三日），以王安石爲參知政事。

據《宋史·神宗紀》。《神宗紀》謂本月甲子（二十七日）「陳升之、王安石創置三司條例，議行新法」。升之初名旭，避神宗嫌名，改升之。《宋史》卷三百十二有傳。

約於本月初，抵京師。蘇軾兄弟皆居南園。

以下「二月中」條，謂「授官告院」，則其至約在二月初也。兄弟皆居南園，見熙寧三年二月紀事。

二月中，軾以殿中丞、直史館授官告院，兼判尚書祠部。

《佚文彙編》卷四《與子明》第一簡：「軾二月中，授官告院，頗甚優閑，便於懶拙。」《宋史》本傳：「熙寧二年，還朝。王安石執政，素惡其議論異己，以判官告院。」《施譜》：「春，至京師，除判官告院，兼判尚書祠部。」《紀年録》：「還朝，差判官誥院，兼尚書祠部。」《王譜》謂「還朝監官告院」，而謂「兼判尚書祠部」爲熙寧四年事。

三月初，轍上書論事。

據《年表》。書奏全文見《欒城集》卷三十五；其主旨爲：「臣所謂豐財者，非求財而益之也，去事之所以害財者而已矣。事之害財者三，一曰冗吏，二曰冗兵，三曰冗費。」《宋史》卷一百七十六《食貨志》上四謂轍自大名推官上書。

丙子（初九日），神宗批蘇轍奏付中書，即日召對延和殿。

據《年表》，神宗批語爲：「詳觀疏意，知轍潛心當世之務，頗得其要。鬱於下僚，無所申布，誠亦可惜。」

癸未（十六日），以轍爲制置三司條例司檢詳文字。王安石與陳升之創置三司條例，議行新法。

癸未云云，據《年表》。

陳升之，《宋史》卷三百十三有傳。

《潁濱遺老傳》：「時王介甫新得幸，以執政領三司條例，上以轍爲之屬，不敢辭。」

《宋史》卷一百六十一《職官志》一：「制置三司條例司：掌經畫邦計，議變舊法以通天下之利。熙寧二年置。以知樞密院陳升之、參知政事王安石爲之，而蘇轍、程顥等亦皆爲舊官。」

約於本月二十七日，軾與堂兄不欺（子明）簡，叙及轍近況。

《蘇軾佚文彙編》卷四《與子明》第一簡：「軾二月中，授官告院，頗甚優閑，便於懶拙。却是子由在制置司，頗似重難。主上求治心切，患財利之法弊壞，故創此司。諸事措置，雖在王（原注：安石）、陳（原注：升之）二公，然檢詳官不可不協力講求也。常晨出暮歸，頗羡弊局之清簡。」

簡末作「□月廿七日」，檢《西樓帖》「□」似「三」字，故本條正文用「約於」一詞，以示慎重。不欺，涣之次子。

本月，董傳卒，蘇軾與故舊出錢賻其家；上韓琦書，以傳之葬事相求。

書乃《蘇軾文集》卷五十《上韓魏公》。書云將斂衆人之賻予陳繹，使繹予其家，以繹將往涇州，過岐下也。繹神宗嗣位，遷尚書祠部員外郎，出知涇州。參本譜元豐元年「轍次韻廣州陳繹」條紀事。

《長編紀事本末》卷六十三《王安石毁去正臣》：熙寧元年十二月乙丑(二十七日)，韓琦判大名府，手詔聽便宜行事。時琦當在大名。

參方健有關文章。

與眉山楊氏簡，轍報近况。

《鶴山先生大全文集》卷六十《跋蘇氏帖》：「今觀少公帖，所謂『與家兄同住京』，則熙寧二年所遺也。時長公判官告院，少公爲條例司檢詳。」少公，轍，長公，軾。原簡久佚。

柳瑾(子玉)寄詩來，軾、轍次其韻。今年年初，轍晤瑾於來京師途中。瑾旋來京師，别去，轍有送行詩。

次韻乃《欒城集》卷三《次韻柳子玉郎中見寄》首云：「新年始是識君初，顧我塵埃正滿裾。」在途中相晤。瑾，丹徒人。子子文，伯父涣之婿。見《集》卷二十五《伯父墓表》。

《集》卷三《送柳子玉》云「京師逢柳侯」。又云「一麾寄河壖，垂老幸有土」，知瑾官黄河之壖，距離京師不遠。故《次韵柳子玉郎中見寄》末云「待得入城應少暇，相從有約定何如」，約於京師相見。城當指京師，瑾爲官之地，或在京畿。詩首云「柳侯白首郎」，知瑾長於軾、轍。

軾次韻詩見《蘇軾詩集》卷六(第二四〇頁),中有「遥知寒食催歸騎」之句,約作於寒食前。瑾,丹徒人。其子子文,爲伯父涣之婿,見《欒城集》卷二十五《伯父墓表》。《梅堯臣集編年校注》卷二十九《還柳瑾祕丞詩編》:「吾友蘇子美,聞昔許君詩。子美今下世,令人重嗟咨。當其不得志,泥水蟠蛟螭。未激西海流,安可氣吐霓。吴洲逢朱鼈,腹有百碧遺。他時使我觀,我觀顔忸怩。便欲焚筆硯,奈何難争馳。」盛贊瑾詩不凡,個人實不堪敵。《臨川先生文集》卷二十一《次韻酬子玉同年》題下自注:「子玉詩云:過盡金湯知帝策,見求貂虎識軍儀。男兒本有四方志,祇在蓬瀛恐不知。」詩云:「盛德無心漠北窺,蕃胡亦恐勢方嬴。塞垣高壘深溝地,幕府輕裘緩帶時。趙將時皆思李牧,楚音身自感鍾儀。慚君許我論邊鎖,俎豆平生却少知。」

瑾有志當世,與王安石爲同年。

秀州僧本瑩(慧空)來訪,軾、轍題其静照堂。

詩見《蘇軾詩集》卷六(二三四頁)。《欒城集》卷三《秀州僧本瑩净照堂》云「有僧訪我攜詩卷,自説初成净照堂」。《王臨川集》卷十四有《静照堂》詩。《詩集》題下引「查注」:「柳琰《嘉興舊志》:招提講寺,在郡治西北三里,唐曹刺史捨宅爲院,賜名羅漢院。宋治平四年改招提院,僧慧空住院内。」又云慧空乃本瑩字。

軾詩首云：「鳥囚不忘飛，馬繫常念馳。」動乃鳥、馬及其他動物之本性，鳥、馬不能静。又云：「貧賤苦形勞，富貴嗟神疲。」人不能静。貧者爲衣、食所驅使，不能静；富者、貴者雖可不爲衣食奔忙，然其個人欲念不能絶，亦無法絶，亦不能静。則本瑩之云「静」，不過一空願。

軾寄題石蒼舒醉墨堂。

詩乃《蘇軾詩集》卷六《石蒼舒醉墨堂》，《欒城集》卷三有同題詩。

《彭城集》卷七《和蘇子瞻韻爲石蒼舒題》：「長安材豪雄五都，五陵意氣誰能除。作人不入游俠窟，寓興聊從草隸書。崩崖壞山出衆寶，石刻鼎鑄周秦餘。江東諸家擅逸氣，宜官鍾蔡幾不如。騰龍翥鳳動光彩，淥池滉漾華芙蕖。石生臨書得微妙，神凝意會下筆初。濃纖巧緻若出一，老庖利刃投空虛。人間流傳不得辨，錦囊玉軸争貯儲。以兹得名號醉墨，聊取勝事題精廬。豈與西山少年輩，射獵狐兔夸里閭。杜陵詩仙有祖風，筆灑雲霧揮瓊琚。我今才薄厭數語，勉力和歌慚起予。」可參。

《攻媿集》卷七十一《跋施武子所藏諸帖》：「公自言：『我書意造本無法，點畫信手煩推求。』然豪逸邁往如此者不多見。每每言酒氣從十指間出，而飲酒正自不多，豈所謂醉中醒者耶！」「我書」云云，即在《石蒼舒醉墨堂》中。

王頤來京師，旋赴建州錢監，軾、轍有詩送行。

詩見《蘇軾詩集》卷六(二三七頁),中云「大梁相逢又東去」。《欒城集》卷三《京師送王頤殿丞》中云:「君來曾未幾,已復向南國。扁舟出淮汴,唯見江海碧。」

轍游净因院,寄懷璉禪師,晤臻長老。

《欒城集》卷三《游净因院寄璉禪師》:「遥知近愛金山好,江水煎茶日幾升?」時懷璉在金山。懷璉原居净因院,治平二年,乞歸明州,英宗依所乞。《五燈會元》卷十五《育王懷璉禪師》叙乞歸後,「渡江,少留金山」。育王,寺名,在明州。《集》卷六《贈净因臻長老》首云:「十方老僧十年舊,燕坐繩牀看奔走。」乃此時事,十年舉成數。

軾送任伋(師中)通判黄州兼寄其兄孜。轍亦有詩。

詩見《蘇軾詩集》卷六(二三三頁),云「别來十年」,蓋謂嘉祐四年别於眉州,及今適爲十年。《欒城集》卷三送伋詩,云「一别都門今五年」,是轍别伋於京師,時在治平元年。參該年紀事。轍詩又云:「厭居巴蜀千山底,决住荆河十頃田。」上句謂伋自蜀來,來京師後赴黄州。荆河不詳其地。又云:「黄州無事聊須飲。」以黄州乃小郡也。

四月,詔議更學校貢舉之法,令兩制、兩省、待制以上、御史臺、三司、三館臣僚各限一月内具議狀聞奏。

據《宋會要輯稿》第一百零八册《選舉》三之四一至四二。《玉海》卷一百一十六記此,謂四月戊午詔群臣評議貢舉法，别爲新規。《文獻通考》卷三十一記此，謂「熙寧二年，議更貢舉法，罷詩賦、明經諸科，以經義論策試進士」。

五月，軾上《議學校貢舉狀》，論貢舉法不當輕改。

狀見《蘇軾文集》卷二十五，謂「今之學校特可因循舊制，使先王之舊物不廢於吾世，足矣」，「貢舉之法，行之百年，治亂盛衰，初不由此」，區區之法何預。《文集》謂狀熙寧四年正月上，《墓誌銘》、《王譜》謂熙寧四年上。《長編拾補》卷四、《宋史全文續資治通鑑》、《宋名臣奏議》卷七十九、《玉海》卷一百六十六均謂狀上於本年五月；《文獻通考》卷三十一、《歷代名臣奏議》卷一百六十六謂狀上於本年，未云月份。今從前四者。

《長編拾補》熙寧二年五月「群臣準詔議學校貢舉……蘇軾云云」條下編者按：《墓誌銘》謂《貢舉議》乃熙寧四年上，「『四』字疑當作『是』字，是年承上『時熙寧二年也』句爲文」，編者謂蘇軾免父喪至四年正月，「幾及二載，不應一無奏劄，可疑一」；謝景温劾奏誣告及詔體量供析，「《長編》所載日月可考，以《貢舉議》及《諫買浙燈疏》、《上神宗書》不應在有旨體量供析後，可疑二」；本年九月，神宗言軾有文學，爲人平静，三年八月，神宗語司馬光，蘇軾非佳士，若在四年，何以得《貢舉議》而喜（按：見以下「議上神宗即日召見」條），可疑三；集中《再上神宗書》有云自去歲以來，立條例司，遣青苗，斂助役錢，行均輸法云云，皆二年事，此書上於三年，故云去歲，若依《年譜》（按：即《王譜》，下同），則去歲二字殊未合，可疑四；司馬光《傳家集·議貢舉狀》注云，熙寧二年五月上，蘇軾不應遲至四年正月，可疑五。「四年」作「是年」，與諸書所載皆吻合，「集中於《議貢舉狀》以下諸奏，均不作四年，恐係淺人又據《年譜》臆改之，不得其月，乃以臆斷爲正月也」。

軾議上，神宗即日召見。神宗欲以蘇軾修中書條例，王安石以爲不宜輕用。

《墓誌銘》：「公議上。上悟曰：『吾固疑此，得蘇軾議，意釋然矣。』即日召見，問：『何以助朕？』公辭避久之，乃曰：『臣竊意陛下求治太急，聽言太廣，進人太鋭，願陛下安静以待物之來，然後應之。』上竦然聽受，曰：『卿三言，朕當詳思之。』」

《蘇軾文集》卷二十五《諫買浙燈狀》：「臣嚮蒙召對便殿，親奉德音，以爲凡在館閣，皆當爲朕深思治亂，指陳得失，無有所隱者。自是以來，臣每見同列，未嘗不爲道陛下此語。」《上神宗皇帝書》敘及召對，云：「〔上〕謂臣曰：『方今政令得失安在，雖朕過失，指陳可也。』臣即對曰：『陛下生知之性，天縱文武，不患不明，不患不勤，不患不斷，但患求治太速，進人太鋭，聽言太廣。』又俾具述所以然之狀。陛下頷之曰：『卿所獻三言，朕當熟思之。』」卷二十九《乞郡劄子》：「昔先帝召臣上殿，訪問古今，勅臣今後遇事即言。」卷三十二《杭州召還乞郡狀》：「服闋入覲，便蒙神宗皇帝召封，面賜奬激，許臣職外言事。」皆寫此時事。《宋史》本傳所叙皆出《墓誌銘》及《文集》，不録。

《長編拾補》卷四本年五月紀事：「是月，羣臣準詔議學校貢舉，多欲變改舊法，獨殿中丞、直史館、判官告院蘇軾云云。上得軾議，喜曰：『吾固疑此，得軾議釋然矣。』即日召見。……他日，上問王安石以『軾爲人何如』？安石知軾素與己異，疑上亟用之也，因問上曰：『陛下何以召見軾？』上曰：『見軾議學校貢舉異於諸人，故召見之。』且道軾對語曰：『陛下何以召見臣旨（按：原文如此）？』朕爲言見卿議事有所喻，故召問卿。對曰：『陛下如此錯矣。人臣以得召見爲榮，今陛下實未知臣何如，但以臣言即召見，恐人争爲利以進。』又謂朕與人官太速，後或無狀不能始終，此説何如？安石曰：『陛下與人官患不考實，雖與何害？』上曰：『軾又言兵，先動者爲客，後動者爲主，主常勝客，客常不勝。治天下亦然。人主不欲先動，當以静應之於後，乃勝天下之事，此説何如？』安石曰：『軾言亦是。然此道之經也，非所謂道之變，聖人之於天下，感而後應，則軾之言有合於此理。然事變無常，固有舉事不知出此而聖人爲之倡發者。譬之用兵，豈盡須後動然後能勝敵，顧其時與勢之所宜而已。』上曰：『卿言如此，極精。』又言：『軾宜以小事試之，何如？』安石曰：『臣已屢奏，試人當以事。』『此言誠是也。』安石因極稱惠卿。其後上復謂曾公亮曰：『蘇軾奏對明敏，可試也。』公亮曰：『京師無可試者。』王安石曰：『軾亦非久，當作府推。』上曰：『欲用軾修中書條例。』安石曰：『軾與臣所學及議論皆異，别試其事可也。』又曰：『陛下欲修中書條例，大臣所不欲，小臣又不欲。今軾非肯違衆以濟此事者也，恐欲故爲異論，沮壞此事。兼陛下用人，須是再三考察，實可用乃用之，今陛下但見軾之言，其言又未見可用，恐不宜輕用。』」

《施譜》：「五月，以論貢舉法不當輕改，召對，又爲安石所不樂。未幾，上欲用先生修中書條例，安石沮之。」

六月二十七日，朝廷命舉諫官。張方平舉李大臨與蘇軾，未行。

《樂全集》卷三十《舉李大臨、蘇軾充諫官》：「臣某准熙寧三年六月二十七日中書劄子，奉聖旨，諫院闕官，令於朝官内舉二人聞奏者。右某伏見尚書刑部郎中李大臨，識藴純深，風局冲遠，殿中丞直史館蘇軾，文學通博，議論精正。……此二員並堪充諫官。不如所舉，臣甘同坐。」文中「三年」爲「二年」之誤，見熙寧三年正月戊午紀事。

同上書附録王鞏《張方平行狀》：「特旨舉堪諫官二員，公以李大臨、蘇軾應詔。或止公，公曰：『吾知舉堪諫官者，不知其他也。』」

李大臨，已見嘉祐元年紀事。

七月丙戌（二十二日），李育（仲蒙）卒。軾其後應其子籲之請，作哀詞。

哀詞見《蘇軾文集》卷六十三(一九六三頁),謂今年十月丙寅,育葬於緱氏柏峚山西。是哀詞作於此以後。《總案》謂作於八月,失之。

籲,見元豐六年「李籲令黄陂」條紀事。

《丹淵集》卷一《哭仲蒙二章》其一《臨高》:「惜憭栗兮臨清秋,懷坌憒兮紛予憂。拂其弭兮久復留,念將焉適兮升高丘。問胡然兮予之思絚,予心兮不解以繆。謂遐闊兮願如其宫,悵西南兮川塗緬脩。已忽寤兮往嘗此以訃,蓋子之生于世兮期爲已休。萬感芸然兮,蠹予之中,魄幹漂潰兮,索其若抽。念子一去兮,不可以復見。顧予之於道兮,尚胡爲而此謀。欲子似兮取友,但寥寥兮安求。孰識子兮予深,當何人兮與侔。彼徒以文行兮,爲子之高。其不爲賤正體,而貴余肬。如刻畫兮,妄以累子。類神珠兮,釁天球。知子之末兮,尚可以表世。其不能究者兮,彼又何尤。已矣乎,子之存兮在予憶,子之疢兮將何時而可瘳。斂予恨兮暮來歸,煙雲飄蕭兮奉予以愁。」育蓋爲高潔之士。

其二《懷嵩》:「念子將歸兮,于嵩之陽。彼山之中宅群僊兮,欣得子而翱翔。冠芝英兮佩蘭芳,躡韋韠兮服熒煌。執瓊笈兮披錦囊,遡天風兮誦霞章。神君揖兮登寶牀,玉女進兮奉瑜觴。予浩歌兮頌靈休,瑶瑟差薦兮相與子之獻酬。客下緱嶺兮飄霞旒,人來潁陽兮駕琳輈,蟠桃春兮白榆林,雲開月皎兮桂嵓之幽。子之樂兮千萬億年,下視此世兮不肯還。猿嘷鶴哀兮恍惝乎空山，相望何所兮杳莫可攀。」

二詩之後，有文同之跋，云：「仲蒙爲人，無所不備，采摘一二，以爲其美行累之多矣。劉元平嘗論人之賢者曰無長，仲蒙似之。故同之二章如此。熙寧辛亥仲秋癸酉，仁壽郡東齋題。」

己丑（二十五日），曾公亮（宣靖）上《英宗實録》。書出於王安石之手，蘇軾嘗贊之。

己丑云云，據《宋史·神宗紀》。

《揮麈録·第三録》卷一：「《英宗實録》：熙寧元年曾宣靖提舉。王荆公時已入翰林，請自爲之，兼實録修撰，不置官屬，成書三十卷，出於一手。東坡先生嘗語劉壯輿羲仲云：『此書詞簡而事備，文古而意明，爲國朝諸史之冠。』」

八月十四日，軾爲國子監舉人考試官。發策爲王安石所怒。

八月十四日云云，據《宋會要輯稿》第一百十五册《選舉》一九之一四至一五；同考試者尚有集賢校理王汾、胡宗愈、王益柔，秘閣校理錢藻，館閣校勘顧臨，監察御史裹行張戩、比部郎中張吉等。

戩字天祺，郿縣人，載季弟。關中學者稱其兄弟爲二張。熙寧九年卒，年四十七。《宋史》卷四百二十七有傳。《施譜》：熙寧三年二月，戩以臺諫論青苗不便被黜。吉，待考。

《長編拾補》卷七熙寧三年三月壬子紀事：「初，軾爲國子監考試官，時二年八月也。安石既得政，每贊上以獨斷，上專信任之。軾發策云：『晉武平吴以獨斷而克，苻堅伐晉以獨斷而亡。齊桓專任管仲而霸，燕噲專任子之而滅。事同功異，何也？』安石見之，不悦。上數欲用軾，安石必沮毁之。」此本司馬光《日録》，參《經進東坡文集事略》卷二十二《勤而或治或亂》注文。《施譜》謂「發策爲安石所怒」。「晉武」云云，見《蘇軾文集》卷七《國學秋試策問》其一。

庚戌（十六日），蘇轍乞除一合入差遣；除河南府留守推官。未赴。轍爲三司條例司屬官時，嘗與王安石（介甫）論青苗鹽法鑄錢利害，與陳升之（陽叔、晹叔）論遣使搜訪遺利，與張端論榷河朔鹽利害。

庚戌云云，據《年表》。《年表》云：「轍上言：『每於本司商量公事，動皆不合。臣已有狀申本司，具述所議不同事，乞除一合入差遣。』上問所以處轍，曾公亮奏，欲與堂除差遣，上從之，以轍爲河南府留守推官。」轍狀乃《欒城集》卷三十五《制置三司條例司論事狀》（奏乞外任狀附）。《潁濱遺老傳》叙爲三司條例屬官，以下云：「介甫急於財利而不知本，吕惠卿爲之謀主，轍議事多牾。一日，介甫出一卷書，曰：『此青苗法也，諸君熟議之，有不便以告，勿疑。』他日，轍告之曰：『以錢貸民，使出息二分，本以救民之困，非爲利也。然出納之際，吏緣爲姦，雖有法不能禁。錢入民手，雖良民不免非理費用，及其納錢，富民不免違限。如此則鞭箠必用，州縣事不勝煩矣。唐劉晏掌國計，未嘗有所假貸。有尤之者，晏曰：「使民僥倖得錢，非國之福；使吏倚法督責，非民之便。吾雖未嘗假貸，而四方豐凶貴賤，知之未嘗逾時。有賤必糴，有貴必糶。以此四方無甚貴甚賤之病，安用貸爲！」晏之所言，則漢常平法耳。今此法見在而患不修，公誠有意於民，舉而行之，劉晏之功可立俟也。』介甫曰：『君言有理，當徐議行之。後有異論，幸勿相外也。』自此逾月不言青苗。會河北轉運判官王廣廉召議事，廣廉嘗奏乞度僧牒數千道爲本錢，行陝西漕司，私行青苗法，春散秋斂，與介甫意合，即請而施之河北。自此青苗法遂行於四方。初，陳陽叔以樞密副使與介甫共事，二人操術不同，介甫所唱，陽叔不深知也。既召謝卿材、侯叔獻、陳知儉、王廣廉、王子韶、程顥、盧秉、王汝翼等八人，欲遣之四方，搜訪遺利。中外傳笑，知所遣必生事迎合，然莫敢言者。轍求見陽叔，陽叔逆問：『君獨來見，何也？』對曰：『有疑，欲問公耳。近日召八人者欲遣往諸路，不審公既知利害所在，事有名件，而使往案實之耶；其亦未知其實，漫遣出外，網捕諸事也？』陽叔曰：『君意謂如何？』對曰：『昔嘉祐末，遣使寬卹諸路，事無所指，行者各務生事。既還奏，例多難行，爲天下笑。今何以異此？』陽叔曰：『吾昔奉敕看詳寬卹等事，如范堯夫輩所請多中理。』對曰：『今所遣如堯夫輩有幾？』陽叔曰：『所遣果賢，將不肯行，君無過憂。』對曰：『公誠知遣使之不便，而恃遣者之不行，何如？』陽叔曰：『君姑退，得徐思之。』後數日，陽叔召屬官於密院，言曰：『上即位之初，命天下監司具本路利害以聞，至今未上。今當遣使，宜得此以議。可草一劄子，乞催之。』惠卿覺非其黨中意，不樂，漫具草，無益也。轍知力不能救，以書抵介甫、陽叔，指陳其決不可者，且請補外。介甫大怒，將見加以罪。陽叔止之，奏除河南推官。」

《蘇魏公文集》卷三十《前權大名府推官蘇轍可西京留守推官制》：「敕：具官某：富文敏學，早擢秀科。大對危言，繼膺清舉。方講圖於才畫，助寬析於計條。遽有開陳，願從補外。復優參於賓幕，且贊務於留都。既遂爾私，亦思遠用。可。」

《龍川略志》卷三《與王介甫論青苗鹽法鑄錢利害》、《議遣八使搜訪遺利》亦詳叙爲三司條例司檢詳文字時事，今録其爲《潁濱遺老傳》所未及文字於下（或已及而有重大不同者）。前者叙授制置三司條例司檢詳文字，以下云：「時參政王介甫、副樞陳暘叔同管條例事，二公皆未嘗知予者。久之，介甫召予與吕惠卿、張端會食私第，出一卷書，曰：『此青苗法也，君三人閲之，有疑以告，得詳議之，無爲他人所指也。』予知此書惠卿所爲，其言多害事者，即疏其尤甚，以示惠卿。惠卿面頸皆赤，歸即改之。予問謁介甫，介甫問予可否。」以下接「予曰以錢貸民」。前者又云：「予在條例司，王介甫問南鹽利害。對曰：『舊説有三而已：其一，立鹽綱賞格，使官鹽少拌和，則私鹽難行；其二，減官價，使私販少利；其三，增沿江巡檢，使私販知所畏。舊三説并用，則鹽利宜稍增。然利之所在，欲絶私販，恐理難也。』介甫曰：『不然，但法不峻耳。』對曰：『今私鹽法至死，非不峻也，而終不可止，將何法以加之？』介甫曰：『不然，一村百家俱販私鹽，而敗者止一二，其餘必曰：「此不善，販安有敗？」此所以販不止也。若五家敗，則其餘少懼矣；十家敗，則其餘必戢矣；若二十家室三十家敗，則不敢販矣。人知必敗，何故不止？此古人所謂「鑠金百鎰，盜跖不掇」也。』對曰：『如此誠不販矣，但恐二三十家坐鹽而敗，則起爲他變矣！』一日復問鑄錢，對曰：『唐「開通」錢最善，今難及矣！天禧、天聖以前錢猶好，非今日之比，故盜鑄難行。然是時，官鑄大率無利，蓋錢法本以均通有無，而不爲利也。舊一日鑄八九百耳，近歲務多以求利，今一日千三四百矣（原注：熙寧初止此，聞後又增二千矣）。錢日濫惡，故盜鑄日多，今但稍復舊，法漸正矣。』介甫曰：『何必鑄錢？古人以銅爲器皿，精而能久，善於瓷漆。今河東銅器，其價極高，若官勿鑄錢而鑄器，其利比錢甚厚。』對曰：『自古所以禁鑄銅爲器皿者，爲害錢法也。今若不禁銅器，則人争壞錢爲器矣。』介甫曰：『鑄錢不如鑄器之利，又安以錢爲！』對曰：『人私鑄銅器，則官銅器亦將不售。』介甫曰：『是不難，勒工名可也。』不對而退。其後銅器行而錢法壞。」後者謂陳升之，所召屬官乃蘇轍、吕惠卿、張端，并謂升之既得位，不肯復行條例事。

《龍川略志》卷三《論榷河朔鹽利害》：「張端與予同在條例司，晹叔門下士也，深非介甫論事，時對予深言，予曰：『君如此，意將何事？』曰：『河朔財賦常患窘急，然鹽獨未榷，今誠榷之，利不資矣。』予曰：『予頃在河朔，聞鹽本末稍詳。河朔地碱，民刮碱煎鹽，不買而足用。周世宗常榷海鹽，共得三十萬緡，民多犯法，極苦之。藝祖征河東還，父老進狀，乞隨兩税納錢三十萬緡而罷榷法。藝祖許焉，今兩税外食鹽錢是已。是時，民於澶州河橋作感聖恩道場，父老至今能道之。仁宗朝，王君貺爲三司使，復議榷法，未定，君貺去職，張安道繼之，具本末以奏，且曰：「河朔歲有河堤國信之勞，比之諸道爲苦，恐不宜復榷鹽以困之。」仁宗驚曰：「朕不知也，奈何重困河朔生靈！卿爲朕撰數句語，朕將親批出，使河朔人知此意。」即批奏牘後曰：「朕恐河朔軍民復食貴鹽，所請宜不行。」時賈魏公昌朝留守北京，聖語至，即刻石於府園騎山樓瘿木亭上。及賈公再守魏，而提刑薛向密奏乞行榷法，托以他事入議，朝廷許之。賈公具知其計，及其還，置酒邀之，中食，引至騎山瘿木亭相對，酒五行，無他語。向顧見石刻，知事已露，遂不復議榷事，魏人以此深德魏公。君奈何復言此論！』曰：『我初微聞此，不意君知之詳也。』即不敢措口，然元豐間競聽議者榷之，至元祐而罷，今又復榷矣。」

《宋史》卷一百七十七《食貨志》上五：「條例司檢詳文字蘇轍言：『役人之不可不用鄉户，猶官吏之不可不用士人也。今遂欲兩税之外别立一科，謂之庸錢，以備官雇，不問户之高低，例使出錢，上户則便，下户實難。』轍以議不合罷。」蘇轍云云見《論事狀》。

《宋史》卷一百八十六《食貨志》下八：「均輸之法，所以通天下之貨，制爲輕重斂散之術，使輸者既便，而有無得以懋遷焉。熙寧二年，制置三司條例司言：『天下財用無餘，典領之官拘於弊法，内外不相知，盈虚不相補。諸路上供，歲有常數。豐年便道，可以多致而不能贏；年儉物貴，難於供億而不敢不足。遠方有倍蓰之輸，中都有半價之鬻，徒使富商大賈乘公私之急，以擅輕重斂散之權。今發運使實總六路賦入，其職以制置茶、鹽、礬、酒税爲事，軍儲國用，多所仰給。宜假以錢貨，資其用度，周知六路財賦之有無而移用之。凡糴買税斂上供之物，皆得徙貴就賤，用近易遠。令預知中都帑藏年支見在之定數，所當供辦者，得以從便變易蓄買，以待上令。稍收輕重斂散之權歸之公上，而制其有無，以便轉輸，省勞費，去重斂，寬農民。庶幾國用可足，民財不匱。』詔本司具條例以聞，而以發運使薛向領均輸平準事，賜内藏錢五百萬緡、上供米三百萬石。時議慮其爲擾，多以爲非。向既董其事，乃請設置官屬，神宗使自擇之。向於是辟劉忱、衛琪、孫珪、張穆之、陳倩爲屬，又請有司具六路歲當上供數、中都歲用及見儲度可支歲月，凡當計置幾何，皆預降有司。從之。八月，侍御史劉琦、侍御史裏行錢顗等言：『向小人，假以貨泉，任其變易，縱有所入，不免奪商賈之利。』琦、顗皆坐貶。條例司檢詳文字蘇轍言：『昔漢武外事四夷，内興宫室，財用匱竭，力不能支，用賈人桑弘羊之説，買賤賣貴，謂之均輸。雖曰民不加賦而國用饒足，然法術不正，吏緣爲姦，掊克日深，民受其病。孝昭既立，學者争排其説，霍光順民所欲，從而予之，天下歸心，遂以無事。今此論復興，衆口紛然，皆謂其患必甚於漢。何者？方今聚斂之臣，材智方略，未見有桑弘羊比；而朝廷破壞規矩，解縱繩墨，使得馳騁自由，唯利是嗜，其害必有不可勝言者矣。』轍亦坐去官。」蘇轍云云見《論事狀》。

癸丑（十九日），三司度支蘇寀（公佐）爲集賢殿修撰、知梓州。蘇轍有送行詩。

癸丑云云，據《年表》。

詩見《欒城集》卷三，首云「乘軺舊西蜀，出鎮復東川」。《宋史》卷三百三十一有寀傳，謂嘗「提點梓州益州路刑獄、利路轉運使」。故轍詩以下有「父老知遺愛，壺漿定滿前」之句。轍詩復云：「去國身雖樂，憂時論獨堅。」似寀之去，非其本意。又云：「孤誠抱松直。」蓋寀之論時政，與當朝諸公有不同者。寀之去，實以此也。轍詩末云：「我亦相從逝，疏狂且自全。」蓋與王安石政見不同，故欲去也。

《鄖溪集》卷二十三《蘇刑部自湖北移漕淮南》：「先公道義交，晚得蘇公佐。俾予往拜之，兄事安敢墮。漂忽十五年，日月如旋磨。近佩荆州符，吏牘方自課。蘇侯乃外臺，庶幾容謬懦。若獲巨木陰，似醫桑下餓。相約待秋深，事隙得高卧。風灑渚宫涼，碧溪絶塵涴。穿林或倦行，拂石還分坐。夙懷詎彷彿，幽事信坎坷。除書走馬來，换節長淮左。嗟予踽踽遊，有唱期誰和。楚老遮郭門，扳留知不可。别酒雖無歡，歸帆幸少垛。蘇侯賢大夫，歷數今誰過。議論抵廟堂，有力莫能破。挺如白玉圭，稜角不可挫。大匠斲明堂，宜居左右个。猶馳使者車，挾策均萬貨。淮人久焦枯，蘇息在欬唾。傾酒吐長言，遥爲淮人賀。」附此。

曾鞏(子固)通判越州,軾有送行詩。

詩見《蘇軾詩集》卷六(二四四頁)。

《詩案·送曾鞏得燕字》:「熙寧三年内送到曾鞏詩簡。曾鞏字子固,是年准勑通判越州,臨行,館閣同舍舊例餞送,衆人分韻,軾探得燕字韻,作詩一首送曾鞏云:『醉翁門下士,雜遝難爲賢。曾子獨超軼,孤芳陋羣妍。昔從南方來,與翁兩聯翩。翁今自憔悴,子去亦宜然。賈誼窮適楚,樂天老思燕。那因江鱠美,遽厭天庖羶。但苦世論隘,聒耳如蜩蟬。』譏諷近日朝廷進用多刻薄之人,議論褊隘,聒喧如蜩蟬之鳴,不足聽也。又云:『安得萬頃池,養此横海鱣。』以此比曾鞏横才也。」

按,《詩案》「熙寧三年」之「三」,爲「二」之誤。

《曾鞏集》卷十三《越州鑑湖圖序》:「鞏初蒙恩此州。」此州謂越州。文末自署撰於「熙寧二年冬卧龍齋」。

同上書卷十九《廣德湖記》云「以熙寧元年十一月始役,而以明年二月卒事」;「是年予通判越州事」。元年之明年爲二年,是年即謂熙寧二年。

同上書卷二十九《自福州召判太常寺上殿劄子》:「愚臣孤陋,熙寧二年,出通判越州。」謂曾鞏熙寧二年通判越州,確鑿無疑。《詩集》「查注」誤。軾詩中「翁今自憔悴」之翁謂歐陽修。

據《歐集》卷首年譜，熙寧二年，修在知青州任。自「《曾鞏集》」云云以下，皆參考方健有關文章。軾送詩約作於秋，今次此。

十月七日，司馬光舉蘇軾等爲諫官。未行。

十月云云，據《司馬光奏議》卷二十六《再舉諫官劄子》，云：「臣昨日面奉聖旨，令臣采訪可任諫官者，密具姓名聞奏。」以下舉陳薦、蘇軾、王元規、趙彦若等四人。謂「直史館蘇軾，制策入優等，文學富贍，曉達時務，勁直敢言」。末謂：「此四人者，臣所素知。」《三朝名臣言行録》卷七《丞相温國司馬文正公》引《日録》：「上曰：『諫官難得，卿更爲擇其人。』光退而舉陳薦、蘇軾、王元規、趙彦若。」神宗因詢及「近相陳升之外議云何」而及此。升之入相，爲本月三日事，見《宋史·宰輔表》。

十一月己巳（初六日），蔡延慶、孫覺並同修起居注；神宗初欲用蘇軾，王安石沮之。

據《長編拾補》卷六。《長編拾補》云：「司封員外郎、直史館蔡延慶，右正言、直集賢院孫覺並同修起居注。上初欲用蘇軾及孫覺，王安石曰：『軾豈是可奬之人。』上曰：『軾有文學，朕見似爲人平静，司馬光、韓維、王存俱稱之。』安石曰：『邪憸之人，臣非苟言之，皆有事狀。作《賈誼論》，言優游浸漬，深交絳灌，以取天下之權。欲附麗歐陽修，修作《正統論》，章望之非之，乃作論罷章望之，其論都無理。非但如此，遭父喪，韓琦等送金帛不受，却販數船蘇木入川。此事人所共知。司馬光言呂惠卿受錢，反言蘇軾平静，斯爲厚誣。陛下欲變風俗，息邪説，驟用此人，則士何由知陛下好惡所在。此人非無才智，以人望，人誠不可廢。若省府推判官有闕，亦宜用。但方是通判資序，豈可便令修注！』上乃罷軾不用。」《施譜》亦略及此事。按：販蘇木云云，乃不實之詞，參熙寧三年八月癸亥紀事。維字持國，存字正仲，覺字莘老，《宋史》卷三百十五、三百四十一、三百四十四分别有傳。延慶，《宋史》卷二百八十六有傳；元祐五年卒，年六十二。

軾以殿中丞、直史館判官告院權開封府推官。

《軾墓誌銘》叙神宗召見後，云：「介甫之黨皆不悦，命攝開封推官，意以多事困之。公决斷精敏，聲聞益遠。」以下叙諫買浙燈事。《議學校貢舉狀》尚無「權開封府推官」銜，而《諫買浙燈狀》已有此銜。聯繫上引《長編拾補》十一月己巳紀事，則權開封府推官乃己巳後不久事。

《邵氏聞見録》卷十二：「王介甫與蘇子瞻初無隙，呂惠卿忌子瞻才高，輒間之。神宗欲以子瞻爲同修起居注，介甫難之。又意子瞻文士，不曉吏事，故用爲開封府推官以困之。」

十二月，軾上《諫買浙燈狀》。神宗納其言，罷之。

《長編拾補》卷六末年十二月紀事：「是月，有中旨下開封府，减價買浙燈四千餘枝。權開封府推官、殿中丞、直史館蘇軾言：『陛下游心經術，動法堯舜，窮天下之嗜慾，不足以易其樂，盡天下之玩好，不足以解其憂，而豈以燈爲悦者哉！此不過以二宫之歡而極天下之養耳。且賣燈皆細民，安可賤售其值！故臣願急罷之。』上納其言。」「陛下」云云，乃狀中語。狀見《蘇軾文集》卷二十五，首稱「四年二月」上。今從《長編拾補》、《宋史全文續資治通鑑》、畢沅《續資治通鑑》。參本年五月紀事。

《蘇軾文集》卷三十二《杭州召還乞郡狀》：「因上元有旨買燈四千椀，有司無狀，虧減市價，臣即上書論奏，先帝大喜，即時施行。」《軾墓誌銘》：「會上元有旨市浙燈，公密疏，舊例無有，不宜以玩好示人，即有旨罷。」

上神宗皇帝書，軾論新法不便。

書見《蘇軾文集》卷二十五（七二九頁）。書云「臣近者不度愚賤，輒上封章言買燈事」，「逾旬」後，「買燈之事，尋已停罷」。是此書作於《諫買浙燈狀》後旬餘。書首稱「四年二月」上，今從《長編拾補》。參本年五月紀事。《長編拾補》次此書於本月《諫買浙燈狀》之後。

書謂：「臣之所欲言者，三言而已。願陛下結人心，厚風俗，存紀綱。」又言：「國家之所以存亡者，在道德之淺深，不在乎强與弱；曆數之所以長短者，在風俗之厚薄，不在乎富與貧。」反對「言利」，不滿旨在「生天下之財」（王安石《上仁宗言事書》，見《王臨川集》卷三十九）之新法如青苗、方田均税、均輸法等。又言：「臣非敢歷詆新政，苟爲異論，如近日裁減皇族恩例、刊定任子條式、修完器械、閱習鼓旗，皆陛下神算之至明，乾剛之必斷，物議既允，臣安敢有詞。」並未全部否定新法。參熙寧八年四月十二日紀事。

《文集》卷二十七《辯試館職策問劄子》第二首：「事神宗。蒙召對訪問，退而上書數萬言，大抵皆勸神宗忠恕仁厚，含垢納汙，屈己以裕人也。」

《文集》卷三十二《杭州召還乞郡狀》叙上買浙燈狀得施行後，云：「臣以此卜知先帝聖明，能受盡言，上疏六千餘言，極論新法不便。」

《齊東野語》卷八《宗子請給》：「王介甫爲相，裁減宗室恩數。……詔裁宗室授官法及恩例，東坡亦以爲然，曰：『此實陛下至明至斷，所以深計遠慮，割愛爲民。』其後無戚疏少長，皆仰食縣官。西南兩宗無賴者，至縱其婢使與閭巷通，生子則認爲己子，而利其請給，此自古所無之弊例也。」蘇軾之語，不見上神宗書。兹附録於此。

軾與王克臣（子難）同廳。

《蘇軾詩集》卷三十一《王鄭州挽詞》自注：「予爲開封府幕，與子難同廳。」克臣，詳元祐四年正月癸巳紀事。

從趙抃（高齋先生、清獻公）游，爲本年至明年四月以前事。

《蘇軾文集》卷七十一《書士琴·贈吴主簿》謂昔從趙抃游。作於元豐六年。卷十七抃神道碑謂神宗即位，召知諫院，熙寧三年四月知杭州。

王鞏（定國）來從軾學，爲鞏跋所藏真書，應鞏請作《鄧公硯銘》。

《蘇軾文集》卷二十九《辨舉王鞏劄子》：「鞏與臣世舊，幼小相知。從臣爲學。」《蘇軾詩集》卷二十七《次韻和王鞏》：「王郎年少日，文如瓶水翻。」鞏今年已二十二歲。或謂鞏此時從學，與「幼小」不符。殊不知「相知」相識與從學并無必然聯繫。既云從學，需有一較長時間相聚，然後能從容爲之。此以前，蘇軾與王鞏未具備此條件，參嘉祐四年「軾與王素之子鞏相識」條。

《蘇軾文集》卷六十九《跋王鞏所收藏真書》首叙鞏爲開封人，嘗侍父素於知渭州任所。跋見《蘇軾文集》卷十九，首叙其家世；鄧公，張士遜，鞏外祖父，《宋史》卷三百十一有傳。《宋史》卷三百二十《王素傳》謂素熙寧初以學士知太原府，「入知通進銀臺司，轉工部尚書，仍故職致仕」。《北宋經撫年表》卷三熙寧二年知太原列王素、馮京二人。素還朝爲本年事。故繫「王鞏來從軾學」條於此。

與王詵往還密切。軾爲詵寫《蓮華經》。

《詩案·與王詵往來詩賦》：「熙寧二年，軾在京受差遣，王詵作駙馬。後軾去王詵宅，與王詵寫作詩賦，并《蓮華經》等，本人累經送酒食茶果等與軾。當年内，王詵又送弓一張、箭十雙、包指十個與軾。」

《蘇軾文集》卷六十九《跋王晉卿所藏蓮華經》，當作於本年。《王譜》本年著録爲詵寫詩賦及《蓮華經》事。《清河書畫舫》、《式古堂書畫彙考·書》卷十並著録《東坡書蓮華經》，謂此即蘇軾爲詵所寫者。

詵字晉卿，祖籍太原。開封人。宋開國功臣全斌之後。喜書畫，收藏甚富。其妻乃英宗第二女魏國大長公主。本年七月，嫁詵。見《宋會要輯稿》第四册《帝系》八之二七至二八、《宋史》卷二百四十八《魏國大長公主傳》。《宣和畫譜》卷十二、《畫繼》卷二、《圖繪寶鑑》卷三均有《王詵傳》。

軾送吕希道（景純）知解州。

《蘇軾詩集》卷六《送吕希道知和州》：「去年送君守解梁。」詩作於熙寧三年。《范太史集》卷四十二希道墓銘謂知解州有善政，解人爲立生祠。

希道慶曆六年獻所爲文，召試，賜進士出身。

《彭城集》卷十四《送吕郎中知解州》：「南風吹雪暑飛霜，瞬息高車起重裝。胡馬邇來充牧苑，漢兵無處不餘糧。部丞亟上司農奏，腰組仍夸太守章。正賴研桑密心計，晚從王謝識諸郎。」可參。

轍賦《南窗》。

詩見《欒城集》卷三。首云「京師三日雪，雪盡泥方深」，作於冬。又云「西齋書帙亂，南窗初日升」，蓋叙閑居生活。

轍詩又云：「展轉守牀榻，欲起復不能。」似無事可供驅遣。以下叙客從遠方來，末云：「疏拙自當爾，有酒聊共斟。」蓋有壓抑在。

軾以俚語戲逢迎時宰之士子。傳嘗作假山詩刺王安石。

《雞肋編》卷下：「熙寧初，有士子上書迎合時宰，遂得堂除，蘇長公以俚語戲之，曰：『有甚意頭求富貴，没些巴鼻便姦邪。』」《後山詩話》「有士子上書」作「自常調上書」，「得堂除」作「丞御史」，並謂「有甚意頭」、「没些巴鼻」皆俗語。以言「初」，故繫之於此。謂「士子上書」較近理。

《能改齋漫録》卷十一《詠假山詩刺荆公》：「陳無己詩話云：『某公用事，排斥端士，矯飾僞行。范蜀公詠僧房假山曰：倏忽平爲險，分明假奪真。蓋刺公也。』某公，荆公也。予又嘗記一假山詩云：『安石作假山，其中多詭怪。雖然知是假，争奈主人愛。』云云。世以爲東坡所作，不知是否。」師道（無己）語見《後山詩話》。

陳師錫爲歐陽修《新五代史》作序，蘇軾有微詞。先是曾鞏、蘇軾就作序事相推未决，於是師錫爲之。蘇軾嘗與修論《新五代史》。

《步里客談》卷下：「陳師錫伯修作《五代史序》，文詞平平。初，蘇子瞻以讓曾子固，曰：『歐陽門生中，子固先進也。』子固答曰：『子瞻不作，吾何人哉！』二公相推未決，陳奮筆爲之。」此所叙，乃熙寧間與曾鞏同朝時事。姑次此。

《北窗炙輠録》卷上：「陳伯修作《五代史序》，東坡曰：如錦宫人裹孝幞頭，嗟乎，伯修不思也。昔左太冲《三都賦》就，人未之重也。乃往見玄晏，玄晏爲作序，增價百倍。古之人所以爲人序者，本以其人輕，而我之道已信於天下，故假吾筆墨爲之增重耳。今歐公在天下，如太山北斗，伯修自揣何如，反更作其序，何不識輕重也。沈元用，人或以前輩詩文字求其題跋者，元用未嘗敢下筆，此最識體。（原注：元用名晦）」晦，《宋史》卷三百七十八有傳。

師錫，建陽人。《宋史》卷三百四十六有傳。

《野老紀聞》：「子瞻問歐陽公曰：『《五代史》可傳後也乎？』公曰：『修於此，竊有善善惡惡之志。』蘇公曰：『韓通無傳，惡得爲善善惡惡？』公默然。通，周臣也。陳橋兵變，歸戴永昌，通擐甲誓師，出抗而死。」兹附於此。

軾與姜潛交游。

《孔氏談苑》卷二《蘇子瞻與姜潛同坐舉令》：「蘇子瞻與姜潛同坐。潛字至之，先舉令云：『坐中各要一物是藥名。』乃指子瞻曰：『君藥名也。』問其故。答云：『子蘇。』子瞻應聲曰：『君亦藥名也。君若非半夏，便是厚朴。』問其故。曰：『君若非半夏、厚朴，何故謂之姜至之？』」按：「子蘇」謂「紫蘇」，「姜至之」謂「薑制之」。《宋史》卷四百五十八《姜潛傳》謂潛爲兖州奉符人，熙寧初，召對延和殿，「知陳留縣，至數月，青苗令下」。王安石行青苗法，爲本年九月，見《宋史·神宗紀》。蘇軾與潛交游，約爲本年事。

軾始識孫立節（介夫），立節不肯繼弟轍爲條例司屬官。

《蘇軾文集》卷十《剛説》叙之；立節拂王安石之意，不肯爲條例司屬官。立節，虔州人，見《斜川集》卷五《孫志康墓誌銘》。志康名勰，立節子。

三蘇年譜卷二十

熙寧三年(一〇七〇)庚戌　蘇軾三十五歲　蘇轍三十二歲

正月九日，轍差充省試點檢試卷官。

據《年表》。

《蘇軾文集》卷四十九答劉涇(巨濟)書：「舍弟差入貢院，更月餘方出。」卷五十九與楊濟甫第四簡：「舍弟差入貢院，更半月可出。」涇，見本年以下紀事及元豐元年「劉涇寄詩來」條。濟甫乃軾、轍鄉鄰，爲軾、轍照管墓塋。

二十二日，軾跋《内教博士水墨天龍八部圖卷》，謂畫狗馬難於畫鬼神非至論。

跋見《佚文彙編》卷六(二五七二頁)。畫乃吴道玄作。跋謂「鬼神非人所見，然其步趨動作，要以人理考之」，不可欺。

戊午(二十六日)，張方平知陳州。方平辟轍爲陳州教授。

戊午云云，據《長編拾補》卷七，云：「戊午，知河南府、觀文殿學士、户部尚書張方平判尚書省兼提舉集禧觀。先是方平被詔舉堪任諫官者二員，即以李大臨、蘇軾應詔。方平既入見，上欲除宣徽使留京師。王安石曰：『此大除拜，四方觀望，不可無議，不知陛下以此旌其功善爲但憫其資歷？』上曰：『但憫其資歷。』安石曰：『憫其資歷，是何義理。方平已致人言，若如此，必更致人言。』又曰：『方平姦邪，人孰不知，恐如此除拜，無補聖政。』云云。方平亦堅乞南京留臺，遂命知陳州。」辟弟轍云云，見《年表》本日紀事：「觀文殿學士、新知河南府張方平知陳州，方平奏改辟轍爲陳州教授。」

軾訪楊褒，作《次韻楊褒早春》。

詩見《蘇軾詩集》卷六，云「窮巷凄涼苦未和，君家庭院得春多」。《欒城集》卷三《和楊褒直講攬鏡》有「池開楊柳鬬腰肢」句，亦作於春。《彭城集》卷十七《和楊褒早春》云「亦知白髮非春事」，亦及春。褒字之美，嘉祐末爲國子監直講，見題下「施注」。《公是集》卷二十《和楊褒雨中見寄》有「憐君獨高卧，疊疊向群生」句。《歐陽文忠公集·居士集》卷七《於劉功曹家見楊直講褒女奴彈琵琶戲作呈聖俞》云「楊君好雅心不俗，太學官卑飯脱粟」。《南陽集》卷五有《又和楊之美家琵琶奴》。知褒所交皆勝流。

《澠水燕談録》卷八：「華陽楊褒，好古博物，家雖貧，尤好書畫奇玩，充實中橐。家姬數人，布裙糲食，而歌舞絶妙。故歐公贈之詩云：『三脚木牀坐調曲。』蓋言褒之貧也。」

二月壬申（十一日），以司馬光爲樞密副使，九辭，罷。其罷與光交游蘇軾兄弟等有涉。

二月壬申云云，據《宋史·神宗紀》。《長編拾補》卷七本月庚寅紀事：「詔收還司馬光樞密副使告敕，仍舊職。先是上欲光置兩府，王安石曰：『光雖好爲異論，然其才豈能害政。但如光者，異論之人倚以爲重，今擢在高位，則是爲異論之人立赤幟也。光朝夕所與切磋琢磨者，乃劉攽、劉恕、蘇軾、蘇轍之徒而已。觀近臣以其所主，所主者如此，其人可知也。』安石在告，上乃用光，及安石復視事，因固辭，遂罷之。」按：光舊爲翰林學士兼侍講學士、右諫議大夫、史館修撰。《長編拾補》「庚寅」原作「庚申」，今校改。

與楊氏簡，軾報弟轍改差陳州教授。

《鶴山先生大全文集》卷六十《跋蘇氏帖》：「蘇氏翰墨，其散落人間者，何可勝計。而楊氏與三先生爲比鄰，所畜尤夥，且可信不誣。今觀少公帖，所謂與家兄同住京，則熙寧二年所遺也。時長公判官告院，少公爲條例司檢詳。帖又謂少公已改差陳州教授，則三年所遺也。其字體與中年以後極不相類，乃知前輩於小學猶進進不已，況其大者乎。（下略）」三先生謂蘇洵父子，少公謂轍。

軾再上神宗皇帝書，論新法不可行。

書見《蘇軾文集》卷二十五（七四八頁），云：「陛下自去歲以來，所行新政，皆不與治同道。立條例司，遣青苗使，斂助役錢，行均輸法，四海騷動，行路怨咨。」「去歲」乃熙寧二年；本書篇首稱

「熙寧四年三月」上,誤。《長編拾補》卷七本年三月壬子已摘引此書,此書約上於二月間。參熙寧二年五月紀事。

軾差充殿試編排官。撰《擬殿試策問》。

《施譜》:「春,差充殿試編排官,時御試始用策。上議差先生爲考官,(王)安石言先生所學乖異,不可考策,乃以爲編排官。」《蘇軾文集》卷九《擬進士對御試策》首云「右臣准宣命差赴集英殿編排舉人試卷」。擬策問見《文集》卷七,有「朕即位改元於今三年」語。

軾答劉涇(巨濟)書,論近世進人之弊。

書見《蘇軾文集》卷四十九(一四三三頁)。書云:「舍弟差入貢院,更月餘方出。」正月九日,弟轍差充省試點檢試卷官。差入貢院,即指此事。書約作於二月間。書又云涇其時爲少年。《宋史》卷四百四十三《劉涇傳》謂涇爲簡州安陽人,約卒於元符末,年五十八,亦合。書云:「天下近世進人以名,平居雖孔孟無異。一經試用,鮮不爲笑。」或指王安石。《昭德先生郡齋讀書志》卷三上《劉巨濟注老子二卷》條下謂涇「篤志於學,文詞奇偉,早登蘇子瞻之門」。

軾與楊濟甫簡,叙南園環境與生活。

《蘇軾文集》卷五十九與濟甫第四簡:「舍弟差入貢院,更半月可出。都下春色已盛。但塊然獨處，無與爲樂。所居廳前有小花圃，課童種菜，亦有少佳趣。傍宜秋門，皆高槐古柳，一似出居，頗便野性也。」以弟轍入貢院而「塊然獨處」，則兄弟二人皆居於南園。所云「更半月可出」，知此簡約作於二月末。

軾上《擬進士對御試策》。朝廷不用。

文見《文集》卷九。

《蘇軾文集》卷三十二《杭州召還乞郡狀》：「後復因考試進士，擬對御試策進上，並言安石不知人，不可大用。先帝雖未聽從，然亦嘉臣愚直，初不譴問。」

《軾墓誌銘》：「殿前初策進士，舉子希合，争言祖宗法制非是。公爲考官，退擬答以進，深中其病。」

《施譜》：「時御試始用策。……先生擬對以奏。」

《長編拾補》卷七本年三月壬子紀事：「（蘇）軾又嘗上疏曰：『陛下自去歲以來，所行新政，皆不與治世同道。』又作《擬進士對御試策》，上以軾所對策示王安石。安石曰：『軾才亦高，但所學不正，今又以不得逞之故，其言遂跌蕩至此，請黜之。』曾公亮曰：『蘇但異論耳，無可罪者。』他日，安石又白上曰：『陛下何以不黜軾，豈爲其才可惜乎！譬如調惡馬，須減芻秣，加箠扑，使其貼服乃可用。如軾者，不困之使自悔而紬其不逞之心，安肯爲陛下用！且如軾輩者，其才爲世用甚少，爲世患甚大，陛下不可不察也。』」

《宋名臣奏議》卷一百三有蘇軾《上神宗繳進擬御試策》，即《擬進士對御試策》。篇末編者注：「熙寧三年三月上。」

《擬進士對御試策》，《經進東坡文集事略》收入卷二十一，郎曄注云：「司馬温公《日記》大略云：熙寧三年春榜，韓秉國、吕惠卿初考策，阿時者多在高等，訐直者多在下陳，宋次道、劉貢父覆考及吴冲卿、陳述古詳定，多從初考。其間有言祖宗多因循苟簡之政，陛下即位革而新之，初考第三等，上覆考爲第五等中，冲卿等奏之從初考，李才元、蘇子瞻編排爲第三，上令陳襄面讀，以爲第一，故子瞻退擬進士對策而獻之。」參以下「上奏」條。《蘇東坡軼事彙編》疑「秉國」爲「持國」之誤，是。

軾上奏，論葉祖洽試策有議論乖繆處，乞行黜落。不從。

《蘇軾文集》卷二十八《參定葉祖洽試策狀》其二：「祖洽及第時，臣係編排官。據初考官吕惠卿等，定祖洽爲第三等中，合在甲科，覆考官宋敏求等，定祖洽爲第五等中，合是黜落。臣曾具事由聞奏，乞行黜落。」此奏已佚。祖洽見本年以下三月壬子紀事。此參定狀上於元祐二年十月二十二日。

同上其一謂祖洽試策中云「祖宗以來至於今，紀綱法度，苟簡因循而不舉者，誠不爲少」，又有欲

「與忠智豪傑之臣合謀而鼎新之」之語。蘇軾與蘇轍、劉攽於元祐二年十月二十一日上此參定狀，所引葉祖洽試策乃此時事。參元祐二年十月二十一日紀事。

按：祖洽試策，即以所引者而論，亦卓有見地。

三月壬子（二十一日），賜葉祖洽進士及第第一。蘇軾嘗奏欲别定等第，不許。

《宋史全文續資治通鑑》卷十一本日紀事：「御集英殿，賜進士明經諸科葉祖洽以下及第出身同出身總八百二十九人。祖洽策言祖宗多因循苟簡之政，陛下即位革而新之。李大臨、蘇軾編排上官均第一，祖洽第二，陸佃第五。上令宰相陳升之面讀均等策，以祖洽爲第一。」《宋史·神宗紀》：三月壬子，賜禮部奏名進士、明經及第八百二十九人。

《長編拾補》卷七本日紀事謂蘇軾嘗「奏欲别定等第，上不許」。

《司馬文正公日録》：「熙寧三年三月春放榜，韓秉國、吕惠卿初考，阿時者皆在高等，訐直者皆在下等；宋次道、劉貢父覆考，皆反之。吴冲卿、陳述古多從初考。葉祖洽策言：『祖宗多因循苟簡之政，陛下即位，革而新之。』冲卿等奏從初考，李才元、蘇子瞻編排上官均第一，祖洽第二，陸佃第三。上令陳相面讀祖洽策，擢祖洽第一。又問佃卷所在。佃者，佃卷號也。擢爲第三。子瞻退擬進士對策而獻之，且言：『祖洽詆祖宗以媚時君，而魁多士，何以正風化！』」此所録與以上郎曄注所引《日録》，有重要不同，故再録。

秉國乃持國。「持」作「秉」，乃司馬光避父池諱。參方健有關文章。

祖洽，邵武人。字敦禮。《宋史》卷三百五十四有傳。

胡瑗爲是科進士。蘇軾嘗贊其詩。

嘉慶《南平縣志》卷十三：「胡瑗，字器之。熙寧三年進士。博學工詩。嘗經采石渡，題詩弔李白云：抗議金鑾反見仇，一杯蟬退此江頭。當時醉弄波間月，今作寒江萬里流。蘇軾見之，疑唐人所作，歎賞不置。」「金鑾」似有誤。

頓起爲是科進士。

《蘇軾詩集》卷十七《次韻答頓起》其一自注：「頓君及第時，余爲殿試編排官，見其答策語頗直。」參熙寧八年「頓起來詩」條。

陳敏（伯修）爲是科進士，敏嘗從蘇軾游，甚厚。

元佚名《無錫縣志》卷三上《陳敏傳》：「無錫人。……長從安定先生胡瑗學，與同郡袁默、凌浩、姑蘇孫載皆爲英特，目爲安定四俊友。熙寧三年舉進士。王荆公嘉其才，薦敏堪大用。除太學正。從蘇軾游，甚厚。」以下言敏嘗守台州，朝廷令郡國立元祐黨籍碑，敏拒之，其倅立之，敏碎其石，挂冠而去，自號濯纓居士。年八十一終。

送錢藻（純老）出守婺州，軾作詩。轍亦賦。

詩見《蘇軾詩集》卷六（二四〇頁）。《詩案·送錢藻知婺州》叙其事。《元豐類稿》卷十三《館閣送錢純老知婺州詩序》謂本月：「尚書司封員外郎、秘閣校理錢君純老出爲婺州。三館秘閣同舍之士，相與飲餞於城東佛舍之觀音院，會者凡二十人。純老亦重僚友之好而欲慰處者之思也，乃爲詩二十言以示坐者。於是在席者各取一言爲韻，賦詩以送之。」藻，《宋史》卷三百十七有傳。據《元豐類稿》卷四十二藻墓銘，藻長蘇軾十五歲。

《詩案》云：「熙寧三年三月，作詩送錢藻知婺州。舊例館閣補外任，同舍餞送，席上衆人，先索錢藻詩，欲各分韻作送行詩。錢藻作五言絶句一首，即無譏諷。軾分得英字韻，作古詩一首送錢藻云：『老手便劇郡，高懷厭承明。聊紆東陽綬，一濯滄浪纓。平生好山水，未到意已清。過家父老喜，出郭壺漿迎。子行得所願，愴悢居者情。吾君方急賢，日旰伏延英。黄金招樂毅，白璧賜虞卿。子不少自愧，高義空峥嶸。古稱爲郡樂，漸恐煩敲搒。臨分敢不盡，醉語醒還驚。』此詩除無譏諷外，言朝廷方急賢才，多士並進，子獨遠出爲郡，不少自强勉求進，但守道義，意譏當時之人急進也。又言青苗、助役既行，百姓輸納不前，爲郡者不免用鞭箠催督，醉中道此語，醒後還驚，恐得罪朝廷，以譏諷新法不便之故也。」

轍詩見《欒城集》卷三。中云：「平時答策詞無枉，此去爲邦學更優。」「無枉」之中，似有若許不平之意；以「不枉」，則應留在朝中，不應出之於外。

柳瑾（子玉）見贈，轍次其韵。任孜（遵聖）寄詩來，轍次其韵。

次韵皆見《欒城集》卷三。前者云「春來多睡苦便氈」點春；據詩題，似瑾復偶來京師。後者云「它年我亦從君隱」，知孜詩自蜀寄來。《蘇軾詩集》卷六《送任伋通判黄州兼寄其兄孜》有「平泉老令更可悲，六十青衫貧欲死」之句。孜嘗爲平泉令。據轍詩，孜時已罷退。

與劉攽（貢甫）有交往。攽賦《畫松圖歌》，次其韵。

《彭城集》卷七《蘇子瞻家畫松圖歌》：「君家圖畫皆所見，近得此松尤可羡。根蟠平石蹙蛟螭，幹出青冥起雷電。樛枝横斜復幾尺，緑葉茸茸鋪繡綫。空堂深沈白日寒，謖謖似有風吹面。此圖翦裂人不知，塵外分張數流轉。能令神物還相從，非君苦心誰與辨。更惜良工名不傳，可憐世俗多誇衒。爲君作歌君志之，後千百年無復賤。」

《欒城集》卷三《次韵劉貢甫畫松石圖歌》叙此松石圖乃古畫，以百金買得。「物生真僞竟何有，隨意一時寧復辨」，一則以愛之所之，二則以「京城宅舍松石希」，爲室内點綴。據攽詩題云「蘇子瞻家」，而轍次韵其詩，蓋兄弟二人居於一處。

轍與李常（公擇）晤於河浦。

《欒城集》卷四《賦黄鶴樓贈李公擇》（題下原注：「公擇知鄂州。」）：「前年見君河之浦，東風吹河沙如霧。北潭楊柳强知春，樽酒相携終日語。（下略）」時乃春季。謂「沙如霧」，此河或爲黄河。詩作於熙寧五年，所叙爲本年事。參本年以下「題李常滑州畫舫齋寄贈」條。

自入朝至赴陳州前，轍嘗與孫固（和父）游。

《欒城集》卷五十《賀孫樞密啓》：「某早游門下。」

《宋史》卷三百四十一《孫固傳》：「鄭州管城人。……神宗……即位，擢工部郎中、天章閣待制、知通進銀臺司。……出知澶州。還知審刑院，復領銀臺、封駁兼侍讀，判少府監。……復進銀臺司。」轍此前在朝時，固皆在朝。據《宋史》，固卒於元祐五年，年七十五。知固長轍二十四歲。

頓起及第還蔡州，轍有送行詩。時將赴陳州（淮陽）。

《欒城集》卷三《送頓起及第還蔡州》：「我去淮陽今不久。」

起字敦詩，汝南人。見光緒《盱眙縣志稿》卷十三題名。蔡州乃汝南郡。參元豐元年「頓起考試徐沂舉人作詩見寄」條。

轍詩云：「不愧得官名暫屈，自誇對策語深諄。」爲起不平。起所得者，不過下僚。

到陳州，轍爲陳州教授。詠柳湖。與孫朴（元忠）、李宗易（簡夫）唱酬。

《欒城集》卷三有《初到陳州》、《柳湖感物》、《柳湖久無水悵然成詠》詩。《柳湖感物》云「開花三月亂飛雪」，則到陳爲暮春。柳湖此以後，蘇轍屢有吟詠。

《集》卷三有《次韻孫户曹朴柳湖》。朴時蓋爲陳州户曹。朴字元忠，見李元綱《厚德録》：乃固子，見《長編》卷三百八十元祐元年六月壬寅紀事注文。

《集》卷五《寄孫朴》首云：「憶昔補官太皡墟，泮宫蕭條人事疏。日高鼾睡聲噓噓，往還廢絶門無車。君爲户曹畏簡書，放懷疏懶亦似余。相逢語笑夜躊躇，烹煮梨栗羞肴蔬。（下略）」乃叙此時事。

《集》卷三有《贈李簡夫司封》、《次韻李簡夫秋園》等四詩。《後集》卷二十一《李簡夫少卿詩集引》：「熙寧初，予從張公安道以弦誦教陳之士大夫。……時太常少卿李君簡夫歸老於家，出入於鄉黨者十有五年矣。間而往從之。」知宗易爲陳州人，其歸老爲至和二年事。范仲淹《范文正公集》卷十九有《舉李宗易堪任清要狀》，鄭獬《鄖溪集》卷三有《度支郎中致仕李宗易可司封郎中制》。

《永樂大典》卷二千二百六十六引蘇轍《次韻程相公以柳湖久涸輒引蔡水溉注感而成詠二首》其一云：「鱗鱗沙脚出平湖，一噴珠璣碧有餘。依舊鏡中横紫閣，却從天外望仙閭。粉花又結青蓮子，金尾還跳赤鯉魚。自惜支離苦爲病，重來應共酒杯疏。」其二云：「老魚呴鬣困無津，鑿破靈河漲舊漬。明月還從沙渚見，紅塵却傍柳堤分。急泉垂下長虹尾，驟浪飛來白鷺群。范蠡如聞應更愛，解摇雙槳入西曛。」《集》未收。或是他人之作誤入，姑附此。「重來」云云，與轍經歷不合。

四月七日，軾與堂兄不疑（子明）簡，叙未能求出。

簡乃《佚文彙編》卷四與不疑第二簡，謂「若出外，必不能降意委曲隨世，其爲虀粉必矣」。

己卯（十九日），趙抃罷參知政事，知杭州。蘇軾嘗與弟轍論抃於王安石初進用時所行事。嘗應抃之請，爲其鄉人梁處士之居緑筠亭賦詩。

己卯云云，據《長編》卷二百一十。《長編》云：「王安石更張政事，抃屢言其不便，及安石家居求去，上論執政罷青苗法，抃獨欲俟安石參假，由是新法不罷。抃大悔。」以下叙抃上疏論新法，乞罷。抃以治平四年九月參知政事，至是罷。

《曲洧舊聞》卷八：「熙寧初，議新法，中外惶駭。韓魏公有文字到朝廷，裕陵之意稍疑，介甫怒，在告不出。曾魯公以魏公文字問執政諸公曰：『此事如何？』清獻趙公曰：『莫須待介甫參告否？』魯公默然，是夜遣其子孝寬報介甫，且速出參政，若不出，則事未可知。是參政雖在朝，終做一事不得也。介甫明日入對，辯論不已，魏公之奏不行。其後魯公致政，孝寬遂驟用。前輩知熙、豐本末者，嘗爲予言，當此時人心倚魏公爲重，而介甫亦以此去就，微魯公之助，則必去無疑。既久，則羽翼已成，裕陵雖亦悔，而新法終不能改，以用新法進而爲之遊説者衆也。東坡曾與子由論清獻，子由曰：『清獻異同之迹，必不肯與介甫爲地，孝寬之進，他人之子弟不與，可以明其不助。』東坡曰：『當時阿誰教汝鬼擘口。』子由無語。」

蘇軾之問，蓋以趙抃爲非。

應抃請云云，據《蘇軾文集》卷六十八《書緑筠亭詩》。詩見《蘇軾詩集》卷六（二四六頁），參題下「查注」「誥案」。

安惇失解西歸，軾有送行詩。

詩見《蘇軾詩集》卷六（二四七頁）。

惇字處厚，廣安軍人。《宋史》卷四百七十一入《奸臣傳》，題下「查注」已節引。《名賢氏族言行類稿》卷十六亦有惇傳。

清汪師韓《蘇詩選評箋釋》卷一評《送安惇秀才失解西歸》：「送其失解而乃勉以讀書，朋友切磋之義莫過於此。董遇百遍見義，熟讀之謂也；王筠重覽興深，深思之謂也。讀書之法亦莫過於此。安惇初從軾游，末流乃與元祐諸賢爲難，當時至有童謠曰：『大惇小惇，殃及子孫。』蓋大惇謂章惇，小惇謂安惇也。然則安惇乃正世之『狂謀謬算』者。此詩『他年名宦恐不免』，而始終以熟讀舊書爲箴規，固早有以窺其微矣。」

「狂謀」云云，乃送詩中語。

送吕希道知和州，軾有詩。

詩見《蘇軾詩集》卷六（二四八頁）。《范太史集》卷四十二《左中散大夫守少府監吕公墓誌銘》詳敘希道知和政績，朝廷優賞其功。

嘗夜直秘閣，軾有詩呈王仲修（敏甫）。

詩見《蘇軾詩集》卷五，題作《夜直秘閣呈王敏甫》，原次治平二年，失之。敏甫名仲修，見《畫史》。仲修乃珪子；熙寧八年十月丁巳，仲修以著作佐郎爲崇文院校理知禮院，見《長編》卷二百六十九。《陶山集》卷一有《門下王相公南郊謝雪，子敏甫學士、監禮楊傑有詩，次其韻》。王相公乃珪。《無爲集》卷十一有《回賀王敏甫學士館職啓》。《畫史》稱仲修「收李重光四時紙上横卷花一軸」，知其喜收藏。熙寧三年進士，見《攻媿集》卷七十五《跋王岐公端午帖子》。仲修入館，當爲登進士第以後事，今據此入繫。宋刻《四家宫詞》卷三有仲修所作宫詞一百首。《斜川集》卷三《大人生日》其六：「疇昔東華典秘藏。」以蘇軾直史館也。

軾嘗與王益柔（勝之）共直館中。

《蘇軾詩集》卷二十四《至真州再和二首》其一：「論詩曾伴直。」爲熙寧在朝直史館時事，今因王仲修事類繫此。《長編》卷二百十一熙寧三年五月乙未紀事：「集賢校理王益柔直舍人院，王安石謂益柔舊人。」查《長編》卷一百五十三慶曆四年十一月甲子紀事：劉巽、蘇舜欽除名勒停時，益柔已爲太常丞、集賢校理，以謗訕周、孔坐之，韓琦目爲少年狂語。集賢校理即館職。《宋會要輯稿》第六十三册《職官》六之五一謂益柔治平四年七月十九日以尚書兵部郎中、知制誥兼直學士院。益柔仕歷已久。

軾次韻王誨夜坐。

詩見《蘇軾詩集》卷六(二五一頁)。

《宋會要輯稿》第七十三册《職官》二三之九：熙寧二年五月，羣牧判官王誨上《馬政條貫》，行之。

《長編》卷二百十一熙寧三年五月庚戌紀事：「羣牧判官王誨上《羣牧司編敕》十二卷，行之。誨，舉正子也。」舉正，《宋史》卷二百六十六有傳。熙寧四年八月癸酉，誨以度支判官司勳郎中爲遼國正旦使。見《長編》卷二百二十六。《沈氏三先生文集·西溪集》卷五有《駕部員外郎王誨可虞部郎中制》，稱誨「學行純固」「有聞於時」。

文同(與可)來官京師。

《蘇軾文集》卷六十三《黄州再祭文與可文》叙於岐相識之後，云：「一别五年，君譽日聞。」又云：「再見京師，默無所云。杳兮清深，落其華芬。」

《丹淵集》卷首《文同墓誌銘》：「熙寧三年，知太常禮院兼編修大宗正司條貫。」卷二十六《送朱郎中詩序》：「熙寧三年庚戌，三月癸丑，同自蜀還臺，宿臨潼華清道館。」則同抵京師，約爲四五月間事。

五月，軾中子迨（仲豫、叔寄）生。

《佚文彙編》卷四《與子明》第三簡：「昨五月生者嬰兒名叔寄，甚長進。」即迨。據此，邁之後尚有一子，故迨以叔稱；此一子，不知何時夭折。過出生後，重定行次，迨字仲豫，過爲叔黨，理或如是。

范鎮舉蘇軾爲諫官。

《王譜》本年紀事：「是年，范景仁嘗舉先生充諫官。」

《蘇軾文集》卷十四《范景仁墓誌銘》：「會有詔舉諫官，公以軾應詔。」鎮時年六十三。鎮卒於元祐三年，年八十一，逆推爲今年事。據以下八月五日紀事，鎮薦軾當爲六月間事。《總案》列此事於下年，謂《王譜》誤，非是。時鎮爲翰林學士兼侍讀、禮部侍郎，據鎮之墓銘。《長編》卷二百十六本年十月己卯紀事謂鎮官户部侍郎。

《太平治迹統類》卷十三：「會詔兩制舉諫官，衆俱以爲當今宜爲薦官者，無若蘇軾。于是范鎮以軾應詔。」

朱壽昌棄官尋母，得之同州，六月癸亥（初四日），詔壽昌赴京師。其秋，壽昌母子至。壽昌以韻語改寫梁武帝所作懺，蘇軾爲作偈。

「朱壽昌棄官」云云，見《長編》卷二百十二。「其秋」云云，見《丹淵集》卷二十六《送朱郎中詩序》。朝廷應壽昌之請，除通判河中府，以近母前也。《蘇軾文集》卷二十二《朱壽昌梁武懺贊偈》叙壽昌得見其母後，云：「念報佛恩，欲度衆苦。觀諸教門，切近周至，莫如梁武，所説懺悔。……乃以韻語，諧諸音律。使一切人，歌咏贊歎。……時有居士，蜀人蘇軾。見聞隨喜，而説偈曰。」

壽昌字康叔，揚州天長人。《宋史》卷四百五十六有傳。尋母原委，詳傳。

與朱壽昌同時有李定者，不服所生母喪，蘇軾斥之；有蔡延慶者追服母喪，軾原之。

《蘇軾文集》卷七十二《蔡延慶追服母喪》：「蔡延慶所生母亡，不爲服久矣，聞李定不服所生母，爲臺所彈，乃乞追服。乃知蟹筐蟬緌，不獨成人之喪也。是時有朱壽昌，其所生母，三歲捨去，長大刺血寫經，誓畢生尋訪。凡五十年，乃得之。奉養三年而母亡，壽昌至毀焉。善人惡人相去，乃爾遠耶！」

延慶字仲遠，萊州膠水人，齊之姪，嗣齊。《宋史》卷二百八十六有傳。元祐五年三月卒（《長編》卷四百三十九），年六十二。

七月二十一日，軾作《跋文與可墨竹》，應李元直（通叔）請也。

跋見《蘇軾文集》卷七十，墨竹乃己所藏。同上卷尚有《書通叔篆》，謂元直長安人，善篆，作時不詳。

《金石萃編》卷一百三十七《京兆府□□□善感禪院新井記》、《有宋永興軍香城善感禪院廣慈大師海公壽塔記》皆元直篆。

八月五日，侍御史知雜事謝景温誣奏蘇軾向丁父憂歸蜀，往還多乘舟，載物貨，賣私鹽等事。蓋緣范鎮薦蘇軾而發。

《長編》卷二百十三本年七月丁酉紀事注文引林希《野史》：「王安石恨怒蘇軾，欲害之，未有以發，會詔近侍舉諫官，謝景温建言，凡被舉官移臺考劾，所舉非其人，即坐舉者，人固疑其意有所在也。范鎮薦軾，景温即劾軾向丁父憂歸蜀，往還多乘舟，載物貨，賣私鹽等事。安石大喜。以三年八月五日奏上。」據同上書卷二百十四八月壬申紀事，神宗謂王安石「謝景温全是卿羽翼」，可見。丁父憂載物貨等事，熙寧二年十一月己巳已及，此乃覆言之。景温字師直，富陽人。《宋史》卷二百九十五有傳。

癸亥（初六日），詔江淮發遣湖北運司體量蘇軾居喪服除往復賈販及天章閣待制李師中供析照驗見軾妄冒差借兵夫事實。無所得。

癸亥云云，據《長編》卷二百十四，以謝景温彈奏也。《長編》謂：「景温與王安石聯姻，安石實使之窮治，卒無所得。」《文集》卷三十二《杭州召還乞郡狀》叙擬對御試策進上，言王安石不可大用後，云：「安石大怒，其黨無不切齒，争欲傾臣。御史知雜謝景温，首出死力，彈奏臣丁憂歸鄉日，舟中曾販私鹽。遂下諸路體量追捕當時梢工篙手等，考掠取證，但以實無其事，故鍛煉不成而止。」《長編》卷二百十三本年七月丁酉引林希《野史》：「（八月）六日，事下八路，案問水行及陸行所歷州縣令具所差借兵夫及柁工詢問，卒無其（事）。實眉守兵夫乃迎候新守。」卷四百二十一元祐四年正月癸未引右正言劉安世言：「（謝）景温天資姦佞，素多朋附。熙寧中，王安石用事之日，擢爲知雜御史。是時，蘇軾方忤安石，景温迎合其意，輒具彈奏，謂軾丁憂歸蜀，乘舟商販，及朝廷下逐路監司體量，事皆無實。」《太平治迹統類》卷十三《神宗任用安石》謂范鎮舉蘇軾爲諫官，御史知雜事謝景温以謗語力排之，事不實，士論薄之。卷二十五《蘇軾立朝大槩》：「軾有外弟，與之不叶，安石召之，問軾過失。其人言：向丁憂，販私鹽蘇木等事。安石大喜，未有以發也。會舉諫官，范鎮以軾應詔，謝景温恐軾爲諫官攻介甫之短，故力排之。公未嘗一言自辯，乞外任避之。」外弟，程家也。《宋史·謝景温傳》謂景温劾蘇軾「丁憂歸蜀，乘舟商販，朝廷下六路逮捕篙工、水師窮其事，訖無一實」。又謂景温妹嫁安石弟安禮。《長編》卷二百十四本月乙丑紀事：司馬光奏對垂拱殿，上謂：「『蘇軾非佳士，卿誤知之。鮮于侁在遠，軾以奏稿傳之。韓琦贈銀三百兩而不受，乃販鹽及蘇木瓷器。』光曰：『凡責人當察其情，軾販鬻之利，豈能及所贈之銀乎！安石素惡軾，陛下豈不知以姻家謝景温爲鷹犬使攻之！臣豈能自保不可不去也。

且軾雖不佳，豈不賢於李定之不服母喪禽獸之不如。安石喜之，乃欲用爲臺官。』鮮于侁者，閬中人，嘗爲蔡河撥發。熙寧初，應詔言十六事，皆人君謹始者。上愛其文，出示御史中丞滕甫曰：『此文不減王陶。』」

八月中，轍生一女，名宛娘。

據《蘇軾佚文彙編》卷四《與子明》第三簡。簡作於本年十月二十八日。

元豐三年十月，轍一女卒於筠州，年十二歲。詳該年紀事。此女或即今年所生之宛娘（宛娘至元豐三年，爲十一歲）。

八月丙戌（二十九日），知成都陸詵（介夫）卒。轍有輓詞。軾亦有輓詞。

八月云云，據《年表》。《欒城集》卷三有《故成都尹陸介夫輓詞》。《蘇軾詩集》卷六亦有輓詞。詵，餘杭人。《宋史》卷三百三十有傳。

軾詩首贊詵：「挺然直節庇峨岷，謀道從來不計身。」詵嘗知成都。以下云：「屬纊家無十金産，過車巷哭六州民。」詵爲廉吏，歷知六州爲桂、延、秦鳳、晉、真定及成都。感人至深。

轍詩首云：「擁節西來未一年，凄涼道路泣東轅。」知詵卒於成都任上。

大理少卿蔡冠卿知饒州，軾有詩送行。

詩見《蘇軾詩集》卷六（二五二頁），有譏諷意，見《詩案·送蔡冠卿知饒州》。《長編拾補》卷五熙寧二年八月乙未朔叙及冠卿争議刑名;其時爲大理寺官,或即爲大理少卿也。《濟南金石志》卷四《金石四·長清石·宋熙寧三年朝賢贈行詩刻》有蔡冠卿《詩送靈巖道光大師》詩,作於本年八月十六日,署「尚書祠部郎中新知饒州蔡冠卿」。《詩案》謂送冠卿爲熙寧五年二月事。「五年」爲「三年」之誤,「二月」亦誤。送冠卿詩約作於秋。冠卿字元輔,已見「查注」。《江西詩徵》卷七謂冠卿去饒州任後,「饒人思之,畫其像於范文正祠,配祀」;并録冠卿詩一首。

《詩案》云:「大理少卿蔡冠卿,准勅差知饒州,軾作詩送之曰:『吾觀蔡子與人遊,掀逐笑語無不可。平時儻蕩不驚俗,臨事迂闊乃過我。横前坑穽衆所畏,布路金珠誰不裹。邇來變化驚何速,昔號剛强今亦頗。憐君獨守廷尉法,晚歲却理鄱陽柁。莫嗟天驥逐羸牛,欲試良玉須猛火。世事徐觀真夢寐,人生不信長坎坷。知君决獄有陰功,他日老人酬魏顆。』除無譏諷外,云『横前坑穽衆所畏』,以譏當時朝廷用事之人,有逆其意者,則設坑穽以陷之也。又云『布路金珠誰不裹』,以譏諷朝廷用事之人,有順其意者,則以利誘之,如以金珠布路也。又云『邇來變化驚何速,昔號剛强今亦頗』,以譏士大夫爲利所誘脅,變化以從之,雖舊號剛强,今亦然也。又云『憐君獨守廷尉法』,言冠卿屢與朝廷争議刑法,以致不進用,却出守小郡也。又云『莫嗟天驥逐羸牛』,軾以冠卿比天驥,以進用不才比羸牛,軾意以譏諷朝廷進用之人不當也。又云『欲試良玉須猛火』，良玉經火不變，然後爲良，言冠卿經歷艱阻折挫，節操不改，如良玉也。又云『世事徐觀如夢寐，人生不信長坎坷』，爲冠卿屢與朝廷争議刑法，致不進用，言人事得喪，古來譬如夢幻，當時執政必不常進，冠卿亦不常退，故云『人生不信長坎坷』也，其詩係册子内。」

劉攽通判泰州，軾有送行詩。

據《詩案·與劉攽通判唱和》。泰州治海陵縣。

《長編》卷二百一十謂本年四月乙酉詔館閣校勘劉攽與外任，則通判泰州乃此後不久事。

詩乃《蘇軾詩集》卷六《送劉攽倅海陵》，中云：「秋風昨夜入庭樹，蓴絲未老君先去。」計離京時，已入秋矣。《紀年録》次送劉詩於本年三月，失之。《詩集》卷六《廣陵會三同舍各以其字爲韻仍邀同賦》：「去年送劉郎，醉語已驚衆。」乃寫此時事。《詩案·與劉攽通判唱和》：「熙寧三年劉攽通判泰州，軾作詩云：『君不見阮嗣宗，臧否不掛口。莫誇舌在齒牙牢，是中惟可飲醇酒。』言當學阮籍口不臧否人物，惟可飲酒，勿談時事。意以譏諷朝廷新法不便，不容人直言，不若耳不聞而口不問也。」

九月七日，歐陽修作《六一居士傳》。蘇軾嘗書其後。

傳見《歐陽文忠公集·居士集》卷四十四。六一居士，修自號。

軾書後見《蘇軾文集》卷六十六（二〇四八頁），末云「居士殆將隱矣」，知作於熙寧四年六月甲子修致仕之前。今次此。

庚子（十三日），左僕射兼門下侍郎平章事曾公亮罷。蘇軾嘗責公亮不能救正朝廷。

據《長編》卷二百十五。《長編》謂：「公亮初薦王安石可大用，及同執政，知上方向安石，陰助之而外若不與同者。……蘇軾嘗從容責公亮不能救正朝廷，公亮曰：『上與安石如一人，此乃天也。』然安石猶以公亮不盡同己，數加毁訾。」以下叙公亮屢乞致仕，神宗輒留之，適上殿足跌，仆於地上，乃告病乞致仕，乃聽其罷相。按：治平四年九月，公亮爲相。

乙巳（十八日），錢勰（穆父）試賢良對策。勰歸，蘇軾置酒勞之，舉令爲文。

《能改齋漫録》卷十四《傀儡起於王家》：「錢穆父試賢良對策日，東坡曉往迓其歸，置酒相勞，各舉令爲文。穆父得傀儡除鎮南軍節度使制，首句云：『具官勤勞王家，出入幕府。』東坡見此兩句，大加歎賞，蓋世以傀儡起於王家也。」

《宋史·神宗紀》本年九月乙巳：「親策賢良方正及武舉。」《長編》卷二百一十五本年九月乙巳、壬子詳記策賢良事。《宋史》卷三百一十七《錢勰傳》：「熙寧三年試應，即中秘閣選，廷對入等矣，會王安石惡孔文仲策，遷怒罷其科，遂不得第。以蔭知尉氏縣。」

二十三日，張方平生日。轍壽詩。

方平生真宗景德四年九月二十三日，見《宋朝事實類苑》卷四十九《年命同》。

壽詩見《欒城集》卷三。首云：「出入三朝望愈尊，淮陽退卧避喧煩。」中云：「仁比高山年自倍，秋逢生日喜盈門。」

九月，吕陶中賢良方正科，轍代張方平答陶啓。

據《年表》。

《宋史·神宗紀》本月乙巳（十八日）紀事：「親策賢良方正及武舉。」陶字元鈞，成都人。《宋史》卷三百四十六有傳，謂「應熙寧制科」。制科即賢良方正科。陶對策枚數王安石新法之過，代答啓有「忠告未衰，猶有設科之本意」之語；啓見《欒城集》卷五十。

軾與滕元發（達道）相晤，旋别。

《蘇軾文集》卷五十一與元發第四十五簡：「一别四年，流離契闊，不謂復得見公。」作於元豐七年。詳考蘇軾與元發之交往，密州時未見，黄州時亦未見。此「四年」之「四」，當據《永樂大典》、《七集·續集》卷四、《歐蘇書簡》作「十四年」。據此，蘇、滕晤别，爲本年事。《長編》卷二百一十五本年九月甲辰紀事：元發自鄆州改知定州。蘇軾與元發相晤，當爲元發罷鄆州回朝廷述職時。今據此繫入。

元發，東陽人。《文集》卷十五有墓誌銘，《宋史》卷三百三十二有傳。

秋間，軾姪林（十六郎）卒於京師。弟轍有祭文。

《佚文彙編》卷四《與子明》第四簡作於本年十一月二十二日，簡中有「掩壙諸事已了」之語。《佚文彙編》卷四《與堂兄》（起句爲「又三弟不及上狀」）簡，云及十六郎「已葬訖」，作於上簡稍後，然仍在本年内，以簡中有「來年夏服專奉留」之語，其時當在十二月。後者云及「十六姪不幸，忽然數月」，又云「不久即是百日」，是其卒約在九月間。

據上述《與堂兄》簡，林在京師薄有房產，並有些小房錢、利錢收入，乃以此爲生活之源而長期住京師。《佚文彙編》熙寧二年三月《與子明》第一簡云及「十六郎舉業頗長，有望」，似擬於熙寧二年應解試。

《欒城集》卷二十六《祭姪林文》：「年月日，從叔某以肴酒之奠，祭於亡姪十六郎之靈。嗚呼，小宗之傳，五世於是。甚謹而信，孔孝而悌。既冠而孤，方壯而死。何辜於天，至此極也。昔我來東，恃爾於斯。憂樂相知，有無相資。千里故鄉，相視忘歸。奈何忽焉，去而莫追。王城西原，土厚而温。上爾先君，下爾弟昆。一畝之丘，三人終焉。弱子僅存，始行而言。自今以往，見此而已。予撫予育，曰此汝後。庶幾鬼神，憐汝無罪。畀之壽考，以繼家事。嗚呼哀哉，尚饗！」據「小宗」云云，林屬長房，乃澹之後。《嘉祐集》卷十四《祭姪位文》有「殯汝於京城之西郊」之語，與《祭姪林文》「王城西原」、「上爾先君」之語合，是林爲位之子。位卒於嘉祐五年，祭文云「既冠而孤」，是位卒時，林二十歲。自嘉祐五年至此又歷十年，是林卒時爲三十歲。

《欒城集》卷二有《用林姪韻賦雪》二十韻，知林能詩。轍此詩作於嘉祐末。

十月一日，跋文同（與可）草書，記與劉攽（貢父）同論李常（公擇）草書。

跋乃《蘇軾文集》卷六十九《跋文與可草書》，謂攽謂常草書爲鸜哥嬌。同卷《題李十八净因隸書》亦如是云。蓋謂常草書唯少數字得草書之體。李十八亦謂常。常，南康建昌人，《宋史》卷三百四十四有傳。

己卯（二十二日），范鎮依前户部侍郎致仕。先是鎮以薦舉蘇軾、孔文仲皆不得用，而蘇軾反以此遭致劾奏，遂屢章乞致仕，並爲軾辯誣，至是得請。軾謁鎮，賀其致仕。

據《長編》卷二百一十六。該書引范鎮之奏：「軾治平中，父死京師，先帝賜之絹百匹，銀百兩，辭不受而請贈父官。先帝嘉其意，贈其父光禄寺丞，又敕諸路應副人船。是時韓琦亦與之銀三百兩，歐陽修與二百兩，皆辭不受，軾之風節，亦可概見矣。今言者以爲多差人船販私鹽，是厚誣也。軾有古今之學，文章高於時，又敢言朝廷得失，臣所以舉充諫官。今反爲軾之累。……乞明辯軾之無過。」又引奏：「今有人言獻忠與獻佞孰是，必曰獻忠是；納諫與拒諫孰是，必曰納諫是。蘇軾、孔文仲可謂獻忠矣，陛下拒而不納，是必有獻佞以誤陛下者，不可不察也。」《宋名臣奏議》卷七十四有范鎮奏全文。文仲字經父，臨江新喻人。《宋史》卷三百四十四有傳。《蘇軾文集》卷十四《范景仁墓誌銘》謂奏凡五上，乃「落翰林學士，以本官致仕」。《欒城集》卷二十六祭鎮文：「軾方在朝，公舉諫官。卒以獲罪，而無一言。」

《施譜》：「十月，翰林學士范鎮奏乞致仕，以贖先生誣罔之罪。不報，又奏辯先生之無過，并攻安石，遂落職致仕。」

《范景仁墓誌銘》叙鎮致仕，軾往賀，以鎮退而名益重，鎮不樂，以未能使神宗「計聽言從，消患於未萌，使天下陰受其賜」而感歎。

二十八日，軾與堂兄不疑（子明）簡，謂遭致彈劾事，尋下諸路體量皆虚。

簡乃《佚文彙編》卷四與不疑第三簡，云及其時處境「孤危」。至此，由范鎮薦舉所引起之風波，宣告平息。簡謂此次遭致彈劾，乃以「虚名而受實禍」，忠義古今所難，「終不以此屈」。

軾與堂兄不疑（子明）簡。

《蘇軾佚文彙編》卷四《與子明》第五簡：「子由來年窮臘方赴任。」時弟轍爲陳州教授。據此簡，轍熙寧四年將有新差遣，惜不得其詳。

此簡作於轍到陳州後，今次此。

十〔一〕月五日，軾作《文與可畫墨竹枯石記》。

此文見《蘇軾文集》卷十一，題作《净因院畫記》。西樓帖作《文與可畫墨竹枯石記》；按照題意，「文」字之上，應有「净因院」三字。

此文篇末，原署「熙寧三年端陽月八日眉山蘇軾於净因方丈書」。西樓帖作「□□三年十月初五日趙郡蘇軾□筆凍不成書，不訝」，今從。「□□」實爲「熙寧」二字。云「筆凍」，當及十一月，故於「十」字之後加「一」字。

記云：「〔與可〕昔歲嘗畫兩叢竹於净因之方丈，其後出守陵陽而西也，余與之偕別長老臻師，又書兩竹梢、一枯木於其東齋。臻師方治四壁於法堂，而請於與可，與可既許之矣，故余并爲記之。」

十一月丁未（二十日），軾與士大夫餞送章衡（子平）牧鄭州。

《蘇軾文集》卷十《送章子平詩叙》謂是日士大夫「會於觀音之佛舍，相與賦詩以餞之」。軾詩已佚。《王譜》、《紀年録》亦叙此事。

《忠肅集》卷十五《觀音院餞送章子平出守鄭州探得近字》：「大梁三尺雪，冰泥變塵坌。千騶國西門，儼若鐘在簨。使君御之行，往殿股肱郡。玉符佩祥麟，車旟舞飛隼。去國雖所懷，而在百里近。朝方背象魏，暮已跨封畛。滎陽介兩京，左右事控引。咽喉半天下，客車日交軫。閉關非人情，飾傳古所哂。使君錦幖仙，才業苦清敏。故人毀譽忘，要使仁義盡。昔賢此爲政，遺愛浹微隱。國人賦緇衣，千載聲亦泯。二者在君興，無嗟設施窘。」今并録劉摯詩，以備參考。

二十二日，軾與堂兄不疑（子明）簡，報姪林（十六郎）葬事已了，爲言近遷居宜秋門外。

簡乃《佚文彙編》卷四與不疑第四簡。簡中所云彭、壽，乃十六郎之子。同上《與堂兄一首》（起句「又三弟不及上狀」）亦及葬事。

蘇軾原住宜秋門内南園，已見前。《宋史》卷八十五謂東京「西二門，南曰宜秋」。

十二月丁卯（十一日），韓絳爲丞相。軾有賀啓。王安石同爲相。

十二月云云，據《宋史·宰輔表》。絳自參知政事加同平章事、昭文館大學士。啓乃《蘇軾文集》卷四十七《賀韓丞相啓》，中云「恭以昭文相公」。

王安石爲相，亦據《宋史》：安石以同平章事、監修國史。

是月，軾罷權開封府推官，依舊官告院；與堂兄不疑（子明）簡，爲言不欺（子正）授蓬州儀隴令，迎十六郎之妻及其子彭、壽居於一處。嘗奏彭蔭補。權開封府推官期間，與李公寅之父有交往。

簡乃《佚文彙編》卷四與不疑第五簡，首云「忽又歲盡」，作於歲末。簡云：「罷府幕依舊官告院。」

簡又云：「十六郎房下，權已迎歸在此。彭、壽頗健。」《佚文彙編》卷四《與堂兄》（首句「又三弟不及上狀」）（二五二三頁）詳叙十六郎之妻堅求歸蘇軾左右，是軾從其請也。《與子明》第四簡有十六郎「媳婦、彭、壽且安」、《與堂兄》（首句「十二姨」）（二五二六頁）有「十六媳婦、彭、壽並安」之語。

《軾墓誌銘》：「伯父太白早亡，子孫未立。……先君没，有遺言。……當可蔭補，復以奏伯父之曾孫彭。」奏文已不見，其奏，當爲自此以後若干年事，姑繫於此。

《蘇軾詩集》卷四十四《次韻韶倅李通直》其一：「曾陪令尹蒼髯古。」通直乃公寅，令尹謂其父。其二自注：「僕昔爲開封幕，先公爲赤令，暇日相與論内外丹，且出其丹示僕。」開封、祥符乃開封府赤縣。詩，元符三年作，參該年紀事。

是歲，吕希彦（行甫）通判河陽，軾送詩。

詩見《蘇軾詩集》卷二十八（一四九九頁）。《丹淵集》卷十八《送吕希彦司門通判河陽》首云「行父須生公相家，修潔不類在紈綺」，軾詩有「子生公相家」句。可證二人詩作於同時。唯今年同在朝，詩作於今年。《詩集》次此詩於元祐二年，誤。

希彦愛墨，《蘇軾文集》卷七十《書吕行甫墨顛》、《書茶墨相反》、《蘇軾佚文彙編》卷六《又書茶與墨》均及之。前者謂希彦「不幸短命死矣」，知《詩集》此詩前之《走筆謝吕行甫惠子魚》，亦非作於元祐二年，《詩集》亦誤次。《走筆》云「好事東平貴公子，貴人不與與蘇君」。稱貴公子，其時年歲當不大，或無官職。貴人當指得王安石信任之人，有諷刺、不滿意。作於送通判河陽詩前。

《梅堯臣集編年校注》卷二十九《送吕寺丞希彦邠州簽判》：「自有仲宣樂，從軍仍近親。關河歷周鄭，風雪過咸秦。原上方驅馬，鞍傍忽起鶉。世家傳釣玉，重問渭川濱。」作於嘉祐二年。知希彦長於蘇軾。

雍正《山西通志》卷二百二十二録吕希彦《涼軒》：「酷暑如何避？虚軒落始成。地閑氣猶爽，境勝目須清。月上簾色静，風來竹塢鳴。公餘亦自適，山水入琴聲。」《宋詩紀事補遺》卷十六引華山涼軒題名石刻有此詩。按，詩殊不似華山作。謂希彦作於華山，或誤。

劉恕（道源）出監南康軍酒，過陳州，轍有詩送行。

詩見《欒城集》卷三，有「扁舟歲晚告歸覲」之句。

恕乃筠州人，《宋史》卷四百四十三有傳。傳謂恕佐司馬光修《資治通鑑》，「光出知永興軍，恕亦以親老，求監南康軍酒以就養，許即官修書」。恕父涣（凝之），時居南康。光知永興，爲本年九月癸丑（二十六日）事。

參熙寧四年「劉恕出監南康軍酒」條。

轍至陳州後安好。

《蘇軾文集》卷五十九《與楊濟甫》第六簡：「陳州舍弟并安，不煩念及。」簡云「今冬」，知歲末作。簡云「久客都下」，細考之，爲本年。

題李常（公擇）滑州畫舫齋，轍寄贈。

《欒城集》卷三《題滑州畫舫齋贈李公擇學士》末云：「前賢事迹君今似，不愧當年畫舫名。」自注：「歐陽公南還佐是邦而爲此齋，公擇之謫，亦從南來，故云。」

《歐陽文忠公集》卷首《年譜》慶曆二年紀事：「四月丙子，復差同知禮院。契丹遣泛使求關南地，宰相吕夷簡薦富弼報聘，人皆危之。公上書引顔真卿使李希烈事，乞留弼，不報。五月，復應詔上書，極陳弊事。八月，請外。九月，通判滑州。十月至。」《歐陽文忠公集·居士集》卷三十九慶曆年有《畫舫齋記》。

《山谷外集詩注》卷一《次韵寄滑州舅氏》首云：「舫齋聞有小溪山，便是壺公謫處天。」李常通判滑州，爲本年四月壬午（二十三日），見宋史容題下注引《國史》。

《宋史》卷三百四十四《李常傳》：「熙寧初，爲秘閣校理。王安石與之善，以爲三司條例檢詳官，改右正言、知諫院。安石立新法，常預議，不欲青苗收息。至是，疏言：『條例司始建，已致中外之議。至於均輸、青苗，斂散取息，傅會經義，人且大駭，何異王莽猥析《周官》片言以流毒天下！』安石見之，遣所親密諭意，常不爲止。又言：『州縣散常平錢，實不出本，勒民出息。』神宗詰安石，安石請令常具官吏主名，常以非諫官體，落校理，通判滑州。」

轍是歲，晤賈青（春卿）於陳州官舍。

《欒城集》卷四《贈提刑賈司門青》：「前年乘舟護南河，宛丘官舍酣且歌。」詩作於熙寧五年。《長編》卷二百十七本年十一月丙午紀事：「司門員外郎、蔡河撥發賈青提點京西路刑獄。」蘇轍與青晤時，青尚爲蔡河撥發，「護南河」云云可證。青，昌朝子，真定獲鹿人。《宋史》卷二百八十五昌朝傳及之。

張耒（文潛）從轍游。

《宋史》卷四百四十四《張耒傳》：「楚州淮陰人。幼穎異，十三歲能爲文，十七時作《函關賦》，已傳人口。游學於陳，學官蘇轍愛之，因得從軾游。」《張耒集》附録清邵祖壽所撰《張文潛先生年譜》：「宋仁宗至和元年甲午三月某日，先生生。」今年爲十七歲。據《年譜》，李宗易乃耒之外祖父。耒來陳乃由於此。《欒城集》卷九有《次韵張耒見寄》詩云：「相逢十年驚我老。」次韵作于元豐三年，逆推可知文潛從游始於今年。

送王恪郎中知襄州，轍作詩。

詩見《欒城集》卷三。首云：「魏公德業冠當年。」魏公乃王旦，宋名相，《宋史》卷二百八十二有傳，大名莘縣人。以下云：「汝守威名竦漢邊。」此汝守乃王素（仲儀）。素乃旦之第三子。《蘇軾文集》卷二十一《王仲儀真贊》謂素嘗自許州移鎮平涼。虜大舉犯邊，及聞公來，虜即日解去。

《宋史》卷三百二十《王素傳》謂素嘗知汝州；知許州；治平初復知渭州，「邊民老幼，至相率稱賀」。渭州即平涼。詩以下云：「將相傳家俱未遠，子孫到處各推賢。」則恪乃王旦之孫，素之姪（素只有一子鞏，字定國，本譜屢及之）。

受道士服氣法，轍行之。

《欒城集》卷七《服茯苓賦·叙》：「余少而多病，夏則脾不勝食，秋則肺不勝寒。治肺則病脾，治脾則病肺。平居服藥，殆不能復愈。年三十有二，官於宛丘，或憐而受之以道士服氣法。行之期年，二病良愈。」

胡允文（執中）掾計省，與軾暫聚。

《蘇軾文集》卷六十三《祭胡執中郎中文》：「其後七年，君掾計省。雖獲一笑，歡不逾頃。」自嘉祐末别鳳翔，至今爲七年；自治平二年初别華州，亦已六年。今繫此。

軾多簡與楊濟甫。

《蘇軾文集》卷五十九與濟甫第四、五、六各簡皆作於今年。第六簡云「日望一差遣出去」。第四簡作於歲初，第六簡作於冬。

軾始識穆珣（東美）。

《蘇軾詩集》卷二十六《送穆越州》：「江海相忘十五年。」珣元豐八年知越，詩作於其時。據是知始識爲今年。珦，參元豐八年「送穆珦知越州」條紀事。

軾與蒲宗孟同朝。與李清臣（邦直）有交往。與宋敏求（次道）論杜詩。

《佚文彙編》卷四《與子明》第二簡：「蒲大已作檢正。」本年四月七日作。《宋史》卷三百二十八宗孟傳謂字傳正，閬州新井人；熙寧元年爲著作郎；召試學士院，以爲館閣校勘、檢正中書户房兼修條例。知蒲大乃宗孟。宗孟乃堂兄不欺妻之弟，見《浄德集》卷二十七《蒲氏墓誌銘》。

《蘇軾文集》卷六十六《記李邦直言周瑜》，謂清臣時年四十。考《雞肋集》卷六十二清臣行狀，清臣年四十，當熙寧四年。據行狀，韓絳宣撫陝西，辟清臣掌機密文字。《宋史·宰輔表》謂絳本年九月宣撫陝西。清臣本年年三十九，舉成數亦可云四十。清臣熙寧初爲集賢校理、編修觀文殿御覽、同知禮院。二人交往，在熙寧二、三年間。今繫本年。《宋史》卷三百二十八有清臣傳。康熙《揚州府志》卷三十有清臣《送劉貢父倅海陵》詩，清臣今年在京師。

《文集》卷六十七《書諸集改字》叙與敏求論杜詩。敏求事迹詳《蘇魏公文集》卷十一神道碑、《琬琰集删存》卷二范鎮所撰墓銘：治平元年同修起居注，二年知制誥，同修撰《仁宗實録》。熙寧元年、二年爲史館修撰。《仁宗實録》成，拜諫議大夫。三年十二月，爲史館修撰。二人治平間或有交往，然不若熙寧長，今次此。

應文同（與可）請，軾作《墨君堂記》。

文見《蘇軾文集》卷十一，謂「與可又能以墨象君之形容，作堂以居君，而屬余爲文，以頌君德，則與可之於君信厚矣」。

君，謂竹。味文意，同時在京師。記約爲本年作。

或謂蘇軾之記當作於熙寧元年、二年間。以堂在涪水之東梓州永泰同之家鄉；《丹淵集》卷四《夏日閑書墨君堂壁》其一有「先人有敝廬，涪水之東邊。我罷漢中守，歸此聊息焉」之句。或者復謂《丹淵集》卷二十一《黄氏易圖後題》文末自署「熙寧己酉孟冬望日墨君堂書」，知墨君堂之名至遲在熙寧二年十月十五日前已有之。

竊以爲此文仍以繫於熙寧三年爲妥。

其一，熙寧元年元月至七月，軾服父洵之喪，此時請軾爲文，而所寫之文，乃表達士大夫閑情逸致者，乃對撰文人之先人極大不敬，亦乃對撰文人之不尊重。文同熟讀聖賢之書，此中道理，自牢記於心。軾喪服滿以後，軾將往京師，至京師後，需等候差遣與接受差遣，恐無心情寫此閑情逸致之文。尚有言者，雖云墨君堂至遲於熙寧二年十月十五日已有之，然梓州永泰之墨君堂究竟建於何時，仍有待考察。

其二，《墨君堂記》通過對文同與墨君（竹）深厚情意之考察，高度贊頌文同與墨君之高節以及文同高超之藝術，筆端深刻。無較長一段親身接觸、親自感受，即使才華再高，其作品亦只能虚浮於半空，無感動人之力。唯至今年，方具備此條件。

軾與同始見於岐（鳳翔），時在治平元年，已見本譜該年紀事。今年同來官京師，始得相見，亦見本譜今年之相見，於同於軾，皆十分重要。此一年中，二人朝夕相處，切磋詩畫，結爲知交。自熙寧四年春正月同赴陵州至元豐二年初去世，二人始終音書唱酬不斷，超出儕輩。《蘇軾文集》、《蘇軾佚文彙編》與《丹淵集》所收録之二人大量交往文字，可爲明證；《墨君堂記》乃其中重要文字之一。謂《墨君堂記》作於本年，入情入理。

其三，按照常情，《墨君堂記》如果所記者乃梓州永泰之墨君堂，記中適當處，當明確指出，同時亦應指出建堂時間，而《墨君堂記》未指。讀此記，似覺墨君堂即在身邊。竊以爲，文同至京師後，新建一墨君堂。所云堂，畫室一間而已。軾所記者即爲此新建之堂。

軾在密州，建有快哉亭，《丹淵集》卷十五有詩，本譜已記其事。軾在徐州、在黄州時，徐、黄皆建有快哉亭，本譜皆有記載。徐、黄之快哉亭，皆與軾有關係。同在京師所建之墨君堂，可與此聯繫考慮。

畢仲游貽軾書戒言，爲本年前後事。

《西臺集》卷八《上蘇子瞻學士書》：「某聞天之生物，爲類不同，皆曰有材。材者，可用之具也。萬物之材有餘於用，而人之才則病於不足。何耶？非以材命人者，有變於萬物也。蓋物之材衆矣，而司於耳目之前，人之材難矣，而取於心術之内。此有餘不足，理之固然者。既相倍蓰而不齊，又況天下之材，自鬬於無用之地而無已，則不足之患，乃其招爾。今夫象、犀、虎、豹、雕、鶚、杞、梓、芝、菌之産，嘉禽、文獸、英草、異木萬物之材，最者雖群遊於江海，穴於山澤，雜出於山野，而搏之於虚空，不相病也。若人則不然，無用者有用之所諱，大才者小才之所攘，以無諱有，以小疾大，則士欲自效者固已不幸，而況相分相棄，相敗相死，則是受才於天地者雖與萬物同，而處於人才者固與萬物異，此其所以不足也。伏惟閤下聰明智敏，出於衆人所不意，而進退操舍，深得才士之心。凡潔身治官孤特守義以自效者，雖强力不能攘；而因虚求實，抱僞賈真以自鬻於左右者，雖利口不能進。故九州之吏，攝衣冠，懷詩書，合雜並進，十百爲群，願望見顔色而受咳唾之音，日夜皆是。然則人物常理，有餘不足固然與諱疾攘之情，亦有聞於左右乎？孔子曰：『吾之於人也，誰毁誰譽，如有所譽者，其有所試矣。』毁譽雖均也，知名而譽之，則喜者深，知名而毁之，則怨者毒。常人所譽，未聞於一堂之上，而知名者已誦於一鄉之中。常人所毁，未傳於一鄉之中，而知名者已薄於四境之外。故名士之於言，不可不惜也。昔者公都子問孟軻曰：『外人皆稱夫子好辯。』孟子曰：『予豈好辯哉，予不得已也。』孔子亦曰：『天何言哉，四時行焉，萬物生焉。』夫以孟軻之賢，孔子之聖，言奚所不可。然孟軻不得已而後辯，孔子或欲無言，則是名益美者言益難，德愈盛者言愈約，非徒辭喜而避怨也，古人所以精謀極慮固功業而養壽命者，未嘗不出乎此。足下天資甚美，喜善疾惡，自立朝以來，禍福利害繫身者未嘗及言，而言之所及，莫非人事之大體，則亦無可加矣。然某猶以爲告者，非言有所未至也，願足下直惜其言爾。夫言語之累，不特出口者爲言，形於詩歌者亦言，贊於賦頌者亦言，托於碑銘者亦言，著於序記者亦言。足下讀書學禮，凡朝廷論議，賓客應對，必思其當而後發，則豈至以口得罪於人哉，而又何所惜耶！所可惜者，足下知畏於口而未畏於文。夫人文字，雖無有是非之辭而亦有不免是非者，是其所是，則見是者喜，非其所非，則蒙非者怨。喜者未能濟君之謀，而怨者或已敗君之事。何則？濟之難而敗之易也。語曰：聽於虛室如有聲，視於虛室如有形。今天下論君之文，如孫臏之用兵，扁鵲之醫疾，固有指名者矣。雖無是非之言，猶有是非之疑，又況其有耶！則夫詩歌、賦頌、碑銘、序記者，異而不可同者衆也。今天子明聖，方内晏然，足下職非御史，官非諫臣，不能安其身與其衆自樂於太平，而非人所未非，是人所未是，危身觸諱以捄是非之事，殆猶抱石而捄溺也。以足下之天資，挾所有之材學，苟安其身，苟信其衆，何爲而不成，輔君澤民，何爲而不至，排患折難，何爲而不能，苟身未安，苟衆未信，則雖有子貢之智，虞卿之辯，仇牧之勇，庸能有濟於是非耶。《詩》云：『躍躍毚兔，遇犬獲之。他人有心，予忖度之。』今某見其文而知其德，論其德而戒其言，以是而忖度足下，其亦然歟？此所謂相知而相告者也。惟加意，幸甚。」

《容齋隨筆·四筆》卷一《畢仲游二書》條謂「東坡在館閣，頗因言語文章，規切時政，仲游憂其及禍，貽書戒之」，其書即以上之書；又謂蘇軾「得書聳然，竟如其慮」。《宋史》卷二百八十一仲游傳亦叙此事。

三蘇年譜卷二十一

熙寧四年（一〇七一）辛亥　蘇軾三十六歲　蘇轍三十三歲

歲初，蘇軾上韓絳啓。

《蘇軾文集》卷五十七《與韓昭文》即啓。稱絳爲昭文，詳熙寧三年十二月十一日「韓絳爲丞相有賀啓」條紀事。簡云「邊徼往還」與賀啓「即日邊徼苦寒」語合。《宋史·宰輔表》：熙寧三年九月乙未，絳自樞密副使除陝西路宣撫使。故此啓之首云「違遠旌棨，忽已數月」。簡云「改歲」、「餘寒」，知作於歲初。

蘇軾遷太常博士。

據《紀年録》。《紀年録》本年首列此事。

《詩案·供狀》：「權開封府推官，磨勘遷太常博士。」

春初，文同（與可）自京師赴知陵州任。蘇軾有詩送行。孫洙以玉堂大硯贈同，蘇軾爲銘。與同偕别净因院長老道臻。

《丹淵集》卷首《文同年譜》本年紀事：「是歲，先生歸鄉，赴陵州。」《年譜》引文同《陵州謝表》，謂於三月五日赴任訖，則同離京師，當在春初。《紀年録》、《總案》謂送同知陵州爲熙寧三年事，不從。

詩見《蘇軾詩集》卷六（二五〇頁）。

《蘇軾文集》卷十九《玉堂硯銘》叙同將赴陵州，洙以硯贈，當爲此時或略前事，今併繫於此。

同上卷十一《净因院畫記》謂文同「昔歲嘗畫兩叢竹於净因之方丈，其後出守陵陽而西也，余與之偕别長老臻師，又畫兩竹梢一枯木於其東齋」。陵陽乃陵州，臻師乃道臻，參本年五月八日紀事。《汴京遺迹志》卷十一：「净因院，在金梁橋西，汴河之南。元末兵燬。」

或謂「《紀年録》、《總案》繫送行詩在〔熙寧〕三年，極是」，因爲從東京出發至成都，途經三峽，既逆水而行，又有蜀道之險，故赴成都之任者，至少行程三個月以上，也不乏半年以上者。此誠爲事實，然入川者尚可遵陸路。就嘉祐元年蘇洵父子三人出蜀而言，乃遵陸路，閏三月出發，五六月間抵京師，實因路途耽擱太多，如蘇洵在長安，即有較長時間停留，遇老友陳公美，又有一段不短逗留。成都距京師三千七百里，而又有代步者，途中不停留，有兩個月時間亦可達京師。

考察歷史事實，須尊重第一手資料。《丹淵集》卷四詩題云：「熙寧辛亥歲，春，予自京師赴陵州。」《文同年譜》謂同今年春赴陵州，其依據即在此。謂同熙寧三年赴陵州任者，不信此第一手資料，誠不可解。

蘇軾贈朱壽昌詩，盛贊其孝行。

詩見《蘇軾詩集》卷八，題爲：「朱壽昌郎中，少不知母所在，刺血寫經，求之五十年，去歲得之蜀中，以詩賀之。」有「此事今無古或聞」之句。

《丹淵集》卷二十六《送朱郎中詩序》叙壽昌侍母於熙寧三年秋至京師，都人前後擁觀，閲月而後已，於是好事者争賦詩以贈行。蘇軾之詩，當爲贈行作。詩題云及「去歲」，知爲今年作。詩中所云「長陵揭來見大姊」、「潁谷封人羞自薦」，皆爲通判河中府之意。計壽昌赴河中府通判任，已及今年年初。文同之文，作於熙寧五年中元，時壽昌爲駕部郎中，故以郎中稱之。蘇軾此詩詩題乃若干年後所加，其誤壽昌得母之地同州爲蜀中，益可見。《詩集》次此詩於熙寧五年，誤。參熙寧三年「朱壽昌棄官尋母得之同州」條。《温國文正司馬公文集》卷十一有《贈河中通判朱郎中》詩。

蘇軾代姪林遺孀作簡與堂兄不疑（子明）之妻。

簡見《蘇軾佚文彙編》卷四（第二五二二頁）。

簡云：「媳婦上問縣君二伯母。春和，尊候萬福。諸姪郎娘各安勝。」據此簡，不疑其時已有多孫。時姪林遺孀與蘇軾居於一處。

此簡次於本卷《與子明》第五簡後。參本書熙寧三年十二月紀事。

二月一日，頒貢舉新制。

據《宋會要輯稿》第一百八册《選舉》三之四三至四四：即：「進士罷詩賦、貼經、墨義，令各占治《詩》、《書》、《易》、《周禮》、《禮記》一經，兼《論語》、《孟子》之學，試以大義殿試策一道。諸科稍令改應進士科業。」

《宋大事記講義》卷十六《更科舉法》（原注：新經學説）：「熙寧四年二月，議更科舉法，罷詩賦、明經諸科，經義論策試進士。韓維請議大義十道，以文解釋，不必全記注疏，此新經字説所以立也。蘇軾欲先士行而後文藝，去彌封謄録之法。」以下，另行引《文集》卷二十五《議學校貢舉狀》「使君相有知人之明，朝廷有責實之政」，則胥史皂隸，未嘗無人，上以孝取人，則勇者割股，怯者廬墓，以爲「蘇軾欲先士行而後文藝」，其旨在此。《議學校貢舉狀》又謂議者欲變貢舉之法，其一爲「欲舉唐室故事，兼采譽望而罷封彌」，蘇軾以爲此乃知其一，不知其二。似蘇軾不願罷彌封，與此處所云「去彌封謄録之法」，有明顯牴牾，疑不能明。豈蘇軾意有未盡而另疏明之耶。

辛酉（初五日），司馬光知許州，光上章贊蘇軾敢言。

據《長編》卷二百二十：光乃自知永興軍知許。光之章曰：「臣之不才，最出羣臣之下，先見不如吕誨，公直不如范純仁、程顥，敢言不如蘇軾、孔文仲，勇決不如范鎮。」又曰：「軾與文仲皆疏遠小臣，乃敢不避陛下雷霆之威，安石虎狼之怒，上書對策指陳其失，隳官獲譴，無所顧慮，此臣不如軾與文仲遠矣。」

蘇軾與堂兄簡，叙與司馬光之子康聯姻事。

《佚文彙編》卷四《與堂兄三首》之第一簡：「去歲，嘗領書教求訪佳婿。春榜下頗曾經營，皆無成效，故不敢奏報。近因司馬君實之子喪偶，試托范景仁與説，他亦未有可否之語。……君實之子名康，昨來明經及第，年二十一二，學術文詞行檢，少見其比。決可謂佳婿矣。……但恐其方貴，不肯下就寒族。」此簡言及范鎮已致仕，約作於今年年初。此堂兄或爲不疑(子明)。

同上第二簡亦略及聯姻事。簡有司馬光近「移許州，未定居，見乞西京留臺，未允」之語。《宋史》卷十五《神宗紀》二本年四月癸酉紀事：「司馬光權判西京留臺。」知此簡作於本年春間。又云聞光爲「青苗使蘇涓所劾」。涓，《西溪集》卷六有《右贊善大夫蘇涓可殿中丞制》。

同上第三簡：「君實親事，托景仁問之，未有報，恐是不肯。」簡有「上批……倅杭」之語，作於本年六七月間。以後未見有此事記載，聯姻當未成。

康字公休，《宋史》卷三百三十六有傳；康乃光親兄之子，光未有子，養以爲嗣。元祐五年卒，年四十一。《邵氏聞見録》卷十八謂康之賢似司馬光。顔中其《蘇東坡論》第二九三頁《司馬康爲司馬光兄親子》引《司馬温公年譜》謂康乃光之兄旦之長子。

第一簡言及文彦博、邵亢皆求康爲婿。亢字興宗，丹陽人。神宗立，遷龍圖閣直學士，進樞密直學士、知開封府。《宋史》卷三百一十七有傳。史稱其不愧官守。熙寧七年卒，年六十一。《王華陽集》卷三十七有墓誌銘。《乾道四明志》有亢撰《衆樂亭記》。

蘇轍代張方平論時事書。

《欒城集》卷三十五有《陳州爲張安道論時事書》。《年表》繫之於熙寧三年九月，誤。以書中有言：「臣自到任以來，於今一歲。」而「九月」則不足「一歲」。又書中云：「凡所變革，不可悉數。」下列「新政」之青苗法、雇役法、保甲法等，令「官吏疑惑，兵民憤怨」。而諸法之行在三年十二月後。故知此書應作於熙寧四年春，姑繫於此。

嘗過洛陽，軾賦《一斛珠》（洛城春晚）。

詞見《全宋詞》第三二四頁。

薛氏《東坡詞編年箋證》云：「詞云『洛城春晚』必作於三月遊洛陽時。公行跡雖無至洛陽之明文，但數經洛陽，乃情理之必然。嘉祐元年丙申自蜀赴京道關中五月至京，其經洛當在四月間。嘉祐五年庚子十一月赴鳳翔任，十二月至長安，經洛當在十一月中下旬。治平元年甲辰十二月十七日罷鳳翔任，翌年二月還朝，經洛陽當在治平二年乙巳正月、二月中。熙寧二年己酉除父喪二月還朝，經洛當在正、二月間。以上凡四次經洛，均無遊覽踪跡，且時令均與『洛城春晚』不符。」

薛氏又云：「《文集》卷六八《題别子由詩後》：『「先君昔愛洛城居，我今亦過嵩山麓。水南卜築吾豈敢，試向伊川買修竹。又聞緱山好泉眼，傍市穿林瀉冰玉。想見茅檐照水開，兩翁相對清如鵠。」元豐七年，余自黄遷汝，往别子由於筠，作數詩留别，此其一也。其後雖不過洛，而此意未忘，因康君郎中歸洛，書以贈之。元祐元年三月十六日，軾書。』既云『其後雖不過洛』，而曾經過洛之意已明。且此詩言『過嵩山麓』，……已稱其父爲『先君』，足證此次至洛必在洵卒之後即治平三年丙午之後，元豐七年甲子之前。又，治平三年丙午四月蘇洵卒，六月公與子由扶喪還川，至神宗熙寧二年己酉二月還朝，其間無由至洛。熙寧四年辛亥七月公即赴杭州通判任，其後即守密、知徐、移湖、赴臺獄、貶黄州，更無由至洛，故知此次遊洛，非熙寧三年庚戌，即熙寧四年辛亥。時公在朝，而洛陽爲宋之西京，差事往來必夥。然熙寧四年辛亥，公在朝與王安石以政事不合反復争論於朝，屢上書乞郡，似無由至洛，故暫編熙寧三年庚戌，以俟詳考。」

熙寧三年，蘇軾爲殿試編排官。是年三月，未必能暫離，以繫於本年爲當。

四月辛巳（二十六日），韓縝（玉汝）罷秦州，以殘虐故。

據《長編》卷二百二十一。《蘇軾文集》卷七十二《韓縝酷刑》叙其殘虐。縝，《宋史》卷三百十五有傳。卒於紹聖四年，年七十九。

《道山清話》記蘇軾嘗言韓縝對客稱仁宗時軼事一則。

馮京（當世）薦蘇軾掌外制，不行。

《施譜》本年六月紀事：「參知政事馮京薦先生直舍人院，上不答。」《宋史》卷三百十七《馮京傳》謂進參知政事，「薦劉攽、蘇軾掌外制」。不行。京，鄂州江夏人。

六月甲子（十一日），歐陽修以觀文殿學士、太子少師致仕。軾、轍有賀啓。

六月甲子云云，見《歐陽文忠公集》卷首年譜。時修在蔡州。

軾啓見《蘇軾文集》卷四十七（一三四五頁）。啓有「伏暑向闌」之語。

轍啓見《欒城集》卷五十。末云「轍以官守，不獲躬詣門屏」，作於陳州。

乞外補。六月，軾除杭倅。十七日，與堂兄不疑（子明）簡，報其事。

《佚文彙編》卷四《與子明》第六簡：「軾近乞外補，蒙恩除杭倅□闕。」《長編》卷二百一十四熙寧三年八月癸亥紀事原注：「（明年）軾有與其兄書云：『六月除杭州倅。』」兄乃不疑。

《佚文彙編》卷四《與堂兄》（起句「君實親事」）謂軾乞外補，「上批出，與知州差遣，中書不可；初除潁倅，擬入，上又批出，故改倅杭」。此處所述，《長編》亦引，但未言明出處。《施譜》亦略叙此事。

與堂兄簡又云：「杭倅亦知州資歷，但不欲弟作郡，恐不奉行新法耳。……餘杭風物之美冠天下，但倅勞冗耳。」

《四六話》卷下：「子瞻與吉甫（吕惠卿）同在館中，吉甫既爲介甫腹心進用，而子瞻外補，遂成仇讎。」《文集》卷三十二《杭州召還乞郡狀》叙遭謝景温誣奏後，云：「臣緣此懼禍乞出。」《墓誌銘》謂「公未嘗以一言自辯，乞外任避之」，乃通判杭州。《施譜》云窮治卒無所得，乃乞補外。《揮麈録·前録》卷三：「國朝以來，仕於外，非兩制則雖帥守監司，止呼寄禄官，惟通判多從館中帶職出補，如蔡君謨湖州、歐陽文忠公滑州、王荆公舒州、東坡先生杭州，如此之類甚多。」

軾次韵弟轍《初到陳州》。

詩見《蘇軾詩集》卷六（二五五頁）。詩其一云「那更治刑名」，知作於倅杭除命之後；其二首云「舊隱三年别」，指離蜀三年。弟轍原韵，見《欒城集》卷三，題下「查注」已引。

軾爲趙屼題文同（與可）畫竹。

《蘇軾文集》卷七十《題趙屼屏風與可竹》謂同「來京師不及歲，請郡還鄉，而詩與竹皆西矣」。

文作於京師，在赴杭前。《總案》次此事於熙寧三年，誤。

蔡褒（子華）及史厚秀才來京師；軾得寶月大師惟簡簡，答之。

《蘇軾文集》卷六十一《與寶月》第一簡言二人之來，並言將出京赴杭倅，「愈遠鄉里，曷勝依黯」。

蔡何時出京師，無記載。史厚，丹稜人，元豐二年進士。登第後一月，卒。妻，程之才之女。見民國《丹稜縣志》卷二引《史大年墓銘》，參嘉慶《眉州屬志》卷十引《宋雁塔題名碑》。

劉恕（道原）出監南康軍酒，軾有詩送行。

《蘇軾詩集》卷六《送劉道原歸覲南康》：「交朋翩翩去略盡，惟吾與子猶彷徨。」作於今年離京師前。《宋史》卷四百四十四《劉恕傳》謂恕筠州人，佐司馬光編次《資治通鑑》，「光出知永興軍，恕亦以親老，求監南康軍酒以就養，許即官修書」。親謂父渙（凝之），有名於時。渙卒於元豐三年。

《欒城集》卷十八有《劉凝之屯田哀辭》。《豫章黄先生文集》卷二十一有祭渙文，文盛贊渙之智謀、剛毅、獨清、自勝。

《步里客談》卷上：「劉道原恕嘗面折王介甫，故子瞻送之詩云：『孔融不肯讓曹操，汲黯本自輕張湯。』此語蓋詆介甫也。」此語即在送行詩中。

七月，軾將往杭州，辭王素（仲儀）。

《蘇軾文集》卷二十一《王仲儀真贊》叙秋辭行，實爲初秋，即七月。

軾辭李大臨（才元）。

《蘇軾文集》卷五十九《答李秀才元》應從《七集·續集》卷五作《答李才元》。簡首云「熱甚」，爲此時。簡云「安道、舍弟當具道盛意」。軾赴杭將取道陳州，與張方平（安道）、弟轍晤，知作簡前嘗與大臨晤，大臨欲軾向方平及弟轍致意，故以爲言也。

軾辭曾公亮，公亮爲言張方平事。

《蘇軾文集》卷十四《張文定公墓誌銘》引公亮言：「吾受知張公，所以至此者，公恩也。」卷十《樂全先生文集叙》謂公亮嘗爲軾言：「公在人主前論大事，他人終日反覆不能盡者，公必數言而決，粲然成文，皆可書而誦也。」公謂方平。或亦爲此時事。

軾上謁辭，遇趙庾（成伯）。

據《蘇軾文集》卷十一《密州通判廳題名記》。時庾通守臨淮，「相見於殿門外，握手相與語」。

軾本年在京師時，與王詵往還密切，赴杭，詵有餽贈。

據《詩案·與王詵往來詩賦》。

《詩案》云：「熙寧八年，成都僧惟簡，托軾在京求師號。軾遂將本家元收畫一軸，送與王詵，稱是川僧畫覓師號。王詵允許。當年有秘丞柳詢家貧干軾，軾爲無錢，得犀一株，送與王詵，稱是柳秘丞犀，欲賣三十貫。王詵云：『不須得犀。』遂送錢三十貫與柳詢。軾於王詵處得師號一道。當年内有相國寺僧思大師，告軾於王詵處，與小師覓紫衣一道，仍將到吴生畫佛入涅槃一軸，董羽水障一，徐熙畫海棠木芍藥梅花雀竹各一軸，趙昌畫折枝花一軸，朱繇、武宗元畫鬼神二軸，説與王詵知後，將佛入涅槃及桃花雀竹等與王詵，朱繇武宗元畫鬼神，軾自收留。於詵處换得紫衣二道與思大師。當年軾將畫三十六軸，各有唐賢題名，托王詵令人裝褙，其物料手工，並是王詵出備。當年軾通判欲赴任，王詵送到茶、藥、紙、筆、墨、硯、鯊魚皮、紫茸氈、翠藤簟等。軾留下。」此處首云「熙寧八年」，以下四次云及「當年」。最後所云「當年」乃熙寧四年，即本年。則「熙寧八年」之「八」乃「四」之誤。柳詢，不詳其仕歷，唯知其時爲祕丞。

惟簡，前已及。

思大師，參本年十二月初一日紀事。

胡宗愈（完夫）之母周氏卒，蘇軾作挽詞。

挽詞見《蘇軾詩集》卷六（二七三頁）。詩第三、四句云：「豈似凡人但慈母，能令孝子作忠臣。」

宗愈，晉陵人，宿從子。嘉祐四年舉進士甲科。治平間召對，擢同知諫院。《咸淳毗陵志》卷十六、《東都事略》卷七十一、《宋史》卷三百十八有傳。《宋史》謂，王安石用李定爲御史，宗愈以爲不當。以下云：「蘇頌、李大臨不草制，坐絀；宗愈又争之，安石怒，出通判真州。」宗愈時知制誥。《長編》卷二百十二熙寧三年六月丙戌紀事：「貶祕書丞、集賢校理、知諫院胡宗愈通判真州，仍落館職。」蘇軾詩「忠臣」云云謂此，盛贊其母亦所以盛贊宗愈。

據此，此詩當作於本年在朝時，時宗愈當在晉陵持服。今據此繫入。

此詩盛贊周氏柏舟高節，知宗愈之父早卒；詩贊周氏絳帳清風，似周氏授徒於鄉，則周氏實飽讀詩書，宗愈秉承母教，敢直言，蘇軾「能令」云云，洵非虚語。

軾自還京師至出都前，詩作少。

《蘇軾文集》卷五十五《與林子中》第四簡：「某在京師，已斷作詩。」謂「斷作」乃極言其少，《蘇軾詩集》卷六所載此一時期所作，不過十九首。

在京師時，軾嘗晤惟湜於浄因。

《欒城集》卷十三《題都昌清隱禪院》末云：「誰道溪巖許深處，一番行草認元昆。」原注：「長老惟湜，曾識子瞻兄於浄因，有簡刻石。」都昌屬江南東路南康軍，今屬江西。惟湜時居清隱，人以清隱稱之。詩次元豐七年。軾簡佚。《蘇軾文集》卷六十一《與清隱老師》第二簡：「浄因之會，茫然如隔生矣。名言絶境，寤寐不忘。」參建中靖國元年「乞數珠崇慶院贈長老惟湜」條。

軾在京師時，與薛向（師正）有交往。

《佚文彙編》卷四《與薛道祖》第二簡：「早歲荷先公深知，至熙寧中相見都下，得聞其約論，所以上補君相者非一，但人不知耳。不然者，某豈敢驟以一書深言哉！」其「書」乃元豐元年十二月十九日致向書，詳該年紀事。

向，《宋史》卷三百二十八有傳。傳謂神宗初爲江淮荆浙發運使；環慶有疆事，召詣中書；熙寧四年，權三司使。交往具體時間不詳，姑次此。傳謂向卒年六十六，《長編》卷三百十一謂卒於元豐四年，知向長蘇軾二十歲。

軾在京師時，與孫永（曼叔）簡，論養生。

《蘇軾文集》卷五十八《與孫運勾》：「聞曼叔比得腫疾，皆以利水藥去之。中年以後，一利一衰，豈可數乎？當及今無病時，力養胃氣。若土能制水，病何由生。」知此運勾乃孫永（曼叔）。此處所論，其要旨在强脾胃。

永，世爲趙人，徙長社。《蘇魏公集》卷五十三《孫永墓銘》稱神宗即位後，永歷河北、陝西都轉運使，故以運勾稱之。《銘》又謂永卒於元祐元年，年六十八。與上引「中年以後」語合。簡云

「近見江南老人」，知此簡作於在朝時。故繫之於此。又，永，《宋史》卷三百四十二有傳。《欒城集》卷三有《北京送孫曼叔屯田權三司開坼司》詩，作於治平二年。前已及。

軾在京師時，嘗與銀臺舍人簡，勸其應對時，盡所欲言。

據《南軒先生文集》卷三十五《跋東坡帖》，謂帖「殆是行新法時」作，讀之「凜凜有生氣」。簡已收入《佚文彙編》卷四（二五〇三頁）。

軾在京師時，與王安國（平甫）有交往。蘇軾嘗與安國論詩，爲安國之硯作銘。

《宋史》卷三百二十七《王安國傳》：「王安國，字平甫，安禮之弟也。」以下云：「熙寧初，韓絳薦其材行，召試，賜及第，除西京國子教授。官滿，至京師，上以安石故，賜對。」安國賜及第，爲熙寧元年七月事，見《長編拾補》卷三上。官滿至京師，約爲熙寧三年間事。軾與安國相識，當自此始。今以具體時間不易考，姑繫於此。

《詩話總龜》前集卷九引《王直方詩話》：「東坡云：『爲我周旋寧作我』一句，只是難對。時王平甫在坐，應聲云：只消道『因郎憔悴却羞郎』。」《佚文彙編》卷五《書贈徐信》亦及與安國論詩事。《文集》卷十九有《王平甫硯銘》。按：《苕溪漁隱叢話》前集卷五十三引《王直方詩話》謂「應聲」者乃王直方。

軾在京師時，與宋道（叔達）游。

《蘇軾詩集》卷六有《宋叔達家聽琵琶》。《范忠宣公文集》卷十二道墓銘謂道河南人，選弟，迪（復古）兄；英宗時官至屯田郎中；神宗即位，改都官郎中，同提舉三門白波輦運就差都大，管句廣濟河，句催輦運，改司封郎中，提點福建刑獄，歷知晉、邠，除都大提舉三門白波輦運，爲開封府推官，知同州；晚居洛陽；元豐六年卒，年七十。《蘇軾詩集》「查注」引墓銘有訛誤處，兹摘述如上。《温國文正司馬公文集》卷十四有《酬宋叔達卜居洛城見寄》詩，《式古堂書畫彙考·書》引宣和御府收藏，有道《松竹圖》，知道亦善畫。

軾在京師時，與駙馬都尉李瑋有交往。嘗在瑋家見晉人帖。

《蘇軾文集》卷六十九《題晉人帖》：「余嘗於李都尉瑋處，見晉人數帖，皆有小印『涯』字，意其爲王氏物也。有謝尚、謝鯤、王衍等帖，皆奇。」《辨法帖》：「於李瑋都尉家，見謝尚、王衍等數人書，超然絶俗，考其印記，王涯家本。」《書贈宗人鎔》：「昔年嘗見李駙馬瑋以五百千購王夷甫帖。」

瑋字公炤，嘗「自言收李成八幅」，見《畫史》。蓋嗜法帖之收藏。妻乃仁宗長女兖國公主，《宋史》卷二百四十八有公主之傳；熙寧三年，公主卒，瑋貶陳州。遇赦還京師。瑋，《宋史》卷四百六十四有傳。蘇軾與李瑋交往，乃熙寧在朝時事。

軾在京師時，傳嘗謂王安石《字説》失之鑿。

涵芬樓《説郛》卷二十七《高齋漫録》:「東坡聞荆公《字説》新成,戲曰:『以竹鞭馬爲篤,以竹鞭犬,有何可笑?』又曰:『鳩字從九從鳥,亦有證據。《詩》曰:鳲鳩在桑,其子七兮。和爺和娘,恰是九個。』」

《桯史》卷二《犇麤字説》:「王荆公在熙寧中作《字説》,行之天下。東坡在館,一日因見而及之,曰:『丞相賾微窅窮,制作某不敢知,獨恐每每牽附,學者承風,有不勝其鑿者,姑以犇、麤二字言之,牛之體壯於鹿,鹿之行速於牛,今積三爲字而其義皆反之,何也?』荆公無以答,迄不爲變。黨伐之論,於是浸闓,黄岡之貶,蓋不特坐詩稿也。」

《王臨川集》卷八十四有《熙寧字説》,未署撰寫年月。《字説》一書早已失傳。以上二則紀事,蓋戲謔王安石,出傳聞。

《蓼花洲閑録》(宛委山堂本《説郛》卷四十一):「東坡先生嘗遇客,行一令,以兩卦名證一故事。一人云:『孟嘗門下三千客,《大有》、《同人》。』一人云:『光武兵渡滹沱河,《未濟》、《既濟》。』一人云:『劉寬羹污朝衣,《家人》、《小過》。』先生云:『牛僧孺父子犯罪,先斬《大畜》,後斬《小畜》。』蓋爲荆公發也。」涵芬樓鉛印本《説郛》卷十九引《唾玉集》亦載此事,文同,不録。此亦爲戲謔之言,有傳聞因素,姑附次於此。

軾出都,赴陳州。姪林(十六郎)之妻及其子彭、壽隨行。

《佚文彙編》卷四《與子明》第六簡：「旦夕且般挈往宛丘，相聚四五十日，俟涼而行。」宛丘即陳州。同上與堂兄（起句「君實親事」）簡：「十六媳婦、彭、壽並安，他欲相隨去杭州，故且帶去。」

《蘇軾詩集》卷六有《出都來陳所乘船上有題小詩和之》八首，其一云「蛙鳴青草泊，蟬噪垂楊浦」，其五云「舟人苦炎熱」，蓋爲夏秋之交。

軾至陳州。與弟轍晤；次韻張方平讀杜詩。方平有送行詩，勸以離是非遠禍。

晤弟轍詳以下「留陳州」條。次韻方平詩，見《蘇軾詩集》卷六（二六五頁），《集注分類東坡詩》卷十七及《紀年録》謂作於本年五月。《詩案·送張方平》：「熙寧四年五月中，軾將赴杭州，張方平陳乞得南京留臺。」當爲《集注分類東坡詩》所本。按：此處所云之「五月中」，有誤。《總案》繫此詩於七月，今從。《欒城集》卷三有《和張安道讀杜集》。

《樂全集》卷一《送蘇學士錢唐監郡》：「趣時貴近君獨遠，此情於世何所希。車馬塵中久已倦，湖山勝處即爲歸。洞庭霜天柑橘熟，松江秋水鱸魚肥。地鄰滄海莫東望，且作阮公離是非。」《詩案·送張方平》：「軾將赴杭州。……張方平有詩一首送軾，軾只記得落句云：『最好乘湖遊禪扉。』其餘不記。」詩不見《樂全集》。

八月十日，軾與崔度飲月下。

《蘇軾文集》卷五十三《與歐陽仲純》第四簡：「崔度者，頃年在陳，與之甚熟，今作過海之行，妻子仍在陳學，幸略與垂顧。」簡作於元豐元年。

《蘇軾詩集》卷八《八月十日夜看月有懷子由并崔度賢良》：「去年舉君苜蓿盤，夜傾閩酒赤如丹。」詩作於熙寧五年，時度爲陳州教授，見詩題下「查注」。

趙抃《清獻集》卷三《送崔度推官任滿還長安》：「三歲西州此效官，幕中無事有賓歡。」則度嘗佐趙抃幕於成都。

十一日，軾與表兄石康伯（幼安）簡，言將離陳赴杭。

《佚文彙編》卷二《與石幼安》第一簡：「杭州接人猶未到，□到便行，不出此月末起發，十月上旬必到也。」以後略有改變，詳以下紀事。

戊寅（二十六日），張方平判南京御史臺。軾有送行詩。

戊寅云云，據《長編》卷二百二十六。詩見《蘇軾詩集》卷六（二六九頁）。

《詩案·送張方平》敘此事，已見「查注」。《欒城集》卷三亦有送行詩。

傅堯俞（欽之）作濟源草堂，軾寄詩堯俞，轍亦寄詩。

《蘇軾詩集》卷六有《傅堯俞濟源草堂》詩。《欒城集》卷三、《蘇魏公文集》卷八、《淮海集》卷二均有寄堯俞詩。

《宋史》卷三百四十一《傅堯俞傳》：「熙寧三年，至京師。」蘇軾與堯俞交往當自是始。弟轍寄堯俞詩謂堯俞時在許州。《宋史》傳傳謂知江寧、許州、河陽、徐州。查《景定建康志》卷十三，傅知江寧爲熙寧五年二月事，自江寧改河陽爲六年二月事。堯俞知許在知江寧前，《宋史》誤。

《蘇魏公文集》卷八《寄題傅欽之學士濟源草堂》：「大形南址直河津，君有茅廬泲水濱。蒼翠入檐藏絶景，潺湲繞舍隔囂塵。久游臺閣忘聲利，長憶漁樵狎隱淪。待得功成年至日，歸來不負故園春。」

《淮海集》卷二《寄題傅欽之草堂》：「河陽有洑流，經營太行根。盛德不終晦，發爲清濟源。斯堂濟源上，太行正當門。仰視浮雲作，俯窺流水奔。修竹帶藩籬，百禽鳴朝暾。推望有盤谷，李愿故居存。主人國之老，實惟商巖深。班行昔供奉，亟進逆耳言。天子色爲動，群公亦吞聲。蕭條冰霜際，不改白玉温。出處士所重，其微難具論。公勿思草堂，朝廷待公尊。」此詩一作黄庭堅詩，見《山谷外集》卷二。轍詩云：「園通濟水池塘好，花近洛川顏色深。」濟源草堂在孟州；堯俞愛孟州之風土，乃建此堂。

《范太史集》卷一《寄題傅欽之濟源草堂》：「傅公有幽居，近在盤山下。清濟出其間，白石明可把。盈科赴溟渤，習坎日傾瀉。竹色洗娟嬋，松姿照蕭灑。室有古詩書，門無俗車馬。公居雖畎畝，寤寐惟朝社。雲山聊嘯遨，魚鳥同游冶。在我本無心，羣生繫用捨。終當入帝夢，肖象求巖野。題詩寄林坰，俚調慚非雅。」

《彭城集》卷七《傅堯俞草堂歌》：「漢朝名臣有傅伯，諫諍由來犯顔色。蘭臺下筆不自休，義陽封侯勇無敵。石渠昨者承明直，虎符今爲二千石。邀我請賦草堂詩，草堂欲歸那可得。太行之上無高山，濟水之外無清源。聞君築居山水際，清高正爲君家言。上有無心之雲出幽谷，下有勁節之竹森寒玉。四鄰空地猶幾許，容我東西一茅屋。」

文同寄軾詩，以「莫吟詩」爲勸。

《石林詩話》卷中：「熙寧初，時論既不一，士大夫好惡紛然，(文)同在館閣，未嘗有所向背。時子瞻數上書論天下事，退而與賓客言，亦多以時事爲譏誚，同極以爲不然，每苦口力戒之，子瞻不能聽也。出爲杭州通判，同送行詩有『北客若來休問事，西湖雖好莫吟詩』之句。及黄州之謫，正坐杭州詩語，人以爲知言。」

按：蘇軾赴杭任時，文同已在知陵州任，「送行詩」當爲「寄詩」之誤。

柳瑾(子玉)謫官壽春，舟過陳州，蘇軾兄弟與晤。

《欒城集》卷三《次韻柳子玉謫官壽春舟過宛丘見寄》：「忽聞客至驚還喜。」《蘇軾詩集》卷六《次韻柳子玉過陳絶糧》：「圖書跌宕悲年老，燈火青熒語夜深。」叙相晤。

在陳，軾欲求見李宗易（簡夫），宗易方病，未得見。

《蘇軾文集》卷六十八《書李簡夫詩集後》叙之。文中云熙寧三年始過陳，「三」爲「四」之誤。《欒城集》卷四《李簡夫挽詞》：「歸隱淮陽市，遨遊十六年。」熙寧五年作。宗易乃陳（淮陽）人，天禧三年進士。有聞慶曆間，官至太常少卿，嘉祐初退居於鄉。見《欒城後集》卷二十一《李簡夫少卿詩集引》、《范文正公文集》卷十九舉宗易堪任清要狀。餘見元祐六年十二月四日紀事。

軾留陳州七十餘日。與弟轍游柳湖，有詩。游鐵墓、厄臺寺，考其迹。

《蘇軾詩集》卷六《次韻子由柳湖感物》：「子今憔悴衆所棄，驅馬獨出無往還。惟有柳湖萬株柳，清陰與子供朝昏。」轍原唱在《欒城集》卷三，首云「柳湖萬柳作雲屯」。《欒城集》卷四《宛丘二詠·叙》：「宛丘城西柳湖，累歲無水；開元寺殿下山茶一株，枝葉甚茂，亦數年不開。頃嘗從子瞻遊此，每以二物爲恨。」

《蘇軾文集》卷六十六《記鐵墓厄臺》：「舊遊陳州，留七十餘日。」以下叙柳湖傍有丘，俗謂之鐵墓，云乃陳胡公墓；叙有厄臺寺，俗傳寺乃孔子厄於陳、蔡時所居，闢其謬，以東漢陳愍王寵教弩臺以控扼黄巾者之説爲近理。《詩集》卷七《和子由柳湖久涸忽有水開元寺山茶舊無花今歲盛開》其一：「太昊祠東鐵墓西，一樽曾與子同攜。」敘此時事。

《詩集》卷六《潁州初别子由》：「始我來宛丘，牽衣無兒童。便知有此恨，留我過秋風。」

九月丙申（十五日），知制誥、直學士院陳襄（述古）知陳州。蘇轍有迎襄啓。

九月丙申云云，據《長編》卷二百二十六。

轍啓乃《欒城集》卷五十《迎陳述古舍人啓》，末云：「轍承乏黌舍，久聞德音。樂與斯人，共被餘澤。」

襄字述古，《宋史》卷三百二十一有傳。

《永樂大典》卷三千一百四十二引陳曄《古靈先生年譜》謂陳襄本年「冬知陳州」。蓋到任在冬。

九月，軾離陳州，轍送至潁州。

《詩案·與子由詩》：「軾赴杭州，時弟轍至潁州相别。」《施譜》：「九月離陳，子由送至潁。」

《欒城集》卷五《癸丑二月重到汝陰寄子瞻》其一：「憶赴錢唐九月秋，同來潁尾一扁舟。」

軾拜謁歐陽修；陪修宴西湖，有詩；修令賦所蓄石屏，賦之；修盛贊西湖僧惠勤之賢，以推獎賢士爲樂，爲言醫者以意用藥，爲言道人徐問真事。

《蘇軾文集》卷六十三《祭歐陽文忠公夫人文》：「契闊艱難，見公汝陰。多士方譁，而我獨南。」詩見《蘇軾詩集》卷六(二七五、二七七頁)。《欒城集》卷三亦有詩。

贊惠勤之賢，見《文集》卷十九《六一泉銘·叙》，參本年十二月八日紀事。

《文集》卷十《錢塘勤上人詩集叙》謂歐陽修好士，爲天下第一。「其退老於潁水之上，余往見之，則猶論士之賢者，唯恐其不聞於世也，至於負己者，則曰是罪在我，非其過」。勤上人，惠勤。

《文集》卷七十三《醫者以意用藥》作於元祐六年，有「二十年前」見修之語，知爲今年事。卷七十二《徐問真從歐陽公游》乃記過潁時修之言。

《蘇軾詩集》卷四十三《歐陽晦夫遺接䍦琴枕戲作此謝之》：「我懷汝陰六一老，眉宇秀發如春巒。羽衣鶴氅古仙伯，岌岌兩柱扶霜紈。」或寫此時之歐陽修。

軾與歐陽修論文同(與可)詩，或爲此時事。

《續墨客揮犀》卷四《與可詩精絶》：「東坡嘗對歐陽公誦文與可詩曰：『美人却扇坐，羞落庭下花。』歐公笑曰：『與可無此句，此句與可拾得耳。』世徒知與可掃墨竹，不知其高才兼諸家之妙，詩尤精絶。」又見《冷齋夜話》卷一《東坡論文與可詩》。

軾潁州别弟轍，有詩。

《蘇軾詩集》卷六《潁州初别子由》：「秋風亦已過，别恨終無窮。」轍次韻在《欒城集》卷三，中云：「念兄適吴越，霜降水初冷。」聯繫以下「十月二日」紀事，軾離潁當在九月末。轍又云：「平明知當發，中夜抱虚警。」叙别時情景。

《詩案·與子由詩》：「熙寧四年十月，軾赴杭州時，弟轍至潁州相别。後，十一月到杭州本任，作《潁州别子由》詩云：『至今天下士，去莫如子猛。』爲弟轍曾在制置條例，充檢詳文字，争議新法，不合，乞罷。説弟轍去之果决，意亦譏諷朝廷，新法不便也。」

轍在潁，與歐陽修游甚歡，賦其石屏。

《欒城集》卷三有《次韵子瞻潁州留别二首》、《陪歐陽少師永叔燕潁州西湖》、《歐陽公所蓄石屏》。後者詩末自注：「月石硯屏及石上寒林棲烏，皆公詩所賦。」卷二十六祭修文：「轍官在陳，於潁則鄰。拜公門下，笑言歡欣。杯酒相屬，圖吏紛紜。辯論不衰，志氣益振。」

《歐陽文忠公集·居士集》卷四有《紫石屏歌》（題下原校：一本作《月石硯屏歌寄蘇子美》），作於慶曆七年。卷六有《吴學士石屏歌》（題下原校：一作《和張生鴉樹屏》，一無和字），作於嘉祐元年。前者咏月石硯屏，後者咏石上寒林棲烏。《歐陽文忠集·居士外集》卷十五有《月石硯屏歌序》

《蘇舜欽集》卷五有《永叔石月屏圖》詩，《梅堯臣集編年校注》卷二十一有《讀月石屏詩》，原注謂皇祐三年五月至京師後作。

十月二日，軾將抵渦口，遇風。出潁口，至壽州，李定出餞。過濠州，遊塗山、彭祖廟、逍遥臺、觀魚臺、虞姬墓、四望亭、浮山洞。

《蘇軾詩集》卷六有詩，共十首。此李定與字資深者非一人。

軾過臨淮，趙庾（成伯）餞別。作《泗州僧伽塔》、《龜山》詩。

「過臨淮」云云，據《蘇軾文集》卷十一《密州通判廳題名記》。詩見《蘇軾詩集》卷六。

軾發洪澤湖，遇大風。

《蘇軾詩集》卷六有《發洪澤中途遇大風復還》。淮陰有洪澤鎮。

十六日，軾夜發淮陰。抵山陽。

《蘇軾詩集》卷六《十月十六日記所見》云「淮陰夜發朝山陽」。淮陰在楚州西四十里，山陽乃楚州治。「淮陰」下句：「山陽曉霧如細雨，烱烱初日寒無光。」至山陽，當已及十七日。《詩集》卷十八《過淮三首》云「好在長淮水，十年三往來」，自本年出朝起，此乃第一次。

軾抵揚州，與劉攽（貢父）、孫洙（巨源）、劉摯（莘老）會於州守錢公輔（君倚）座上。作《三同舍》詩。首過平山堂下。

詩見《蘇軾詩集》卷六。《彭城集》卷四《與孫巨源、蘇子瞻、劉莘老廣陵相遇，蘇請賦詩爲别，各用其字爲韵，每篇十韵》其一乃自叙：「都城每過從，車馬動逾衆。分飛無此歡，會合杳如夢。薄霜作微寒，淺水未成凍。秋花正爛斑，幽鳥雜清哢。此邦人事稠，南北屢迎送。以兹信宿間，得與數君共。遂將結吾廬，念有用餘俸。稍營負郭田，畢力輸賦貢。百齡欲過半，來日頗自縱。冀君數相存，詩酒尚足用。」其二叙孫：「本爲東方生，避世不避喧。仍慕管夷吾，畏事復畏言。外物不可期，高風難重論。我辭金馬門，君來西掖垣。淮瀕一相見，握手雙淚痕。矜我鬢雪多，歲月何崩奔。默然念既往，所遇皆籠樊。恨不值羽人，拂衣入桃源。腰間銀青綬，車上朱兩轓。專城自不惡，相思徒種萱。」其三叙軾：「因言浙江潮，憶上吴山尖。八月天地空，千里澄圓蟾。海水爲羣飛，迅雷發幽潛。壯士懷惴慄，怯夫竊窺瞻。春風潮水平，青玉開鏡奩。輕舟載花女，翠髮腰纖纖。勝事冠東南，君行獨能兼。吾以狂自名，將老無所嫌。會當從君遊，不計歲月淹。鱠魚必令鮮，釀酒勿使甜。」其四叙劉：「嗷嗷南飛鴻，羽翼何莘莘。哀鳴衡山陽，落影湘水濱。歲晏道路長，雪霜多苦辛。豈無稻粱謀，畢弋如魚鱗。此雁欲誰比，正若羈旅人。古來瘴癘地，常有忠直臣。扁舟慎自將，勿重蛟鼉嗔。鵬鳥惡似鴞，端能伺承塵。東風發衆芳，宿莽熙陽春。雁歸君未歸，悵望汀洲蘋。」

《詩案·揚州贈劉摯孫洙》云：「熙寧四年十月，軾赴杭州通判，到杭州有劉摯爲作臺官，言事謫降湖南，并一般館職孫洙、劉攽，皆在揚州，偶然相聚數日。别後軾作詩三首，各用逐人字爲韻。内贈劉摯詩云詩寄劉摯，因循不曾寫寄本人，只曾與孫洙詩一處寫寄孫洙。其贈劉摯詩云：『莫落江湖上，遂與屈子鄰。』意謂屈原放逐潭湘之間，而非其罪，今劉摯亦謫官湖南，故言與屈子相鄰近也。緣是時聞説劉摯爲言新法不便責降，既以屈原非罪比摯，即是謂摯所言爲當，以譏諷朝廷，新法不便也。又云：『士方在田里，自比渭與莘。出試乃大謬，芻狗難重陳。』莊子詆毁孔子，言孔子所言，皆先王之陳迹也，譬如已陳之芻狗，難再陳也。軾意以譏諷當時執政。大臣在田里之時，自比太公、伊尹，及出而試用，大謬戾，當便罷退，不可再施用也。」

《詩案·與劉攽通判唱和》：「熙寧四年十月内，赴杭州通判，到揚州，有劉攽并館職孫洙、劉摯，皆在本州，偶然相聚數日，别後軾作詩三首，各用逐人字爲韻。内寄劉攽詩云：『去年送劉郎，醉語已驚衆。如今各漂泊，筆硯誰能弄。我命不在天，羿彀未必中。作詩聊遣意，老大慵譏諷。夫子少年時，雄辯輕子貢。邇來再傷弓，戢翼念前痛。廣陵三日飲，相對恍如夢。况逢賢主人，白酒潑春甕。竹栖已揮手，灣口猶屢送。羨子去安閑，吾邦正喧鬨。』言杭州監司所聚，是時初行新法，事多不便也。」

《東坡樂府》卷上《西江月》首云「三過平山堂下」，此爲首次。詞作於元豐七年。《輿地紀勝》卷三十七《揚州》：「平山堂：在州城西北五里大明寺側。慶曆八年二月，歐公來牧是邦，爲堂於大明寺庭之坤隅，江南諸山，拱列簷下，若可攀取，因目之曰平山堂。」歐公，歐陽修。

攽時倅泰州，見熙寧三年「劉攽通判泰州」條。洙，揚州人。《宋史》卷三百二十一有傳。傳謂洙同知諫院，王安石主新法，「鬱鬱不能有所言，但力求補外，得知海州」。蘇軾過揚時，洙將赴海州。《長編》卷二百二十五本年七月丁酉紀事：劉摯落館閣校勘、監察御史裏行，監衡州鹽倉。時摯正經揚赴衡。公輔知揚，見《長編》卷二百二十三本年五月戊戌紀事。《詩案·與劉攽通判唱和》叙到揚，「有劉攽并館職孫洙，劉摯，皆在本州，偶然相聚數日，别後軾寄詩三首」。即《三同舍》。

十一月三日，軾遊金山，夜宿金山寺。自金山放船至焦山。登北固山，遊甘露寺。

《蘇軾詩集》卷七《遊金山寺》云「是時江月初生魄，二更月落天深黑」，「誥案」舉此爲十一月初三日遊金山之證。《自金山放船至焦山》叙見鄉僧焦山長老，云「自言久客忘鄉井，只有彌勒爲同龕」。卷四十三《追和戊寅歲上元》「一龕京口嗟春夢」乃憶此時事。甘露寺在北固山，卷七《甘露寺》叙觀諸葛亮狠石、蕭衍鐵鑊、李德裕手植古梅。

過蘇州，軾賦《減字木蘭花》。

詞見《東坡樂府》卷下。其下闋云：「連天衰草，下走湖南西去道。一舸姑蘇，便逐鴟夷去得無。」

薛瑞生先生《東坡詞編年箋證》：「公凡八經蘇州：熙寧四年辛亥倅杭十一月一過蘇州；熙

寧六年癸丑至常潤賑饑十一月底二過蘇；七年甲寅自常潤還五月三過蘇；甲寅自杭移密十月三（按：「三」應作「四」）過蘇；元豐二年己未自徐州移湖州五月四（按：「四」應作「五」）過蘇；同年八月就逮赴臺獄六過蘇；元祐四年己巳守杭六月七過蘇；元祐六年辛未自杭還朝三月八過蘇。『下走湖南西去道』之湖當指太湖。八過蘇唯辛亥倅杭十一月過蘇取道湖州至杭，與『連天衰草，下走湖南西去道』相符。二過蘇與四過蘇雖在十一月和十月，可謂『連天衰草』，但北行去常，不應云『西去』。其餘各在五月、八月、六月、三月，均不當謂『連天衰草』。據此，知此詞作於熙寧四年辛亥倅杭十一月過蘇州時無疑。」今從其説。

軾游虎丘，觀王禹偁（元之）畫像。蘇州報恩寺重造古塔，捨以銅龜子，或爲此時事。

《蘇軾文集》卷二十一《王元之畫像贊》叙觀禹偁畫像。《王禹偁事迹著作編年》謂禹偁雍熙元年秋至四年秋冬間知蘇州長洲縣。

《文集》卷六十四有《捨銅龜子文》，捨之蓋以藏舍利。《吴郡志》卷三十一：「報恩寺，在長洲縣西北，即吴先主母吴夫人捨宅所建，通寺基也。支硎山亦有報恩寺，或云錢氏建，移額於此寺。有小院五，曰文殊、曰法華、曰泗洲、曰水陸、曰普賢，有塔十一級。」

傳軾經臨平，見道潛詩，甚稱賞。

《冷齋夜話》卷六《東坡稱道潛之詩》：「東吴僧道潛，有標致，嘗自姑蘇歸湖上，經臨平，作詩云：『風蒲獵獵弄輕柔，欲立蜻蜓不自由。五月臨平山下路，藕花無數滿汀洲。』東坡赴官錢塘，過而見之，大稱賞。已而相尋於西湖，一見如舊。」涵芬樓《説郛》卷三十八朱弁《續骫骳説》謂蘇軾一見道潛此詩而刻諸石，宗婦曹夫人善丹青，作《臨平藕花圖》，人争影寫。按：軾始見道潛，乃元豐元年事，見該年「秋末道潛來訪」條。味《冷齋夜話》所叙，似蘇軾倅杭時已與道潛交往，有傳聞因素。姑次此。

二十八日，軾到杭州通判任。

《詩案·與王詵往來詩賦》、《詩案·與子由詩》謂十一月到任。《王譜》、《紀年録》、《施譜》亦謂十一月到任。《總案》謂到任爲十一月二十八日，參十二月初一日紀事。

杭州轄縣：錢塘、仁和、餘杭、臨安、富陽、於潛、新城、鹽官、昌化。治錢塘、仁和。

時沈立爲杭州守。

《咸淳臨安志》卷四十六：熙寧三年十二月庚申，沈立自越州移杭州。

立已見治平三年「沈立賦《白鹿》」條紀事。《硯北雜志》卷上謂立有《名山都水記》三百卷，可補史傳。已佚。

《青山集》宋刻本卷三《贈提宫諫議沈公立之》：「神仙之府名雞籠，千尋翠玉擎寒空。秀色凌風入城郭，半銜曉日金濛濛。賢材間出萬人傑，行脱麻衣趨紫闕。三朝出入持使權，凛凛聲名灑冰雪。往年作鎮來金陵，天子臨軒宣老成。問公書畫幾萬卷，品秩入奏編瑶瓊。延閣往往未嘗有，詔札奬與光華生。僉言公歸坐廊廟，易節暫刺玄暉城。懇請仙宫遽知止，車蓋翩翩還故里，粉娥執樂四時春。窈窕芙蓉新出水，嘈嘈弦管鸞鳳鳴，玉巵獻酒公解酲。人生快意似公少，家園乃是真蓬瀛。數峰飛來雲霧濕，琪樹玲瓏曉寒入。緑池水照百花明，芳亭小榭佳賓集。有時自賦歸來篇，幅巾藜杖詩中仙。秦晉諸子因避世，種柳栽桃安足憐。顧我登門二十載，貴勢能忘竟相待。數奇自笑無所成，亦欲浮舟往滄海。滄海雲濤人不争，忘機可以超神凝。比公進退殊未足，若問逍遥無鶡鵬。」可參。

張靚、俞希旦爲監司。

《詩案·與王詵往來詩賦》引《戲子由》「道逢陽虎呼與言，心知其非口諾唯」句，以下云：「是時張靚、俞希旦作監司，意不喜其人，然不敢與争議，故毁詆之爲陽虎也。」《戲子由》在《詩集》卷七。

《長編》卷二百二十二本年四月壬午紀事謂靚時官兩浙路提舉常平。靚字子明，見《兩浙金石志》卷六《宋王廷老等石屋洞題名》。

希旦，《京口耆舊傳》卷二有傳，父獻卿，家徽州黟縣，至希旦乃徙丹徒。希旦以朝議大夫、知澶州卒於官，歸葬丹徒。希旦於康直爲從叔。康直見熙寧六年「回至餘杭至洞霄宫」條紀事。

《新安志》卷六、《至順鎮江志》卷十八均有希旦傳，後者附其父獻卿傳。

《至元嘉禾志》卷二十七録俞希旦《題招提院静照堂》：「檇李招提好，新堂向静開。因名求定慧，對鏡悟西來。夜席常留月，寒階暗落梅。師歸得真趣，無復顧塵埃。」《宋詩紀事補遺》卷十六録此詩亦作「俞希旦」作，四庫本《至元嘉禾志》「旦」作「白」，誤。今附此。

王廷老（伯敭）爲兩浙路提點刑獄。

據《長編》卷二百二十本年四月壬午紀事。

《欒城集》卷二十六《祭王虢州伯敭文》：「軾官吴中，昔始識君。愚不自量，欲裕斯人。衆目睢盱，更笑迭瞋。君在其間，乃獨不然。危弦更張，時一弛寬。我賴以全，民亦稍安。」以兄弟二人名義。廷老旋爲兩浙路轉運副使、轉運使，熙寧八年十月癸丑罷。見《長編》卷二百六十九。蘇軾倅杭期間，廷老皆在杭。廷老，睢陽人，《兩浙金石志》卷六有熙寧四年、六年、八年廷老與友人題名六則。

吕仲甫（穆仲）爲教官。旋爲察推。

《雞肋集》卷五十二有《上杭州教官吕穆仲書》，作於本年。

《蘇軾詩集》卷七有《自徑山回得吕察推詩用其韻招之宿湖上》，作於熙寧五年。「施注」謂察推乃仲甫。察推，觀察推官也。

《天台續集·別編》卷一有仲甫《送羅正之年兄出使兩浙》詩。正之名適，詳元祐四年七月紀事；適爲治平二年進士。仲甫事迹，餘詳《自徑山回得吕察推詩用其韻招之宿湖上》「合注」。

晁端友（君成）爲新城令。

《蘇軾文集》卷十《晁君成詩集引》：「乃者官於杭，杭之新城令晁君君成諱端友者，君子人也。吾與之游三年。」

《蘇軾詩集》卷三十五《次韻晁無咎學士相迎》「少年」二句叙傾仰端友。

周邠知錢塘。

《蘇軾詩集》卷十四《次韻周邠寄雁蕩山圖二首》其二：「西湖三載與君同。」宋「王堯卿注」謂邠知錢塘。參熙寧五年「周邠之母卒」條紀事。

李杞以大理寺丞爲發運司勾當公事。

據《詩案·同李杞因獵出遊孤山作詩四首》。杞字堅甫，見《丹淵集》卷十四詩題；該集卷十一有《送堅甫同年》詩，知杞爲皇祐元年進士。《關中金石記》卷五有《李杞謁祠記》，祠乃華嶽廟，記刻於皇祐辛卯；時杞以華州渭南縣主簿權華陰縣事。熙寧六年十月，在三司勾當公事任上，賜緋章服。七年正月，相度成都府市易務利害，四月罷，十月，提舉成都府利州路買茶。八年十二月，以太子中舍、提舉成都等路茶場兼熙河路市易同提舉買馬管勾鳳翔府太平宫。

見《長編》卷二百四十七、二百四十九、二百五十二、二百五十八、二百七十一。《丹淵集》卷十四有二詩及杞，稱以中舍，當作於熙寧八年。《長編》卷三百三元豐三年四月，録故提舉茶場李杞子試將作監主簿，知杞卒於熙寧末、元豐初。

《丹淵集》卷十二《送堅甫同年》五首其四：「春風吹雪滿西窗，此夜無人對酒缸。若到杭州見蘇子，爲言常夢過松江。」蘇子謂蘇軾。據《丹淵集》卷首年譜，文同此詩作於陵州，時在熙寧四年。

其一：「堅甫神太清，不謂久流落。別來二十載，論議轉深博。其中富所有，種道以文穫。鋪張講治亂，破若勁弩彍。衆人誚青衫，可笑俗眼薄。蘭筋隱藏骨，垂耳受羈絡。拳攣喙柱地，過者無伯樂。去蜀持底歸，雄稿滿懷橐。朝辭玉壘關，暮上石櫃閣。知子者云誰？獨我懷抱惡。」杞（堅甫）蓋有志當世之士，富於文，文同惜其不遇。

李佖爲節推。

見熙寧六年正月二十七日紀事。

十二月一日，軾遊孤山，訪惠勤、惠思二僧，有詩轍次韻；惠勤盛贊歐陽修。

《蘇軾文集》卷十九《六一泉銘·叙》：「予昔通守錢塘，見（歐陽）公於汝陰而南。公曰：『西湖僧惠勤甚文，而長於詩，吾昔爲《山中樂》三章以贈之。子間於民事，求人於湖山間而不可得，則盍往從勤乎？』予到官三日，訪勤於孤山之下，抵掌而論人物。」以下謂勤盛贊歐陽修爲天人。

《蘇軾詩集》卷七有《臘日游孤山訪惠勤惠思二僧》，《欒城集》卷四次韻。《荆楚歲時記》謂臘日乃十二月八日。卷八《贈孫莘老七絶》其七有「去年臘日訪孤山，曾借僧窗半日閑」之句。臘日即「到官三日」。據此，知蘇軾到杭州通判任實爲十二月五日。然與《詩案》、《王譜》、《紀年録》、《施譜》不合。《總案》以臘日爲十二月一日，與《詩案》等書合，今姑從。

《歐陽文忠公集·居士集》卷十五有《山中之樂》，其叙曰：「佛者慧勤，餘杭人也。少去父母，長無妻子，以衣食於佛之徒，往來京師二十年。其人聰明材智，亦嘗學問於賢士大夫。」惠思能詩，《詩集》卷八有《哭歐陽公孤山僧惠思示小詩次韻》。《欒城集》卷十四詩題：「張惕山人，即昔所謂惠思師也。余舊識之於京師，忽來相訪。（下略）。」詩作於元豐八年，時過杭州。

軾初到任，寄弟轍二絶，叙新法事煩，才力不勝。

詩見《蘇軾詩集》卷七（三一四頁）。

《詩案·與子由詩》：「當年（編撰者按：謂本年）十二月内，軾初任杭州，寄子由詩云：『獨眠林下夢魂好，回首人間憂患長。殺馬破車從此誓，子來何處問行藏。』又云：『眼看時事力難勝，貪戀君恩退未能。』意謂新法青苗、助役等事煩雜不可辨，亦言己才力不能勝任也。」

《詩讞·寄子由》録「眼看時事力難任」。一首，云：「讞案：某初到杭州，寄弟轍詩。此詩云：『眼看時事力難任』。時事，謂新法青苗、助役等事也。言己才力不能勝任，意亦是譏新法事煩，難了辨也。」

《欒城集》卷四次韻其二首云：「試盡風波萬里身，到官山水却宜人。」風波當由新法引起。軾之倅杭，亦風波使然。此言上句，下句則以山水宜人爲慰、爲勸。

柳瑾（子玉）來詩，軾、轍次韻。

詩見《蘇軾詩集》卷七（三一五頁），一爲《地爐》，一爲《紙帳》。前者云「自稱丹竈錙銖火」，時瑾習道，事爐火，瑾來詩中當言及此。後者云「亂文龜殼細相連」，言紙帳，以下「潔似僧巾白氎布，暖於蠻帳紫茸氈」，亦言紙帳。末云「但恐嬌兒還惡睡，夜深踏裂不成眠」。亦就紙帳言之，瑾官居清苦。

《欒城集》卷四《和柳子玉地爐》中云：「擁衾熟睡朝衙後，抱膝微吟暮雪中。」《和柳子玉紙帳》首云「夫子清貧不耐冬」。瑾當仍官壽春。轍和詩作於本年冬，柳詩作於此略前。

軾與李杞遊孤山、靈隱寺，與杞有和酬。

《蘇軾詩集》卷七有《李杞寺丞見和前篇復用元韻答之》，前篇乃《臘日遊孤山》。又有《再和》、

《遊靈隱寺得來詩復用前韻》。《蘇軾詩集》「查注」已引《詩案》謂與杞出獵遊孤山。《再和》亦爲杞而作。《詩集》「誥案」謂《再和》乃答蘇頌者；按，頌時未至杭，「誥案」誤。

《詩案·與王詵往來詩賦》：「熙寧六年内，遊孤山詩寄詵，除無譏諷外，有『誤隨弓旌落塵土，坐使鞭箠環呻呼』，以譏諷朝廷新法行後，公事鞭箠之多也。又曰『追胥保伍罪及孥，百日愁嘆一日娱』，以譏諷朝廷鹽法收坐同保妻子移鄉法太急也。又曰『歲荒無術歸亡逋，鵠則易畫虎難摹』，意取馬援言畫鵠不成猶類鶩，畫虎不成反類狗，言歲既饑荒，我欲出奇畫賑濟，又恐朝廷不從，乃似畫虎不成反類狗也。」

惠洪（覺範）是歲生。

《石門文字禪》卷二十四《寂音自序》謂宣和五年年五十三。據推。

與張先（子野）游。

《蘇軾文集》卷六十三祭先文：「我官於杭，始獲擁篲。」先，湖州烏程人。天聖八年進士。時年八十二歲，居杭。見《唐宋詞人年譜·張子野年譜》。《蘇軾詩集》卷十三《和張子野見寄三絶句》有《竹閣見憶》叙嘗與先游杭之竹閣。并次此。

軾赴杭途中，賦詩二十首，抵杭後，寄轍二絶；轍次韵九首，和十三首。

軾赴杭途中所賦詩除《龜山》外，轍皆次韻，收入《欒城集》卷三者有《次韻子瞻初出潁口見淮山》、《次韻子瞻壽州城東龍潭》、《和子瞻渦口遇風》、《和子瞻濠州七絶》、《和子瞻泗州僧伽塔》、《次韻子瞻發洪澤遇大風却還宿》、《次韻子瞻記十月十六日所見》，收入卷四者有《次韻子瞻廣陵會三同舍各以其字爲韻》、《和子瞻金山》、《和子瞻焦山》、《次韻子瞻游甘露寺》、《次韻子瞻初到杭州見寄二絶》。軾前十六首原作收《蘇軾詩集》卷六，後五首收卷七。

《年表》：「十二月，《次韻子瞻初到杭州見寄二首》。」

張耒作《歲暮即事》詩寄轍。

《張耒集》卷十八《歲暮即事寄子由先生》：「歲暮淮陽客，貧閑兩有餘。朝昏面壁坐，風雪閉門居。老去深依佛，年衰更嗜書。未能忘素業，聊用慰窮途。下里皆貧屋，閉門即古墟。鷄豚來近舍，春汲雜鄰夫。雪壓移來竹，霜萎自種蔬。烏皮蒙燕几，褐帽裹僧顱。肉似聞韶客，齋如持律徒。女寒愁粉黛，男窘補衣裾。已病藥三暴，辭貧飯一盂。長瓶卧墻角，短褐倒天吴。宵寐衾鋪鐵，晨炊米數珠。木鑱隨杜陘，葛制暖韓軀。時命今如此，功名已矣乎。談悉風射馬，拙待兔逢株。久慕香城樂，深諳夢境虚。誰憐九頓首，正有一長吁。瞻望身空老，蒼茫歲欲除。何當聞妙誨，黥刖待完膚。」

云「淮陽客」，乃客陳州。《張耒集》卷五十五《與魯直書》：「僕年十八九時，居陳學。」據《張耒集》附年譜，明年秋，應解姑蘇，六年登進士第。知耒此詩作於今年。

寄早歲所得某道人方與林希（子中），應其請也。約爲本年至杭後事。

《蘇軾文集》卷五十五與希第四簡叙其方，「初傳者若非絶世隱淪之人爲之，恐有災患，不敢不納去，又不敢不奉聞」。此方，當即燒金方之類，參治平元年「在鳳翔開元寺僧嘗授以燒金方書」條。簡末云「某在京師，已斷作詩，近日又却時復爲之，蓋無以遣懷耳」，約作於至杭後。

三蘇年譜卷二十二

熙寧五年（一〇七二）壬子　蘇軾三十七歲　蘇轍三十四歲

城外探春，軾賦《浪淘沙》（昨日出東城）。

詞見《全宋詞》第三二七頁。《東坡先生全集》調下原注：「城外探春。」《總案》謂「倅杭作而年無所考，今首載於此」，今從。

詞云「試探春情」，又云「雪霽前村」，故《東坡先生全集》以爲言也。

正月，蘇頌赴知婺州途中經杭州與蘇軾同游西湖。頌和軾《臘日游孤山》詩。

上年四月，頌知婺州除命下。

頌於本年二月十二日過桐廬險灘時覆舟，二十四日到婺州任。有《婺州謝上表》，見《蘇魏公文集》卷三十七。顏中其《蘇頌年表》謂頌正月經杭，今從。

《蘇魏公文集》卷四《次韻蘇子瞻學士臘日游西湖》：「臘日不飲獨遊湖，如此清尚他人無。唱酬佳句如連珠，況復同好相應呼。君嘗聽事嗟罪孥，雖在樂國猶寡娱。是社稷臣魯顓臾，直道自任心不紆。最愛靈山之僧廬，彼二惠者清名孤。案上梵夾床龍鬚，爐銷都梁饌伊蒲。潔行自欲敦薄夫，長吟擁褐忘昕晡。坐客不設氈氍毹，對鏡如看方輿圖。君懷經濟才有餘，名聲妖孽懲顏蘧。且來山林尋遁逋，更玩四營兼參摹。」

參方健有關論述。

《丞相魏公譚訓》卷十：「祖父知婺州，大人侍。過杭，東坡爲倅。」祖父謂蘇頌，大人乃嘉。嘉字景謨，《京口耆舊傳》卷四及光緒重修《丹陽縣志》有傳。

上則所引《丞相魏公譚訓》卷十「東坡爲倅」之後云：「自明允講宗盟之好，東坡稱祖父爲宗叔。府會外，自請遊西湖終日，將起，曰：『明日欲復邀宗弟。』先是東坡録近詩一卷呈祖父，祖父和之。大人亦繼作，大相稱賞。祖父謝其敦篤，明日遂遍遊湖山，頗有詩什及大人。」和詩乃和《臘日遊孤山》，《詩集》注文已引。宗弟謂嘉。

《蘇魏公文集》卷十四《歐陽文忠公挽辭》序：「到東陽累月。……得潁上故人書，録公《會老堂唱和》詩詞爲示，遠方見之，不勝企聳，輒遍和以寄獻。未幾，聞公訃音，且思昨寓書時，乃公夢謝之月。」修卒於本年。東陽指婺州。

軾於官居建鳳咮堂、濺玉齋、方庵、月巖齋，簡文同求詩，同賦詩。同累和遊孤山詩。

《丹淵集》卷十《寄題杭州通判胡學士官居詩四首》詩其一序云：「鳳咮堂。太史書言：官居在鳳凰山下。此山真如鳳，有兩翅，翅上各建一塔，而鳳觜正落所居池上，舊有一堂，在山欲落處。近葺之，謂之鳳味堂。因而求詩。（原編者謂：四詩爲子瞻賦，今易以胡侯，豈黨禍未解，故竄易失真歟！）」詩云：「胡侯外補來錢塘，所居之山名鳳凰。不知元本發何處，蛇頸魚尾盤高岡。婆娑欲下大江飲，萬里一息頭低昂。誰將屠蘇壓兩翅，直使帖地不得翔。前人眼俗不知顧，會有賢者來形相。憐汝困欲共汝語，故近汝味營斯堂。起居飲食不離上，外孰有耳聽琅琅。應云汝德未衰在，旦暮可起鳴朝陽。」時同知陵州。太史謂蘇軾以直史館也。

詩其二序云：「濺玉齋。又言：山上草中多怪石，近取得百餘株，於東齋累一山，激水其間，謂之濺玉齋。」詩云：「石林犖犖（據《永樂大典》補）森座隅，激水注射成飛渠。寒音琤然落環珮，爽氣颯爾生庭除。主人清標自可敵，底處勝槩爲能如。想君不欲時暫去，其餘滿案堆文書。」

詩其三序云：「方庵。又言：堂後有屋正方，謂之方庵。同按，《釋名》：庵，圓屋也。」詩云：「衆人庵盡圓，君庵獨云方。君雖樂其中，無乃太異常。勸君刓其角，使稱箸月牀。自然制度穩，名號亦可詳。東西南北不足辨，左右前後誰能防。願君見聽便如此，鼠蝎四面人恐傷。」

詩其四序云：「月巖齋。又言：累石爲山，上有一峯，穿竅如月，謂之月巖齋。（原編者謂：『詩中子平即子瞻也。』）」詩云：「月爲太陰精，石亦月之類。月常寄孕於石中，事理如此何足異。天地始分判，日月各一物。既名物乃入形器，安有形器不消没。况此日與月，曉夜東西走。珠流璧轉無暫停，豈與天地同長久。其爲勞苦世共知，惟是月有生死時。既然須常换新者，人但不見神所爲。日須天上生，月必地中産。君不見虢州朱陽縣之山谷間，纔成未就知何限。石有不才者，往往其卵𡖼。靈媼棄置不復惜，任人取去爲珍玩。佳者留之待天取，藏滿庫樓千萬許。彦瞻博物天下稱更無，定不以予之説爲寱語。予恐世人不知嵩丘巖洞中，中有八萬二千修月户。其人所食盡玉屑，昔有王生見之蒲襆提斤斧。應是當年靈鷲山，直自天竺飛落西湖前。其上有石妊月月已滿，此人揭來就彼剜剔歸上天。所以此石拆罅不復合，至今神胞所附之處其痕圓，抛擲道傍凡幾歲，風刷雨淋塵土穢。子平一見初動心，輦致東齊自摩洗。更選他山相擁列，就中獨爾一峯最奇絶。每至瑶魄流光下照時，玉柱横欹無少缺。子平謂我同所嗜，萬里書之特相寄。邀我爲詩我豈能，窗前累日臨空紙。遥想巖前寶穴通，玉蟾從此去無蹤。請君爲我細書字於側名爲月母峯。

據同詩其一「胡侯外補」云云，知蘇軾建鳳咮堂等，乃初到杭時事。

《輿地紀勝》卷二《臨安府·景物下》：「鳳凰山：在城中，下瞰大江，直望海門。……郭璞《地記》云：天目山前兩乳長，龍飛鳳舞到錢塘。」

《丹淵集》拾遺上《依韻和子瞻遊孤山》：「跨明、越，壓蘇、湖，錢塘風物天下無。玉峯孱顔石穿漏，雪海浩蕩潮喧呼。舊嘗持之詫吾孥，會挈爾去相與娱。宦遊若不來此都，腰間綵組徒云紆。子瞻鳳味新結廬，日哦其間興不孤。平生美志自償足，休問滿眼生萑蒲。有物可比中鄙夫，蛶蝣朝生死於晡。公攘顯奪入能篋，驕穉無乃非良圖。子瞻之樂固有餘，辨説是非從魯蘧。我今有索君勿逋，歸日好景爲我摹。」

同上《再和》：「問子瞻，何江湖。乃心魏闕君豈無。胡爲放浪檢束外，日與隱者相招呼。藍輿往往從以孥，靈運石壁無此娱。窮深極險興未已，豈復更憚梯登紆。過客休誇衡與廬，天下此景君勿孤。欲將文字寫物象，當截無限尋江蒲。登高能賦屬大夫，遊覽未厭嗟已晡。安得世上有絶筆，盡取君詩粧在圖。此身之外何贏餘，栩然而寐其覺蘧。請看湖上人名逋，此子形相誰解摹。」

《咸淳臨安志》卷二十二《山·城内諸山·鳳凰山》：「《祥符圖經》云在城中錢塘舊治正南一十里，下瞰大江，直望海門，山下有鳳凰門，有雁池，趙清獻公作詩云『老來重守鳳凰城』是也。」

《後山集》卷三《登鳳凰山懷子瞻》其一：「蜿蜒曲龍腰，山間隱樓觀。孤高伏龍角，浮圖刺雲漢。倏林霜雪餘，落葉青紅亂。想見洞中人，不知時節换。咳唾落江東，江東兩眼中。舉頭觸浮雲，失脚驚飛鴻。逢人自笑謀身拙，坐使紅塵生白髪。入山便欲棄人間，出山又與松筠别。」其二：「數篇曾見使君詩，前後登臨各一時。妙舞新聲難得繼，清風明月却相宜。朱闌行遍花間路，看盞當年題壁處。更有何人問使君，青春欲盡花飛去（自注：子瞻云應問使君何處去，憑花説與春風知）。」附此。

柳湖春水忽生數尺。二月中，山茶復開千餘朵。轍作《宛丘二詠》。兄軾有和。

詩見《欒城集》卷四，其一有「持詑錢塘應笑我」之句。軾和乃《蘇軾詩集》卷七《和子由柳湖久涸忽有水開元寺山茶舊無花今歲盛開二首》。

二月，以檢正中書吏房公事殿中丞盧秉爲兩浙提刑，專提舉鹽事。

據《施譜》：秉嚴密鹽法，凡煮鹽地皆什伍其民，使相幾察，嚴捕盜販及私置煮器者。秉字仲甫，《宋史》卷三百三十一有傳。王廷老當仍爲兩浙提刑。

《軾墓誌銘》：「是時，四方行青苗、免役、市易，浙西兼行水利、鹽法。」

《西溪叢語》卷上有盧秉《絶句》：「十月都門風薄衣，擣砧聲裏雁南飛。野人不識長安樂，且趁鱸魚一櫂肥。」

此詩亦見《竹莊詩話》卷十六。《竹莊詩話》卷十八尚有秉《宫詞》十首。如：「迎春新燕尾纖纖，拂柳穿花掠翠簷。聞道蕊宫三十六，美人争爲卷珠簾。」寫春宫。

題張次山壽樂堂詩。軾并應次山請，作《墨寶堂記》。

詩見《蘇軾詩集》卷七（三三六頁），云「春濃」，作於春季。

《詩案·爲張次山作寶墨堂記》叙作記。記見《蘇軾文集》卷十一；「寶墨」作「墨寶」，今從。

《詩案》云：「熙寧五年内，軾任通判杭州日，太子中舍越州簽判張次山，有書求軾作本家《寶墨堂記》，除别無譏諷外，云蜀之語曰：『學書者紙費，學醫者人費。』此言雖小，可以喻大。世好功名者，以其未試之學，而驟出之於政，其費人豈特醫者之比乎。軾以謂學醫者當知醫書，以窮疾之本原，若今庸醫瞽伎，投藥石以害人性命，意以譏諷朝廷進用之人，多不練事，驟施民政，喜怒不常，其害人甚於庸醫之未習。」

次山，《墨寶堂記》謂爲毗陵人，《詩集》「施注」謂爲建康人。嘉靖《惟揚志》、道光《泰州志》謂爲通州人。次山字希元，《惟揚志》卷七謂登慶曆壬午進士第。熙寧二年九月九日，以太子中舍提舉江南西路常平廣惠倉兼管勾農田水利差役事。見《宋會要輯稿》第八十四册《職官》四三之二。以不滿新法，辭；陳升之薦爲都大催遣廣濟河輦運，命既下而罷。見《長編》卷二百十熙寧三年四月辛巳紀事。元豐五年二月丙子，於澶州都水臨監丞任上追一官勒停。見《長編》卷三百二十三。《鴻慶居士集》卷七《張希元承事挽詞》云「楚人尚記庚寅日，晉客渾疑甲子年」，知享高壽。餘見注文。同時另有張次山，字次高。嘉靖《通州志》卷十六謂登慶曆六年進士第。與軾無交往。參方健有關文章。

姚闢卒，作輓詞。

《蘇軾詩集》卷七有《姚屯田輓詞》。闢官屯田員外郎，《京口耆舊傳》卷六有傳，録此詩。

岑象求(巖起)提舉梓州路常平,迂道過杭,有送行詩。

詩乃《蘇軾詩集》卷七《送岑著作》。象求,梓州人,見「施注」。

雨中遊明慶寺賞牡丹。

《蘇軾詩集》卷七有《雨中明慶賞牡丹》。

清明,吉祥寺牡丹盛開,與衆觀賞。

《蘇軾詩集》卷十三《惜花》:「吉祥寺中錦千堆,前年賞花真盛哉。」熙寧八年作。自注謂吉祥寺乃「錢塘花最盛處」。

三月二十三日,與沈立觀牡丹吉祥寺。二十四日,立出所集《牡丹記》求作序,爲作之。

據《蘇軾文集》卷十《牡丹記叙》。《蘇軾詩集》卷七有《吉祥寺賞牡丹》、《吉祥寺僧求閣名》。

轍贈京西路提點刑獄賈青詩。

詩見《欒城集》卷四。詩有云:「去年持節憂犴獄,驅車道路日不足。今年春風塵土黄,遠赴三州議繇役。」青爲提刑,見熙寧三年「是歲晤賈青於陳州官舍」條紀事。

詩又云:「春晚日長唯有睡。」知作於春晚。詩末自注云及項城,項城屬陳州。

蘇嘉侍父頌至婺州後,過杭赴亳掾,蘇軾致書楊繪(元素)薦之。

《丞相魏公譚訓》卷十「東坡爲倅」之後又云:「大人還,赴亳掾。子瞻謂曰:『鄉人楊元素守亳，煩附一書。』并致子由一信及常茶一瓶。蓋東坡欲至委曲，薦大人於元素，而不欲言，故托以附子由信。後見書，果言宗掾子督學有文，而沉静若愚，剛毅不可犯。及見元素，稍異待。……『督學』字，不知别有據否？」據此，知蘇嘉侍其父頌至婺州後，復回杭見蘇軾，軾與繪(元素)書。其時當在三月底、四月初。

繪，綿竹人。《宋史》卷三百二十二有傳。

傳謂繪以侍讀學士知亳。

「督學」，或爲軾致繪簡中語。

劉恕(道原)寄詩來，軾有和。恕嘗致簡，答簡不滿王安石新學。

《蘇軾詩集》卷七《和劉道原見寄》中云「廬山自古不到處」，時恕侍親居廬山。同卷尚有《和劉道原詠史》、《和劉道原寄張師民》，《東坡集》、《施譜》次本年。《詩案·和劉恕三首》謂熙寧六年作，「六」誤刊；詩有譏諷意。

答簡見《佚文彙編》卷二(二四四〇頁)。《邵氏聞見後録》卷二十謂倅杭作，并謂「熙寧初王氏之學務爲穿穴至此」。今附此。《總案》謂簡作於「頒刻王安石經義列學宫」後。據《宋史·神宗紀》，頒經義乃熙寧八年四月己酉，時蘇軾在密州。疑《總案》誤。

《詩案》云：「軾任杭州通判，有秘書劉恕字道原，寄詩三首，軾依韻和即不曾寄張師民。師民者，亦不曾識。除無譏諷外，云：『仁義大捷徑，詩書一旅亭。相詩綬若若，猶誦麥青青。腐鼠相勞嚇，高鴻本自冥。顛狂不用喚，酒盡漸須醒。』此詩譏諷朝廷近日進用之人，以仁義爲捷徑，以詩書爲逆旅，俱爲印綬爵禄所誘，則假六經以進，如莊子所謂儒以詩禮發冢，故云『麥青青』。又云小人之顯禄，如鵄鳶以腐鼠嚇鴻鵠，其溺於利，如人之醉於酒，酒盡則自醒也。又云『敢向清時怨不容，直嗟吾道與君東。坐談足使淮南懼，歸去方知冀北空。獨鶴不須驚夜旦，羣烏未可辨雌雄。廬山自古不到處，得與幽人仔細窮』。軾爲劉恕有學問，性正直，故作此詩美之，因以譏諷當今進用之人也。恕於是時自館中出監酒務，非敢怨時之不容。馬融謂鄭康成，吾道東矣，故比之。汲黯在朝，淮南寢議，又以比恕之直。又韓愈云：冀北馬羣遂空。言館中無人也。稽紹昂昂如獨鶴在鷄羣。又《淮南子》：『鷄知將旦，鶴知夜半』。又以劉恕比鶴，謂衆人爲鷄也。《詩》曰：『具曰予聖，誰知烏之雌雄。』意言今日進用之人，君子小人雜處，如烏不可辨雌雄。其詩在册子内。」

張吉甫赴閩漕，軾有送行詩。

詩見《蘇軾詩集》卷七（三三四頁）。雍正《福建通志》卷二十一謂吉甫熙寧間爲福建轉運副使。《長編》卷二百四十五熙寧六年六月丁丑紀事叙吉甫以三班借職爲上界勾當公事，辭；王安石贊其「極有幹才」。《安陽集》卷八、卷九有詩及吉甫。

四月四日，軾三子過生。

《佚文彙編》卷四與堂兄（起句「十二姨尊候必康健」）簡：「軾房下四月四日添一男，頗易養，名似叔。」今年作。《嵩山文集》卷二十《蘇叔黨墓誌銘》謂過宣和五年卒，年五十二。與簡合。似叔乃過小名。

雨中遊天竺靈感觀音院，軾有詩。

詩見《蘇軾詩集》卷七（三三七頁），首云「蠶欲老，麥半黃」，約爲四月事。

趙槩自睢陽訪歐陽修於潁，時吕公著守潁，修榜相會之地爲會老堂。蘇軾有詩及之。

《蘇軾詩集》卷八有《和歐陽少師會老堂次韻》、《和歐陽少師寄趙少師次韻》。歐陽少師乃修，趙少師乃槩。

《蘇軾文集》卷十八槩神道碑叙訪修事。槩，宋人，《宋史》卷三百十八有傳。《吕氏雜記》叙公著守潁時趙槩訪修事。《欒城集》卷四有《趙少師自南都訪歐陽少師於潁州留西湖久之》詩，有「遨遊西湖中，仲夏草木榮」之句，槩來乃四月事。

同陳襄（述古）觀芍藥，轍有詩。

詩見《欒城集》卷四，云「共驚春去已多日，争看花開最後番」，知作於夏初。

軾作詩戲轍，轍次其韵。

次韵見《欒城集》卷四。

軾詩乃《蘇軾詩集》卷七《戲子由》。首云：「宛丘先生長如丘，宛丘學舍小如舟。常時低頭誦經史，忽然欠伸屋打頭。斜風吹帷雨注面，先生不愧旁人羞。」雖云戲，乃實寫。轍次韵有「糜費廪粟常慚羞」之句，安於職守。

《詩案·與王詵往來詩賦》：「《戲子由》云：『任從飽死笑方朔，肯爲雨立求秦優。』意取《東方朔傳》『侏儒飽欲死』及《滑稽傳》『優旃謂陛楯郎，汝雖長何益。乃雨立，我雖短，幸休居』，言弟轍家貧官卑，而身材長大，所以比東方朔、陛楯郎，而以當今進用之人，比侏儒、優旃也。又云：『讀書萬卷不讀律，致君堯舜知無術。』是時朝廷新興律學，軾意非之，以謂法律不足以致君於堯舜，今時又專用法律而忘詩書，故言我讀萬卷書，不讀法律；蓋聞法律之中無致君堯舜之術也。又云：『勸農冠蓋鬧如雲，送老齏鹽甘似蜜。』以譏諷朝廷新開提舉官，所至苛細生事，發擿官吏，惟學官無吏責也，弟轍爲學官，故有是句。又云：『平生所慚今不恥，坐對疲氓更鞭箠。』是時多徒配犯鹽之人，例皆饑貧，言鞭箠此等貧民，軾平生所慙；今不恥矣。以譏諷朝廷鹽法太急也。又云：『道逢陽虎欲與言，心知其非口喏唯。』是時張靚、俞希旦作監司，意不喜其人，然不敢與争議，故毁詆之爲陽虎也。」《丹淵集》拾遺上有和軾韻。

軾應蔡準邀游西湖，有詩。準子京爲錢塘尉，有交往。

《蘇軾詩集》卷七《和蔡準郎中見邀游西湖》其一首云「夏潦漲湖深更幽」，點明季節。準見注文（三三七頁）。《宋史》卷四百七十二《蔡京傳》謂京「登熙寧三年進士第，調錢塘尉」。《鐵圍山叢談》卷六謂京尉錢塘，「時東坡公適倅錢塘，因相與學徐季海」。季海名浩，《舊唐書》卷一百三十七、《新唐書》卷一百六十有傳。《韻語陽秋》卷五引蘇過跋軾書謂父軾書乃「以其至大至剛之氣，發於胸中而應之以手，故不見有刻畫嫵媚之態，而端乎章甫，若有不可犯之色」；謂少學二王，晚乃學顏，時有二家風氣，「俗手不知，妄謂學徐浩，陋矣。」

六月壬子（初五日），河陽三城節度使守司空兼侍中曾公亮遷守太傅致仕。轍有賀啓。

六月云云，據《長編》卷二百三十四。

轍啓乃《欒城集》卷五十《賀致政曾太傅啓》。

公亮卒於元豐元年閏正月己亥，見《長編》卷二百八十七。

二十七日，軾登望湖樓醉書五絶。

詩見《蘇軾詩集》卷七（三三九頁）。《欒城集》卷四次韻。

七月一日，出城，舟中苦熱，軾有詩。蓋循行屬縣。

詩見《蘇軾詩集》卷七（三四二頁）。《施譜》：「七月，循行屬縣。」

七日，寓餘杭法喜寺，軾作詩懷吴興太守孫覺（莘老）。

詩見《蘇軾詩集》卷七（三四二頁）。《欒城集》卷四次韻。《詩集》卷九《元日次韻張先子野見和七夕寄莘老之作》乃次此詩韻，知此詩作於七月七日。覺於熙寧四年十一月到吴興任，見《嘉泰吴興志》卷十四。

宿臨安净土寺，至功臣寺，遊徑山。嘗與澄慧大師游。自徑山回，得吕仲甫詩，次其韻招游湖上，宿望湖樓，夜泛西湖。軾皆有詩。

詩見《蘇軾詩集》卷七（三四四至三五二頁）。爲七月事。《欒城集》卷四《次韻子瞻遊徑山》叙軾至杭後，扁舟屢出，「今秋復入徑山寺」。軾詩，轍皆次韻。《詩集》卷十九《送淵師歸徑山》：「我昔嘗爲徑山客，至今詩筆餘山色。師住此山三十年，妙語應須得山骨。」淵師乃澄慧大師，見注文。軾從淵師遊，當自是始。《雞肋集》卷二十《汴堤暮雪懷徑山澄慧道人》：「朔風吹雪亂霑襟，走馬投村日向沉。遥想道人敲石火，冷杉寒竹五峯深。」可參。

《艇齋詩話》：「東坡詩云『雪眉老人夜扣關』，老人即天目山龍也，今有老人亭。又『明窗睡足來扑握』者，道欽禪師嘗有兔爲師暖鞋；『問龍乞水歸洗眼』者，龍井水可洗眼故也，又云『兩眼尚能看細字』。」

徑山乃天目山東北峯。「雪眉」、「明窗」、「問龍」，皆見《游徑山》。《游徑山》無「兩眼」句。

軾詩求焦千之惠山泉。時千之知無錫縣。
詩見《蘇軾詩集》卷八(三六一頁)。千之字伯强,丹徒人,《京口耆舊傳》卷一有傳;軾求泉時,「正其作縣時」。《蘇軾文集》卷三十二附録單鍔《吴中水利書》謂千之熙寧八年尚在縣令任。知軾求泉時,乃千之初到任時。《公是集》卷三十五、《彭城集》卷三十四有《送焦千之序》,可補傳之所不及。

任伋(師中)來詩,軾次韻答之。
次韻見《蘇軾詩集》卷八(三六二頁),時伋倅黄州。伋詩佚。

沈立邀游湖,軾不赴,明日得雙蓮持獻,并作詩。時朝廷已命陳襄知杭州。
詩見《蘇軾詩集》卷八(三六三頁),云「湖上棠陰手自栽,問公更得幾回來」。《咸淳臨安志》卷四十六謂五月乙未朝廷已命陳襄知杭。立此時乃留任待襄來。「棠陰」美立之政,《咸淳臨安志》謂「立勤於職事」,蓋紀其實。襄字述古,《宋史》卷三百二十一有傳。有《古靈集》傳世,附有葉祖洽所作行狀。

柳瑾(子玉)卜築共城共山,新開御河過所居墻下,瑾作詩寄,轍和之,約與瑾爲鄰。
和詩見《欒城集》卷四,首云「卜築共山功欲成,新河入縣巧相縈」。共城屬河北西路衛州,境内有共山。

和詩云「爲鄰有意非今日，丐我餘波伴濯纓」；《集》卷六《柳子玉郎中輓詞》其二云「共首卜居空舊約」，謂此。然未能如願。

瑾何以卜築共城，是否因移官於此？待考。

瑾熙寧六年夏至杭州，旋監潛山靈仙觀。

閏七月庚午（二十三日），歐陽修卒。軾聞訃後哭於惠勤之室，爲文祭之。

閏七月云云，見《歐陽文忠公集》卷首《年譜》。年六十六。八月丁亥贈太子少師。熙寧七年八月，謚文忠。

《蘇軾文集》卷十《錢塘勤上人詩集叙》謂修卒於汝陰，「余哭之於其室」。祭文見《文集》卷六十三（一九三七頁）。

《蘇軾詩集》卷八《哭歐陽公孤山僧惠思示小詩次韻》有「衰鬢亦驚秋」之句，文與詩皆作於秋。

轍赴潁哭修。有輓詞、祭文。

《欒城集》卷四有輓詞三首，卷二十六有祭文。祭文云「哭公於堂」。

軾與范百嘉（子豐）簡，叙及鹽法爲累，并問及范百揆（子中）、范百歲（子老）近况。

《蘇軾文集》卷五十與百嘉第五簡首云南方夏熱，入秋稍涼，嗣云「鹽法更變，課入不登，雖閑局，不免以此爲累」，知作於倅杭時。又詢及：「子中、子老頃在左右，今已赴官未？」今繫入本年。

百揆，鎮長子，官至朝散郎。見《欒城後集》卷二十祭百揆文，并參《文集》卷十四《范景仁墓誌銘》。祭文作於建中靖國元年。百揆乃百嘉之兄。

百歲，鎮第四子。熙寧中，鎮請老，以明堂恩得試秘書省正字。元豐中卒，年二十九。事迹詳《范太史集》卷三十九《開封府太康縣主簿范君墓誌銘》。

百嘉詳元豐元年「乞四明不得」條紀事。

八月，軾與劉撝等監試中和堂。賦詩呈諸試官；登望海樓賦五絶。

《施譜》：「八月，監試進士。」入試院爲八月初。撝弟誼亦從軾游。

《蘇軾詩集》卷十八《送劉寺丞赴餘姚》首云：「中和堂後石楠樹，與君對牀聽夜雨。玉笙哀怨不逢人，但見香烟横碧縷。謳吟思歸出無計，坐想蟋蟀空房語。」叙此時事。題下「施注」：撝字行甫，長興人，「熙寧壬子歲，行甫爲杭州進士考官，東坡□□，自是兄弟皆從公遊。中和堂蓋校士所也」。弟謂誼，字和甫。

《詩集》卷八《監試呈諸試官》叙歐陽修嘉祐二年知貢舉改變文體後，云：「爾來又一變，此學初誰諗。權衡破舊法，芻豢笑凡飪。高言追衛樂，篆刻鄙曹沈。」謂其時尚虚無、鄙詩賦。同卷尚有《試院監茶》、《望海樓晚景五絶》，皆試院作。《欒城集》卷四有和。黄裳《演山先生文集》卷二《送劉和甫之江東》：「去年相逢時，霜華輕壓梅花枝。今年相别日，蘋末秋風慘行色。逢時易爲樂，别時易爲傷。誰知傷與樂，各是羈旅腸。送者難爲留，離者難爲行。誰知離與合，各是天涯人。離合有分不可料，彼此有適當忘情。君今此去何時來，韋編頻向燈前開。讀書患在少思索，時將寸管書清才。君今此去何時到，風力攻帆急如火。秋光照人益瀟灑，一葉輕舠又東下。松陵鱸膾是時節，無惜霜鋒傍船切。泛入東南第一州，八月仙濤駕天白。江頭此景須吟看，少留軒旆開朱顔。徐徐踰江詣所舍，心閒應愛雲中山。用其所樂以自遣，莫教鄉思爲心關。他時握手又西上，多在後歲秋風間。」可參。

十日夜，看月懷弟轍并崔度，軾賦詩。

詩見《蘇軾詩集》卷八（三七五頁）。《欒城集》卷四次韻。度時仍爲陳州教授，見注文。

十五日夜，催試官考較，軾作詩。

詩見《蘇軾詩集》卷八（三七六頁）。宋制，放榜在中秋日，時猶未放榜，故催之也。參吴自牧《夢粱録》。

十七日，榜出，軾與劉撝等復留。

《蘇軾詩集》卷八詩題：「八月十七日，復登望海樓，自和前篇，是日榜出，余與試官兩人復留。」卷十八《送劉寺丞赴餘杭》云「明朝開鎖放觀潮，豪氣正與潮争怒。銀山動地君不看，獨看清香生雲霧」。寫此時事，寺丞乃撝。

試院中，軾應孫覺（莘老）之請，作墨妙亭詩，應李常（公擇）請，作黄鶴樓詩。

詩見《蘇軾詩集》卷八（三七一、三七三頁）。《欒城集》卷四皆次韻，謂常時知鄂州。《蘇軾文集》卷十一《墨妙亭記》謂今年二月，覺作墨妙亭。《曾鞏集》卷七《寄孫莘老湖州墨妙亭》。

試院軾與范祖禹（夢得、純父）簡，叙近況，時祖禹佐司馬光編修《資治通鑑》。

簡乃《蘇軾文集》卷五十六與祖禹第一簡，叙監試得閑，「日在中和堂、望海樓閑坐，漸覺快適」。佐司馬光見《宋史》卷三百三十七祖禹傳。傳謂在洛十五年，不事進取，「富弼致仕居洛，素嚴毅，杜門罕與人接，待祖禹獨厚」。與祖禹第二簡：「富公必時見之，聞其似四十許人，信否？君實固甚清。」謂富弼、司馬光。祖禹乃鎮從姪，百禄從弟。

簡云：「屢得蜀公書，知佳健。二家兄書云，每去輒留食，食倍於我輩，此大慶也。」蜀公謂范鎮。二家兄乃不疑（子明），知不疑與范鎮交往頗密。簡云：「頻得潞公手筆，皆詳悉精好。」時文彦博爲樞密使；熙寧四月己亥，判河陽。見《宋史·宰輔表》。

出試院後，軾下痢。

《蘇軾文集》卷五十一《與郭功父》第一簡：「某出院本欲往見，以下痢乏力未果，想未訝也。」出院謂出試院。第二簡言及「下痢雖止」。功父，祥正字，時祥正權邵州防禦判官，見《長編》卷二百四十四熙寧六年四月壬辰紀事；并參拙撰《郭祥正略考》，載《文學遺産增刊》第十八輯。此二簡非與郭祥正者。

本月，沈立（立之）罷杭守，去杭。

《蘇軾詩集》卷八《和沈立之留别二首》其二自注：「去時，予在試院。」立去爲八月。據《咸淳臨安志》卷四十六：立去杭後知審官西院。

權領州守事，軾判官妓從良。

《澠水燕談録》卷十：「（蘇）子瞻通判錢塘，嘗權領州事；新太守將至，營妓陳狀詞，以年乞出籍從良。公即判曰：『五日京兆，判狀不難；九尾野狐，從良任便。』有周生者，色藝爲一州之最，聞之亦陳狀乞嫁。惜其去，判云：『慕《周南》之化，此意雖可嘉；空冀北之羣，所請宜不允。』」

《侯鯖録》卷八：「錢塘一官妓，性善媚惑，人號曰九尾野狐。東坡先生適是邦，闕守，權攝。九尾野狐者，一日下狀解籍，遂判云：『五日京兆，判斷自由（下略）。』復有一名娼，亦援此例，遂判云（略）。」云「略」者，與《澠水燕談録》略同也。

陳襄繼沈立爲杭守，於熙寧七年八月十三日離杭，繼襄之任者楊繪於是年八月十七日前已至杭。蘇軾權杭守，當爲沈立去杭後事。

八月，轍同頓起於洛陽妙覺寺考試舉人。及還，道出嵩、少之間，至許昌，共得詩二十六首。

據《欒城集》卷四詩總題及分題《和頓主簿起見贈二首》。後者云「文字憑君便去留」。分題《過登封閻氏園》：「菊殘知節過，荷盡覺池深。」其歸在九月。《集》卷八《次韻頓起考試徐沂舉人見寄》其二末云：「空憶倚樓秋雨霽，與君看遍洛陽城。」自注：「前舉與頓同試西京舉人。」乃此時事。

《欒城遺言》：「公試進士河南府，問：三代以禮樂爲治本、刑政爲末，後世反之，而不言禮樂之效、刑政之敝，其相去甚遠。然較其治亂盛衰，漢文帝、唐太宗海内安樂，雖三代不能加。今祖宗法令修明，求之前世，未有治安若今之久者。然而禮樂不如三代，世之治安不在禮樂歟！河南士人皆不能喻此意。司馬温公問：『如此發策，亦自有説乎？』公曰：『安敢無説。』温公默然。既而見文定。文定曰：『策題，國論也。』蓋元豐間流俗多主介甫説而非議祖宗法制也。」文定，張方平。策文全文見《集》卷二十，題作《河南府進士策問三首》。

轍在洛晤范祖禹(淳父)，論莊子。

《欒城遺言》：「范淳父洛中問公求論題，公以《莊子》『孝未足以言至仁』令范作論，范詆斥莊子。公曰：『曾、閔匹夫之行，堯、舜仁及四海。』」時祖禹佐司馬光修《資治通鑒》，見《宋史》祖禹傳。

轍次韵兄軾詩十二首，和兄軾詩三首。

次韵自《欒城集》卷四《次韵子瞻登望海樓五絶》至卷五《次韵子瞻游道場山何山》。和詩皆在卷四。

時轍有授東南幕官之訊，亦有來杭之訊。

《蘇軾文集》卷六十一《與大覺禪師》其一：「舍弟今在陳州，得替，當授東南幕官，冬初恐到此，亦未甚的。」云「冬初」，當作於秋間。簡末云有「拙惡百十首」，計來杭已有時日。今次本年此時。

秋，陳襄（述古）移知杭州。轍代襄作辭太昊廟文、辭孔子廟文。

秋云云，據《永樂大典》卷三千一百四十二引陳曄《古靈先生年譜》。《咸淳臨安志》卷四十六謂襄今年五月乙未知杭州。按：此乃朝廷除命之日。

二文乃《欒城集》卷二十六《陳述古舍人辭廟文二首》。

張芻（聖民）知陳州。轍代芻撰到任謝兩府啓。

《欒城集》卷九《次韵張芻諫議燕集》首云「淮陽卧閤生清風」。詩末自注：「聖民昔知陳州，余嘗從之游矣。」謝啓乃《集》卷五十《代張聖民修撰謝二府啓》：「分憂畿外，尤荷於陶鈞。」陳州密邇京畿。芻，濮州鄄城人。真宗大中祥符八年（一〇一五）生。仁宗時進士。補江州司户參軍。遷國子直講，同知太常禮院，史館檢討。至和元年，落職監潭州酒税。歲餘，通判揚州，擢淮南轉運使。事迹見《長興集》卷十七《張公墓誌銘》。此處所叙，并參《長編》卷一百七十六。參元豐二年「張芻來知應天府兼南京留守」條紀事。《長編》卷二百五十五熙寧七年八月丁丑紀事云及「兵部郎中、集賢殿修撰張芻爲遼主生辰使」。則《代張聖民修撰》云云乃編《集》時所定。

陳襄到任。中和堂木芙蓉盛開，襄作詩，軾有和。襄辟孫奕爲簽判。

《古靈集》卷二十五《中和堂木芙蓉盛開戲呈子瞻》：「千林寒葉正疏黄，占得珍叢第一芳。容易便開三百朵，此心應不畏秋霜。」約作於九月。襄到任爲前此不久事。和詩乃《蘇軾詩集》卷八《和陳述古拒霜花》。拒霜即芙蓉。

《淳熙三山志》卷二十六《孫奕傳》謂奕字景山，閩縣人。皇祐元年進士。歷知南陵、海陵、吴縣。吕誨知開封，薦知封丘縣。誨拜御史中丞，薦爲臺推，遷監察御史。論新法，爲鄧綰劾奏，出監陳州酒。以下云：「陳襄知杭州，辟爲簽判。移監泗州轉般倉。元祐初，除本路轉運使，卒。」光緒《福州府志》卷四十九奕傳并謂：「襄在經筵復言奕行事著於鄉閭，節義信於朋友，歷官所至，以善政聞，宜使當一路以厚俗安民。」

周邠（開祖）之母卒，軾作輓詞。

《蘇軾詩集》卷四十八《次韻答開祖》云「淚滴秋風」，知其母卒於秋；《周夫人輓詞》云「教子通經古所賢，安貧守道節尤堅」，贊其母。卷九《會客有美堂》詩題謂邠「有服」，作於下年五月。邠爲錢塘人，嘉祐八年進士。見影印《浙江通志》卷一百二十三。妻陳氏，舜俞之女，見《都官集》蔣之奇序。

梵天寺見僧守詮詩清婉可愛，軾次韻。

詩見《蘇軾詩集》卷八（三八〇頁）。

《冷齋夜話》卷六《東坡和僧惠詮詩》：「東吴僧惠詮，佯狂垢汙，而詩句絶清婉，嘗書湖上一山寺壁曰（略）；東坡一見，爲和於後曰（略）。詮竟以詩知名。」惠詮即守詮。

《竹坡詩話》：「余讀東坡《和梵天寺僧守詮》小詩（略），未嘗不喜其清絶過人遠甚。晚游錢塘，始得詮詩云：『落日寒蟬鳴，獨歸林下寺。松扉竟未掩，片月隨行屨。時聞犬吠聲，更入青蘿去。』乃知其幽深清遠，自有林下一種風流，東坡老人雖欲回三峽倒流之瀾與溪壑争流，終不近也。」

聽僧惟賢琴，以歐陽修論琴詩之旨，軾作詩。

詩見《蘇軾詩集》卷八（三八一頁）。《蘇軾文集》卷七十一《雜書琴事十首·歐陽公論琴詩》叙其事；文云「詩成欲寄公而公薨」，知詩成時尚未聞修之訃。

蘇軾《賦秋懷》二首。

詩見《蘇軾詩集》卷八。

詩其一云：「蟋蟀鳴我牀，黄葉投我帷。窗前有棲鵩，夜嘯如狐狸。露冷梧葉脱，孤眠無安枝。熠燿亦有偶，高屋飛相追。定知無幾見，迫此清霜期。」淒凛。

詩其二云：「念我平生歡，寂寞守環堵。壺漿慰作勞，裹飯救寒苦。今年秋應熟，過從飽雞黍。嗟我獨何求，萬里涉江浦。居貧豈無食，自不安畎畝。」「平生歡」者，謂鄉中舊友也。鄉中親友，寂寞中自有其樂趣。言念及此，不免悔從仕。

孔文仲過杭，與軾有倡酬。

《蘇軾詩集》卷八《次韻孔文仲推官見贈》云及秋草，乃秋季事。文仲時罷台州推官，見注文，贈詩佚。

軾奉轉運司檄，督開湯村、鹽官運鹽河，哀役民之苦。經水陸寺，游鹽官南寺千佛閣、北寺悟空禪師塔，觀塔前古檜及僧爽白雞。

《蘇軾詩集》卷八有《湯村開運鹽河雨中督役》。《施譜》以轉運司檄臨視開運鹽河乃用盧秉之説，繫十二月。《總案》謂《詩集》卷八《是日宿水陸寺寄北山清順僧》云「農事未休侵小雪」，謂爲十月事，今從。二詩，《欒城集》卷四次韻。清順詳熙寧六年「僧清順新作垂雲亭」條。

《詩集》卷八《鹽官絶句四首》分題即爲「南寺千佛閣」等。北寺乃安國寺，中有大悲閣，見熙寧十年「應僧居則之請作《鹽官大悲閣記》」條。

《詩案·與王詵往來詩賦》：「《差開運鹽河》詩云：『居官不任事，蕭散羨長卿。胡不歸去來，留滯愧淵明。鹽法星火急，誰能恤農耕。薨薨曉鼓動，萬指羅溝坑。天雨助官政，泣愁淋衣纓。人如鴨與猪，投泥相濺驚。下馬荒堤上，四顧但胡䀛。淺路不容足，又與牛羊争。歸田雖賤辱，豈識泥中行。寄語故山友，慎勿厭藜羹。』軾爲是時盧秉提舉鹽事，擘畫開運鹽河，差夫千餘人，軾於大雨中部役。其河只爲般鹽，既非農事而役農民，秋田未了，有妨農事。又其河中間，有涌沙數里；軾宣言開得不便。軾自嗟泥雨勞苦，羨司馬長卿居官而不任事，又愧陶淵明不早棄官歸去也。農事未休而役夫千餘人，故云：『鹽事星火急，誰能邺農耕。』又言百姓已勞苦不易；天雨又助官政勞民，轉致百姓疲役，人在泥水中，辛苦無異鴨與猪。又言軾亦在泥中，與牛羊争路而行，若歸田，豈識於此哉。故云『寄言故山友，慎勿厭藜羹』而厭仕宦，以譏諷朝廷開運鹽河不當以妨農事也。」

六和寺冲師閘山溪爲水軒，蘇軾題詩。

詩見《蘇軾詩集》卷八(三九四頁)。《咸淳臨安志》卷八十二《寺觀八·佛塔·六和塔》:「在龍山月輪峯,即舊壽寧院。」同上書卷七十八《寺觀四·寺院·自南山净慈至龍井·報恩光孝禪寺(原注:即净慈)》:「顯德元年建,號慧日永明院。太宗皇帝賜壽寧院額,紹興十九年改今額。」六和寺或在六和塔所在寺院内,即南山净慈寺。然此詩詩題云「聞山溪」,云「欲放清溪自在流」,又不似城區景象。此詩次《鹽官四絶》後,意者六和寺或在鹽官,查《咸淳臨安志》,鹽官無此寺。姑志疑於此。詩末云:「出山定被江潮涴,能爲山僧更少留。」冲師聞住清溪,其意原在此;尋常人不可能道出此意。憑添情趣。

十月乙酉(初十日),陳襄燕錢塘貢士於中和堂,賦詩勉之,蘇軾作序。

序乃《蘇軾文集》卷十《送杭州進士詩叙》,襄詩見《古靈集》卷二十二,《古靈集》附録《年譜》謂作於本年十月。

十一月初十日(冬至),獨遊吉祥寺。後十餘日復至。

有詩,見《蘇軾詩集》卷八(三九四、三九五頁)。《西湖游覽志》卷二十《北山分脈城内勝迹》謂吉祥寺乃乾德二年睦州刺史薛温捨宅爲之,治平二年改廣福,「今廢」。

蘇軾作《戲贈》。

詩見《蘇軾詩集》卷八。

詩首二句：「惆悵沙河十里春，一番花老一番新。」沙河十里，春光旖旎，爲何而云惆悵？蓋以老花、新花更替之故。此花，非僅謂自然界之花，實謂人羣中之花，年長色衰，不悦於人，不得不讓位於嬌花、鮮花，此惆悵之所由也。末二句：「小樓依舊斜陽裏，不見樓中垂手人。」知作者所云之花，實有所指，即樓中之垂手人，樓中之舞女。作者於此舞女，非必有深情，然有交往，知其將告别舞女生涯，爲此以慰之，不過游戲筆墨，故其題直云「戲」。

有人作詩求蘇軾筆迹，軾和其詩而却其請。

軾詩見《蘇軾詩集》卷八(三九五頁)。

詩首云「麥光鋪几浄無瑕」，贊佳紙。次云「入夜青燈照眼花」，爲字不佳作鋪墊。末云：「從此剡藤真可弔，半紆春蚓綰秋蛇。」由字不佳而爲紙惜，於紙有愧，較之僅言字不佳者意深一層，可謂妙筆。不直言却求筆迹者之請，而却意即在其中。

十五日，與堂兄不疑(子明)夫婦簡，時將赴湖州。

簡乃《佚文彙編》卷四與不疑第七簡，有「自顧方拙」之歎。簡云「有少公事，一到湖州」。

二十三日，軾答曾鞏書言新法不便。

詳《詩案·送曾鞏得燕字》。答書有「賦役牛毛，鹽事峻急，民不聊生」語。

本月，孔延之（長源）罷越州。延之過杭赴京師，飲有美堂。

本月云云，據《嘉泰會稽志》卷二。《長編》卷二百四十本月丁巳紀事謂延之乃以沮壞鹽法虧歲額而衝替。《蘇軾詩集》卷十三《孔長源輓詞》叙過杭事。延之乃文仲之父，長蘇軾二十二歲。《元豐類稿》卷四十二有墓銘。

軾將奉轉運司檄檄湖州，相度捍堤利害，寄詩孫覺（莘老），詩首次提及黄庭堅；作詩暫別公輔、張次山（希元）、彦遠、醇之、吕仲甫（穆仲）。醇之嘗勸蘇軾戒言語。

《蘇軾詩集》卷八有《將之湖州戲贈莘老》、《再用前韻寄莘老》。後者云：「江夏無雙應未去，恨無文字相娱嬉。」自注：「黄庭堅，莘老婿，能文。」庭堅本年除北京國子監教授，見《山谷全書》卷首《年譜》。《欒城集》卷四次韻。

「相度捍堤」據《施譜》，用盧秉説。《宋史》卷三百四十四《孫覺傳》謂知湖州，修松江堤，高丈餘，長百里。

《詩集》卷四十八《欲往湖州見孫莘老别公輔希元彦遠醇之穆仲》之公輔、彦遠、醇之三人，考證於下。蘇軾同時代人字公輔者有方仲謀，淳安人，嘉祐二年進士。見影印本《浙江通志》卷一百二十三。《宋詩紀事》卷二十一有詩。

軾同時代人有關景暉，字彦遠。景暉，越州人，嘉祐八年進士。爲鄆州平陰縣主簿，官河北路、揚州，爲縉雲令。《雞肋集》卷十六《送會稽關彥遠罷官河北》首云「君年長我二十五」。補之生於皇祐五年，見本譜該年紀事。據此逆推，知景暉生於天聖七年。《雞肋集》卷七有《和關承議彥遠水樂》，卷八有《次韻彥遠相州道中二首》，卷九有《和關彥遠秋風吹我衣》、《和縉雲守關彥遠浮山作》，卷十五有《和關彥遠雪》、《病起答關景暉》，卷十六有《送會稽關彥遠罷官河北》、《別關景暉二首》、《陪關彥遠曾彥和集龍興寺詠隋時雙鴨脚次彥遠韻》等。妻曾氏，鞏之妹，卒於嘉祐二年，年三十二。事迹詳《曾鞏集》卷四十六《鄆州平陰縣主簿關君妻曾氏墓表》。兄景仁，詳本譜元豐二年「過松江」條。

軾同時代人有梁師孟，字醇之，菑川人。嘉祐二年進士。熙寧二年，爲秘書省著作佐郎。元豐中通判隰州。事迹詳《忠肅集》卷十三《朝奉大夫致仕梁公墓誌銘》。

據此，公輔、彥遠、醇之或分別爲方仲謀、關景暉、梁師孟。

《後村先生大全文集》卷一百四《題跋·墨林方氏帖·蘇文忠公·坡隸四帖》：「醇之與二蘇交情如此，惜不得其姓名，方勸坡戒言語時，詩禍未有萌也。自密守徐，自徐守湖，自湖乃逮赴御史獄，坡聰明了不自知，子由亦未之知，而醇之獨先知之，可謂見遠察微之士矣。墨帖所藏坡帖，皆晚年時字，此帖在烏臺詩案以前，尤清媚可愛。」蘇軾與醇之帖早佚。醇之勸蘇軾戒言語，據此題跋，爲軾倅杭時事。

送張軒民赴省試，軾有詩。

詩見《蘇軾詩集》卷八(三九七頁)，云「與子相逢亦弟兄」。自注：「伯父與太平州張侍讀同年，此其子。」《宋史》卷三百三十《張瓌傳》謂瓌字唐公，英宗時爲翰林侍讀學士，後「請爲太平州」。《長編》卷二百四十二熙寧六年正月乙丑紀事：「翰林侍讀學士、左諫議大夫、知太平州張瓌爲給事中，致仕。瓌未受命而卒。」知軒民乃瓌子，軾作此詩時，瓌猶在世。《宋史》謂瓌年七十。軾與軒民爲世交。瓌，洎孫。洎，滁州全椒人，《宋史》卷二百六十七有傳。《王荆文公詩》卷二有《送張贊善君西歸》(題下注：名軒民)詩，作於金陵，首云：「柴荆雀有羅，公子數經過。邂逅相逢晚，從容所得多。」

赴湖途中，軾作《畫魚歌》，轍有和。

軾詩見《蘇軾詩集》卷八。《欒城集》卷四有和。

轍詩題下自注：「吴人以長釘加杖頭，以杖畫水取魚，謂之畫魚。」轍此自注所云，當得之軾，以轍未嘗在吴久留也。據此，知畫魚者，乃吴人以一種特制工具捕魚之義。

軾詩首云：「天寒水落魚在泥，短鈎畫水如耕犂。渚蒲披折藻荇亂，此意豈復遺鰍鯢。」魚在泥，易捕。耕犂，泥皆翻覆；渚蒲披折：魚無藏身之地。捕魚者之意不僅欲捕盡水中之魚、泥中之魚，連鰍鯢亦不肯放過。深刺捕魚者捕魚手段太過。

軾詩末云：「漁人養魚如養雛，插竿冠笠驚鵜鶘。豈知白梃鬧如雨，攪水覓魚嗟已疏。」養雛，極形象，極貼切。蓋魚乃漁人生活之所倚。插竿冠笠，其護之也甚至。捕魚者一味以捕盡爲樂，漁人該如何生存。

此詩蓋爲諷刺新法而作者。

蘇軾賦《鴉種麥行》。

詩見《蘇軾詩集》卷八。

題稱「鴉種麥」。拈「種」，頓令人生好奇之心。詩首四句云：「霜林老鴉閑無用，畦東拾麥畦西種。畦西種得青猗猗，畦東已作牛尾稀。」此之謂「鴉種麥」。然則「鴉種麥」者，不過對人之戲弄耳。以下四句：「明年麥熟芒攢槊，農夫未食鴉先啄。徐行俯仰若自矜，鼓翅跳踉上牛角。」此實僅非戲弄，而爲搗亂。以下二句：「憶昔舜耕歷山鳥爲耘，如今老鴉種麥更辛勤。」鳥耘歷山實爲人助耘，鴉種則反之；「辛勤」亦反語。末二句：「農夫羅拜鴉飛起，勸農使者來行水。」此詩，作者當據親身所歷寫成。農夫苦鴉之擾，然又無法驅之，又以爲冥冥之中實有所主使，故羣起拜之，以求其去。行水謂治水。勸農使者之來，不僅爲治水，而應爲民除害；今鴉害如此，使者其何以慰吾民。作者於此，爲勸農使者提出一新課題，其意旨深遠。

此詩據《蘇軾詩集》次第，作於赴湖州途中。

十二月，軾至湖州，爲孫覺作《墨妙亭記》。贈覺以羊欣帖摹本。

記見《蘇軾文集》卷十一，謂覺「網羅遺逸，得前人賦詠數百篇，以爲《吴興新集》，其刻畫尚存而僵仆斷缺於荒陂野草之間者」，皆集於墨妙亭。亭中所刻，詳《詩集》卷八《孫莘老求墨妙亭詩》注文，其中有蘇軾所贈羊欣帖。《文集》卷六十九《題羊欣帖》叙贈帖事；文謂「此帖在王文惠公家」，得其摹本於其子鍇。文惠名隨，《宋史》卷三百十一有傳。

軾和張先《春晝》。

《蘇軾詩集》卷八《和致仕張郎中春晝》云「東風屈指無多日」。先仕至都官郎中，時居湖。《寶真齋法書贊》卷十一《張子野詩稿帖》：「張子野在熙寧間致政，來往杭霅兩郡，是時東坡先生、楊元素、李公擇爲守倅，陳令舉柳子玉皆在，蓋一時文章鉅公也。子野年八十餘，視諸公爲丈人行，東坡次韻《春晝》一篇，推仰之意至矣。……庚戌十二月吉雪溪老人關演子長。」庚戌當建炎四年（一一三〇）。

軾始見黄庭堅（魯直）詩文於孫覺座上。常爲庭堅稱揚。

《蘇軾文集》卷五十二答庭堅第一簡叙見庭堅詩文，贊爲精金美玉。《柯山集》卷四十六《與魯直書》謂「禮部蘇公在錢唐，始稱魯直文章，士之慕蘇公者，皆喜道足下」。書作於元豐末。禮部，蘇軾。

軾晤邵迎、賈收。嘗評有美堂詩，以收爲冠。嘗賦《雙荷葉》、《荷花媚》贈收妾雙荷葉。

《蘇軾文集》卷十《邵茂誠詩集敘》敘晤迎於孫覺座上。《詩集》卷八有《和邵同年戲贈賈收秀才》，迎登嘉祐二年進士第；有和收《吴中田婦歎》。收乃烏程人，見前者注文。《欒城集》卷五有《次韻子瞻吴中田婦歎》。

《庚溪詩話》卷下：「錢唐吴山有美堂，乃仁宗朝梅摯公儀出守杭，上賜之詩，有曰『地有吴山美，東南第一州』。梅以上詩語名堂，士大夫留題甚衆。東坡倅杭，因令筆吏盡録之，而未著其姓名，默定詩之高下，遂以賈收耘老詩爲冠。其詩曰：『自刊宸畫入雲端，神物應須護翠巒。吴越不藏千里色，斗牛常占一天寒。四簷望盡回頭懶，萬象搜求下筆難。誰信静中疏拙意，略無蹤跡到波瀾。』坡因此與耘老游從。」《淳祐臨安志》卷五：「有美堂。錢氏初建江湖亭於此，當在吴山最高處，左江右湖，故爲登覽之勝。」

詞皆見《東坡樂府》卷下。《觀林詩話》：「東坡名賈耘老之妾爲雙荷葉，初不曉所謂。他日，傳趙德麟家所收泉南老人《雜記》，記此事云：『兩髻並前如雙荷葉，故以名之。』如荷葉髻，見温飛卿詞『裙拖安石榴，髻嚲偏荷葉』。」泉南老人乃蘇軾。

《永樂大典》卷一三四五〇引《詩海繪章》，劉季孫《贈賈收處士十韻》：「君家霅溪上，日食霅溪魚。無錢買釣艇，貌古常有餘。遇人喜談笑，貰酒日不虚。浩歌出塵表，白鳥來徐徐。清風入窗牖，散亂床頭書。有琴壞徽軫，淵明意何如。我欲脱塵網，築室鄰君居。有地植松竹，有水種芙蕖。作詩賦生理，起居當和予。相顧可忘老，醉飽遺君諸。」賈收乃高雅之士，讀劉季孫詩自知。

遊道場山、何山，軾有詩。

詩見《蘇軾詩集》卷八（四〇五頁）。《欒城集》卷五次韻。《輿地紀勝》卷四《安吉州》：「何山：在烏程縣南。《括地志》云：「亦曰金蓋山。《寰宇記》云：晉何楷居此修業，後爲吴興太守，改金蓋山爲何山。顔真卿《石柱記》云：金蓋山有何氏讀書堂，即充之父楷教子之所。」又：「道場山：湖州大刹也。東坡詩有『道場山頂何山麓』之句。内翰汪藻云：遊道場者，如入王侯之家，過何山，如造高人隱士之廬。今爲護聖萬壽院。」「道場山」一句，乃軾詩首句。

軾題孫覺歸雁亭。覺爲會，贈覺詩。

《蘇軾詩集》卷八有《莘老葺天慶觀小園有亭北向道士山宗説乞名與詩》、《贈孫莘老七絶》。前者首云「春風欲動北風微，歸雁亭邊送雁歸」。

《詩案·與湖州知州孫覺詩》：「熙寧五年十二月作詩，因任杭州通判日，蒙運司差往湖州，相度堤堰利害，因與湖州知州孫覺相見。軾作詩與孫覺云：『若對青山談世事，直須舉白便浮君。』軾是時約孫覺并坐客，如有言及時事者，罰一大盞。雖不指時事，是亦軾意言時事多不便，更不可説；説亦不盡。又云：『天目山前淥浸蕪，碧瀾堂下看銜艫。作堤捍水非吾事，閒送苕溪入太湖。』又次年寄詩云：『徙倚秋原上，凄涼晚照中。水流天不盡，人遠意何窮。問堞知秦過，看山識禹功。稻濃初吠蛤，柳老半書蟲。荷背風翻白，蓮腮雨退紅。追遊慰遲暮，不覓句效兒童。北望苕溪轉，遥憐震澤通。烹魚得尺素，好在紫髯翁。』上件詩，除無譏諷外，不合云『作堤捍水非吾事，閒送苕溪入太湖』。軾爲先曾言水利不便，却被轉運司差相度堤堰，軾本非興水利之人，以譏諷時世，與昔不同，而水利不便而然也。」

按，「徙倚秋原上」云云，乃《蘇軾詩集》卷七《宿餘杭法喜寺後緑野堂，望吴興諸山，懷孫莘老學士》，作於本年七月七日，已見本年紀事。疑「次年寄詩」之「次」有誤。

軾復自湖至秀，晤錢顗（安道），贈詩并寄其弟惠山老。嘗爲顗甥李巨山之女題領巾詩。

詩見《蘇軾詩集》卷八（四一〇頁）、卷四十八（二六三四頁）。顗，常州無錫人，《宋史》卷三百二十一有傳。《長編》卷二百五十八：熙寧七年十二月甲戌，顗以金部員外郎、監秀州税爲屯田員外郎。軾至秀時，顗已監秀州税。惠山老乃錢道人，後屢見。

軾至報本禪院，晤鄉僧文及，題詩。

《蘇軾詩集》卷八《秀州報本禪院鄉僧文長老方丈》：「每逢蜀叟談終日，便覺峨眉翠掃空。」

《周益國文忠公集·南歸録》乾道壬辰二月辛酉紀事言蘇軾往復經本覺寺事，參熙寧七年「過吴江」條。

影印《浙江通志》卷二百二十八《寺觀三·嘉興府·秀水縣·本覺禪寺》：「弘治《嘉興府志》：在縣西二十七里，即春秋時檇李之地，舊名報本禪院。萬曆《秀水縣志》：宋熙寧間，東坡與文長老善，嘗三過此，輒賦詩。宣和間，改爲神霄玉清萬壽宫，建炎初復舊額，嘉定間，僧元澄作三過堂，樹石勒蘇詩。」

軾在秀州，題景德寺李甲（景元）畫竹。甲有和。自秀州回杭。

題詩見《蘇軾詩集》卷四十八，題作《題李景元畫》。《畫繼》卷三《李甲傳》引此詩，謂蘇軾乃題甲之喜鵲圖。《外集》録此詩，題作《召李甲畫喜鵲》。今不取以上諸説，而從《松風餘韻》卷二所引《檇李詩繫》所云此詩乃題秀州景德寺李甲畫竹者。甲，華亭人，自號華亭逸人。作逸筆翎毛，有畫外趣。見《畫史》。《松風餘韻》李甲《題竹和東坡韻》：「翠葉彤竿已占先，湘雲千疊勢争翻。野夫不識天人畫，知是虞皇第幾元。」

《碧雞漫志》卷二謂李景元作詞有佳句，源出柳永。此景元當爲甲。《全宋詞》有甲詞九首。《紹熙雲間志》卷下謂甲本儒家子，落魄詩酒間，往來松江上，不知其所終。

蘇軾回抵杭州，爲本月。

軾出候潮門訪王復，名復之亭曰種德。

《蘇軾詩集》卷八有《王復秀才所居雙檜二首》。《欒城集》卷十四《贈王復處士》:「猶有東坡舊詩卷,忻然對客展龍蛇。」當指題雙檜詩。

《詩集》卷十六《種德亭·叙》:「處士王復,家於錢塘。」以下叙復精於醫,期於活人,築室候潮門外,以其種者乃德,故以種德名其亭。《咸淳臨安志》卷六十六《王復傳》即本蘇軾詩。

《西湖游覽志》卷十三《南山分脈城内勝迹》:「候潮門,在城東而近南,宋時有便門、保安門,今廢。」

除夕,直都廳,軾題壁感歎囚繫皆滿。

《蘇軾詩集》卷三十二詩題「熙寧中」云云,叙題壁事,並録題壁詩,因和之;和詩作於元祐五年,距題壁「二十年」。此二十年,乃舉成數。蓋「囚繫皆滿」,當爲盧秉提舉鹽事以後事。《蘇軾文集》卷四十八《上文侍中論榷鹽書》謂「兩浙之民以犯鹽得罪者,一歲至萬七千人而莫能止」。同上《上韓丞相論灾傷手實書》謂「每執筆斷犯鹽者,未嘗不流涕」,則所繫者大半皆鹽犯。

晁補之上書,求謁見以受教益。

《雞肋集》卷五十一《上蘇公書》:「古先哲王之世,士無貴賤而道同,國無遠近而俗均,王公大人服冠劍而坐廟堂,握圖印而臨海縣,所以宰制萬物役使群動者。有道而窮巖深林長嘯遠引之人，所以爲藏迹而不耀，閉口而不傳者，亦是道也。鄒魯之郊，洙泗之間，老幼叙於席，男女别於塗，鄉飲時祭執籩獻豆之容，不闕於堂，而家塾黨庠鳴琴擊筑之聲，不乏於耳。流風善政，相漸成俗，以波及夫宋、衛、燕、晉、秦、楚者，亦是俗也。世衰道微，諸侯錯立，而國自爲治，家自爲法矣。德禮之所全，刑政之所厚，山川之所産，風氣之所習，故其民思慮不同而趣舍異向。不幸而小道異術群起而乘之，駕徜徉之文，張詭怪之事，而使人動目駭耳，而爲列禦寇、莊周；詆前言往行以自大，尊禮法刑名以爲賢，而爲荀卿、韓非；峨冠博帶，高談乎九州之外，閎大而不經，文具而難施，而爲鄒衍、鄒奭；微亂隱語，滑稽不窮，其混迹若高，其蒙惡若卑，而爲淳于髡；稷下學者，伏車結駟，東奔西馳，而使楚兵不得合臨菑，秦甲不得下函谷，而爲蘇秦、張儀；左手把人之袖，右手揕人之胸，義不返顧，計不旋踵，以快一時之忿，而爲荆軻、聶政。蓋先王之道，披倡磔裂，此其極矣。而秦、漢已降，則又有山東出相、山西出將之説。魯多平原廣野，土厚而水深，故民樸而少文。齊北有渤海，南有瑯琊，魚鹽貨利之與俱，故其民險而多詐。晉介齊、秦之面，搏燕、楚之脅，其道四平，舟車之所交會，甲兵之所馳突，故其民危而好亂。燕土确，北迫匈奴，馬羊水草之所聚，其民健而少慮。秦倚華山，阻函谷，膺擊韓、魏，垂頭中國，一夫當關，百夫莫前，故其民勇而輕鬬。楚接吴越之封，雜荆舒之地，故其民剽而難恃。其餘窮邦小國，不可殫數，要之天下蕩然，無復先王之民矣。由漢歷唐，雖賢君相望，異人間出，慨然太息，有憂天下之心，而卒之道不同、俗不均者，其來有漸也。某不佞，嘗切歎此。夫有蓋天下之名，而後可以服天下之心，有服天下之實，然後可以望天下之化。閣下布衣單車，崎嶇出蜀，一日而聲振四方，四方之士拱手而來降，向風而交馳，可謂有蓋天下之名矣。横身當職，不肯碌碌，出辭吐氣，無所阿避，可謂有服天下之實矣。然則天下之所爲望而化者，非閣下何以哉。昔者文翁一入蜀，而蜀之民雖縣邑小吏，皆知文雅之可好。常衮一治閩，而閩之人，感厲讀書穎脱而出者，相望於途。夫大江之南，五湖之間，其人便捷而多能，輕清而好奇，閣下亦既知之矣。閣下之入吴也，吴人固已有隨舳艫於末流、望冠蓋於後塵者。使閣下少借之以貌，薄誘以言，彼孰不油然喜、翕然變哉！故補之首爲吴人慶，而次爲天下有望於閣下而化者慶也。某濟北之鄙人，生二十年矣。其才力學術，不足以自致於閣下之前。獨幸閣下官於吴，而某亦侍親從宦於吴也，故顧吴人拜堂廡而望精光焉。蓋聞君子尊賢而容衆，嘉善而矜不能，某非能賢且善也，而方其盤辟俯僂從衆人之後，以幸君子之知而不自慊，補之雖不能，亦閣下所宜容而矜之。《傳》曰『苟以是心，至斯受之』而已。輒敢進其説以累執事者。伏惟幸恕而少進之。」補之生於皇祐五年，見該年紀事，至今年二十歲。

同上卷五十二《及第謝蘇公書》：「補之始拜門下，年甫冠。」

《咸淳臨安志》卷五十一謂補之侍父端友於官所，東坡行縣，以文來謁，遂知之。

晁補之再上書求見。

《雞肋集》卷五十一《再見蘇公書》：「某再拜上書某官閣下。昔者嘗有言於左右而未獲奉教，不敢進亦不敢退，輒復俯心下首，因門下人以求畢其區區之説而少試其愚，閣下容察之。某少駑野不喜學，及冠，非有聞於道德也。顧嘗自信，以謂其所知則明，而狃於所習則昏，一逐纖縞而鬻狐裘，入楚市而爲秦語，人皆笑之，自以爲得也。雖然，不佞生十五年知讀閣下書，閣下蓋嘗自謂學出於孟子矣，孟子之學以詳説者爲説約，而執中者爲近之，遠以知天事一，大以觀海之瀾，而近取於牛山之木，小得於食槁之蚓，兼陳雜舉而會歸於理，則其所統者可知。如補之不能識閣下之心，而窮觀其爲文，豪重敢決，旁肆橫發，呼吸陰陽，出入鬼神，腭然莫窮其指意之所施，伏而悸，仰而思，恍乎若目前之所嘗聞而未晤，每睹而不識者，而皆會於吾前，又如入深山，行大澤，以觀風雲之相遭，奔騰交會，窈冥晝晦，搖川震谷，蹶木發屋，忘其歧道之所從，城郭之所向，而頃之雷止雨息，光景復開，則四海一色，物象皆還矣。以是察閣下胸中，千變萬態，不可殫極，而要縈紆曲折，卒貫於理，然後知閣下之所爲自許者不誣也。天下之事，方且爭雄鬬妍，自立門户，則雖有服天下之名而信閣下之實者，又烏能一一識而閣下之心舒而博、卷而約者哉。夫爭名於朝，爭利於市。朝之所貴，名之所歸也；市之所趨，利之所聚也。某誠欲有求於名耶？則方王公大人，高門垂箔，躍馬疾驅，言語咳唾，足以榮辱後生者，皆可以柔聲而乞親、摇尾而乞憐也。誠欲有求於利耶？則非特陽翟之大賈，滇、蜀之野人，其智皆可祖，其術皆可傳也。於此無所争，乃獨倀倀然，欲抱其所知以求伸，即其所慕而願師，其言名數通於將吏，而足兩及於君子之庭，閣下察某之獨何爲哉。夫冠雞佩瑕之由，貨殖遊説之賜，生異鄉，識異趨，而使不得夫子而爲之托，則才不才固未可議也。是以司馬子長積怨發憤思附青雲之志者，豈其言也。補之不佞，切眷眷於是矣。夫九九之術，非可以推天而測地，而千金之骨，非可以越澗馳坂也。然齊侯納之，燕昭市焉。何則？蓋將因小以來大，借虚以招實耶？有人焉，其學既不爲九九之賤，而其質又不若朽骨之無用也，而終己絜誠以求出於閣下之門，不識閣下其庸何説以拒之耶？必曰待其從容也而後盡其聲，則補之猶將升堂攀木而一叩焉。」

《雞肋集》卷一《求志賦》：「末余從於東安兮，依哲人而聞誼。蜀蘇子之有廛兮，漢遺化而多儒。往者其不可及兮，曷不從子之廬。朝余食乎山中，夕余宿乎江上。悲世俗之近市兮，余安能忍而與之皆往。余令樓季爲右兮，使王陽前余。世解轡而馳石兮，緬余得此坦塗。良吾輈使環濢兮，密吾牙使樸屬。攬九州而顧懷兮，安知余力之不足。」

同上《釋求志》：「《求志》，自叙也。……東安，杭州新城也。予始見眉山蘇公於杭，故云『末予從於東安兮，依哲人而聞誼』。樓季，古善御者；王陽，不馳九折坂者也。予自謂至此乃知學之所趨，猶出荆棘險阻得大塗而思騖也。『環濟』、『樸屬』，《考工》治車、説車。君子之器車工而後可以致遠，君子修而後可以涉世。自此以上，新城事。」

是歲，王安國奉詔定蜀民所獻書得花蕊夫人詩傳之。

《輿地紀勝》卷一百七十四《夔州路·涪州·碑記》：「熙寧五年，臣安國奉詔定蜀民所獻書可入三館者，得花蕊夫人詩，乃出於花蘂手，而辭甚奇，與王建《宫辭》無異。建自唐至今，誦者不絶口，而此獨遺棄不見取，甚爲可惜也。臣謹繕寫入三館而歸，口誦數篇於丞相安石，明日與中書語及之，而王珪、馮京願傳其本，於是盛行於時。花蘂者，僞蜀孟昶侍人，事在國史。臣安國題。」《長編》卷二百二十七熙寧四年十月壬申紀事：「前武昌軍節度推官王安國爲崇文院校書。」則此文中之安國乃王安國。《湘山野録·續録》詳叙之。時安國爲崇文院校書，見《長編》卷二百二十七熙寧四年十月壬申紀事。

蘇軾嘗書《花蕊夫人宫詞》三十首，并跋。刻之。

《蘇東坡書法精選》收蘇軾書《花蕊夫人宫詞》三十首。其一云：「五雲樓閣鳳城間，花木長新□月閑。三十六宫連内苑，太平天子坐崑山。」

其二：「會真廣殿約宫墻，樓閣相扶倚太陽。净甃玉階横水岸，御爐香氣撲龍牀。」

其三：「龍池九曲遠相通，楊柳絲牽兩岸風。長似江南好春景，畫船來去碧波中。」

其四：「東内斜將紫禁通，龍池鳳苑夾城中。曉鐘聲斷嚴粧罷，院院紗窗海日紅。」
其五：「殿名新立號重光，島上池臺盡改張。但是一人行幸處，黄金閣子鎖牙牀。」
其六：「安排諸院接行廊，水檻周回十里强。青錦地衣紅繡毯，盡鋪龍腦鬱金香。」
其七：「夾城門與内門通，朝罷□遊到苑中。每日中官衹候處，滿堤紅艷立春風。」
其八：「厨盤進食簇時新，侍宴無非列近臣。日午殿頭宣索膾，隔花催唤打魚人。」
其九：「立春日進内園花，紅蕊輕輕散淺霞。跪到玉階猶帶露，一時宣賜與宫娃。」
其十：「三面宫城近夾墻，苑中池水白茫茫。亦從獅子門前入，旋見亭臺繞岸傍。」
其十一：「離宫别院繞宫城，金板輕敲合鳳笙。夜夜月明花樹底，傍池長有按歌聲。」
其十二：「御製新翻曲子成，六宫纔唱未知名。盡將觱栗來抄譜，先按君王玉笛聲。」
其十三：「旋移紅樹斸青苔，宣使龍池再鑿開。展得緑波寬似海，水心樓殿勝蓬萊。」
其十四：「太虚高閣凌波殿，背倚墻城面枕池。諸院各分娘子位，羊車到處不教知。」
其十五：「修儀承寵住龍池，掃地焚香日午時。等候大家來院裏，看教鸚鵡念新詩。」
其十六：「才人出入每相隨，筆硯將來繞曲池。張向彩箋書大字，忽防御製寫新詩。」
其十七：「六宫官職總新除，宫女安排入畫圖。二十四司分六局，御前頻見錯相呼。」
其十八：「春風一面晚粧成，偷折花枝傍水行。却教内監遥覷見，故將紅豆打黄鶯。」

其十九：「梨園弟子簇池頭，小樂携來候燕遊。旋把銀笙先按拍，海棠花下合梁州。」

其二十：「殿前排燕賞花開，宮女侵晨探幾回。斜望苑門連舉袖，傳聲先喚近臣來。」

其二十一：「小毬場近曲池頭，宣喚勳臣試打毬。先向畫廊排御幄，管絃聲動立浮油。」

其二十二：「供奉頭籌不敢争，上棚專喚近臣名。內人酌酒纔宣賜，馬上齊呼萬歲聲。」

其二十三：「殿前宮女總纖腰，初學乘騎怯又嬌。上得馬來纔似走，幾回□鞚抱鞍橋。」

其二十四：「自教宮娥學打毬，玉鞍初跨柳腰柔。上棚知是官家認，遍遍長贏第二籌。」

其二十五：「翔鸞門外夕陽天，樹影花光水接連。望見內家來往處，水門斜過畫樓船。」

其二十六：「內人追逐采蓮時，驚起沙鷗兩岸飛。蘭棹把來齊拍水，并船相鬬濕羅衣。」

其二十七：「新秋女伴各相逢，罨畫船飛别浦中。旋折荷花伴歌舞，夕陽斜照滿衣紅。」

其二十八：「月頭支給買花錢，滿殿宮娥盡十千。遇着唱名多不應，含羞急過御牀前。」

其二十九：「早春楊柳引長條，倚面沿堤一面高。稱與畫船牽錦纜，暖風搓出緑絲條。」

其三十：「端午生衣近御牀，赭黄羅帕覆金箱。美人捧入南薰殿，玉腕斜封綵縷長。」

末跋：「熙寧五年，奉詔定秦、楚、蜀三家所獻書可入館者，令令史李希顏料理之。中有蜀花蕊夫人《宮詞》，獨斥去不取，予觀其詞甚奇，與王建無異。嗟乎，夫人當去古之時，而能振《大雅》之餘韻，没其傳不可也。因録其尤者刻諸石，俾識者覽之。東坡居士識。」

蘇軾跋刻，不知爲何時事，然自自署「東坡居士」言之，當爲元祐時事。今因王安國奉詔事繫之於其後。

軾此跋，《佚文彙編》卷五自《晚香堂蘇帖》録入，有個别缺文，故重録之。

晁補之見蘇軾。補之作《七述》，述蘇軾之意。補之自見蘇軾，乃知學之所趨。蘇軾爲補之優游講析，不記寢食。

《柯山集拾遺》卷十二《晁無咎墓誌銘》：「公從皇考於杭之新城。公覽觀錢塘人物之盛麗，山川之秀異，爲之作文以志之，名曰七述。今端明蘇公軾通判杭州。蘇公蜀人，悦杭之美而思有賦焉。公謁見蘇公，出《七述》。公讀之，歎曰：『吾可以閣筆矣。』蘇公以文章名一時，士争歸之，得一言足以自重，而延譽公如不及，自屈輩行與公交。由此，公名籍甚於士大夫間。」《宋史》卷四百四十四《晁補之傳》並謂蘇軾「稱其文博辯雋偉，絶人遠甚，必顯於世，由是知名」。

《雞肋集》卷二十八《七述》：「予嘗獲侍於蘇公。蘇公爲予道杭之山川人物雄秀奇麗，夸靡饒阜，名不能殫者，且稱枚乘、曹植《七發》、《七啓》之文，以謂引物連類，能究情狀。退而深思，倣其事爲《七述》，意者述公之言而非作也。眉山先生懷道含光，陸沈於俗，日與嵇、阮賦詩飲酒，談笑自足，泊然若將終身焉。於是潁川孺子聞而往從之，躡屐擔簦，破衣踵門，及階而止，望帷而稱曰：「不敏聞先生之誼，敢待于下風。」先生矍然驚曰：「孺子來，吾惡夫世人之保我也久矣，而不能使人之無我保，則户外之屐滿焉，將命歟？吾無所逃此。雖然，孺子何爲者也？」孺子曰：「幼而多治，長而屢窮，遭先生乎齟齬之塗，陪先生乎寂寥之事，樂先生之所爲樂者以白吾首，其已乎。」先生啞然笑曰：「孺子上吾以樂，而未嘗無以樂者順也。羈旅于吾有時矣，亦嘗聞杭之山川人物雄秀奇麗，夸靡饒阜，可樂者乎？」孺子曰：「先生不以不敏爲難與言，得聞咳唾之音，不敏以爲幸，先生將何以教之？」

先生曰：「杭之故封，左淛江，右具區，北大海，南天目。萬川之所交會，萬山之所重複。或瀨或湍，或灣或淵，或歧或孤，或袤或連。滔滔湯湯，渾渾洋洋。纍纍硠硠，隆隆邛邛。若金城天府之彊，其民既庶而有餘，既姣而多娱。可導可疏，可舠可桴，可跋可踰，可撵可車。若九洲三山，接乎人世之廬。連延迤邐，環二千里。邑居牧聚，蟻合蜂起。高城附之，如帶繞指。隱以爲脊，折以爲尾。因河塹華，不足方比。方城漢水，胡敢競美。當昔夫差之盛時，内姑蘇以爲心腹而外城此以爲身。革車千乘，甲士萬人。粟支十年，帛散千屯。灑汗成雨，連袵成雲。乃有大夫伯嚭、行人伍員之徒通其謀，將軍孫武、公子夫槩之徒用其衆。嘗以國政之閒，發徒截江，命習戰事。於是張翠羽之葢，靡魚須之旍。揚鶂足之楫，曳龍尾之舟。凌鱣鼉之車，戲賁獲之儔。飄鼓吹乎下風，隘戈矛乎上游。乍往乍還，乍後乍先，若亂而若聯。乍止乍馳，乍合乍離，迭唱而迭隨。驚鮫人，立馮夷。清江忽兮怒濤，飇風爲之揚歧。怠而即次，食具樂作。三軍皆賀，響震山壑。其强如此，故姑蘇恃以爲南蔽，而能驅唐、蔡，蹂齊、魯。侵尋乎百粤，隳突乎三楚。栖句踐乎窮山，鞭平王乎頹墓。此亦天下之形勝也。孺子欲聞乎？」孺子曰：「西河中流，衛客之所能諫，秦險百二，亭長之所能入。願先生廢此而語它。」先生曰：「吴越之有東南也，實國于杭。而杭，吴越之大都也，宫室之麗，猶有存者。其始也削山填谷，叩石壂陸。靨林誅樾，擢篠夷竹。旋緑阿丘，憑附隈隩。千夫運畚，萬役供築。增增硜硜。坎坎碌碌，前呼後和，遠近相屬。卑者起之以有餘，高者損之以不足。開曠朗乎蒙密，發瑰奇於潛伏。然後工人之材，陶人之瓦。水輪陸運，屬柁連輠。縱横錯落，山積其下。其成也，翼翼鱗鱗，勃鬱輪囷，若化若神。上據百尺之巔，下俯億尋之津。雙闕高張，敻臨康莊。門開房達，乍陰乍陽。中則複殿重樓，砂版金鈎。卑高仰俯，上下明幽。峥嶸截嶭，鼎峙林列，吐吞雲霧，虧見日月。宏規偉度，古曠今絶。旁則曲臺深閨，碧檻朱扉。鱗差閾限，奕布榱題。栱盤白鳳，壁戲青猊。温風徐而吹座，寒雨沐以霑帷。列屋而侍者，則妖嫱艷姝，螓首冰膚。清矑（原注：音廬）素齒，既嫺而都。乃服輕袿，被華裳。綴珠履，揄鳴璫。飾鉛英，含若芳。倩巧笑兮婉清揚。縹緲兮如雛鸞之欲舞，逍遥乎如飛雲之欲舉。婕姍媔嫿，婉孌媚嫵。流榮發色，不可程度。羽觴薦，朱顔酡。悲激楚，妙陽阿。詞曰：『陌上花開游女歸，園南池北黄鸝飛，曲房清閣夜更衣。』於是聞者恍然，神揚意馳。紛紛擾擾，惑亂不怡。此亦天下之雄觀殊樂也，孺子欲聞乎？」孺子曰：「宫居閨處者，寒燠之媒，而疾癘之梯也。且館娃成而麋鹿游，願先生廢此而語它。」

先生曰：「杭故王都，俗上工巧。家夸人鬭，窮麗殫好。紛挐錯糾，晃蕩精晶。若八方之民，車湊舟會，角富而衒賣。木則花梨美樅，棁柏香檀。陽平陰祕，外澤中堅。以斬以刊，以剞以劂。以漆以膠，以墨以丹。爲牀爲匭，爲櫝爲几。爲槃爲巨，爲盂爲篋。嚴莊之佛，慘烈之神。詼怪之鬼，頎姣之人。塗以鉛英，鏤以金文。依以靈山，乘以飛雲。霞煙霧靄，焕爛五采。渠輸陸運，投錢競買。曾不若母猴木鳶，三月而齊，一日而敗。衣則紈綾綺綈，羅繡縠絺。輕明柔纖，如玉如肌。竹窗軋軋，寒絲手撥。春風一夜，百花盡發。其製而服也，或袍或襞，或紳或綸（原注：音鰥）。或緣或表，或縫或襴。或紫或纁，或紺或殷。嚴以奉祠，褻以養安。薄以却暑，厚以禦寒。以錫三軍，以賚四國。以供耳目之玩，以備土木之飾。曾不若窮邊絶漠，不紡不絡，衣狐而袖狢。寶則璆琳珊瑚，碼碯碱砆。藥化之玉，火化之珠。琉璃之椀，水精之盂。紅黄白緑，磊落滿櫝。北商東賈，百金不鬻。沙河雨晴，月照燈明。席張案設，左右煌熒。遠而望之，奪人目精。遺英棄屑，籠貯箱列。曾不若宋人之拙，三年而一葉。於是彫床易席地之野，文衣後弋綈之儉，玉杯鄙土鉶之啜，此亦天下之妙工絶巧也。孺子欲聞乎？」孺子曰：「《書》云『玩物喪志』，紂爲象箸而箕子歎，願先生廢此而語它。」先生曰：「杭之爲州，負海帶山，蓋東南美味之所聚焉。水羞陸品，不待賈而足。肉則封豨腯豕，罝兔畋鹿。山狸白額，竹犬青尾。鶬鵝鸛鶩，鴟秃鴻鶂。園鷄池鴨，隴雉田鶉。陵收水截，頭騈尾列。磔肩裂趾，飛毛灑血。魚則鯔魴鱣鱮，鱸鱖鯿鯉。黄顙黑脊，丹腮白齒。江鱘之醢，石首之羹。或腊而枯，或膾而生。白鰻青鰲，黄黿黑蟹。鮔魚花蛤，車蛾淡菜。蛙白肖雞，螺辛類芥。鼎調甌飣，牛哃狢嘬。果則枇杷楊桃，橘櫞柤梨。青梅黄柹，紫栗烏椑。溪菱江蔍，田苽湖藕。壤肥水美，天下無有。冒以黄蜜，漬以白醝。芳香脆潔，析酲解痾。菜則茼蒿茵陳，紫蕨青蓴。韭畦芋區，茭首芹根。藤花羞盤，菊葉薦莒。薑辛薤淡，薺甘筍苦。飯以姑蘇之粳，薦以烏程之醴。于以和五氣，于以資百體，此亦天下食飲之珍也，孺子欲聞乎？」孺子曰：「揚雄有云：『棄常珍而嗜異饌，烏覩其識味也？』且養身而尚乎味味，則愚以聖人爲不如易牙，願先生廢此而語它。」

先生曰：「地不滿東南，故八紘之水歸焉。水之爲物，潤下作鹹。溟渤蕩波，海門莫緘。駸駸脈布，溢于江潭。老濞席賚，爨山煮海。豫章爲舩，萬斛更載。一舩所受，車數十量。黄頭多錢，富不可倣。士之頑鈍不恥者，皆餌其無厭之賞。譬如山深而獸至，木茂而鳥往。故能收亡命，借廝養。連應高之交，合周丘之黨。以北與中國争長，則鹽之利也。夫鹽者，食肴之將。五均賖貸，斡在縣官。僅法議籠，不罅以完。大農給費，入助國計。官與牢盆，世擅其利。民有盜鬻，則釱（原注：徒計反）左趾，没入其器，此爲前古之所制。嘗試觀乎江之濆。葭葦不根，淺草芸芸。斥鹵無垠，白花鮮文，百里如雲。鹽官千家，匪柘匪麻，匪漆匪茶，規利乎泥沙。蟻封蚓垤，積土如截，削剥刻刮，不漏毛髮，挾攜擔揭，十步一蹶。偷趨竊走，遺筐棄缶，塗闢塞牖，鼎釜雷吼，皓然紛葩，豐不盈斗，姑以漬螺蛤而適口。曾不比夫縣官，冶鐵如山，析竹爲盤，熾火以燔，淵蓄爲乾。崢嶸峭崒，戍削律兀，扶舒蕭勃，煙氣滃出，若滅若没，若亡若失，乍疑鹽陽之神，翳乎與羣蟲朝飛而蔽天日。立呼起諾，百夫齊作，紛紜揮霍，千竈就涸，光芒閃爍，璀璨磊落，小星迸躍。鱗鱗新倉，斂貯堆藏，如帛如糧，國以是强。神變鬼化，刀貝齊價，獨不美夫算菱芰魚蛸之殫細及下者哉。諺曰『千金之子，不死於市』，又曰『人富而仁義附焉』。此先王所以教民知榮辱之時也。孺子欲聞乎？」孺子曰：「猗氏之治，智賢白圭，而不監於道，願先生廢此而語它。」

先生曰：「江源所起，濫觴之墟。泓泓汪汪，不漏不虚。放而行之，冒於川渠。繚繞縈行，左挾越，右截吴，以散以敷，然後淫爲大江，以東合乎尾閭而潮生焉。古今所論潮者，日月伏見之所爲也。嘗讀沌天之説曰：地浮水中，天在水外。水之消息，坱圠無際。一闔一闢，若開天地，一呼一吸，若出元氣。其始來也，若毛若線，若帶若練。堂堂沓沓，合聚離散。須臾之間，千化萬變。其少進也，敲磕鏗砿。石號木鳴，越岸包陵。在谷滿谷，在坑滿坑。其爲氣也，或呴或呀。或噫或噦，瀰茫淡漫，澎濞沸渭。澒洞滉漾，渤潏滂沛。涵澹淋滲，潗溉淫泄。連跳珠湧沫，百里紛會。沃焦蕩胸，汩母陵背。縱横絡驛，飄忽争逝。徐則按行，緩則就隊。氛累祲，陽景朝昧。周天而旋，踰八萬里，不知其所憩。於時玄冥收威，海若振吼。千溪峷立。萬浦却走。絶維推軸，神母不守。左驅天吴，右拂九首。淵客拒扉，水夷潛牖。江神海狶，絶脰傷肘。陽侯馬銜，顛蹶前後。其爲象也，則紛紜參差，萬頃一迹。禹不能知，契不能識。承光露怪，不復潛匿。或駃而蹄，或森而戟。或美而旜，或張而翼。洶湧而奔，以沃海門。若土囊風，怒驅屯雲。辟易而征，以擊西陵。如井陘戰酣出奇兵，宛兮改容。若蓐收素服駕白龍，忽兮當前。如歸墟泛溢浮五山，一北一追，一僨一起。突然而逝，餘勇未已。於時吴兒獠工，引檣掛席。鐃鳴鼓動，去若飛鷁。風止雨息，江清海碧。此潮之大凡也。傳曰『上善若水』，又曰『水幾於道』。故古之人，見大水必觀。善利萬物似仁，不畏强似勇，能方能圓似智，萬折必東似信，若是者，孺子欲聞乎？」孺子曰：「幾矣，先生之所陳，五事之上也，姑欲聞其深於此者。」

先生曰：「西湖之深，北山之幽。可舫可舟，可巢可樓。與鷗鳥居，與鹿豕游。漁簑山屐，煙雨悠悠。寂寥長往，可以忘憂。風衫塵袂，京洛何求。不如西湖瀕，不如北山阿，白蘋緑芰，紫柏青蘿。反裘坐釣，散髮行歌。人生安樂，孰知其它。茫洋以爲柳溪，盤旋以爲李谷。卷軻辯乎三尺之喙，擴夷隘乎十圍之腹。此古君子所以藏器于身待時而動也。傳曰『不怨天，不尤人』，蓋『優哉游哉，聊以卒歲』，若是，何如？」孺子竦然離席而立曰：「蓋聞達人不忘身而先利，志士不貪時而後義，隱之所尚，得全於天也。孺子不敏，乃今得聞出處之際，敬再拜受教。」

軾爲補之優游講析云云，見元豐四年「歲末李昭玘致書蘇軾」條。

《蘇軾詩集》卷十二《新城陳氏園次晁補之韻》題下「查注」謂蘇軾熙寧七年行縣，補之「以文來謁，遂知之」，誤。《七述》當作於本年或稍後在杭時，今因初見蘇軾事并繫於此。

《七述》題下原注謂「年十七歲」作，誤。據《晁無咎墓誌銘》，補之十七歲，爲熙寧二年，時軾官京師。

是歲，軾次子迨剃落，元净（辯才）爲祝之，因名竺僧；贈元净詩。嘗爲李生請出家，元净不許。

《蘇軾詩集》卷九《贈上天竺辯才師》：「我有長頭兒，角頰峙犀玉。四歲不知行，抱負煩背腹。師來爲摩頂，起走趁奔鹿。」迨生熙寧三年，今年三歲。按：實爲三歲事。《蘇軾文集》卷六十一《與辯才》第二簡、《欒城後集》卷二十四《龍井辯才法師塔碑》亦叙及。後者并叙李生事，當爲倅杭時事，并次此。

《青山集》宋刻本卷十六《寄杭州天竺辯才大師》：「我聞辯才師，解空稱第一。病子得摩頂，其疾頓若失。救物運真悲，了心非幻術。聲名動寰宇，退身愈藏密。峨峨龍井峰，篁竹不透日。終朝無來賓，筇枝自横膝。此道何寥寥，差肩佛摩詰。無生無不生，一以貫禪律。安得兩羽翰，歸飛參丈室。稽首慕高風，天地相終畢。」摩頂云云，謂迨也。

是歲，軾始識法芝（曇秀）。

《蘇軾文集》卷十九《夢齋銘·叙》謂相識二十四年，叙作於紹聖四年。法芝，吴僧，姓錢，見《慶湖遺老詩集》卷七《寄别僧芝》之序。

是歲，軾嘗過南屏，作《南屏激水偈》，示用文闍黎。

據《佚文彙編》卷五《自跋南屏激水偈》。偈見《蘇軾文集》卷二十二。

是歲，軾嘗與東陽令王槩（公操）簡，叙嚮往東陽山水之意。

簡乃《蘇軾文集》卷五十六《與康公操都管》第一簡。《蘇軾詩集》卷十有《東陽水樂亭》，題下自注：「爲東陽令王都官槩作。」

時王槩階官爲都官員外郎，全稱爲尚書省刑部都官司員外郎，簡稱都官。槩以此階官知東陽縣。參方健有關論述。

道光《東陽縣志》卷五：王槩字公操，熙寧三年到縣令任。是康公操乃王槩，「康」誤。簡謂鄉人至二浙者絶少，知槩爲蜀人。簡謂「東陽自昔勝處，見劉夢得有『三伏生秋』之句」。劉詩見《劉禹錫集》卷二十五《答東陽于令涵碧圖詩》。據簡，槩有約游東陽之意，軾亦甚嚮往。

是歲，王詵有物餽贈軾。

據《詩案·與王詵往來詩賦》，計贈官酒十瓶，果子兩篰。

是歲，軾嘗爲王頤作《鳳咮硯銘》。

銘見《蘇軾文集》卷十九。《文集》卷七十《書鳳咮硯》叙本年作銘事。《金石萃編》卷一百三十七有王頤《有宋永興軍香城善感禪院廣慈大師海公壽塔記》，作於元豐元年九月，時爲耀州守。

陳睦是歲代王廷老爲兩浙提刑，廷老爲兩浙轉運副使。

《詩案·送杜子方陳珪戚秉道》謂杜子方承勘夏沈香冤獄，陳睦以本路提刑舉駁爲本年事。見熙寧六年「杭州録事杜子方」條。廷老爲兩浙轉運副使，見《詩案·寄周邠諸詩》。

是歲，從舅父程濬之回鄉，軾簡候十二姨及堂兄，與堂兄懇切商討十六郎之妻再嫁事。

簡乃《佚文彙編》卷四《與堂兄一首》「十二姨尊候」云云。簡叙過之出生，知作於今年。軾舅父濬，字治之，見皇祐四年紀事。濬之當爲治之從兄弟。簡云十六郎之妻再嫁「不宜更緩」。

同上卷《與堂兄一首》首云「十二姨仍安健否」，欲得其寫真，「以其酷似先妣」。此十二姨或爲母程氏之胞妹。《與堂兄》（首句「十二姨尊候」）云：「屢以兄意及君素意語之（謂十六郎之妻，所云爲再嫁事），他近日漸有從人之意，誠爲穩便。然親情頗難得全，望諸兄與措意，求佳者，切切。歲月易得，不宜更緩，須是彼此共與求討。」君素，宗文，氏楊。本譜熙寧元年「自居喪至離眉山」條已及。從人乃十六郎之妻之最佳歸宿，備受各方面關懷。

蘇軾勸姪媳從人，而理學家程頤却於此後不久鼓吹「餓死事極小，失節事極大」（《河南程氏遺書》卷二十二下），即使「孤孀貧窮無托」者，亦不得再嫁。與蘇軾對照鮮明。蘇軾之行事，切合實際，既順人情，又順天理。元祐初，蘇軾與程頤同朝，頤屢遭軾譏刺，可自此得到聯繫。

參拙撰《讀書瑣記》第十五節《蘇軾勸喪偶姪媳改嫁》，載《學林漫録》第十五輯。

此簡又云：「此中公事人事無暇，又物極貴，似京師，圭田甚薄，公庫窘迫，供給蕭然，但一味好個西湖也。」叙心曲。

程頤，字正叔。《宋史》卷四百二十七有傳。河南人。

軾撰《辨法帖》論辨書之難，爲是歲事。

文見《蘇軾文集》卷六十九。元王惲《秋澗先生大全文集》卷九十四《玉堂嘉話》卷二引本文「書如聽響切脈知其美惡」云云，末云「熙寧五年子瞻書」。

是歲，軾招維琳住徑山。

據《徑山志》卷一：維琳，武康人，俗姓沈，約之後，好學能詩。《嘉泰吴興志》卷十三《祠廟·武康縣·隆教院》注謂維琳「號無畏大士，受知蘇公軾」。《蘇軾文集》卷七十二《維琳》叙及以琳嗣山門事。參建中靖國元年「旋微有生意」條。

是歲，寶相法師梵臻居南屏興教寺。蘇軾重其人。

據《釋氏稽古略》卷四本年紀事。興教寺見熙寧七年「在杭嘗游六和寺」條。

晁補之是歲作《烏戒》贈水丘安期。蘇軾嘗有序贈水丘仙夫。疑安期、仙夫爲一人。

《雞肋集》卷二十七《烏戒》序：「余初偕鄉書時，有水丘安期者，以講《論語》居鄉校中。安期少行四方，道關中，所見如此。余以其説作《烏戒》，時年二十矣。」補之今年二十歲。序見《蘇軾文集》卷十（三二七頁）。序稱仙夫「有古丈夫風，其出詞吐氣，亦往往驚世俗」，將歷瑯琊，之會稽，浮沅湘，遡瞿塘，「過予而語行」。又云「仙夫治六經百家説爲歌詩」。與《雞肋集》所叙有相似者。《漢武内傳》中云及安期生，乃古之仙人；仙夫亦仙人之意。疑水丘安期、水丘仙夫爲一人。

米芾《寶晉英光集》卷四《送水丘先生入都》：「垂虹秋色醉題詩，徑及銀濤濯酒巵。雅謔高談傾國士，英風俠氣嚇吴兒。五侯倒屣重前席，三歲專經却下帷。早作黄金買嵩少，西湖逸客有心期。」五侯當爲安期。《輿地紀勝》卷三十九《楚州·仙釋·水丘秀才》：「本州人，自郡庠歸，遇一異人，忽有所悟。」以下叙其異事。此人或即安期。蓋傳之久，人遂神化之。

郡守陳襄請宗本（本長老、圓照禪師）住净慈寺，蘇軾爲作疏，爲是歲事。

《蘇軾文集》卷六十二《杭州請圓照禪師疏》末云：「净慈古刹，錢氏福田。代不乏傳，人所信向。閔矜善俗，久蘄真馭以來臨；惻隱慈心，願順羣誠之再請。」作於本年。

《蘇軾詩集》卷十《病中獨遊净慈，謁本長老》，作於熙寧六年。

《咸淳臨安志》卷七十《人物·宗本》：「净慈圓照禪師，字無詰，本姓管。熙寧初，丞相鄭國富公得法於師之門人修顒，推尊師承，由是聞譽日廣。郡守陳襄請住净慈山。越數年，神宗皇帝命住相國寺慧林院。」《吴郡志》卷四十二引林希《逸史》載元豐六年宗本住慧林院事。宗本乃青原下十一世，天衣懷禪師法嗣。《五燈會元》卷十六有傳。

轍晤黄好謙（幾道），與游；亦與其子寔（師是）游。

《欒城集》卷十五《黄幾道郎中同年輓詞》其二首云：「早歲相從能幾時，淮陽花發正游嬉。」自注：「轍昔與幾道相遇於陳，陳守張聖民相與游從甚密，逮今將三十年。」「三」疑爲「二」之誤。黄好謙，蘇軾、蘇轍嘉祐二年同年，見《蘇軾文集》卷六十三祭好謙文。

《宋史》卷三百五十四《黄寔傳》:「陳州人。……寔孝友敦睦,世稱其内行。蘇轍在陳與寔游,因結昏,其後又與軾友善。」《攻媿集》卷七十三《跋黄氏所藏東坡山谷二張帖》謂寔二女爲轍子适、遜之婦。《黄寔傳》謂「寔兩女皆嫁蘇軾子」,「軾」乃「轍」之誤。

《後集》卷二十《祭黄師是龍圖文》:「尊先使君,與我早歲,旅於天廷。自唐已然,同年友朋,異姓弟兄。南北東西,不約而親,義均同生。君家在陳,我宦陳庠,時始合并。君方少年,出從鄉貢,曄然有聲。」先使君謂好謙。

呂公著罷潁守,退居於陳。蘇轍從公著游。

《欒城集》卷十六《呂司空輓詞》其三:「罷郡來清潁,微官憶宛丘。」詩末自注:「公罷潁川,退居於陳。轍爲陳學官,時請見焉。」本年四月,趙槩訪歐陽修於潁,已見本年該月紀事。時呂公著守潁,見《呂氏雜記》及《歐陽文忠公集·近體樂府》卷一《會老堂致語》題下宋刊本原注。公著罷潁守居陳,或爲本年事。若在明年,轍於其年之秋已自陳州赴齊州,則與「時請見」云云不甚切合。

公著已見治平元年。

本年轍尚生有一子,旋殤。

軾、轍兄弟情深,兩房子弟一輩皆統一按少長排行相稱。據《軾墓誌銘》,軾有子邁、迨、過。

據《年表》，轍有子遲、适、遠。《蘇軾文集》卷六十《與姪孫元老》第二簡稱遲爲二郎；《與子安兄》第七簡稱迨爲五郎、過爲六郎；《與子由弟》第八簡稱遠爲八郎，而《後集》卷二十《祭八新婦黄氏文》、《再祭八新婦黄氏文》及蘇過《斜川集》卷一《送八弟赴官汝南》亦稱遠爲八郎。知軾、轍兩房共有子八人。《蘇軾佚文彙編》卷四《與子明》第三簡言「昨五月生者嬰兒名叔寄」，此嬰兒乃迨，以「叔」稱，知邁（伯達）之後，尚有一子早夭。迨字仲豫，乃以後改。於是知兩房子弟輩邁居首，爲大郎，遲爲二郎，适爲三郎抑爲四郎不能定，迨五郎，過六郎，遠八郎。迨生熙寧三年，過五年，遠七年，見本譜。迨、過以後有七郎，此七郎按常情而論爲轍生，當生於本年，即略小於過，生下不久即夭，與邁早夭之弟同。前此未有人敘及，兹略考之。

軾逐數講僧，別講長老。約爲本年事。與林希（子中）簡及此。

《蘇軾文集》卷五十五與希第五簡：「近日逐出數講僧，別請長老，此亦小事，繫何休戚。而文移問難如織。今差人請瑞光本師，見説，已有人向道此僧不赴，是何閑事，但欲沮此公耳。請子中緩頰，力爲致之，有一別紙，或可示本也。」兹以請宗本住浄慈寺事，類附於此。

孫立節（介夫）使其子勰（志康）來贄所業，蘇軾使與邁同游。

據《斜川集》卷五勰墓銘：原謂倅杭時事，今繫入本年。《蘇軾文集》卷十《剛説》謂立節時爲鎮江軍掌書記。

軾與海月（惠辯）游。

《蘇軾文集》卷二十二《海月辯公真贊》叙其事；原謂倅杭時事，今繫入本年。

高麗使者凌蔑州郡，爲警押伴者，使之小戢；軾並命使者稟正朔，使者從之。

《軾墓誌銘》：「高麗入貢使者，凌蔑州郡。押伴使臣皆本路筦庫，乘勢驕横，至與鈐轄亢禮。公使人謂之曰：『遠夷慕化而來，理必恭順，今乃爾暴恣，非汝導之，不至是也，不悛當奏之。』押伴者懼，爲之小戢。使者發幣於官吏，書稱甲子。公却之曰：『高麗於本朝稱臣，而不稟正朔，吾安敢受！』使者亟易書稱熙寧，然後受之。時以爲得體。」此事具體歲月不詳，今姑繫本年。

《蘇軾文集》卷三十五《論高麗買書利害劄子》第一首：「熙寧中通判杭州日，因其餽送書中不稟朝廷正朔，却退其物。待其改書稱用年號，然後受之，却仍催促進發，不令住滯。」

三蘇年譜卷二十三

熙寧六年（一〇七三）癸丑　蘇軾三十八歲　蘇轍三十五歲

元日，軾次韵張先見和上年七夕寄孫覺詩。

詩見《蘇軾詩集》卷九（四二一頁）。先詩佚。

十日，軾作《古意》答鮮于侁（子駿）。

《蘇軾詩集》卷九詩題謂正月九日醉歸徑睡，「五鼓方醒」，乃作詩。知作於十日。時侁在利州。

章傳（傳道）贈軾詩，軾詩謂不悦俗。

《蘇軾詩集》卷九《次韻答章傳道見贈》末云：「願言歌《緇衣》，子粲還予授。」謂不悦俗。《蘇舜欽集》卷四《答章傳》首叙居滄浪亭，以下云：「南閩章其氏，傳名字傳道。清晨闖予門，疏爽見姿表。大篇隨自出，爛熳風力老。安敢當所褒，讀之欲驚倒。開軒延與語，指亦有深到。半生蹋京塵，識子恨不早。扶疏珊瑚枝，本不自雕巧。當珍玉府中，何故委衰草。秋風還故鄉，無或歎枯槁。貴富烏足論，令名當自保。」可參。查同上書附録沈文焯所撰《蘇舜欽年譜》，知舜欽居滄浪亭爲慶曆五年（一〇四五）至七年間事。

强至《祠部集》卷二《送章傳道東歸三十八韻》歷叙傳之困頓經歷，首云：「一日或數篇，數日哦一軸。夫子之於詩，夜補晝不足。長吟天地間，萬象困題目。天徒飽其才，而特餒其腹。聲名三十載，半百事場屋。今年試春官，淡榜輒不録。東風吹殘花，客淚迸京轂。回頭謝青雲，却抱來時玉。河陽謁相公，每見輟飯沐。贐金實空囊，禮遇駭僮僕。遂游西諸侯，騎馬度函谷。長安尋素交，零落半丘木。惟有終南山，相看似舊緑。東李雅好客，既親意轉篤。授館如投家，晨杯繼宵燭。羸馬殘青芻，饑僮厭餘肉。予方坐幕府，陷嫉苦流俗。群吠耳且盈，介立趣頗獨。得君倍歡然，坦不置邊幅。論情雖云晚，聞誼固已夙。二章初交鋒，懦氣令避縮。自笑不量力，强和旋取衄。從此遺形骸，留饌或脱粟。有酒時招邀，共醉小軒竹。論議到聖賢，道德富停蓄。豈比篇章流，烟雲繞心曲。飄飄走邊城，新禁察儒服。戎帥不敢延，進退勢俱觸。六月汗霑衣，幾作窮途哭。回來卧旅舍，所得不充欲。鄉思生秋蛩，輕裝遽云促。行當買淮田，晚歲謀退築。予材覺無庸，計慮亦既熟。無資媚要權，與世背馳逐。祇合從漁樵，胡爲苟寸禄。淮吴幸相望，有鄰可容卜。浩歌老吾生，争食任鷄鶩。薄宦猶縻人，歸飛羡黄鵠。」於是至長安。强至作此詩時，爲永興軍路安撫使主管機宜文字，時在治平四年至熙寧五年之間。見清强汝詢《求益齋文集》卷八《祠部公家傳》。其時傳已五十歲。則傳長於軾十餘歲。傳至長安後，與强至相得甚歡，旋輕裝東歸。卷七有《答章傳道二首》，其二首云「夫子詞源湧大江」，盛贊傳之才。

蘇軾答詩有云：「仄聞長者言，婞直非養壽。唾面慎勿拭，出胯當俯就。」長者謂章傳。「詰案」據此謂乃傳勸軾「稍卑以適時宜」。然軾詩以下云：「宏才乏近用，巧舞困短袖。」明謂傳不適時宜。則「仄聞」云云，不過傳憤激之言。「願言」二句乃表明與傳爲同道。

《詩案·次韻章傳》：「與章傳干涉事。章傳字傳道。熙寧六年正月，作詩次章傳韻。和答云：『馬融既依梁，班固亦事竇。効顰豈不欲，頑質謝鐫鏤。』所引梁冀、竇憲，並是後漢時人，因時君不明，遂躋顯位，驕暴竊威福用事，而馬融、班固，二人皆儒者，並依托之。軾詆毁當時執政大臣，我不能效班固、馬融，苟容依附也。」

蘇軾登法惠寺横翠閣，賦詩。

詩見《蘇軾詩集》卷九(四二六頁)。

詩首云：「朝見吴山横，暮見吴山縱。吴山故多態，轉折爲君容。」法惠寺在杭州城中吴山。首二句已胎《題西林壁》「横看成嶺側成峯」。三、四句注吴山以人情。第五句「幽人」實作者自謂。吴山爲州治。七、八句叙登閣。以下四句云：「春來故國歸無期，人言秋悲春更悲。已泛平湖思濯錦，更看横翠憶峨眉。」人當事逆於心之時，思鄉之感即油然而生。蘇軾此時心中壓抑，當緣新法而生。末二句：「游人尋我舊游處，但見吴山横處來。」哀愴之情，不能自已，足見内心壓抑之甚。

十五日，軾祥符寺九曲觀燈，過僧可久。

《蘇軾詩集》卷九有《祥符寺九曲觀燈》、《上元過祥符僧可久房蕭然無燈火》。《蘇軾文集》卷七十二《可久清順》謂可久乃監郡日詩友。可久字逸老，見《避暑録話》卷下。

二十一日，軾病後，陳襄（述古）邀往城外尋春，有詩。

《蘇軾詩集》卷九有《正月二十一日病後述古邀往城外尋春》。襄詩乃《古靈集》卷二十五《和蘇子瞻通判在告中聞余出郊以詩見寄》，末云：「寄語文園何所苦，且來相伴一行春。」軾詩乃爲答襄而作。軾當另有「在告中聞余出郊以詩見寄」詩，已佚。

二十七日，軾循行富陽、新城途中，與李佖遊風水洞，有詩題壁。又作《風水洞聞二禽》。

《王譜》謂正月遊風水洞，有詩題壁。然謂此爲熙寧七年事，不從。

《紀年録》：「二十七日游風水洞，作詩，又作李佖留待及和等詩。」《王譜》「佖」作「泌」。《蘇軾詩集》卷九《往富陽新城李節推先行三日留風水洞見待》、《風水洞二首和李節推》，乃《紀年録》所云留待、和詩。二十七日游風水洞詩已佚，《欒城集》卷五《和子瞻題風水洞》或步二十七日詩之韻。聞二禽見《詩集》卷四十八，詩末及春山、春禽，當作於此時。

《施譜》謂循行爲二月事，據以上所述，蓋正月末已行。富陽在杭州西南七十三里，新城在杭州西南一百三十里。

《蘇軾詩集》卷四十七《遊靈隱寺戲贈開軒李居士》，《外集》謂居士乃佖；卷四十八《富陽道中》，《外集》謂倅杭時作，兹附此。

《詩案·游杭州風水洞留題》：「熙寧七年，爲通判杭州，於正月二十七日遊風水洞，有本州節推李佖，知軾到來，在彼等候。軾到，乃留題於壁，其卒章，不合云『世上小兒誇疾走，如君相待今安有』，以譏世之小人，多務急進也。其詩即不曾寫與李佖。」

此處所云「熙寧七年」之「七」乃「六」之誤。

「世上小兒」云云，乃《往富陽新城》詩中語。

《詩案·游杭州風水洞留題》：「當年再游風水洞，又云：『世事漸艱吾欲去，永隨二子脱譏讒。』意謂朝廷行新法，後來世事，日益艱難，小人多務讒謗，軾度斯時之不可以合，又不可以容，故欲棄官隱居也。」

「世事」云云，乃《風水洞二首和李節推》詩中語。

軾至富陽，游普照寺、延壽院前東西二庵、妙庭觀，有詩。嘗游富陽國清院，辨所題李白詩。

詩皆見《蘇軾詩集》卷九（四三三至四三五頁），凡四詩。《欒城集》卷九有《次韻子瞻遊富陽普照寺》、《次韻子瞻自普照入山獨遊二庵》。《蘇軾文集》卷六十七《書李白集》叙游國清院，見所題李白詩，以爲僞作。此文作時不詳，附此。

《雪溪集補遺》引成化《杭州府志》王銍《妙庭觀用東坡韻》。其小序云：「世傳觀是董雙成故宅，今山下多董姓。天聖中，道士朱去非鑿地得丹鼎，覆以銅盤，盛以琉璃盞。」詩其一云：「侍宴瑶池更不歸，茂陵千古掛餘悲。只今山下傳遺姓，應守瓊田舊玉芝。」其二云：「山房書篆自磨丹，溪月還來照碧潭。鼎㸑神姦暗持去，道人聊保一枝安。」

軾新城道中，作詩美晁端友之政。

《蘇軾詩集》卷九《新城道中》其二云「亂山深處長官清」。

經山村，軾賦五絶，有譏諷意。轍次韵。

《山村五絶》見《蘇軾詩集》卷九。

《詩案·與王詵往來詩賦》：「《山村》詩第三首云：『烟雨濛濛鷄犬聲，有生何處不安身。但令黄犢無人佩，布穀何勞也勸耕。』軾意言是時販私鹽者，多帶刀杖，故取前漢龔遂，令人賣劍買牛，賣刀買犢，曰何爲帶牛佩犢。意言但將鹽法寬平，令人不帶刀劍而買牛犢，則自力耕，不勞勸督也。以譏諷朝廷鹽法太峻不便也。又第二首云：『老翁七十自腰鐮，慚愧春山笋蕨甜。豈是聞韶解忘味，邇來三月食無鹽。』意山中之人，饑貧無食，雖老猶自采笋蕨充饑。時鹽法峻急，僻遠之人無鹽食，動經數月，若古之聖人，則能聞韶忘味，山中小民，豈能食淡而樂乎。以譏諷鹽法太急也。第四首云：『杖藜裹飯去忽忽，過眼青錢轉手空。贏得兒童語音好，一年强半在城中。』意言百姓雖得青苗錢，立便於城中浮費使却，又言鄉村之人，一年兩度夏秋税，又數度請納和預買錢，今此更添青苗助役錢，因此莊家子弟，多在城中，不着次第，但學得城中語音而已。以譏諷朝廷新法青苗助役不便。」

轍次韻見《欒城集》卷五，其五云：「貧賤終身未要羞，山林難處便堪愁。近來南海波尤惡，未許乘桴自在游。」「山林」句言山村之苦，但未直接觸及新法。「南海波」似指朝廷加緊實施新法，軾雖欲辭官，亦不可能。味詩意，軾其時有「乘桴自在」之意。

軾旋回杭州。

見以下紀事。

二月十日，春分後雪，軾作詩。

詩乃《蘇軾詩集》卷九《癸丑春分後雪》。《欒城集》卷五次韻爲《次韻子瞻二月十日雪》。

軾詩首云「雪入春分省見稀」，突出稀。第二句「半開桃李不勝威」，突出威。第三句「應慚落地梅花識」。誰「應慚」？雪。責雪之不以時而降也。甚妙，非大作家甚難想出。第四句「却作漫天柳絮飛」，大雪景象。蓋雪自不顧及他人之責也。以下四句略顯平淡。

轍次韻云:「故欺貧窶冬裘盡,巧助遨遊酒盞飛。」念及貧者,貧者無裘可禦突然降臨之寒,念及游者,此時正是遨遊賞雪景大好時機。有對比意味。

轍詩又云:「林下細花添百草,堦前輕素剪新機。」立意新,軾詩未及。

轍詩末云:「老農先解憂桑柘,九月家人當授衣。」蓋春分有雪,冬之來將早於正常年份,故老農憂及桑柘,憂及寒衣。轍了解民情。

二人詩情調不同。

蘇軾賦《湖上夜歸》。

詩見《蘇軾詩集》卷九。

此詩實乃生活速寫。首云:「我飲不盡器,半酣味尤長。」作者自言飲酒素習,此次亦然。半酣,未醉,然在朦朧中。三、四句:「籃輿湖上歸,春風灑面涼。」湖,西湖。以酒半酣,面發熱,故云「灑面涼」。五至八句:「行到孤山西,夜色已蒼蒼。清吟雜夢寐,得句旋已忘。」後二句切「半酣」。第九、十句:「尚記梨花村,依依聞暗香。」知作者自梨花村來,此時乃梨花季節。暗香依依,作者似以爲此時自身尚在梨花村,「尚記」扣「半酣」,可證。第十一、十二兩句:「入城定何時,賓客半在亡。」緊扣「半酣」,叙朦朧中之思維。第十三、十四兩句:「睡眼忽驚矍,繁燈鬧河塘。」人聲鼎沸,作者自朦朧中清醒。第十五至十八句:「市人拍手笑,狀如失林麞。始悟山野姿，異趣難自强。」是爲妙文。市人與通判之間親密無間。「失林麞」叙失態，欲藏而無處藏，而此正顯示出作者極爲真率之一面。封建社會中，官吏能如此揭示自身，實屬難得。此無他，胸無蔕芥故也。末二句：「人生安爲樂，吾策殊未良。」似有從仕之悔。其實不然，作者如實記録下此場面，正以其難忘有記下價值，其内心正以此爲樂也。

二十一日，軾與陳襄、蘇頌、孫奕、黄灝、曾孝章等遊石屋洞，題名。

題名見《佚文彙編》卷六（二五八〇頁）。黄灝，待考。孝章字元恕，參以下「月晦日」條。《祠部集》卷七有《送曾元恕太祝赴漢陽監征》詩；卷二亦有詩及之。

强至《祠部集》卷二《送元恕》：「我本生窮閻，才命兩乖塞。再試得一第，失足落銓格。去年赴選集，摩肩雜隸役。吏口騈名呼，摧沮氣填臆。僦居在閑坊，門巷少人迹。于時苦病吟，誰肯顧越舄。高冠縱一臨，車馬有屈色。平生青雲志，跕跕若墜翼。羨君富詞才，時志復兩得。解褐拜初命，便綴審官籍。秋高馬足健，駕言往京國。諸父列禁嚴，南北羅第宅。往來伯叔間，此行穩棲息。君家世儒林，圖史况山積。燈火今可親，幽探勉餘力。京都號紛華，君志定非溺。勿貽雙親念，此外慎眠食。」可參。

《遂初堂書目·章奏類》著録《曾元忠奏議》。

時蘇頌罷知婺州，赴知亳州新任經杭。

《蘇魏公文集》卷三十七《亳州謝上表》謂三月二十七日到知亳州任。參顔中其《蘇魏公文集》附《蘇頌年表》。

并參方健有關文章。

陳襄飲蘇頌，營籍周韶求落籍，得從。韶之同輩胡楚、龍靚有詩。蘇軾記其事。

《佚文彙編》卷五《書周韶》記其事，韶有「開籠若放雪衣女，長念觀音般若經」之句。

《後山詩話》：「杭妓胡楚、龍靚，皆有詩名。」以下引胡、龍詩。張先有《雨中花令》贈胡、《望江南》贈龍，分别見《全宋詞》第八三、七九頁。

《蘇軾詩集》卷十一《常潤道中有懷錢塘寄述古五首》其二：「去年柳絮飛時節，記得金籠放雪衣。」熙寧七年作，叙此時事。「柳絮」當春時。

軾示頌近作。自此上至熙寧五年二月頌到知婺州任後，軾嘗往婺州訪頌，途中賦《行香子》。

《蘇魏公文集》卷十《己未九月，予赴鞫御史，聞子瞻先已被繫，予晝居三院東閣，而子瞻在知雜南廡，才隔一垣，不得通音息，因作詩四篇，以爲異日相遇一噱之資耳》其一首四句：「早年相值浙江邊，多見新詩到處傳。樓上金蛇驚妙句，卷中腰鼓伏長篇。」自注：「子瞻觀雨望湖樓，壁有『電光時掣紫金蛇』之句，又示予近詩一軸，首篇答鮮于郎中云：『有如琵琶弦，常遭腰鼓鬧。』前人未有此意。」「電光」云云，見《蘇軾詩集》卷八《望海樓晚景五絶》；「有如」云云，見《詩集》卷九《正月九日有美堂飲醉歸徑睡五鼓方醒不能復眠起閱文書得鮮于子駿所寄雜興作古意一首答之》。「早年相值」，當兼指熙寧五年二月。

《丞相魏公譚訓》卷四：「祖父與東坡同在金華，因論作賦之方。坡云：『某昔與鄉友課賦，日編二十事，所謂日計之不足，歲計之有餘也。』祖父曰：『此乃賢良課程爾。』」金華，婺州治。

《行香子》調下注：「過七里瀨。」見《東坡樂府》卷下，有「霜溪冷」句，爲十月景象。七里瀨屬嚴州建德，過此即婺州。軾訪頌或爲熙寧五年十月。

蘇軾賦《祝英臺近》（掛輕帆）。

詞見《全宋詞》第一册三二九頁。

詞上闋於「掛輕帆」後，有「飛急槳，還過釣臺路」之句。

《蘇軾詞編年箋注》繫《行香子·過七里灘》於熙寧六年二月，謂乃蘇軾巡行富陽、新城、桐廬，過七里瀨作。七里瀨即嚴光（子陵）釣臺所在。該書以此繫《祝英臺近》於《行香子》之後，意謂爲同時作。今從。

月晦日，寒食前一日，軾與曾孝章（元恕）遊龍山，有詩。

《蘇軾詩集》卷九《同曾元恕游龍山呂穆仲不至》云「共知寒食明朝過，且赴僧窗半日閑」。是歲清明爲三月初二日。《蘇軾文集》卷七十一《書游靈化洞》記嘗與孝章游靈化洞。

蘇軾嘗題名靈化洞。

《輿地紀勝》卷二《兩浙西路·臨安府·景物下·靈化洞》：「在天真院，山頂有靈化洞，深入百餘步，直下隔十餘丈，有蘇、林二公題名石刻。」據《咸淳臨安志》卷二十九，林謂逋（和靖）。題名不詳何時作，因曾孝章次此，以軾嘗與孝章游靈化洞也。

參熙寧七年「在杭軾嘗與吕仲甫游靈化洞」條。

本月，轍重到汝陰，寄軾詩。

《欒城集》卷五有《癸丑二月，重到汝陰，寄子瞻二首》。

詩其一中云：「傾瀉向人懷抱盡，忠誠爲國始終憂。」贊歐陽修忠誠國事，輸肝膽助人。末云：「重來東閣皆塵土，淚滴春風自不收。」深沉思念歐陽修，悲不自勝。

其二首云：「百頃西湖十里源，近依城郭帶川原。」寫潁州（汝陰）。潁州有西湖，當時爲勝概，今已不存。第三、四句：「古臺駊騀先臨水，野寺參差半掩門。」上句似仍寫西湖。

三月初一日，寒食日，軾未明至湖上，陳襄未來，周邠、徐疇先在，有詩。

詩見《蘇軾詩集》卷九（四四二頁）。中云：「鼓吹未容迎五馬，水雲先已颺雙鳧。」疇時爲仁和令，見詩注。《詩集》卷四十四《徐元用使君與其子端常邀僕與小兒過同游東山浮金堂戲作此詩》首云：「昔與徐使君，共賞錢塘春。」乃叙此時事。元用，疇字。參元符三年「藤守徐疇」條。

甲寅（十一日），王素（仲儀）卒。轍有輓詞。

三月甲寅云云，據《長編》卷二百四十三。輓詞見《欒城集》卷三。

素，開封人。官終工部尚書。《王華陽集》卷三十七有墓銘，《樂全集》卷三十七有神道碑。餘參熙寧三年「送王恪郎中知襄州」條。

丙辰（十三日），以四月朔日當食，自丁巳避殿減膳，降天下囚罪一等，流以下釋之。轍代張芻作《陳州日食禱諸廟文》。

丙辰云云，據《宋史·神宗紀》。

文見《欒城集》卷二十六。首云：「日官底日，實詔天戒。正陽之朔，將有薄食。上心震懼，側身修德。誕布休命，赦宥多辟。凡在祀典，罔不咸秩。」禱諸廟，乃地方按朝廷旨意所采取之行動。

本月，孫覺移知廬州。覺贈軾詩，軾次韻寄別。

覺移廬，據《嘉泰吳興志》卷十四。次韻見《蘇軾詩集》卷九（四四三頁）。覺詩佚。

軾詩云：「我本疏頑固當爾，子猶淪落況其餘。」抒發不滿時政之情。「固當爾」不可從表面理解。謂覺「淪落」，則直爲其鳴不平。

蘇軾作《贈别》、《次韻代留别》。

二詩見《蘇軾詩集》卷九。

《贈别》贈一青樓女子。首句「青鳥銜巾久欲飛」，今朝終於如願飛去。次句「黄鶯别主更悲啼」，此女子久與文人學士交往，不能無情；云「主」，此女子或在籍，今朝脱籍；脱籍乃值得慶賀之事，然文人學士終屬有教養者，此後未必能信意相會，故不免有眷戀之意。二句寫出此女子複雜心態。臨别贈言，以何爲贈？作者與此女子交往，不過逢場作戲，非有深情。姑以「殷勤莫忘分攜處，湖水東邊鳳嶺西」句贈之。分，分别；攜，會合。意爲記取此相會之地，此地有紀念意義，如是而已。由是可以推測，此女子或屬歌妓。

《次韻代留别》，代此女子留别前來送别之文人學士。首句「絳蠟燒殘玉斝飛」，言夜已深，前來送别者頗多，酒杯飛舞可證。此女子當屬當時名妓，以色、藝長。自第二句「離歌唱徹萬行啼」，知送别者中亦戀戀相依。然别離終屬事實，故第三、四句云：「他年一舸鴟夷去，應記儂家舊住西。」惟望他日勿相忘，道出此女子心事。

此二詩所叙，乃當時蘇軾在杭州生活之一側面。

蘇軾賦《薄命佳人》詩。

詩見《蘇軾詩集》卷九。

《冷齋夜話》卷一《詩出本處》：「東坡……作《尼童》詩，曰：『應將白練作仙衣，不許紅膏污天質。』事見則天長壽二年詔書，曰：『應天下尼，當用細白練爲衣。』」「應將」二句即在本詩中，知本詩之題一爲「尼童」。《詩話總龜》「應天下尼當」作「應天下尼童」。《集注分類東坡詩》卷四此詩「趙次公注」「長壽二年」作「長壽三年」。

周煇《清波雜志》卷二：「煇在建康，於老尼處，得東坡元祐間綾帕子上所書《薄命佳人》詩，末兩句全用草聖，筆勢尤超逸。時年八十餘矣。」

蘇軾此詩云：「吴音嬌軟帶兒癡，無限閑愁總不知。」計此時此尼童不過十至十一歲之間。今年爲熙寧六年（一〇七三）。今定此尼童今年爲十一歲，則其生實在仁宗嘉祐八年（一〇六三），其八十歲，當高宗紹興十二年壬戌（一一四二）。《清波雜志》此則之下，即記紹興辛酉（一一四一）親身經歷事。疑周煇所云「元祐」爲「熙寧」之誤。如此説可取，則是蘇軾以此詩贈此尼童。不爾，則是元祐間蘇軾偶晤此尼童，乃書舊作以贈之。或蘇軾於元祐間遇另一尼童，書此以贈之。要之，以書於熙寧之説爲長。

詩詠一尼童，而以「薄命佳人」爲題，有深切同情在。詩末云：「自古佳人多命薄，閉門春盡楊花落。」大好春光竟與彼無緣，不謂之凄凉不可也。

知州陳襄選差僧人子珪等修浚西湖六井及沈公井，蘇軾同擘畫，春，訖工。蘇軾嘗有意修浚運河，治運，亦治西湖也。作《錢塘六井記》。

《蘇軾文集》卷三十一《乞子珪師號狀》：「熙寧中，六井與沈公井，例皆廢壞。知州陳襄選差僧仲文、子珪、如正、思坦四人，董治其事。修完既畢，歲適大旱，民足於水，爲利甚博。臣爲通判，親見其事。」

同上卷三十《申三省起請開湖六條狀》自注：「杭州城中多鹵地，無甘井。唐刺史李泌始作六井，皆引湖水注其中，歲久不治。熙寧中，知州陳襄與軾同擘畫修完，而功不堅緻，今復廢壞。」

同上：「軾於熙寧中通判杭州，訪問民間疾苦。」以下敘父老皆云「惟苦運河淤塞」，并與父老講求浚治之道。

記見《蘇軾文集》卷十一。記謂井修成於今年春。

《古靈集》卷二十五附録葉祖洽所撰《行狀》：「移知杭州。……杭雖號水鄉，而其地斥鹵，可食之水常不繼。唐相國李長源舊爲六井，引西湖以食民。井既久廢不修，水遂不應民用。公命工討其源流，渫而甃之，井遂可食，雖遇旱歲，民用沛然，皆誦佛以祝。命通判蘇軾爲之記。」同上卷附録《年譜》謂熙寧五年修井，六年春訖工。

春，嫁甥女，借王詵錢二百貫。甥女之壻爲單錫（君賜、君貺）。

春云云，據《詩案·與王詵往來詩賦》，本年秋，亦借詵錢一百貫；本年寄《遊孤山詩》等多詩與詵。

《咸淳毗陵志》卷十七有錫傳，謂與蘇軾爲同年進士，明陰陽圖緯星曆，讀書無不該貫，軾「愛其賢，以女兄之子妻之」。《蘇軾文集》卷六十三祭錫文云「念我孤甥，生逢百艱，既嬪於君，謂永百年」。錫乃軾姪壻。此女兄乃伯父澹或涣所生之女。

王淮奇（慶源）應禮部試赴京師，軾簡約淮奇來杭。

簡乃《蘇軾文集》卷五十九與淮奇第三簡。淮奇未登第，亦未來杭。與淮奇第一簡首云「陵州遞中辱書及詩」，簡乃爲答淮奇簡而作；簡云「江山風物之美」，爲杭州景象，作於此前。

吉祥寺牡丹花將落，與陳襄共賞。

《蘇軾詩集》卷九有《吉祥寺花將落而述古不至》、《述古聞之明日即至坐上復用前韻同賦》。卷十一《常潤道中有懷錢塘寄述古》其四：「國艷夭嬈酒半酣，去年同賞寄僧簷。」寫此時事。

蘇軾於李鈴轄坐上，分題賦戴花詩。

詩見《蘇軾詩集》卷九（四四六頁）。

李鈴轄，武職官員，已不詳名、字及里貫。李鈴轄舉行宴會，蘇軾與其會，會上分題賦詩，蘇軾乃以此詩記宴會。首句「二八佳人細馬馱」。盛會不能無歌妓，敘李鈴轄請來歌妓。次句「十千美酒渭城歌」，似此會爲送友人。第三句「簾前柳絮驚春晚」，無意之中點出宴會舉行之地似臨河，以深宅大院無柳絮也。第四句「頭上花枝奈老何」，知作者亦戴花，自有其風趣。第五、六句「露濕醉巾香掩冉，月明歸路影婆娑」，歸去醉巾尚有餘香。末云「緑珠吹笛何時見，欲把斜紅插皂羅」，知盛會上有歌妓吹笛；斜紅，或爲花名，欲插斜紅於帽上，其興猶未盡也。

爲東陽令王槩題所作水樂亭。

詩見《蘇軾詩集》卷十（四八六頁）。《欒城集》卷五有《和子瞻東陽水樂亭歌》。道光《東陽縣志》卷五《政治志》一《官師志·縣令·宋》：「王槩：（熙寧）三年任。」以下爲楊翱，缺到任年份，再下爲侯臨，元豐元年任。蘇軾倅杭時，槩在其任。

同上《政治志》二《名宦·宋》引《隆慶志》：「王槩，字公操，左蜀人。熙寧初以都官員外郎出知東陽。性寧静。爲政崇文尚禮，民知向學。嘗於兩崑對峙飛瀑之下，建水樂亭。眉山二蘇寄題詩以誌勝。」二蘇詩即以上所云之詩。

同上卷二十三《廣聞志》一《勝迹》：「水樂亭，在縣西南八里崑山，二峯對峙。西崑飛瀑數丈，下注於澗，淙淙如漱玉。」以下敘槩作亭澗上。并引清河張畀《水樂亭記》，作於熙寧五年七月一日。同卷有槩《九日登崑山詩》。《咸淳臨安志》卷二十九《水樂洞》條，謂蘇軾水樂亭詩，乃爲杭州南山烟霞嶺下水樂洞作，以施元之、施宿父子以此詩屬之王槩爲非是，今不從其説。

《蘇軾文集》卷五十六《與康公操》第二簡：「所索詩，非敢以淺陋爲辭，但希世絶境，衆賢所共詠歎，不敢草草爲寄也。」所指絶境即屬東陽。第三簡：「向承寄示圖記及詩，實深慰仰，此真得賢者之樂，雖鄙拙，亦欲勉作歌詩，庶幾附托高人絶境，以傳永久。適會紛紛未暇，更旬日當寄上也。」欲作之詩，即水樂亭詩。簡有「履兹春和」之語，詩或作於春間，今據此繫入。《詩集》次於本年秋，不從。康公操即王槩，已見熙寧五年「與東陽令王槩簡」條。

循行於潛，晤縣令同年刁璹，題其野翁亭；題僧孜（惠覺）緑筠軒。

詩見《蘇軾詩集》卷九（四四七、四四八頁）。於潛在杭州西二百三里。《至順鎮江志》卷十九：璹，湛孫，嘉祐二年登進士第丙科。字景汜，《萬姓統譜》卷三十有傳。《北窗炙輠録》卷上：「惠覺最爲東坡、米元章所禮。」又：「惠覺詩，渾然天成，無一毫斧鑿痕。」

蘇軾賦《於潛女》。

詩見《蘇軾詩集》卷九。

此詩塑造勞動婦女形象，於蘇軾詩中僅見。首句「青裙縞袂」，寫於潛女朴實之着裝。次句「兩足如霜不穿屨」，突出勞動婦女形象，有其自身之特殊美。詩云：「苕溪楊柳初飛絮，照溪畫眉渡溪去。」於潛女生於苕溪之濱，勞動於苕溪兩岸，清澈之苕溪水，照映渡溪之於潛女，苕溪愛女之美，女愛苕溪，亦賞自身之美。作者善於把握於潛女之純潔心靈。詩云：「逢郎樵歸相媚嫵。」作者熱情贊頌於潜女及其夫君建立於勞動基礎上之純真動人之愛情。有此種愛情作基礎，於潜女及其夫君自不信齊國有姜氏女、魯國有姬氏女，外面世界如何精采紛呈，唯願朝夕厮守，相親相愛，以此贊頌其愛情之忠貞。

至昌化。自雙溪館下步尋溪源至治平寺，有詩。傳嘗築亭鑿池於該邑。

詩見《蘇軾詩集》卷九（四四九頁）。昌化在杭州西二百四十八里。民國《昌化縣志》卷十五：「東坡亭：縣西治平寺後山，即武隆山支岡。……東坡通判杭州，行屬邑至昌化，曾自雙溪館下，步尋溪源，因遊寺至此，愛其幽邃，遂構亭憩焉。」又：「東坡池：縣西城隍廟西北，東坡以倅車至邑，特愛其風景，築亭鑿池，種千葉紅蓮。」謂治平寺在縣西一里。

游徐氏花園——藏春塢，留題。或爲此時事。

《蘇軾詩集》卷四十七有《留題徐氏花園二首》。此詩之題，乃依據《外集》，而《七集·續集》題作《藏春塢》。是徐氏花園即藏春塢。《咸淳臨安志》卷八十六謂昌化有藏春塢，并於「藏春塢」條下，引宋人《徐氏藏春塢》詩，益信徐氏花園即藏春塢。

《東坡問答録·游藏春塢》：「東坡居西山日，有徐都尉於所居之背，面山闢一花塢，廣植奇花異木，名曰藏春塢。時值芳春，争妍競秀，盛稱一時。東坡招佛印同往訪之。徐以他出不遇，洞門鎖鑰，無以啓扃者。忽見樓頭有一女，艷粧憑欄凝望，坡遂索筆題詩於門曰：『我來亭館寂寥寥，鎮鎮朱扉不敢敲。一點好春藏不得，樓頭半露小花梢。』佛印用坡韻復題其後曰：『門掩青春春自饒，未容取次老僧敲。輸他蜂蝶無情物，相逐偷香過柳梢。』徐歸見所題詩，明日乃約二人來訪，久而不至，因用前韻以促之，曰：『藏春日日春如許，門掩應防俗客敲。準擬款爲花下飲，莫教明月上花梢。』須臾東坡同佛印至，徐乃出家姬侍宴，遍賞紅紫，真勝集也。酒酣，坡即席贈詞於姬曰（略）。徐乃即席和坡詞付姬，歌此以勸，坡大醉而去。詞云：『小苑藏春，信道遊人未見。花臉嫩柳腰嬌軟。停觴緩引，正夕陽逗晚。鶯誤入，鶯觸海棠花片。只悵春心，當時露見。小樓外曾勞目斷。樽前料想，也飢心飽眼，從此去、縈心有人可慣（原注：詞名《殢人嬌》）。』」

按：此則記事，有傳聞因素（如關於佛印事），然亦不可謂全無據。蘇軾贈姬之詞，見《東坡樂府》卷下，題下小序稱：「小王都尉席上贈侍人。」此則稱徐都尉，未爲無因。茲附此。

自昌化回至臨安，軾晤縣令同年蘇舜舉（世美），軾賦詩，轍次韻。

《蘇軾詩集》卷九有《與臨安令宗人同年劇飲》，中云：「與君登科如隔晨，敝袍霜葉空殘綠。」憶嘉祐二年登第時事，「敝袍」云云似謂舜舉亦由開封府發解，以「霜葉」乃秋令也。舜舉以大理寺丞知臨安，見《詩案·寄周邠諸詩》。

《欒城集》卷五《次韻子瞻與蘇世美同年夜飲》中云：「臨安老令況同科，相逢豈厭樽中醁。」末云：「聞道渠家八丈夫，它日歸耕免幽獨。」似謂舜舉有八子，皆賢。舜舉之子鈞（子平），與軾有交往，詳本譜以後叙事。

臨安在杭州西一百二十里。

回杭州。寶山晝睡，題詩。

詩見《蘇軾詩集》卷九（四五一頁），《文集》卷六十八《記寶山題詩》叙其事。

僧清順（頤然）新作垂雲亭，題詩。嘗過清順藏春塢，爲賦《減字木蘭花》。

詩見《蘇軾詩集》卷九（四五一頁）。《詩人玉屑》卷二十《清順》謂清順「清苦多佳句」，以下引：「久從林下遊，頗識林下趣。縱然緑陰繁，不礙清風度。閑於石上眠，落葉不知數。一鳥忽飛來，啼破幽絶處。」《宋詩紀事》卷九十一引《詩人玉屑》有此詩，題作《北山垂雲庵》。《竹坡詩話》：「東坡游西湖僧舍，壁間見小詩云：『竹暗不通日，泉聲落如雨。春風自有期，桃李亂深塢。』問誰所作，或告以錢唐僧清順者，即日求得之，一見甚喜。而順之名出矣。」《注坡詞》引楊繪（元素）《本事集》：「錢唐西湖，有詩僧清順居其上，自名藏春塢。門前有二古松，各有淩霄花絡其上，順常晝卧其下。子瞻爲郡，一日屏騎從過之，松風騷然，順指落花覓句，子瞻爲賦此。」「郡」爲「倅」之誤，軾爲杭時，繪已卒。詞云「湖風清軟」、「翠飈紅傾」，約作於夏初。附次此。

四月己亥（二十六日），文彥博自樞密使以守司徒兼侍中、河東節度使判河陽。轍有賀啓。彥博辟轍爲學官，轍有謝啓。未赴。

四月己亥云云，據《宋史·宰輔表》。《欒城集》卷五十有《賀河陽文侍中啓》。河陽，乃孟州之治，屬京西路。

《欒城集》卷五十《謝文公啓》：「尺書自達，方懷冒進之憂，奏牘上聞，遽辱見收之請。庠齋閑暇，既深便於冗材；德宇崇深，固足安於一介。」知轍先有書與彥博，書已佚。

未赴詳下。

轍改齊州掌書記。蓋爲李師中（誠之）所招。

《年表》謂四月文彥博罷判河陽，「辟轍爲學官，轍有謝啓。已而改齊州掌書記」，未云具體時日。《欒城集》卷五《和李誠之待制燕別西湖》首云：「東來亦何恃，夫子此分符。」時師中尚在登州任，然知齊之命已除。師中，楚丘人，《宋史》卷三百三十二有傳。

蘇軾與郭祥正（功父）簡，謝其來訪。

簡乃《蘇軾文集》卷五十一《與郭功父》第四簡。

簡云：「辱訪臨，感怍。獨以匆遽爲恨，迫行不往謝，惟寬恕。」此所云「行」，當爲奉檄巡行各縣。簡云「乍熱」，簡約爲四月作。

五月十日，與吕仲甫、周邠、僧惠勤、惠思、清順、可久、惟肅、義詮同泛湖游北山，有詩。

據《蘇軾詩集》卷九詩題（四五三頁）。惟肅，待考。《詩集》卷十《孤山二詠·引》謂僧志詮作柏堂，不知是否即義詮？

會客有美堂，周邠（開祖）有服不至，寄詩來，因和。

和詩見《蘇軾詩集》卷九（四五三頁）及卷四十八《會飲有美堂答周開祖湖上見寄》，共三首。《集注分類東坡詩》卷十二《會客有美堂，周邠長官與數僧同泛舟往北山，湖中聞堂上歌笑聲，以詩見寄，因和二首，時周有服》題下注文引周邠《簪屣》：「堂上歌聲想遏雲，玉人休整碧紗裙。妝殘粉落臙脂暈，飲劇杯深琥珀紋。簪屣定知高楚客，笑談應好却秦軍。莫辭上馬玉山倒，已是遲留至夜分。」見於《詩集》卷九之軾詩云及「醉紅裙」，知此日之會，有歌姬助興。其二末云「憑君遍繞湖邊寺，漲緑晴來已十分」，切題。

蘇軾於席上，代人作贈別詩三首。

詩見《蘇軾詩集》卷九（四五五頁）。

詩其一首句「悽音怨亂不成歌」，渲染別離氣氛。次句「縱使重來奈老何」，悽苦。青樓女子望客人重來，答以重來殆不可能，縱使能重來，然兩鬢皤然，又有何意味。此別殆同死別。三、四句「淚眼無窮似梅雨，一番勻了一番多」，既寫男，又寫女。此詩作於梅雨季節，以眼前景象入詩，更令人感愴。然則其淚何時而止耶？恐無人知之。

詩其二首二句「天上麒麟豈混塵，籠中翡翠不由身」，似就女子而言。女子盛贊客人高貴不凡，有意結終身，然無法擺脱牢籠。此女子淪入此種境地，作者予以深厚同情，然又有何法能解其苦！自第三、四句「那知昨夜香閨裏，更有偷啼暗別人」觀之，知鍾情於此客者，尚另有人在。誰謂青樓女子無情。於是得知蘇軾與此輩頗熟，不熟，何由道其心事。

詩其三首句「蓮子劈開須見臆」，屬雙關，猶言雙方皆以真意相見，肯定雙方彼此互愛。然而此種互愛，注定不能長久。次句「楸枰著盡更無期」即此意。猶下棋然，相逢偶一爲之，棋罷即各自東西。第三句「破衫却有重逢處」之「逢」隱「縫」，破衫可以重縫，别離之人應亦可以重逢，既慰女，亦慰男。然此種重逢，終屬不易，或可云爲幻想。第四句「一飯何曾忘却時」則易行，亦十分現實，「時」隱「匙」，飯不忘匙，猶言彼此心中不相忘，屬於雙方個人者，唯此而已，此所以深慰之也。

此三詩所叙，亦蘇軾此時杭州生活之一側面。

蘇軾賦《菩薩蠻》（繡簾高捲傾城出）。

詞見《東坡樂府》卷下。

《蘇軾詞編年校注》繫本年夏，引曹樹銘《東坡樂府》云：「細玩此詞下片，與〔蘇軾〕詩集《席上代人贈別三首》之一首句『悽音怨亂不成歌』之意境相合，考東坡詩集聞歌之反映，以此詩爲最。在本集中，又以此詞爲最。兩者必係同時所作。惟一則席上代人贈別，一則自抒所感。」曹以下云從詩集移編本年。《編年校注》「暫依曹説」，今亦從。

按，此詞有「悽音休怨亂」之句。

蘇軾晤唐道人（子霞），道人爲言天目山上每大雷電，但聞雲中如嬰兒聲，殊不聞雷震，軾爲賦詩。

詩見《蘇軾詩集》卷九（四五六頁）。

詩首云：「已外浮名更外身，區區雷電若爲神。」浮名與身軀皆置之度外，尚何懼雷電。末二句：「山頭只作嬰兒看，無限人間失箸人。」失箸人蓋謂於權謀之場欲以權謀生存并取得成功之輩。迅雷風烈，使此輩有以警惕；今無雷震，若輩其何以待之，蓋謂此輩應有自斂、自抑之道，意旨深長。

《集注分類東坡詩》卷七此詩「善權注」：「按唐道士，字子霞。嘗作《天目山真境録》。」其書已佚。善權乃真隱詩僧，字巽中。見《集注分類東坡詩》卷首。

軾追和弟轍去歲試舉人洛下所寄九首。

轍作在《欒城集》卷四。《蘇潁濱年表》：熙寧五年八月，同頓起等於洛陽妙覺寺考試舉人。軾詩見《蘇軾詩集》卷九（四五六頁）。參熙寧五年八月紀事。

軾詩《暴雨初晴樓上晚景》其二云及「嵩高蒼翠北邙紅」蓋寫親身所見。軾多次過洛。

軾贈上天竺元浄（辯才）詩。

詩見《蘇軾詩集》卷九。

詩有云：「我有長頭兒，角頰峙犀玉。四歲不知行，抱負煩背腹。師來爲摩頂，起走趁奔鹿。」兒謂迨。迨生熙寧三年，今年爲四歲。軾以此作詩謝之。

上、下天竺乃律寺，靈隱、浄慈及中天竺乃禪寺，見詩之「查注」。

柳瑾（子玉）來杭。

《蘇軾文集》卷十一《祭柳子玉文》：「頃在錢塘，惠然我覯。相從半歲，日飲醇酎。朝游南屏，暮宿靈鷲。雪窗飢坐，清闋間奏。沙河夜歸，霜月如晝。綸巾鶴氅，驚笑吴婦。」瑾之去爲冬事，則其來在夏也。瑾來自潤州。

《蘇軾詩集》卷十一有《和柳子玉喜雪次韻仍呈述古》、《觀子玉郎中草聖》詩。《伐檀集》卷上《和柳子玉官舍十首》其十《芭蕉》自注：「君善草書。」

六月六日，軾爲蒲宗孟（傳正）所藏燕公山水作跋。

跋見《蘇軾文集》卷七十（二二一二頁）。

北宋蘇軾以前，有燕文貴、燕肅，皆善山水，前者尤有名。此燕公不知爲誰。

本年離陳前，轍有和兄軾詩二首，次韻兄軾詩十四首。

和詩爲《和子瞻題風水洞》、《和子瞻東陽水樂亭歌》，次韻爲《次韻子瞻二月十日雪》、《次韻子瞻新城道中》、《次韻子瞻山村五絶》、《次韻子瞻游富陽普照寺》、《次韻子瞻自普照入山獨游二庵》、《次韻子瞻與蘇世美同年夜飲》、《次韻子瞻病中游虎跑泉僧舍二首》、《次韻子瞻有美堂夜歸》、《次韻子瞻祈雨》、《次韻子瞻再游徑山》。

兄軾原作分别見《蘇軾詩集》卷九、卷十。

本年離陳前，轍有次韻范鎮（景仁）移竹詩，有寄題蒲宗孟（傳正）閬中藏書閣詩。

詩皆見《欒城集》卷五。

在陳州轍讀《楞嚴經》。

《欒城三集》卷九《書傳燈録後·序》：「予久習佛乘，知是出世第一妙理，然終未了所從入路。頃居淮西，觀《楞嚴經》，見如來諸大弟子多從六根入，至返流全一，六用不行，混入性海，雖凡夫可以直造佛地。心知此事數年於兹矣，而道久不進。」陳州屬京西北路。然爲淮陽郡，屬淮水之西，故亦以淮西稱之。

在陳州，轍嘗與丐者王江游。江蓋學道者。在陳傳養氣嗇神之法。

江，考城人，少嘗舉學究，能誦《周易》。詳《龍川略志》卷三《王江善養生》。《欒城遺言》謂在陳「或者屢以房中術自鬻於前，公曰此必捥損，止傳其養氣嗇神之法」。

離陳州，赴齊州，轍賦詩。

詩乃《欒城集》卷五《自陳適齊戲題》。中云：「猶欲談經誰復信，相招執籥便須從。」前者謂在陳州爲教授；後者謂適齊爲掌書記。

《集》卷五《次韵子瞻祈雨》云「人間已厭三秋旱」，《次韵子瞻再游徑山》云「到寺霜日暮」，皆爲秋日景象。以上二詩作於陳州，則赴齊州、抵齊州爲秋日事。

轍至齊州。時孔武仲（常父）爲齊州教授。

《宋史》卷三百四十四《孔武仲傳》：「舉進士，中甲科。調穀城主簿，選教授齊州。」按：武仲爲嘉祐八年進士。文仲之弟，平仲之兄。臨江新喻人。參以下「和孔武仲濟南四韵」條記事。

陳祐甫爲排保甲，韓祇嚴爲户曹。轍有送祐甫、祇嚴詩。

陳祐甫，熙寧末、元豐間爲都水監丞。見《長編》卷二百八十三熙寧十年五月庚午紀事、卷三百四十四元豐七年三月乙卯紀事。哲宗紹聖四年五月乙丑，《長編》卷四百八十七云及祐甫爲淮南轉運副使。

《欒城集》卷五《送排保甲陳祐甫》敘到齊州時「旱氣裂后土」，齊魯禮義之邦，正「憂作流亡聚」，以下云：「君來正此時，王事最勤苦。驅馳黄塵中，勸説野田父。穰穰百萬家，一一連什伍。政令當及期，田閭貴安堵。」則排保甲云者，乃推行朝廷新法之保甲法。據詩，此法之推行，實有助於田閭之安堵。詩末云：「歸乘忽言西，劬勞共誰語？」贊其爲民劬勞。

《集》卷五《送韓祗嚴户曹得替省親成都》。據題，知祗嚴爲蜀人。

軾與明州育王寺懷璉（大覺）簡，欲捨父洵所愛《禪月羅漢》畫於寺。

據《蘇軾文集》卷六十一與懷璉第一簡，父洵與之厚善。簡云弟轍在陳州，今年將得替。

七月，立秋日（初三日），軾與周邠、徐疇禱雨天竺，宿靈隱寺，有詩。

《蘇軾文集》卷六十二《禱雨天竺觀音文》：「具官某，上承府檄，傍采民言。」乃奉知府之命，知爲倅杭時作。詩見《蘇軾詩集》卷十，題作《立秋日禱雨宿靈隱寺同周徐二令》末云：「惟有憫農心尚在，起占雲漢更茫然。」《欒城集》卷五次韻。

軾病中獨遊浄慈寺，訪宗本，周邠寄詩邀遊靈隱寺，次韻答之。遂游祖塔院，觀虎跑泉。有詩。

詩見《蘇軾詩集》卷十（四七四至四七六頁）。《欒城集》卷五有《次韻子瞻病中遊虎跑泉僧舍二首》。遊祖塔院詩，《晚香堂蘇帖》題作《遊虎跑泉》。

《集注分類東坡詩》卷十二《病中獨游净慈，謁本長老，周長官以詩見寄，仍邀游靈隱，因次韻答之》題下注文引周邠詩，詩題云：竊聞子瞻學士，昨日飄然單乘獨出南屏，旋至北山，窮幽覽勝，真得物外自適之趣。邠嘗誦歐陽公詩云：「使君厭騎從，車馬留山前。行歌招野叟，共步青林間。」然明公今日之樂，正得於此，因成詩一章上寄。詩云：「放歸騶騎獨尋山，直入青蘿翠靄間。謝客杖藜方自適，阮公蠟屐許誰攀。何愁白髮能添老，須信黄金不買閑。應向林泉真得趣，徜徉終日未經還。」

遊佛日山净慧寺，憩榮長老方丈，作五絶。

詩見《蘇軾詩集》卷十（四七六頁），其四有云：「食罷茶甌未要深，清風一榻抵千金。」《總案》謂此爲七月五日事，不知何據。

劉攽寄詩來。攽嘗來杭。

詩乃《彭城集》卷十六《寄杭州通判蘇子瞻海州使君孫巨源》（原注：時罷泰州通判）。攽罷泰州通判至遲爲今年秋。熙寧三年秋，攽離京師赴泰州通判任，見該年「劉攽通判泰州」條。攽詩作於今年。以通判一任爲三年。

攽詩云：「淛水三江外，朐山百郡東。專城須聞望，半刺亦才雄。浪海元無際，吴潮近峽中。

茵憑那獨異，翰墨自兼工。追昔賢良舉，殊時步武同。百篇傳冠古，并策已全功。咫尺騰霄使，回旋著籍通。龍媒流汗血，鳳羽雜梟翁。烈士猶難進，清朝各願忠。伏蒲寧曲學，鳴鼓尚深攻。物理安圓鑿，人倫陋發蒙。俟河愁溆筆，破膽怍豐隆。力擠膠西相，廉欺第五公。絶絃迷促軫，折翼創虚弓。卧閣寧多病，治中有舊風。從容付丞史，咻噢及兒童。使者誅求急，王人禮數崇。湯年偏一溉，稷御不終窮。高宴延仙伯，閒遊歷梵宫。怒濤翻練白，浴日上霞紅。沙鮚能藏蟹，江梟不慕鴻。五雲瞻碣石，七澤望青楓。瓜戍留麋�（自注：音軟。《漢書》作畯，誤），茅心憶桂叢。賜環聊衮衮，遺楪漫忡忡。困學今將落，生涯只屢空。頭風吹過雨，鬢雪亂飛蓬。黽死寧遺策，鸞棲豈願籠。勞生俱夢寐，有道或瘖聾。絶唱常難和，幽光更待融。知音懷感慨，不獨寄絲桐。」

攽來見下條。

湖上，軾與張先同賦《江城子》。

詞見《東坡樂府》卷下，云「一朵芙蕖，開過尚盈盈」。先詞不見。時先自湖州回杭州。《墨莊漫録》卷一：「東坡在杭州，一日游西湖，坐孤山竹閣，前臨湖亭上，時二客皆有服，預焉。久之，湖心有一綵舟漸近亭前，靚粧數人，中有一人尤麗，方鼓箏，年且三十餘，風韻閑雅，綽有態度，二客競目送之。曲未終，翩然而逝。公戲作長短句云。」以下引此詞全文，中有

「何處飛來雙白鷺，如有意，慕娉婷」句。《甕牖閑評》卷五：「東坡倅錢塘日，忽劉貢父相訪，因拉與同游西湖。時二劉方在服制中。至湖心，有小舟翩然至前。一婦人甚佳，見東坡，自叙少年景慕高名，以在室無由得見，今已嫁爲民妻，聞公遊湖，不避罪而來，善彈筝，願獻一曲，輒求一小詞以爲終身之榮，可乎？東坡不能却，援筆而成，與之。」其詞即《江城子》。二書皆有傳聞因素。後者所云「二劉」，似指劉敞（原父）、劉攽（貢父）。時敞已去世數年。且在服制中亦未便遠行。此處疑有文字訛誤。兹并録於此，供參考。然攽來訪則可信。

軾游孤山，登柏山、竹閣。與陳襄自有美堂夜歸。有美堂暴雨，豪飲。并有詩。

詩見《蘇軾詩集》卷十（四八〇至四八二頁）。其《與述古有美堂乘月夜歸》云「萬人争看火城還」，記其盛。

《詩集》卷四十三《追和戊寅歲上元》有「萬炬錢塘憶夜歸」之句。乃寫此時事。

《欒城集》卷五有《次韻子瞻有美堂夜歸》。

八月十五日，軾觀潮，題詩安濟亭上；作《瑞鷓鴣》。

詩見《蘇軾詩集》卷十（四八四頁），并參「施注」引《詩案》。詞見《東坡樂府》卷上，末云：「儂欲送潮歌底曲，樽前還唱使君詩。」《總案》：「是日似與陳襄同游，故落句及之耳。」

《詩案·杭州觀潮五首》：「熙寧六年任杭州通判，因八月十五日觀潮，作詩五首，寫在本州安濟亭上。前三首并無譏諷，至第四首云：『吴兒生長狎濤淵，冒利忘生不自憐。東海若知明主意，應教斥鹵變桑田。』蓋言弄潮之人，貪官中利物，致其間有溺而死者，故朝旨禁斷。軾謂主上好興水利，不知利少而害多，言東海若知明主意，應教斥鹵變桑田，言此事之必不可成，譏諷朝廷水利之難成也。」

同日，陳舜俞獨遊垂虹亭賞月，有詩懷蘇軾。

《都官集》卷十三有《中秋佳月，獨遊垂虹亭，有懷胡完夫、蘇子瞻、錢安道》詩，其懷蘇云：「月光清極向中秋，千古松陵此夜遊。寥泬更無雲礙眼，滄浪合是我維舟。浮生未有明年約，淺酌聊資到曉留。辜負金波三萬頃，詩豪草聖在杭州。」懷胡詩有「借問姑蘇胡别駕」之句，時胡爲蘇州通判。

舜俞，湖州烏程人。《宋史》卷三百三十一有傳，謂熙寧間青苗法行，舜俞不奉令，責監南康軍監酒税。據詩，是不赴也，或赴後不久即歸也。

垂虹亭見熙寧七年「與楊繪陳舜俞置酒垂虹亭上」條。

舜俞詩作於本年或上年，今繫於本年。

軾往諸縣提點，赴臨安，知縣蘇舜舉接至縣界外，爲言數日前入州被訓狐押出事，譏轉運副使王廷（庭）老等不知是非。

據《詩案·寄周邠諸詩》，舜舉謂己吏事妥帖，而王廷老及本州諸官不以爲然。《詩案》云：「熙寧六年，因往諸縣提點，到臨安縣。有知縣大理寺丞蘇舜舉來本縣界外太平寺相接。軾與本人爲同年，自來相知，本人見軾，復言舜舉數日前入州，却被訓狐押出。軾問其故。舜舉言我擘劃得《户供通家業役鈔規例》一本，甚簡，前日將去，呈本州諸官，皆不以爲然。呈轉運副使王庭老等，不喜，差急足押出城來。軾取其規例看詳，委是簡便。因問訓狐事。舜舉言自來聞人説一小話，云燕以日出爲旦，日入爲夕，蝙蝠以日入爲旦，日出爲夕，争之不決，訴之鳳凰。鳳凰是百鳥之王，至路次逢一禽，謂燕曰，不須往訴，鳳皇在假，或云鳳皇渴睡，今不記其詳，都是訓狐權攝。舜舉意以話戲笑王庭老等不知是非。隔得一兩日，周邠李行中二人亦來臨安，與軾同遊徑山。蘇舜舉亦來山中相見，周邠作詩一首與軾，即無譏諷，次韻和答，兼贈舜舉云：『餔糟醉方熟，灑面唤不醒。奈何効燕蝠，屢欲争晨暝。』其意以譏諷王庭老等，如訓狐不分別是非也。」

「餔糟」云云，乃《蘇軾詩集》卷十《徑山道中次韻答周長官兼贈蘇寺丞》詩中語。長官謂周邠，寺丞謂蘇舜舉。

此詩尚有「吾宗古遺直」之語，贊舜舉。邠詩不見。

至臨安。二十日，聞里中兒歌《陌上桑》，易其詞；宿海會寺，有詩。晁補之有《陌上花》。

《蘇軾詩集》卷十有《陌上花三首》、《宿海會寺》。元陳旅《安雅堂集》卷十三《跋東坡帖》：「先生平生風節與夫出處欣戚之概，可以見於翰墨之間矣。海會寺所寫及《陌上花》，皆熙寧六年八月廿日作。《陌上花》無鑱削之迹，亦足以見當時人心有不可奪者。《南華齋僧書》，讀之令人流涕。使先生至於如此者，真無人心也。」《南華齋僧書》，不詳爲何事。

《雞肋集》卷二十有《陌上花八首》。題下原注：「事見蘇先生詩。」按：即聞里中兒歌《陌上桑》易其詞者。其詩其一云：

「郊外金輧步帳隨，道邊游女看王妃。内官走馬傳書報，陌上花開緩緩歸。」

其二：「朝雲暮雨山頭宅，暖日晴風陌上花。絳幕何妨行緩緩，送春歸盡妾還家。」

其三：「娘子歌傳樂府悲，當年陌上看芳菲。曼聲更緩何妨緩，莫似東風火急歸。」

其四：「荆王夢罷已春歸，陌上花隨暮雨飛。却唤江船人不識，杜秋紅淚滿羅衣。」

其五：「吴歌白紵怨芳菲，腸斷懷王去不歸。陌上如今小花伴，山前山後白鷴飛。」

其六：「臨安城郭半池臺，曾是香塵撲面來。不見當時翠輧女，今年陌上又花開。」

其七：「雲母鑾幰作信來，佳人陌上看花回。妾行不似東風急，爲報花須緩緩開。」

其八：「陌上偷來爲看花，饒聲鸚鵡莫夭斜。犢車緩緩隨芳草，不去桃源阿母家。」

軾在臨安，尚與周邠、李行中游徑山；弔吴越王遺迹，作《將軍樹》、《錦溪》、《石鏡》詩；登玲瓏山，宿九仙山，遊東安巖，弔謝安遺迹，洗浴；徑山道中答周邠兼贈蘇舜舉；次韻答汪覃，再游徑山。

蘇軾記以詩，凡十一首，皆見《蘇軾詩集》卷十。《欒城集》卷五有《次韻子瞻再游徑山》。《四朝聞見録》甲集《光堯幸徑山》言徑山事云：「東坡宿齋扉，夜有叩門者，云放天燈人歸。」以下言天燈之説疑僧人附會。兹附此。

徑山道中答周邠，兼贈蘇舜舉，本年以上「軾往諸縣提點」條已及。

康熙《徽州府志》卷十五《隱逸傳》：「汪覃，字天才，績溪西園人。應舉八行科。蘇軾見而異之。後隱不仕，號水月居士。軾贈以詩云（略）。」李行中，詳熙寧七年「題李行中醉眠亭」條。

軾回至餘杭，至洞霄宫，與監宫蔡準、吴天常、樂富國、聞人安道、俞康直、張日華爲林泉之遊，有詩。

《蘇軾文集》卷六十六《書郭文語》：「予嘗監錢塘郡，游餘杭九鎖山，訪大滌洞天，即郭先生之舊隱也。」文，晉人。

《洞霄詩集》卷三引王思明《題蔡準詩後》：「東坡詩稱『作者七人相對閑』，蓋同游者都官郎中蔡準、管勾少卿吴天常、大監樂富國、管勾郎中聞人安道、管勾郎中俞康直、管勾張日華暨坡，凡七人也。坡既首唱，餘亦和之。兵火之後，獨蔡詩得附坡不泯。」思明，陸游同時，略晚。《咸淳臨安志》卷二十四《山川三·餘杭縣·大滌山洞天·來賢巖》：「在大滌東南秀峰之前，嵌空數丈，叢竹間有磐石可坐。東坡作倅日，同蔡準、吴天常、樂富國、聞人安道、俞康直、張日華凡七人來，爲林泉之遊，遂名其巖曰來賢。今作亭於上，名曰宜霜。」同卷，蔡準有題來賢巖詩，即《洞霄詩集》卷三所云之詩。

吴天常，字希全，河南府洛陽人。治平二年知南劍州。紹聖四年卒，年六十一。《張右史文集》有天常墓銘。光緒《盱眙縣志稿》卷七上、《宋會要輯稿》第九十八册《職官》六五之二五有知南劍州吴天常記載。《趙清獻公集》卷二、卷三有詩及天常。

聞人安道，字彝庚，嘉興人，光緒《嘉興府志》卷五十安道傳謂爲寶元元年進士，歷監睦州酒税、通判歙州，爲職方郎中，知南康軍；與司馬光、趙抃善；博覽羣書。又謂與蘇軾詩簡往來。然現存軾詩無及安道者，知已佚。《槜李詩繫》有安道題招提院静照堂詩。

俞康直，字之彦，丹徒人。《京口耆舊傳》卷二有傳。參熙寧七年「訪監洞霄宫俞康直題其所居」條。

樂富國，撫州宜黄人。景祐元年進士第。寶元二年，以殿中丞爲漳州龍溪縣令。見嘉靖《龍溪縣志》卷五、《閩書》卷六十四、道光《福建通志》卷一百五十。參方健先生有關論述。

張日華，待考。

上引軾詩《洞霄宫》尚有軾自注：「今監宫凡七人。」《洞霄詩集》舉其六人，尚遺一人。是日與蘇軾同游者爲六人，一人未與。

本月，再游風水洞，軾賦《臨江仙》。

據《紀年録》。詞見《東坡樂府》卷上。

詞上闋首云：「四大從來都遍滿，此間風水何疑。」似謂天下到處有風水，爲何此處獨以「風水」名？故以下云「故應爲我發新詩」。此句意似謂風水洞以風水名，我應爲之發新詩。落筆不凡。風水洞既以風水名，其景物自清幽。上闋末二句：「幽花香澗谷，寒藻舞淪漪。」即突出清幽。

董楊休比部知真州，轍有送行詩。

詩見《欒城集》卷五。《長編》卷二百三十二元豐六年二月乙巳紀事，言及「前知沂州朝請郎董楊休」；卷三百四十四元豐七年三月壬子紀事，言及前任沂州監司董揚休以疾曠官，年六十二。

楊休知沂州、爲沂州監司乃此以後事。

和孔武仲濟南四韵。轍時與武仲過從甚密。

詩見《欒城集》卷五,武仲原作已佚。

其二爲《北渚亭》。《齊乘》卷五:「《水經注》:濼水北爲大明湖。西有大明寺,水成净池,池上有亭,即北渚也。池今名五龍潭,潭上有五龍廟,亭則廢矣。湖上舊有水西亭、環波亭,并見南豐、子由諸賢詩,今廢。」此四韵其一即爲《環波亭》。南豐謂曾鞏,鞏嘗知齊州。其三爲《鵲山亭》。《齊乘》卷五:「城北鵲山湖上。少陵詩序『登歷下員外新亭,亭對鵲山湖』者是也。今廢。」

《欒城集》卷七《寄孔武仲》:「濟南舊游中,好學惟君耳。君居面南麓,汹湧岡巒起。我來輒解帶,檐下炙背睡。煎茶食梨栗,看君誦書史。君歸苦倉卒,窗户日摧毁。遷居就清曠,改築富前址。開畦得遺植,繞壁見題字。雲山顧依然,簿領輒隨至。思君猶未忘,滿秩行自棄。(下略)」

《欒城集》卷九《答孔武仲》中云:「濟南昔相遇,我齒三十六。談諧傾蓋間,還往白首熟。從君飲濁酒,過我飯脱粟。西湖多茨亂,白晝下鴻鵠。城西野人居,柴門擁修竹。後車載鴟夷,下馬瀉醽醁。醉眠卧荒草,空洞笑便腹。疏狂一如此,豈望世收録。」轍今年三十五歲,云「三十六」,知熙寧七年武仲尚在濟南,今并繫此。

九月,尚書右司郎中、知登州李師中(誠之)來知齊州。轍嘗與師中論刑之法。

九月云云，據《年表》。

《欒城集》卷五《和李誠之待制燕别西湖·叙》：「熙寧六年九月，天章閣待制李公自登州來守此邦。」

《集》卷十四《李誠之待制挽詞》其二首云：「濟南風物在西湖，湖上逢公初下車。談笑樽前伏齊虜，旌旗門外聽除書。」

《龍川略志》卷四《許遵議法雖妄而能活人以得福》：「知潤州許遵嘗爲法官，奏讞婦人阿雲謀殺夫不死獄，以按問欲舉，乞減死。舊説，鬭殺、劫殺，『鬭』與『劫』爲殺因，故按問欲舉可以減。謀而殺，則謀非因，故不可減。士大夫皆知遵之妄也。時介甫在翰苑，本不曉法，而好議法，乃主遵議。自公卿以下争之，皆不能得，自是謀殺遂有按問。然舊法，一問不承，後雖犯者自言，皆不得爲按問。時欲廣其事，雖累問不承，亦爲按問，天下皆厭其説。予至齊，齊多劫盗，而人知法有按問，則未有盗而非按問者。二人同劫，先問其左，則按問在左；先問其右，則按問在右。故獄之死生，在問之先後，而非盗之情。又有甚者，捕人類多盗之鄰里，所欲活者，輒先問之，則死生又出於用情。予見而嘆曰：『惜哉，始議按問者之未究此弊也。』因以語齊守李誠之。誠之亦嘆曰：『吾儕異日在朝，當革此弊。』予曰：『雖然遵議則非，而要能活人；吾議則是，而要能殺人，予意亦難改之。』誠之曰：『信然，奈何而可？』予曰：『昔劫盗，贓三千而死，今五千而死矣，非有常也。必欲改是，增至七千而死，庶幾可耳。』（下略）」

同上《張次山因一婢知周高而刺配海島》：「曲堤周氏以財雄於齊，有秘書丞高者，尤驕縱不法。嘗自京師載妓妾數十人游杭州，其一人以妬害自沉死。及還齊，其父母邀賄謝，不滿意，訴之長清令張次山，取證左治之，亦無他矣。會次山之婢本周氏隸也，自牖窺之，歷指所從來一一人本高父妾，嘗生一子。次山即以長吏舉行之，高坐刺配海島而死，齊人快之。李誠之嘗語及此，稱善。予曰：『使我爲長清，決不舉也。』誠之曰：『何故？』曰：『民間如此事不爲少也，偶一婢子知之，因而發之以爲明。彼不知者獨何幸，高獨何不幸也。事發有端，長吏不得已治之，可也；其發無端，自非叛逆，不問可也。』誠之曰：『此長者之論，次山之流固不及。』」

自臨安、餘杭歸，陳襄招飲介亭，軾作詩。

詩見《蘇軾詩集》卷十（五〇四頁），云：「西風初作十分涼，喜見新橙透甲香。」乃九月初。

九月八日，軾以病不赴陳襄重九之會，作詩。

詩見《蘇軾詩集》卷十（五〇五頁）。

九日，軾詩戲魯有開（元翰），遊惠勤院。時有開新來倅杭。

是日，作詩五首，見《蘇軾詩集》卷十（五〇六至五〇八頁）。《欒城後集》卷一有開挽詞云有開與兄軾「錢塘結弟昆」，自注「子瞻兄始與元翰皆倅杭州」。有開，《宋史》卷四百二十六有傳。

《詩集》卷十五《送魯元翰少卿知衛州》叙在杭與有開甚相得。杭有通判二員。

杭州録事杜子方、司户陳珪、司理戚秉道無辜罷官還鄉，軾送行詩明其無罪。

詩見《蘇軾詩集》卷十（五一〇頁）。

《詩案·送杜子方陳珪戚秉道》：熙寧五年，承勘本州裴姓人家女使夏沈香浣衣井旁裴家小女孩落井身死不明事，決沈香臀杖二十板，放。後來本路提刑陳睦舉駁，差秀州倅張若濟重勘，決殺沈香，杜等衝替。詩云「殺人無驗中不快」，言陳、張舉駁不當；又云「君今憔悴歸無食」，明其無辜失官。蘇軾下御史獄，杜等牽聯，見元豐二年十二月二十六日紀事。《王譜》、《紀年録》繫送行詩於熙寧五年。《詩集》「查注」謂罷官在五年冬，而其行在本年秋。今依《詩集》編次。

蘇軾應陳直方之妾嵇請，賦《江城子》（玉人家在鳳凰山）。

詞見《東坡樂府》卷下。

《文史》第四十輯吴雪濤《蘇詞編年辨證》謂陳直方即陳珪。據《説文》，珪乃瑞玉，其形上圓下方，長短各有不同，公侯伯子男諸爵分别執以爲信。若以其形質表德，則名珪字直方，當在情理之中。珪時罷官還鄉，參此上「杭州録事」條。既罷官還鄉，其妾理應隨行，其乞軾作詞相贈，想必即在此時。本詞末章云：「陌上花開春盡也，聞舊曲，破朱顔。」其意顯然是因直方之妾乃錢塘人，今將去而他之，難免悵惘，故用吴越王妃每春必歸臨安的典故相慰，此亦正好與該妾相隨直方離杭返鄉的情事相合。今從吴説。

參《蘇軾詞編年校注》。

魯有開（元翰）惠谷簾水、龍團并詩，答簡并詩爲謝。

簡并詩見《蘇軾文集》卷五十七（一七〇七頁），詩又見《蘇軾詩集》卷十（五一一頁）。簡云：「通前共三篇矣。」另二篇乃指《蘇軾詩集》卷十《九日舟中望見有美堂上魯少卿飲以詩戲之二首》。知簡并詩作於九日之後。

蘇軾與周邠（開祖）同餞魯有開（元翰）於壽星院，邠有詩，軾次韻。

軾詩見《蘇軾詩集》卷十（五一二頁）。

詩首云：「琉璃百頃水仙家，風静湖平響釣車。」壽星院蓋面西湖，其前自成規模。第三、四句：「寂歷疏松欹晚照，伶俜寒蝶抱秋花。」壽星院内景象。「晚」點時間，「秋」點季候。渲染寂静以至孤寂。誠所謂仙家居住之所，無意中照應第一句「仙」字。第五句「困眠不覺依蒲褐」，暫時唤起道人。第六句「歸路相將踏桂華」，叙一同歸去。題云「餞」，并未叙及餞，亦未云飲酒，然盤桓時間則頗長，「困眠」句可證。蘇軾之意欲何在？且讀末二句：「更著綸巾披鶴氅，他年應作畫圖誇。」至此方點餞。意蓋謂於此仙境留下一深刻印象，以爲他年憶及之資。較之杯盤交錯，盡意於一時者，其意自更深一層。

魯有開并未他移，見注文。疑是他移之命甫下，即收回。

陳襄（述古）過周邠（開祖）夜飲，襄作詩，蘇軾次其韻。襄作詩責軾屢不赴會，軾次前韻。

詩皆見《蘇軾詩集》卷十（五一三頁）。

詩前者首云：「二更鐃鼓動諸鄰，百首新詩間八珍。」謂夜飲，詩作甚多。第三、四句：「已遣亂蛙成兩部，更邀明月作三人。」蘇軾自謂聽蛙之樂，獨賞明月，是未與襄之會也。後四句勸襄及時行樂，欣賞錢塘美景，以助襄之興。蓋襄欲蘇軾與其會，而軾不往，恐襄見罪，故以此語滑過。

詩後者首云：「我生孤僻本無鄰，老病年來益自珍。」叙不赴會之由在於生性不願與人交往。第三、四句云：「肯對紅裙辭白酒，但愁新進笑陳人。」「肯對」意謂「怎肯對」、「如何肯對」，不願與紅裙交往，不願與有紅裙如雲之宴會。「陳人」，蘇軾自喻。「但愁」一句，甚耐人尋思。是時必有年少新進之輩，於蘇軾有不友好表示，譏笑、諷刺、挖苦當兼而有之。蘇軾以爲，此輩不必與之計較。陳襄與周邠相集夜飲時，此輩之中當有參加者，前者詩所云「百首」，益可證。既有此輩參加，自以不往爲宜。第五句：「北山怨鶴休驚夜。」出孔稚圭之《北山移文》「蕙帳空兮夜鶴怨」句。孔稚圭筆下之假隱士，離山林而熱衷利禄，遺下山中之繐帳，夜鶴爲之怨。

據此隱約得知其時似有人以爲蘇軾原欲隱居山林，今出仕實如假隱士，其行僞。蘇軾此句，實乃自我表白。隱居山林，乃蘇軾兒時之幻想。從仕以後，謀斗升之禄，未嘗一日居山林，言出行從，表裏如一，夜鶴不必爲之驚怨。於是乃有第六句「南畝巾車欲及春」，以盡本身之職責爲務。亦爲自我表白。第七、八句：「多謝清時屢推轂，狶膏那解轉方輪。」謝陳襄屢次推薦，然自身如方輪，雖有陳襄潤滑之狶膏，終不能使車輪迅捷行進，自慚方拙，有負襄之望。此時蘇軾似有若干隱情，此詩略透露其一二。此詩於研究蘇軾此時思想，甚有意義。

胡穆饋蘇軾古銅器，作詩，軾答之。

軾詩見《蘇軾詩集》卷十，題云：「胡穆秀才遺古銅器，似鼎而小，上有兩柱，可以覆而不蹶，以爲鼎則不足，疑其飲器也，胡有詩，答之。」

詩云：「隻耳獸齧環，長唇鵝擘喙。三趾下鋭春蒲短，兩柱高張秋菌細。君看翻覆俯仰間，覆成三角翻兩髻。」以韻語狀此物之形至矣。

軾賀陳章生子，有詩；章，襄弟。

詩見《蘇軾詩集》卷十一（五二一頁）。《詩集》注文舉蘇軾在黄《答濠州陳章》，謂餘無考。按：嘉慶《邛州志》卷三十三謂章紹聖中以左朝議大夫知臨邛，「茂著廉明，士民畏服」。

張先（子野）年八十五買妾，軾贈詩嘲之。先和。

贈詩見《蘇軾詩集》卷十一(五三三頁)。《石林詩話》卷下:「張先……居錢塘,蘇子瞻作倅時,先年已八十餘,視聽尚精强,家猶畜聲妓,子瞻嘗贈以詩云:『詩人老去鶯鶯在,公子歸來燕燕忙。』蓋全用張氏故事戲之。先和云:『愁似鰥魚知夜永,懶同蝴蝶爲春忙。』極爲子瞻所賞。」「詩人」二句即在贈詩中。據《蘇軾文集》卷七十一《書遊垂虹亭》,先今年八十四。蓋詩人作詩,喜舉「五」、「十」成數,故有不同。先全詩不傳。

軾遊寶山廣嚴寺,書雙竹湛師房,作《寶山新開徑》,見雲闍黎。

詩見《蘇軾詩集》卷十一(五二四、五二五頁)。《清獻集》卷二《題杭州雙竹寺》:「粉籜雙雙脱,修篁兩兩高。同心齊管鮑,并節漢蕭曹。寒歲霜威禦,炎天暑氣逃。此君真可異,吟繞不知勞。」《詩集》卷四十八有《題雙竹堂壁》、《會雙竹席上奉答開祖長官》,《外集》卷四編倅杭卷。

《詩集》卷十二詩題:「去年秋,偶游寶山上方,入一小院,闃然無人。有一僧,隱几低頭讀書,與之語,漠然不甚對。問其鄰之僧,曰:『此雲闍黎也,不出十五年矣。』」詩作於熙寧七年。《西湖遊覽志》卷十二《南山城内勝迹》有七寶山,舊有寶嚴院,錢氏建;有雲闍黎,閉户十五年,日理《觀音經》。

十月,一僧寺開牡丹數朵,陳襄作詩,蘇軾有和。

十月據《詩案·和陳述古十月開牡丹四絶》、《蘇軾詩集》卷十一《和述古冬日牡丹四首》，有譏諷意，襄原唱不見。《古靈集》卷二十五附録《年譜》熙寧六年有「有和子瞻《吉祥冬日牡丹詩三首》」之語，襄詩亦不見。

《詩案·和陳述古十月開牡丹四絶》：「熙寧六年，任杭州通判時，知州係知制誥陳襄，字述古。是年冬十月内，一僧寺開牡丹數朵，陳襄作詩四絶。軾嘗和云：『一朵妖紅翠欲流，春光回照雪霜羞。化工只欲呈新巧，不放閑花得少休。』又云：『當時只道鶴林仙，解遣秋花發杜鵑。誰信詩能迴造化，直教霜枿放春妍。』又云：『花開時節雨連風，猶向霜林染爛紅。漏泄春光私一物，此心未信出天工。』又云：『不憤清霜入小園，故將詩律變寒暄。使君欲見藍關詠，更請韓郎爲染根。』此詩皆譏諷當時執政大臣，以比化工，但欲出新意擘劃，令小民不得暫閑也。」

十月，應京西北路轉運副使陳知儉之請，轍作《京西北路轉運使題名記》。

文見《欒城集》卷二十三。

知儉字公廙，管城人。堯佐孫。元豐三年卒，年四十六。事迹詳《范太史集》卷三十八《陳君墓誌銘》。

至新城，軾晤晁補之，賦詩，補之有和。

《雞肋集》卷八《次韻蘇公和南新道中詩二首》其一首云：「山園芙容開，寂寞歲云晚。公來無與同，念我百里遠。」是蘇軾至新城爲十月間事。若在明年，此時已赴知密州任。軾原詩已佚。補之其二首云「讀公棲鴉詩」所云之「棲鴉」，當爲軾詩中語。

海月（惠辯）卒。軾至天竺弔之，作輓詩。

《蘇軾文集》卷二十二《海月辯公真贊》：「一日，師卧疾，使人請余入山。適有所未暇，旬餘乃往，則師之化四日矣。遺言須余至乃闔棺，趺坐如生，頂尚温也。」

《欒城後集》卷二十四《天竺海月法師塔碑》謂卒於十月，今從。《蘇軾詩集》「查注」引《天竺事迹》謂卒於七月十七日，恐有誤。

《輓詞》見《詩集》卷十（四七九頁）。其一有「今夜生公講堂月，滿庭依舊冷如霜」之句。云「冷」、「霜」，顯爲十月事。《總案》次輓詞於七月間，不當。施本及宋十行本《東坡集》皆編輓詞於今年冬。《欒城先生遺言》：「《天竺海月塔碑》，以坡與之游，故銘云：『我不識師面，知其心中事。』儒者談佛，爲坡公所取。其（按：此下疑脱一字）火失其書翰。」

李頎（粹老）以所畫山兩軸見寄，有詩，軾爲次韻。

次韻見《蘇軾詩集》卷十一（五二七頁）。頎詩佚。

《春渚紀聞》卷五《李朱畫得坡仙賞識》：「李頎字粹老，不知何許人。少舉進士，當得官，棄去。烏巾布裘爲道人。遍歷湖湘間。晚樂吴中山水之勝，遂隱於臨安大滌洞天，往來苕溪之上，遇名人勝士，必與周旋。素善丹青，而間作小詩。東坡倅錢唐日，粹老以幅絹作《春山》横軸，且書一詩其後，不通姓名，付樵者，令俟坡之出投之。坡展視詩畫，蓋已奇之矣。及問樵者：『誰遣汝也？』曰：『我負薪出市，始經公門，有一道人，與我百錢，令我呈此，實不知何人也。』坡益驚異之，即散問西湖名僧輩，云是粹老。久之，偶會於湖山僧居，相得甚喜。坡因和其詩云『詩句對君難出手，雲泉勸我早抽身』是也。」「詩句」二句即在次韻中。以下謂頎畫山，筆力工妙，盡物之變而秀潤簡遠；不能爲人特作，傳者少。

沈括察訪兩浙，軾與論舊。括還朝，奏蘇軾近作詩皆訕懟。

《長編》卷三百一元豐二年十二月庚申引《元祐補録》：「〔沈〕括察訪兩浙，陛辭，神宗語括曰：『蘇軾通判杭州，卿其善遇之。』括至杭，與軾論舊，求手録近詩一通。歸則籤帖以進，云詞皆訕懟。軾聞之，復寄詩劉恕，戲曰：『不憂進了也。』其後李定、舒亶論軾詩置獄，實本於括云。」《施譜》引此，謂出王銍《元祐補録·沈括傳》。《蘇軾詩集》卷七和劉恕詩，爲熙寧五年作。《長編》亦謂此則紀事「恐年月先後差池」，當考。然王銍距蘇軾年代近，以博洽稱，其所叙自有據。

《長編》卷二百四十六本年八月丁丑（初六日），沈括尚在朝奏事。其東南行，即在此後。《長編》卷二百四十七十月甲戌（初五日）上奏，沈括論常、潤二州歲旱民飢事。其時尚在常、潤間。《括蒼金石志》卷四有本年十二月十二日、十四日有括與友人題名石刻。其過杭當在本年十月、十一月之際。

《長編》卷二百五十一熙寧七年三月壬戌（二十五日）紀事：加沈括同修起居注。括還朝。參方健有關文章。

軾以轉運司檄，往常、潤、蘇、秀賑濟飢民。周邠、柳瑾（子玉）附行。雪後至臨平，與瑾同訪陳烈；至秀水報本禪院，視鄉僧文及疾，有詩。

「以轉運司」云云，據《施譜》。《施譜》謂爲冬季事，《總案》謂爲十一月。

詩見《蘇軾詩集》卷十一（五二八、五二九頁）。

烈，《宋史》卷四百五十八有傳。《宋會要輯稿》第一百二十册《選舉》三四之三八嘉祐三年正月九日紀事：以福州進士陳烈爲安州司户參軍；原注謂烈一字辛甫，學行淳古，頗通禮書，近臣論薦，故有是命，召爲國子監説書，辭疾不至。《長編》卷一百八十七謂薦者乃歐陽修。《欒城集》卷三十八有《陳烈落致仕福州教授》制。

往常、潤等地前，《蘇軾詩集》有《和柳子玉喜雪次韻仍呈述古》、《觀子玉郎中草聖》詩。《詩集》卷四十八《又答氊帳》，《外集》題作《答子玉氊帳》，次《觀子玉郎中草聖》後，有「莫嫌雪裏閑氊帳」句，及雪，當亦作於往常、潤等地前。

至秀州。錢顗（安道）送茶，軾有詩謝之。顗燕蘇軾，令歌者道服，軾作詩。

詩見《蘇軾詩集》卷十一（五二九、五三一頁）。後者首云「烏府先生鐵作肝」，《宋史》卷三百二十一《錢顗傳》謂「世因目爲『鐵肝御史』」。《咸淳毗陵志》卷二十三引後詩，并引周邠和詩（邠詩，「查注」已引）。

《丹陽集》卷十《跋錢仲仲東坡詩卷》：「東坡賦詩時，三十九歲矣。其末云『安道令賦』，有旨哉！」所云詩卷，即此時所賦之詩。仲仲名湑，勰之孫。事親孝。《萬姓統譜》卷二十七有傳。

《詩案·謝錢顗送茶一首》云：「熙寧六年，軾任杭州通判日，因本路運司差往潤州勾當公事，經過秀州，錢顗字安道在秀州監酒税，曾作臺官，始於秀州與之相見。得顗作詩一首，送茶與軾。復與詩一首謝之，除無譏諷外，云『草茶無賴空有名，高者妖邪次頑獷』，以譏世之小人，乍得權用，不知上下之分，若不諂媚妖邪，即須頑獷狠劣。又云『體輕雖欲强浮沉，性滯偏工嘔酸冷』，亦以譏世之小人，體輕浮而性滯泥也。又云『其間絶品非不佳，張禹縱賢非骨鯁』，亦以譏世之小人如張禹，雖有學問，細行謹飭，終非骨鯁之人。又云：『收藏愛惜待嘉客，不敢包裹鑽權倖。此詩有味君勿傳，空使時人怒生瘿。』以譏世之小人，有以好茶鑽要貴者，聞此詩當大怒也。」

至蘇州。軾請成都通長老出主蘇州報恩寺，作疏。

疏見《蘇軾文集》卷六十二，題作《蘇州請通長老疏》。疏末云：「報恩寺水陸禪院，四衆之淵藪，三吴之會通。願振法音，以助道化。所爲者大，無事於謙。」謂通「族本縉紳，實西州之望，業通詩禮，爲上國之光」。蘇軾熙寧四年過蘇時，報恩寺重造古塔，見該年紀事。至是，古塔當已重造成。《文集》卷六十一《與通長老》第一簡：「近過蘇臺，不得一見而别，深爲耿耿。」作於熙寧七年末。是通長老不久即來蘇州。

在蘇州，蘇守王誨（規父）出示仁宗賜其父舉正所作飛白，軾應其請作記。

《蘇軾文集》卷十一《仁宗皇帝御飛白記》叙之。記云及仁宗卒「十有二年」，知作於今年。誨爲蘇守，見《吴郡志》。《詩集》卷三十一《次韻王忠玉游虎丘絶句》：「當年大白此相浮，老守娱賓得二丘。」自注：「郡人有閭丘公，太守王規父嘗云：不謁虎丘，即謁閭丘。」乃此時事。閭丘，乃孝終（孝忠、公顯），詳熙寧七年「至蘇州」條。

過蘇時，軾或晤方惟深。惟深不喜蘇軾詩文。

《野老紀聞》：「方惟深子通，隱於吴，吴人宗之，以詩行，其詩格高下似晚唐諸人。絶不喜蘇子瞻詩文，至云『淫言褻語，使驢兒馬子決驟』。胡文仲連因語及蘇詩云：『清寒入山骨，草木盡堅瘦。』子通曰：『做多，自然有一句半句道得著也。』余問何至，曰：『子通及識蘇公，蘇公之譏評詩文，殆無逃者。子通必嘗見薄於蘇，故終身銜之。』」《中吴紀聞》卷三《方子通》謂惟深本莆田人，家長洲。惟深有集，《宋史·藝文志》有著録，不傳。宣和四年卒，年八十三。事迹詳《北山小集》卷三十三墓銘。軾與惟深交往，無具體紀載，今因其家長洲，附其事於此。

至惠山，訪錢道人，登絶頂望太湖，作詩。戲答錢道人偈。除夜，野宿常州城外，作詩。

詩見《蘇軾詩集》卷十一（五三一、五三三頁），偈見卷四十七（二五二五頁）。

十二月除日，轍府中饋畫鍾馗。

《欒城三集》卷一《題舊鍾馗·引》：「癸丑歲，予爲興德軍掌書記。是歲大旱。除日，府中饋畫鍾馗行雪中，狀甚怪。」詩首云：「濟南書記今白鬚，歲節鍾馗舊緑襦。舉手托天欣見雪，破鞋踏凍可憐渠。」

轍嘗晤吴復古（子野）。

《欒城集》卷七《贈吴子野道人》：「東州相逢真邂逅。」東州謂齊州。

《蘇軾文集》卷五十七《與吴秀才》第三簡：「與子野先生游，幾二十年矣。始以李六丈待制師中之言，知其爲人。李公人豪也，於世少所屈伏，獨與子野書云：『白雲在天，引領何及。』」作於紹聖間謫惠時。

同上書卷十二《北海十二石記》：「熙寧己酉歲，李天章爲登守，吴子野往從之游。」《宋史》卷三百三十二《李師中傳》謂熙寧間守登，復守齊。前已及。師中守齊時，復古當往齊，故叙其事於此。

復古，揭陽人。

本年，軾與湖州守李常（公擇）簡，報轍近況。

《蘇軾文集》卷五十一與常第一簡，作於本年。簡云「霅上主人」，知常時知湖州。簡末云：「恨舍弟相遠。」知作簡時，轍已至齊州。以下云：「然亦頻得信，亦甚好，恐要知。」

是歲，軾作《思聰名説》。

文見《蘇軾文集》卷十。思聰生於嘉祐八年，見元祐六年「錢塘僧思聰歸孤山」條紀事。文謂思聰時年十一。《竹坡詩話》謂思聰錢塘人，以詩見稱於蘇軾。并云：「東坡倅錢唐時，聰方爲行童試經。坡謂坐客言，此子雖少，善作詩，近參寥子作昏字韻詩，可令和之。聰和篇立成，云：『千點亂山横紫翠，一鉤新月掛黄昏。』坡大稱賞，言不減唐人，因笑曰：『不須念經也做得一個和尚。』是年，聰始爲僧。」

《文集》卷六十一《與參寥子》第四簡首云「聰師相别五六年」。此簡作於元豐三年。

是歲，軾嘗游杭之萬松嶺惠明院。

據《蘇軾文集》卷七十一《題萬松嶺惠明院壁》參元祐五年「與張天驥、陳輔同游萬松嶺惠明院」條紀事。

是歲，軾題僧法言所居室曰雪齋。

《淮海集》卷三十八《雪齋記》：「雪齋者，杭州法會院言師所居室之東軒也。始言師開此軒，汲水以爲池。累石以爲小山，又灑粉於峯巒草木之上，以象飛雪之集。州倅太史蘇公過而愛之，以爲事雖類兒嬉，而意趣甚妙，有可以發人佳興者，爲名曰雪齋而去。」又云：「言師名法言，字無擇，泊然蕭灑人也。」又云題室名「後四年，公爲彭城」，則題室名乃今年。法會院即法惠寺。詳《蘇軾詩集》卷九《法惠寺横翠閣》注文。

《蘇軾詩集》卷十八《雪齋》題下「誥案」謂「法言後住揚州石塔寺」。按：法言卒於元豐五年，見《佚文彙編》卷六《題王羲之敬和帖二首》其二。住石塔寺之無擇名戒公，乃另一人。「誥案」誤。

是歲，軾寄陳希夷唐福山藥方與文同，同服其方，有詩謝之。

《丹淵集》卷十二《子平寄惠希夷陳先生服唐福山藥方，因戲作雜言謝之》：「蜀江之東山色盡如赭，有道人云此是丹砂伏其下。煙雲光潤若洗濯，澗谷玲瓏如刻畫。我聞神仙草藥不在凡土生，是中當有靈苗異卉之根莖。果然人言所出山芋爲第一，西南諸郡有者皆虚名。就中唐福衆稱賞，肥實甘香天所養。有時巖頭倒垂三尺壯士臂，忽然洞口直舉一合仙人掌。土人入冬農事閑，千籌萬鍤來此山。可憐出鬻不甚貴，着價即售曾不慳。往年子瞻爲余説，言君所部之内此物尤奇絶。後復寄書勸我當餌之，滿紙親題華嶽先生訣。予因購之不惜錢，依方服餌將二年。其功神聖久乃覺，筋牢體溢支節堅。自問丹霄幾時上，早生兩翅教高颺。塵世如帑不可居，待看鴻濛對雲將。」「所部」乃言陵州，「爲余説」當爲熙寧四年春文同離京師赴知陵州時事，「後復寄書」當爲倅伉時事，「將二年」，當爲熙寧六、七年事，今姑繫入本年。詩題「子平」即「子瞻」，見《丹淵集》卷十《寄題杭州通判》編者語。

或謂同此詩作於熙寧五年冬，其依據爲《丹淵集》編次此詩於陵州詩。

《丹淵集》卷首文同年譜作者家誠之於宋寧宗慶元乙卯（一一九五）已言《丹淵集》編次不倫，其詩「不復可譜，但譜其平生出處大概耳」。以上所引文同詩雖編次陵州之末，然不作於陵州。文同到陵州任爲熙寧四年三月初五日，其在任凡一年又十個月，知其離任爲熙寧五年十二月初。謂同此詩作於陵州，不合情理。

松滋王令回，軾托附簡友人。

簡乃《佚文彙編》卷四《與友人》（二五〇八頁）。簡首云「寄示墨竹草聖」，末又云「墨竹與石近又變格」，疑此友人乃文同墨竹之愛好者。今因「文同作詩」條，附繫於此。

參方健有關論述。

軾與淮東提刑晁端彦（美叔）簡，以力行寬大之政爲望。

簡乃《蘇軾文集》卷五十五與端彦第二簡，首云「向承出按淮甸」。《寓簡》卷四引此簡，謂蘇軾有「委曲救時弊、䘏斯民之心」。與端彦第一簡有「若得放歸過淮必遂候見」語，亦作於此時。

《長編》卷二百三十二：熙寧五年四月甲戌，端彦在開封府推官任言事；卷二百五十三：七年五月丙辰，以淮東提刑徙兩浙路。簡或作於本年。

蘇軾與端彦第二簡中云淮甸「常賦之外，徵斂雜出，而鹽禁繁密，急於兵火，民既無告，吏亦僅且免罪」，以「少紓吏民於網羅中」爲望。

舒焕（堯文）來簡，以歐陽修比軾。軾覆簡辭不敢當。

覆簡乃《蘇軾文集》卷五十六答焕第一簡，云「歐陽公，天人也，恐未易過，非獨不肖所不敢當也」。軾簡云「賈君」，乃收。軾晤收爲熙寧五年末奉檄湖州時事，軾簡約作於今年。軾簡云收出焕所作送收詩，其語及軾，醉中和答，醒後已忘。焕簡中及此，「乃知有『公沙』之語」。焕原作及軾和作皆佚。軾簡云焕「守官不甚相遠」，未知何官，時未謀面。

焕乃熙寧六年進士。見《嚴州圖經》卷一。

黄裳《演山先生文集》卷二《次舒堯文秋夜有感之韻》：「自越趨儒林，由吴兩江渡。四年如退之，疏慵傲名數。西風今又來，庭柯泣珠露。榮枯幾番新，閒日常自度。誓爲天漢遊，擣藥看玉兔。逆行非吾心，焉用憂日暮。典籍猶可捐，寧雕子雲賦。萬事歸自然，所得先去故。灑落桐廬君，高源欲東赴。外物非所謀，此學良足據。但以中致虛，元氣腹當飫。壯懷感暮秋，羣動還太素。宋玉悲何爲，忘失聊適屨。」可參。

三蘇年譜卷二十四

熙寧七年(一〇七四)甲寅　蘇軾三十九歲　蘇轍三十六歲

正月初一日，軾過丹陽。二日，立春，寄詩魯有開(元翰)。賦《行香子》寄陳襄(述古)。

《蘇軾詩集》卷十一有《元日過丹陽明日立春寄魯元翰》。詞見《東坡樂府》卷下；首云「攜手江村，梅雪飄裙」，叙去歲離杭沿牒始發時情景；又云「向望湖樓、孤山寺、湧金門」，時襄在杭。

蘇軾作《古纏頭曲》，盛贊善琵琶女子。

詩見《蘇軾詩集》卷十一。

詩叙一老年樂府舊工「一生喙硬眼無人，坐此困窮今白首」，令人欽敬。詩着重叙舊工之女子善琵琶，年十七指法已似當日之王昭君。琵琶奏起，彷彿「輕帆渡海風掣回」；又彷彿「滿面塵沙和淚垢」，面前奏琵琶之女子即爲王昭君：其奏技已臻於高超之境。詩云：「爾來一見哀駘佗，便著臂韝躬井臼。」哀駘佗者，《莊子·德充符》中一醜陋之人名佗者也。作者似謂此女子嫁與此人，其行事實有出人意料者。此女子專爲作者演奏：「轉關、濩索動有神，雷輥空堂戰窗牖。四絃一抹擁袂立，再拜十分爲我壽。」此女子之奏技已入化境。其尤爲作者深深感動者，作者其時處於貧病之中，而此女子以作者爲不尋常之人，以知己視之。故作者作此詩以贈之，使千年後世人知世間尚有如此民間藝人，此女子亦幸矣，惜不得其名耳。

軾抵潤州。訪刁璹草堂，作詩。刁約（景純）賦詩賞瑞香花，憶先朝侍宴，次韻。祝約壽。

詩見《蘇軾詩集》卷十一（五三六、五三七頁）。《總案》謂前者乃「寄刁璹草堂詩」。約，《京口耆舊傳》卷一有傳，傳謂璹乃約之姪，亦家京口。蘇軾抵潤時，璹已罷於潛縣令回歸也。蘇軾題璹草堂詩，首云「不用長竿矯繡衣」，乃用《晉書》阮籍及其姪咸之典，是璹與約相居密邇。以下云「南園北第兩參差」，即具體云璹與約一居南、一居北也。《總案》謂「寄」，誤。末云「主人不用忽忽去，正是紅梅著子時」，似璹另有新命。《詩集》卷十二《梅聖俞詩集中有毛長官者今於潛令國華也聖俞没十五年而君猶爲令捕蝗至其邑作詩戲之》題下「誥案」據「主人」二句謂璹罷任在今年二月間，誤。其時璹早已至潤州矣。其罷於潛令任約在上年冬。

《詩集》卷十五《哭刁景純》：「前年旅吴越，把酒慶壽考。扣門無晨夜，百過迹未掃。但知從德公，未省厭丘嫂。別時公八十，後會知難保。」乃叙此時事。

軾同柳瑾（子玉）游鶴林、招隱，見瑾孫閎（展如）、闢（介夫）。與柳瑾、刁約（景純）倡酬。

《蘇軾詩集》卷十一自《同柳子玉游鶴林招隱醉歸呈景純》至《柳氏二外甥求筆迹》，凡八首。

閔、闢，子文子，見注文。《蘇軾文集》卷六十三祭瑾文：「頎然二孫，則謂我舅。」此八首，除以上所舉者外，依次爲《景純見和復次韻贈之二首》、《柳子玉亦見和因以送之兼寄其兄子璋道人》、《子玉家宴用前韻見寄復答之》、《景純復以二篇一言其亡兄與伯父同年之契一言今者唱酬之意仍次其韻》。柳、刁原詩早佚。

二月己巳（初一日），以李師中（誠之）爲天章閣待制知瀛州。師中燕別西湖，作詩，轍和之。轍作詩送師中知瀛州。

二月云云，據《年表》。《欒城集》卷五《和李誠之待制燕别西湖·叙》：「熙寧六年九月，天章閣待制李公自登州來守此邦。……明年二月詔書移牧河間。……於是數與其僚燕於湖上，曰：『北方幸安，余將復老於此。』酒酣賦詩以别，從而作者三人。……遂相與刻於石。」詩云：「廟幄新謀帥，河間最近胡。」河間，瀛州。

同上《送李誠之知瀛州》中云：「憶惟西羌桀，始建元戎纛。恩威炳朝日，號令靡秋草。」據《宋史》卷三百三十二《李師中傳》，此蓋謂熙寧初師中知秦州時與西夏戰屢有功。以下云：「功勛不容究，孤高易摧倒。」蓋謂師中爲人所言，罷秦州；「孤高」謂師中志向甚高，不容於時。

以下云：「歸來易三邦，但養胸中顥。」三邦謂洪州、登州、齊州。

轍作《踏藕》。

詩云：「春湖柳色黄，宿藕凍猶僵。」約作於二月。

二月，軾遇蜀僧法通，贈詩并作跋。

詩乃《蘇軾詩集》卷十一《成都進士杜暹伯升出家名法通往來吴中》，跋乃《蘇軾文集》卷六十八《書贈法通師詩》。時柳瑾亦在。

與柳瑾、刁約游金山。瑾赴舒州靈仙觀，有送行詩、詞。

《蘇軾詩集》卷十一《子玉以詩見邀同刁丈遊金山》「奮衣矍鑠走山中」，知刁約同遊。以下有《金山寺與柳子玉飲》。

送詩見《詩集》卷十一（五四五頁）。送詞乃《東坡樂府》卷上《昭君怨》，調下注：金山送柳子玉。《蘇軾文集》卷六十三祭瑾文：「潛山之麓，往事神后。」舒州靈仙觀：唐置司命真君之廟，宋賜觀額。

詞云：「明日落花飛絮。」瑾之去約爲三月。

《柯山集》卷十六《和柳郎中舒州潛庵二首》其一：「浪走塵埃竟未甘，仙郎六十制潛庵。門前山色雲侵座，峯下秋光水滿潭。野鶴避人巢古木，清猿乘月嘯寒巖。從今不作軒裳客，多買烟霞未是貪。」其二：「蒼顔華髮未能甘，欲學長年先創庵。坐久烟嵐開翠壁，夢回雲雨起寒潭。秋風夜掃鳴琴榻，溪溜晴分種藥巖。不是仙翁有仙骨，幽奇争許世人貪。」此柳郎中，當爲柳瑾（子玉）。録此以爲了解柳瑾之助。

軾訪監洞霄宫俞康直，題其所居。

詩見《蘇軾詩集》卷十一（五四六頁）。

《京口耆舊傳》卷二《俞康直傳》：「祠禄再滿，遂請休致，即所居東西爲退圃、逸堂、遯軒、遠樓，終日嘯傲其間。」康直爲京口人，所居即在京口，《總案》謂爲寄題。蓋誤以退圃等住所在杭州也。《京口耆舊傳》并謂康直居閑幾三十年，卒年八十三。

蘇軾於刁約（景純）席上，作和謝生二首。

詩見《蘇軾詩集》卷十一（五四八頁）。與刁約之席者爲文人學士，其中即有謝生。此席即爲文人學士盛會。詩其一第六句寫此盛會進入高潮。作者之高超藝術手段在於，在此基礎上，復掀高潮。

詩第七句：「欲窮風月三千界。」「風月」，風花雪月，歌女在堂，絲竹交作，文人學士沉醉於中，其樂無窮。「風月」，清風明月。歐陽修有「翰林風月三千首」之名句，用以突出李白超塵脱俗之胸懷。與此盛會之文人學士大率仰慕李白，具有游戲世界、落拓不羈之浪漫氣息。此亦以寫文人學士。爲讀者始料所不及，作者於「千」字之後，拈出「界」字，成爲「三千界」。作者於此進行立體開拓，使所寫事物向多層次發展。斯之謂創造。據佛典，「三千界」即三千世界，謂小千、中千、大千。千倍小千爲一中千，千倍中千爲一大千。至於「大千」，則涵蓋萬象，至於無邊。據以上所述，此句之意爲：作者欲於此無邊之世界中，將文人學士「風月」之興、之情，一一了解無遺。其想像不可謂不奇。欲實現此願，非一人之力所能，於是而有第八句「願化天人百億軀」。佛經云：「周匝千華（花）上，復現千釋迦。一華（花）百億國，一國一釋迦。」釋迦牟尼佛即名「千百億化身」。作者欲身如佛祖，以一而爲千百億，出入於天上地下，與天上地下所有人，共享此夜風月，并爲之溝通。作者自自身之美好心靈迸發出之美好意念，既超越時間，亦超越空間。至此，一表現飲宴屬於平常生活範疇之普通主題，升華爲大主題——與世上文人同樂。其間佛典之作用至巨。作者驅使佛典之功力、融佛典與一般典故於一爐之功力，令人驚歎。此之謂才力，非尋常人所能及。故於此略叙之。

詩其二亦叙席間歡樂。謝生，不詳。

劉恕（道原）來訪蘇軾。

據《蘇軾詩集》卷十一詩題（五五〇頁）。據《宋史·劉恕傳》，恕時監南康軍酒，即官佐司馬光修《資治通鑑》。

軾遊焦山，晤綸長老，題壁。嘗爲綸長老作木石並跋。

詩見《蘇軾詩集》卷十一（五五二頁）。《蘆川歸來集》卷十《東坡爲焦山綸長老作木石，却書招隱一段因緣在紙尾，圜庵寶之，欲贈好事大檀越，作歸止計，爲題數語》：「招隱公案，焦山戲墨。雖然信手拈來，自是胸襟流出。價值百千兩金，成就圜庵三窟。咄！」畫與跋不見，作時不詳，兹附此。

軾再游金山，詩別寶覺、圓通二長老。

詩見《蘇軾詩集》卷十一（五五二頁），《淮海集》卷八有次韻。《詩集》「查注」引《金山志》謂寶覺乃育王璉禪師法嗣，南嶽下十二世，傳雲門宗。按：璉禪師屬青原下十世，其法嗣無寶覺，見《五燈會元》卷十五、十六。「查注」恐誤。參元豐七年「晤寶覺」條。此圓通，非住東京法雲寺之圓通。

懷錢塘，軾寄詩陳襄（述古），襄有和。賦《卜算子》（蜀客到江南）寄襄。

《蘇軾詩集》卷十一《常潤道中有懷錢塘寄述古五首》（五五三頁）其一、其二，襄有和作，題爲《和子瞻沿牒京口憶西湖寒食出游見寄》，見《淳祐臨安志》卷十；《古靈集》卷二十五《和子瞻沿牒京口憶吉祥牡丹見寄》乃和其四。據此，知軾詩原分數題，然後總題如上。襄和詩已見注文。其三云「三月鶯花付與公」，其四云「穀雨共驚無幾日」，皆作於三月。其五爲常州作，詳下。

詞見《東坡樂府》卷上。《注坡詞》調下注：「自京口還錢塘，道中寄述古太守。」

軾得鄉書，賦《蝶戀花》。賦《畫堂春》寄弟轍。

皆見《東坡樂府》卷下。前者題下注「京口得鄉書」，首云「雨後春容」；軾春時在潤惟本年。後者首云「柳花飛處麥搖波」，乃春景，又云「濟南何在暮雲多」，轍時在濟南。

前者云：「一紙鄉書來萬里，問我何年，真箇成歸計？」思歸。

後者云：「晚湖凈，鑑新磨。小舟飛棹去如梭，齊唱《采菱歌》。」江南景色。

清明，賦《蝶戀花》（春事闌珊芳草歇）。

詞見《全宋詞》第三一八頁。

薛瑞生先生《東坡詞編年箋證》：「詞云『客里風光，又過清明節』，必寫於客中過清明時。又謂『咫尺江山分楚越』，必客中行役於楚越之間耳。東坡客中過清明……行役於楚越之間者僅熙寧七年甲寅與元祐六年辛未兩次。杭州爲古越之域自不待説。楚可兩解：一爲宋時之楚州，一爲丹陽。《漢書》卷二八《地理志》：『丹陽郡轄縣十七，丹陽在其中。』注云：『楚之先熊繹所封，十八世，文王徙郢。』然公數經楚州却皆不及越，且不在清明時，故知詞中之楚本指丹陽無疑。公倅杭時於癸丑十一月赴常潤賑饑，甲寅五月返杭。甲寅三月，公有《常潤道中，有懷錢塘，寄述古五首》詩，中有『細雨新晴一百六』之句，知清明時公正在常潤道中，而丹陽屬潤州，正在常潤間。元祐六年辛未，公守杭，是年二月二十八日告下，以翰林學士承旨召還。《總案》謂寒食去郡，遂自下塘進發繞道赴湖州，十一日至德清。清明節在陽曆四月初五或初六，據此查《兩千年中西曆對照表》，知是年清明爲陰曆三月十四或十五。十一日既至德清，十四、十五入丹陽界蓋無疑矣，且丹陽乃自杭入京水行必經之地。此兩次均與『咫尺江山分楚越』合，然按詞意，當以甲寅爲宜。因其時公久在行役，思念家人，正所謂『小院黃昏人憶別』，『目斷魂銷，應是音塵絶』者。辛未則不同，其時公舉家赴京，『小院』『目斷』云云，豈非憑空而言乎？故知此詞作於甲寅無疑。據《兩千年中西曆對照表》，甲寅清明在三月初七或初八，亦即此詞所作時也。準此，知《少年遊·去年相送》、《醉落魄·輕雲微月》與此詞同屬憶家之作。」今從其説。

四月丙戌（十九日），韓絳再入相。軾有賀啓。

四月云云，據《宋史·宰輔表》。啓見《蘇軾文集》四十七（一三四四頁）。

同日，吕惠卿自翰林學士參知政事。

據《宋史·宰輔表》。《步里客談》卷上：「吕惠卿附王安石甚固，司馬公言：『利合必離。』後果發介甫手簡，云『無使上知』。蘇子瞻改鑄顔淵之語，曰：『吾聞覿君子者問彫人，不問彫木。』曰：『人可彫歟！』曰：『吕惠卿彫王安石。』」

壬辰（二十五日），以知青州、右諫議大夫李肅之知齊州，轍有代肅之撰到任謝上表。有代肅之謝二府。

四月云云，據《年表》。謝上表乃《欒城集》卷四十九《代齊州李肅之諫議謝表》。謝二府表乃《集》卷五十《代李諫議謝二府啓》。

肅之字公儀，幽州人。《宋史》卷三百一十有傳。神宗初爲右諫議大夫。

軾賦《少年游》感行役。

詞見《東坡樂府》卷上；調下云：「潤州作，代人寄遠。」《全宋詞》無「代人寄遠」四字。上闋云：「去年相送，餘杭門外，飛雪似楊花。今年春盡，楊花似雪，猶不見還家。」既云「春盡」，知作於四月，時尚在潤州。

軾晤孫立節（介夫）。

《蘇軾文集》卷十《剛説》：「孫君……爲鎮江軍書記，吾時通守錢塘，往來常、潤間，見君京口。」以下叙立節抗王安石不肯爲條例司事。

離潤州，至丹陽，軾與周邠（開祖）別，送詩。

《都官集》卷十三《和開祖丹陽別子瞻後寄》：「仙舟繫柳野橋東，會合情多勞謫翁。相對一尊浮蟻酒，輕寒二月小桃風。羇懷散誕謳歌裏，世事縱横醉笑中。莫恨明朝又離索，人生何處不怱怱。」疑「二月」二字有誤。

《蘇軾詩集》卷十一《杭州牡丹開時僕猶在常潤周令作詩見寄次其韻復次一首送赴闕》其一云「遺春」，作於春去夏來時，即四月。周令乃邠，赴闕乃任滿赴調。據《都官集》，送邠詩當作於丹陽。丹陽在潤州東南六十四里。

《詩案·寄周邠諸詩》謂自熙寧五年六月起，逐旋寄所作《山村》、《留題徑山》、《和述古舍人冬日牡丹絶句》與周邠。其《留題徑山》當即《遊徑山》。二人過從甚密。《詩集》卷十九《次韻周開祖長官見寄》：「憶昔湖山共尋勝，相逢杯酒兩忘憂。醉看梅雪清香過，夜棹風船駭汗流。百首共成山上集，三人同作月中遊。」元豐二年作，叙倅杭與邠遊事。軾詩其二末云：「君看六月河無水，萬斛龍驤到自遲。」感歎邠有才無人爲之援引，則淹滯下僚，難以施展。寓同情之意於其中。

離京口，軾賦《醉落魄·離京口作》。

詞見《東坡樂府》卷下。

詞云「巾偏扇墜藤牀滑」。此次離京口，爲四月，季候合。詞云「此生飄蕩何時歇」。蘇軾自熙寧四年十一月，就杭州通判任以來，熙寧五年奉檄檄湖州、秀州。熙寧六年，兩度循行杭州府所屬各縣；年底，復以轉運司檄，往常、潤、蘇、秀賑濟災民。今年正月初一日過丹陽，同月至京口。至此離京口。蘇軾有「此生飄蕩」之感，以此。元祐四年六月間，蘇軾自京師離京口赴杭州州守任。蘇軾自元豐八年末至京師，在京師三年有餘，生活比較穩定，與「此生飄蕩」之語不合。

滕甫（元發、達道）繼李肅之知青州。青州簽判俞汝尚（退翁）致仕還湖州，轍作詩送行。

《蘇軾文集》卷十五《故龍圖閣學士滕公墓誌銘》謂甫知青州。《長編》卷二百五十二本年四月紀事已云及「知青州滕甫」，則甫乃繼肅之之任。

汝尚事迹詳《嘉泰吴興志》卷十七；其致仕還鄉，滕甫亦有送行詩。

送詩見《欒城集》卷五；中云：「江山故國水精寒。」謂湖州。汝尚次韻附本卷之末。

《宋史》卷四百五十八《俞汝尚傳》：「從趙抃於青州，遂以屯田郎中致仕。蘇軾、蘇轍、孫覺、李常皆賦詩文歎美之。」

甫，東陽人。《宋史》有傳。

李師中罷瀛州。五月戊戌（初一日），師中乞召司馬光、蘇軾、蘇轍置左右。貶師中和州團練副使、本州安置，不得簽書公事。

據《長編》卷二百五十三。《長編》云：「河北都轉運使、祠部員外郎、史館修撰劉瑾爲天章閣待制、知瀛州。」又云：「左司郎中、天章閣待制李師中言：『臣聞應天以實者，見於行事，勤民以行者，不以空言。天生愚臣，蓋爲聖世。文武之道，識其大者，簡易之理，求諸天地。陛下早用臣説，則太平之事，略已施行，成、康、文、景，未足企慕，朝廷闕失，豈待人言而後知之，天難忱斯，帝命可畏，旱既太甚，民將失所。今日之事，非有勤民之行，應天之實，臣恐不足以塞天變。一切利害，曾何足數。伏望陛下詔求方正有道之士，召詣公車對策，如司馬光、蘇軾、蘇轍輩，復置左右，以輔聖德，如此而後庶幾有敢言者。臣泣血雨涙而拜封章，陛下聞臣此言，忍不感悟。臣未嘗有一言及錢穀甲兵者，蓋知事君以道，欲以伊尹致君之事爲師，不敢以近世有爲之君待陛下。及得罪去國，安於報效，并心一意，以望太平五年於兹，而未免陛下焦心勞思。不有人患，誰興厲階。臣欲殺身，無益於事。長歎大慟，昊天不聞。陛下承祖宗之基求治如此，臣愚不肖亦未忌舊學。陛下欲爲富國强兵之事，則有禁暴豐財之務；欲爲代（撰者按，疑應作「化」）工熙載之事，則有利用厚生之道。有臣如是，陛下其舍諸。』上批：『師中敢肆誕謾，輒求大用，朋邪罔上，愚弄朕躬。識其姦欺，所宜顯黜。可責授檢校水部員外郎、和州團練副使、本州安置，不得簽書公事。』」

《施譜》：「五月，天章閣待制李師中言：乞召方正有道之士如司馬光、蘇軾、轍輩復置左右，以輔聖德。以大言求用，責散官安置。」《長編》卷二百五十三謂爲五月一日事。《忠穆集》卷八《燕魏雜記》叙此事，謂師中言：「願詔司馬光、軾、轍赴闕條問急政，神考批出云：『李師中朋邪罔上，愚弄朕躬，摭其姦誣，所宜不赦。』遂落職竄逐。後歲餘，神考感悟，乃令分司南京、鄆州居住。」《宋史》卷三百三十二《李師中傳》亦叙此事，并謂師中「自稱薦」，呂惠卿駁其語，以爲罔上，遂貶和州團練副使安置。

丙辰（十九日），晁端彦（美叔）爲兩浙提點刑獄。端彦舉蘇軾外擢任使。始見端彦子説之。

丙辰云云，據《長編》卷二百五十三；端彦自淮東提刑移，與盧秉兩易。

《蘇軾詩集》卷十三《懷西湖寄晁美叔同年》：「君持使者節，風采爍雲烟。」乃寫端彦到任時事。

舉外擢任使，見《詩案·供狀》。

《嵩山文集》卷十八《東坡先生畫像》：「幼而見公浙江兮，知其議論不容於國中也。」據《嵩山文集》附録《晁氏世譜節録》，知説之乃端彦子，時十六歲。

軾至常州。二十九日，跋李後主煜書。

《紀年録》：「五月二十九日，過毗陵。跋李後主書。」

《蘇軾文集》卷六十九《跋蔡君謨書》嘗評及李後主之書，然作於元豐八年七月，不知是否另有一文跋之。《總案》以《文集》卷六十八《書李主詞》一文當之，或是。

軾懷錢塘，復寄詩陳襄；詩有卜居宜興意，章惇作詩及之并寄。

《蘇軾詩集》卷十一《常潤道中有懷錢塘寄述古五首》其五乃常州作。《詩集》卷十三《和章七出守湖州》題下「施注」引章惇寄詩：「君方陽羨卜新居，我亦吴門葺舊廬。身外浮雲輕土苴，眼前陳迹付籧篨。澗聲山色蒼雲上，花影溪光罨畫餘。他日扁舟約來往，共將詩酒狎樵漁。」《都官集》卷十三《和章子厚聞子瞻買田陽羨却寄》：「罨畫春流藻荇長，吴門菰米鱖鱸鄉。謀田問舍拙者事，尋壑買山君底忙。出處兩忘同旅寓，濁清一種付滄浪。故人詩酒如驅使（原注：白公詩云：詩酒尚堪驅使在），别有甘泉緑野堂。」然此時并未買田。白公乃白居易。《省齋文稿》卷十九《書東坡宜興事》：「公熙寧中倅杭，沿檄常、潤間，賦詩云：『惠泉山下土如濡，陽羨溪頭米勝珠。』又有『買牛欲老』、『地偏』、『俗儉』之語，卜居蓋權輿於此。」實爲欲卜居。此所引詩，皆見寄陳襄詩其五：「『惠泉』爲首二句，餘六句云：「賣劍買牛吾欲老，殺鷄爲黍子來無。地偏不信容高蓋，俗儉真堪著腐儒。莫怪江南苦留滯，經營身計一生迂。」

復賦《浣溪沙》（傾蓋相看勝白頭、炙手無人傍屋頭）。

詞見《東坡樂府》卷下。前者復有「賣劍買牛真欲老」之句。

《東坡詞編年箋證》謂前者詞意與以上所引之《常潤道中有懷錢塘寄述古五首》其五同一内容，爲寄陳襄（述古）而作。謂「炙手無人傍屋頭」一首，乃步「傾蓋」一首之韻；其下闋「誰憐季子敝貂裘」之句，正常、潤行役之境況，與「傾蓋」一首作於同時。今從其説。

軾遊太平寺，觀牡丹，作詩。

詩見《蘇軾詩集》卷十一（五五六頁）；太平寺在常州。

見錢公輔子世雄（濟明、冰華先生），軾應請爲公輔作哀詞。

據《詩案·爲錢公輔作哀詞》，謂爲五月經常州事；言哀詞有譏諷之意。錢公輔卒於熙寧五年十一月庚申，見《長編》卷二百四十。哀詞見《文集》卷六十三（一九六四頁）。《宋史》公輔本傳謂卒年五十二。知公輔長蘇軾十五歲。

《參寥子詩集》卷五《寄濟明》：「錢郎少年稟清裔，英姿綽欲揮等倫。忠言讜論躡根本，行義修篤無緇磷。」《雞肋集》卷七《次韻錢濟明贈感慈長老》稱世雄有濟世之才。《楊龜山先生集》卷二十五《冰華先生文集序》：「年十六七時，其詩已爲名流所稱。比壯，遊東坡蘇公之門，與之方軌並馳者，皆一時豪英，而東坡獨稱其『探道著書，雲升川增』，其推與之意至矣。……公以是取重於世。」《道鄉集》卷二十五《祥光記》贊世雄爲「天資純孝人」。

軾游宜興，至單錫家，得伯父涣謝蔣堂（希魯）啓真迹。

《蘇軾文集》卷六十六《題伯父謝啓後》叙天聖中伯父涣始舉進士於眉，通判蔣堂見涣所賦，歎其精妙絶倫，「此則其親書啓事謝希魯者也」。公殁後十三年，得之宜興人單君錫家，蓋希魯宜興人也」。涣卒於嘉祐六年，至今十三年。堂，《宋史》卷二百九十八有傳。

無錫道中，軾賦水車。

詩見《蘇軾詩集》卷十一（五五八頁），云「洞庭五月欲飛沙」，作於五月。

至蘇州，軾遊虎丘寺；與劉述（孝叔）會虎丘，州守王誨以祈雨不至；飲閭丘孝終家；有詩。

詩見《蘇軾詩集》卷十一（五五八、五六〇、五六一頁）。前二者乃和述作，見《詩集》卷十三《寄劉孝叔》「施注」。《宋史》卷三百二十一《劉述傳》謂述上疏論王安石，責江州，踰歲提舉崇禧觀。與蘇軾倡酬，乃其奉祠時。述，湖州人。後者云「五紀歸來鬢未霜，十眉環列坐生光」。《中吴紀聞》卷四《徐朝議》謂孝終以朝議大夫歸老，卷五《閭丘大夫》謂孝終「後房有懿卿者，頗具才色」。孝終字公顯，《吴郡志》卷二十六有傳，注文已引。

蘇軾晤沈長官，沈作詩，軾次韻。

軾詩見《蘇軾詩集》卷十一（五六三頁）。

詩其一首云「家山何在兩忘歸」。此沈長官，當爲蘇州所屬某一縣之縣令，軾過其地相晤。云「兩忘歸」，知二人離鄉已有時日，沈非蘇人。二人皆思鄉，於是殷勤勸飲。第三句「不獨飯山嘲我瘦」，就沈長官言。李白《戲贈杜甫》：「飯顆山頭逢杜甫，頭戴笠子日卓午。借問别來太瘦生，總爲從前作詩苦。」李白以爲杜甫之瘦，緣於作詩。沈長官嘲作者之瘦，當緣於作者僕僕道途，并非全由於作詩。第四句「也應糠覈怪君肥」，作者就自身言。作者以詼諧之筆，無所拘泥，點出沈長官肥；而此種肥，乃由於生活清苦，亦如沈長官言作者瘦，嘲之而實寓敬之之意。叙二人初見，即彼此關心。

詩其二首云「男婚已畢女將歸」，謂沈長官，知沈長於蘇軾。次句「累盡身輕」，亦謂沈。第三句「山中食無肉」，益知沈清苦。末句「玉池清水自生肥」，似勸沈習道。《雲笈七籤》卷十二《黄庭内景經·肺》注謂玉池爲口。蘇軾戲之，亦以愛之也。

詩其三就自身言。首二句言衰病久思歸，然未能歸。末二句：「風來震澤帆初飽，雨入松江水漸肥。」江南之風之雨，可愛、可親、可戀如此，尚欲歸乎？作者未明言，讀者可以己意度之。

沈長官，不詳其名、字與里貫。

軾過吴江，題范蠡、張翰、陸龜蒙畫像。過秀州，夜至本覺寺，文及長老已卒，爲詩悼之。

詩見《蘇軾詩集》卷十一（五六四、五六六頁）。

周必大《南歸録》乾道壬辰二月辛酉紀事：「早行至本覺寺，登岸觀覽，即古檇李也，舊號小長蘆，今遺基可想。」以下引有蘇軾悼文及長老詩：「三過門間老病死，一彈指頃去來今。」

道光《嘉興府志》卷四謂秀水縣有三過堂。又有煮茶亭，一在縣西景德寺之東禪堂，蘇軾三過嘉禾汲水煮茶處；一在本覺寺，爲蘇軾與文長老茶話處；一在鴛湖湖心，軾每於鴛湖汲水煮茶。又謂真如寺有蘇軾煮雪亭，本覺寺尚有東坡館。大抵出傳聞。

《北磵集》卷二《三過堂記》謂慶元初，蜀僧本覺刻蘇軾過此三詩於石。悼文長老詩題，石刻作：「夜至本覺，文長老已化。」

軾題范蠡詩末云：「更憐夫子得西施。」蠡佐越王勾踐滅吴王夫差，一無所得，得者唯西施。此種結局，未免令人哀憐。

張翰西晉初人，知晉將亂，辭官歸吴，以秋風起思吴中菰菜、蓴羹鱸魚膾爲由。軾詩「不須更説知機早，直爲鱸魚也自賢」，贊張翰「知機」。

軾詠陸龜蒙末云：「却因養得能言鴨，驚破王孫金彈丸。」驛使殺其能言鴨，龜蒙言將上進，驛使遂以金窒其口，而其鴨只不過能自呼其名。以此戲弄王孫。

三詩雖短章，皆有深意。

蘇軾游安平泉，賦詩。

詩見《蘇軾詩集》卷十一（五六七頁）。

《咸淳臨安志》卷三十八《山川十七·泉·城外》：「安平泉：在仁和安仁西鄉安隱院（原注：舊

額安隱院)。有池名安平泉。今池邊有亭。」以下引蘇軾此詩。同上書卷八十一《寺觀七·自嘉會門沿江至城東湯鎮上塘·安隱院》:「在臨平山之南。清泰元年,吴越王建。舊名安平。……治平二年改今額。地生曲竹,僧多取以爲杖。故老相傳,唐丘隱士丹成羽化,植杖於此,其竹皆曲。竹間有丹井,井旁有池,名安平泉,極甘冽。」詩首云「策杖徐徐步此山」,其所策之杖當爲曲竹。詩云「烹茗僧誇甌泛雪」,以泉水之質佳,故末有「當年陸羽空收拾,遺却安平一片泉」,以陸羽之經不載此泉也。此詩作於倅杭時,然不詳其具體時間,姑依《詩集》編次。

六月己巳(初三日),陳襄除知應天府,楊繪(元素)代。

據《咸淳臨安志》卷四十六,繪自應天府徙知。

本月,軾自潤、常還,訪寶山上方雲闍黎,已死葬,題詩其壁。

詩見《蘇軾詩集》卷十二(五七五頁),云「薪盡火不留」,悼之也。軾詩首八句云:「雲師來寶山,一住十五秋。讀書常閉户,客至不舉頭。去年造其室,清坐忘百憂。我初無言説,師亦無對酬。」以下叙今年來訪,師已葬。詩末云:「所遇孰非夢。」以夢境視之,以未留下痕迹也。

蘇軾聽僧昭素琴,賦詩。

詩見《蘇軾詩集》卷十二(五七六頁)。

詩首云「至和無攫醳」。以之言琴,攫醳乃謂琴弦之一張一弛。攫,抓緊;醳,放開。謂至和之聲無張、弛。次云「至平無按抑」。謂至平之聲無按抑之使伏。作者似謂,此二者實乃世人奉爲圭臬之樂論。作者於此有疑,第三、四句「不知微妙聲,究竟從何出」,即疑之所在。琴弦無張、弛,聲無抑、揚、起、伏,則聲何由出,聲何由辨,情何由達。作者此時,實有不平之氣。第五、六句,故藉僧昭素琴,直云「散我不平氣,洗我不和心」。則昭素之琴非至和、至平之聲,實爲作者所欲聞者。有不平之氣在,須藉微吟、藉琴以抒之,按抑之不可。此詩實乃作者樂論。

僧昭素,不詳其生平。

僧惠勤初罷僧職,蘇軾作詩慰之。

詩見《蘇軾詩集》卷十二(五七六頁)。

詩首云:「軒軒青田鶴,鬱鬱在樊籠。既爲物所縻,遂與吾輩同。」有職則俗。「新詩如洗出,不受外垢蒙。清風入齒牙,出語如松風(撰者按:『松風』原作『風松』,今據清人盧文弨之校改)」,無職則超脱。超脱固超脱,然「霜髭茁病骨,飢坐聽午鐘」,窮亦隨之來。窮乃現實,於是以詩窮而後工之論慰之,并以寬其懷。

軾與湖州守李常(公擇)簡,報將往湖州。

簡乃《蘇軾文集》卷五十一與常第一簡,稱常爲霅上主人。霅在湖州。常本年三月到知湖州任,見《嘉泰吴興志》卷十四。簡云「某雖未得即替,然更得於西湖過一秋,亦自是好事」,作於六月回杭之後,時未聞移密之命。

七月七日,軾賦《鵲橋仙》贈陳舜俞(令舉)。時舜俞專程來杭相别。

《蘇軾文集》卷五十六《與周開祖》第一簡叙舜俞來。詞見《東坡樂府》卷下。

陳襄將罷任,宴僚佐有美堂,軾應襄命賦《虞美人》(湖山信是東南美)。

《注坡詞·虞美人》小序:「爲杭守陳述古作。」注引《本事集》:「陳述古守杭,已及瓜代,未交前數日,宴僚佐於有美堂。侵夜,月色如練,前望浙江,後顧西湖,沙河塘正出其下。陳公慨然請貳車蘇子瞻賦之,即席而就。」

本月,遊靈隱高峯塔,有詩。

據《施譜》。詩在《蘇軾詩集》卷十二(五七七頁)。

杭妓往蘇,迓新守楊繪(元素),軾賦《菩薩蠻》(玉童西迓浮丘伯)寄蘇守王誨(規甫)。賦《訴衷情》(錢塘風景古今奇)送陳襄,迎楊繪。

詞皆見《東坡樂府》卷下。

八月十三日，陳襄（述古）赴南都，軾與孫奕（景山）等別襄於佛日浄慧寺，題名。

題名見《佚文彙編》卷六（二二五八〇頁）。

《省齋文稿》卷十七《跋浄慧寺東坡題名》：「佛日浄慧禪寺，在桐扣黄鶴峯下，寺中有池，池有渥洼泉，東坡先生嘗賦五絶句，所謂『細泉咽咽走金沙』者。堂上留題，今既百年，而詩僧慧舉乃謀入石，可謂好事矣。桐扣以張華得名，俗云『同口』，非也。淳熙五年正月九日。」《南歸録》乾道壬辰二月戊午紀事亦叙及此題名。《范成大佚著輯存·題佛日浄慧寺東坡題名》謂軾題名題於「佛日山寺壁間」。淳熙五年三月十日，知仁和縣韓元象刻軾題名於石，見《咸淳臨安志》卷八十。

陳襄（述古）赴南都，軾作《江城子》、《菩薩蠻》二首、《清平樂》送行。

前三首俱見《東坡樂府》卷下。《江城子》調下原注：孤山竹閣送述古。《菩薩蠻》其一注：西湖送述古。其二注：靈壁寄彭門故人。傅幹《注坡詞》謂「述古席上」，今從。此詞首句「娟娟缺月西南落」，軾自謂。杭於襄所去之南都爲西南，言「缺」謂襄之去。末句「應思陳孟公」，明點襄。《清平樂》見《東坡樂府》卷上；《注坡詞》調下注：「送述古赴南都。」起句爲「清淮濁汴」。

軾追送陳襄至臨平，賦《南鄉子》。

詞見《東坡樂府》卷上，中云「誰似臨平山上塔，亭亭，迎客西來送客行」。

楊繪（元素）到知杭州任。十七日，天竺山送桂花，軾分贈繪，作詩。作《醉落魄》贈繪。

詩見《蘇軾詩集》卷十二（五七八頁）。繪到任，約在襄離杭時。詞見《東坡樂府》卷下，首句爲「分攜如昨」。《詩集》卷三十一《次韻答元素》「施注」亦謂此詞爲贈繪作。

軾再題風水洞。

據《施譜》。《紀年録》謂爲熙寧六年八月事，不從。詩佚。

軾捕蝗至臨安，重過海會寺，作清心堂詩；觀蔡襄（君謨）所書《海會寺記》，並跋。

詩見《蘇軾詩集》卷十二（五七八頁），末云「慚愧高人閉户吟」，謂僧明師。跋乃《文集》卷六十九《跋蔡君謨書海會寺記》，叙本年來借觀，謂明師年七十四，耳尚聰，目益明，寺益完壯。軾此次循行，乃爲捕蝗，緊次此詩，乃《捕蝗至浮雲嶺山行疲苶有懷子由弟二首》，可知。

至於潛浮雲嶺，軾懷弟轍，作詩以蝗災爲憂。

詩見《蘇軾詩集》卷十二（五七九頁），其一首云「西來烟障塞空虚，灑徧秋田雨不如」，言蝗勢凶猛。以下云「新法清平那有此」，寓蝗乃新法招來，有諷意。《蘇軾文集》卷四十八《上韓丞相論災傷手實書》：「軾近在錢塘，見飛蝗自西北來，聲亂浙江之濤，上翳日月，下掩草木，遇其所落，彌望蕭然。」《詩集》卷十三《次韻章傳道喜雨》：「前時渡江入吴越，布陣横空如項羽。農夫拱手但垂泣，人力區區固難禦。」言蝗災。

浮雲嶺在於潛縣南二十五里，見《咸淳臨安志》卷二十八。

《烏臺詩案·與子由詩》：「軾……寄子由詩云：『獨眠林下夢魂好，回首人間憂患長。殺馬破車從此誓，子來何處問行藏。』……意謂新法青苗、助役等事，煩雜不可辦。」此四句，即在懷弟轍其二中。《蘇軾詩集》「誓」作「逝」，「破」作「毁」。蘇軾此時欲殺馬破車，棄官遁迹，其憤激之情，已達頂點。蘇軾面臨卸任，於此時不有以稍稍按抑之，必有不得已之情在。

二十五日，軾登新城縣西青牛嶺多福寺，題詩。

詩題爲《青牛嶺高絶處有小寺人迹罕到》，在《蘇軾詩集》卷十二。

蘇軾題詩寺壁，并志歲月，注引《咸淳臨安志》已録。《輿地紀勝》卷二《臨安府·景物下》：「多福寺在新城縣西七十里，有東坡題詩，墨迹尚存。」當即此詩。

二十六日，軾至新城。

《蘇軾詩集》卷十二《新城陳氏園次晁補之韻》首云「荒涼廢圃秋」，點季節。末云「不見苦吟人，清樽爲誰滿」，補之已隨其父去新城矣。

《總案》：《青牛嶺高絶處有小寺人迹罕到》有「明朝且復城中去」之句，知以二十六日到新城也。

《雞肋集》卷八《次韻蘇公和南新道中詩二首》其一：「山園芙蓉開，寂寞歲云晚。公來無與同，念我百里遠。寒飈吟空林，白日下重巘。興盡還獨歸，挑燈古囊滿。」其二：「讀公棲鴉詩，歲月傷晼晚。公胡不避世，蠟屐行避遠。羈鳥翔別林，歸雲抱孤巘。我才不及古，歎息襟淚滿。」

《和南新道中》，《蘇軾詩集》不見。《雞肋集》未見《南新道中》原唱，不知原唱者爲何人。晁補之見《和南新道中》後，乃爲之次韻，軾復次韻。

補之云及「讀公棲鴉詩」，或即《和南新道中》之作，「棲鴉」乃其中一句之用語。

二十七日，軾還至於潛，晤縣令毛國華，與國華及縣尉方武遊西菩山明智院，訪元淨（辯才），遂宿西菩山。

《蘇軾詩集》卷十二詩題：「梅聖俞詩集中有毛長官者，今於潛令國華也。聖俞没十五年而君猶爲令，捕蝗至其邑，作詩戲之。」

國華字君寶，見題下「查注」。皇祐元年進士，見《太平治迹統類》卷二十八。衢州江山人，見光緒重刊康熙《衢州府志》卷十八。《梅堯臣集編年校注》卷二十四《送毛秘校罷宣城主簿被薦入補令》、《讀毛秘校新詩》，作於至和元年。卷二十五《真上人因送毛令傷足復傷冷》，作於至和二年。卷三十《毛君寶秘校將出京示予詩因以答之》，作於嘉祐五年。《雞肋集》卷十《苕霅行和於潛令毛國華》:「苕溪清,霅溪緑,溪水灣環繞天目。山間古邑三百家。日出隔溪聞打衙,長官長髯帽烏紗。不曾執板謁大尹,醉卧紫蘭花影斜。」乃國華此時寫照,可與軾詩互參。永樂《樂清縣志》卷五有國華《壽昌寺》七律一首。《詩集》卷十二《與毛令方尉遊西菩寺二首》其一:「推擠不去已三年。」謂倅杭三年。題下「王注」謂二十七日遊此,有石刻。知至於潛當日即至西菩寺。

《咸淳臨安志》卷八十四《寺院·於潛縣·明智寺(注:西菩山)》謂寺在縣西十八里,唐天祐間建,名西菩寺。以下云:「治平二年改今額。熙寧七年八月蘇文忠公同毛君寶、方君武訪參寥、辯才,遂遊西菩山,留題。」

參寥名道潛。此次訪而未晤。蘇軾始晤道潛,爲元豐元年,見該年「秋末道潛來訪」條。

軾回杭州。

回杭爲八月底或九月初事。

九月,軾移知密州。吏民惜其去。

據《紀年録》、《施譜》。蘇軾得知密州告,爲月初。《欒城集》卷十七《超然臺賦·叙》謂兄軾「以轍之在濟南也,求爲東州守,得請高密」。《軾墓誌銘》:「吏民畏愛,及罷去,猶謂之學士而不言姓。」

將赴密，軾應惠勤請爲其詩作叙。自方外借燕文貴《山水卷》逾年，將赴密，題其後歸之。

叙見《蘇軾文集》卷十（三二一頁）。題後乃《佚文彙編》卷六《題燕文貴山水卷》。文貴，吴興人。隸軍中。《聖朝名畫評》卷一《人物門·能品》謂太宗時經待詔高益推薦，《圖畫見聞志》卷四《紀藝下》則謂真宗大中祥符初預修玉清昭應宫，經劉都知推薦。以上二書及《畫繼》卷六、《圖繪寶鑑》卷三均有燕文貴傳，均言善畫山水。

軾與楊濟甫簡，叙已得密州。

簡乃《蘇軾文集》卷五十九與濟甫第七簡，云密州「風土事體皆佳，又得與齊州相近」，可與弟轍沿牒相見。

轍游西湖，作《觀捕魚》、《食雞頭》。

詩見《欒城集》卷五。後者末云：「東游塵土未應嫌，此物秋來日嘗食。」作於秋。

孫朴寄詩，轍次其韵。

詩見《欒城集》卷五。其二云：「懷舊暗聽秋雁過。」作於秋。又云：「宦游唯是苦思鄉。」朴或仍在陳州。

張正彦法曹官滿罷任離齊州，轍有送行詩。

詩見《欒城集》卷五。正彦以三《傳》及第，詩有「通經誇早歲」之句。詩首云：「憶見君兄弟，相携謁侍郎。」此侍郎疑爲張掞。《宋史》張掞傳謂「累官户部侍郎致仕」。《長編》卷二百一十四熙寧三年八月庚午紀事謂掞以龍圖閣直學士、工部郎中爲户部侍郎致仕，月日皆可考。則正彦或爲掞之子姪輩，亦爲齊州歷城人。惜其兄弟不可考。據此詩，知轍曾拜謁掞，受其教誨。餘參以下九月壬寅紀事。

九月壬寅（初七日），户部侍郎致仕張掞卒。

據《長編》卷二百五十六。

掞字文裕，齊州歷城人。卒時年八十。

《宋史》卷三百三十三有傳。參熙寧八年「張掞之靈柩歸濟南」條紀事。

八日，席上别楊繪（元素），軾賦《浣溪沙》。時繪亦召還翰苑。

詞見《東坡樂府》卷下。下闋云：「璧月瓊枝空夜夜，菊花人貌自年年，不知來歲與誰看。」繪召還，據《施譜》。《咸淳臨安志》卷四十六謂繪入爲翰林學士，九月，知潭州沈起知杭。

九日，軾復賦《浣溪沙》一首别楊繪。

此首乃步《璧月》一首之韻。《外集》調下原注：「重九，前韻。」下闋云：「可恨相逢能幾日，不知重會是何年，茱萸子細更重看。」蘇軾、楊繪此次相逢，爲時固甚短也。

九日，青州教授頓起賦詩見寄。轍和之。

和詩見《欒城集》卷五。詩云：「紫萸黄菊又霜天。」又云：「天涯回望正三年。」憶熙寧五年八月於洛陽妙覺寺考試舉人事，參該年紀事。

十七日，與楊繪等來遊法惠寺，至法言舍同觀王羲之《敬和帖》，軾有題。

文見《佚文彙編》卷六（二二五六九頁）。同遊者尚有寶臣，寶臣失姓氏。《西湖遊覽志》卷六《南山勝迹》謂自清波門折而南，有方家峪，峪畔有西林法惠院。以下謂院乃「宋乾德三年建，慶曆間，禪師法言作西軒」。法言宅或即西軒。

二十日，軾與楊繪、魯有開、陳舜俞遊靈鷲，題名。

題名見《佚文彙編》卷六（二二五八〇頁）。《總案》本年有「與楊繪、魯有開、陳舜俞游靈隱寺題名」一條，注引《錢塘縣志·靈鷲寺題名》，即此文，然未著月日。

是日，軾别南北山道友元净（辯才）等。

《王譜》：「按，先生辛未《别天竺觀音詩序》云：『余昔通守錢塘，移莅膠西，以九月二十日，來别南北山道友。』」

《蘇軾文集》卷十二《秦太虚題名記》：「始余與辯才别五年，乃自徐州遷於湖。」遷湖爲元豐二年，上溯五年即今年。

丙辰(二十一日),郭逵知并州。轍代李肅之作賀啓。

九月丙辰云云,見《長編》卷二百五十六;《長編》謂「知潞州雄武軍留後知太原府」。太原府,并州。賀啓乃《欒城集》卷五十《代李諫議賀郭宣徽知并啓》。逵字仲通,其先自邢徙洛。神宗初爲宣徽南院使。《宋史》卷二百九十有傳。

蘇軾與姚淳簡,辭淳所贈錢物。

簡乃《蘇軾文集》卷五十七《與姚君》第二簡。

簡云:「昨惠及千文,荷雅意之厚,法書固人所共好,而某方欲省緣,除長物舊有者,猶欲去之,又況復收耶。謹却封納。」作於杭州,時尚未起程赴密州。

《與姚君》第三簡:「近專人還,奉書必達。」所云「書」,即以上所引《與姚君》第二簡。所云「專人」,即蘇軾派專人將姚淳所贈封納與淳。

姚淳餽蘇軾香,軾簡通長老,托還之。

簡乃《蘇軾文集》卷六十一與通長老第四簡、第五簡。

第四簡云:「姚君篤善好事,其意極可佳,然不須以物見惠也。」知姚淳餽蘇軾之物,乃爲求《三瑞堂》詩。此簡作於本年,時尚未至密州。簡云「他相識所惠皆不留」。第五簡復云「自來不受非親舊之餽」,知作於第四簡略後。蘇軾律己嚴。

王朝雲來歸蘇軾。

據《蘇軾文集》卷十五《朝雲墓誌銘》：時年十二歲，杭人。《燕石齋補》謂朝雲乃名妓，蘇軾愛幸之，納爲常侍。乃好事者附會。

僧居則建大悲閣，蘇軾題梁。

《咸淳臨安志》卷八十五《鹽官縣·安國禪寺》：「在縣西北二百五十步。……熙寧七年，僧居則建大悲閣，蘇文忠公題梁，明年爲之記。」

軾約於本歲離杭前，書仁宗《濟衆方》，榜示通會。

《蘇軾文集》卷六十六《書濟衆方後》謂仁宗嘗詔太醫集名方曰《簡要濟衆》，鏤板模印，以賜郡縣，俾人得傳録，用廣拯療，至今「殆逾一紀」。《七集·續集》卷九文末有「嘉祐七年正月日」字，當爲始頒歲月，今年距嘉祐七年爲一紀，據此繫入。

明州育王寺懷璉（大覺）禪師約於本歲以羅漢木贈蘇軾，軾復以贈慈化大師植之。

據《參寥子詩集》卷七《都僧正慈化大師輓詞》其一自注，謂師「植凡二十年」。此詩次元祐六、七年間所作《梅花送汝陰蘇太守》後，元祐七、八年所作《送子中待制》前，約作於元祐七年，上溯二十年爲今年。

在杭，軾嘗與明雅照師游。

《欒城集》卷十三《偶游大愚見餘杭明雅照師舊識子瞻能言西湖舊游將行賦詩送之》：「西軒吴越僧，弛擔未多時。言住西湖中，巖谷涵清漪。却背闠井喧，曲盡水石奇。昔年蘇夫子，杖屨無不之。三百六十寺，睡處題清詩。麋鹿盡相識，况乃比丘師。辯、净二老人，精明吐琉璃。笑言每忘去，蒲褐相依隨。門人几杖立，往往聞談詞。風雲一解散，變化何不爲。辯入三昧火，卵塔長松欹。净老不復出，麈尾清風施。蘇公得罪去，布衣拂霜髭。空存壁間字，鬱屈蟠蛟螭。」

《沈氏三先生文集·雲巢編》卷四《奉送明雅師》（原注：善鼓琴者）首云：「天竺山前十畝園，老夫久種彼土緣。草堂和尚指初禪，辯、净二士立我前。光明琉璃真金仙，修持内外常湛然。」末云：「公卿貴人喜相延，三尺枯木揮朱弦。人間佛意如何彈，此曲寂寥少人傳。」

在杭，軾嘗捨亡母程氏簪珥於净慈寺，作《阿彌陀佛頌》；嘗游净慈寺，得服生薑法。

頌見《蘇軾文集》卷二十，命工畫阿彌陀佛像也。《文集》卷七十三《服生薑法》叙得生薑法。

在杭，軾嘗夢神宗召入禁中，作《靴銘》并賦裙帶。

《蘇軾文集》卷六十六《書夢中靴銘》叙之。《蘇軾詩集》卷四十八有《夢中賦裙帶》詩。

在杭，軾屢得范鎮、文彦博簡。

《蘇軾文集》卷五十六《與范夢得》第二簡云「屢得蜀公書」、「頻得潞公手筆」，簡並及富弼、司馬光，祝范、文、富、司馬「無恙」。參熙寧五年八月紀事。

蘇軾在杭，嘗餽魯有開（元翰）暖肚餅。

《蘇軾文集》卷五十六《與魯元翰》其二叙其事。據簡，其餅有項、有腹，似爲一瓶狀之物；其瓶内所盛者乃非湯非水而活潑潑之物，其瓶之顏色非銅非鉛，而赤歷歷於外。簡云：「公昔遺予以暖肚餅，其直萬錢，我今報公，亦以暖肚餅，其價不可言。」知其物爲暖肚餅，其功用在暖肚。蘇軾出之以諧謔，疑當時實有此食物；或有之而不全如蘇軾所云，蘇軾妙手隨意拈弄之，遂成妙物，再加以點染，遂成妙文。

在杭，軾與友人簡。

簡乃《蘇軾文集》卷五十《答范純夫》第一簡。

簡云：「此間湖山信美，而衰病不堪煩，但有歸蜀之興耳。」杭倅公務煩重，知此簡作於杭倅任中。

簡云：「向者深望軒從一來。人還，領手教，知徑赴治，實增悵惘。比日起居佳勝。日對五老，想有佳思。」此友人，當官於杭州南不遠州郡，蘇軾原以爲此友人經杭州赴任，不料渠徑赴治所。廬山有五老峯，「日對五老」，此友人當官於江州，或即爲知江州。查《宋史》卷三百三十七《范祖禹(純夫)傳》，祖禹無此經歷。故謂「與友人」。

倅杭，蘇軾登西湖樓，作詩。

詩見《蘇軾詩集》卷四十八(二六〇六頁)。

詩云：「千金用盡終須老，百計尋思不似閑。」意趣似消沉。所云「不似閑」，謂事攪於中，心不能放下也。

倅杭，陳時發作《雙竹》詩，蘇軾次韻。

詩見《蘇軾詩集》卷四十八(二六〇七頁)。

詩題稱時發太博，即太學博士。詩云「扶持有伴雪應怕」，此竹乃連理竹。詩以夷、齊比雙竹。以蒼龍聯蜺、丹鳳宿凰比雙竹，後者尤妙。

倅杭，法惠寺小飲，蘇軾以詩索周邠(開祖)之詩。

詩見《蘇軾詩集》卷四十八(二六〇七頁)。

詩云「立着巫娥多少時」，有妓。云「酒酣魯叟頻相憶」，此會有魯有開(元翰)在座。云「曲罷周郎尚不知」，點周邠尚未作詩。云「從今莫入尋春會，爲欠梅花一首詩」，詩約作於冬末。

倅杭，蘇軾訪天聖二蜀僧，未得見，作詩。

詩見《蘇軾詩集》卷四十八(二六〇八頁)。

詩其一云「試作巴談却解膺」，知二僧原與蘇軾有交往；蘇軾嘗與之叙鄉情。其二云「方丈門開怪不迎，給孤邀供未還城」，知二僧外出，詩題原云「不見」，實爲未得見。云「興來且作尋安道」，叙此來只是一時興起。

倅杭，友人登海表亭，作詩，蘇軾和之。

詩見《蘇軾詩集》卷四十八（二六一〇頁）。

詩云：「盡見西山遮岱嶺，迴分東野隔新羅。」岱嶺或指泰山，新羅則謂朝鮮、高麗。詩云：「回首毬場尤醒眼，一番風送鑑重磨。」海上無風，海水其平如鏡。海邊有毬場，可備史之遺。

倅杭，蘇軾嘗與周邠（開祖）、李行中（無悔）訪北山廣智大師，作詩。

詩見《蘇軾詩集》卷四十八（二六一二頁）。

詩其一詠緑浄堂之竹。詩云「不知緣底事，一日可無君」。詩題云廣智過期回自都下。故如是云。其二詠鶴。鶴孤棲守竹軒，故有「胸中無限事，恨汝不能言」，謂鶴之孤寂也。當亦因主人暫離，故有此言。

蘇軾作詩，嘲弟轍。

詩乃《蘇軾詩集》卷四十七《嘲子由》。

詩首云：「堆几盡埃簡，攻之如蠹蟲。誰知聖人意，不盡書籍中。」據此，知蘇轍讀書似有食古不化之病。然實際生活中，轍當不如是。此或因弟兄二人争執某一問題，而轍據古人之論爲辯，不以兄之言爲然，故作此以嘲之。

詩次云：「曲盡絃猶在，器成機見空。」曲緣絃發，謂曲不足信耶？器由機成，器成而機可廢，抑謂有機而不必恃器？

詩末云：「妙哉斲輪手，堂下笑桓公。」以古人之書爲糟粕，故不必讀。以此戲轍，固無不可；然盡謂古人之書爲糟粕，則有過激之嫌。

《外集》次此詩於倅杭，今從。

蘇軾在杭，嘗謁敦詩先生，因留一絶。

詩見《蘇軾詩集》卷四十八（二五九一頁）。

詩末云「廣文」，即自謂。時倅杭。知敦詩先生乃蘇軾之長輩。詩首云：「凛凛人言君似雪，我言凛凛雪如君。」略一變化，更見敦詩先生其人之高深。

蘇軾在杭，作題畫詩二首。

詩見《蘇軾詩集》卷四十八（二五九二頁）。

《外集》謂爲倅杭時作。

詩其一有疊石、翠竹、野水、寒蘆。其二「漠漠秋高露氣清」，寫秋日景象。

蘇軾嘗過上天竺，與元浄（辯才）聯句。

《上天竺山志》卷十五《紀談東坡過上天竺謁辯才》：「東坡過上天竺，謁辯才，因言窗前兩松，昨爲風折一枝，悵悵成一聯，未得續其後，舉以示公，云：『龍枝已逐風雷變，減却虚窗半日涼。』坡續云：『天愛禪心圓且潔，故添明月伴清光。』」

在杭，軾嘗以不舉駁王文敏盜官錢罰銅。

《詩案·供狀》：「（軾）任杭州通判日，不舉駁王文敏盜官錢，官員公按罰銅八斤。」並云係「公罰」。

軾在杭州，薛昂嘗來見。昂推尊王安石新學，蘇軾不然其説。

《東塘集》卷十九《跋默堂先生帖》：「東坡先生道由廣德，薛昂以郡文學見。昂自以年少氣鋭，與坡論議滋久，遂及新學，推尊其説，屢數千言不停口。坡縱其喋喋，無語及之。昂語竟，坡徐曰：『教授後生，然成敗政不在今日也。』」廣德在今安徽南部，離浙江湖州不遠。不知蘇軾何時至其地，抑或有文字訛誤。但可肯定爲在杭時事。元豐二年赴知湖州任，王安石已不在丞相任；元祐知杭，安石已卒。蘇軾倅杭時，安石正在任。

昂字肇明，杭州人。元豐八年進士第。徽宗時附蔡京，爲門下侍郎。靖康初，責徽州居住。《宋史》卷三百五十二有傳。《咸淳臨安志》卷六十五有傳，甚略。

《臨川先生文集》有及薛昂詩三首，其《與薛肇明弈棋賭梅花詩輸一首》云：「華髮尋春喜見梅，一株臨路雪培堆。鳳城南陌他年憶，杳杳難尋驛使來。」期以遠大，備見情趣。

在杭，軾嘗謁陳襄，賞蔡襄詩真迹；嘗爲慈雅跋襄帖。

《佚文彙編》卷五《跋蔡君謨天際烏雲詩卷》：「僕在錢唐，一日，謁陳述古，邀余飲堂前小閣中，壁上小詩一絶，君謨真迹也。」跋帖乃《文集》卷六十九《題蔡君謨帖》。

在杭，高麗使餽土物，軾謝之。

《梁溪漫志》卷四《東坡用事對偶精切》：「通守餘杭日，《答高麗使私覿狀》云：『歸時事於宰旅，方勞遠勤；發私幣於公卿，亦蒙見及。』『發幣』一事，非外夷使者致饋之故實乎？」

按：此狀見《蘇軾文集》卷四十六，題作《謝高麗大使土物啓》。

在杭，軾嘗於通判廳題「隱秀齋」三字。

《咸淳臨安志》卷五十三《臨安府·通判北廳》：「隱秀齋，東坡書。紹興四年始刻石，趙令時書其下。」以下引令時書，有「比於臨安通守舊治今爲行在御藥院者柱間，得東坡先生爲治中時所題『隱秀齋』三字」語。《武林舊事》卷五《西湖三堤路·資國院》謂舊名報國，有蘇軾「隱秀齋」及趙令時跋。

在杭，軾有《和吴少卿絶句》。

詩見《蘇軾詩集》卷四十八。《咸淳臨安志》卷六十六《吴天秩傳》謂少卿乃天秩兄，杭人。天秩元豐三年卒，年六十二，見《錢塘韋先生文集》卷十六墓銘。

在杭，軾嘗與吕仲甫（穆仲）游靈化洞。

據《蘇軾文集》卷七十一《書游靈化洞》。《咸淳臨安志》卷二十九謂洞「在郊臺天真院山頂，深百餘步，直下闊十餘丈，有和靖、東坡題名刻於石」。《西湖遊覽志》卷六略同。《蘇軾詩集》卷十三《寄吕穆仲寺丞》云「孤山寺下水侵門，每到先看醉墨痕」，叙同游。

在杭，軾嘗遊西湖壽星寺。

《春渚紀聞》卷六《寺認法屬黑子如星》：「錢塘西湖壽星寺老僧則廉言，先生作郡倅日，始與參寥子同登方丈，即顧謂參寥曰：『某生平未嘗至此，而眼界所視，皆若素所經歷者。自此上至懺堂，當有九十二級。』遣人數之，果如其言。即謂參寥子曰：『某前身山中僧也。今日寺僧皆吾法屬耳。』後每至寺，即解衣盤礴，久而始去。則廉時爲僧雛侍仄，每暑月袒露竹陰間，細視公背，有黑子若星斗狀，世人不得見也，即北山君謂顔魯公曰『誌金骨，記名仙籍』是也。」此段紀事，涉及神怪，然遊此當可信。又：蘇軾倅杭時，未與道潛晤，參本年八月二十七日紀事。

遊壽星寺事，並參《蘇軾詩集》卷三十一《去杭州十五年復游西湖用歐陽察判韻》「似省前生覓手書」句及句下「王堯卿注」。

《蘇軾詩集》卷十三《和張子野見寄三絶句·過舊遊》：「前生我已到杭州，到處長如到舊遊。」前生之説，當由此起。

在杭，軾嘗游六和寺，書蘇舜欽(子美)金魚詩；觀寺後金魚池之金鯽魚。

《蘇軾文集》卷六十八有《書蘇子美金魚詩》，叙其事。

《蘇軾詩集》卷三十一《去杭州十五年復游西湖用歐陽察判韻》：「我識南屏金鯽魚。」

《續墨客揮犀》卷四《詩記一時事實》：「東坡錢塘詩曰：我愛南屏金鯽魚。(略)西湖南屏山興教寺池，有鯽魚十餘尾，皆金色，道人齋餘，争倚檻投餅餌爲戲。東坡習西湖久，故寫于詩詞。」

《輿地紀勝》卷二《兩浙西路·臨安府·景物·南屏山》：「在興教寺後，怪石聳秀，亭榭參差，中穿一洞，巖石若屏。坡詩(略)。」《六和塔》：「開元中建，在龍山月輪峯之開化寺。初，九級，五十餘丈。後廢，紹興間再造，七層而止。」《金魚池》：「在六和塔寺後，山澗水，底清，有金銀魚。」是六和寺即開化寺、興教寺。

在杭，軾嘗游定山慈嚴院，題名。

《兩浙金石志》卷六《宋蘇軾定山慈嚴院題名》：「『蘇軾子瞻。』右在定山慈嚴院。磨崖，無年月。正書一行，字徑二寸。」蘇軾黃州以後題名，多自稱東坡，此云「蘇軾子瞻」，約爲倅杭時事。

《浙江通志》卷九《山川一·錢唐縣·城外山川》：「定山：萬曆《杭州府志》：『一名獅子山，在縣治東南四十里。』」以下叙定山西臨浙江，江水迅急。

倅杭近三年，人爲編、刻蘇軾所作，曰《錢塘集》。入元豐後，有所增益。傳世甚多。

詳元豐二年七月二十八日紀事。《文集》卷四十九《答陳師仲主簿書》，作於元祐時，謂個人所作「從來不曾編次」。知《錢塘集》乃他人所編刻。《外集》卷首列蘇軾詩文集名，有《錢塘集》。

權兩浙提刑潘良器嘗舉蘇軾，乞召還爲侍從。約爲倅杭時事。

權兩浙云云，據《詩案·供狀》。《曾鞏集》卷二十有《潘良器兵部員外郎制》。《長編》卷二百八十熙寧十年正月戊寅，有職方員外郎潘良器追兩官紀載。《東軒筆録》卷十一：「熙寧新法行，督責監司尤切，兩浙路張靚、王庭老、潘良器等因閱兵赴妓樂筵席侵夜，皆黜責。」皆良器行實之可考者。

轍以所撰《孟德傳》見寄，軾爲書其後。約爲倅杭時事。

書後見《蘇軾文集》卷六十六（二〇四五頁），首云「子由書孟德事見寄」。《欒城集》卷二十五《孟德傳》叙德不畏虎，嘉祐中戍秦州，張方平知秦州，德除兵籍爲民。知德事得之方平，傳約作於官陳州教授時。

蘇軾寄王詵（晉卿）所畫古松帳子與惟簡（寶月大師）。

《蘇軾文集》卷六十一《與寶月大師》第二簡：「駙馬都尉王晉卿畫山水寒林，冠絶一時，非畫工所能彷彿。得一古松帳子奉寄，非吾兄别識，不寄去也。幸秘藏之，亦使蜀中工者見長意思也。他甚自珍惜，不妄與人畫。」《文集》編者謂爲倅杭時作，今姑從之。

倅杭，軾或與釋顯忠（祖印）有交往。

《蘇軾文集》卷六十一《與祖印禪師》：「某啓。昨夜清風明月，過蒙法施，今又惠及幽泉，珍感！珍感！木湯法豉，恐濁却妙供，謹以回納，不一一。」《晚香堂蘇帖》有此簡，無「某啓」二字；「幽」作「清」，當是；「珍感珍感」作「珍感不已」；「木」似「朮」；「不一一」作「不宣」，此下尚有「祖印長老軾白十七日」九字。《寶慶會稽續志》卷四《山·新昌·南明山》引顯忠《石狻猊》詩，謂爲仁宗嘉祐中人。會稽北宋時爲越州，越、杭密邇，故繫其事於此。

《五燈會元》卷十二有《石佛顯忠禪師》事迹。顯忠爲南嶽下十一世，金山穎禪師法嗣，全稱越州石佛寺顯忠祖印禪師。石佛寺全名石佛妙相寺，在會稽縣東五里。見《嘉泰會稽志》卷七。《會稽掇英總集》卷九收顯忠詩十六首。《苕溪漁隱叢話》前集卷五十七、《詩人玉屑》卷二十均引《洪駒父詩話》轉引顯忠詩。

軾得楚邛仲嬭南和鐘，或爲倅杭時事。《金星洞銘》或作於倅杭時。

《考古圖》卷七《楚邛仲嬭南和鐘》（題下原注：眉山蘇氏）。以下繪鐘形，次録鐘上文字：「惟正月初吉丁亥，楚王賸邛仲嬭南龢鐘，其眉壽無疆，子子孫孫永保用之。」次云：「右得於錢塘，量度聲未考，銘二十有九字。」次云：「按《類編》云：賸，送也。嬭，姊也。蓋楚之送女之器，謂之南和。鐘者，樂縣在南也。《儀禮·大射禮》云：阼階東，笙、磬西南，其南笙、磬，西階之西，頌磬東西，其南鐘。」卷首謂「眉山蘇氏」乃蘇軾。

銘見《蘇軾文集》卷十九。《咸淳臨安志》卷二十九《金星洞》：「在鳳凰山介亭下。洞中生金星草，因此得名。」以下引銘文。

軾在杭，傳戲呼杭倅爲「酒食地獄」。

《萍洲可談》卷三：「杭州繁華，部使者多在州置司，各有公帑。州倅二員，都廳公事分委諸曹，倅號無事，日陪使府外臺宴飲。東坡倅杭，不勝杯酌，諸公欽其才望，朝夕聚首，疲於應接，乃號杭倅爲『酒食地獄』。」

將行，軾與楊繪、張先飲流杯堂。繪自撰腔《泛金船》，蘇軾有和。先亦作《勸金船》，並作《更漏子》。

《東坡樂府》卷上《泛金船》（無情流水多情客）調下原注：「流杯亭和楊元素。」《注坡詞》調下

原注：「和元素自撰腔，命名亦作泛金船。」「泛」一作「勸」。

《全宋詞》第八二頁張先《勸金船》（調下原注：「流杯堂唱和，翰林主人元素自撰腔。」）：「流泉宛轉雙開竇。帶染輕紗皺。何人暗得金船酒。擁羅綺前後。緑定見花影，並照與、艷妝争秀。行盡曲名，休更再歌楊柳。光生飛動摇瓊甃。隔障笙簫奏。須知短景歡無足，又還過清晝。翰閣遲歸來，傳騎恨、留住難久。異日鳳凰池上，爲誰思舊。」

同上第八一頁《更漏子》：「杜陵春，秦樹晚。傷别更堪臨遠。南去信，欲憑誰。歸鴻多北歸。小桃枝，紅蓓發。今夜昔時風月。休苦意，説相思，多情人不知。」

《唐宋詞人年譜·張子野年譜》謂《更漏子》乃「流杯堂席上作」。

將行，軾與楊繪飲於湖上，和繪《南鄉子》。

詞見《東坡樂府》卷上，調下原注：「和楊元素，時移守密州。」首云「東武望餘杭」。

將行，軾與張先送别楊繪。軾賦《定風波》，張先次韻。

軾詞見《東坡樂府》卷上，調下原注：「送元素。」（《東坡先生全集》作《送楊元素》。）詞云：「今古風流阮步兵，平生游宦愛東平。千里遠來還不住，歸去，空留風韻照人清。紅粉尊前深懊惱，休道，怎生留得許多情。記取明年花絮亂，看泛，西湖總是斷腸聲。」

《全宋詞》第一册第七四頁張先《定風波令》（調下原注：「次子瞻韻送元素内翰。」）：「浴殿詞臣亦議兵，禁中頗、牧党羌平。詔卷促歸難自緩，溪館，綵花千數酒泉清。春草未青秋葉暮，□去，一家行色萬家情。可恨黄鶯相識晚，望斷，湖邊亭上不聞聲。」同上頁同調調下原注：「再次韻送子瞻。」詞云：「談辨纔疏堂上兵，畫船齊岸暗潮平。萬乘靴袍曾好問，須信，文章傳口齒牙清。三百寺應遊未遍，□算，湖山風物豈無情。不獨渠丘歌叔度，行路，吴謡終日有餘聲。」

三百寺，謂杭州。此爲將離杭州前事。

參方健有關論述。

朱孝臧《東坡樂府》卷一：「元素典兵，史無明文。張子野送元素詞云：『浴殿詞臣亦議兵，禁中頗牧党羌平。』或者時有是命，寢而未行。」

張詞云「秋葉暮」，知爲九月。

蘇軾賦《南鄉子》（旌旆滿江湖）贈楊繪（元素）。

詞見《東坡樂府》卷上。吴訥本《東坡詞》有「贈行」二字爲題。

詞上闋云：「旌旆滿江湖，詔發樓船萬舳艫。投筆將軍因笑我，迂儒。帕首腰刀是丈夫。」《蘇軾詞編年校注》引朱孝臧《東坡樂府》「元素典兵」云云（上條「蘇軾賦《定風波》」條已引），云：「楊元素去杭守，似有典兵之議，故蘇軾作壯詞送行，後未果。」今從其説。

蘇軾離杭州，與富道人簡。

簡乃《蘇軾文集》卷六十《與富道人二首》之第一首。簡稱「道人富君」。簡云：「比謂再相見，今既被命，遂當北行。」以下又云「乍遠」，知作於離杭州赴密州之時。

軾離杭，裴維甫送行。

《王譜》謂離杭在秋末。《蘇軾詩集》卷二十四《次韻杭人裴維甫》：「餘杭門外葉飛秋，尚記居人挽去舟。」維甫，餘杭人，嘉祐四年進士。見影印本《浙江通志》卷一百二十三。

軾與楊繪同舟，陳舜俞（令舉）、張先從，赴湖州。

據《蘇軾文集》卷七十一《書遊垂虹亭》及《施譜》。

至湖州，軾賦《減字木蘭花》（維熊佳夢），賀李常（公擇）生子。常席上賦《南鄉子》。前者見《東坡樂府》卷下；後者見卷上，有云：「舊日髯孫何處去？重來，短李風流更上才。」髯孫，孫覺；短李，李常。見《蘇軾詩集》卷十六《次韻秦觀秀才見贈秦與孫莘老李公擇甚熟將入京應舉》「短李」句下「趙次公注」。

與楊繪、陳舜俞、張先、李常、劉述至松江，夜置酒垂虹亭上，先賦《定風波令》（六客詞）；沈强輔作胡琴，蘇軾賦《南鄉子》，先賦《木蘭花》贈周、邵二妓；軾和舜俞詞。又嘗會碧瀾堂。

與楊繪云云，據《蘇軾文集》卷七十一《書遊垂虹亭》。《全宋詞》第七四頁《定風波令·序》：「霅溪席上，同會者六人，楊元素侍讀、劉孝叔吏部、蘇子瞻李公擇二學士、陳令舉賢良。」詞云：「西閣名臣奉詔行，南牀吏部錦衣榮。中有瀛仙賓與主，相遇，平津選首更神清。溪上玉樓同宴喜，歡醉，對堤杯葉惜秋英。盡道賢人聚吴分，試問，也應旁有老人星。」此即六客詞，見《全宋詞》第二八九頁蘇軾《定風波》自序。垂虹亭在吴縣利往橋，屬平江，乃三吴絶景，見《輿地紀勝》卷五。霅溪、松江相通。

《全宋詞》第二九一頁蘇軾《南鄉子》：「公舊序云：沈强輔雯上出文犀麗玉作胡琴，送元素還朝，同子野各賦一首。」「雯」當爲「霅」之誤，先詞佚。詞云「裙帶石榴紅」、「願作龍香雙鳳撥，輕攏」，紀席間之況。《觀林詩話》：「東坡在湖州，甲寅年，與楊元素、張子野、陳令舉由苕霅泛舟至吴興。東坡家尚出琵琶，并沈冲宅犀玉共三面胡琴。又州妓一姓周，一姓邵，呼爲二南，子野賦《六客辭》。」冲疑爲强輔之名。據此，除六客外，與此會者尚有沈强輔、周妓、邵妓。《全宋詞》第七五頁先《木蘭花》（調下注：「席上贈周邵二生。」）：「輕牙低掌隨聲聽，合調破空雲自凝。姝娘翠黛有人描，瓊女分鬟待誰併。弄妝俱學閑心性，固向鸞臺同照影。雙頭蓮子一時花，天碧秋池水如鏡。」「周」原作「同」，據《唐宋詞人年譜》改。

《輿地紀勝》卷四《安吉州》：「六客堂：在郡圃中。熙寧中知州事李常，作六客詞。元祐中知州事張詢復立六客之集，作《六客詩序》曰：昔李公擇爲此郡，張子野、劉孝叔在焉，而楊元素、蘇子瞻、陳令舉過之，會於碧瀾堂。子野作六客詩，傳於四方。」又：「碧瀾堂：在子城東南，臨溪，唐刺史杜牧建。」此所叙，與《全宋詞》及蘇軾著作有出入處，當以前者爲準。《蘇軾文集》卷五十六《與周開祖》第一簡：「自杭至吴興見公擇，而元素、子野、孝叔、令舉皆在湖，燕集甚盛。」寫此時事。《蘇軾詩集》卷十五《至濟南李公擇以詩相迎次其韻》：「夜擁笙歌霅水濱。」憶此時事。《觀林詩話》引楊繪寄蘇軾詩：「仙舟游漾霅溪風，三奏琵琶一艦紅。」憶此時事。

《東坡樂府》卷下《菩薩蠻》調下原注：「席上和陳令舉。」有「故教月向松江滿」之句；又云「從君都占秋」，時猶在秋末。

題李行中（無悔）醉眠亭。

詩見《蘇軾詩集》卷十二（五八五頁）。

《紹熙雲間志》卷下行中《醉眠亭》：「簷低檻曲莫嫌隘，地僻草深宜晝眠。代枕莫憑溪上石，當簾時借屋頭烟。倦遊拂壁畫山徑，貪醉解衣還酒錢。一水近通西浦路，客來猶可棹漁船。」雲間乃華亭，見《輿地紀勝》卷三《兩浙西路·嘉興府》。

同上謂題詩醉眠亭者尚有蘇轍、李常、陳舜俞、張先、王觀、秦觀、張景修、韓宗文、蘇棁、晁端佑、晁端彥、晁端稟、關景山、楊蟠、僧道潛等。李常、張先詩已見《詩集》「查注」。轍詩見《欒城集》卷六。同上又謂「醉眠」之名乃蘇軾所命。

《蘇軾文集》卷五十九《與李無悔》：「久留浙中，過辱存顧，最爲親厚。既去，又承追餞最遠。」

《中吴紀聞》卷四《李無悔》：「本霅川人，徙居淞江，高尚不仕，獨以詩酒自娱。晚治園亭，號醉眠。……其詩意尚深遠。」《至元嘉禾志》謂行中築亭青龍江上。《輿地紀勝》卷三謂青龍鎮去華亭縣五十里，居松江之陰。

至蘇州。州守王誨（規甫）席上，軾爲歌者賦《阮郎歸》。何充爲寫真，贈充詩。姚淳來訪。

詞見《東坡樂府》卷下，云「一年三度過蘇臺」，《總案》謂自去年冬至此時爲一年三度。詩見《蘇軾詩集》卷十二（五八七頁），中云「問君何苦寫我真」，知充乃求爲蘇軾畫。《蘇軾文集》卷五十二《與王定國》第三十三簡贊鞏（定國）之書「詞韻甚美，正似蘇州何充畫真」。《詩集》注文謂充字浩然，是。《文集》卷五十九《與何浩然》贊充「寫真奇妙，見者皆言十分形神，甚奪真也」，可證。《圖畫見聞志》卷三：「何充，姑蘇人。工傳寫，擅藝東南，無出其右者。」

《文集》卷五十七《與姚君》第一簡云「過蘇有辱垂訪」。姚名淳，見《文集》卷六十一《與通長老》第二簡校記。《中吴紀聞》卷二《姚氏三瑞堂》：「閶門之西，有姚氏園亭，頗足雅致。姚名淳，家世業儒，東坡先生往來必憩焉。」《紫桃軒雜綴》卷四亦記此事，有軾「留矚竟日」之語。

過晉陵，軾見沈東老之子偕，偕爲道回先生（吕洞賓）事。爲和回先生詩。蘇軾嘗書「東老庵」、「回仙橋」。

據《蘇軾文集》卷六十八《書所和回先生詩》。和詩見《詩集》卷十二（五八八頁）。晉陵乃常州治。偕，歸安人，元豐二年進士。見影印《浙江通志》卷一百二十四。東老名思，隱湖州東林，見注文。《輿地紀勝》卷四《安吉州》：「東林山，在歸安縣西南五十四里，上有祇園寺，頂有浮圖。」以下謂此爲仙人回先生題壁處，即沈氏故居。蘇軾嘗書據《吴興備志》卷二十五引劉一止《回仙橋祠堂碑記》。按：一止《苕溪集》今本無此文。

《青山集》（宋本）卷二《寄題湖州東林沈氏東老庵》：「東林沈郎真隱居，山環水遶開方壺。何年濯足脱塵網，坐卧七言哦蘂珠。有時隱几佚吾老，萬事不到靈臺虚。甕間緑螘春欲活，仙翁夜降青雲車。自稱山人號回客，爲君猛飲留斯須。蛙蠅驅盡燭還滅，清風掃地銀蟾鋪。梨花蕉葉鐘與鼎，倒卷錦浪吞鯨魚。雙瞳湛湛翦秋碧，三山不動喬松孤。欻然踴起拂素壁，筆灑二韵鏗瓊琚。西鄰已富憂不足，東老雖貧樂有餘。白酒釀來緣好客，黄金散盡爲收書。甕乾吟罷尚携手，寥寥天籟鳴笙竽。渡橋摻袂忽無迹，東方漸白飛羣烏。世人尋仙不可得，仙人寓世情何如。桃源歸路杳難問，落花流水空踟躕。後來福過固已驗，死生往復猶坦途。圜庵不壞子傳業，玉琴遺韵寒泉俱。以回易吕未可必，回生回生是亦劉方徒。」可參。

應單錫請，軾題德興俞氏聚遠樓。

詩乃《蘇軾詩集》卷十二《單同年求德興俞氏聚遠樓詩》。同治《德興縣志》卷八：「余仕隆，字宗道。性豪邁。常登寶賢坊之山，顧而樂之，創樓其下。後以樓址專一邑之勝，輸其地以建學宫。熙寧二年，復構樓於後山之巔，邑令單錫顏曰聚遠，因以爲號，自賦有詩。與眉山蘇氏父子……劉侍郎定諸公相友善，題詠甚多。」錫家毗陵，軾詩作於此時。郭祥正《青山集》有《寄德興余氏聚遠亭》詩，知俞一作余。道光《德興縣志》卷十二有錫《聚遠樓》詩。

十月，至潤州。軾與孫洙（巨源）、王存（正仲）會多景樓，賦《采桑子》，作《彈箏》詩。

詞見《東坡樂府》卷上，自序謂「甲寅仲冬」相會。按：「仲」乃「孟」之誤。軾十一月十五日已至海州，不應仲冬尚在此。自序謂相會者有洙、存。《嘉定鎮江志》卷十二《丹徒縣・多景樓》謂此會蘇軾「賦江天斜照，傳於樂府」；「江天斜照」出《采桑子》末句。詩見《蘇軾詩集》卷十二（五九一頁）。

洙八月十五日離知海州任，見《東坡樂府》卷上《永遇樂》自序。

《彈箏》「王注堯卿」引楊元素《本事曲子集》：「孫洙巨源、王存正仲與東坡同游多景樓。……三公皆一時英彦，境之勝，客之秀，妓之妙，真爲希遇。」

軾過甘露寺，使工摹陸探微畫師子板。

宋刊十行本《東坡集》卷二十《師子屏風贊》引叙其事。此贊乃《蘇軾文集》卷二十一《膠西蓋公堂照壁畫贊》，引之文字與十行本不同。《建康集》卷三《書陸探微師子畫贊後》：「陸生板畫，天下惟此本。初留建康境中，唐大和間，李文饒鎮浙西，徙置鎮江甘露寺，余猶及見焉。元符中，甘露火，板亦隨燼，常恨絶迹，世不復見。忽有得東坡所摹以獻。會府治草堂成，因傳寫爲照壁屏之陰。」

蘇軾賦《醉落魄》（分攜如昨），席上呈楊繪（元素）。

詞見《東坡樂府》卷下。

《紀年録》：「熙寧七年甲寅，離京口，呈元素，作《醉落魄》、《訴衷情》。」

蘇軾復賦《訴衷情》（小蓮初上琵琶弦），呈楊繪（元素）。

詞見《東坡樂府》卷下。

《紀年録》已曰今年此時作，見上條。

《蘇軾詞編年校注》：「《訴衷情》一詞，詞集凡三闋。其一爲『錢塘風景古今奇』。此詞諸家俱編入熙寧七年七月於杭州送述古，迎元素作。其二爲『海棠珠綴一重重』。此首係咏物詞，與離情無涉，别見晏殊《珠玉詞》中，是否東坡所作，尚難斷言。即使出自東坡之手，據下片『看葉嫩，惜花紅』、『歲歲年年，共占春風』等語，顯係作於春天。而蘇軾自杭移密守過京口時，乃在十月，即以時令而言，亦頗不合。故知此闋亦非《紀年録》所指。其三即爲本詞。詞借描寫樂女於離筵上彈奏琵琶傳達心中幽恨，抒發作者惜别之情，與《紀年録》所云『離京口，呈元素』悉相吻合，故知傅藻所指必爲此詞。」述古，陳襄字。元素，楊繪字。

潤州，軾與楊繪（元素）别，和繪《菩薩蠻》。過金山，未停，寶覺輕舟追餞。

詞見《東坡樂府》卷下；調下原注：「潤州和元素。」云「離聲凄咽胸填滿」。繪此去京師赴翰林學士任，所作詞不傳。

《蘇軾文集》卷六十一《與寶覺禪老》第一簡云：「去歲赴官，迫於程限，不能艤舟。一别中流，縱望雲山，杳然有不可及之歎。既渡江，遂蒙輕舟見餞，復得笑語一餉之樂。」作於熙寧八年，叙此時事。

軾與孫洙同至揚州，州守王居卿燕於平山堂，賦詩論詩。與李常（公擇）簡，以得李之儀爲樂。

《蘇軾詩集》卷十二《平山堂次王居卿祠部韻》：「高會日陪山簡醉，狂言屢發次公醒。」《詩話總龜》前集卷九引《王直方詩話》：「田承君云：王君卿在揚州，同孫巨源、蘇子瞻適相會。君卿置酒，曰『疏影横斜水清淺，暗香浮動月黄昏。』此林和靖《梅花》詩。然而爲咏杏與桃李，皆可。東坡曰：可則可，但恐杏、李花不敢承當。一座大笑。」《侯鯖録》卷八亦有此記載。

《東坡樂府》卷上《西江月》首云「三過平山堂下」，此爲第三次。

居卿，字壽朋，登州蓬萊人。《宋史》卷三百三十一有傳，謂卒年六十二；《長編》卷三百四十四謂元豐七年卒，知長蘇軾十三歲。時居卿以鹽鐵判官知揚州，見嘉慶《揚州府志》卷五十六。

《趙清獻公文集》卷四有次韻居卿詩。

《蘇軾文集》卷五十一與李常第四簡：「某已到揚州。」以下云以得之儀（端叔）爲「此行天幸」。此行者，謂自杭至揚途中。《詩集》卷二十六《次韻答李端叔》：「識君小異千人裏，慰我長思十載間。」元豐八年作，叙此時事。

至高郵，軾弔邵迎（茂誠）之喪，爲其詩集作叙。

《蘇軾文集》卷十《邵茂誠詩集叙》叙迎卒於熙寧六年，「明年，余過高郵，則其喪在焉」。《雪樓集》卷二十五有《跋東坡邵茂誠詩集引真迹》。迎集不傳，《蠻略》卷三有迎殘句。

在高郵，軾晤孫覺（莘老），讀秦觀（少游）詩詞，盛贊之。覺出杜叔元（君懿）所蓄許敬宗硯。

《冷齋夜話》卷一《秦少游作坡筆語題壁》：「東坡初未識秦少游，少游知其將復過維揚，作坡筆語，題壁於一山中寺，東坡果不能辨，大驚。及見孫莘老，出少游詩詞數百篇讀之，乃歎曰：『向書壁者，豈此郎耶？』」《蘇軾詩集》卷十六《次韻秦觀秀才見贈秦與孫莘老李公擇甚熟將入京應舉》：「故人坐上見君文，謂是古人吁莫測。」故人乃孫覺。《蘇軾文集》卷七十《書許敬宗硯二首》叙叔元藏敬宗硯，欲死後蘇軾爲銘墓，而以硯歸之；叔元死，子沂歸硯請銘，辭，乃求覺而得誌文，遂以硯歸覺，「余過高郵，莘老出硯示余」。同上《書杜君懿藏諸葛筆》：「余來黄州，君懿死久矣。」知晤覺於高郵，爲此時事。考《宋史·孫覺傳》，覺時居祖母喪在家。

至楚州，軾與孫洙别，贈《更漏子》（水涵空）。

《東坡樂府》卷上《永遇樂》自序謂「至楚州乃别」。《更漏子》亦見《東坡樂府》卷上。

軾過淮。

《蘇軾詩集》卷十八《過淮三首贈景山兼寄子由》首云「好在長淮水，十年三往來」，此爲第二次。

十一月十五日，軾至海州。與陳海州會於景疏樓，賦《永遇樂》寄孫洙（巨源）。作《二疏圖贊》。次韻陳書懷、乘槎亭，次韻洙寄贈漣水李著作縣令鄭僑并以見寄。賦《浣溪沙》（長記鳴琴子賤堂）贈陳。攜家游朐山臨海石室。

《東坡樂府》卷上《永遇樂》題下原注：「孫巨源以八月十五日離海州。……余以十一月十五日至海州，與太守會於景疏樓上，作此詞以寄巨源。」詞云「别來三度，孤光又滿」，洙别海州已三月，贊見《蘇軾文集》卷二十一。二疏謂疏廣、疏受，海州人，《漢書》卷七十一有傳。樓蓋爲景仰二疏作。贊云「殺蓋、韓、楊，蓋三良臣」，謂蓋寬饒、韓延壽、楊惲。《蘇文繫年考略》謂有隱刺新法排斥元老重臣之意，作於此時。《東坡樂府》注蓋據《注坡詞》。

次韻見《蘇軾詩集》卷十二（五九四、五九六頁）。前者自注云「陳曾令鄉邑」。嘉慶《海州直隸州志》卷二十八引元祐四年三月四日《王華曜題名》，云「觀東海於龍興山之乘槎亭」，卷十一謂「孔望山，州東五里有龍洞，唐、宋時爲龍興山」。《詩案・後杞菊賦并引》有「漣水縣著作佐郎鄭僑」之語。僑字晦之，見《清江三孔集・宗伯集》卷十二《信安公園題名記》。《浣溪沙》見《東坡樂府》卷下。

《蘇軾文集》卷五十五《與蔡景繁》第九簡叙攜家游朐山臨海石室。《詩集》卷二十二《和蔡景繁海州石室》「一聲冰鐵散巖谷，海爲瀾翻松爲舞」，卷四十一《和陶雜詩》其十一「我昔登朐山，出日觀滄涼，欲濟東海縣，恨無石橋梁」，憶此時事。海州治朐山縣，縣有朐山。

赴密途中，軾與周邠（開祖）簡。賀其得知樂清。屢與單錫（君貺）簡。瀕海行，賦《沁園春》寄弟轍。

《蘇軾文集》卷五十六與邠第三簡，云「一路候問來耗」，云知密「甚便其私」，謂弟轍在齊州，密離齊近。卷六十一《與通長老》第二簡云「路中屢有書」與錫。樂清屬温州。

詞見《東坡樂府》卷上，調下原注：「赴密州，早行，馬上寄子由。」《遺山先生文集》卷三十六《東坡樂府集選引》：「絳人孫安常注坡詞，……有可論者。……就中『野店雞號』一篇，極害義理，不知誰所作，世人誤爲東坡。而小説家又以神宗之言實之，云：『神宗聞此詞，不能平，乃貶坡黄州，且言教蘇某閑處袖手看朕與王安石治天下。』安常不能辨，復收之集中。」按：此詞爲蘇軾代表作之一。元好問斥爲「害義理」，未可謂知軾。然自好問之言觀之，此詞影響頗大。「野店雞號」乃《沁園春》句。《蘇軾文集》卷五十一《與李公擇》第二簡謂原擬經清河至濟南赴密，以清河冬深即當凍合，故急去。然軾未取道濟南，當以清河凍合之故。

詞上闋云「世路無窮，勞生有限」，少歡娱。下闋叙嘉祐初至汴京時「致君堯舜」壯懷。然懷抱未能實現，故有「用舍由時，行藏在我，袖手何妨閑處看」之語，蓋不滿新法也。

蘇軾與李常（公擇）簡。

簡乃《蘇軾文集》卷五十一《與李公擇》第三簡。

簡云：「孝叔丈向有徑山之約，今已不遂。無緣一別，且乞致意。」時劉述（孝叔）居吴興。《蘇軾詩集》卷十三《寄劉孝叔》：「吴興丈人真得道，平日立朝非小補。自從四方冠蓋鬧，歸作二浙湖山主。高踪已自雜漁釣，大隱何曾棄簪組。去年相從殊未足，問道已許談其粗。逝將棄官往卒業，俗緣未盡那得睹。」可參。

簡云：「東萊所乏茶與柑橙，而君地生焉，可各致少許爲贐。若要瓜虀，到任後當寄獻。」東萊謂密州。云「到任」，知作於赴密州任途中。

轍代李肅之作問候文彦博啓。

代啓乃《欒城集》卷五十《代齊州李諫議問候文侍中啓》。啓云「冬候凝冽」，點季候。據《宋史·宰輔表》，熙寧六年四月己亥，文彦博自劍南西川節度使、守司空兼侍中、樞密使以守司徒兼侍中、河東節度使判河陽。據《宋史·文彦博傳》，旋自河陽徙大名府，即北京。故啓首云「卧鎮别京，臨制北鄙」。

十一月辛亥（十七日），轍有《洛陽李氏園亭記》。

據《年表》。文已佚。

轍題徐正權秀才城西溪亭。正權名遁。

詩見《欒城集》卷五。末云：「不識徂徠石夫子，兼因女婿覓遺書。」自注：「徐生，石介女婿也。」《歐陽文忠公集·居士集》卷三十四《徂徠石先生介墓誌銘》末言及介有女，但云有門人徐遁。詩中云：「野外從教簿領疏。」則正權亦爲僚齊州。按，遁即正權，見《龍川略志》。

己未（二十五日），神宗有事於南郊。蘇洵有崇贈。

《宋史·神宗紀》本日紀事：「祀天地于圜丘，赦天下。」

《蘇軾文集》卷六十三《祭老泉焚黄文》：「乃者熙寧七年、十年，上再有事於南郊，告成之慶，覃及幽顯，我先君中允贈太常博士累贈都官員外郎。」祀圜丘即南郊。蘇洵卒時，贈光禄寺丞。此云「中允」，乃太子中允，乃此前所崇贈。太常博士則爲此時所崇贈。

十二月三日，軾到密州任，上謝表。又有謝執政啓。

《蘇軾文集》卷二十三《密州謝上表》謂於「今月三日到任」，未言月份。按：蘇軾既於十一月十五日到海州，則到密實在十二月。《總案》、《施譜》、《紀年録》謂爲十一月到任，《王譜》謂爲明年正月到任，均誤。參本年以下「上奏狀論河北京東盗賊」、「除夕」等條紀事。參本月十二日紀事。

《謝執政啓》見《文集》卷四十六（一三二七頁）。密州屬京東東路，乃高密郡，安化軍節度，治諸城縣。縣四：諸城、安丘、莒、高密。

蘇軾職銜全稱見本譜熙寧九年四月癸卯紀事。

軾離杭，爲九月下旬。離杭後，據現有文字記載，軾途經湖州、蘇州、晉陵、潤州、揚州、高郵、楚州，過淮至海州。與楊繪、陳舜俞、張先、李常、劉述、李行中、王誨、何充、姚淳、沈偕、單錫、孫洙、王存、釋寶覺、王居卿、李之儀、孫覺、陳海州等先後游，賦詩賦詞，倡酬不絶。而又以其餘暇，游歷名勝。如在海州，即攜家游朐山、臨海石室。交游如此之廣，逗留之地如此之多，杭州距密州一千數百里，謂軾十一月初即到密州，在當時條件下，實屬不可能。《蘇軾文集》卷五十一與湖州（吴興）守李常（公擇）第二簡：「始者深欲一到吴興，緣舍弟在濟南，須一往見之，然後赴任。濟南路由清河，而冬深即當凍合，須急去乃可行，遂不得一去別。」作於得知密州告之初。據《元豐九域志》卷一，清河在鄆州境内，爲運河所經。鄆州界首距齊州（濟南）僅一百二十里。此略後，行程改變，仍經湖州。其後，未沿運河北上，取道清河至濟南，而改經海州，瀕海赴密，行程再變。其改變原因，一當爲自杭州出發以後，路中盤桓時間甚多；二當爲其時已漸趨冬深，清河已凍合。平情而論，後者尤爲重要。由是言之，軾「十一月十五日至海州」之語，實無可懷疑。

參本月十二日紀事。

時滕元發（達道）知青州。

《蘇軾文集》卷五十一與元發第四簡：「某孤拙無狀，得在麾下，蓋天幸也。」

《長編》卷二百五十二熙寧七年四月甲申有知青州滕甫（元發）紀事。

《北宋經撫年表》：知青州由京東東路安撫使兼。京東東路領青、密、齊、沂、登、萊、濰、淄八州；軍一：淮陽。

李察（公恕）爲京東轉運判官。

《蘇軾詩集》卷十六《送李公恕赴闕》，作於元豐元年，「施注」謂公恕時爲轉運判官。《欒城集》卷七《送轉運判官李公恕還朝》，亦作於元豐元年，有「幸公四年持使節，按行千里長相見」之句。是蘇軾本年末至密州時，公恕已在轉運判官任。《詩案·供狀》謂在密時，轉運判官李察舉不次清要任使，是公恕名察。

察乃熙寧新進之士，嘗以大理寺丞爲河北提舉常平，見《高齋漫録》。

段繹（釋之）爲京東路提刑。

《蘇軾詩集》卷十二有《除夜病中贈段屯田》，《欒城集》卷五有《次韻子瞻病中贈提刑段繹》，知段屯田名繹。《長編》卷二百二十熙寧四年二月丁丑紀事：「詔權發遣夔州路提點刑獄、屯田員外郎段繹徙京西路。」不知繹何時由京西路移京東路。繹當爲縫（約之）兄弟輩，參元豐七年「答段縫見贈」條。

劉庭式（得之）爲通判。

《蘇軾文集》卷六十六《書劉庭式事》：「予昔爲密州，殿中丞劉庭式爲通判。庭式，齊人也。」庭式，《宋史》卷四百五十九有傳。

趙杲卿（明叔）、章傳（傳道）、陳開爲州學教授。

《蘇軾詩集》卷十三《送段屯田分得于字》稱州學教授非俗儒。趙、章見熙寧八年「章傳遊盧山」條紀事。《仙溪志》卷四：「陳開，字發明，以太學生登熙寧六年進士第。調密州教授。時太守蘇文忠公深器重之。諸生力留，更七年而後代。密州儒風之盛自公始。後入爲太學博士。召對，進兩劄：其一排新法，其一去小人進君子，言議激切。時小人當國，出爲雄州通判。尋除宗正寺丞，官至朝奉大夫，累贈金紫光禄大夫。」《莆陽比事》卷五《永嘉理學高密儒風》引《陳開行狀》謂字明發，文較簡略。

趙昶爲諸城令。

見熙寧八年「趙昶罷諸城令」條。

《蘇軾詩集》卷十三《送段屯田分得于字》稱昶爲天馬駒。

軾應蘇州姚淳之請，題其三瑞堂。十二日，與通長老簡。

詩見《蘇軾詩集》卷十三（六一一六頁）。「十二日」云云，據日本小川環樹等《蘇詩佚注》引「施注」。

《詩集》「誥案」所引《與姚君書》，乃與蘇州通長老者，詳《蘇軾文集》卷六十一《與通長老》第二簡校記。《與通長老》第一簡云及「某到此旬日」，知實作於熙寧七年到任後九日。《與通長老》第二簡首云「《三瑞堂詩》已作了，納去」，中云「單君貺必常相見，路中屢有書去」。細考之，二簡作於同時。所云「路中」乃指自杭至密途中。第二簡無問候例語，當爲第一簡之附言。《詩集》次題三瑞堂詩於熙寧八年之初。據以上所引二簡，以繫於熙寧七年末爲是。簡並云「郡僻事少，足養衰拙」。

時方行手實法。司農寺下諸路，不時施行者以違制論；蘇軾謂司農寺擅造律。

據《軾墓誌銘》：謂司農寺使民自疏財産以定户等，又使人得告其不實。蘇軾于是謂提舉常平官曰：「違制之坐，若自朝廷，誰敢不從，今出於司農，是擅造律也，若何？」使者驚曰：「公姑徐之。」

《宋史紀事本末》卷三十七《王安石變法》謂熙寧七年：「秋七月，立手實法。時免役出錢或未均，吕惠卿用其弟曲陽縣尉和卿計，創手實法。其法，官爲定立物價，使民各以田畝、屋宅、資貨、畜産隨價自占。凡居錢五，當蕃息之錢一。非用器、食粟而輒隱落者許告，獲實，以三分之一充賞。預具式示民，令依式爲狀，縣受而籍之，以其價列定高下，分爲五等。既該見一縣之民物産錢數，乃參會通縣役錢本額，而定所當輸錢。詔從其言。」

軾上狀陳蝗災。

《蘇軾文集》卷四十八《上韓丞相論災傷手實書》：「軾到郡二十餘日矣。……自入境，見民以蒿蔓裹蝗蟲而瘞之道左，纍纍相望者，二百餘里，捕殺之數，聞於官者幾三萬斛。……而京東獨言蝗不爲災，將以誰欺乎？郡已上章詳論之矣。」

《總案》：「此書作於到郡二十餘日之後，所上章，本集不載。書有量蠲秋税、倚閣青苗之囑。或恐以重復檢按行下，爲本路所沮，故急爲此書，是上章與書皆同日發出。」

軾上丞相韓絳書。首陳蝗災宜量捐秋税或與倚閣青苗錢；論方田均税之患；論手實法害民；論免役法應用五等古法；請京東、河北免榷鹽。

上韓書陳蝗災一節，已見以上「上陳蝗災狀」條。

書論方田均税，謂：「税之不均也久矣，然而民安其舊，無所歸怨。今乃用一切之法，成於期月之間，奪甲與乙，其不均又甚於昔者，而民之怨始有所歸矣。」《宋史紀事本末》卷三十七《王安石變法》熙寧五年八月甲辰紀事：「頒方田均税法。帝患田賦不均，詔司農重定方田及均税法，頒之天下。」其要爲：以縱横各一千步爲一方，按田地肥瘠分五等定税，有方帳、莊帳、甲帳、户帖爲存案與憑證，其分烟析産，典賣割移，官給契，縣置簿，以所方之田爲正。即蘇軾所謂一切之法。

書謂手實法「大抵恃告訐耳」。又謂：「夫告訐之人，未有非凶姦無良者。異時州縣所共疾惡，多方去之，然後良民乃得而安。今乃以厚賞招而用之，豈吾君敦化、相公行道之本意歟！」

書謂免役之法，立意在均出役錢。并謂：「軾以爲定簿便當，即用五等古法，惟第四等、五等分上、中、下。」以下謂：「當先定役錢所須幾何，預爲至少之數，以賦其下五等（原注：下五等，謂第四等上、中、下，第五等上、中也。此五等舊役，至輕，須令出錢至少乃可，第五等下，更不當出分文）。其餘委自令佐，度三等以上民力之所任者而分與之。」書謂兩浙官權榷鹽，民以鹽得罪者，歲萬七千人，終不能禁。京東之民，悍於兩浙遠甚，恐非獨萬七千人而已。

軾上奏狀，論河北、京東盗賊。

狀見《蘇軾文集》卷二十六（七五三頁），謂十一月上。按：「十一」乃「十二」之誤。狀論欲免盗賊，「當常使其民安逸富强」。乞體量放稅，其四等以下，且行倚閣；乞應販鹽小客，截自三百斤以下，并與權免收稅；乞信賞必罰，以威克恩。

軾致滕元發（達道）簡，述蝗災及新法中之兵政。嘗申安撫司，論新法將官管兵事宜。

《蘇軾文集》卷五十一與元發第二、三簡叙蝗災、兵政。後者云：「新法，將官所管兵，更不差出，而本州武衛差在巡檢者千餘人，若抽還，則威勇、忠果之類，必填不足。已申安撫司去訖，爲論列也。」申文佚。前者并云「咫尺無緣一見」，思念元發。

轍第三子虎兒生。軾作詩，轍和。

《蘇軾詩集》卷十二《虎兒》中云：「未省老兔生於菟。」轍卯生，屬兔，虎兒寅生，屬虎，故名虎兒。

《欒城集》卷五《和子瞻喜虎兒生》中云：「寅年生虎慰爺娘。」虎兒名遠，後改遜。末云：「不見伯父擅文章，逡巡議論前無當。」欲遠長大後以伯父軾爲師。

蘇軾作《王莽》、《董卓》詩。

詩見《蘇軾詩集》卷十二。

前者首句「漢家殊未識經綸」，符合史實。次句「入手功名事事新」，亦可移之王安石。第三句「百尺穿成連夜井」，亦可移之安石。安石行水利法，不顧實際，急於求成。第四句「千金購得解飛人」，清人馮應榴《蘇文忠詩合注》謂蘇軾之意乃借此刺王安石開邊釁。理或如是。然王安石行新法旨在富國强民，而王莽所爲乃爲個人樹立威望，二者本質不同。如馮氏之言爲然，則蘇軾未免失之偏。後者末云：「只言天下無健者，豈信車中有布乎！」布謂吕布，布謀誅卓，而吕布原爲董卓親信。詳《後漢書·董卓傳》。《二老堂詩話·陸務觀説東坡三詩》謂「車中有布」之「布」，乃蘇軾借以指吕惠卿之姓，曾布之名，謂實吕惠卿、曾布二人。吕、曾二人初皆得王安石信任，吕以後叛王安石，與吕布尤相類。蘇軾之意，當以吕惠卿叛王安石而譏安石，未必及曾布也。

蘇軾作《鐵溝行》贈喬叙。

詩見《蘇軾詩集》卷十二(六〇一頁)。首云:「城東坡隴何所似?風吹海濤低復起。城中病守何所爲,走馬來尋鐵溝水。」

題稱叙太博,乃太常博士。《蘇軾文集》卷六十二《密州請皋長老疏》首云「安化軍據霍郎中、陳郎中、褚郎中、宋駕部、傅虞部、喬太傅」等狀,乞請沂州皋長老住持本縣石城院。本縣乃指諸城。知喬等爲諸城人。「太傅」疑爲「太博」之誤。《詩集》卷十三《喬太博見和復次韻答之》云「胡爲守故丘」,亦可證叙爲諸城人。

叙字禹功,見《詩集》卷十四《送喬施州》題下《王堯卿注》。

《蘇軾在密州》第四編《蘇軾在密州遺址遺迹考略》任日新《鐵溝河》:「在諸城城東五里處,因河岸堅硬如鐵,故名。發源於城關鎮大王門南嶺鳳凰山,總向北流,至北石橋村北注入濰河,全長十三公里。鐵溝河地處丘陵之間,兩側丘陵起伏,遠望似海中波浪起伏,這就是蘇軾所説的『城東坡壟何所似,風吹海濤低復起』。」

軾雪後書北臺壁。

詩見《蘇軾詩集》卷十二(六〇二頁)。王安石、蘇轍次韻詩,題下「查注」已録。安石詩見《王臨川集》卷十八,轍詩見《欒城集》卷五,參熙寧十年「《眉山集》問世」條紀事。

《集注分類東坡詩》卷七《雪後書北臺壁》引趙次公注:「世傳王荆公常誦先生此詩,歎曰:

『蘇子瞻乃能使事至此。』時其婿蔡卞曰：『此句不過咏雪之狀，狀樓臺如玉樓闐漫萬象若銀海耳。』荆公哂焉。謂曰：『此出道書也。』蔡卞曾不理會於『玉樓』何以謂之『凍合』，而下三字云『寒起粟』；於『銀海』何以謂之『光摇』，而下三字云『眩生花』。『起粟』句蓋使『趙飛燕雖寒，體無軫粟』也。」參本譜元豐七年「軾在金陵時晤王安石」條。

《苕溪漁隱叢話》前集卷二十九《六一居士上》：「苕溪漁隱曰：東坡《雪》詩，有：『遺蝗入地應千尺，宿麥連雲有幾家』。蓋蝗遺子於地，若雪深一尺，則入地一丈，麥得雪則資茂而成稔歲。此老農之語也，故東坡皆收拾入詩句，殆無餘藴矣。」

除夕病中賦詩贈段繹（釋之）。

《蘇軾詩集》卷十二《除夜病中贈段屯田》首云：「龍鍾三十九，勞生已强半。歲暮日斜時，還爲昔人歎。」《欒城集》卷五《次韻子瞻病中贈提刑段繹》：「京東分東西，中劃齊魯半。兄來本相從，路絶人長歎。前朝使者還，手把新詩玩。」

是歲，始患痔疾。

《蘇軾文集》卷五十四《與程正輔》第五十三簡：「軾舊苦痔疾，蓋二十一年矣。」作於紹聖三年，據推。

張方平判青州，轍有賀啓。方平辭免。時方平入覲。

《蘇軾文集》卷十四《張文定公墓誌銘》：「改南京，且命入覲。不待次，對前殿。……尋拜宣徽北院使、檢校太尉，判應天府。……改判青州，告免。……除太一宫使。」除太一宫使，乃本年五月初一日事，見《長編》卷二百八十二，故次此事於此。

《欒城集》卷五十《賀張宣徽知青州啓》首云：「伏審入覲帝廷，榮加使秩。遂解南籥，作鎮東藩。」「榮加」云云，謂拜宣徽北院使。「遂解」二句云云，謂改判應天府爲判青州。《蘇軾文集》所云之「判」，即《集》此處所云之「知」。蓋方平乃以宣徽使知，故特云「判」。啓末云：「官守有限，慶謁未遑。」時正在齊州。

《長編》卷二百五十九熙寧八年正月紀事：「是月，詔張方平歸宣徽院供職，罷知青州。先是方平與滕甫易任，方平……辭。」按：《長編》卷二百五十二本年四月甲申紀事，即云「知青州滕甫」。則方平除判青州，實在本年内，故次此啓於此。